中国·扬州
YANGZHOU CHINA

謹以此書紀念
揚州建城二五〇〇周年

揚州文庫總目提要

盧桂平 主編

廣陵書社

圖書在版編目（CIP）數據

揚州文庫總目提要 / 盧桂平主編. -- 揚州 : 廣陵書社, 2015.6
ISBN 978-7-5554-0338-8

Ⅰ. ①揚… Ⅱ. ①盧… Ⅲ. ①地方文獻—內容提要—彙編—揚州市 Ⅳ. ①Z812.253.3

中國版本圖書館CIP數據核字(2015)第129738號

書　　名　揚州文庫總目提要
主　　編　盧桂平
責任編輯　王志娟　徐大軍
出版發行　廣陵書社
揚州市維揚路 349 號　郵編 225009
http: //www.yzglpub.com　E-mail: yzglss@163.com
印　　刷　揚州文津閣古籍印務有限公司
開　　本　889 × 1194 毫米 1/16
印　　張　29.25
版　　次　2015 年 6 月第 1 版第 1 次印刷
標準書號　ISBN 978-7-5554-0338-8
定　　價　240.00 圓

揚州文庫編纂工作委員會

主　　任：謝正義　朱民陽

常務副主任：盧桂平

副 主 任：孫永如　董玉海　王克勝　趙昌智

成　　員：沙志芳　湯天波　丁　毅　孫建成　王虎華　李繼業　季培均　陳征宇　陳韵强　張　彤　宗金林　王振宗　劉　俊　徐向明　曾學文　顧長榮　張秋紅　李　林　顧　明　陳　潔　周鴻鈞

揚州文庫編輯出版委員會

主　　任：盧桂平

副 主 任：趙昌智　丁　毅　曾學文

成　　員：江　勇　王春鵬　孫葉鋒　王志娟　劉　棟　張　智　徐大軍

揚州文庫學術指導委員會

顧　問：周勛初

成　員：（按姓氏筆畫排序）

丁家桐　王永平　王章濤　方曉偉　田漢雲　朱福烓　全　勤

江慶柏　姜小青　韋明鏵　徐興無　張連生　陳　立　陳文和

黃繼林　黃顯功　萬仕國　程章燦　曾學文　趙昌智　劉向東

劉建臻　魏怡勤　顧　風　顧　農　顧一平

總目録

總序

揚州是中華人民共和國國務院首批公布的二十四座歷史文化名城之一。

揚州歷史悠久。《尚書·禹貢》所稱『淮海惟揚州』，包括了今天中國東南廣大區域。《左傳·哀公九年》『秋，吴城邗，溝通江淮』，成爲有關揚州建城史的最早明確記載，由此開啓了揚州二千五百年的輝煌歷史。中古時代，揚州之名始成專指。其地或爲王侯封國，或爲道、路、省、府、州、縣治所，儼然江淮之中心。其間數度興廢。其興盛，漢代稱『才力雄富，士馬精妍』；隋唐號『揚一益二』、『富甲天下』；清代則爲要政所繫，『動關國計』，其經濟文化之繁盛，直與京城相埒。其衰落，南朝宋梁百年間，數遭劫難，淪爲『蕪城』；宋元之際，屢遭兵燹，『廢池喬木』，『戍角悲吟』；明末清初，揚州十日，城破民亡，尸積如山。然而每次毁廢之後，揚州都能如鳳凰涅槃般復生。揚州的歷史正如中國歷史之縮影。明祝世禄嘗謂：『以民物之隆替候維揚之盛衰，以維揚之盛衰候天下之否泰。』（萬曆《揚州府志序》）近人錢穆有言：『揚州一地之盛衰，可以覘國運。』（《中國近三百年學術史》）

揚州人文薈萃。清汪中《廣陵對》曾稱：『至若政事法理，經緯乎民生；文學道藝，立言不朽；里閭耆德，孝子貞婦，一至之行，蓋以千百計。』天下之文人學士流寓於此，如百工居其肆。歷兹土者多一時之名賢翹楚，令聞流風，庶克思齊。而揚籍之俊乂髦碩之士，或出或處，業績炳炳。在重大歷史關捩點上，有召平、臧洪、郗鑒、謝安等社稷棟梁，匡扶大局，挽大厦於將傾。在國難當頭、民族存亡之際，有姜才、李庭芝、史可法等民族脊梁，大義凜然，以身許國。在承平年代，則有董仲舒、陳登、吕僧珍、劉晏、阮元等能臣大吏，公忠謀國，有守有爲。而在學壇文苑，則有書苑泰斗如皇象、李邕，《文選》名宿如曹憲、李善，佛道宗師如鑒真、李含光，《説文》大家如徐鉉、徐鍇等博學鴻才，開宗立派。洎乎清代，更有揚州學派繼吴、皖崛起，揚州八怪異軍突出等等。揚州對於中華民族的政治、經濟、社會、文化發展有着特殊貢獻。

揚州典籍繁富。且不論揚州學人的經史著述汗牛充棟，即記載揚州歷史變遷、地理沿革、人物事蹟、風土掌故、名勝古蹟、詩詞文賦等地方文獻亦蔚爲大觀。然而由於揚州迭遭戰亂，頻遇災害，衆多典籍或毁或散，令人扼腕浩嘆。如宋代揚州方志，至明時已無完本。故歷代揚州鄉賢、名宦莫不以收集彙刻鄉邦典籍爲要務。宋揚州知州鮮于侁曾編《揚州集》，採集諸家之作二百二篇，勒爲三卷，秦觀爲之序，惜已不傳。清焦循編《揚州足徵録》，收輯明末清初至乾嘉之際有關揚州的文章三百餘篇。阮元刻《淮海英靈集》，搜羅清初至乾嘉時期詩人作品，王豫、阮亨爲編《續集》。汪廷儒輯《廣陵思古編》，彙集清初至道光年間學者文士所作古文。這些皆局限於詩文。民國年間，陳恒和書林曾裒集揚郡掌故之書二十餘種，彙刻成《揚州叢刻》。近年來，廣陵書社承先賢之志，先後收集整理出版《揚州地方文獻叢刊》十五册，爲保存鄉邦文獻作出努力，嘉惠學林，頗獲時譽。然因諸多局限，各編均規模偏小，遠不能反映揚州歷史文化的博大精深，不能滿足揚州歷史文化研究的迫切需要，亦不能充分發揮地方文獻的存史、資政、教化、育人功能。

習近平總書記在二〇一四年十月召開的文藝工作座談會上指出，中華優秀傳統文化是中華民族的精神命脉，是涵養社會主義核心價值觀的重要源泉，也是我們在世界文化激蕩中站穩脚跟的堅實根基。要結合新的時代條件傳承和弘揚中華優秀傳統文化，傳承和弘揚中華美學精神。盛世修典，重在優秀傳統文化的傳承與弘揚。爲把揚州建設成爲古代文化與現代文明交相輝映的名城，進一步彰顯古城文化特色，推動世界名城建設，中共揚州市委、揚州市人民政府決定編纂出版《揚州文庫》，彙編影印揚州歷代地方文獻。這是當代揚州最大的文化出版工程，也是迄今爲止揚州規模最大的鄉邦文獻修編工程。爲確保編纂工作順利進行，市委、市人大、市政府、市政協專門成立了《揚州文庫》編纂工作領導小組即編纂工作委員會，由市委、市人大、市政府、市政協領導和有關部門負責同志組成，負責決策、協調和保障工作。成立了學術指導委員會，由熟悉地方文獻的市内外專家學者組成，負責對編纂工作的指導和把關。成立了編輯出版委員會，由市委宣傳部有關領導和出版社業務人員組成，負責具體編輯出版事宜，廣陵書社承擔出版工作。

編纂工作於二〇一三年六月正式啓動，至年底基本完成書目遴選、底本查詢、編例商定諸事務。二〇一四年全力推進底本搜集、提要撰寫、編輯排版等具體工作。二〇一五年上半年完成全書的最後審稿與印製工作，正式出版。同時編輯出版《揚州文庫總目提要》一書。

《揚州文庫》收録時間截至中華人民共和國成立，即收録一九四九年之前出版或形成的文獻；地域範圍以現行揚州市行政區域爲限，包括揚州市所轄江都、邗江、廣陵區和寶應縣、高郵市、儀徵市。

《揚州文庫》分爲五輯，共計收録典籍六百餘種。

第一輯：地方志書。主要收録府州縣志、鹽法志和其他志書。明清以來，揚州是兩淮巡鹽御史和鹽運使司的治所，爲兩淮鹽務的行政中心，兩淮鹽税居天下賦税之半，直接關係當時的國家經濟全局和揚州城市命運，《兩淮鹽法志》所載之秩官、衙署、人物、事物、勝蹟等，多與揚州密切相關，是研究鹽政，也是研究揚州不可或缺的資料，故予收録。

第二輯：地方史料。主要收録有關揚州歷史地理、政治經濟、文化教育、風俗掌故的地方文獻。對《太平寰宇記》《明一統志》《天下郡國利病書》《大清一統志》等大型地理名著，則彙集其中有關古代揚州的内容，編爲一帙，以便使用。而揚州與運河之關係於本編亦隨處可見。

第三輯：傳記年譜家乘。主要收録揚州本籍歷代人物傳記資料，包括傳記、年譜、家乘三部分。本輯之傳主、譜主多爲鄉賢名家，版本多稿本、抄本，頗具價值。家譜資料雖收録不多，且内容龐雜，但其中譜序、家規、家訓、族系、箴言等内容，對今日之社會道德建設不無啓迪。

第四輯：學術著述。主要收録歷代揚州學者之著作，庶幾可見揚州學者之衆、學術之盛。揚州學術文化之初榮，當在春秋時期。漢興，揚州已成江淮間文化學術之高地。晋永嘉以後，『藝文儒術，斯之爲盛』（杜佑《通典》）。隋唐以降，揚州學術代有其勝。清代，揚州學者群起，學術極盛。近代出現劉師培等國學大師。本輯選收學術著述數量不多，然均有特别的學術價值，從中大致可窺揚州學術之概貌，可考揚州學術之源流。

第五輯：詩文集。主要收録總集和别集。總集含倡和集與家集。總集反映一個區域的詩文風格及演變情況。從倡和集中不僅可見詩友間活動和風貌，更可折射出當時社會經濟狀況，《韓江雅集》《邗上題襟集》等在清代文學史上都具有一定影響。家集則是清代家學興盛的重要標志。别集除著名學者外，不乏鹽商富家之作，而揚州八怪諸家及女詩人之作，亦引人注目。

《揚州文庫》收録文獻底本主要來源於南京圖書館、上海圖書館、國家圖書館、揚州市圖書館、揚州大學圖書館，以及儀徵、高郵、寶應、江都等地所藏，部分採自拍賣會或私人藏家之手。

《揚州文庫》的出版，具有重要價值和深遠意義。《文庫》基本囊括揚州歷代典籍，其中多爲名家著述，此前一般零星收藏於各地圖書館和私人藏家手中，有的存世稀少，版本珍貴，且面臨日久散失之風險。經收集整理，彙爲一編，資料得以保存，文明薪火續傳。《文庫》包羅全面，内容宏富，將爲地方歷史文化研究提供極大便利。《文庫》集中展示揚州悠久燦爛、廣博厚重的歷史文化，是揚州城市的突出優勢，文化軟實力的重要體現，對於城市形象宣傳、品牌提升都將起到獨特的推動作用。

地方文獻資源是中華優秀傳統文化的重要組成部分，其整理出版，旨在褒揚前賢，砥礪今人，激勵後昆，可謂功在當今，澤被後世。《揚州文庫》工程暫告一段落，並不意味工作終結。如何把已收的典籍利用好，把未收的典籍繼續整理好，任重而道遠。我們應該利用出版《文庫》的契機，把揚州深厚的文化資源變成强大的精神動力，推動城市的發展、社會的進步和市民素質的提升。

古揚州之得名，有『東漸太陽之位，履正含文，天氣奮揚』之義。生於斯、長於斯、奮鬬於斯的揚州人，回顧歷史，充滿自豪；把握今天，充滿力量；展望未來，充滿信心。在建設中國特色社會主義的大道上，揚州將鍥而不捨，奮馬揚鞭，重振雄風，再創輝煌，譜寫出美好中國夢的揚州新篇章！

《揚州文庫》編纂工作委員會

二〇一五年三月

地方志類綜述

本輯主要收録揚州歷代地方志書，分爲府州縣志、鹽法志和其他志書三部分。共收志書七十一種，編爲四十册。

地方志，簡稱『方志』，是中國特有的一種文獻形式，它按照一定體例，全面記載某一時期某一地域的自然、社會、政治、經濟、文化等各方面情況。一般分爲兩大類，一類是全國性的總志，如《元豐九域志》《太平寰宇記》《明一統志》《大清一統志》等；另一類是區域性的方志，範圍大者如《河南志》《畿輔通志》《江南通志》，小者則如各地的鄉鎮志、山川志、寺觀志，而其中的主體則是各種州郡府縣志，一般研究者所説『方志』即指這一類。

早期的地方志内容較爲簡略，宋代以後，方志體例逐漸詳備，内分紀、傳、表、志、記、略、録等諸多名目，其中最常見的是輿圖、疆域、建置、山川、物産、户口、軍政、秩官、人物、古蹟、詩文等門類。由於能够綜合反映一個地區的自然條件與社會歷史狀况，所以具有存史、借鑒和教化的作用。古代地方官員上任後，瞭解地方情况的主要途徑就是閲讀地方志。

揚州古代地方志書出現較早。漢代有《廣陵郡圖經》。隋代有《江都圖經》。唐代有《揚州記》。至宋代，不僅有多種州郡級志書如《揚州圖經》《廣陵志》，還有不少縣一級志書如《儀真志》《高郵志》等。惜均已散失。明清時期，揚州府及其所轄各州縣都修纂了志書，留存至今者達四十餘種，包括《揚州府志》及江都、甘泉、儀徵、高郵、寶應諸志。

揚州地方志編纂的傳統一直延續。明清時期，幾乎每一個歷史階段，都有地方官員或學者提出修志計劃。其中或因遵朝廷之命而修，如康熙十四年揚州知府金鎮修《揚州府志》，即因清廷下令各地修志，以備《大清一統志》採擇之用；康熙二十四年揚州知府張萬壽修《揚州府志》，亦因朝廷編纂《大清會典》，命各省纂修通志上呈，江南省則令各地報送府志，揚州府因前修府志内容有所欠缺，故又重新編纂。而各種《揚州府志》在編纂過程中，也曾令所屬各州縣編纂志書，供其選材。

此外，還有許多揚州方志的續修，則是出於地方官紳關心鄉邦的自覺行動。例如《嘉靖惟揚志》的編纂，即因揚州知府朱懷幹認爲趙鶴的《惟揚郡乘》不够完備，而請示上級，委托盛儀重新編纂的。其後，萬曆年間的《揚州府志》，也是因爲知府楊洵上任之後，認爲《嘉靖惟揚志》『刻既散落，事復殘缺』，於是委托徐鑾編纂新志。

揚州府志和各州縣志修纂工作的主持者，雖然大多是本地的行政長官，但往往會得到兩淮鹽政官員的大力支持。例如嘉慶《重修揚州府志》，其總纂是前、後兩任揚州知府張世浣、嵩年等人，而實際組織者則是兩淮巡鹽御史阿克當阿，他目睹揚州府志多年失修，乃慨然引以爲己任，多次與兩淮鹽運使德慶及揚州知府商議修志事宜，從財力、物力上予以支持，從而保證了這一文化工程的圓滿完成。又如同治《續纂揚州府志》也是由兩淮鹽運使方濬頤主持修纂的。

揚州地方志的纂輯者，既有本地的名儒碩學，也有外地的著名學者，他們相互配合，反復切磋，集中了許多人的智慧。例如《嘉靖惟揚志》修纂者名義上雖是朱、盛二人，而從盛儀序言中可知，此志曾經取材於當時揚州六家的私乘，另外還有二十四人參與編撰。嘉慶《重修揚州府志》的編輯隊伍中，從外地聘請的著名學者有姚文田、白鎔、朱方增、洪梧諸人，而本地名家亦有焦循、江藩等人，纂修人才極一時之盛，被評價爲『英賢萃集，共成斯編』。又如乾隆、嘉慶間續修《甘泉縣志》，曾經聘請紹興著名史學家邵晋涵、學者童鈺來揚開局，而熟悉鄉邦故事的本地學者黄文暘也曾參與其中。道光間重修《儀真縣志》，由本地著名學者劉文淇率張安保、張丙炎等人編纂，由於貫徹了阮元的『但續新志，存留舊志』的修志理論，使之成爲『近代邑乘之完美精善者』。

揚州地方志具有多重價值。由於其内容廣博，材料可靠，對於研究歷代揚州政治、軍事、經濟、文化、山川地理、自然災害、民俗風情等都有重要的文獻資料價值。如《鹽法》《河渠》篇，有關兩淮鹽政、水道變遷、水利水患的記載，至今仍有經濟參考價值；《秩官》《名宦》篇，清官廉吏治國安民的事蹟，可以啓迪來者，貪官污吏誤國擾民的劣行，可以警示後人；《人物》《鄉賢》篇，表彰揚州人的忠義、孝友、篤行、文才、武勛等品行，對世人有良好的教化作用。

本輯所收，以今揚州市行政區域爲範圍。包括《揚州府志》七種，《江都縣志》及稿鈔九種，《甘泉縣志》及採訪留稿、徵訪條例四種，《儀徵縣志》及徵訪册六種，《高郵州志》及徵訪稿九種，《寶應縣志》九種，鄉鎮志十二種，名勝志六種，寺院志一種，軍營志一種。另收明清時期的《兩淮鹽法志》七種，因揚州當時是兩淮巡鹽御史和鹽運使司的治所，即管理兩淮鹽務的行政中心，而兩淮鹽税居天下賦税之半，直接影響國家財政，揚州之繁盛，實緣於此，志中所載秩官、衙署、名宦、人物、古蹟、祠祀、寺觀及文獻等，多與揚州關係密切，也是研究古代揚州不可多得的重要史料，故予收録。

（張連生）

地方史料類綜述

本輯主要收録揚州地方史料類文獻，包括歷史地理、政治經濟、文化教育、風俗民情四個方面的内容。共收書一九二種，分爲十五册。

揚州作爲地名，古今轄地多有變化，古爲九州之一，歷代爲郡、州、路、府之治所，公私著述對此多有考證。綜合考訂全國史地之書，如《太平寰宇記》《元豐九域志》《明一統志》《肇域志》《大清一統志》等，其中對於揚州之郡邑、山川、物産、風俗、人物等，均列有專篇，條分縷析，足資比勘。此次彙集其中有關揚州的内容，編爲一帙，以便使用。專門記述揚州史地之書，自唐以下亦代有所作。其中有單記一時之事者，如《廣陵妖亂志》《揚州十日記》，前者記唐末五代事，後者記明末清初事，均爲著名野史；有綜述歷代之事者，如《廣陵通典》《揚州輿地沿革表》，前者用編年之體作釋地之篇，後者以列表方式記歷代建制，亦地方史力作。此外又有專論水利河道者如《揚州水道記》，分述名勝園林者如《揚州畫舫録》，不一而足。凡此，皆揚州歷史地理之重要文獻。

揚州爲東南政治經濟重鎮，歷來是鹽運、漕運、河運之樞紐與津梁，故有關政治經濟之著述尤不可缺。歷代在揚州爲官者，不乏名儒大吏，然從政之作並不多見。今所見之《廣陵從政録》《兩淮鹽務議略》《淮鹽備要》等，可稍補缺憾。晚清民國以來，有關揚州行政、財務、税賦、土地、墾殖、賑災等方面的檔案材料留存較多，其地大率限於江都、寶應、真州等地，對瞭解與研究當時揚州的政治經濟情況，提供了切實資料。其中《邵伯船閘工程叙要》《馬棚灣漫工始末》等書，雖係就某項工程所作之專記，然不同於一般泛泛而談者，尤爲珍貴。

本輯所收文化教育之著述，包括金石、戲曲、題詠、方言、書目、書院、學堂諸内容。揚州金石，古有收藏，其於歷史、藝術貢獻尤鉅。但金石易散失，故有賴著述保存，羅振玉所輯《廣陵冢墓遺文》在學界早已聞名。揚州在唐代、清代爲南方戲曲中心，然因戲曲在昔不被重視，故文獻奇少。焦循《花部農譚》篇幅雖小，對亂彈之興獨具隻眼，在戲曲界猶如空谷足音。揚州方言係本地人文之反映，清人曾編評話《揚州話》，以演説揚州方言飲譽一時，但研究者不多。《揚州方言長短句》《點綴方言》二種，一則述而不作，一則遊戲之作，可略補方言著作之不足。揚人自古好藏書，私家藏書樓延譽東南，但藏書目録唯吴氏測海樓一家行於世。今搜羅墨香書屋、徐君毅宅、有福讀書樓等書目於一編，可管窺揚州藏書史之一斑。揚州歷來崇文重教，書院學堂，代有興替，惜文獻分散，不易尋覓。今收録清代以來梅花書院、安定書院、廣陵書院、儀董學堂、揚州中學等教育機構之章程、名册、課藝、報告等，於教育史研究頗多裨益。所收焦氏、阮氏、姚氏等家訓，亦顯示了揚人家教之傳統。

風俗民情之作，包羅萬象，當以歲時爲主，歷述自然景觀與社會百態之變化。如《廣陵小正》《真州風土記》等，皆以歲時爲經，而以風情爲緯。此類著述又常以竹枝詞形式出之。自明人郝璧以來，作《揚州竹枝詞》或《廣陵竹枝詞》者不絶如縷。其有重要影響者，如董偉業之《揚州竹枝詞》、林蘇門之《邗江三百吟》、厲秀芳之《真州竹枝詞》、韋柏森之《秦郵竹枝詞》等，多爲世人稱引。宋代以來，揚州特産之芍藥、瓊花譽滿海内，芍藥以品種繁多取勝，瓊花以天下無雙稱奇。相關著述亦如影之隨形，而以宋人王觀《揚州芍藥譜》、明人曹璿《瓊花集》爲個中翹楚。又有《閑話揚州》一書，爲遊記著作之另類，雖至今仍存争議，但於瞭解近代揚州風情不無小補。

綜上所述，揚州地方史料類文獻之主要價值有三：一、反映揚州歷史地理之沿革。揚州之名，始見《禹貢》，名列古九州中，但並非後來之揚州。西周時，先民在蜀岡一帶始建國，名曰邗。春秋時，吴王夫差築邗城，開邗溝，溝通江淮，爲揚州興起之始。楚懷王時改築廣陵城，故稱廣陵。秦楚之際，項羽欲建都於此，又稱江都。西漢時，吴國、江都國、廣陵國先後都於此。隋開皇間始稱揚州，後改稱邗州。唐武德後，復稱揚州，以至於今。自秦漢以降，揚州向爲東南重鎮，至明清時代，揚州係全國鹽漕轉輸中心，風物之繁，勝於江南。二、彰顯揚州與運河之關係。邗溝乃中國大運河之發軔，今揚州境内之運河與古邗溝大部吻合，與隋運河基本契合。公元前四八六年，吴王夫差爲争霸中原，利用天然河湖，人工開鑿邗溝，溝通長江與淮河，是爲京杭大運河之嚆矢。歷代不斷施工，延伸河道，尤其隋爲興兵伐陳，從今淮安到揚州開山陽瀆，直達揚州。在歷代大運河建設與使用中，揚州始終是南北交通樞紐，揚州之興衰亦與運河息息相關。正因如此，揚人於治河之道也多所用心，有關水利、河道之著述尤多。三、呈現揚州城市之風情。揚州地處江南、江北之間，或謂城池雖在江北，風調盡屬江南。因其交通便利，經濟繁盛，物産富饒，文化昌明，故市井階層異常龐大，城市文化得以充分發育。凡歲時民俗、物産土宜、尊師重教、園林名勝、詩詞書畫、金石圖書、鄉風家訓、藝文遊覽，無不領先時代，高標潮流。風土著作尤爲豐富，乃至《揚州芍藥譜》風行天下，《廣陵瓊花志》舉世無雙，《揚州竹枝詞》備受稱頌，《揚州畫舫録》紛起效仿。

（韋明鏵）

傳記年譜家乘類綜述

本輯主要收録揚州歷代人物傳記資料，大致包括三個方面的内容：傳記、年譜和家乘。共收典籍八十六種，編爲八册。

揚州具有兩千五百年的悠久歷史，在中國政治、經濟、文化、學術史上曾長期佔據重要地位，鍾靈毓秀，人傑地靈。如劉師培《揚州前哲畫像記》中所謂：『廣陵之爲地，北控淮浦，東達海堧，東陵互其西，大江帶其南，風土清嘉，人物繁粹。』本籍、佔籍、僑寓、居官、遊訪，文學、藝術、宗教、學者、官員，名人薈萃，輝映古今。

揚州名人的傳記資料，除了散見於正史、方志、碑刻、文集、筆記等典籍以外，歷代也留下了不少記述其事蹟的傳記、年譜、家乘等專門著作。因年代久遠，書籍散佚，清以前名人傳記資料保存較少，本輯所收者以清代居多。

傳記種類繁多，就廣義而言，年譜、家傳等均屬於傳記的範疇。本《文庫》之分類，是將衆多文獻作一大致歸併，以簡便爲要。其中『傳記』部分，實包含年譜、家乘之外的其他人物專傳。本輯所收大多爲合傳，如《廣陵十先生傳》《揚州畫苑録》《實應耆舊傳》等，有一地人物之合傳，亦有一類人物之合傳。有的以介紹揚州風物、掌故爲主，其中所載人物事蹟綦多，故列入此輯，如《廣陵詩事》《蕪城懷舊録》等。

年譜是人物傳記的重要門類。依年繫事，眉目清晰，記述詳盡，足資參考。年譜之作，多成於譜主後人與弟子輩之手，正如版本學家傅增湘在《劉孟瞻先生年譜序》中所説：『年譜之作，大抵出於子姓，或門人故舊，以其搜採便而聞見詳也。』本輯中如《容甫先生年譜》《雷塘庵主弟子記》等屬此類。譜主自編、手訂爲年譜編撰的另一種重要形式。本輯所收如《王補帆年譜》《還讀我書室老人手訂年譜》等屬之。後來學者研究之著作，則有《寶應劉楚楨先生年譜》《史可法年譜》等。《文庫》所收年譜數量與揚州歷史上名人數量並不相侔，不少名人無年譜傳世，對其生平事蹟、學術成就之研究，不無遺憾，有待學者探究創作。

家乘亦稱家譜，是記録家族世系及重要人物事蹟的著作。歷代地方家乘之作衆多，然内容蕪雜，編撰草率，一般學術價值並不高。因此《文庫》雖然列有其類目，本輯僅選擇收録若干種，着重關注高郵王氏、儀徵劉氏、寶應朱氏、甘泉阮氏等顯姓望族，如《寶應朱氏家乘》《阮文達公致仕後家書》等。所收既有家譜，又有家書、函札、碑傳、贈言録、崇祀名宦録等，體例、類目較爲駁雜。家族文獻中譜序、家規、家訓、族系、箴言等内容，對今日之社會道德建設亦不無啓迪。

本輯涉及的人物，包括傳主或譜主，最早有唐之高僧鑒真、宋之學者孫覺、詞家秦觀，其後則以明清，尤其是清代爲主，其中以學者與官員爲最多。學者如阮元、汪中、王念孫、焦循等清代揚州學派諸大家，官員如吴文鎔、王凱泰、董恂等一代名宦，多有年譜或其他傳記傳世，咸予收羅。人物中如石濤、鄭燮、凌廷堪、吴引孫等雖非揚籍，但長期寓居揚州，與揚州淵源極爲深厚，例應收入，餘者則均爲揚州或今揚州市所轄區、縣、市籍。

本輯諸作者既有阮元、劉寶楠等名儒碩學，亦有多年孜孜不倦研究清代揚州學者與學術的閔爾昌、劉文興等後起俊彦，多爲揚州本地學者，對於家鄉既懷眷念之情，對於鄉賢又存景仰之誼，或狀先人，或寫賢達，多屬一時之選，諸著作可讀、可考、可傳。

本輯所收各書，篇幅、規模不一，多者達數百頁，少者則止數頁，而各具價值。一是具有獨特的史料參考價值。人物傳記資料往往來源於本人或與之親近、熟悉的人士，保存了大量第一手人物與家族史料，歷來受到研究者重視。名人資源是揚州寶貴的文化遺産，豐富的人物傳記資料對於學術研究、文物保護、旅遊開拓等都具有重要參考價值。二是具有珍貴的版本比勘價值。本輯搜羅了不少分藏各地的珍貴版本，極具價值。如劉寶楠撰《寶應人物志列傳》爲上海圖書館所藏稿本，秦黌編《石研齋主年譜》爲南京圖書館藏清抄本，阮元撰《阮文達公致仕後家書》爲國家圖書館藏手稿本，王懋竑撰《王白田書札》爲揚州圖書館藏手稿本等等。三是具有重要的學術研究價值。本輯所收多爲專門著述，對於相關專題之研究，助益良多，如清代揚州學者諸年譜之於清代學術史研究，寶應人物傳記、家乘族譜資料對於寶應歷史文化之研究，阮元家書對於阮元生平及與家鄉關係之研究等等，其參考作用是顯而易見的。（曾學文）

學術著述類綜述

本輯主要收録揚州歷代學者之學術著作。共計八十七種，編爲十五册。

揚州地區學術文化之初榮，當在春秋時期。吴王夫差築城於邗，溝通江、淮，邗城作爲我國東部交通樞紐，遂有接受南北學術沾溉之便利。戰國時期，楚掩有江、淮、吴、越之地，懷王重築城廣陵，本地因而更得長江流域學術發展之益。秦漢之際，揚州成爲沿江的都會，於是有『江都』之稱。《史記·秦楚之際月表》載項羽『都江都』，其具有一定經濟、文化優勢，略可推見。漢興，揚州經濟、文化發展迅速。莊忌、鄒陽、枚乘等在此地雖以文學活動知名，但其作品實有獨特的學術内藴。西漢中葉，董仲舒出任江都相，以及《尚書》學家張無故爲廣陵王太傅、禮學家徐襄任廣陵内史，推動了儒學在本地的傳播，使之成爲江淮間文化學術水平最高的地區。其後經歷東漢至南朝數百年，特别是西晋末政治、文化中心南移之後，本區域學術文化藴蓄顯著加深。杜佑《通典》論東晋、南朝揚州『風俗』云：『永嘉之後，帝室東遷，衣冠避難，多所萃止，藝文儒術，斯之爲盛。』與此相應，其間所産文化名流登列史册者較前爲多。

隋、唐以降，揚州學術可謂代有其勝。江都曹憲仕隋爲秘書學士，在唐深受太宗禮遇，士大夫多從其受業。所撰《文選音義》《博雅音》，見重於世。又有李善撰《文選注》，以其精到詳贍而久負盛名。五代廣陵人徐鉉、徐鍇兄弟爲《説文》學大家。徐鉉校訂本《説文解字》，徐鍇所著《説文解字繫傳》，足稱古文字學史上的傑作。北宋胡瑗爲當世儒宗，其獨創經義、治事分科育才之『蘇湖教法』，朝廷曾頒令推廣。明代，寶應劉永澄、劉永沁兄弟，在學術上歸宗程朱理學，在政治上與東林黨人爲同調，以學行兼美自立於學林。

清代是揚州學術的極盛時期。清初，因受朝廷文化政策支配，揚州學術的主流是理學。但在顧炎武之學影響下，徵實之風興起。寶應王懋竑著《朱子年譜》，重視朱子論著繫年考辨，進而梳理朱子思想發展之歷程。其《讀書記疑》博及經史諸子，所存皆考證心得。其學侶朱澤澐著《朱子聖學考略》，以篤實的考辨訂正明以來關於朱熹學術的誤解。清中葉，漢學大興，揚州樸學家繼吴、皖兩派而崛起。如王念孫及子引之、任大椿、汪中及子喜孫、劉台拱、阮元、焦循、江藩、凌廷堪、劉寶楠、劉文淇等，馳名學界者多達數十家。張舜徽先生《清代揚州學記》云：『余嘗考論清代學術，以爲吴學最專，徽學最精，揚州之學最通。無吴、皖之專精，則清學不能盛；無揚州之通學，則清學不能大。然吴學專宗漢師遺説，屏棄其它不足數，其失也固。徽學實事求是，視夫固泥者有間矣，而但致詳於名物度數，不及稱舉大義，其失也褊。揚州諸儒承二派以起，始由專精匯爲通學，中正無弊，最爲近之。』此雖推崇備至，不爲過譽。晚清，世變日亟，學術思潮圍繞振衰起敝、救亡圖强的時代主題屢有更化。揚州學術在經歷一段低迷過程之後，憑借往昔的深厚積澱，出現劉師培這樣的國學大師。

歷代揚州學人爲學術文化的繁榮、發展作出諸多重要貢獻，他們的大量著述是彌足珍視的文化遺産。因此，歷代揚州學人的學術思想及其代表作，自近世以來深受海内外學界關注。如曹憲、李善等人的《文選》學，徐鉉、徐鍇的《説文》學，一直是相關領域的研究重點。清代揚州學派，近年來業已成爲清學史研究的重中之重。揚州學人的許多著述，或得以影印出版，或有整理本行世。但也有大量學術文獻絶版已久，以致不少學人長期未能引起學界重視，即便是受到學界重視者，關於他們的研究也還有繼續拓展的空間。要推動揚州傳統學術文化研究的發展、繁榮，加强文獻發掘、整理是不可忽視的基礎工作。

揚州學者著述宏富，因篇幅所限，本輯所收數量不多，也未必都是相關學人最重要的著作，但都有其特定的學術價值。若干種稿本、鈔本、稀見舊刻本的輯印，不僅可以爲學界的研究工作提供第一手資料，也爲將來進一步的文獻整理提供了依據。本輯所收清以前諸種文獻、清代揚州學派以外諸家著述，對於讀者認知歷代揚州學術的全貌，應有一定裨益。本輯所收王念孫校本曹憲《博雅音》和《揚州足徵續録稿》，以及擇取高郵王氏、江都汪氏、儀徵阮氏、寶應劉氏、儀徵劉氏等家族學術名流之著述，對於考見揚州區域學術源流、統緒亦有積極意義。（田漢雲）

詩文集類綜述

本輯主要收録揚州歷代作家詩文集，略分總集和別集，總集又分倡和集和家集。共收書二百一十七種，編爲二十二册。

揚州文人薈萃，文集數以百計。三國至五代，多所散失。建安七子之一的陳琳曾撰有《陳孔璋集》，惜已亡佚，明人輯有《陳記室集》。進入唐代，李邕撰《李北海集》，《宋史·藝文志》已不著録，明代曹荃裒而成帙。時至南唐，馮延巳有《陽春集》，經北宋陳世修輯録而傳世。宋明以降，存留至今者漸次增多。宋代，有徐鉉的《徐公文集》，王令的《廣陵先生文集》，陳造的《江湖長翁文集》等。明代，有王磐的《王西樓先生詩集》，李源編《廣陵朱氏二先生集》，汪廣洋撰《鳳池吟稿》，張綖撰《南湖詩集》，鄭元勳輯《影園瑶華集》，劉永澄著《劉練江先生集》等等。

入清以來，揚州學人文集數量衆多，蔚爲可觀。

總集之作，除張達輯《白沙風雅》等而外，大多在清代中後期輯録而成。中期如吴授鳬《寶應敦素園七子詩抄》，朱彬《白田風雅》，吴康《北湖三家詞抄》，焦循《焦里堂手抄詩文集》，阮元《淮海英靈集》，王豫、阮亨《淮海英靈續集》等；後期如劉寶楠輯《象求集》《寶應諸前輩詩》，鮑婁先輯《同光年間揚州名人文稿》，汪廷儒編《廣陵思古編》，黄奭編《端綺集》，黄錫麒輯《蔗根集》等。清末民初，宣哲輯有《高郵耆舊詩餘》。

文人間酬唱次韻，唐宋以來持久不衰。入清之後，揚州文壇倡和之風尤盛，《淮海英靈集》所載詩詞之友而朝夕唱和者俯拾即是。譬如，甲集卷一之徐石麒與宗觀、吴綺爲詩文交，乙集卷四中程名世與方世舉、杭世駿、厲鶚諸人每以詩酒相酬，丙集卷一載喬億與沈德潛、沈起元、方觀承因詩文交善，戊集卷二的孫蘭與王方岐、吴綺、施偉男日相倡和等等。以此爲基礎，輯録雅集所作詩詞進而刊刻問世，便是自然而然之事。此類倡和集，明清以來存世者爲數不少。如明代黄省曾編《廣陵聯句集》，鄭元勳輯《影園瑶華集》，清人王士禛編《紅橋倡和詞》，馬曰琯等編《韓江雅集》《林屋唱酬録》，厲鶚等編《廣陵唱和集》，曾燠輯《邗上題襟集》及《續集》，李彦章等撰《小紅橋唱和集》《榕園唱和集》，王開益輯《春雨唱和集》《重陽唱和録》，張璞等編《真州倡和詩》等等。這些詩詞次韻之作，是明清以來揚州詩壇酬唱之風興盛的具體反映，不僅大大豐富了揚州文化的内涵，而且在清代乃至中國文學史上產生了深遠的影響，陽羨詞派宗師陳維崧從柔媚轉向豪氣的轉變始於紅橋倡和，就是其中典型的例子。

如果説，雅集酬唱更多體現着揚州文人友朋間的活動和風貌，那麽，厚實的家學則透示着揚州家族文化的繁盛。其重要的表現形式之一，就是遍布揚州各地的家族中，出現了不勝枚舉的詩文别集。儀徵阮氏有阮元撰《琅嬛仙館詩》，阮充撰《雲莊詩存》，阮亨撰《霞桂軒吟稿》，阮福撰《滇筆》等；江都焦氏有焦循撰《里堂詩集》《詞集》，其子廷琥撰《焦虎玉文稿》《蜜梅花館詩録》等；高郵賈氏有賈田祖撰《稻孫詩集》《禮畊存稿》，成祖撰《曉樓詩抄》等。最突出者，則是寶應喬氏、劉氏和朱氏三個家族。喬可聘子邁撰《柘溪集》，萊撰《柘溪草堂集》，從孫出塵撰《疑庵詩集》，萊孫億撰《小獨秀齋詩》《劍溪文略》，邁弟英之後人守敬撰《緑陰山館吟稿》等。劉氏有劉中柱《兼隱齋詩抄》，台拱《劉端臨先生文集》，履恂《秋槎雜記》，寶楠《念樓集》《劉楚楨詩文稿》，恭冕《廣經室文抄》等。朱氏之詩文集尤多，朱士端《吉金樂石山房文集·跋》曰：『自明初琴鶴徵君著《馴鶴亭稿》，以詩書起家，歷今十有七世，五百餘年，子姓宗支，凡屬有道有德者，幾於人人有集。』舉其要者，如朱澤代子宗光撰《雁橋詩抄》，弟宗贊子彬撰《游道堂集》，彬子士彦撰《朱文定公詩集》，澤代二兄之璣孫士端撰《吉金樂石山房文集》等等。所有這些，都是清代揚州家學興盛的重要標志。

當中值得一提的還有以下三點：一是鹽商富家多見詩文之集。鹽商關注並大力投入文化教育事業，如興辦書院、刊刻圖書和接引文化名流等事蹟，此前多爲學者所稱述，然清代揚州鹽商自身所撰之詩文集，如曾燠所輯《邗上題襟集》、江春子振鴻編《新安二江先生集》等，也應引起足够的重視。二是『揚州八怪』之詩文。揚州八怪這一群體在繪畫方面的成就及其影響，早已成爲藝術界、學術界關注的重點，同樣，還應當把目光更多投向與繪畫關聯密切的詩文集的研究之中，如鄭燮所撰《鄭板橋集》等。三是清代揚州涌現出一批才學俱佳的女詩人、女詞家，其作品頗具特色。如喬大鴻女亦光的《茗間詩録》，阮元孫女恩灤的《慈暉館詩草》和《詞草》，阮安的《廣梅花百詠》等等。其中所述，對研究揚州歷史文化頗多幫助。以《慈暉館詩草》爲例。潤揚大橋所穿之世業洲，部分爲清中葉阮元所購禮祀洲產業。其演變情形，史志記述極簡。《慈暉館詩草·長蘆庵》『四十年中地頻辟』之注十分關鍵：『洲地始僅里許，歲收極微，今地已極十倍之廣。』這樣的記述，見於别集者舉不勝舉。從中，可見以詩文補史志之一斑。（劉建臻）

編纂體例

一、《揚州文庫》收録揚州歷代地方文獻，以及揚州籍或長期寓居揚州人士的著述。所收文獻以一九四九年之前出版或形成者爲主，酌收其後文獻中具特别價值者。

二、《文庫》分爲地方志書、地方史料、傳記年譜家乘、學術著述和詩文集等五類，各輯根據内容酌分細類。地方志書類分爲府州縣志、鹽法志、其他志書三小類；地方史料類分爲歷史地理、政治經濟、文化教育、風俗民情四小類；傳記年譜家乘類分爲傳記、年譜、家乘三小類；詩文集類分爲總集、别集兩小類，總集包括倡和集和家集。小類不另標出。文獻之編排，大體先按各輯順序，次依行政區劃或文獻類别爲序，次按成書或作者時代先後排序。

三、《文庫》收録文獻的地域範圍，爲現行揚州市行政區劃。

四、地方志書與地方史料爲收録重點，凡現存相關著述儘量收羅；傳記、年譜、家乘主要收録揚州籍傳主、譜主及家族的著述，内容及作者不限，家譜較爲龐雜，且價值不一，酌予收録；學術著述與詩文集，歷代典籍衆多，遴選時綜合考慮作者、内容、版本諸因素。

五、《文庫》以彙編影印的方式出版，以存原貌。爲儘量增加容量，大體採用雙頁縮拼的方式排版。

六、使用底本如有蠹損、殘缺、漫漶不清者，酌選别本予以補配或更换，力求清晰、完整。稿鈔本、批注本等的修改、批注内容等均予保留。

七、全書除書前冠以總序外，各輯分别撰寫綜述一篇，介紹本輯收書情况及特點。

八、《文庫》所收文獻，每種均撰寫提要一篇，簡介作者生平、文獻内容、特點價值、版本源流等。同一作者收録文獻有數種者，因分散於各輯，且提要分别成於衆手，作者介紹或有側重，一般不作統一處理。

九、同時編輯出版《揚州文庫總目提要》，並附録書名索引和著者索引。

編纂凡例

目録

第一輯　地方志類

第二輯　地方史料類

第三輯　傳記年譜家乘類

第四輯　學術著述類

第五輯　詩文集類

揚州文庫總目提要

第一輯　地方志類

嘉靖惟揚志三十八卷　（明）朱懷幹修　（明）盛儀輯

朱懷幹，字守正，明湖州歸安人。嘉靖十一年進士，授刑部主事，以議皇親張延齡獄，謫泰州同知，陞揚州知府。後又以直忤謫，罷官歸。盛儀，字德章，明江都人。弘治十八年進士，授禮部主事，改監察御史，後歷任山東按察使、湖廣按察使、太僕寺卿，以清峻著名。是書原共三十八卷，包括郡邑古今圖、建革志、疆里志、歷代志、分野志、五行志、山川志、形勝志、物産志、公署志、户口志、鹽政志、軍政志、禮樂志、經籍志、秩官志、秩官列傳、人物志、人物列傳、詩文志、雜志等二十餘類。書前有嘉靖壬寅胡植叙、崔桐叙，有目録、凡例，書後有嘉靖壬寅盛儀後序。是書爲現存最早的揚州府志，歷來被專家學者視爲名志。其特點和價值在於：一是編纂體例頗爲嚴謹，『歷代志』尤爲獨創。以編年體記叙唐堯至明初揚州所發生的重大歷史事件，述高駢事、宋江事、張士誠事，於正史多有補正，古今揚事一覽可見其概。且開後世志書大事記之例。二是舊志資料賴之以存。宋代雖曾有《大觀揚州圖經》《紹熙廣陵志》《嘉泰廣陵續志》《寶祐惟揚志》等，然至明已無完書，所幸，《嘉靖惟揚志》保存了大量舊志資料。卷七『公署志』中『學校・宋揚州儒學』所載儒學資料以及學田情況，卷八『户口志』中漢晋隋唐直到宋代户籍資料，顯然録自舊志，十分珍貴。三是資料豐贍，信而足徵。鹽政係揚州一大政治經濟特色，人文薈萃亦揚州爲古名郡之緣由，是志於此收録頗豐，詩文更達三分之二，誠爲卓見，此後也成爲揚州修志之傳統。『田賦志』對田賦、孳牧、徵辦、力役收録甚詳，應得到地方史研究者之關注。明初『揚郡查理户口土著始十八户』之説似始見於此。四是叙論精辟，旨在資政。編纂者『於每卷或一二卷共爲一論，以發明大意』。從『歷代志』『詩文志』之論，依稀可見汪中《廣陵對》之所本。是書七閲月而竣，成書倉促，考訂不詳，牽强附會難免，文字亦有不協，然『會精盡變，理器昭焉，存往綴新，隆替具焉，踶正絀誣，聲規植焉』，不失爲『一邦之信史也』（崔桐《嘉靖惟揚志叙》）。此書有明嘉靖二十一年刻本，國内惟天一閣藏殘本一部，僅存十八卷，即卷一至三、七至十二、十八至二十二、三十二至三十三、三十七至三十八，卷十八缺第一頁；清光緒二十一年影抄本，原爲揚州吴氏測海樓藏，後歸北平圖書館，今存臺灣。本《文庫》據明嘉靖刻本影印。

（趙昌智）

〔萬曆〕揚州府志二十七卷首一卷 （明）楊洵修 （明）徐鑾等纂

楊洵，字暉吉，明東魯人。賜進士出身，中憲大夫。時任揚州知府。徐鑾，時任揚州府推官。是書凡二十七卷首一卷，爲圖一，設十二志：郡縣、賦役、河渠、秩官、鹽法、兵防、人物、風物、古蹟、歷代、方外、文苑。志下又分類，綱目分明，條理清晰。書前有萬曆辛丑楊洵叙、萬曆甲辰于若瀛序、萬曆癸卯祝世禄序，有目録。修纂者的出發點在於資政，楊《叙》云：『沮洳之鄉，賈嬴而農詘，即額賦苦莫能支，而況朘削日甚，攘奪公行，乃司計者猶復一切求多，欲安所歸命乎？故賦役有志。淮南堤岸相屬，前代厪爲漕計，今内虞陵而外憂民，計不獨爲漕，顧議者不務導黄以安淮，而反欲疏淮以縱黄，害將有不忍言者，故河渠有志。』等等。在具體内容中，更體現這一點。《賦役志》中收入海門、興化知縣上疏直言民間之苦，直指朝廷賦役之不合理。《秩官志》明代部分按撫鎮藩臬、知府、府佐、知州知縣、州縣佐、教職等分類列傳，類皆有贊，褒貶分明，針對性强。正德年間，揚州知府蔣瑶，以身作則，抵制宦官的爲非作歹，保護百姓。贊曰：『今天下貂璫棋布，眈眈虎視，有欲如蔣公之爲者可得耶？揚郡民不輕爲去宦祠，如孫、易、侯諸公僅有碑石，唯蔣有專祠，遺老過之有泣下者，至信可格豚魚，豈謂是歟？』修志之時，明朝已呈衰敗之勢，修纂者懷有明顯的憂患意識。在名臣列傳中提到武宗朝暴政，贊曰：『今天下於曩日利害何如哉？上下洩洩……以釀成極敝而不可爲之勢，求如秦廷一士爲不可得，誰摧士氣一至於此！』在『揚一益二』條，引宋《寶祐志》言：『本朝承平百七十年，尚不能及唐之什一。今日真可酸鼻也。』加上夾注：『揚州今日視宋時又不及矣。』在《文苑志》中纂輯了大量關注民生疾苦和以隋爲鏡鑒的詩文，『牧臣司揚，敢告執箸』，可謂用心良苦。于若瀛《叙》云：『余請以「榷困商，鹽困竈」兩語作《續揚州箴》。』祝世禄《叙》云：『故以民物之隆替候維揚之盛衰，以維揚之盛衰候天下之否泰。』『廣維揚於九州百國，雖謂揚之志，爲天下志可矣。』其時離明亡僅四十年，作叙者與修纂者真是心心相印。是志考訂精審，『特採故實有據者』，『里耳傳訛悉所刪削』。但志中仍有把隋前之揚州誤爲後之揚州者。詩所收韓翊詩實爲姚合《揚州春詞三首》中之兩首。韓翊又爲韓翃之誤。本《文庫》據明萬曆二十九年修三十三年刻本影印。（趙昌智）

〔康熙三年〕揚州府志二十七卷首一卷 （清）雷應元纂修

雷應元，字天卿，清遼東人。由蔭生入仕。順治十七年至康熙三年任揚州知府，有德政。應元因揚州府自明萬曆年間修志已歷六十年，乃移檄所屬十邑，延集當地熟諳典故之人，臚列六十年來的沿革建置、美蹟芳風，呈報府署，『給筆札以屬之郡儒生一二人，俾令仍其舊款，增以來緒，自賦役、鹽筴、兵防、官制，欽遵本朝功令更訂入志外，其別款雖有添注，無大益損，是以僅閱數月而書成』（雷《序》）。是書凡二十七卷首一卷，體例基本因襲萬曆府志，連序、贊文字都無大改變，所添注文字能見編纂之拘謹小心。書前有康熙甲辰雷應元序、康熙三年羅森序、萬曆舊志原序，有修志姓氏，有目録。本《文庫》據上海圖書館藏清康熙三年刻本影印。（趙昌智）

〔康熙二十四年〕揚州府志四十卷 （清）金鎮原本 （清）崔華 張萬壽續修 （清）王方岐續纂

崔華（一六三二—一六九三），字連生，號西岳，清直隸平山人。順治十六年進士。初知開化縣，有政績。康熙十九年以功陞揚州知府，二十三年擢署兩淮鹽運使，調甘肅涼莊道，未行而卒。有《公餘集》。另有康熙《兩淮鹽法志》，本《文庫》已收録。詩格頗高。張萬壽，字鶴秋，清山西浮山人。舉人，康熙二十四年任揚州知府。王方岐，字武徵，號蒙谷，清江都人。博通典籍，放情詩酒。著《蒙谷詩》一卷。康熙十三年，康熙命儒臣纂《一統志》，詔令各地修志，以備採擇。適金鎮改補揚州知府，遵奉憲檄修輯，金鎮後雖擢江寧驛傳鹽法道副使，兼署鹽運司，但仍關心此事，『視郵南北』，『舟車之暇，朱墨點乙，經歷寒暑書成』（金《叙》）。設輿圖、建置、星野、疆域、山川、河渠、風俗、城池、封建、賦役、鹽法、物産、秩官、選舉、公署、祠祭、古蹟、寺觀、冢墓、名宦、人物、藝文二十二類。《續修四庫全書總目提要》評論『是編獨能以簡馭繁，條目省而文獻詳，固非能手不辦』。康熙二十三年，朝廷因編會典，令各省纂通志以上，省檄郡邑，『以建置無年表，户口無分數，河渠無水利，以及蘆課、漕運、江防、海防、驛傳、關税、雜記未經詳列，敕府一一補完，其十五年至二十一年亦須補入』（《凡例》），因續修此志。是書大體沿襲十四年志，略有調整：卷二建置增年表，卷四疆域增都里，並將原卷八城池併入，卷五山川增江防、海防，卷六河渠增水利，卷七風俗，併入原卷十二物産，卷八改立學校，併入原卷十六公署，卷十賦役增户口、蠲免，卷十一鹽法增鹽法秩官，卷十二改立驛傳、船政、關税、漕運，卷十五選舉增擴一卷，卷十八古蹟增雜記，卷十九後各類基本依照前志，只篇目稍有增減而已。各門目記敘，同時補入康熙十五年至二十一年的事蹟資料，後又續至康熙二十四年。《凡例》云『天下之大利鹽爲政，天下之大害河爲政，而揚均任之』；『前志於二端尚爲未備』，故是志於鹽、河二政尤爲關注，特詳言之。如歷舉揚州境内河工，大而川瀆變遷，細而堰閘廢興，搜羅登載，並附録有關奏議、事略，於資政大爲有益。《藝文》中多收《新修上下雷塘記》《逃亡行》《水嘆六首》等詩文，亦可見修志者對民生關切之情。二十四年志承十四年志之舊，破『生不立傳』之規，雖可『標實蹟以永去思』，然學、仕未爲定論，立傳值得斟酌。書前有李宗孔序、康熙十四年金鎮序、康熙乙丑張萬壽序、汪懋麟序、揚州府志原序，有凡例、修志姓氏、目録。本《文庫》據上海圖書館藏清康熙二十四年刻本影印。

（趙昌智）

〔雍正〕揚州府志四十卷 （清）尹會一纂修 （清）程夢星等纂

尹會一（一六九一—一七四八），字元孚，號健餘，清直隸博野人。雍正進士。雍正十年知揚州府，尋擢兩淮鹽運使，仍攝府事。生平講學以程朱爲歸，居官和平清介。在揚期間，興文重教，疏河灌田，捐造義渡，爲揚州賢牧守之一。後人彙其所著爲《尹健餘先生全集》。程夢星（一六七九—一七五五），字午橋，號洴江，一字伍喬，號香溪，清江蘇江都人。康熙五十一年進士。官翰林院編修，丁艱後歸里不復出。工詩文，擅書畫，購篠園及漪南別業，與友朋詩酒流連，主詩壇數十年。於藝事無所不能，爲一時風雅之宗。著有《今有堂集》《李義山詩集箋注》《香溪集》等。另有雍正《江都縣志》、乾隆《江都縣志》、雍正《敕修兩淮鹽法志》《平山堂小志》《山心室倡和甲乙集》《城南聯句詩》《廣陵倡和集》《今有堂詩集》《茗柯詞》，本《文庫》已收録。雍正朝全國行政區域調整較大。明洪武二十七年，揚州領三州七縣，清代因之。康熙十一年海門併入通州。雍正三年分通州爲直隸州，而以泰興、如皋二縣分屬。十年又析江都置甘泉縣。疆域既分，管轄亦異，故纂輯郡志，『雖係相因，實爲創始』（《凡例》）。是書四十卷，涉及輿圖、建置、星野、疆域、城池、都里、山川、河渠、水利、風俗、物産、學校、公署、祠祀、賦役、封建、鹽法、秩官、選舉、古蹟、冢墓、寺觀、名宦、人物、列女、撰述、藝文、雜記。書前有雍正十一年尹會一序、府志原序，有凡例、修志姓氏、目録。《續修四庫全書總目提要》稱其：『繁簡較爲得中，事備而文不增，乃其長也。』是書在諸多方面都體現雍正朝的爲政風格。一是『於《山川》之外，另編《河渠》《水利》二卷』，最爲有識。《河渠志》中列河、湖、塘、溪、港、洲、蕩、溝、灣、浦、澗、潭、池、堤、堰、埭、閘、壩、磄、淺、洞、津、渡、橋、梁、井、泉，一一詳述。《水利志》收入前人奏章條議，『俾留心河務者得備觀覽』，『準今酌古，事在人爲』。二是《賦役志》，二州五縣，丁、田變化、徵銀、漕運、屯糧、驛傳等均記叙詳細，解銀數額至錢分後十幾位。三是《風俗志》中簡要如實地反映了揚州『土沃財豐，俗寖驕侈』，『俗喜商賈，不事農業』，『君子富，好行其德』，『賤品力役之際，吟詠不輟』的習俗現狀，更着力叙述其時移風易俗之舉。『返樸還淳，維上之使，國奢示儉，國儉示禮』，『守兹土者，每月朔望日，躬率僚屬，約鄉之士大夫會耆老氓庶，於敞閑清曠之地，恭講聖諭，宣讀詳明』。四是《人物志》對孝行明確提出：『舊志所載孝行刲股割肝，十居五六。近奉綸言，凡毁生滅性之孝，概不旌表。』這體現一種人文關懷的導向。是書雖稱考訂精良，然亦有不足之處。如《山川志》云：『維山匪高，發源西蜀』，《物産志》講『綉球即聚八仙』，皆因襲之言。《列女》中仍收有不少割股救翁姑、救父母、救夫者，皆悖於凡例。《文藝》中收入韓翃《過揚州二首》，又收姚合《揚州春詞》（一首），而康熙朝在揚州編刻《全唐詩》已將其列爲姚合《揚州春詞》（三首），不知纂修者爲何仍作此安排。本《文庫》據清雍正十一年刻本影印。（趙昌智）

〔嘉慶〕重修揚州府志七十二卷首一卷 （清）阿克當阿監修 （清）姚文田等纂

阿克當阿（一七五五—一八二三），字厚庵，滿洲正白旗人。時官内務府護軍統領，兼管三山（今江蘇南京西南長江東岸地區）事務、督理兩淮鹽政，嘉慶十三年又任兩淮巡鹽御史，曾監修《欽定全唐文》。德慶，正黄旗人。兩淮都轉鹽運使司鹽運使。張世浣、嵩年，先後任揚州知府。同纂十二人中，姚文田等七人爲翰林院編修或庶吉士，焦循、江藩等地方名士亦當代碩學鴻儒，『纂修人才極一時之盛』。是書凡七十二卷首一卷，分二十八個門類，一百多萬言，内容豐富精湛。書前有嘉慶十五年阿克當阿序、張世浣序、嵩年序、德慶序、揚州府志原序，有修志職名、凡例、目録。首列《巡幸》，記叙了康熙、乾隆兩帝分别六次巡幸揚州的情形，因乾隆一朝，揚州未修府志，資料則更顯珍貴。尾列《事略》，係姚文田所作，實際成爲一部揚州簡史，《續修四庫全書總目提要》評其『足與容甫之《廣陵通典》抗顔並行，洵爲獨出之作』。而中間各門叙述亦多精當，《兵志》三卷可謂是揚州軍事史略，對揚州一城的興衰成爲國之興衰標識作了最好的注脚。其文字嚴謹樸實，疆域、人物、制度等考訂核實，對舊志沿襲失考者，皆詳細釐定。如《凡例》所言『採録正雜各史』『但有删節，而無妄添』『注明原書卷目，以備覆考』『事蹟小異及舛誤須考正者，皆照《三國補注》之例，雙行分載各條下』『舊志所有而其人其事皆無考者，俱從其舊』。如舊志中録董永、漁丈人，均删。舊志載江都王緒傳，是志纂者認爲江都王係唐封爵，與漢之封建於此地者不同，故删。『宦蹟人物』亦『皆以已往爲斷』『當俟異日論定』，持十分嚴謹的態度。是書之成，正當揚州學派興盛之時，阮元、伊秉綬等此前曾相謀纂修《揚州圖經》，對斯志有奠基之功。是志是揚州學派學術思想指導修志的一次重要實踐，也是揚州學人文化自覺的一次重要體現，不愧是一部良志，對後之志書影響甚大。是書自嘉慶十四年正月至十五年四月，歷時一年零三個月，修纂並刊刻成書。世之通行本爲嘉慶十五年刻本。另有同治十三年補刻本，但流傳不廣。本《文庫》據清嘉慶十五年刻本影印。（趙昌智）

〔同治〕續纂揚州府志二十四卷 （清）方濬頤修 （清）錢振倫等纂

方濬頤（一八一五—一八八九），字子箴，號夢園，清安徽定遠人。道光二十四年進士，由編修歷官兩廣、兩淮鹽運使，擢四川按察使。同治八年授兩淮鹽運使。時曾國藩總督兩江，學士袁保恒主張增加鹽價，濬頤堅決反對。在揚任職期間，開設淮南書局，廣攬四方賢士，校刊群籍；增加梅花、安定兩書院課額，選高材生就署中題襟館課之；主修同治《續纂揚州府志》網羅文獻；重修平山堂等諸多名勝古蹟，對揚州文化建設多所貢獻，『盧、曾以後，一人而已』。光緒二年，遷四川按察使，後僑寓揚州，主講安定書院。收藏書、畫甚富，精鑒賞，頗負時名。濬頤才思敏捷，極善言吐，又能著書，刊行的詩達四千首，六十歲後終日研究諸子史傳，撰寫隨筆，日一篇或三五篇，筆耕不輟。著有《二知軒詩文集》《夢園書畫録》。另有嘉慶《兩淮鹽法志》《題襟館倡和集》，本《文庫》已收録。錢振倫（一八一六—一八七九），原名福元，字侖仙，亦作楞仙，清浙江歸安人。道光十八年進士，選翰林院庶吉士，散館授編修，主四川鄉試，陞國子監司業。曾主泰州崇實書院講習，主講揚州安定書院。與弟錢振常同撰《樊南文集補編箋注》等，著有《示樸齋文集》《示樸齋隨筆》。另有《安定書院課藝》《安定書院小課二集》，本《文庫》已收録。是書於同治十年八月至十三年冬十一月修纂而成。方濬頤監纂，知府英傑監修，揚籍致仕家居的前都察院左副都御史、浙江巡撫晏端書和前福建巡撫卞寶第以及錢振倫總纂。而參預分纂、分校、採訪、謄寫、監刻、收掌、供支者達四十餘人。局中『膏火剞劂之費取給於揚州善後釐捐』。是書在嘉慶《重修揚州府志》的基礎上續纂，纂修者主張『續纂之例與重修不同，但當踵述新文，不復紛更於曩制』。鑒於『前志門類精審，無可置辭』，巡幸、建置沿革、分野、疆域、山川、都里、津梁、風俗、物産等九門毋庸賡補，其餘十九門依次續纂嘉慶十五年至同治十三年計六十四年間之事蹟，先對舊志闕佚者加以補刊，再增纂新編。書前有同治十三年方濬頤序、晏端書序，有修志職名、目録。其特點：一是收採考訂認真。如晏《叙》云：『志所不載，不能不求於公牘，而歧與複者不免焉；公牘不詳，不能不出於採訪，而歧與複者滋甚焉。兵燹之後，闕佚固不待言，即所得者，亦復契勘删併，耗日力於瑣屑之務，宜乎成書之不能速矣。』局中司採訪者達十人，汪鋆等與其事，志中新採之事隨處可見。二是文字簡明老成。《續修四庫全書總目提要》評論：三名總纂『皆以老成碩學主持其事，立名既示謙虚，持論一歸純正。凡所引據，亦皆詳確』。每門下有夾注，類似引言，然極簡潔，無一虚言。《城池志》夾注：『揚州府城、儀徵縣城、東臺土城皆無重修，案據闕之。』《學校志》附安定書院，紀其被毁復建過程，還用雙行夾注引錢振倫《移建安定書院記》一文，可謂詳矣。而《賦役志》云：『前志詳列徵折糧銀條款，嘉慶十六年後悉無更易。内惟漕運一則，大異舊制，特專志焉。』志之全文僅二百餘字，又可謂簡矣。三是突出反映了太平天國在揚活動情況。太平天國運動是晚清中國社會的重大事件，對整個社會格局變化影響巨深。是志除有《事略志》專述，而其他門類中也多有涉及，資料豐富，可資研究，殊足珍貴。但該志亦有不足，《人物志》有十三卷之多，而賦役、鹽法、兵志三門纔一卷，似有失當之嫌。再，尚有校對不細之處，如目録中《人物志（八）爲『術藝』，正文作『藝術』。本《文庫》據清同治十三年刻本影印。（趙昌智）

〔萬曆〕江都縣志二十三卷 （明）張寧修　（明）陸君弼纂

張寧，字坤一，明襄城人。進士出身，萬曆二十年任江都知縣，二十七年陞南京刑部主事。陸君弼，字無從，又名弼，江都縣人。萬曆中貢生，肆力古學，著有《廣陵耆舊傳》《正始堂集》等。嘉慶《重修揚州府志》有傳。是書以本縣人葛洞所纂嘉靖《江都縣志》爲底本，而有所增益。卷前有萬曆丁酉張寧序、修志名氏、志目、陸君弼序，書後有萬曆己亥何龍圖後序。陸《序志》，記述修志始末。全書仿照正史，分爲紀、表、志、傳四類。卷一郡縣紀，卷二郡縣表，卷三秩官表，卷四附秩官表，卷五選舉表，卷六武選舉表，卷七提封志，卷八建置志，卷九食貨志，卷十儒學志，卷十一秩祀志，卷十二兵戎志，卷十三雜志，卷十四秩官循良傳，卷十五附秩官循良傳，卷十六秩官名臣傳，卷十七選舉名賢傳，卷十八名賢傳，卷十九寓賢傳，卷二十勛戚傳，卷二十一孝義傳，卷二十二列女傳，卷二十三外傳。其《雜志》實爲古蹟，《外傳》則記傳疑之事。修纂者關注國計民生，於類目前後，常以『撰曰』『按』等發表議論，涉及治安、戰備、火患、水利、賦役等方面，批評意見多切中時弊；因卷首無凡例，故也用以闡明取材依據、編纂方法，有時也用以表述糾訛訂謬的考證成果。藝文不另著門類，只採其雅訓者，雙行細注於志後。然該志亦偶有疏誤，如《秩官》中記載縣屬官職，不及巡檢、驛丞；《郡縣紀》叙述三國時吴主亮使衛尉馮朝築廣陵城及曹丕擊吴年代，與史書誤差達三十餘年；目録標題也有錯編等。康熙志批評它『苟簡率略，不異草創』，《四庫全書總目》也對其中的門類名目不當如『郡縣紀』『郡縣表』『提封志』等，多有譏刺。《揚州畫舫録》則認爲它『證疑考信，後世賴之』。書中有萬曆年間張寧及何龍圖序，故《四庫全書總目》稱之爲『萬曆江都縣志』，其他書目亦多據此著録。其實此志當刊刻於明崇禎末年，因其中有崇禎十年揚州城西開挖保揚河之事。《四庫全書總目》稱有兩淮鹽政採進的八卷本，今已不可見。國内僅見國家圖書館所藏殘本，缺第二十三卷；日本内閣文庫藏有完本。本《文庫》據日本内閣文庫藏本影印。（張連生）

〔康熙〕江都縣志十六卷　（清）李蘇纂

李蘇，字環溪，清湖北荆門人。康熙四十二年進士，五十三年任江都知縣。在職期間，獨力捐資，修纂本志。是書成於萬曆《江都縣志》之後一百四十餘年，卷前有揚州知府馮肅和李蘇所作二序、張寧序、本志目録、參與修纂人員的官職姓名與凡例。卷一圖式、御製、宸翰，卷二星野、建置、年表、疆域、城池、官署、都里、山川，卷三坊表、鋪遞、坊鋪、街巷、橋梁、河防、江防、墩堡、榷禁、漕限，卷四田賦、雜税、洲田、土税、鹽務、物産、風俗、祥異，卷五學校、名宦、鄉賢、封建、兵争，卷六秩官表、秩官、秩官名臣、選舉表、選舉名臣、薦紳名賢，卷七祠祭、寺觀、古蹟、冢墓，卷八至卷九人物（忠節、孝友、名儒、篤行、文學、武勛、隱逸、方技、流寓、仙釋），卷十至卷十二列女，卷十三至卷十六藝文（詔、誥、敕、奏疏、條議、記、序、書、碑、雜著、墓銘、賦、詩、詩餘）、雜志。是書在萬曆志基礎上採集資料重新編輯而成，新增若干史實，細分不少門類，如將《食貨》分爲田賦、雜税、洲田、土税、鹽務、物産等，將《人物》分爲忠節、孝友、名儒、篤行、文學、武勛等，《圖式》繪録當時江都縣地圖及名勝古蹟，《御製》《宸翰》收録康熙帝六次南巡駐蹕江都的有關詔諭、遊踪及詩賦、碑記、題詞等，《藝文》仍將各類文獻資料從注文中録出，別爲一體。志中收集的有關明末清初的許多揚州史實，如明末周志畏協助史可法抗清、康熙中江都知縣軒轅印、熊開楚安撫民衆等，頗具史料價值。馮肅序雖極口稱贊該志優於萬曆志，但其中亦多體例欠妥、措置失當之處，如卷六分秩官表、秩官、秩官名臣三類，劃分過細；志中多直接抄録萬曆志舊贊、舊序、舊傳記，甚至出現『襄城張公曰』、『國初兵燹後，廣陵遺户僅十八家』之類的文字；《名儒》首列胡瑗，又明知其爲『如皋人』，與江都無涉；所新增的人物傳記，往往時序錯雜，先後不一。雍正《江都縣志凡例》以爲它『採取未當，久滋物議，是以不敢遵爲定本』。本《文庫》據清康熙五十六年刻本影印，個別殘缺處據南京圖書館藏抄本補全。（張連生）

〔雍正〕江都縣志二十卷圖一卷　（清）陸朝璣修　（清）程夢星等纂

陸朝璣，清浙江平湖人。雍正六年任江都縣試用知縣。程夢星有雍正《揚州府志》，已著録。時清廷詔令各地修志，朝璣乃聘夢星等人編纂縣志。書前有雍正七年陸朝璣序、萬曆丁酉張寧、陸君弼舊志序，有凡例、修志姓氏、目録、圖式。卷一沿革表，卷二秩官表，卷三至卷四選舉表，卷五建置志，卷六學校志，卷七疆域志（星野、五行、形勝、歷代形勝、風俗、歷代風俗、都里、四至、鎮市、坊表、坊鋪、街巷、物産），卷八山川志附水利，卷九民賦志，卷十軍政志附戰守、封建。卷十一祠祀志附寺觀，卷十二古蹟志附冢墓，卷十三名宦志，卷十四至十六人物志，卷十七經籍志附碑目，卷十八至十九藝文志，卷二十雜記。編纂者搜羅鴻富，曾於江都境内廣爲宣傳，令民間人人皆可自薦家傳、行狀，以供修志採擇；又經反復論辯核實後方予録用。取材以經、史、子、集爲正，旁及《明一統志》《南畿志》《嘉靖惟揚志》，萬曆、康熙《揚州府志》，萬曆縣志等。記載史事時間截止於雍正七年。體例依照《景定建康志》，而不以康熙《江都縣志》爲底本。强調信而有徵，多所考證，着力糾正舊志有關郡縣沿革中的地理訛誤，如其中既肯定明萬曆志陸弼分清江都縣與江陽、輿縣之正確，又指出其將漢代與隋唐之江陽縣混爲一談的失誤；凡舊志將隋以前揚州誤以爲唐以後揚州者，一概予以删除；明代以前史事，不全依據志書，而多以史書爲準，並逐一注明出處。注重河渠、水利，凡是昔人有關江都水利的奏疏、條議，都附録於《山川志》中，以備參考。乾隆《江都縣志序》評價此志『世稱善本』。因康熙五十六年《江都縣志》『久滋物議』，故而連其中採集的當代史料亦不屑一顧，未免有失偏頗。本《文庫》據上海圖書館藏清雍正七年刻本影印。（張連生）

〔乾隆〕江都縣志三十二卷首一卷 （清）五格 黄湘修 （清）程夢星等纂

五格，正白旗内務府人。乾隆二年由江都縣縣丞陞任知縣。黄湘，清浙江德清縣人。貢生。乾隆六年任江都知縣。程夢星有雍正《揚州府志》，已著録。是書創修於五格。乾隆六年，五格去任時，志稿已成，黄湘接任後，復加釐定。卷首有乾隆八年高士鑰序、乾隆六年五格序、乾隆八年黄湘序、陸弼江都縣志舊序、陸朝璣原序，有凡例、重修姓氏、目録、圖式。卷一建置附沿革表，卷二星野附祥異，卷三疆域附都里、坊鋪，卷四山川附河渠、津梁，卷五學校附書院、義學，卷六賦役附漕屯、鹽法，卷七秩官附公署，卷八祠祀，卷九軍政附歷代封建、戰守，卷十風俗，卷十一物産，卷十二選舉附封蔭，卷十三仕籍附恩爵，卷十四名宦，卷十五鄉賢，卷十六古蹟，卷十七寺觀，卷十八冢墓，卷十九至卷二十八人物（分忠節、亮績、孝友、篤行、文學、武勛、隱逸、寓賢、方伎、仙釋），卷二十九列女，卷三十經籍附碑目，卷三十一藝文，卷三十二雜記。是書沿用雍正縣志體例而稍有變通。因雍正九年，已分江都縣西北境設置甘泉縣，該志在各類記述中，既要反映現狀，又要考慮源流，故以隸屬於江都縣者詳著於前，隸屬於甘泉縣者附目於後，難以割裂者則依然加以記載。爲便於觀覽，於建置部分，先叙歷代之源流，而後附沿革表。各個門類之下，一概不用韻語爲引言或論贊，而是繫以小序，表明作者纂輯意圖。全書地理記述有所減少，人文叙述有所增多。《名宦》之後，新增《鄉賢》一目，與前者相互呼應。《人物》之下，不再出現『人物』，增設『亮績』一類，名目不至混淆。此志與《甘泉縣志》同時編纂，取材、文字，或有異同，可備讀者參考。《續修四庫全書總目提要》稱許它『採摭頗備，文亦雅潔』。所不足者，《風俗》門略去民間習尚，《雜記》類多採宋明小説，又未注明出處。瞿宣穎《方志考稿》中評論該志爲『宋敏求、吕大防之次也。全書類皆摘比故書中關於廣陵事而成，頗似朱彝尊《日下舊聞》體裁』，『考古之功有餘，而史識未足』。此書有清乾隆八年刻本、光緒七年江都知縣劉汝賢翻刻本。本《文庫》據清乾隆八年刻本影

印。（張連生）

〔嘉慶〕江都縣續志十二卷首一卷　（清）王逢源修　（清）李保泰纂

王逢源，字春涯，清順天府宛平人。監生。嘉慶年間迭任江都知縣，先後近六年，後陞職離揚，仍以纂修縣志爲懷，並托付於李保泰。李保泰（一七四二—一八一三），字景三，號嗇生，清寶山人。進士，揚州府學教諭，後任國子監博士。寓居江都近三十年，參與纂修《甘泉縣志》後，又於嘉慶十六年主持續修此志。著有《嗇生居詩集稿》。是書書前有嘉慶十六年李保泰、范溱盛序，有凡例、目録，書後有光緒庚辰劉汝賢跋。卷首天章（上諭、御製詩文、遊蹟），卷一祥異、疆域、城池、鎮市、坊表、河渠、渡、堤、橋梁、學校、書院、義學，卷二賦役、漕屯、鹽法，卷三秩官、公署、卷四祠祀、軍政、選舉、封蔭，卷五仕籍、名宦、古蹟、寺觀、冢墓，卷六人物，卷七列女，卷八經籍，碑目，卷九至卷十藝文，卷十一至卷十二雜記。是書不再沿用以往方志編纂的統括古今體例，僅續輯乾隆七年之後的史實。因其間有乾隆帝六次巡遊江都的盛事，特於卷首添設《天章》一門，記録其行踪遊蹟及有關諭令、詩文、留題之類。舊志常有的《建置》《星野》《山川》《風俗》《物産》等門類，因無新增内容，故省而未綴。《人物》門中，凡是已經收入《續甘泉志》者不再重複，而商人、流寓事蹟仍屬江都，照常輯録。其《秩官》《古蹟》《藝文》等類目中收録了不少乾嘉之際寓居江都的學者名流的詩文，如杭世駿、厲鶚、趙翼等人的作品。此外，編者還注意搜採江都縣東南地區集鎮的資料，如對當時的瓜洲、大橋、宜陵等鎮故實，皆着力收録，彌補了舊志的欠缺。志末設《雜志》兩卷，採録歷代郡縣志所未涉及的遺聞，其中雖有一些民間軼事，但大多言之有據，並對舊志的舛誤之處作了糾正考辨。例如對於揚州歷代地方志的留存情況作了概述，並根據親眼所見，糾正關於趙鶴《郡乘正要》、盛儀《嘉靖惟揚志》卷數記載的錯誤。不足之處是在類目分立及排列上顯得較爲雜亂。此書有清嘉慶二十四年刻本，此本至光緒年間幾乎絶蹟，後幸有人在書肆中購得，方知嘉慶中曾經修纂本志；清光緒七年江都知縣劉汝賢翻刻本，末尾有劉氏跋文，叙述重刊經過。本《文庫》據清嘉慶十六年修光緒七年重刊本影印。（張連生）

光緒江都縣續志三十卷首一卷　（清）謝延庚修　（清）劉壽曾纂

謝延庚，字心畬，清浙江會稽人。光緒七年任江都縣知縣。修有光緒《六合縣志》。劉壽曾（一八三八—一八八二)，字恭甫，一字芝雲，清儀徵人。毓崧子，文淇孫。同治三年、光緒二年兩中副榜。後以遊幕校書爲生，曾爲杜文瀾纂輯《古謡諺》等書。後繼其父毓崧主持曾國藩金陵書局，校勘出版書籍。儀徵劉氏三代治《左傳》，壽曾繼承家學，將祖父文淇《春秋左氏傳舊注疏證》續至襄公五年，著有《春秋五十凡例表》《臨川答問》《昏禮重別論對駁義》。另有《傳雅堂文集》《詩集》，本《文庫》已收録。是書賡續嘉慶縣志，記述嘉慶以來邑中故實。卷前有光緒癸未黄波叙、光緒九年謝延庚叙，有續志職名、目録。卷首圖説，卷一聖澤記，卷二大事記，卷三官師年表，卷四選舉年表，卷五女行旌門表，卷六咸豐三年以來兵事月日表，卷七咸豐三年以來職官殉城表，卷八咸豐三年以來軍營鄉團死事表，卷九咸豐三年以來士民殉城表，卷十咸豐三年以來婦女殉城表，卷十一政考，卷十二建置考，卷十三河渠考，卷十四民賦考，卷十五鹽法考，卷十六學校考，卷十七兵防考，卷十八祠祀考，卷十九名蹟考，卷二十藝文考，卷二十一至卷二十七列傳，卷二十八寓賢，卷二十九列女，卷三十拾補。修纂者認爲『方志爲一方之政要，非徒以風流文采，爲長吏飾儒雅之名』(黄《叙》)，吸收了章學誠的修志主張，效法《永清縣志》，多所改革。仿照正史體例，分爲記(相當於紀)、表、考(相當於志)、傳四大門類。卷首增加《圖説》一類，左圖右史，《縣治圖》詳述江、甘二縣的區域劃分、城池丈尺、城門設置及街市坊巷、道路等情況；《四鄉圖》《江防圖》具體反映縣城四境鄉鎮分布、水陸交通、道里、橋梁、港口及營守駐防等方面的情況，頗具實用價值。《聖澤記》歷叙嘉慶以來清帝對揚州的恩典；《官師年表》相當於《秩官年表》，按照年代記録歷任揚州職官；《政考》相當於《宦蹟考》，記載名宦事蹟；《名蹟考》只記載嘉慶十六年以來營造而光緒時已經湮没的名勝舊蹟；《藝文考》甄録舊志未收書目達三百餘種，以備徵文考獻之用。書中對道、咸、同、光之間揚州歷史上的重大事件，如有關清政府在鹽法上『改綱爲票』之後的食鹽運銷方式及數額變化，第二次鴉片戰争中英軍的入侵及揚州沿江的戒備情況，太平天國戰争對於揚州的影響，直至賴文光在揚州被俘經過等，都作了詳盡的記述。但《女行旌門表》篇幅竟佔全志四分之一，未免失衡。民國《江都縣續志》評論：『以文字言，雍正志爲優，以體例言，則光緒志爲善。』本《文庫》據清光緒十年刻本影印。(張連生)

〔民國〕江都縣續志三十卷首一卷　錢祥保修　桂邦傑等纂

錢祥保，字瑞生，號仞庵，江都人。屢應試未中，乃捐資得官知縣，辛亥革命後罷官歸里。有民國《甘泉縣續志》，本《文庫》已收録。桂邦傑（一八五六—一九二八），字蔚丞、偉臣，江都人。光緒三十三年進士，知縣，曾留京師教習十年，與嚴復、林紓等人被稱爲『中國文學學科史上第一批文學教習』，劉師培恩師。冶春後社著名詩人。著詩文集若干卷。另有民國《甘泉縣續志》《同光年間揚州名人文稿》，本《文庫》已收録。是書於民國六年創議修纂，籌措經費並設置江都縣續修縣志局，原計劃三年蒇事，實至民國十四年乃成，次年刊行。體例略仿光緒《江都縣志》，分爲圖説、考、表、傳四大門類，附帶補正和雜録。書前有民國十四年錢祥保序、民國十五年趙邦彦序，有凡例、目録、續修職名。卷一地理考，卷二建置考，卷三河渠考，卷四民賦考，卷五鹽法考，卷六實業考，卷七物産考，卷八學校考，卷九兵防考，卷十自治考，卷十一祠祀考，卷十二寺觀考，卷十三名蹟考，卷十四藝文考，卷十五金石考，卷十六職官表，卷十七選舉表，卷十八女行旌門表，卷十九名宦傳，卷二十至卷二十六列傳，卷二十七寓賢，卷二十八列女，卷二十九補正，卷三十雜録。書中記事雖以光緒九年至宣統三年爲限，但《人物》之中，有事蹟在清朝而歿於民國者，仍據實記録；對前志未載或記載疏略者，也加以纂輯，不加限制。多採用檔案官書資料，亦以私家舊作及採訪所得增其未備者，並注明出處。該志去除舊志《聖澤記》《大事記》及各種年表，新增《物産考》《實業考》《自治考》《寺觀考》《金石考》等門類，將《政考》仍舊改名爲《名宦傳》。各門類的篇首冠以小序，以明記述原委。注重反映近代揚州的經濟政治發展狀況，對光緒、宣統時期的新政，凡是有類可歸者，附見於各門之後；無類可歸者，如《實業》《自治》等則另列門目，其中《地理考》《河渠考》《民賦考》《鹽法考》等門類記述詳細。如《民賦考》對『率外之税，例外之捐，關於增收及特設者』，一一備載；《物産考》對當地各類物産詳細分類，加以記述。新增《補正》一門，對前志所記闕略訛誤者，逐一加以輯補增訂，其中尤對光緒志補正較多。《續修四庫全書總目提要》評價其有『繼往開來之美意』，『《民賦考》三卷，爲最詳備，尤爲有識』。此書有民國十五年揚州集賢齋刻本，封面有民國十四年陳重慶題寫的書名，封裏有民國十年開雕的牌記；另有民國二十六年重印本、一九六三年油印本。本《文庫》據民國十五年揚州集賢齋刻本影印。（張連生）

〔民國〕江都縣新志十二卷末一卷　陳肇燊　馬鎮邦等修　陳懋森纂

陳肇燊，字南軒，廣東番禺縣人，民國年間任江都縣縣長。馬鎮邦，字漢波，淮安人。陳懋森，字賜卿，江都人。民國十八年冬，江蘇省政府令各縣纂修志書。其時，新修《江都縣續志》未幾，呈請從緩，上司以爲《續志》截止於前清，並未涉及民國以來歷史，故仍應接修新志。陳肇燊遂任懋森爲縣志編委會委員兼編纂主任，於民國二十一年在旌忠寺開局纂輯，成稿於民國二十四年。因缺少雕版經費，拖延至民國二十六年，方由後任江都縣長馬鎮邦集資刊成。該志補前志之闕，記事自民國開始，對地理、河渠等民國以來並無更變者，不再重列門類，而根據社會演進，對一些類目名稱作相應改變。卷前有馬鎮邦序、參修人員職名、目録。卷一職官表，卷二建設考（城池、官廨、會場所、祠祀、道路、橋梁、舟車交通、善堂、水會、津渡），卷三教育考，卷四田賦考（户口、額田、賦則、倉儲、雜捐），卷五自治考（國會、江蘇省議會、縣參議會、市鄉議董會），卷六至卷十二人物傳，卷末有人物傳補遺。民國初年，已將甘泉縣重新併入江都縣，故《江都縣新志》内容也包括了民國以來甘泉地區的史實。書中注重記述人物，尤其是辛亥革命和民國初期的江都革命志士的生平事蹟，如對熊成基烈士革命的經歷，『五卅慘案』後劉光權深慟外侮，投江自殺，以喚醒民衆事蹟等等，均有詳細記載。卷末《人物傳補遺》，補記前志《人物傳》漏載的民國之前本縣人物，亦有助於清末江都歷史與人物的研究。是書有民國二十六年刻本、一九六三年油印本。本《文庫》據民國二十六年刻本影印。

（張連生）

〔民國〕江都縣續志稿鈔　佚名撰

是書一册，殘抄本，不分卷，無書名，無抄録者署名。方格稿紙中縫處，多印有『縣續志稿』四字，有的爲『續修縣志採訪册』七字，當是用修志局統一辦公用紙抄成的採訪稿。全册共抄録有關明清時期江都縣的各種資料四十餘條，大多爲清代後期地方逸聞軼事，時間最晚者爲『趕老袁之讖語』一條，記載揚州光復之後，兒童將滚銅圈的遊戲稱爲『趕老圓』一事，並對袁世凱垮臺議論説：『袁之不能久享，已兆於數年之前矣。』可見此稿抄寫於民國年間。此條之外，均不涉及民國年間史實，可知並非民國《江都縣新志》的採訪資料。又有三條注明録自《江都縣續志》和同治《續纂揚州府志》，一條提到光緒三十二年成立教育會之事，可知該稿應爲民國《江都縣續志》的採訪稿，其中僅有少數被《續志》卷三十《雜録》所採用，如明末史可法殉難之後，其小妾李空雲修道之事；咸豐三年揚州城陷於太平軍之前，空城鳥啼聲甚哀之事等。《稿鈔》後半部條目多注明出處，如陳去病《五石脂》、阮元《廣陵詩事》、汪鋆《十二硯齋隨録》、李斗《揚州畫舫録》、況周頤《選巷叢譚》等，前半部分多不加注，大多録自梁章鉅《浪蹟叢談》、焦循《雕菰集》、焦廷琥《蜜梅花館文録》等著作。但是也有少數條目未見出處，當係採訪而來，如清末裁科舉、興辦學堂之事。總體而言，該稿彙集揚州多處園林、寺觀、古蹟與地方掌故資料，對於地方歷史文化研究有一定參考價值。本《文庫》據哈佛燕京圖書館藏稿本影印。（張連生）

〔光緒〕增修甘泉縣志二十四卷首一卷 （清）徐成敟　桂正華修　（清）陳浩恩等纂

徐成敟，字實庵，清安徽宿松縣人。拔貢。光緒三年任甘泉知縣。桂正華，字實之，安徽石埭縣人。光緒六年知甘泉縣。陳浩恩，字雨芹，清甘泉人。同治十三年進士，任户部主事。湯寅臣嘗從其學。工詩文，《梅花書院小課》收其文章。雍正九年，清廷析江都縣西北地分設甘泉縣，與江都縣同城而治，縣因境内有甘泉山而得名。甘泉縣原修有乾隆《甘泉縣志》和嘉慶《甘泉縣續志》，徐氏來任後，聘陳浩恩等將乾隆、嘉慶兩種縣志雜彙成篇，另行分卷，又續載嘉慶以後事。本擬用活字板刷印成書；桂氏接任後，以編校未精，且活字板多脱漏，乃聘請前靖江縣教諭甘泉人范用賓重加釐定刻板；桂氏離任後，由繼任知縣朱公純最終完成。是書各卷門類之中，先録乾隆原志，後録嘉慶續志，繼爲『新增』，再作『新增補遺』。卷首有原志、續志並光緒增修志的所有序言、凡例、職名、目録，目録後有圖式一卷，繪録甘泉四境、縣城、縣治及古蹟建置等圖十三幅。其門目設置，基本同於乾隆原志，而略有增損變動，如卷首沿用嘉慶續志《天章》一門。其《祥異》對於嘉慶以後事實略有增添，《水利》《河防》除摘録《北湖小志》和《甘棠小志》有關記述外，還採用了河工成案資料，對道光以後的情況記述較詳。《城池》《賦役》《軍政》《鹽法》《學校》《廨宇》《祠祀》《寺觀》《古蹟》《冢墓》等，間有增改，但增益之處，每每略而不備。《選舉》《人物》《忠孝》《碑碣》《叢綴》等新增部分多有採訪内容。此書有清光緒七年活字本、光緒十一年刻本、光緒三十三年陳元鑄據十一年本補刻本。本《文庫》據清光緒十一年刻本影印。（張連生）

〔民國〕甘泉縣續志二十九卷首一卷 錢祥保等修　桂邦傑纂

錢祥保、桂邦傑，二人均參與纂修民國《江都縣續志》，已著録。是書繼光緒《增修甘泉縣志》之後，記民國初年合併甘泉、江都二縣之前三十年中邑内之事。記事的下限截止於宣統三年，但《人物》門中，殁於民國者則不以爲限。

卷前有民國十四年錢祥保序、民國十五年趙邦彦序、凡例、目録、續修職名。卷首序例、圖説，卷一地理考，卷二建置考，卷三河渠考，卷四民賦考，卷五鹽法考，卷六實業考，卷七物産考，卷八學校考，卷九兵防考，卷十自治考，卷十一祠祀考，卷十二寺觀考，卷十三名蹟考，卷十四藝文考，卷十五金石考，卷十六職官表，卷十七選舉表，卷十八女行旌門表，卷十九名宦傳，卷二十至二十六人物傳，卷二十七列女傳，卷二十八補正，卷二十九雜録。是書多記載近代特別是光宣新政後的甘泉縣情況，如《寺觀考》附録中有關清末法、英、美各國傳教士的教堂，《實業考》有關於當地商會、農會、商業、樹藝業、漁業等方面的記述。《地理考》運用當時從西方學習的地理知識和測量、計算手段等，記述本邑的地理狀況。其於社會經濟情況反映也較詳，如《民賦考》有關賦税情況，臚列十幾種『特設之捐』和『附加之捐』的收費數額，爲近代經濟史的研究提供了翔實的資料。舊志未收的青銅器，詳加補録，附以考訂。對器物文字的形態，如古文、籀文、隸書、正楷等，皆逐一載明，其器形如鐘鼎之方圓，尊彝之規式，碑碣之長寬以及殘缺剥蝕都一一核實甄録，對於文物考古工作頗有價值。此書有民國十年揚州集賢齋刻本、民國二十六年重印本、一九六三年油印本。本《文庫》據民國十年揚州集賢齋刻本影印。（張連生）

〔民國〕甘泉縣續志采訪留稿　佚名撰

一册，無書名、序跋及作者署名。首頁有『採訪留稿』字樣，並有題爲『邵伯運河以東』的簡單提綱，下有古蹟、寺觀、列傳、女行、金石、物産、遺聞軼事、訪舊八門。其中，《金石》門下，又用小字標注：『一吉金，二御碑，三建置，四善堂，五古蹟，六寺觀，七會館，八墓志。』書稿正文内容與提綱一致，應爲編纂《甘泉縣續志》採訪邵伯運河以東地區資料的記録稿。稿中多處提及光緒年間之事，且『東河頭關帝廟』條下有『此廟有康熙元年壬寅鐵爐門，必是清初古廟可知』之語，故可確認爲民國《甘泉縣續志》的採訪稿。稿中各門類詳略不等，《古蹟》記載與謝安、曹彬、陶穀有關的謝公別墅、延壽寺、秋聲館等五處古蹟，《寺觀》記載泰山行宫、真武樓、牛欄宫、甘棠廟、羅令祠等二十餘座宫觀廟宇之由來，《列傳》記載當地的醫生、學者、善人、孝子、教師、琴師、隱士十餘人的事蹟。《金石》門記載最爲翔實，篇幅佔據全稿一半以上，除了第一類記録鐘鼎、鐵牛之外，其餘七類記述各種石碑、石刻三十餘通，具體叙述碑石建立的時間、碑文的内容、撰者、書者以及保存的情況，對於研究當地的歷史、文化、宗教、民俗等都頗有資料價值。該稿字蹟較爲潦草，篇末又有塗抹竄改及無關文字，須加整理，以便閱讀。此書僅有草稿殘本，揚州市圖書館藏。本《文庫》據此本影印。（張連生）

續修江都甘泉縣志徵訪條例 佚名撰

一册，無作者署名。民國初年，政府下令各地設立專門機構，續修縣志，此徵訪條例當爲續修江都甘泉縣志局所擬定的修志凡例。條例共計二十二條，逐一説明修纂縣志時應該劃分的門類以及編纂注意事項，其中包括時限、輿圖、地理、建置、河渠、民賦、鹽法、學校、兵防、祠祀、寺觀、名蹟、藝文、金石、交通、郵電、實業、物産、自治、職官、選舉、名宦、人物、列女、編年、雜録等。與後來編纂成功的《續修江都縣志》《甘泉縣續志》相比較，可知二志的門類與之基本相同，只有極少數有所變動，例如删除了專門記載帝王詔諭的《大事門》，將各門目區分爲『考』『表』『傳』三種類型等。條例之後，附録了續修縣志的詳細目録，如《交通門》下有電報、郵政、航路，《實業門》下有農會、商會、農工商業盛衰狀况等。最後還附有《擬訂採訪册式説明》《各種表式製法》等，對於書寫格式、標注方法等均有詳盡説明，可以反映當時修志工作的認真與規範。此書有民國年間鉛印本，由揚州新勝街集賢齋印刷所代印。本《文庫》據揚州市圖書館藏本影印。（張連生）

〔隆慶〕儀真縣志十四卷 （明）申嘉瑞修 （明）李文等纂

申嘉瑞，字叔獻，明河南葉縣人。嘉靖四十三年由舉人任儀真知縣。在任清操嚴肅，多興善政。李文，字孟博，儀真人。嘉靖十五年選貢，歷官浙江開化知縣、湖廣安鄉知縣。著有《詩宗類品》等。是書以舊志大率贍而寡要、訛而易斁，乃删繁揭要，探核研摘，隆慶元年正月修，歷時八月，成十四卷，設二十一目。卷前有邊維垣、申嘉瑞序，有修志職名、志目及序例。卷一疆域考、沿革考，卷二山川考、形勝考、名蹟考，卷三建置考，卷四、卷五官師考，卷六户口考、田賦考、馬政考，卷七食貨考、水利考，卷八學校考，卷九選舉考，卷十人物考，卷十一風俗考，卷十二祠祀考，卷十三武備考、祥異考，卷十四藝文考附雜識。各考前有序，後有論，體例謹嚴。其以『考』爲名，緣其以彙萃舊志史料，删濫補闕，『考其叙第，存其所可據者』（《序例》）。卷首録有《圖考》，收録唐、宋、元、明疆域及城隍、縣治、學宫、水利、陳公塘、宋兩塘圖，卷末録宋紹熙、嘉定，明永樂、嘉靖各志序。諸舊志今均失傳，賴此得窺原貌。是書卷六詳載宋、明兩代儀真户口、田賦變遷，嘉靖前後尤詳，纖悉靡遺，真實可憑；述馬政，具體而微。《食貨考》詳載本地穀物、菓蔬、畜禽、鳥獸、蟲魚、草木，均足考當時經濟社會狀況。《藝文考》『詩類』收録本地風物、名勝相關詩作，『文類』則均關於本邑城築、園林、水利、古蹟等碑記，亦有較高史料價值。是書稱引舊志者甚多，惜未注明其時代及來源。今存《永樂大典》所引紹熙《儀真志》及徑稱《儀真志》者，或不見於是書所引『舊志』，或文字大異。如《大典》卷七五一三引《儀真志》『廣惠倉』，與本志不同；卷七五一六引『轉運司新倉』，則不見於本志；卷二七四一『崔子方』，亦不見於本志；卷一〇九九九引吴機《祭錢政叔知府文》述其叔父宰儀時事，亦不見本志稱引。《輿地紀勝》卷三十八引《儀真志》，有『發運使司』條，稱：『自蔡京创直達綱，直達京師，轉般之法遂廢。』本志亦無稱引。疑宋代各志，至此已亡佚殆盡；此志所稱舊志，或即明代之志乘。此書今僅存天一閣藏隆慶元年刻本，卷三《建置考》殘缺。今所傳各本均據此翻印。本《文庫》亦據明隆慶元年刻本影印。

（盧嫺）

〔康熙〕儀真縣志十二卷 （清）胡崇倫　舒文燦修　（清）湯有光　陳邦楨等纂　（清）馬章玉增修

胡崇倫，字崑鵠，清山陰人。康熙三年知儀真，有政績。舒文燦，清新安人。康熙五年任儀真縣儒學教諭。湯有光，儀真人。貢生。陳邦楨，字剛木，號鐵艭，清儀真人。貢生。博學工文，擅書法，授潁上訓導，攝縣事，有治績，卒後葬儀真。馬章玉，字漢璋，清會稽人。康熙二十六年至三十二年任儀真縣令。明崇禎十二年，儀真縣令姜埰、邑人李坫曾修纂《儀真新志》，稿成未刊。胡氏得其遺稿，踵事增輯，成書十二卷，載事至康熙七年止，稱《重修儀真縣志》。馬章玉又爲增補至康熙三十二年，附於胡志之末，仍爲十二卷，稱《增修儀真縣志》。其康熙四十年後補刻本，又略增數事。

是書計分二十二門。前有馬章玉序，次存胡崇倫、申嘉瑞、李坫序，次列增訂凡例，次列先後修志名氏，録存前志卷數及修纂者姓名。其卷一圖説（目録作『圖考』），録隋至清二十一圖，然無説無考；卷二疆域、沿革、山川、形勝、建置、名蹟；卷三官師，附國朝守令合考；卷四户口、田賦，附雜辦、學校；卷五選舉、食貨、風俗；卷六武備、鹽漕，附馬政；卷七水利、祥異、祠祀，附寺觀；卷八至卷九人物，分顯仕（名臣、忠貞、循吏、風節、介操、義烈、名宦）、名儒（藝苑、文學、理學）、篤行（誠孝、隱德、友愛、愚孝，正文『友愛』作『孝友』）、武功（名將、良將、智略、英勇、節義）、義俠（高烈、抗節、機權三目，正文別有『尚義』，實爲四目）、隱逸（守道、恬遇、貞志）、義濟（急公、鄉賢、蠲助）、藝術（幾數、醫林、繪事、書法）、壼德（孝婦、節婦、烈婦、義婦、義女、烈女、貞女）、寓賢（教澤、旅節、籍著、築隱）、仙釋（神異、慧果）十三列傳；卷十至卷十一藝文（經、史、子、集、詩文）；卷十二雜識。是書凡例承襲申嘉瑞隆慶志，惟增『自隆慶二年至崇禎十二年』云云一節。《圖説》《鹽漕》之序、論，《沿革》《學校》《風俗》《武備》《藝文》之論爲新作，其餘均本隆慶志。是書首創《鹽漕》一門，詳述鹽漕沿革、衙署設置、規制條例，保存了豐富的經濟史料。此書康熙七年胡崇倫、舒文燦修，湯有光、陳邦楨等纂，康熙三十二年馬章玉增修。書中版心書名及題目『真』皆剜補爲『徵』，卷端題『儀真縣知縣山陰胡重倫重修』，增補頁明顯可辨。由此判定，當爲雍正年間剜改本。本《文庫》據此本影印，個別頁字蹟模糊，各卷或有缺頁。（盧嫻）

〔康熙〕儀真志二十二卷　（清）陸師修纂

陸師（一六六七—一七二二），字麟度，清浙江歸安人。康熙四十年進士，授河南新安縣知縣。康熙五十六年春，任儀真縣知縣，五十七年離任。後擢吏部驗封司主事，四遷至廣西道御史，康熙六十一年卒於任。《清史稿》卷四七六有傳。邑人建書院，塑像尸祝，留其子端奉祀，陸氏遂入儀真籍。是書成於陸師一人之手，無凡例，其纂述大旨見於其自序；別有常鼐、吳存禮二序，志目、舊志撰人名氏。卷一列嘉定、嘉靖、隆慶、崇禎及清康熙七年、三十二年各志序文九篇，繼以縣境、境内山、境内水、縣城隍、縣治、學宫及唐揚子縣、宋真州、元真州、明儀真縣十圖，各繫以説；卷二至卷四爲沿革、秩官、選舉三表，其中《秩官表》『知縣』列至康熙五十七年李昭治，《選舉表》亦列至康熙五十七年歲貢葛崙；卷五至卷十八計十志，即建置（分城池、官署）、疆域（分星野、形勝、風俗、鋪舍、鄉都、坊巷、鎮市）、山川（分山、江、河、沙、洲、浦、池、溝、港、灘、津、渡、塘、堰、閘、壩、橋、井、泉）、民賦（分户口、田賦、雜辦、徭役）、學校（分學制、祭器、祭品、學田、社學）、軍政（分兵制、訓練、屯田、操田、運挽、軍器，附戰守）、祠祀（分壇、廟、祠、寺觀）、藝文（分經、史、子、集、雜，附縣庫、學庫書籍）、名蹟（分園、亭、臺、堂、樓、閣、宅、墓、義冢）、祥祲（分木、火、土、金、水）；卷十九至二十二爲列傳（分宦蹟、人物、忠節、廉介、孝友、儒行、文學、義行、隱逸、僑寓、藝術、列女）。表、志、傳後，均有論贊，以寓褒貶。是書體例精嚴，行文簡要。所分各類各目，多爲後世所承；所録十圖，足可考見沿革變遷之蹟；附録詩文，分列各門、各類之下。《民賦志》上承隆慶志，續載萬曆、天啓、崇禎及順治、康熙丁口、田數及九則丁額、田賦科則，頗具史料價值。是書有康熙五十七年采碧山堂刻本；別有乾隆間重印本，其中『真』字皆以避諱剜補作『徵』。其疏漏之處，嘉慶續修時，江藩曾作《校補陸志》一卷。本《文庫》據清康熙五十七年采碧山堂刻本影印。（萬仕國）

〔嘉慶〕儀徵縣續志十卷 （清）顏希源 邵光鈐總纂 （清）呂彩 陳文憲分纂

顏希源，字鑒堂，清廣東連平州人。貢生。嘉慶三年至八年冬、十年至十三年兩任儀徵令。有《百美新詠圖傳》。邵光鈐，安徽蕪湖人。舉人，嘉慶六年至十四年，任儀徵縣儒學教諭。呂彩，字江花，號雙橋，清儀徵人。邑庠生，乾隆戊申科順天舉人，任懷遠縣訓導。有《求是齋制藝》《雙桐閣試帖》。陳文憲，字芳觶，號棟塘，儀徵人。嘉慶辛酉拔貢，工書法。道光志並有傳。是書續陸師志，故本其體例，採擇李昭治、程元基二家所續，增補八十餘年之缺。其於陸志芟除過當者，據李昭治所修而酌補，博採《輿地紀勝》《嘉靖惟揚志》《廣陵詩事》《淮海英靈集》等書，別附江藩《校補陸志》一卷。卷一凡例、續修志人姓氏、項綑序，秩官、選舉二志表，卷二建置志（分城池、官署）、疆域志（分坊、巷、市、灣）、山川志（分山、河、洲、溝、港、塘、橋、井、泉），卷三民賦志（分户口、田賦、雜辦）、學校志（分學制、祭器、樂器、祭品、學田、書院），卷四祠祀志（分壇、廟）、寺觀（分寺、院、庵、觀），卷五藝文志（分經、史、子、集，附録縣庫、學庫書籍），卷六名蹟志（分園、亭、閣、圃、宅、墓，附義冢）、祥祲志，卷七至卷九列傳志（分宦蹟、人物、孝友、儒行、文學、義行、隱逸、僑寓、方伎、列女），卷十江藩《校補陸志》。各門下多繫以論，闡釋微言大義。是書持法矜慎，考證精詳，增補富贍。考證舊江司巡檢、税課局大使、清江閘閘官等職官，增補地方經濟史料；所附縣庫、學庫書目，保存官學典籍收藏情況；《列女傳》新附年例已符而無力請旌、年例少差而實堪矜恤兩目，豐富了地方婦女生活史料。此書傳世有稿本及嘉慶十三年刻本，然兩本篇目順序、文字小異。《選舉志》鄭光圻條，刻本注『欽命南河候補道』，稿本作『現任户部員外郎』；刻本有阮承義注『以弟之子元貴，贈翰林院庶吉士』，稿本作『鄭廷証』，注『以孫文明貴，贈奉政大夫』；刻本有陳嘉樹，稿本無。卷二《建置志》『敵臺』李暲記『以爲一邑之保障焉耳』，稿本『焉耳』作『且爲四方往來之觀瞻云爾』。《學校志》刻本記阮元續捐編鐘事，亦爲稿本所無，則稿本先於刻本。至於稿本先《秩官》後《選舉》、先《名蹟》後《祥祲》，與刻本《總目》相合，則刻本裝訂所誤。道光志以爲嘉慶八年所修，考卷二《建置志》稱『余癸亥又于役京師』，則嘉慶十年復任後，顏氏始得稱文林郎；且《學校志》記事

至嘉慶十三年，則此志當修於復任之後，道光志似誤。本《文庫》據稿本影印。（萬仕國）

〔道光〕重修儀徵縣志五十卷首一卷　（清）王檢心修　（清）劉文淇　張安保總纂

王檢心（一八〇五—一八六九），字子涵，清河南内鄉人。道光五年舉人，道光二十七年以同知署儀徵知縣，累官至直隸候補道，封文林郎、奉直大夫，晉賜中憲大夫。著有《易經治約》《春秋本義》《四書存真》等。另有《真州救荒録》，本《文庫》已收録。劉文淇（一七八九—一八五四），字孟瞻。先世住溧水，高祖劉春和遷居揚州，祖父劉瞰占籍儀徵，遂爲儀徵人。揚州學派後期的重要學者。優貢生，候選訓導。幼家貧，由舅父凌曙授課以學。十七八歲即開門課徒，邊教邊學，以至大成。與寶應劉寶楠齊名，人稱『揚州二劉』。精《左傳》，擅校勘。文淇有子毓崧，毓崧有子壽曾，一門三世皆治《左傳》，相繼草撰《春秋左傳舊注疏證》，傳爲美談。有《項羽都江都考》《揚州水道記》《揚城殉難録》《尚書傳疏大意》《青溪舊屋文集附詩集》，本《文庫》已收録。其子劉毓崧、孫劉壽曾、曾孫劉師培並傳其學。張安保（一七九五—一八六四），字懷之，號石樵，清儀徵人。道光十二年貢生，候選訓導，加六品銜。著有《味真閣存稿》《晚翠軒詩集》等。是書清阮元鑒定，仿《江南通志》《揚州府志》體例，分十二類，類下分目。書前有阮元序、張丙炎後叙。卷首爲目録、職名、凡例、輿圖、沿革表、宸翰，卷一至卷二建置志（分沿革、城池、官署），卷三至卷九輿地志（分疆域、星野、形勝、風俗、鋪舍、鄉都、坊巷、鎮市、津梁、山川、名蹟），卷十至卷十一河渠志（分水利），卷十二至卷十五食貨志（分户口、田賦、物産、鹽法），卷十六至卷十八學校志（分學制、書院），卷十九至卷二十祠祀志（分壇、廟、神祠、祠、寺、觀、院、庵），卷二十一至卷二十三武備志（分兵制、訓練、屯田、操田、運挽、軍器、江防、馬政、事略），卷二十四至卷二十六職官志（分秩官表、名宦），卷二十七至卷二十九選舉志，卷三十至卷四十三人物志（分宦績、忠烈、孝友、儒行、文學、義行、隱逸、僑寓、藝術、方外、列女），卷四十四至卷四十五藝文志（分經、史、子、集），卷四十六至卷四十七雜類志（分祥異、紀聞），卷四十八舊志序文，卷四十九舊志論贊，卷五十校補陸志。本志將隆慶以下各志彙爲一編，部類別居，詳加考辨，史料賴以保存。纂者長於考據，史實考證細緻審慎，舊志誤説逐一匡正，新補史料至道光二十八年，多據地方存卷，真實可信。如乾隆三十六年十二月，儀徵沙漫洲鹽船失火，汪中《哀鹽船文》稱『乾隆三十五年十二月乙卯』，是書作三十六年十二月十九日，與《清宮揚州御檔》所載《奏報鹽船失火情形事》所記一致。本志録存隆慶志，文字出入較多；卷四十九《舊志小序論贊》將胡志《學校考》『論曰』誤作隆慶志，其他異文亦未能盡載，疑纂者未見申志原本。其援引嘉慶《揚州府志》，偶有失考。如卷三十一《許之宸傳》注云：『府志未載。』實則嘉慶府志卷五十二據《儀徵續志》載其傳。卷十六《學校志》云：『宋真宗慶曆四年，詔天下州縣立學，州始建學宮於軍城長樂坊。』『慶曆』爲仁宗年號，則『真宗』當作『仁宗』。且《續通鑒長編》一百一十八謂：景祐三年五月戊戌，『許真州立學，仍給田五頃』。則州學始於仁宗景祐三年，而非遲至慶曆四年。咸豐三年，揚州遭兵燹，該志已刻書板盡毁。稿本幸爲劉文淇携出，僅失一卷。光緒間，張丙炎與劉貴曾、富曾等補齊所遺，籌資刻印，光緒十六年始刻印成書。本《文庫》據此本影印。（萬仕國）

江蘇通志儀徵縣志徵訪册稿　柳紹宗纂

柳紹宗（一八六四—一九三二），字承元，儀徵人。十九歲爲諸生，光緒間任儀徵官立高等小學教員，揚州學會會董，民國初年爲儀徵縣議會議員，受聘任《江南通志》儀徵縣徵訪主任。著有《毛詩翼叙》等。原稿無凡例，其編卷號者，於每卷首標明類目及卷數，類目均同道光志，內容亦多從中録出。卷首宸翰，卷一建置志（分城池，附敵臺、官署），卷三至卷九輿地志（分疆域、星野、鄉都、坊巷、鎮市、津梁、山、河、洲、溝、港、塘、閘、泉、園、亭、堂、閣、宅墓），卷十至卷十一河渠志（分水利），卷十二至卷十五食貨志（分户口、新舊坍江、雜辦、田賦、物産、食鹽、掣驗、趲運、緝私、融銷、成本、經費），卷十六至卷十八學校志（分學制、殿廡位次、釋奠儀注、名宦鄉賢祠、土地祠、奎光樓、教諭署、訓導署、祭器、樂器、祭品、學庫經籍、學額、學田、聖人像冢、書院、山長題名次），卷十九至卷二十祠祀志（分壇、廟、神祠、祠、寺、院、觀、庵），卷二十一至卷二十三武備志（分兵制、軍器、事略，附營汛操田屯田），卷二十六職官志（存名宦），卷三十一至卷三十二、卷三十四至卷四十三人物志（分宦績、政績、名宦、文學、文苑、儒行、義行、列女、貞女、孝女、賢母、隱逸、僑寓），卷四十四至卷四十五藝文志（分經類、史類、子類、集類、附録），卷四十六至卷四十七雜類志（分祥異、紀聞）。其未編卷號者，則爲纂者所續補之散頁，有類及目名稱，未標明卷次，蓋待删削成稿者，其無類目者，則爲録存之資料。所存內容，上接道光，下至民國初年，包括大量地方史料。如《人物志》新增宣統三年以前請旌婦女六百餘人，而以死於太平天國之役者居多，可知當時戰事慘烈。《户口》增補宣統間男丁、女口及户數，《田賦》補録蘆課雜税之額，《實業》詳記儀徵商會、惜陰織布廠及大同樹藝、同利蠶桑、通利源樹藝、恒萃益畜植公司股本設置與經營情况，《鹽務》備述咸、同、光、宣四朝鹽運因革，《錢幣》述清末本邑貨幣流通情形，《物産》注重經濟價值，均關於晚清儀徵經濟社會狀況。《水利》增補道光二十八年後挑挖儀河情形；《藝文志》抄録程畹《嘯雲軒避寇紀略》，詳述太平天國期間逃難經歷，兼述内憂外患形勢；《學校志》既述清末書院，兼詳新式學堂設置，亦爲難得之社會史料。此稿本藏南京圖書館，無印本，且爲未定稿，其中有類目前後不同者，有前後記述相異者，有條目重出者。偶有批注，皆出朱學曾之手。本《文庫》據此稿本影印。

（盧嫻）

〔隆慶〕高郵州志十二卷　（明）范惟恭修　（明）王應元纂

范惟恭，明江西豐城人。隆慶四年知高郵縣事。王應元，字一之，始祖爲濠梁人，從征高郵，有功授總旗，遂占衛籍。萬曆三十年歲貢。是書十二卷。卷前有總志序、凡例，主要説明各門目設立之由，每卷卷首下署修纂者姓氏，卷前有高郵州城圖、衙署圖等。體裁包括志、傳、表三種。卷一建置志（歷代沿革、職司、公署）、疆域志（分野、區界、城池、郵舍、廂里、街坊、鎮市、雜附），卷二山川志（形勝、山、岡、衝、坂、河、湖、溪、蕩、潭、灣、溝、港、塘、壩、墩、垛、堰、塢、橋、渡閘洞淺附）、水利志，卷三物産志（穀、蔬、果、蓏、臬、木、竹、花、草、藥、鱗、介、畜、禽、蟲、獸、器、貨）、風俗志（習尚、歲時、俗變、歲占附）、民賦志（户口、税糧、傜役、貢課、馬政）、軍政志（兵制、教練、屯田、番戍、轉輸、戎器），卷四學校志（學制、祭器、典籍、學田、社學附）、祠祀志（壇壝、祠廟），卷五秩官表，卷六選舉表，卷七宦蹟傳（歷代監司、守令、學官、衛官）、寓賢傳，卷八至卷九人物傳（列傳、忠烈傳、孝友傳、義行傳、隱逸傳、列女傳），卷十人物外傳（方技傳、仙釋傳），卷十一至卷十二雜志（古蹟、亭榭、坊碑、宅墓、寺院、庵觀、災祥）。在每項門類之前冠以小序，對所記内容提綱挈領；記述之後，輒加『按』論述，寓褒貶於其中。古今有關的碑刻詩文，附於各門類條目之後，形成專題資料彙集。高郵地處裏下河水網地區，境内水利生命攸關，該志突出反映這種地域特點，如《山川志》對河湖、塘溝的名稱、方位、水情，均一一詳加説明。《雜志·災祥》對水災、地震所造成的傷亡人數、損害程度、災前徵兆，《民賦志》對唐、宋、明各朝户數和口數的統計數字，特别是明代嘉靖年間，十年一次的統計數字，以及志中對自然災害傷亡人數統計等等，也都很有文獻價值。本《文庫》據明隆慶六年刻

本影印，書中有數頁原缺。（魏怡勤）

〔康熙〕高郵州志十卷 （清）孫宗彝纂 （清）李培茂增修 （清）余恭增纂

孫宗彝（一六一二—一六八三），字孝則，號虞橋，别號眉休居士，明清之際高郵人。明崇禎八年拔貢，清順治四年進士，歷官中書舍人、吏部郎中。爲人剛直。順治十五年四十七歲時，補薊州分巡道副使，未任，以疾罷歸。布衣蔬食，幽居林下。康熙二十年七十歲時，因攻訐河工克扣工銀及河水成災等事，忤於有司而被逮，卒於獄。晚年究心《易》學。著有《易宗》《律數》等。另有《愛日堂文集詩集外集》，本《文庫》已收録。其子孫弓安撰有《孫宗彝年譜》，記其生平事迹。李培茂，字滋庵，清河南商丘人。舉人，士，康熙二十年任高郵知州。余恭，清安徽休寧人。進士，康熙十八年任高郵州學正，後陞廬州府教授。明隆慶六年《高郵州志》，迄康熙十一年已百年整，遂開局延士編纂，由宗彝修訂成志稿。康熙二十一年，清廷又檄文各州、縣續志上報，李、余次年乃以宗彝所纂原本，增纂以上。卷前有康熙二十三年州學正余恭序、凡例、目録。志中凡設十卷三十志。卷一圖志、建置志、職司志、星野志、疆域志、城池志、署舍志，卷二田賦志、徭役志，卷三漕渠志、水利志，卷四學校志、禮樂志、軍政志、風俗志，卷五山川志、古蹟志、祠祀志，卷六物産志、食貨志、災祥志，卷七秩官志、宦蹟志，卷八選舉志、寓賢志，卷九人物志（忠孝、廉節、理學、經濟、文章、故事、獨行、孝子）、列女志（烈女、貞女、孝婦、節婦、義民附）、方技志、仙釋志，卷十藝文志（經籍、詔勅、奏議、記、碑記、銘、序、傳、書、疏、賦、辭、詩）。該志門類規條雖不及隆慶志精密，然内容記述却比前志詳贍。如明志無漕渠專門記述，該志則既於《圖志》中繪高郵漕渠水利諸圖並圖説，又於《漕渠志》《水利志》詳叙自西漢吴王濞開邗溝迄清康熙開拓疏浚高郵漕渠等事。但因編者奉『務從簡直爲圭臬』，故記述有略而不當之處。如《疆域志》不論郵舍、廂里、街坊、鎮市等内容。本《文庫》據清康熙十一年刻二十三年增刻本影印，書中有數頁原缺。（魏怡勤）

〔雍正〕高郵州志十二卷 （清）張德盛修 （清）鄧紹焕 汪士璜等纂

張德盛，字茂先，清直隸青縣人。貢生。康熙五十七年任高郵知州。鄧紹焕，清鳳陽府虹縣人。康熙四十六年任高郵州儒學學正。汪士璜，清安徽歙縣人。康熙五十七年任高郵州儒學訓導。是書纂者尚有高郵拔貢生王曾禄、揚州府學生張夢鯉。據鄧氏《序》：『設局於學宫之尊經閣下，延王子曾禄、張子夢鯉協爲參訂。』《纂修凡例》也説：『是書賴掌教鄧君，司訓汪君之力提綱挈領，其纂輯編次，考核精嚴，則王子、張子爲之。』可知總體設計爲鄧紹焕、汪士璜，具體編纂有王曾禄、張夢鯉等。在編纂過程中，編者曾用明隆慶志之規條，採清康熙志之詳贍，注意吸收前人的修志經驗。斷限上起康熙二十三年，下至雍正二年。是書十二卷。書前有修志姓氏、雍正二年張德盛、鄧紹焕、汪士璜序、雍正三年賈兆鳳序，附載《高郵州志》原序，有凡例，有高郵水利、州境、州城、州署等圖。門目設置基本類於隆慶志，主要區别在於删《雜志》而增《藝文》，其他對卷目作了歸併和調整。該志注重考核補正。如明隆慶志和清康熙志的《秩官表》對明代高郵州吏誤刊之處頗多，有遺漏者，有名誤者，有錯代者，此志俱按文廟及各古蹟並署舍碑版匾額等文獻和實物資料詳加核定，正誤一二十處。《藝文志》凡經史子集、詩歌賦詠，有關切於高郵之地者，一一收録，以見地靈人傑。《民賦志》按户口、田賦、蠲免等項，各編一則，有關增減遞變情況，各歸其類，方便翻檢查閱。本《文庫》據南京圖書館藏清雍正二年刻本影印。（魏怡勤）

〔嘉慶〕高郵州志十二卷首一卷　（清）馮馨增修　（清）夏味堂等增纂

馮馨，清浙江嘉興人。吏員，嘉慶十三年任高郵知州，十六年離任，二十年復任。夏味堂（一七四五—一八二五），字鼎和，號滄人，又號遂園叟，清江蘇高郵人。乾隆三十年拔貢，四十二年舉人。幼承家學，博而能精，著作甚富。晚年無意仕進，兩次與修州志，自訂詩、古文若干卷，著有《遂園詩文抄》《拾雅》《詩疑筆記》《讀左筆記》《渡江小册》，輯有《高郵二家詩選》。另有《檢討公年譜》《三百篇原聲》《高郵夏氏叢書》，本《文庫》已收録。嘉慶十八年，馮馨設局修志，以夏味堂、宋綿初、賈槐等十一人分纂。因『前志體例詳審』，故『悉依舊目』（《凡例》），前録乾隆四十八年楊宜崙志，其後續增乾隆四十八年至嘉慶十八年之間，凡三十年之事。是書凡十二卷。卷一輿地志（輿圖、星野、疆域、建置、山川、古蹟），卷二河渠志（運河、下河、堤工、五壩、源委附），卷三民賦志（户口、田賦、蠲免），卷四食貨志（倉儲、物産），卷五學校志（規制、祭儀、經籍、禮器、學田、書院規條附），卷六典禮志（儀制、祀典、風俗），卷七軍政志（兵防、漕運、屯田），卷八秩官志（官制、文職、武職、宦蹟），卷九選舉志（徵辟、進士、鄉舉、歲貢、銓選、封廕），卷十人物志（列傳、忠烈、孝行、政事、文苑、武略、篤行、寓賢、列女、方伎、仙釋），卷十一藝文志（書目、奏議、記、序、書、傳、賦、詩、雜體），卷十二雜類志（災祥、軼事）。新增的各條内容，或分入原卷各門，或統入該卷卷末，前並冠以『增修』二字，以示區别。從卷首馮馨序中可知，嘉慶《高郵州志》源於宋淳熙、嘉定的舊志，並在隆慶六年、康熙十一年、雍正二年、乾隆四十八年等四次纂修的基礎上增修。書前印有《高郵州志原序》《重修高郵州志序》和舊志凡例、增修凡例、總目、增修姓氏。《輿圖》新增萬壽宫圖、文昌宫圖、奎樓圖和州署圖。文中新增内容，除乾隆四十八年以後事外，尚有乾隆志遺漏之處，如卷首『恩綸』所增補的康熙、雍正年間有關諭旨等。是書有清楊宜崙原修，馮馨增修，夏味堂等增纂，嘉慶十八年刻本；道光二十五年重刻本。另有清馮馨增修，王念孫增纂，嘉慶二十年刻本。本《文庫》據清乾隆四十八年原修嘉慶十八年增修道光二十五年重刻本影印。（魏怡勤）

〔道光〕續增高郵州志　（清）張用熙　左輝春纂修

張用熙，清安徽桐城人。舉人。道光二十二年任揚州府揚河水利通判。左輝春，字青峙，清湖南湘鄉縣人。舉人，道光二十二年任高郵知州。是書於道光二十三年二月開局纂修，定稿於是年八月，續增嘉慶十八年至道光二十三年共三十年之事。前附乾隆、嘉慶舊志，後大體依舊志門目記述新增内容。全志爲六册，不分卷。第一册前有張用熙叙、道光二十三年左輝春序，有總目、凡例、纂輯姓名、天章、恩綸、續增諸圖；第二册輿地志（疆域、城池、公署、驛館、書院、育嬰堂、養濟院、壇壝、祠宇、神廟、佛寺、道院、橋梁、古蹟、宅第、墓域、坊表），河渠志（古運河、今運河、運河、堤工、四壩、閘洞、東堤閘洞、下河），民賦志（户口、國朝中伙牙税），食貨志（物産），軍政志（兵防、器械炮位），典禮志（祀典），學校志（規制，附學田租息定案、附學田闈卷章程定案、附考桌凳）；第三册秩官志（官制、宦蹟），選舉志（徵辟、國朝進士、國朝舉人、國朝蔭生、議叙官職、武舉人、行伍人員、世職），人物志（列傳、忠烈、孝友、政事、文苑、獨行、義行、術藝、流寓、方外）；第四册人物志（烈婦、烈女、貞女、孝女、義婢附）；第五册藝文志（記、序、書、傳、啓、贊、跋、墓銘、祭文、詩、詞、疏、狀、記等）；第六册藝文志（詩、書目），善舉志，災祥志，事略，軼事。是書記述内容豐富，資料價值頗高。其中《食貨志》述物産，分爲穀、蔬、果、木、竹、花、草、魚、介、禽、獸、蟲等十數類屬，一一介紹；《河渠志》述高郵境内運河段古今變遷及堤工河防狀況，較舊志詳細；《軍政志·兵防》記載第一次鴉片戰争末期，英國侵略軍攻陷鎮江後，高郵官民捐款製備軍裝器械，雇募壯勇，訓練團練，沿河設炮臺，民衆守望相助，念切同仇，積

極防禦的事蹟。書後有『高郵王茂林刻』六字。本《文庫》據清道光二十三年刻本影印。（魏怡勤）

〔光緒〕再續高郵州志八卷首一卷 （清）金元烺 龔定瀛修 （清）夏子錫纂

金元烺，字茗青，清浙江嘉善人。監生。光緒五年任高郵知州。龔定瀛，清湖南湘縣人。文童，光緒八年任高郵知州。夏子錫，清高郵人。同治二年進士，官翰林院編修。初，金氏設局修志，事未竣而離任，龔氏繼任其事，於光緒九年修成。記事上續道光二十三年，下至光緒九年。該志凡八卷首一卷。卷前有龔、夏二序、纂輯姓名，新增諸圖、目録、凡例。卷首天章、恩綸，卷一輿地志（輿圖、建置），卷二河渠志、民賦志、典禮志、軍政志、學校志，卷三秩官志、選舉志，卷四至卷五人物志，卷六藝文志，卷七善舉志、災祥志、軼事志，卷八禁革志。諸志各領若干目。《輿圖》删舊志圖，新繪《長湖船塢圖》《揚軍廳署圖》《鹽漕守備署圖》和《義倉圖》。是書内容注意對近代高郵社會重大歷史事件的記述。如《軍政志》《秩官志》《軼事志》等有關於太平天國軍隊、捻軍在當地戰事的記叙，《輿地志》《善舉志》等有不少關於近代社會公益事業與機構的記述，《秩官志》魏源知高郵州時於湖口築大堆，植榆柳，爲民船避風、疏浚河塘等善政的記述，《民賦志》對江蘇省唯一的回族鄉高郵菱塘鄉的户口聚居和清真寺址等方面情況的記述等，頗爲珍貴。篇目設置上創立《禁革志》一卷，彙録當地禁止敝俗的有關内容，爲向來志書所無。但在立目歸類上每有未能盡當之處。如以風俗歸於《民賦志》、漕運歸入《軍政志》等。《善舉志》《輿地志》中子目亦過於瑣細。《續修四庫全書總目提要》云『全書體例，頗稱簡明，第得失亦復參半』，評論頗爲中肯。本《文庫》據清光緒九年刻本影印。（魏怡勤）

〔民國〕三續高郵州志八卷附新志補遺一卷前志正誤一卷 胡爲和 盧鴻鈞修 高樹敏纂

胡爲和（一八七五—一九四二），字克之，貴州獨山人。光緒二十三年拔貢。清末歷任浙江平陽等多縣知縣、直隸州知州，民國時先後署任江蘇丹陽、高郵、東臺、金壇等縣知事。曾輯《東亭話别録》。另有《秦郵話别録》，本《文庫》已收録。盧鴻鈞，河南永城人。舉人。民國十一年任高郵知事。高樹敏，高郵人。廪生。曾任高郵州教育會會長、民國高郵市議會議長、江蘇水利協會研究員、高郵縣水利研究會主任。輯有《江蘇學政題名録》。民國初元，廢州爲縣，而名爲《三續高郵州志》，乃因於光緒《再續州志》之後的續作，且主要記述内容爲民國前史實，民國以來的事實僅作『附録』。是書先由胡氏倡修，中經繼任者奉天鐵嶺縣監生彭世祺、浙江省臨安縣舉人姚祖義繼修，最後在盧氏任上方成志。凡八卷，附録二卷。書前有胡爲和、高樹敏二序、目録、纂輯姓名、凡例。篇目設置前七卷基本同於前志，唯編次有别，末卷删《禁革》，增《附録》，記民國事。《附録》共四篇，依次爲：縣附録一光復事略、輿地、河渠；縣附録二民賦、食貨、實業；縣附録三學校、自治、善舉；縣附録四祠祀、軍政、交通、職官、選舉、雜類。書後另有新志補遺、前志正誤各一卷。所補止於宣統三年。書中新繪高郵州境等圖，係採用近代測量方法和儀器測繪而成，其精詳遠在前此舊輿圖之上。正文較多地記述了清末高郵新事物，如《交通志》的電綫、輪船、郵政，《祠祀志》的教堂，《軍政志》的巡警，《學校志》的學堂，《實業志》的各地物品輸出狀況和營業狀況等等。《食貨志》還設有《錢幣》，詳載各種錢幣的式様、相互比價和流通等情況，諸如此類，爲舊志所不及。書末《前志正誤》專門標録高郵舊志中的舛誤之處，可作檢閲舊志時參考。本《文庫》據民國十一年刻本影印。（魏怡勤）

〔民國〕高郵志餘一卷高郵志餘補一卷　宣哲輯

宣哲（一八六六—一九四二），又名人哲，字古愚，筆名黄葉翁，晚年人稱愚公，而名亦删首一字，稱宣哲。高郵人。少好聲律，工書善畫，能詞。曾參加揚州冶春後社。早年以生員參加官試，録爲主事，分配陸軍部。光緒三十三年，調任京師地方檢察院。辛亥革命後，移居上海，與黄賓虹結爲『貞社』。晚年潛心考據金石，嗜藏古錢幣。著有《金石學者著述考》《中西度量衡考》《寸灰詞》《篋齋藏鏡》。另有《揚州金石目》《揚州金石編目》，本《文庫》已收録。是書爲稿本，前無序、凡例和圖，主要彙集高郵州志中所遺内容，但尚未進行釐次編排，殊顯雜亂。歸納起來，其内容主要爲：名勝、藝文、人物、考異、雜記、異聞等。其中絶大部分篇幅爲藝文，尤以詩詞爲多，約佔全書篇幅的三分之一以上。對知名度不太高的本、客籍人士之作，多在名氏下略加簡介，爲它書所罕見。詩詞之外，疏、狀、題、奏亦多，涉及時政策論。名勝部分記述了愛日園、樓莊、桴園等高郵勝蹟，其内容爲高郵州志所略。雜記部分有『明末高郵志』『高郵舊志』，述及明末以前高郵舊志情況，借此可對高郵志書作考鏡源流，較爲系統地瞭解高郵地方志的編纂情況。《江蘇地方文獻書目》評其：『此書不囿於官志範圍和體例，擇要而録，能補官志之所缺，又能客觀反映社會現實狀況。』本《文庫》據上海圖書館藏稿本影印。（魏怡勤）

江蘇通志高郵徵訪録　佚名撰

此書爲殘本，僅存五册，據封面所題可知爲《江蘇通志高郵徵訪册》的第三本至第七本。用圖書局緑格箋紙，所含卷目及内容如下：《學校門》，記學宫、學堂、私立學堂、義學、義學田産、鄉鎮學堂自籌款産等内容，末有《教育會附記》一篇，記民國初年高郵教育會成立及組織之狀況。《武備門》，記光緒九年以後事，内容包括緑營額兵、團防、巡湖炮船、徵兵、驛遞、警察等。《善舉門》，記育嬰堂、立貞所、安節堂、全節堂、粥廠、義學、救生船、水龍（消防）、務本堂、因利局（慈善資金會）等機構。《實業門》，記商會、農會、勸工織布局、東西課桑局、麵粉公司、蛋廠等工商實業的狀況。《交通門》，記電綫、輪船、郵政等機構的狀況。《交涉門》，記教堂的設立等涉及外交方面的事件。《故事門》，中含大事略、古蹟等内容。《官師門》，記職官的狀況及任職官員的姓名。《人物門》，收名賢、宦蹟、武功、儒林、文苑、方技（分爲醫、書畫、星占、弈）、忠節、孝子、義行、列女各類人物。《選舉門》，録同、光、宣以來徵辟、鄉舉、歲薦、武科、民選等各類選舉方式及入選人員。本《文庫》據南京圖書館藏稿本影印。（趙彦梅）

〔嘉靖〕寶應縣志略四卷　（明）聞人詮　宋佐纂修

聞人詮，字邦正，明浙江餘姚人。從學外兄王陽明，嘉靖初進士，五年任寶應知縣，九年奉召入京，遷御史。巡視山海關，修城堡四萬餘丈。校補有《五經》《三禮》《舊唐書》行世。參與修訂《陽明先生文録》。有《東關圖》《南畿志》。官至湖廣副使。宋佐，桂林人。舉人，嘉靖十四年任寶應知縣。嘉靖五年，聞人詮涖官寶應知縣後，見寶應史無志書，遂於『政暇，率邑之多彦，稽典詢俗，參之《一統志》與維揚新舊志，博採備録』，延縣儒學訓導楊周南，舉人朱曰藩、仲言永、楊啓芳，監生朱應辰等『始載於編』，將脱稿，奉命入朝。宋佐繼任，『取是稿校訂，閱六祀始克成編』（宋《序》）。嘉靖十七年，巡按楊瞻巡視寶應，宋佐以《志略》手稿奉閲，楊瞻大加贊賞，親寫序文，命『速梓以傳』。卷前有楊瞻序、聞人詮序及目録，卷末有義例及宋佐後序。宋序崇尚簡略，『備則誣，誣則疑，略則實，實則信。信以傳信，疑以傳疑』。是書共四卷：卷一天文志、地理志，卷二田賦志、祠祀志、官師志，卷三人物志，卷四附録詩文。《地理志》除建置沿革外，還詳分爲山、水、河、塘、港、溪、溝、堰、汀、蕩、潭、澗、涇、池、渡、閘、壩、堤諸類，記寶應境内山川湖澤、河運水利，後並附載水利諸疏，收録明代關於當地水利之政的條陳疏議。但該志在收録内容上有一定的局限性。如對食貨的記述，常有者不書，詩文中私家詩序碑志亦不書，等等，加之記述中以簡爲貴，故所記往往不得其詳。後人多認爲是志過於簡略。隆慶《寶應縣志・凡例》曰：『寶應舊爲志略，説者率病其挂一矣。』是書有明嘉靖十七年楊瞻刻本。據考，此本在嘉靖三十六年倭寇屠城時幾乎盡毁，現僅存一部于寧波天一閣。天一閣主浙江鄞縣人范欽爲嘉靖十一年進士，官至兵部侍郎，此書即聞人詮所贈。此書另有清抄本。本《文庫》據明嘉靖十七年楊瞻刻本影印。

（黄繼林）

〔隆慶〕寶應縣志十卷　（明）湯一賢纂修

湯一賢，明湖廣蘄州人。舉人。隆慶二年任寶應知縣。是書各卷前所標可知，該書實由寶應縣知縣楚蘄湯一賢校輯，儒學教諭登州吴鐸、生員仲承嘉、吴敏道同修。湯一賢蒞任，查閲縣志，嫌嘉靖志過於簡略，『故不厭其繁』而作是編。是書共十卷，卷首有湯一賢序、目録，卷末有吴鐸跋。卷一輿圖，卷二區域，卷三建置，卷四官政，卷五秩官，卷六人物，卷七至卷九藝文，卷十災祥、紀遺。所記内容較嘉靖縣志稍詳，尤詳於人物、藝文，如收有陳琳《爲袁紹檄豫州文》、趙孟頫《過寶應跋蘭亭本》、唐敬《重建忠祐橋記》、于慧《遺愛橋碑記》等。卷中略有殘損，缺卷六第六頁。本《文庫》據明隆慶二年刻本影印。（黄繼林）

〔萬曆〕寶應縣志十二卷　（明）陳煃修　（明）吴敏道纂

陳煃，明浙江山陰人。萬曆十七年三甲進士，二十年任寶應知縣。陳煃爲官清正，關注民生，尤重水利，頗有政聲。吴敏道，字日南，號南華，明寶應人。萬曆三年貢生，才名籍甚，然終身不得志。築清院草堂，居讀其間，時與王世貞論交。著有《南華集》。萬曆二十年，陳煃聘吴敏道重纂縣志，志稿初成，敏道西歸，陳煃親爲之標次删削，並與縣儒學教諭盧洪夏讎校以梓。卷前有萬曆甲午陳煃序、凡例、目録、寶應縣圖説，書後有萬曆甲午盧洪夏跋。卷一疆域志（邑名、沿革、分野、區界、山川、古蹟、風俗、物産），卷二營繕志（城池、公署、學宫、鄉鎮、井坊、街巷、橋梁、鋪舍、寺觀），卷三民事志（户口、田賦、徭役、孳牧），卷四水利志（淺、閘、涵洞、附治水或問八條、越河），卷五災祥志，卷六祠祀志（壇、廟、祠、附墓、義冢），卷七秩官志（官制、列官、宦績），卷八至卷九人物志（薦辟、科貢、附例貢、武勛、鄉賢、孝子、義夫、烈士、隱逸、節婦、烈女、孝女附、寓賢），卷十至卷十一藝文志，卷十二紀遺志。所記較嘉靖、隆慶二志爲詳。陳煃親撰各門前小序，述及概略、政論。陳煃在開篇序中道：『其地昔庶而富，自嘉、隆之際以逮今日，民貧次骨，户口日耗……煃奉命來，適當水荒，邑里蕭然，民多菜色。事務百廢……民何以堪哉？』明後期政治腐敗，民不聊生之情景，可見一斑。《民事志》中，羅列宋以來至明萬曆二十一年寶應户口、賦役之數。寶應地當澤國，河事甚重，自明嘉靖二年大水，迄該志纂成前，其間四十餘年，遭大水患者十七次，《水利志》於水情記叙較詳。所附《治水或問八條》，闡述治八寶之水，開周家橋，浚支河，浚射陽湖，治寶應之水，越河淤泥之故，比較治水撈淺與築堤之得失，用土工、板工、石工之得失。運河流經寶應八十里，上承淮水，下及高郵，爲漕艘所必經，《山川志》記運河特詳。凡此種種，保存有詳細水情水患與水利興修之歷史資料。本《文庫》據南京圖書館藏明萬曆二十二年刻本影印，中有數頁原缺。（黄繼林）

〔康熙〕寶應縣志二十四卷圖一卷　（清）徐攡修　（清）喬萊纂

徐攡，清河南光州人。選貢。康熙二十五年任寶應縣知縣。喬萊（一六四二—一六九四），字子静，號石林，清寶應人。喬可聘子。康熙六年進士，授内閣中書舍人，充順天鄉試同考官。十八年舉博學鴻詞，授編修，與修《明史》，又充實録館纂修官，主持廣西鄉試，陞侍讀。後罷歸。著《易俟》二十卷，詩文集若干卷。另有《石林集》，本《文庫》已收録。生平可參見《清史列傳》。是書卷前有康熙二十九年徐攡序、凡例、目録。卷首圖繪，卷一建置沿革、星野、區界、山川、古蹟，卷二城池、公署、學校、區里、莊鎮、坊、街巷、橋梁，卷三淺、閘、涵洞、災祥、土産，卷四祀典、寺觀、墓域（義冢附），卷五土田，卷六貢賦，卷七知縣佐貳表，卷八儒官表、雜職表，卷九選舉表，卷十宦蹟，卷十一至卷十五人物（列傳、文苑、吏治、隱逸、儒行、貤封、孝義、雜志、列女、流寓、方技），卷十六至卷二十四藝文（賦、詩、序、書、記、議、辨、跋、志銘）。是書體例一改前志綱目體，内容記述，亦與前志側重明顯不同，注重突出地域特色，詳於水利等方面的記述，如《山川》於湖、河、塘、蕩、潭、溪、港、洲、溝、澗、汀、堰、涇、渡、堤等地理水文和水利方面的歷史資料，逐一詳記；重於人物、藝文記載，佔全志之大半。該志全文所録《六事興革碑記》尤可稱道，碑述前朝萬曆十四年，新任寶應知縣耿隨龍見『城野蕭條，所存户口不滿二萬』，『耿公至進父老庭下，訪便宜……公殫思竭慮，日求去害興利，每飯未嘗忘也。凡三十四里中弊當革者無不革，利當興者無不興。勞者息肩，飢者鼓腹，鞭挞不用，賦税争輸，邑乃大治』。然是志成書僅百餘日，事故嬗革不克悉載，《風俗》等竟予删略。本《文庫》據清康熙二十九年刻本影印，卷三、卷四、卷九、卷二十二刻本原有缺頁，現以油印本補全。（黄繼林）

寶應圖經六卷首二卷　（清）劉寶楠撰

劉寶楠（一七九一—一八五五），字楚楨，號念樓，清寶應人。道光二十年進士，歷任文安、寶坻、固安、元氏、三河等縣知縣。勤於治水、聽訟。長於考訂訓釋，以治《論語》名世。與儀徵劉文淇齊名，人稱『揚州二劉』。著有《論語正義》《文安堤工録》《釋穀》《愈愚録》《念樓集》《寶應文徵》《寶應詩事》等。另有《勝朝殉揚録》《寶應人物志列傳》《寶應祀典紀略》《清芬外集》《漢石例》《毛詩注疏長編詩經注疏長編》《象求集》《清芬集》《劉氏二家詩録》，本《文庫》已收録。是書係劉氏私撰，始於嘉慶十四年，終於道光三年，前後歷時十四年。卷首歷代沿革表、歷代四境圖，卷末有其子恭冕道光二十九年書後。卷一城邑，卷二疆域，卷三河渠、水利，卷四封建，卷五至卷六人物。其《歷代縣境圖》繪有：邗溝全圖，漢射陽平安四境及東陽東境圖，三國魏射陽平安東陽廢縣圖，西晋射陽四境及東陽東境圖，東晋射陽、山陽四境及東陽東境圖，宋射陽山陽四境及東陽、平陽東境圖，南齊射陽東陽廢縣併入山陽圖，梁割山陽南境之半立陽平東莞二郡圖，周陽平東莞石鱉縣及山陽郡圖，隋安宜四境圖，唐寶應四境圖，宋元寶應四境圖，明嘉靖寶應縣境圖，明萬曆时寶應四境圖，凡十四幅。編圖技巧甚佳，圖面容積甚大，標位較準確，所注地名較詳盡，彼此對照閲讀，可見寶應歷史演變之大勢。該志於城邑、疆域、河渠、水利之記述遠比官修縣志詳細深入。寶楠長於考訂訓釋，兹編亦旁徵博引而考證精詳。如《河渠》總結寶應縣境内邗溝段自始築至明萬曆四十一年有十三次變遷，即所謂『邗溝十三變』，大大有裨於里運河水利發展史的研究。記載明嘉靖三十六年五月，倭寇掠揚州、高郵，入寶應，焚火殺掠之史料，可補舊志失載之缺。該志有較高的歷史地理學價值，歷來爲史家稱道。梁啓超《清代學者整理舊學之總成績·方志學》曾舉其爲私家著述方志之良著範例。《續修四庫全書提要》也説它『包孕宏深，已無剩義』，『有益於地方文獻者實鉅，非第文章淹雅，採録宏博已也』。此書有清道光三年稿本，道光二十九年王國賓刻本，光緒九年淮南書局刻本。本《文庫》據清光緒九年淮南書局刻本影印。（黄繼林）

〔道光〕重修寶應縣志二十八卷首一卷　（清）孟毓蘭修　（清）喬載繇等纂

孟毓蘭，清山東長清縣人。道光二十年任寶應縣知縣。喬載繇（一七七六—一八四五），字孚先，號止巢，清寶應人。爲明清寶應喬氏一族之重要學者。廪貢生。工詩詞，著有《妙華仙館詩詞集》。另有《白田風雅前編》，本《文庫》已收録。是志卷前有孟氏自序、萬曆志陳烓序、康熙志徐璭序、修志銜名、凡例、目録、圖目。書後有道光二十一年喬載繇、劉金殿跋。是書斷限上承康熙志，下迄道光中期，故名爲重修，實爲續纂。篇目設置基本沿用康熙縣志體例，而稍有調整、增損，並創立水利、書目、金石諸門目。卷首《凡例》云：『志曰重修，蓋踵前志而續纂之也。其有毋庸增損者，仍録前志原文。』對續增門目改遵新制，如對街巷、橋梁、寺廟、閘洞等的記述，皆據道光時建置書之，對田賦、貢稅、丁田、鋪莊等方面的記述，也據當時户部所頒《賦役全書》參互詳著。詩、文分卷刊列，詩賦散附各門目相關内容之後，文則擇其有關風土者，分體彙爲藝文數卷。《列傳》中臧旻父子傳、《名宦》中賈濟川傳，舊志往往照録《漢書》《宋史》本傳，此則以史志有別，並不專抄原傳。書中敘述間有失當。民國二十一年縣志馮煦序曰：該志『分目繁衍，敘述或失翔實』。邑人劉贊勳曾作《重修寶應縣志辨》一卷，專對此志作辨證。瞿宣穎《方志考稿》論該志：『志於水利頗致意焉。但其《列傳》組織史傳以成文，而不著取裁所自，轉不如前志悉用原傳者，猶爲妥慎。自其大體言之，搜羅翔博而鮮空言濫載，終爲近志中之佼佼者。』此書有清道光二十年湯氏沐華堂刻本，民國十八年重印本。本《文庫》據清道光二十年湯氏沐華堂刻本影印。（黄繼林）

〔咸豐〕重修寶應縣志辨一卷　（清）劉贊勳撰

劉贊勳，字子猷，號蒼厓，清寶應人。道光二十二年貢生。博學多聞，熟悉掌故，詩亦清雋。是書係對道光年間孟毓蘭修、喬載繇等纂的《重修寶應縣志》一書的辨疑、訂正和補充。卷前有咸豐元年劉氏自敘云：『惟採訪未經設局，傳聞不少異詞，曼衍支離，瑕瑜不揜。……余得其書，呻其佔畢，偶有疑竇，輒貼一簽，用宋陳彭年簽貼《册府元龜》故事也。終帙得簽百二十餘紙。』凡成七十餘條，每條各辨一事，所辨多有理有據，清晰明瞭。所辨有對原志書中橋梁、河道、官制、古蹟等史實的辨正和補充，如『辨港』一條，指出四港中『惟北港近始淤塞耳，志分注言西港、南港俱淤塞，亦舛謬』；亦有對名宦、列傳、藝文等分目體例的辨疑，如『辨書目』一條，指出『乃闌入時人著作皆未經論定之書』。最後數條或改訂或追補原志中人物列傳的謬誤和不足，還增補了數篇原志失收的藝文資料，如李樞《幽栖供事序》、高攀龍《與劉清之書》、華允誠《高氏四箴跋》等文章，都是對原志很好的訂正和補充。此書有咸豐元年醉經閣刻本以及咸豐間木活字本。本《文庫》據清咸豐木活字本影印。（徐大軍）

〔民國二十一年〕寶應縣志三十二卷首一卷　戴邦楨　趙

世榮修　馮煦　朱學程　朱萇生纂

戴邦楨，字幹如，安徽旌德人。光緒十五年舉人，民國五年任寶應知縣。馮煦（一八四四—一九二七），原名熙，字夢華，號蒿庵，祖籍金壇，曾祖時遷寶應。光緒十二年探花，授翰林院編修，累官至安徽巡撫。精詩詞，善古文。著有《蒿庵類稿》《蒿庵隨筆》等。朱學程，字紹伊，寶應人。附生，曾任安徽知縣。朱萇生，字慰予，寶應人。優附生，曾任江蘇通志局分纂。民國間修寶應縣志，聘煦主纂輯，煦以學程總其事，歷數年，稿成及半，學程病廢，其族叔萇生代之。民國十五年稿成，因款絀未得刊行。民國二十一年，繼任寶應縣長江輔勤（字慎之，浙江奉化人）籌資刊印。志依《江蘇通志（稿）》及各縣志例，記事截止到清宣統三年。卷首有江氏發刊詞，趙世榮、孟憲珊序，萬曆志陳烓序，康熙志徐犍序，道光志孟毓蘭序跋，劉金殿序以及馮煦序，有纂修姓氏、例言、目録，有縣境圖、縣城圖。卷一疆域志（歷代沿革表、沿革表、昝表、至到、風俗、土產、方貢附），卷二建置志（城池、公署、壇廟、倉儲、鋪莊、街巷、坊表、津梁、園圃、寺觀），卷三山川志（山、川、水利附），卷四食貨志（户口、田賦、屯衛、解支、鹽課、雜税、水旱、蠲賑），卷六學校志（廟制、學額、學田、書院、義學附、學堂），卷七選舉志（辟薦表、科貢表、武選附、封贈、事例、蔭恩、恩叙附、恩例附、學堂獎勵表），卷八武備志（操防、修防、驛遞），卷九至卷十官師志（官師表、官績），卷十一至卷十七人物志（列傳、循良、忠義、孝友、篤行、文苑、隱逸、藝術、流寓、方外），卷十八至卷二十二列女志（貞烈、節孝、賢明），卷二十三至卷三十藝文志（書目、論説、策議、序跋、書牘、碑記、傳狀、墓志銘、辭賦、銘贊），卷三十一古蹟志（古蹟、墓域、義冢附、金石），卷三十二雜類志（摭記、異聞）。有關各門都增設了反映近代社會史事之子目。是志據劉寶楠《寶應圖經》、劉贊勳《重修寶應縣志辨》、成孺《儒林、文苑、循吏、孝友事實册》等書，考證補佚。此書有稿本，殘存卷一至七、九至二十一、二十三；民國二十一年鉛印本；民國二十三年鎮江江南印書館鉛印本。本《文庫》據民國二十一年鉛印本影印。（黄繼林）

〔民國二十三年〕寶應縣志　周敦禮增纂

周敦禮，字演生，浙江蕭山人。曾任溧水縣長，民國二十二年任寶應縣長。是書前有民國二十三年周敦禮發刊詞，其後原樣重印了民國二十一年縣志的全部内容。唯在後面續增第三十三卷《特載》十章，收録自民國政府成立以來的資料，内容涉及行政組織機構的演變，及教育、財政、司法、治保、經濟等各個方面情況。《特載》具體目次爲：

緒言二十三年度施政方針；第一章本縣辦理編組保甲清查户口之經過及意義；第二章保安與公安；第三章社會行政推進計劃；第四章教育建設實業；第五章本縣物産概況及改進計劃；第六章禁烟；第七章財政；第八章整飭司法計劃綱要；第九章其他事項；第十章推進縣行政效率之各方面，附録實應縣保甲須知彙編。本《文庫》據民國二十三年鎮江江南印書館鉛印本影印，僅收録其中第三十三卷《特載》内容及書前周敦禮照片、發刊詞、目録、實應縣全圖。（黄繼林）

〔弘治〕兩淮運司志八卷　（明）徐鵬舉　史載德等編纂

徐鵬舉，字九霄，明四川瀘州人。弘治二年由進士任判官，政理、文采皆燁然可觀，嘗於鹽場建立社學，清蕩地，集逃竈，安定鹽民，創《運司志》，未脱稿，陞太僕寺丞。史載德，字公著，明河南新鄭人。弘治十二年任巡鹽監察御史，整頓鹽務，經理有方，百廢具舉，振興文教，聘學官子弟員，輯成《兩淮運司志》。是書雖僅存殘本四卷，即卷四至卷七，仍可反映兩淮地區鹽業史諸多情況。卷四分爲名宦、人物、列女、古蹟、堂軒齋亭、祠廟、寺觀、陵墓、仙釋、災祥等篇目。卷五至卷七，分别記載兩淮鹽運司屬下的泰州、通州、淮安三個分司的建置沿革、分野與鹽務，其中逐一記載了各個分司及下轄十大鹽場鹽課司的里至、山川、公署、公館、官制、倉庫、社學和各個鹽場的竈丁户口、工脚、土貢、鹽課、田糧、竈房、滷池、亭場、草蕩、盤鐵、摯秤、篾羅、坊巷、橋梁、宦蹟、人物、祠廟、寺觀、古蹟、陵墓等。其卷一、卷二、卷三和卷八已經散佚，但從保存下來的四卷文字中，可以推測卷一至卷三應當記載兩淮運鹽使司的地域範圍、建置沿革、鹽政機構、鹽官職責、鹽法制度等，第八卷則可能是《藝文志》。是書爲現存最早的兩淮鹽法志，也是中國古代最早的鹽法志，它是明代中期編纂的一部兩淮鹽業史的資料彙編，對於明代鹽業，特别是對於弘治年間的鹽法整頓活動，記載尤爲詳細，爲以後的嘉靖《兩淮鹽法志》的編纂，提供了許多基本材料，同時還保存了許多嘉靖志不便記載或没有採納的材料。儘管其内容有所殘缺，編纂方式不盡合理，但對於研究明代的鹽法制度與文獻仍然具有重要史料價值。此書有明弘治刻本，殘本，國家圖書館藏。本《文庫》據此本影印。（張連生）

〔嘉靖〕兩淮鹽法志十二卷　（明）楊選　陳暹修　（明）史起蟄　張榘撰

楊選，嘉靖年間巡鹽御史。陳暹，兩淮都轉運鹽使司運使。史起蟄，明南直隸江都人。嘉靖三十二年進士。歷官福建松溪知縣、禮部主事等。張棨，字範中，一字同壄，明南直隸儀徵人。嘉靖舉人。有清一代按鹽區分隸之機構，十分重視此類著作的修纂並自成系統。當時天下財賦莫盛於東南，財賦以鹽利爲最，天下鹽利以兩淮爲最。『夫鹽法以足國用，而鹽志以佐鹽法，二者相爲表裏』（崔華康熙《兩淮鹽法志》序）。故兩江督撫及兩淮鹽政官員相較其他鹽區，特重修纂兩淮鹽法志。明弘治間兩淮都轉運鹽使司曾纂修過一部志書，嘉靖二十九年巡鹽御史楊選認爲舊志殘缺紊亂，委兩淮都轉運鹽使司運使陳暹撰修新志。陳暹屬史起蟄、張棨等撰寫此書，嘉靖三十年編成。是書爲記載兩淮鹽法制度的專書。全書十二卷。卷一圖說，卷二秩官、署宇，卷三地里、土產，卷四至卷六法制，卷七户役、貢課，卷八人物，卷九祠祀，卷十宦蹟，卷十一至卷十二雜志。首列圖表五十四幅，包括鹽政官署、按屬地方、行鹽區域、兼理河道、所屬鹽場等等。次列兩淮鹽官系統及其官署。以下闡述鹽法即政府管理食鹽生產、運銷、徵稅、緝私的制度、法令、則例之統稱。亦稱『鹽制』。對食鹽生產者亭户進行管理，其主項貢課即繳納國家的鹽額。從貢課中撥出鹽利所獲之一部分，用於對人才的培養。因時舉辦祭祀先賢的活動，借以激勵民風。表彰歷任鹽官的政績，以示範後來者。記録災祥、山水、祠宇、傳説等等，屬之雜志。兩淮鹽法志書，後世所能據以參考者自此始。嘉靖志以紀兩淮鹽法、鹽務爲中心，繫之以人物、教育、風俗等等，提升了人們對鹽業在社會生活中地位的認識，含有注重文教的意味，給後世的鹽法志類書以啓迪。本《文庫》據明嘉靖三十年刻本影印。（陳文和）

〔康熙〕兩淮鹽法志二十八卷　（清）謝開寵總纂　（清）崔華　程浚等參訂

謝開寵（一六三八—？），字晋侯，清安徽壽春人。崔華有康熙二十四年《揚州府志》，已著録。程浚，清歙縣人。歲貢士。清初仍沿明制，各省置巡鹽御史，康熙後改爲鹽政，掌糾察所屬各級鹽務官員，審評鹽價，督察徵課。康熙二十三年，進士崔華以揚州知府簡督兩淮鹽運，有感於清朝立國五十年，而兩淮鹽志未有全書，即以修舉廢缺爲己任，遂以郡學生黃暹採輯之草本委托其同榜謝開寵删訂。人物、藝文兩目，賴歲貢士程浚，『以熟晰鹽政科條，凡因革之宜，利弊之要，皆能考鏡原流，洞若觀火。且徽西兩籍諸耆舊芳言懿行，不憚悉心諮訪，加以論斷一切』（謝《序》），傳記多出其手。康熙三十二年書成，翌年刊行。是書共二十八卷。卷一星野（祥異附），卷二疆域（總圖分圖共四十八），卷三場考，卷四省考，卷五秩官，卷六署宇，卷七額例（成式附），卷八詔敕，卷九律例，卷十至卷十四奏議，卷十五風俗，卷十六選舉，卷十七古蹟，卷十八土産，卷十九至卷二十四人物（理學、孝友、治行、篤行、尚義、列女），卷二十五至卷二十八藝文（沿革總論附、詩）。按目録可知，著録天時變化，及其對食鹽生産的影響。以圖表明鹽場的疆域範圍。煮鹽的基層單位爲鹽場，場有管理、産銷、運輸、定額、價格等相關事項，須記録在案。兩淮食鹽在四省（江南、江西、湖廣、河南）的銷售事宜。詳著鹽官系統及官員政績。鹽官辦公場所的創立修建，鹽額和貢賦須有制度保證，不可隨意予取，以維護生産者應得的利益。朝廷對商民要有優恤政策，以鼓勵其積極性。鹽務須有法律維繫，並以則例補充法律之不足。從官員奏議可見朝廷每立一法，必博採衆論，咨詢可否，而後定爲畫一之令；兩淮鹽法關乎國計，故奏議尤爲志書所重。選舉著録兩淮鹽商家庭出身，及鹽商資助的書院學子而成爲進士、貢士、國學生、武勛、武進士、武舉人，以及薦辟之人等，以見鹽商經濟與人才培養的關係。記録古蹟祠廟，祭祀先賢名人，以提升風俗。從各地所産鹽的品質，見人工之艱苦。著録人物，其中有可補地方志所未列者。藝文多載紀傳，詩詞惟詠古蹟。此爲清代第一部記録兩淮鹽業歷史及經營管理規章的志書，是研究清代兩淮鹽業的重要參考資料。本《文庫》據清康熙刻本影印。（陳文和）

〔雍正〕敕修兩淮鹽法志十六卷　（清）噶爾泰纂輯　（清）程夢星等纂

噶爾泰，清滿洲人。雍正二年，以内閣侍讀學士巡鹽兩淮。在官六載，惠政甚多。程夢星有雍正《揚州府志》，已著録。此書無刻書年月，約雍正間刊。全書共十六卷。書前有陳時夏序，有凡例、目録，有圖。卷一恩綸，卷二職官，卷三廨宇（倉垣附），卷四場竈，卷五煎造（器用附），卷六疆界，卷七水道（口岸附），卷八引目，卷九額徵，卷十律令，卷十一奏議，卷十二名宦，卷十三選舉，卷十四人物，卷十五祠祀（書院附），卷十六藝文。時人評是書『綱目森具，巨細畢陳』（陳《序》）。兩淮鹽法甲於天下，動關國計民生，兹事特别重要。鹽法之書專言兩淮者，明有史載德弘治《兩淮運司志》，朱廷立《鹽政志》，史起蟄嘉靖《兩淮鹽法志》，徐光國《中十場總志》，袁世振梳理成編。入清有胡文學《淮鹾本論》《鹽政通考》、崔華康熙《兩淮鹽法志》、汪兆璋《中十場新志》，均屬經世之書，其資料來源多以部札及奏銷底册爲根據。志内疆界一門，本爲行鹽分銷地方而設，尤詳於水路運道，與地方志郡邑門不同。淮鹽行銷四省，從鹽的銷售數量、地域分布等，可以檢驗户口繁盛、民生殷阜等狀況。把引目與額徵分列爲二門，引目記載商人引領食鹽數量和銷納之方，額徵則志國課會計之數，各爲紀載，考核易明。場竈爲鹽所自出，一切規制，載筆不容簡脱。三十場、亭、池、倉、廨，逐爲標舉，俾有徵考。至倉鹽之折價，沙蕩之陞科，與地丁錢糧等，故總其數於額徵，而析其目於此卷，與例行由單相檢核。附器用於煎造，附倉垣於廨宇，附書院於祠祀，附口岸於水道，以類相從，省卷帙之繁。是書凡例要言不煩，不在詮釋目録，而是明沿革，標重點，示新意。《江蘇地方文獻書目》評：『此書不只記載一代鹽法制度，而且條分縷析歷代相關制度，各章内容又詳於清代。據此書可探討兩淮地區歷代鹽法鹽政制度的沿革，又可對清代初中期兩淮鹽務有深入詳細的瞭解。』本《文庫》據清雍正刻本影印。（陳文和）

〔乾隆〕兩淮鹽法志四十卷首一卷　（清）吉慶監修　（清）王世球纂

吉慶，清滿洲人。乾隆九年，以内務府堂郎中巡鹽兩淮。又請纂修兩淮鹽志，以十八年積久難稽之案牘勒爲成書，俾後有考。在任九年，擢熱河總管以去。王世球，生卒年不詳，約乾隆間人。字熙聞，清江蘇江都人。《揚州畫舫録》卷三説：字熙堂，清甘泉人。工文，盧轉運延之幕中爲經師。是書以爲：歷代鹽法設官定制，因時取濟，並無一成之法。考前兩淮鹽志，一修於康熙三十二年，一修於雍正六年，迄今已十有三年，其間斟酌損益，相差懸殊；若不續編，則不能明典則而昭法守，亦使後來無所考據。鹽志雖與地乘不同，而法令職掌，條緒繁多，必爲之綱舉目張，乃能使覽者明瞭。今酌例爲大綱八，小目四十有五，各以類從。略仿雍正志之例。其年遠案牘難稽者，以《鹽政通考》《淮鹺本論》《淮政集》《康熙鹽志》諸書爲據。至近年事例，一以奏疏原稿並札檄定案爲憑。全書四十卷，正文前爲署理江蘇巡撫覺羅雅爾哈善序、署理兩淮鹽政吉慶請修志書原奏、凡例、修纂人員名録。正文後附明清兩代兩淮鹽法志各序九篇。卷首圖四十二幅，包括官署、下屬機構、鹽場等；順治至乾隆間制詔，又附漢至明歷代制詔。卷一至卷六轉運，含疆界、引目、額派、河渠、配運、掣摯、趲運、緝私、融銷。卷七至卷十四課入，含商課、課則、課目、成本、經費、提綱、奏銷。卷十五至卷二十二場竈，含場界、草蕩、竈丁、煎曬、竈具、亭池、房垣、竈課、社學、范堤。卷二十三至卷二十八職官，含官制、題名、宦蹟、廨署。卷二十九至卷三十律令，含律文、條例、考成。卷三十一至卷三十二優恤，含恤商、恤竈。卷三十三至卷三十九人物，含理學、篤行、儒林、尚義、選舉、列女。卷三十九至卷四十雜志，含捐助、善舉、書院、祠寺。《江蘇地方文獻書目》評其：『（是書）增補雍正六年後事例，詳盡記載清代鹽政制度，間作考證，

内容大大超出雍正舊志，成爲較爲完備的兩淮鹽法專書。』本《文庫》據清乾隆十三年刻本影印。（陳文和）

〔嘉慶〕兩淮鹽法志五十六卷首四卷　（清）佶山監修　（清）單渠總纂　（清）方濬頤續纂

《中國古籍總目·史部》著録嘉慶《兩淮鹽法志》有兩部：一本爲六十卷首四卷，鐵保輯，清嘉慶間刻本。一本爲五十六卷首四卷，佶山監修，單渠總纂，清嘉慶十一年刻本，同治九年揚州書局刻本。以上兩種實爲一書。今查閲原書，兩淮鹽政佶山奉敕監修，兩江總督鐵保奉敕撰序並進奏摺。又有佶山請修奏摺暨請展限奏摺，復有繼任鹽政額勒布進書奏摺。至於一本爲『六十卷首四卷』、一本爲『五十六卷首四卷』的不同，實際是六十卷本，其中包括首四卷；五十六卷本，外加首四卷。鐵保，字治亭，號梅庵，滿洲正白旗人。乾隆三十七年進士。嘉慶十年正月，由編修官至兩江總督。十一年四月，《兩淮鹽法志》告成。值佶山去任，曾煥提調書局，繕黄册，由新任鹽政額勒布呈進。佶山、額勒布，《清史稿》《清史列傳》無傳。單渠生平事蹟見清張雲璈《簡松草堂詩文集》卷一《候補治中竹軒單君墓志銘》，説他『精申韓之學』，應佶山之邀，以爲嘉慶《兩淮鹽法志》總纂。方濬頤有同治《續纂揚州府志》，已著録。是書總目，卷首爲制詔、恩幸兩門。卷一以下，凡分十有二門：歷代鹽法源流表、古今鹽議録要、圖説，轉運、課程、場竈、職官、律令、優恤、捐輸、人物、雜紀。每門又分子目或附目。體例較舊志爲完備，而紀載更較舊志爲詳明。是書初修於康熙三十二年（謝開寵纂《兩淮鹽法志》二十八卷本），再修於雍正六年（噶爾泰纂《兩淮鹽法志》十六卷本），復修於乾隆十三年（王世球纂《兩淮鹽法志》四十卷首一卷本）。至嘉慶初，近六十年，歲月既久，法制更增，亟宜重纂。遂依尋典制，博採舊聞，廣摭旁搜，條分件繫，成書五十六卷。冠以卷首四通，爲六十卷。凡舊志所略者詳，訛者正，缺者補，冗者芟。中間異同損益，加按語説明。是書首創表六，著録歷代鹽法源流，以爲考鏡之用。舊志每目，摭拾古事數條，承訛不少。兹既列『鹽法源流表』，更録唐以來論著之有關得失者爲『古今鹽議録要』，以備鑑古。舊志有圖無説，兹增圖爲六十二，繫之説者五十一，而於鹽法加詳。至於收列揚州文匯閣、鎮江文宗閣圖，因其所藏爲《四庫全書》副本。舊志人物於世系、爵里、科名有沿訛失實者，兹加改正。舊志雜志一綱分目僅四，未可爲雜。兹於八綱之外，撮取祠廟、書院等爲鹽法中所旁及者，又取昔人紀述之勒石刊刻者統爲雜記。此次重修始於嘉慶七年十二月初四日，至十年六月告竣；重加刪訂，又且數月。其文移案牘關白之件，皆截至六月爲止。嘉慶志著録主體是乾隆朝的鹽志書，時當有清一代鼎盛時期，故其内容極爲豐富。本《文庫》據清同治九年揚州書局重刻本影印。（陳文和）

〔光緒〕兩淮鹽法志一百六十卷首一卷 （清）王定安等纂修

王定安（一八三三—一八九八），字鼎丞，號空舲，清湖北宜昌府東湖縣人。咸豐十一年拔貢，同治元年舉人。因校注曾國藩所彙編的《十八家詩鈔》而被薦爲江蘇昆山縣知縣。任滿後，爲曾國藩延爲幕僚，撰《湘軍記》。定安長於史志，傳世著作十五部，計三百餘卷，内容涉及經籍、史志、金石、詩歌、雜記等，爲近代史提供了大量有研究價值的文獻資料。兩淮鹽法志書自嘉慶十一年重修之後，迄光緒十五年，已届八十餘年。其間改綱爲票，變故百生，今昔情形，迥然各别，自宜徵文考獻，載諸簡編。督臣曾國荃於光緒十五年十一月籌捐設局重修，派委前山西冀寧道王定安總司編纂。特以金陵、揚州衙署均遭兵燹，案牘蕩然無存，爰遍稽舊籍，廣爲咨訪，或從近人文集，或得故家藏案，以及老商世幕所鈔秘本，採輯無遺。至光緒十八年十二月全書告竣。是書總目：王制門十卷、沿革門二卷、圖説門十三卷、場竈門十二卷、轉運門三十三卷、督銷門二十二卷、徵榷門三十卷、鄰税門六卷、職官門十卷、優恤門六卷、捐輸門五卷、雜記門十一卷。總一百六十卷。據《凡例》言：舊志『圖説一百九十二則，新章自同治間各岸設督銷總分局，與舊制迥殊，故圖增百篇。凡垣棧之遷移，河道之改徙，局卡之分布，詳考臚列』。『舊志有六省行鹽表，皆綱法』，『今循環給運，參綱法於票法之中，則舊制宜存，新章必備，茲就舊表於府州縣下加今按別之，庶得失可以參觀』。『舊志無藝文一類，今以國朝名卿鉅儒凡論淮鹺極有關繫者，皆宜採録』，『遵欽定《古今圖書集成》例，載在鹽法部後，庶補全書所未逮』。『舊志所載案牘截至嘉慶十年閏六月爲止，迄今又越八十餘年，中更兵燹，卷牘蕩然，同治以來，始有可紀。道光改票，雖詳載《票鹽志略》，而淮南一切制度，僅有私家所藏《淮鹺備覽》可據以編載，或文字訛脱，或數目差忒，姑從原文，無可是正』。《江蘇地方文獻書目》稱：『此書所補充記載的制度條例上自嘉慶十年，下至光緒十七年，與前四部舊志相延續，清代兩淮鹽法制度記載自此系統完備，具有重要的歷史價值。』本《文庫》據清光緒三十一年刻本影印。（陳文和）

〔嘉慶〕瓜洲志稿 （清）王豫纂

王豫（一七六八—一八二六），字應和，號柳村，清丹徒人，家居瓜洲翠屏洲。監生。有《種竹軒詩文集》十卷，輯《江蘇詩徵》一百八十三卷。不求仕進，屏蹟著述，殫精文獻，年三十三創《瓜洲志》十二卷。吴耆德等人纂修《嘉慶瓜洲志》時，王豫慷慨贈以書稿，以供參考。今僅存殘稿。另有《淮海英靈續集》，本《文庫》已收録。同治《續纂揚州府志》有傳。瓜洲，即瓜洲鎮，舊屬故江都縣，在今揚州市邗江區南部濱江，與鎮江市隔江相望。是書所存殘稿所述門類有：衙署，軍政，秩官（江防同知、瓜洲鎮巡檢、瓜洲閘官、城守營守備、京口水師協鎮、水師協鎮標下），召辟，選舉（進士、舉人、貢監、武科、行伍附），五行，經籍，人物（名臣、隱逸、文苑、忠義、節孝、武勛、行誼、宦績、流寓、術藝、仙釋）。各門所記述起始時間不一，或溯於隋唐，或始自宋元，或自清代述起。所記重在秩官與人物，尤詳於秩官。因瓜洲地處江口，爲清代江防重地，故對清王朝在當地設置的各種江防職官、守備情況及歷任蒞守官員均作詳細記述。《京口水師協鎮》記録京口協鎮設置的由來、統隸變化、衙署設置、巡邏時間及駐扎情況等，有助於對清代江防的研究。本《文庫》據揚州市圖書館殘存清嘉慶稿本影印，書前有關於此稿傳承説明。（張連生）

嘉慶瓜洲志八卷首一卷

（清）吴耆德 王養度纂修 （清）馮錦 常德編輯

吴耆德、王養度，均爲浙江錢塘人。嘉慶十三年、十四年先後任揚州府江防同知。馮錦籍貫不詳，時任職瓜洲巡檢司。常德，據《凡例》末尾落款，亦爲錢塘人，當爲編纂人員。瓜洲鎮在古代曾經繁盛一時，但未有志書刊行，編纂者在王豫私修《瓜洲志稿》與卞萃文《江洲節孝録》的基礎上，創設新志。書前有參與纂輯者職銜姓名、凡例、目録。卷首宸翰，卷一疆域（城鎮、區圖、鋪巷、埭林附）、衙署（倉局附），卷二山川（壩港、渡閘、河池、井泉、溪塘、溝橋附）、河志，卷三兵志、選舉，卷四寺觀（祠祀、書院、善堂附），卷五人物，卷六列女，卷七藝文，卷八雜録。書後附勘誤表。《宸翰》之中收録康熙、乾隆兩帝巡臨瓜洲所作的諭旨詩文，如康熙五十五年諭令瓜洲修築護城堤，乾隆三十年、四十五年兩次所作《過瓜洲鎮》詩，均可見清廷對瓜洲河防、江防的關注。以往《江都縣志》對於瓜洲作爲南北要衝之地記述未備，本志將史書中有關於瓜洲的史實詳加記録，注重漕政、河渠、江防、城守、軍政諸要務。歷來府、縣志中對瓜洲人物的記述甚少，《人物》門着力搜集當地人物事蹟，並編録爲名賢、名臣、流寓、術藝、仙釋、列女、雜組諸類，分別記述。《河志》門記述唐至清代的河工水利情況，資料頗豐，而於清代乾隆一朝記述尤詳，載有近十次江河搶修情況，並附有關奏疏批文，爲當地河工水利方面的研究提供寶貴資料。《藝文》門採擇唐宋以來題詠瓜洲的詩文佳作，彙集爲一卷，可資考訂。此書原有嘉慶刻本，但流傳極少。民國年間，瓜洲人于樹滋多方搜尋，僅得一抄本，且有殘缺，遂重加校訂後印行。本《文庫》據民國十二年瓜洲于氏凝暉堂鉛印本影印，卷前有于氏校訂重印序文。（張連生）

〔民國〕瓜洲續志二十八卷首一卷　于樹滋編輯

于樹滋（一八五六—一九三八），字德甫，號遁叟，別號東軒老人。世居瓜洲，寄籍儀徵。早年爲清末秀才，後棄學從商，熱心慈善事業。中年以後，因病居家療養，遂事著述。著有《呻吟集》等。另有《瓜洲伊婁河櫂歌》《瓜渚遁叟璧水重游唱和集》，本《文庫》已收録。是書卷前有自序、凡例、圖、目録。卷首宸翰、諭旨，卷一疆域（城池、街巷、都里、鋪、洲鎮、濠、村莊、洲圩、港池、溪、塘、渡閘、堰、埭、壩、淺、岸、涵橋），卷二山川（江、海、淮、潮汐、漲沙、河、泉），卷三河志、兵志（軍政、塘汛、江汛、弓兵、巡船、炮、水師營制）、漕運，卷四鹽法（淮鹽總棧），卷五關税（由閘），卷六職官、選舉、世職、坊表、順治丁酉海寇殉節男女名氏紀録、粤亂殉難紀録，卷七公署、局所、善堂，卷八古蹟（宮殿、樓、閣、亭、臺、軒），卷九寺觀，卷十宅、園、墓，卷十一善堂章規，卷十二祥異、風俗、農諺、物産，卷十三至十四人物，卷十五至十六列女，卷十七至二十五藝文（名人題詠、撰述，鄉賢、寓賢著作），卷二十六書目、古物、碑（目、文），卷二十七雜文，卷二十八雜録。末有後叙，並附勘誤表。是書取材廣泛，搜羅各種史書、方志、檔案、家譜、詩文集以及本地的《瓜洲事實》《種竹軒瓜志》等各種殘稿抄本，再加以採訪故老，歷經四載，於民國十六年成書。記事時間截止於清末宣統三年，體例參照《嘉慶瓜洲志》而又有所增補，如舊志《疆域》《職官》《人物》等門，殘缺不全，而《山川》又過於簡略，作者遍查府、縣志，增添相關資料；新設《漕運》《鹽法》《水師營制》《公署》《風俗》《古蹟》《書目》《文物》等門類；《藝文》門下又分四個細目。書中先彙集府、縣志及瓜洲舊志文字，後列續編資料。全書定稿後新獲者，又作《補遺》附於每卷之末。書中繪圖六幅，尤以瓜洲全城圖、瓜洲坍餘半城圖、瓜洲全坍地圖三圖最爲可貴。《城池》除記述歷代守防戰事、變遷沿革外，還詳述清乾隆、道光和光緒中的坍江之事，描述了古瓜洲城演變的歷史軌蹟。《河志》詳載瓜洲歷代堤壩水閘修治情況，尤以清代爲詳，並載有治江護岸的方法及民工耗用的情況。

《兵志》等對清初鄭成功抗清以及咸豐年間太平軍在瓜洲一帶活動記述較詳。《藝文》全面搜集歷代有關瓜洲的詩賦文章，徵文考獻，不厭其繁，故有九卷之多。其内容完備，門類齊全，資料詳贍，在揚州鎮志中首屈一指。《續修四庫全書總目提要》評價爲『此志體例不盡精嚴，搜羅則頗宏富』，『蓋鎮志之偉大者』。本《文庫》據民國十六年瓜洲于氏凝暉堂鉛印本影印。（張連生）

北湖小志六卷首一卷 （清）焦循撰

焦循（一七六三—一八二〇），字里堂，一作理堂，清甘泉縣黄玨橋人。阮元的族姐夫。嘉慶六年舉人。後絶意仕進，築雕菰樓以居，潛心治學。博聞强記，識力精卓，經史、曆算、聲音、訓詁無所不精，亦致力於揚州地方歷史研究，著有《易通釋》《孟子正義》《六經補疏》《雕菰樓文集》等。另有《邗記》《廣陵考》《花部農譚》《里堂家訓》《理堂日記》《里堂書跋》《揚州足徵録》《焦里堂手鈔詩文集十三種》《江都焦氏家集》《里堂詩集里堂詞集》，本《文庫》已收録。阮元稱其爲『通儒』。《清史稿》有傳。北湖，在今揚州市邗江區北部，鄰近高郵湖，周圍百里，多水澤，焦氏世居於此。該志係其整理見聞、搜訪遺籍撰成。卷首有阮元序、焦循識語、目録和圖。圖凡十六幅，其中北湖地圖六幅、舊蹟名勝圖十幅。卷一叙水、叙地、叙農、叙漁、叙舊俗，卷二開元寺記、畬芳社記、梓潼祠記、誦芳莊記、錐壩記、黄玨橋東岳廟記、傲姑寺記、沙香洲記、珠湖草堂記、六湖記，卷三王銓部傳、忠節高僉事傳、忠臣梁欽光傳、王螺山傳、陳歐村傳、徐慧庵李梅舟傳、范石湖傳、孫柳庭傳、徐坦庵傳、二吴傳，卷四阮將軍傳、文施畢趙傳、郭謝常周張王傳、王郭謝陳李常傳、吴千爲傳、孝子傳、程翁傳、裔烈娥傳、貞節傳、王夫人郭母浄因道人傳、私傳，卷五書人瑞、書天時、書物異、書金石、書詩話、書軼聞、書鬼神、書疑義，卷六家述。是書記載了明中葉以來北湖地區的歷史與現狀，尤其是清代當地的水道、地貌、民生、風俗、古蹟、名勝、人物、天象、物産、金石、詩文、軼事、遺聞及焦氏的從學師友、門生與家族世系。大多爲焦循本人親身經歷、所見所聞，具有很高的史料價值。人物傳記在其中佔一半以上，每篇傳後，皆有焦氏短論，或闡述己見，或增補逸事。阮元序稱贊此志：『此書數卷，足覘史才』，『使各郡縣數十里中，皆有一人載筆以志其事，則郡縣之志不勞而成矣』。此書有清嘉慶十三年揚州阮氏刻本，嘉慶、道光間江都焦氏雕菰樓刊《焦氏遺書》本，光緒二年衡陽魏氏刊《焦氏遺書》本。本《文庫》據清嘉慶十三年揚州阮氏刻本影印。（張連生）

北湖續志六卷 （清）阮先輯

阮先（一八一四—一八九三），字慎齋，清儀徵人，居揚州北湖。阮元從弟，以國子生應順天鄉試。著述甚豐，稿多散佚，存有《停琴館詩存》。另有《北湖續志補遺》《赤湖雜詩》，本《文庫》已收録。焦循《北湖小志》成書四十年後，阮元年老歸田，命從弟阮先等再搜集資料，對《小志》加以續纂，經道光二十三年至二十七年，纂輯成書。體例門目略仿府縣志，卷首有阮元道光二十七年所作序，卷一山川（橋梁附）、疆里、水利（圩岸附），卷二祠祀、冢墓，卷三形勝，卷四人瑞、人物、選舉、孝友、節孝，卷五歲時、風俗、金石、經籍、物産，卷六藝文（傳記、墓表、墓志銘、節孝詩）、雜録。書後有阮先識。是書主要從歷代史書、地理著作、揚州府志、縣志、詩文集中採集《小志》未撰入的有關北湖地區的資料，多輯録詩文、碑記，有關名勝古蹟者尤多，其中包括阮元、焦循、阮充等人的詩文。《疆里》等篇，還輯録了一些《小志》原書的内容，文字雖有異同，不免有所重複。引文出處，先注『重修府志』『江都志』『甘泉志』，後注『府志』『縣志』，過於籠統，失去意義。此書有清道光二十七年揚州阮氏刻本、光緒二年重印本、民國二十三年陳恒和書林《揚州叢刻》本。本《文庫》據清道光二十七年揚州阮氏刻本影印。（張連生）

北湖續志補遺二卷 （清）阮先輯

阮先有《北湖續志》，已著録。道光二十九年，阮元去世後，清帝賜碑文、祭文、謚號，時人以爲殊榮。阮先抄録碑文與祭文，並再搜集《續志》所未及者加以補遺，纂成此志。卷首恩綸，卷一水利、橋梁、疆里、祠祀、冢墓、形勝、人物、選舉（舉人、貢士）、節孝，卷二藝文（傳、記、序、引、詩、詞）、雜録，基本依照《續志》次序，卷末有咸豐十年邑人王開益跋。卷首『恩綸』，爲道光帝《御製晋加太傅銜致仕大學士阮元祭文》及《碑文》，歷數阮元生平的政績懿行及學業成就，可以反映其歷史地位。全書又搜集《小志》和《續志》未曾輯録的一些北湖地區資料，直接或間接引用書籍凡十數種，方志類如萬曆《江都縣志》，康熙、雍正、嘉慶《揚州府志》，《甘棠小志》《揚州西山小志》等；當代私家筆記著述如《南野堂筆記》《兩般秋雨庵隨筆》《廣陵詩事》《浪蹟叢談》《雲莊詩話》《望湖雜録》《蘧園隨筆》《蓉舫詩話》等。仍以抄録詩文爲主。偶爾用小字注文或按語，作簡單解釋，如《水利》中有『《江運廳册》言，西岸分洩湖水入運各港有露筋小河』，之後有按語『此河口今堵閉』，説明其現狀。本《文庫》據清咸豐十年揚州阮氏刻本影印。（張連生）

甘泉五塘志　佚名撰

稿本，三册。作者身份不詳，據書中有『國朝』及引用《甘棠小志》等書目看來，當爲晚清人士。是書稿不分卷，無書名、序跋、凡例、目録，字蹟潦草，多有塗改，間有零星記録文字，似爲初稿本。其書名不知何人所加，内容與書名亦不甚相稱，大致可分爲三：一爲甘泉運河以東諸水調查稿；二爲請復查甘泉山以西諸水擬稿；三爲甘泉五塘調查擬稿。全稿實際是清代甘泉縣運河兩岸水系的調研報告。第一部分比較系統，叙述淥洋湖、荇絲湖、艾陵湖、青蕩湖四湖的位置關係、面積大小、水道來源、入海去路、區域劃分與有關的支河、溝塘以及橋梁、堤壩、閘門、涵洞等設施。第二、三部分則比較粗疏，僅爲調查計劃的草稿，有調查意向、請示報告、考訂議論等。其中亦有重複文字，例如有關調查甘泉五塘的提綱前後兩套，内容基本一致，均爲有關五塘的位置、面積、形勢、水道與水利。書稿對於水域的叙述，多引用文獻資料爲依據，如明朝的嘉靖《江都志》、張寧《五塘議略》、盛儀《五塘定議》，清代的雍正《江都縣志》、嘉慶《揚州府志》《北湖小志》《甘棠小志》等，有時也採用調查訪問資料，對於揚州城北的水道研究頗有價值。道光年間，劉文淇等在編寫《揚州水道記》一書時，曾經與吴熙載分工，劉分任運河及兩岸工程，吴分任兩岸諸湖，結果劉氏如約完成《運河考》八卷，而吴氏未聞有成。此書稿所編纂者，即爲吴氏當年承擔之任務，可惜未能完稿，乃一憾事。本《文庫》據揚州市圖書館藏稿本影印。（張連生）

甘棠小志四卷首一卷末一卷　（清）董醇撰

董醇（一八〇七—一八九二），初名椿，字壽卿，科試時改名醇，後避同治帝諱，又更名恂，字忱甫，號醖卿，又號還讀我書室主人。清甘泉召伯人。道光二十年進士，先後事道光、咸豐、同治、光緒四朝，歷任户部主事、湖南儲運道、直隸清河道、順天府尹、都察院左都御史及兵、户兩部侍郎、尚書，曾爲總理各國事務衙門大臣。平時喜讀書著述，擅長隸書，著《隨軺載筆七種》《楚漕江程》《江北運程》《荻芬書屋詩文集》《手訂年譜》等近百卷。另有《還讀我書室老人手訂年譜》《淮南鹽務臆言》《兩淮鹽務議略》，本《文庫》已收録。甘棠，即邵伯鎮，在今揚州市江都區境内。因東晋謝安於此地修築平水埭，隨時蓄洩，保障農田，民呼其埭與湖與鎮，皆爲『邵伯』，以其遺愛比爲甘棠，故有此名。作者有感於阮元『使各郡縣數十里中，皆有一人載筆以志其事，則郡縣之志不勞而成』之語，有志於撰寫邵伯鎮志，咸豐中回鄉丁憂，得暇編纂而成。卷首爲董醇自序和邵伯地圖，卷一記建置、記運道，卷二記湖瀦、記河渠、記修防，卷三記坊鋪、記里巷、記村鎮，卷四記祠廟，卷末有董醇跋。全書採納洪亮吉的修志觀點，偏重於輿地，不記載人物。邵伯鎮地處湖鄉澤國，治水爲切要，故十四幅地圖中水道之圖佔十三幅，九篇正文叙水者有運道、湖瀦、河渠、修防四篇。地圖來源於劉文淇《揚州水道記》、焦循《北湖小志》與官方文件，每一幅圖都有説明文字，故皆精確可考。《祠廟》記述邵伯鎮各庵觀寺廟的建修歷史和地理位置，其文字篇幅幾近全書的十分之三，爲研究當地宗教提供豐富資料。志中還糾正了《北湖小志》《北湖續志》中的一些錯誤。《續修四庫全書提要》稱其『引證詳明，文筆簡净，可與焦理堂之《北湖小志》並稱佳構』，歷來被列爲清代鄉鎮志中的名志。此書有清咸豐五年甘棠董氏刻本、抄本。本《文庫》據清咸豐五年甘棠董氏刻本影印。（張連生）

甘棠小志節録小注附新增一卷　（清）王開益編

王開益，號望湖，清甘泉縣北湖人。生平不詳，與兄監生王開業（一七七五—一八五〇）並工詩文。著有《望湖草堂詩鈔》。另有《春雨唱和集》《重陽唱和詩》，本《文庫》已收録。曾協助阮先編輯《北湖續志》。董醇咸豐《甘棠小志》刊刻之後，開益於同治十三年，按照原書篇目，抄録其中的部分文字，加以小注，重新成書。是書前有阮福、陳桂馨、王開益三序，書中主要增加原書中記載尚未完備之處，如地理位置、地名來歷以及相關詩文等等。例如有關阮元稱『西湖嘴』爲『第三十二西湖』，『野牛灣』又稱『野人灣』『野溝灣』，明末揚州城失陷之時，曾經作爲地方官員聚集之所，等等，對於保存地方史料，不無小補。書中將原作者名『董醇』，恢復爲『董恂』。本《文庫》據揚州市圖書館藏清光緒二年刻本影印。（張連生）

崔堡小志一卷　王宗筠撰

王宗筠，字志清，山陽人。崔堡係今寶應縣偏北一鄉鎮，原屬於淮安，後劃歸揚州。崔堡雖爲江北小鎮，但並非荒僻之地，明初以後，人户漸增，清代乾嘉以來，頗爲興盛。抗日戰爭中，遭受敵機轟炸，房屋多毁，鄉邦文獻喪失殆盡。王氏深恐後人無從知曉地方掌故，乃將往日遺聞軼事、先輩行誼文章以及寺院之建築、學校之設立、橋梁之改造，聊記顛末，以存其往昔『建築之整飭、文化之優美』概况。是書於民國三十三年編成，記事大略始於明清，迄至民國三十年左右。志前有寶應王楷珊等人題詞詩篇、王氏自序、例言、崔堡全圖等。全書不分卷，内容分爲十類。《例言》中説：『本篇合建置、河渠、廟宇（祠祀附）、學校（南溪草堂及園囿附）、橋梁（古井附）、丘墓、人文（藝文附）、列女、風俗、物産爲十類，以雜記附之於後。』志文中《建置》包含位置、沿革、形勢，《河渠》包含水利，大體安排得當；而《丘墓》注明『未抄』，《列女》空缺，有名無實；《人文》主要記載王氏家族的著名人物事蹟，《藝文》實際單列一門，都與凡例不合。所記偏重《人文》與《雜志》。《雜志》中收録了當地不少遺聞軼事，如太平天國時期崔堡人反抗清政府徵收釐捐，民國年間此地土匪猖獗，當地醫生王洪矩倡始鄉邦文化、建造磚橋等，保存不少史料，均有助於近代地域經濟、政治、文化研究。此書僅存抄本，本《文庫》據南京圖書館藏本影印。（張連生）

曹甸鎮志　郝澍撰

郝澍（約一九一四—？），一名庶，也寫作樹，字少洲，亦寫作紹洲，寶應曹甸人。曾與姚雪垠、趙丹、吴調公等相過從。一九五六年還鄉任民辦教師。擅長詩詞書畫，熱愛鄉邦文獻。著有《郝樹詩抄》《詩品舉例》《鶴墅隨筆》等，編有《廣曹甸志》等。另有《淮甸春影録》《曹甸鎮志》《曹甸詩話》《鶴墅文墨》《曹甸藝文志》，本《文庫》已收録。一九四四年三月，郝澍輾轉他鄉，與友人論及詩詞文獻，乃有編輯地方掌故之志，退而廣搜同鄉前輩詩文與縣志、藝文志，遂成《曹甸小志初稿》。一九四五年修成此志。全書凡八綱三十四目。一正名（曹甸、楚甸），二區域，三輿地志（歷史、地理、古蹟、村莊），四河渠志（水利、溝瀆），五建設志（街市、巷口、園林、樓宇、祠祀、寺院、坊表、學校、橋梁、堤防、其他），六民俗志（風俗、謡諺、方言、音韻、氏族、宗教），七人物志（科貢、列傳、藝林、列女），八藝文志（書目、題贈、遺著、近人詩録）。書前有小引、目録、凡例，書後有自跋。據作者初編目録，原計劃爲十綱，産殖志（稼穡、工藝、其他）和雜志（紀事、掌故、雜録、拾遺、參考書目），因限於資金，未能付印；區域志本應有附圖，亦未能繪出；其他細目，也有所變動。《凡例·附録三·通告》羅列參考書目，涉及筆記、方志、詩文集、史書、家譜、報刊、雜志等。原書記事止於一九四四年。一九八五年鉛印本增補《新增烈士墓》一目，又收録撰者一九五九年所作詩篇及一九八四年《慶中華》詩二十二首。書中所記史事，多以詩詞附於其後，並有按語、注釋。如《輿地志·歷史》記唐代名將尉遲實林死後葬於曹甸，鄉人爲此建塔，注文云：『民國中期，郝六宣使人緣梯登塔，詳視塔磚，上有唐初建年，其它字蹟剥蝕不清。』凡事涉抵牾者，必廣徵博引；每有決斷，必以理爲先。如『曹甸』得名，或以緣於居民曹氏，或以緣於漕河，或以緣於曹操駐兵，書中引用其父郝瀛立之説，以爲緣於曹操説不足憑信，並徵引《信今録》《溪堂瑣記》，以爲前二説比較可信。《河渠志》詳細記録當地水道和水利事業，《民俗志》注意記載風土人情，揭示世態炎凉。《正名》篇運用音韻學知識，説明稱『曹甸』爲『楚甸』，語言可通，並非失誤。此書有一九四六年油印本，一九五二年由張芳嶂資助油印本，一九八五年寶應縣檔案館、寶應縣政協文史資料委員會鉛印本。鉛印本前有《再版説明》，後有郝澍乙丑仲秋後記。本《文庫》據上海圖書館藏一九四六年油印本影印。（張連生）

廣曹甸志　邵騶纂

《廣曹甸志》不分卷，《江蘇舊方志提要》認爲是郝澍所編，而該書標題之下有『淮寶間人荳村邵騶重寫』，《短引》之中又有『荳村邵騶謹記』等文字，故作者當爲邵騶。此志成於一九四五年，書中多處提及王宗筠《崔堡小志》，而從未涉及郝澍《曹甸鎮志》，當因不滿於郝志内容褊狹，爲增廣《曹甸志》而作。全書不分門類，以雜記形式收録有關曹甸的資料一百多條。作者以爲，『曹甸』作爲一個區的名稱，應包含四鎮十鄉，而非僅曹甸一鎮而已。書中『上溯原始，旁搜文化，兼考據詳注而爲之』，對於曹甸的地名由來、轄區範圍、歷史狀況、河渠流向、水利事業、古蹟遺存、風俗民情、倭患水災、名門大族、園林宅第、捐税治安、名醫巧匠、人文著述等，都有所記録與評述。所徵引的多種地方文獻，不少已經散佚，可見其史料價值之珍貴。其中尤其注意收集有關地方風物的諺語、詩詞、楹聯，多能反映曹甸地區的歷史面貌和人物事蹟，如清代中期曹甸繁盛一時，有『小南京』『小揚州』之稱，當地多宗教盛會、戲劇演出、文人交遊，人才輩出，號稱『三絶』等。書中揭露了日本侵華戰爭對於曹甸造成的巨大破壞，記述了曹甸人爲抗日陣亡將士撰寫對聯並彙編成册、油印保存的事蹟，其一聯云：『生做中國人，死做中國鬼，鬼而有知，抛却兜鍪來結單；流的健兒血，招的健兒魂，魂將安往，化爲疫癘到扶桑。』慷慨悲凉，令人難忘。本《文庫》據一九四六年油印本影印。（張連生）

揚州營志十六卷　（清）陳述祖修　（清）鄭餘堂　李北山撰

揚州營，係清廷設置於揚州府的地方軍事機構。陳述祖，字雲門，清甘肅寧夏縣人，寄籍江南華亭縣。光緒《江都縣續志》有傳。道光十一年任江南江北揚州營遊擊將軍。陳氏蒞任後欲探究本營建置之原委，得趙孔傳舊輯營志稿本十六卷，惜其記事止於乾隆十七年，缺少此後八十餘年來揚州營更易變動情況，乃委托趙氏再傳弟子鄭餘堂、李北山鈎核存署檔案，删取要略，續載於原書各卷之末，而成此志。卷前有陳述祖序、目録，據包世臣《安吴四種》卷十記載，陳氏序言乃包世臣代作。卷一敕諭（傳敕、上諭、印信），卷二輿圖，卷三建置志，卷四經制志（外轄附），卷五疆域志（形勝附），卷六歲額志，卷七徵款志，卷八軍器志（歲需附），卷九署舍志，卷十信地志，卷十一城守志，卷十二漕政志，卷十三鹺務志，卷十四祀儀志，卷十五秩官志（列傳附），卷十六藝文志（雜記附）。志中記述揚州營及所轄十一汛之事蹟，時間迄於道光十一年。《輿圖志》繪製鎮營轄屬形勝全圖，揚州營轄屬總圖，三江營圖以及揚州營所轄揚州府城守、鈔關、西南、便北、馬家橋、北壩、僧道橋、高郵州城守、高郵州水南北、寶應縣、衡陽鎮等十一汛圖，還有揚州營的舊教場基制圖、現操西教場圖、遊擊府署原圖、營參將府署圖。《建置志》記叙歷代地方武職機構設置，尤詳於清代汛防設置各級官兵配備之數；《疆域志》詳述揚州營各汛汛防分派之疆界；《歲額志》凡官俸、兵餉、船工、馬價以及公費養廉、差盤賞恤等項，悉爲匯列；《祀儀志》記述清代營、汛軍中祭儀典禮制度。是書爲少見的清代地方軍政志，記述軍制沿革甚詳，對研究清代地方軍隊的區域布防、兵制、官制、職能、經費以及軍旅禮儀制度，都頗有幫助。内容豐富，資料翔實，不尚文辭，專明事實，不僅取材於檔案文獻、史書、方志、詩文，還搜集不少碑刻資料，如《鼎建揚州營演武堂碑記》《白公仁政碑記》《揚州營遊擊白公去思碑》等，都十分寶貴。此書有清道光十一年刻本，一九六一年揚州古舊書店油印本。本《文庫》據清道光十一年刻本影印。（張連生）

揚州休園志八卷首一卷　（清）鄭慶祜纂

鄭慶祜，字受天，號昉村，清江都人，祖籍歙縣。鄭氏遷揚世系第八世孫。貢生，候選布政司理問，擅詩，著《浮吉閣詩》等。休園，舊在揚州郭内流水橋東（今揚州田家炳中學附近），爲鄭氏别業。宋代孫昉自稱四休居士，有『粗茶淡飯，飽即休；補破遮寒，暖即休；三平兩滿，過即休；不貪不妬，老即休』之語，或取是意。或以休之字義有二：曰止曰美，美莫大於知止，言先生有守正不回，急流勇退之意，故名。鄭氏爲明末揚州望族，先世鄭景濂在揚州治鹽起家。景濂次子鄭之彦任鹽筴祭酒，鄭氏遂成兩淮巨商。之彦有四子，『猶視煮海』『博學能文』，在揚廣築園林，名重海内。崇禎年間，長子鄭元嗣建有五畝之宅二畝之間、王氏園，次子鄭元勳有影園，三子鄭元化有嘉樹園。四子鄭俠如，字士介，號俟庵。曾任工部官吏，世人稱之『水部公』。時值明清鼎革，俠如年未四十，致仕廣陵故里。清順治年間，將宅後先前所購朱氏園、汪氏園舊址合而新之，園廣五十畝，顔曰『休園』。康熙間，俠如孫鄭熙績重葺休園、曾孫鄭玉珩三葺休園。乾隆年間，玉珩子鄭慶祜四葺休園，園景達三十二處。園在住宅之西，隔一街，須由閣道而入。園中主要景點有空翠山亭、金鵝書屋、三峰草堂、語石、逸圃、來鶴臺、止心樓、城市山林等。此園雨行則廊，晴則徑。所勝在於隨徑窈窕，因山行水，多自然之態。乾隆年間，揚州詩文之會，以馬氏小玲瓏山館、程氏篠園及鄭氏休園爲最盛。嘉慶年間，休園歸蘇州陳氏，改名『徵源』，一名『澂園』；或言道光年間，是園售於儀徵魏氏。後毀於咸豐兵火。乾隆三十八年，鄭慶祜在修葺休園之際，將諸先賢所作園記、先人懿行之文、時人詠園詩文等裒成一集八卷《休園志》。是書有凡例、繪圖、世系、列景，書前有乾隆壬辰團昇序和鄭慶祜自序。其中收有七篇園記，對園景有具體描述，是世人瞭解、研究休園的重要資料。歙縣長齡鄭氏，是晚明興起的著名徽商家族。以鹽業起家，治園會友，盛極一時。其家族成員詩文造詣深，著述繁富，交遊廣泛，該志又爲明清時期徽商『脱賈入儒』、江南名士文化活動研究提供了重要資料。本《文庫》另收有鄭元勳輯撰《影園瑶華集》三卷，可一併參考研究。《休園志》刻印後，曾被列入清廷禁書。版本主要有清乾隆三十八年察視堂自刻本，原書四册。後世印本多以此爲底本影印。本《文庫》據清乾隆三十八年察視堂自刻本影印。（王志娟）

平山志四卷 （清）行昱纂輯

行昱，字麗杲，清鎮江人。生卒年不詳。《揚州畫舫録》卷十六有『道宏名德南，字介庵，建山門，與其嗣麗杲和尚退居吉祥禪庵，乃爲洞山三十一世正傳』的記載。清康熙間爲平山寺（即大明寺）住持。有《栖靈寺記》。平山堂，因宋歐陽修任職揚州，在此宴賓觴詠，而成廣陵名勝。清康熙帝南巡，曾駐蹕山堂，御賜『怡情』額。住持行昱積十數年之力，收集有關平山堂詩文，於康熙四十三年纂輯成書。是書共四卷，卷一爲名勝（山、塔、寺、殿、堂、閣、樓、亭、泉、橋、廟、庵、柳、梅、桃、松、樹），由曲阜孔尚任、天都張潮校訂；卷二爲文部，收録宋至清代有關平山堂記文，由彭城李蟠、江都樊經校訂；卷三爲詩部，收録唐至明代平山堂詩作，由金陵龔鐸、江都閔長科校訂；卷四亦爲詩部，收録清代有關平山堂詩，涉及與行昱贈答詩作，由宜賓樊澤達、江都楊文鐸校訂。書前有左必蕃序、晉璿序、作者自序。志後有張潮序。此爲僧人纂輯志書，收録了一些僧人作品，爲研究清代揚州佛教文化提供了珍貴資料。本《文庫》據清康熙刻本影印。（顧一平）

平山攬勝志十卷　（清）汪應庚編

汪應庚（一六八〇—一七四二），字上章，號雲谷，清安徽歙縣人。因業鹾於揚，遂籍江都。曾任兩淮商總。一生富而好禮，篤於宗親，以『義行』聞名鄉里。雍正年間，因捐資救災，設藥濟民，活人無數，特授光禄寺少卿。曾出巨資重修江都、甘泉學宫。購肥田歸諸學，以所入供歲修，士稱『汪項』。暇時與賓客唱和爲樂，工書法。《淮海英靈集》乙集卷三收其詩三首。平山堂，坐落在蜀岡中峰大明寺大雄寶殿之『仙人舊館』西側。因江南諸山，拱揖檻前，若可攀躋，名曰『平山堂』。宋仁宗慶曆八年，歐陽修任職揚州時築堂於此，爲其會友宴客之所。宋時平山堂即聲名遠播，成爲揚州的一方遊覽勝地，爲歷代文人、士夫所景仰和向往。該堂屢廢復興，清雍正年間，鹽商汪應庚出資建前殿、後樓、山門、廊廡，並請書法名家蔣衡寫『淮東第一觀』五個擘窠大字，刻石嵌於山門外的壁上，保留至今。乾隆元年，又出資重建真賞樓、晴空閣，增置洛春堂，並在寺西建造西園。復於蜀岡植松十餘萬株，號萬松嶺，應庚因稱『萬松居士』。爲『俾後之人登斯堂者，憶詩文如圖畫；覽斯志者，喜平山可卧遊』（汪《序》），汪應庚在出資重修、擴建平山堂之後，親自編纂《平山攬勝志》十卷，並於乾隆七年自刻行世。原書二册。書前有何玉梁序、乾隆七年汪應銓序及汪應庚自叙。主要以揚州平山堂爲中心，以清代乾隆初年揚州城北各景點爲綱，分卷收録歷代題詠各景點的記、賦、詩、詞等，是目前所知刊刻年代最早的平山堂專志。本《文庫》據清乾隆七年刻本影印。（王志娟）

平山堂小志十二卷　（清）程夢星編纂

程夢星有雍正《揚州府志》，已著録。平山堂在蜀岡中峰法净寺内，爲淮東第一勝境。程夢星作序，言此書乃其搜集名賢題詠，『以補圖經之未全』。《小志》凡十二卷，卷一至卷七均記平山堂，體裁多樣，有記、序、跋、賦、詩、詞等，所録皆名士大家如沈括、劉敞、歐陽修、梅堯臣、王安石、二蘇、潘耒、吴綺等之作。卷八至卷十二，集文人詠堂之左右别墅名園、琳宫梵刹、逸士栖隱、往哲祠墓諸景之詩文。全書以平山堂爲主綫，總計收文四十四篇，詩七百九十三篇，詞七十一首，寫盡平山堂之勝境。沈德潛爲該書撰序，贊此志『博而不支，簡而不漏』。其與洛陽伽藍、建康宫殿諸書並傳無疑也』；『洵足兼吴越之勝觀，增藝林之掌故也』。汪立德跋文則稱其使平山堂『興廢之由，閲六七百年，瞭如指掌』。本《文庫》據南京圖書館藏清乾隆十六年汪立德、汪秉德刻本影印。（周蓉）

平山堂志八卷首一卷　（清）盧見曾纂

盧見曾（一六九〇—一七六八），字抱孫，號澹園，自號雅雨山人，清山東德州人。康熙六十年進士。官洪雅知縣等，勤於吏治。因政績突出，乾隆元年、十八年，先後兩任兩淮鹽運使（治揚州）。在任期間，籌集資金，開挖修浚城周圍河池，免除水災隱患。沿小秦淮修建紅橋二十四景，一時遊人如織，名流學士雲集。乾隆二十二年春，主持紅橋『修禊』活動，和修禊韻者七千餘人，編次詩三百卷，一時傳爲文壇佳話。乾隆三十三年，兩淮鹽引案發，被拘繫，死於蘇州獄中。盧見曾有詩名，著有《雅雨堂詩文集》《雅江新政》《漁洋山人感舊集小傳》等十餘種。一生重視文教，以興辦書院、著述、刻書、藏書等爲己任，重視地方志書編撰，編撰有乾隆《金山志》十卷、乾隆《焦山志》十二卷等。是書主要集抄清汪應庚《平山攬勝志》、清趙之壁《平山堂圖志》及清程夢星《平山堂小志》三志内容，書分八卷首一卷。書前有『新修』『程校』字，有『奉上《平山堂志》四本，擬《平山堂序》一篇、擬《二十景圖説》一册、八景畫圖名目格式、辦景各商姓名職銜，以上共伍件。三月初一日』文。此爲稿本，現藏國家圖書館，未見刊行，有珍貴的版本價值。本《文庫》據稿本影印，原書稿本，有書眉、有浮籤批注。爲保持原書風貌，本次影印，在書後集中排録浮籤頁，並標數字，可與前文對照閱讀。（王志娟）

平山堂圖志十卷名勝全圖一卷　（清）趙之壁編纂

趙之壁，一作趙之璧，清寧夏天水人。乾隆二十七年，以世襲一等子爵，官兩淮鹽運使司鹽運使。能擘窠書。乾隆三十年，乾隆南巡，揚州鹽商在北郊建卷石洞天、西園曲水等二十景，形成『兩堤花柳全依水，一路樓臺直到山』的園林景觀。同年，參與南巡接駕的兩淮鹽運使趙之壁，於揚州官署編纂成《平山堂圖志》，對揚州北郊到平山堂的園林和名勝分别加以叙述，並次以歷代藝文。據該書《凡例》載：『揚州諸山，以蜀岡爲雄冠，保障河（今瘦西湖）受西山諸水，匯蜀岡前，回環曲折，而南至於硯池，兩岸園亭如綺，交綉錯然，惟平山堂之名爲最著。兹志以山水爲經，而以平山堂左右祠寺及園亭各勝爲緯，仍總稱曰《平山堂志》，以從其著焉。……《平山堂志》繪圖既多，故亦稱《圖志》云。』是書具有地方官府編志特色。原書四册，十卷首一卷。卷首爲宸翰，收録清康熙、乾隆等皇帝御賜物名稱以及御製詩文、聯額等；卷一、卷二爲名勝，對各景點命名由來、歷史興廢、景觀特點進行依次説明；卷三至卷九爲藝文，收録歷代歌詠平山堂一帶景點的賦、詩、序、銘等；卷十爲雜識，從歷代詩話、筆記、史志中摭録有關平山堂的軼聞若干條。另仿古人左圖右書之義，圖繪有關平山堂及附近景點百餘幅名勝，勒成《名勝全圖》一卷附於卷首。書前有凡例、乾隆乙酉年趙之壁序、目録。平山堂舊有汪應庚《平山攬勝志》、程夢星《平山堂小志》，所重專在『藝文』一門。《平山堂圖志》價值重在圖録，其圖採用多面連式，長達六十餘頁，直觀地展示出乾隆時期揚州北郊園林景觀。是書構圖嚴謹，綫條細膩，是清代較有名的版畫作品，入録《中國美術全集》繪畫編版畫卷。此書傳世版本較多，有日本天保十四年刻本、清乾隆三十年刻本、光緒九年歐陽利見重刻本、光緒十四年同文書局石印本等。本《文庫》據清乾隆三十年刻本影印。（王志娟）

建隆寺志略十卷　（清）昌立纂輯　（清）史椿齡　陳寓泰編

昌立，又號小支，清道光中建隆寺主持，擅長文辭，愛好考古。史椿齡，字壽莊，清江都人；陳寓泰，字魯山，清錢塘人。二人同爲嘉慶甲子年舉人，後分別擔任過常熟縣、孝豐縣教諭。建隆寺爲揚州十大名剎之一，始建於北宋建隆元年宋太祖親征李重進之後。元明以來，屢毁屢建。清代康熙帝曾親臨寺院，書寫題詞。乾隆中，該寺夢因禪師嘗編纂《建隆寺志略》萬餘言。道光十七年，僧昌立繼任主持，曝曬梵書時，發現夢因志稿，乃搜羅資料，繼爲續編，彙成八册，分送史椿齡、陳寓泰二人，整理潤色，芟繁補罅，正舛搜遺，歷經九月，至道光十八年秋，完成寺志。是志卷前首列天章，記載康熙帝題字事，後有史椿齡、阮亨、陳寓泰、黄承吉、潘宗藝五序，有凡例、總目。卷一圖繪（寺址形勝圖、建隆寺全圖）、形勝，卷二建置（考據、原起、遷改、興廢），卷三寺宇（古木、田産），卷四古蹟、碑刻，卷五宗系（傳、贊、塔銘），卷六藝文（碑記、疏、引、序、賦），卷七藝文（記、序），卷八至卷九藝文（古近體詩），卷十靈異、紀事。書末有後跋。該志詳細記載寺院的地理形勢、歷史變遷、建築財産、文物古蹟、宗派傳承、詩文吟詠與重大歷史事件，對於當地佛教史、文化史、名勝旅遊、文物考古的研究，都具有較高的史料價值。本《文庫》據清道光十九年吾無隱居刻本影印。（張連生）

第二輯　地方史料類

歷代地理總志揚州資料選輯　（宋）樂史等撰

是編係輯録歷代地理總志《太平寰宇記》《元豐九域志》《輿地廣記》《方輿勝覽》《明一統志》《天下郡國利病書》《肇域志》《嘉慶重修一統志》諸書有關揚州部分而成。《太平寰宇記》作者樂史（九三〇—一〇〇七），字子正，江西宜黄人。曾在南唐爲官，入宋後爲平原主簿等。原書二百卷，爲唐代《元和郡縣志》後又一部採摭繁富的地理總志。此據《四庫全書》本輯録影印卷一百二十三至卷一百二十四、卷一百三十。《元豐九域志》主編王存（一〇二三—一一〇一），字正仲，江蘇丹陽人。官秘書省著作佐郎等，曾知揚州。原書十卷，爲專記宋神宗元豐年間疆域的地理。此據《四庫全書》本輯録影印卷五。《輿地廣記》作者歐陽忞，生平不詳，自序稱廣陵（今江蘇揚州）人。原書三十八卷，北宋地理總志。此據黄丕烈《士禮居叢書》影宋本輯録影印卷第二十。《方輿勝覽》作者祝穆（？—一二五五），初名丙，字伯和，又字和甫，晚年自號樟隱老人。祖籍安徽新安，徙居福建崇安。曾任迪功郎。原書七十卷，主要記載南宋所轄地區郡名、風俗、人物、題詠等。此據《四庫全書》本輯録影印卷四十四至卷四十六。《明一統志》，李賢、彭時等奉敕修撰。李賢（一四〇八—一四六六），字原德，河南鄧縣人。官至吏部尚書、華蓋殿大學士。彭時（一四一六—一四七五），字純道，江西安福人。官至吏部尚書、文淵閣大學士。全書九十卷，爲明代官修地理總志。此據《四庫全書》本輯録影印卷十二。《天下郡國利病書》作者顧炎武（一六一三—一六八二），初名絳，字忠清，後改名炎武，字寧人，人稱亭林先生。江蘇崑山人，與黄宗羲、王夫之並稱『三大儒』。因痛感晚明政治腐敗，遂潛心國計民生之學問。晚年將自撰書稿一分爲二，一爲《天下郡國利病書》，一爲《肇域志》。《天下郡國利病書》一百二十卷，記載明代各地區社會政治經濟狀况。原稿爲清代藏書家黄丕烈收藏，後影印收入《四部叢刊三編》。此據《四部叢刊三編》本輯録影印卷十二。《肇域志》，明代全國地理總志。原稿共十五個部分，係顧炎武隨手札記、未經删定之作，乾隆末年佚失京師、江西、四川、廣西四部分，今存十一部分。此書僅有抄本流傳，此據抄本輯録影印『江南二』。《嘉慶重修一統志》係穆彰阿、潘錫恩奉旨修撰。穆彰阿（一七八二—一八五六），字子樸，號鶴舫，姓郭佳氏，滿洲鑲藍旗人。曾任内務府大臣、吏部尚書、大學士、軍機大臣等。潘錫恩（一七八五—一八六六），字純夫，安徽涇縣人。曾任翰林院編修、江南河道總督兼漕運總督等。原書五百六十卷，另凡例、目録二卷，爲清朝官修地理總志。此據清道光間刻本輯録影印『揚州府』三卷。（韋明鏵）

廣陵妖亂志 （五代）郭廷誨撰

郭廷誨（？—九二六），代州雁門人。後唐樞密使郭崇韜子。因遭構陷，父子同遇難。亦有作鄭廷誨，或即郭廷誨之訛。此書另署羅隱撰，未允。羅隱（八三三—九〇九），字昭諫，新城人。唐末道家學者。應進士試，十年不第。黄巢起事後，隱居九華山。光啓三年歸吴越王錢鏐，歷任錢塘令、司勛郎中、給事中等職。著有《讒書》《太平兩同書》等。是書包括《廣陵妖亂志》及《逸文》，記唐末高駢、吕用之、畢師鐸等在揚州惑於道教神仙之説，所行怪異失政之事，文字生動可讀。然書中所記之事多荒誕不經，如高駢寵者諸葛殷，係『妖形鬼態，辯詐蜂起，謂可以坐召神仙，立變寒暑』。書中於唐末揚州社會狀況如商賈、交通、宗教、風俗等頗多反映。如記『時四方無事，廣陵爲歌鍾之地，富商大賈，動逾百萬』，又記『有大賈周師儒者，其居處花木樓榭之奇，爲廣陵甲第』，表明揚州繁華之風至唐末猶存。此書之貶高駢，正與崔致遠《桂苑筆耕集》之褒高駢相反。日本人山根直生認爲，比較《廣陵妖亂志》與《桂苑筆耕集》兩書，可知淮南節度使高駢有兩種形象，前書責其惑於神仙謬説，而後書頌其爲改革先驅。『妖人吕用之』之流具有下層商人特性，與揚州周邊有鹽鐵專賣相關。其滅亡之原因，是當時各州府互相鬬争狀態持續之表現。此書傳本甚多。原書三卷，已逸。《唐人説薈》《唐代叢書》《説郛》所收，皆自《太平廣記》録出。清末繆荃孫另輯逸文數則，收入《藕香零拾》。光緒三十年荃孫作《廣陵妖亂志跋》，對此書作者考證甚詳，略謂《新唐書·藝文志》記爲郭廷誨，《直齋書録解題》記爲鄭延誨，《經籍考》引文復作鄭廷誨，而《説郛》又記爲羅隱，諸書各異，不能確定。今有《説庫》《説郛》《虞初志》《唐人説薈》《唐代叢書》《五代小説》《藕香零拾》等本傳世。本《文庫》據《藕香零拾》本影印。（韋明鏵）

桂苑筆耕集二十卷 〔新羅〕崔致遠撰

崔致遠（八五七—？），字孤雲，後字海雲，新羅金城人。唐懿宗咸通九年入唐學習，後進士及第，任宣州溧水縣尉。曾參與討伐黄巢。廣明元年入淮南節度使幕府，駐揚州。返回新羅後，歷任侍讀兼翰林學士、守兵部侍郎、知瑞書監、大山郡及富城郡太守。因身處亂世，最終辭官，隱居伽耶山附近。著有《中山覆簣集》《桂苑筆耕集》等，唯有《桂苑筆耕集》流傳至今。高麗顯宗時代，被追封爲文昌侯。致遠是新羅時代文學成就最高、留存作品最多的文學家，漢學詩文造詣很深，作品大都收入《桂苑筆耕集》。是集爲韓國現存最古漢文典籍之一，學者譽爲『東方文章之本始』『東方藝苑之本始』（洪周、徐有榘《校印桂苑筆耕集序》）。全書二十卷，收録公私文章三百餘篇，雖以四六駢文寫成，但語意得當，條理貫通，用典繁富，淵雅贍麗。其中《檄黄巢書》措詞犀利，情感酣暢，備受稱譽。書中對唐末政治、經濟、風俗等多有反映，可補唐代史料之不足。對揚州風物如漆器、織物、茶葉等，也留下了珍貴史料。詩歌題材廣泛，涵蓋送別、紀遊、詠史、懷古、干謁、酬贈、詠物等内容，體裁亦包括五絶、七絶、五律、七律等類型，意蘊深長，技法嫻熟，具有唐詩風韻。致遠作品曾被韓人多次編輯。一四五九年崔恒編選《崔致遠文集》（已佚）；一九二六年崔國述補編《孤雲先生文集》；一九七二年成大慶將《孤雲先生文集》《孤雲先生續集》《桂苑筆耕集》合爲《崔文昌侯全集》，由成均館大學校出版；一九八二年崔興守等編成《國譯孤雲崔致遠先生文集》，由慶州崔氏大同譜編纂委員會出版發行；一九九〇年韓國民族文化推進會編成《影印標點韓國文集叢刊》，包含崔氏作品，由首爾景仁文化社出版；一九九七年金鎮英等編成《孤雲崔致遠詩集》，由韓國民俗苑出版。中國最早著録崔致遠作品者爲《新唐書·藝文志》，但南宋以後只有《桂苑筆耕集》流傳。二〇〇七年，中華書局出版《桂苑筆耕集校注》。本《文庫》據無錫孫氏小緑天所藏高麗舊刻本影印。（韋明鏵）

揚州賦續揚州賦　（宋）王觀撰　（宋）陳洪範續撰

王觀，字通叟，宋海陵如皋人。嘉祐二年進士。除少府大將軍，遷大理寺丞，知江都縣，生卒年不詳。至和、嘉祐間，曾從學胡瑗門下。洽聞强記，著述集稿甚富，著有《冠柳集》一卷、《天鬻子注》一卷。另有《揚州芍藥譜》，本《文庫》已收録。陳洪範，宋江都人。淳熙年間爲揚州學正。生卒年不詳。詩文雅致該洽，除《續揚州賦》外，另輯有《揚州詩後集》，以嗣宋馬希孟《揚州詩集》，牛大年爲序，惜已佚失。王觀於北宋元豐元年至二年任江都知縣，創作《揚州賦》，『上諸朝，大蒙褒異，賜以緋衣銀章』。書前有明嘉靖二十四年張榘《刻揚州賦序》。後爲王觀本傳、正文。賦文採用『天鬻先生』與『丈人』主客問答的結構形式，對揚州『古今之廢興，人物之賢愚，封域之遐邇，土風之纖微，貢賦之所出』依次賦之。首談揚州之星宿分野，詳一州之建置沿革、名稱變更；次列人物故實、山川樓觀、名勝古蹟、風俗物産等。賦文中的雙行小注旁徵博引，所徵引的部分文獻現已佚失，故具有重要的史料價值。《續揚州賦》作於南宋孝宗淳熙年間，旨在承續北宋王觀《揚州賦》而作。書前爲作者本傳，係明張榘述撰。賦文以『寓遊公子』與『邗城先生』主客問答形式展開。『惟古揚州號大都會，民物富饒，揚一益二，兵革洊罹，風俗隨異』，『鬬戰場之瓦礫，劃古瓮之泥塗』，『通漕鑱於隋河，洩池脉於邗溝』。賦文以藻麗之詞從道路坊巷、河池溝渠、亭臺祠閣、市行店鋪等多方面依次賦之，再現了揚州城從荒蕪蕭索逐漸恢復昔日繁華之景象。兩宋之際，揚州城歷經兵燹，『廢池喬木，猶厭言兵』，一片荒凉，百廢待興。孝宗淳熙十五年，郡守鄭興裔知揚州，『創置廊房，以居流民，修學宫，立義塚』（《續揚州賦·本傳》），次年政成民安，郡以大治。賦文所言雖多溢美之辭，亦可看出當時的揚州城正從衰敗逐步恢復興盛之情景。據《全明分省分縣刻書考》（江蘇家刻卷）載，明代兩次刻印《揚州賦》，形成兩個版本：一是明嘉靖江都縣史起寅刊本，現藏國家圖書館。二是明嘉靖儀徵縣張榘刊本，書口下方有『芙江草堂』四字，現藏寧波天一閣博物館。另上海圖書館、南京圖書館各藏清抄本一部。其中南圖所藏爲丁氏八千卷樓影寫明刻本，卷前有丁丙題跋。清聖祖玄燁敕編《御定歷代賦彙》亦收録《揚州賦》，然已省略注文，價值略失。揚州大學圖書館藏清抄本一部，以明嘉靖張榘刻本爲底本，與《續揚州賦》合册抄寫，小楷字體，工整朗健，書首鈐有『藝風堂藏書』（朱方）、『秀水莊氏蘭味軒考藏印』（朱方），係著名藏書家繆荃孫舊藏之物，較爲珍貴。本《文庫》據揚州大學圖書館藏抄本影印。（王永平　姚海英）

揚州變略　（明）佚名撰

作者姓名、生平皆無考。明徐芳烈《浙東紀略》記南都敗後浙東志士奮起共謀復明之書，書後附録《寧海將軍固山貝子功績録》《揚州變略》《京口變略》《淮城紀事》諸書，謂《揚州變略》不著撰人。明末清初之山河劇變，非但事關民族矛盾，且亦關係階級矛盾與權力矛盾。崇禎之亡，因李自成軍與清軍雙重逼迫，而南明之亡，則主要因爲内訌。是書寫南明時期江北四鎮不顧大局，只圖私利、勾心鬬角、争奪地盤之醜狀。所謂四鎮，即靖南侯黄得功、廣昌伯劉良佐、東平伯劉澤清、興平伯高傑。大敵當前，四鎮擁兵自重，置民族、國家利益於不顧，只想佔據繁華富庶之揚州城以圖自保。孔尚任《桃花扇》反映這段歷史云：『你佔住繁華廿四橋，竹西明月夜吹簫；他也想隋堤柳下安營巢，不教你蕃釐觀獨誇瓊花少。誰不羡揚州鶴背飄，妒殺你腰纏十萬好，怕明日殺聲咽斷廣陵濤。』正與該書所寫契合。史可法正是在此險惡形勢下，肩負調停四鎮重任而往揚州。書中所謂『有四鎮，不可無督師，督師應屯駐揚州，適中調遣』，即言可法。但實際上史公之調停，成效不顯，而高傑之强悍，未嘗收斂。揚州士紳鄭元勳欲以私誼安撫高傑，允其入城，導致民變，公然被殺，誠爲可驚可怖之事。書中説『元勳闇於世務，輕犯公憤，自取大禍』，自是公允之論。南明朝廷内部矛盾紛爭如此，天不滅之可乎？是書是南明歷史研究的珍貴史料。此書版本衆多，通行者有《甲申紀事》本、《中國野史集成》本、《中國内亂外禍歷史叢書》本等。本《文庫》據清宣統三年鉛印《痛史》本影印。（韋明鏵）

維揚殉節紀略一卷首一卷　（明）史得威撰

史得威（？——一六四五後），一作德威，字龍江，號愚庵，明大同左衛人。崇禎十二年武舉，累官總統内五營都督同知。崇禎十四年，史可法巡撫淮揚，得威爲援剿都司。清順治二年，清兵南下，可法以大學士、兵部尚書督師駐揚州，時得威署内營副總兵，力助死守。已而文武多降，可法召得威，相抱痛哭，命爲後嗣，曰：『我爲國死，爾爲我生！』因作家書授之。城陷，可法死，得威取所遺衣冠葬於揚州梅花嶺。後避居溧陽，不與外事，死葬揚州城北鐵佛寺西。

是書爲南明史料。書前有《御製書明臣史可法復書睿親王事》《睿親王致明史閣部書》《明史閣部答睿親王書》諸文獻。本書主要述弘光乙酉年史可法揚州殉節詳情。史公死守揚城，因無子，故收威作義子。據全祖望《梅花嶺記》載：『順治二年乙酉四月，江都圍急。督相史忠烈公知勢不可爲，集諸將而語之曰：「吾誓與城爲殉，然倉皇中不可落於敵人之手以死，誰爲我臨期成此大節者？」副將軍史德威慨然任之。忠烈喜曰：「吾尚未有子，汝當以同姓爲吾後。吾上書太夫人，譜汝諸孫中。」』得威初力辭，至可法下拜，方泣拜受命。史公之遺囑，《明史》記爲『死葬我高皇帝陵側』，《梅花嶺記》記爲『我死當葬梅花嶺上』，得威記爲『我即死，當收葬太祖高皇帝之側；萬一不能，即葬於梅花嶺可也』，當以此記持中。書後附録史公同時殉難之文武官員吴爾壎等數十人姓氏。又附史公絶筆《遺豫王書》《上太夫人書》《遺夫人書》《遺伯叔兄弟書》《遺史得威》諸篇。袁枚《題史閣部遺像》云：『且喜家書在，銀鈎字數行。淒凉招命婦，宛轉托高堂。墨淡知和血，篇終説斷腸。當時濡筆際，光景莫思量。』詠其家書。書末有嘉慶己巳張海鵬跋。此書有《借月山房彙鈔》本、《甲申朝事小紀》本等。本《文庫》據《借月山房彙鈔》本影印。（韋明鏵）

廣陵十日記　（清）王秀楚撰

王秀楚，生平不詳，明末揚州秀才。一説爲史可法幕僚。是書一名《揚州十日記》，爲明末戰争幸存者私人日記。作者在書中申明：『自四月二十五日始，共十日，其間皆身所親歷，目所親睹，故漫記之，遠處聞風者不載也。』清順治二年四月二十五日，清兵攻破揚城，作者幸而未死，將破城之日起十天内見聞如實記録。略謂四月二十五日下午，揚城風傳『大兵入城』消息，但『大兵』究指明靖南侯黄得功援軍，抑或清豫親王多鐸北兵不得而知。四月二十六日，大火燒一夜後勢頭稍減，清兵持刃到處殺人，搶劫財物，掠奪婦女，揚城『堆尸積貯，首足相枕』。四月二十七日，清兵繼續殺人，『至午後，積尸如山，殺掠更甚』。四月二十八日，屠城仍在延續中。四月二十九日，清兵大肆放火，『烈火四起，何家墳前後多草房，燃則立刻成燼』。五月初一，清兵封刀，但殺人之事仍不止，『勢雖不甚烈，然亦未嘗不殺掠』。五月初二，僧人開始焚化積尸，『查簿載數，前後約共八十餘萬』，不包括落井、投河、焚死、自縊、被擄者。五月初三，官方出示放賑，作者到缺口關去領米，目擊搶米現象。五月初四，揚城『每數步積白骨一堆，扉扇門屏殆爲之盡』，因焚尸致使『如烟如霧，腥聞數十里』。五月初五，藏匿百姓開始走動，但仍有搶劫事件發生，『初不知爲清兵，爲鎮兵，爲亂民也』。作者一家『共八人，今存三人』。十天記載，大致如此。是書在清代被列爲禁書，晚清被革命黨用來作推翻滿清、鼓吹革命之宣傳。《劍橋中國晚清史》云，當時激進主義者『傳印和散發了成千本王秀楚的《揚州十日記》，這是據説有關滿人在揚州所犯暴行的驚人的、但禁止傳播的記述』。此書鈔本、刻本繁多，書名或稱《廣陵十日記》《揚州十日記》，或稱《揚州十日録》，作者或作『無名氏』，或作『無書人姓名』。早期版本有日本天保五年即清朝道光十四年自修館刊本，但尚非最早。光緒間國内出版《明季稗史彙編》，包括《揚州十日記》等晚明史料十六種。謝國楨《增訂晚明史籍考》云，僅《明季稗史彙編》版《揚州十日記》就有光緒十三年尊聞閣刻本、民國二年中華圖書館影印本和商務印書館印本等。其他有《荆駝逸史》本、國學扶輪社《中國内亂外禍歷史叢書》本、上海書店《中國歷史研究資料叢書》本、上海西風社《揚州十日記》英漢對照本，及陳恒和書林《揚州叢刻》本。晚清之際，此書常與鄒容《革命軍》一併刊行，彼此呼應，相互發明，以激發民衆反清情緒。本《文庫》據上海圖書館藏抄本影印。

（韋明鏵）

揚州城守紀略一卷　（清）戴名世撰

戴名世（一六五三—一七一三），字田有，號南山，別號憂庵，清安徽桐城人。康熙二十六年授知縣不就，四十八年中進士第一，授翰林院編修。因被劾所撰《南山集》中有南明抗清事跡，下獄論死。著有《四書朱子大全》《戴南山先生全集》等。是書爲南明史料。内容主要叙弘光年間史可法力挽狂瀾，試圖聯合各鎮，收復中原失地，但終因南明朝廷朝野異心，江北四鎮互相掣肘，復國之事不可爲，史公最後以身殉國。全書以可法生命最後階段之堅苦卓絶矢志救明爲中心，重在述其受馬士英之流排擠，以督師身份前往揚州，在各種利益尖鋭衝突中，企圖調停彌合以圖大業之悲壯歷程。是時，江北由靖南侯黄得功、廣昌伯劉良佐、東平伯劉澤清、興平伯高傑割據，四鎮之間相互視如仇寇，抗清之事無從談起。而可法苦口婆心，不啻對牛彈琴。最甚者，當史公危急之際，各鎮均無一人援手，即書中所謂『史公檄各鎮兵來援，皆觀望不赴』。尤有甚者，朝中馬士英、阮大鋮輩非但弄權納賄，結黨營私，排斥忠良，而且處處與史公爲難，乃至不發軍餉，奪其兵權。史公一書生耳，而令其帶兵，已經鑄錯；況又無兵可帶，更是荒唐。乃至史公不得不依賴悍將高傑，高傑一死，則國事不可爲，亦可悲之極。書中又記鄭元勳事：『江都進士鄭元勳，負氣自豪，出而調停，入往傑營，飲酒談論甚歡，傑酬以珠幣。元勳還入城，氣益揚，言於衆曰：「高將軍之來，敕書召之也。即入南京，尚其聽之，況揚州乎？」衆大哄，謂元勳且賣揚州以示德，共殺之，食其肉立盡。』令人心驚。清兵破城後，有屠城之舉，史稱『揚州十日』。十日，成數也，非屠城十日之謂。名世書載：『城破，豫王下令屠之，凡七日乃止。』此正與王秀楚《揚州十日記》所載相合。南明之亡，非關天意，實乃人事也。此書記述歷史，直言不諱，堪稱力作。此書又名《弘光乙酉揚州城守紀略》，有《荆駝逸史》本、《揚州叢刻》本等。本《文庫》據《揚州叢刻》本影印。

（韋明鏵）

咸同廣陵史稿四卷　（清）佚名撰

撰者爲清揚州人，姓名、生平均無考。此書亦名《廣陵史稿》，係太平天國史料。記述太平軍在揚州活動之史料，有臧穀《揚州劫餘小記》、倪在田《揚州禦寇録》等。前者篇幅較短，後者爲戰後拾掇而成。該書則親歷者詳撰，論者以爲史料價值更高。該書詳載太平天國戰爭時清軍、太平軍、揚州民衆之際遇，及對戰爭之態度。其主要筆墨着眼於清軍。面臨太平軍之威脅，清軍將官明哲保身，昏聵無能，醜態百出，呼之欲出。此稿分卷首、卷上、卷下、外編，計四部分。卷首爲論，對當事官紳，各有專論，如論陸建瀛爲『老姦』，江壽民爲『不學無術』，張廷瑞爲『罪不可逭』，琦善爲『罪人』，但明倫爲『令名不終』，鍾淮爲『忠魂獨振』等，均直言不諱。卷上、卷下爲紀事，約自咸豐癸丑七月起，至咸豐丙辰九月止。書中記述太平軍之行徑，言『揚州賊匪北掠雷塘，東劫灣頭鎮，西竄七里店以下，如入無人之境』。記述清軍之醜陋尤爲詳盡，如云『大兵假公濟私，徑伐四鄉墳樹，一半取材歸營，一半變價入己』；『城中烟焰蔽天，飛馬報聞賊之遺火突起，其實皆大兵之所放也』。又記城内民衆饑荒嚴重，『凡諸葛菜、馬狼頭俱掘作甘旨』，『甚且煮釘鞋底，煨牛皮箱，人情洶洶，殆無生理』。而清官方到處收捐，名目多至十項，稱『十大捐』，即指捐、捐厘、捐畝、捐夫、捐賑米、捐艇炮、捐碾坊、捐軍需、捐鈔錢、捐樹，揚城已成人間地獄。經此浩劫，揚城精華盡付一炬，『城之中央多子、新盛、左衛、轅門橋街，璇室琳房，銅墻鐵壁，兩淮精氣，楚炬一空』；『土木丹青、珍奇錦綉、元明字畫、宣成窑磁，奪天地造化之工，宜入劫而投兵火也』。此書抄本，原由羅爾綱於二十世紀五十年代在揚州發現。羅氏《太平天國廣陵史稿考證》稱其稿爲《咸同廣陵史稿》，云作者不可考。但據文内記述可知作者爲揚州人，咸豐三年二月太平軍克復揚州時，作者在城中七個月後離開，太平軍退出後又回城中。一九六〇年，揚州人民出版社以綫裝書形式刊刻出版，列爲《揚州古籍叢刊》之二。嗣後又發現一種抄本，卷首題名《廣陵史稿》，分卷一、卷二、卷三、卷四，計四部分。兩種稿本頗有異同。顯著不同者，如《咸同廣陵史稿》卷首有《哀江南三十首》，《廣陵史稿》卷一無此；《咸同廣陵史稿》外編有《張翊國自叙揚州事》《寄陳侍御書》《上周敬修先生書》《寄牧莽先生書》《與研香太守書》《上保衛局諸公書》《與劉堯臣書》《奏報揚州防守事》《興化縣紳士公呈》《江北八州縣上向大人稿》《欽差大臣湖北提督軍門霍欽巴圖魯向批復》《琦善奏報揚州軍情朱批訓誡》《咸豐三年鎮江城内朱允吉日記》《哀江南二十首》諸篇，《廣陵史稿》卷四無此，應是輾轉傳抄所致。本《文庫》據清抄本影印。

（韋明鏵）

北湖避寇草　（清）汪鋆撰

汪鋆（一八一六—？），字硯山，一字汪度，號十二硯齋。祖籍安徽歙縣，生於揚州，後入儀徵籍。諸生。咸豐初避太平軍，遷居泰州，與吳文錫、徐震甲、康發祥等交好，受知於兩淮鹽運使喬松年。咸豐九年入京赴試不利，遂絶科舉之念。太平天國事敗後，汪鋆遷回揚州，與時任兩淮鹽運使方濬頤交往甚密，同治十年參與《續纂揚州府志》編纂。雅好金石，尤嗜硯石，收集硯臺十二方，因以爲齋號，有《十二硯歌》《十二硯齋説》。另著有《補瘞鶴銘考》《十二硯齋隨録》《十二硯齋金石過眼録》等。汪鋆擅畫，有《龍舟競渡圖》《揚州風物圖》等傳世。有《揚州城東八景圖》《揚州畫苑録》《清湘老人題記》《十二硯齋詩録文録》，本《文庫》已收録。是書凡詩詞四十餘首，約撰於清咸豐三年至六年間。其間，太平軍兩度攻佔揚州，清軍在城外扎下『江北大營』，進行圍剿，揚州淪爲兩軍對壘的戰場。城破前，汪鋆携老母及幼女愴惶出逃，避亂於揚州城北二十餘里之黄珏橋（地處北湖地帶），顛沛流離，歷盡艱辛。故是稿基調多哀怨、愁苦。稿前有自序説明作詩緣起：『寇既曰避，歌詠可廢矣。然寇時有所見聞，歌詠有自然流出者。譬猶疾苦之呻吟，寒蛩之啁哳，夫固有所使之者，有心人其亦有相憐同病之悲乎？』是稿所書皆源自親身經歷和聞見，深刻反映了太平軍之役對揚州城所造成的破壞和災難。如《有至圍城中逃出者言賊之殘酷狀詩以紀之》一首寫道：『何處哭哀之，成羣迫脅來。呼天辭母後，搶地别兄纔。竟等驅羊犬，胡爲遇虎豺。家園欲迴顧，除是入泉臺。』又如《入城書所見》一首寫道：『放步入故城，途熟路不識。瓦礫孔道遮，榛荆罥途茁。』『斷礎塞巷深，敗枳横路仄。彳亍詣前途，前途伏尸積。中有故人魂，冥然呼不出。』是稿還對太平軍之役呈現了豐富的細節描繪。如隨着戰局的轉變，汪鋆接連寫有《戰城南》《挽雙將軍來》《聞北路捷音喜賦》《喜聞郡城收復》《揚州太守行》等詩詞。故是稿不僅可藉以印證和補充相關史實，且可據以觀察底層士人對太平天國的實際態度。書中所録其友人郭夔（堯卿）批語『得老杜神髓』『直逼明人小樂府』『絶似梅邨』等，足證其現實主義的『詩史』特徵。本《文庫》據南京圖書館藏稿本影印，卷端鈐『汪鋆』『研山詞翰』『不求以齋』『硯山一字汪度』等印。（徐亞玲）

咸豐三年避寇日記　（清）符南樵撰

符南樵（一八一四—一八六三），即符葆森，原名燦，字南樵，清揚州人。咸豐元年舉人，後屢試不第。少工詩賦，道光間，江都詞人秦巘在揚州招同人爲淮海詞社，符南樵、秦恩復等皆爲社中人。編有《國朝正雅集》，著有《寄鷗館詩集》等。是書爲太平天國史料。實爲作者咸豐三年之日記，始於正月初六，終於十二月二十八日。太平軍數次入揚城，咸豐三年爲初至揚州。作者當時住城外鄉下，戰事初起，一日數驚，遂將所見所聞有關戰争之情形與傳説，一併記下。如記太平軍方面，言其方抵揚州時，並不妄加殺掠，而後情況有變，乃至『揚城賊兵焚殺仙女廟一帶，居民不知何日方安』，『揚城内有未避兵者，此時財帛子女皆委之於賊』。記清軍方面，言其對太平軍畏縮無能，對老百姓凶殘無度，所謂『我軍多望風而遁，賊氛甚熾，勢如破竹』，

『南來逃兵與土匪聚衆殺劫客商，雖官吏亦不免』。同時也記當地土匪，借亂世大肆搶掠，其破壞之甚，或較太平軍與清兵有過之而無不及，即『本地不軌之徒，起謀生事，盜賊仍多，晝夜防閑』，『人多驚惶，有草木皆兵之勢』。太平軍一役，揚城精華毀壞殆盡，正如作者詩云：『繁華一夢成灰燼，回首西風不勝哀。』究其禍首，一爲太平軍，攻城略地，死傷無算；一爲清兵，剿敵無膽，戕民有方；三爲土匪，乘火打劫，借機掠財。是書雖筆録見聞，並非信史，然其所記，皆爲親歷，固多參考價值。此書有咸豐三年稿本，一册，收入《歷代日記叢抄》。本《文庫》據揚州市圖書館藏抄本影印。（韋明鏵）

揚州劫餘小誌　（清）臧穀撰

臧穀（一八三四—一九一〇），譜名肇庸，字怡孫，一作宜孫，號雪溪。因愛菊，自號種菊生、菊隱翁，晚號菊叟。清江都人，住揚州府東街（今通泗街）橋西花墅。同治四年進士，授翰林院庶吉士。不久便辭歸，鐫『臣年三十即歸田』小印以自嘲。曾主持揚州冶春後社，極一時詩文之盛。著有《雪溪殘稿》《消寒分詠詩》《湖上雜詩》等。另有《揚州雜詠》《續揚州竹枝詞》《菊隱翁詩集》《問秋館菊録》《霜圃識餘》，本《文庫》已收録。是書爲太平天國史料，記述太平軍進出揚城與揚州百姓情形。所記時間自咸豐三年起至咸豐九年止，然而並未逐日記事。因内容多爲作者親歷親聞，故頗具歷史研究價值。如記太平軍初入揚州時高搭板臺，宣講教義，『盡情搬演，極諸醜狀』，可與一八六二年即清同治元年卡爾·馬克思《中國記事》所言『製造恐懼的一大法寶就是太平軍身上穿的五顏六色的丑角式衣着』相互印證。關於太平軍佔領揚城時之民生，書中言『城中糧盡』之際，居民煮皮箱之舊革爲食。又因城中無柴禾供炊爨，居民將雕梁畫棟劈碎爲柴，每斤纔三錢。經此一劫，揚州名勝慘遭滅頂之災。如文廟本儒學重地，『自城陷後，像遭賊毁，諸器蕩然，欞星門外，鞠有茂草，殊令人有盛衰今昔之感』。虹橋乃風雅勝地，『自賊毁其亭，石欄倒卸……感觸舊遊，凄凉誰語』。鹽政衙門爲兩淮鹽運司所在，『初爲賊酋曾立昌所據，去時復焚之』。書中記太平軍特殊用語，如見身穿號衣者皆呼爲『妖』；城中設男館、女館，即使夫婦間相語也稱爲『犯天條』；凡有一技之長而不願爲其效力者，稱之爲『外小』。又記太平軍在民間拉丁，爲防止逃跑，在其臉上刺『太平天國』字樣，並塗以藍色。原書仅有抄本流傳，本《文庫》據上海圖書館藏一九六一年抄本影印。（韋明鏵）

揚州禦寇録三卷 (清)倪在田撰

倪在田(一八四二—一九一六),字子新,又字茗村,清江都人。幼時絶穎,年十七補縣學生員。家貧,然爲學益勵,曾遊京師,遍交賢達。自浙江遊幕歸後,家居不復遠出。另著有《續明紀事本末》等。是書三卷,爲太平天國史料,專記太平軍在揚州之故實。卷上言咸豐二年至六年間事,卷中言咸豐七年至十一年間事,卷下言同治元年至四年間事。書前凡例甚嚴,大要爲求實、有用、辨誤數端。咸豐二年,揚州風聞太平軍起事,始有江防之議。三年正月,太平軍佔領金陵,揚城震動。此時揚州商人爲自保計,私募巨款,由黠民江壽民賄賂太平軍,而太平軍佯允不入揚州城。江壽民者,揚州有膽量而無操守之小人也,或斥爲姦細,或捧爲姦雄,各持一端。其賄太平軍事,與道光間揚商顔柳橋賄賂英艦不擾揚州事頗相類,即在田所言『如顔柳橋款西洋也,不知叛逆之罪大矣』。實則太平軍受賄後,即大舉進軍揚城,而且將商人財富『盡攫之』,壽民本人亦爲太平軍拘杖而死。此書述太平軍在揚州之事甚詳,如『焚福緣庵』,『焚掠仙女廟』。清軍反擊太平軍,亦喜用火攻,如琦善『燒運河中賊舟凡二十』,葉長春『以計燒賊舟數百艘』。書中記録太平軍特殊用語,如强迫鄉民獻出米穀猪蔬,謂之『進供』;驅趕市民十數人居於一處,謂之『打館』。是書於歷年大小戰争皆詳加記録。太平軍之征戰揚州城,『綜而計之,揚之郛被陷者三,攻而未入者一,掠而不及乎隍者則屢矣』。其間最苦者爲百姓,誠如書中所言:『江都、甘泉、儀徵南竭於兵,北縻於賊矣。』經此一役,揚州『甲第名園,宫觀服物,毁敗略罄』,而人民死傷無數。書末有《附正志誤》數則。本《文庫》據《揚州叢刻》本影印。

(韋明鏵)

揚州辛亥吟 許幼樵撰

許幼樵(一八七四—一九二三以後),名午,又名慶曾,號十石室主人,揚州人。諸生。冶春後社成員。家有瓢隱園,在揚州運司公廨,園内山石營構皆出自幼樵手筆。工於指頭畫、扎盆景,尤擅遊戲文章。著有《十不全》等。又有《揚州辛亥歌謡·十古怪》,本《文庫》已收録。是書共六十六首,用詩歌形式記述揚州光復經過,每首詩後繫以短跋,可視爲揚州光復紀事詩。其内容從革命軍起義、揚州城動蕩、孫天生光復、徐寶山鎮揚,乃至紳商界心理、市井間動態、軍政府成立、徐寶山被炸,無不涉及,堪稱系統而翔實。一九一一年十一月七日,鎮江光復消息傳至揚城,揚州紳商亦開始策劃光復。其時,平民孫天生率衆起事,率先攻入兩淮鹽運司衙門與監獄,奪取庫銀,釋放囚犯,守城清兵未作任何抵抗。而揚州紳商惶惶不安，急遣人渡江至鎮江，請徐寶山來揚州，再次光復揚城，孫天生則亡去。是書對揚州光復重要人物如孫天生、徐寶山、周穀人、方爾咸等，均有重墨描述。書末云：『詩成紀事，信口雌黄，將信將疑，亦真亦假，聊存稗史，讀之者固不必求諸字句之間也。』稿後有寶應朱庶侯跋，以爲本書『所紀之事皆其身所親歷，且參以當日之輿論，無一事虛構，一語浮誇，可爲編近代史者之一助，則至於辭句之工拙，轉無關輕重矣』。另有丹徒姚君素識。此書有民國抄本和揚州古舊書店抄本，本《文庫》據南京圖書館藏民國抄本影印。（韋明鏵）

揚州辛亥歌謡·十古怪　許幼樵撰

此本未署作者，實爲江都許幼樵所著。許幼樵有《揚州辛亥吟》，已著録。此集有副標題，名曰《十古怪》，凡十首。歌謡運用兒歌的形式，以調侃的口吻，描寫了大革命前夕揚州各界的『古怪』現象，對於當道的官、軍、商、學、僧、娼等各界人士在革命後的醜惡嘴臉作了逼真的刻畫和辛辣的諷刺。語言詼諧，節奏明快，通俗易懂。如描寫學界人士的一首：『五古怪，真古怪，爛鼻居然登學界。兩年視學善鑽營，十載廩堂尤利害。把持公益伎倆多，勾結官場才不壞。誨盗爲竊特傷心，送訪誣良尤可駭。只顧你錢向袋中藏，那管人頭頂鍋兒賣。府中高等總監工，洋錢賺了三千塊。樓房高起倒城頭，陳設圖書做買賣。絶孫絶子聽人譏，孔方雖臭君偏愛。安得武松醉打他，將他打死方除害。』將所謂的學界人士的發家史、罪惡史一一起底，對其進行了鞭辟入裹的無情嘲諷和批判，甚至號召有人起來將他打倒，讀後令人感到痛快淋漓，十分解恨。此篇與《揚州辛亥吟》相結合，可看作揚州辛亥革命時的一部紀事詩，具有一定的史料價值。此書有一九六一年揚州古舊書店編《揚州風土詞萃》本，本《文庫》據揚州市圖書館藏本影印。

（徐大軍）

浮淮集七卷　（明）歐大任撰

歐大任（一五一六—一五九六），字楨伯，號崙山，因曾任南京工部虞衡司郎中，別稱歐虞部，明廣東順德人。少時聰穎，博涉經史，工文辭詩賦。嘉靖四十二年以歲貢生參加廷試，列爲第一。在京與後七子李攀龍、王世貞等人結成詩社。隆慶四年授官江都訓導。歷任光州學正、邵武教授、國子監助教、大理寺左評事、南京工部屯田司主事、虞衡司郎中等。著有《百越先賢志》《平陽家乘》《思玄堂集》《旅燕集》《軺中集》《遊梁集》《南翥集》《北轅集》《西署集》《秣陵集》《詔歸集》《蘧園集》等，後人彙刻爲《歐虞部詩文全集》。另有《廣陵十先生傳》，本《文庫》已收録。《明史》有傳。是書七卷。書前有隆慶戊辰年王世貞序，推許『歐先生於書無所不窺，其大要，非西京建安而下至開元亡述也』。此書大率爲任江都訓導時所作，内容雖以迎送酬酢居多，但氣韻沉雄，感情真摯，於揚州人文風情頗多涉及，如《廣陵行》《維揚太守行》《秋夜登廣陵城》等。描繪揚州名勝園林者尤引人注目，如《楊子江樓感秋作》《上巳修禊周氏園》《漕河泛舟過法海寺西尋九曲池》《廣陵竹西亭十里與李于鱗别》《過隋故宫》《雪夜同方明府集天寧寺閣》《卞園賞牡丹》《廣陵驛送王元美兄弟歸吴中》《文壽承見過同遊平山堂得中字》《陳徐諸生邀余同徐王二僚長飲法海寺遂登迷樓》《甘泉山下答諸生相送》等。其中《廣陵懷古》二十首，分詠蜀岡、邗溝、蕪城、董井等勝蹟，其景今多存。其《西園牡丹讌集》詠卞氏園，謂『卞進士汝霖園在廣陵城西，花石之盛，甲於淮南』，則鮮爲人知。對揚州屬邑園林，如寶應張氏叢桂園也分詠八首，歷述淮南草堂、三花館、松軒、海月臺等景，皆有益於揚州園林史研究。本《文庫》據明萬曆間刻清印《歐虞部集》本影印。（韋明鏵）

廣陵通典十卷 （清）汪中撰

汪中（一七四五—一七九四），字容甫，清江都人。幼時孤貧，賴母授讀。少長遊書肆，得閲經史百家，觸目成誦。年二十，學使李因培試《射雁賦》，以第一人入學。適儀徵鹽船失火，焚溺死者千餘，因作《哀鹽船文》而獲盛譽。乾隆丁酉，選充拔貢。後遊幕安徽、浙江等地，所至皆尊爲上客。晚歲巡鹽御史全德聞其名，使司文匯閣、文宗閣所藏《四庫全書》。後以檢校往杭州，卒於西湖葛嶺。著有《舊學蓄疑》《經義知新記》等。另有《述學》《容甫先生遺詩》，本《文庫》已收録。二〇〇五年廣陵書社出版由田漢雲彙編整理的《新編汪中集》。《清史稿》有傳。是書十卷，記事始於春秋時吴王夫差築邗城、開邗溝，迄於唐末時楊行密攻揚州、據淮南。書前有顧千里序，盛贊作者『天才踔越，雅識淵深，目洞千秋，胸羅七略』。千里並謂是書名《廣陵通典》者，因上下各代，排比列城，沿革道里，户口貢賦，鉅靡不包，細亦無漏，故謂之『通』；同時刊棄神怪，擯落嘲詠，唯録有用之事，弗爲無益之談，字求其實，言歸於正，故謂之『典』。千里名廣圻，以字行，經史曆算、詩文詞曲，無所不通，人稱萬卷書生，對容甫之書可謂推崇備至。按照作者寫作計劃，本書記事下限爲明清之際史可法守揚州。然寫至唐末，便因病去世。李斗《揚州畫舫録自序》評曰：『江都汪明經中，嘗慨志書考古未精，於是撰《廣陵通典》，於土地之沿革及歷代人物典禮，言之詳矣。後之作者，莫能或之先也。惟專考古事，略於近世，則以體裁有如是耳。』道光三年，其子汪喜孫將遺稿刻印行世。該書用編年之體，作釋地之篇，舉凡揚州歷代建制沿革、户口多寡、社會治亂、城池興衰，無不記述詳明。其間尤重揚州與朝廷之關係，政治與民生之關係，長官與僚屬之關係。而於叙史之中，尋求教益，裨益後人，以史爲鑒，惜未完篇。此書有清道光元年刻本、同治八年揚州書局重刻本、《江都汪氏叢書》本等。本《文庫》據清同治八年刻本影印。（韋明鏵）

揚州畫舫録十八卷　（清）李斗撰

李斗（一七四九—一八一七），字艾塘，又字北有，清儀徵人。博學多才，喜遊山水。工詩文，通數學，曉音律，深爲阮元賞識。著《奇酸記》《歲星記》等。另有《永報堂詩集附艾堂樂府》，本《文庫》已收録。是書十八卷，翔實記載清代揚州全盛時期之風物掌故，涉及歷史、文化、經濟、風俗等各方面。全書以地爲經，以人爲緯，分别爲草河録上、草河録下、新城北録上、新城北録中、新城北録下、城北録、城南録、城西録、小秦淮録、虹橋録上、虹橋録下、橋東録、橋西録、岡東録、岡西録、蜀岡録、工段營造録、舫匾録。雖是文人筆記，但開創了城市歷史新寫法，即用凡人視角觀察城市。書前有阮元、謝溶生、袁枚和作者四序，阮元、方濬頤兩跋，及大量題詞。袁序視此書與《洛陽名園記》《東京夢華録》同類，以爲『及得此書，卧而觀之，方知閑居展卷，勝於騎鶴來遊也』。阮跋多滄桑感，認爲揚州全盛在乾隆四五十年間，嘉慶後『樓臺傾毁，花木凋零』，道光間『荒蕪更甚』。林蘇門《邗江三百吟》贊賞『此録分門别類，於揚州園亭、坊市、耆舊、新聞，採録幾全，不愧雅俗共賞』。凌廷堪《校禮堂文集》批評此書『有科分誤者，爵里誤者，年月誤者，甚至有以地名誤爲表字者，重校之舉所不待言』，但也肯定此書『當在《老學庵筆記》《筆耕録》諸書之上，不可與近日新書鄙聞瑣説等視之也』。此書一出，仿書迭出，如《秦淮畫舫録》《吴門畫舫録》等，但皆不能望《揚州畫舫録》之項背。謝國楨認爲該書長處有三：一是以往掌故書籍多偏重於記載古代事跡，而該書特别注意記録當代風俗；二是正統士大夫往往輕視戲劇，而該書却詳盡保存戲劇資料；三是從前文人極少注意工程建築技術，而該書有『工段營造録』專章，於科技史研究有重要價值。此書初刻本爲清乾隆乙卯自然盦刻本，另有嘉慶、道光、同治諸本。後續印本均爲同一版本體系，只是在序言、題詞、附圖等方面有所增補，以及文字上對初版少許修訂。通行版本還有光緒申報館本、民國古今書室本等。本《文庫》據清同治刻本影印。（韋明鏵）

邗記六卷　（清）焦循著

焦循有《北湖小志》，已著録。嘉慶十一年焦循應伊秉綬、阮元之約考纂《揚州圖經》《揚州文粹》，因伊丁憂、阮起復，事遂寢。十四年，又應阿克當阿之請，與修《揚州府志》，承擔忠義、孝友、篤行、隱逸、老釋、藝術六傳及《秩官志》，自漢迄明，用力最深。焦循廣搜博採文史雜著，擇其涉揚者，隨作考辨，成《邗記》。是書六卷，上起春秋哀公九年秋吴城邗，下迄元末明初，所記涉及揚州歷代建置沿革、地方官守、人物事跡等，旁徵博引，考訂訛錯。前三卷重點在城市沿革（與《廣陵考》多有交集），後三卷重點在秩官、人物。其内容充分顯示了焦循的淵博學識和考證功力。如卷四，考唐代揚州職官甚詳，其中提到『從事，唐《百官志》無此職，而史屢言之』。經過分析研究，曰『則從事固幕官之統與？』給後學以啓迪。卷五云，《江南通志》《揚州府志》皆以陳憲爲廣陵人，謂見《宋書》，因遍考之，實非是，因誤讀、錯引，以訛傳訛所致。《宋書》稱江夷，濟陽考城（今河南蘭考）人，爲本州大中正。焦循以建置沿革、大中正、中正任職要求（以本地人爲之），從江夷到江總六代人的經歷進行考證，得出結論，『實際江氏世居廣陵』。卷六指出，舊志以董永冠孝子之首，非。董永事本街巷所傳，托諸劉向，本不足爲典要，即使向説可爲依據，則亦不得以千乘之人爲泰州産也。他還就一些書載史實之誤，提出：明人修志，諱言太祖，而詭詞於（方）國珍，未可知也。可謂一針見血。

此書有稿本，國家圖書館藏；有光緒十年儀徵吴丙湘等傳鈔本，揚州市圖書館藏。刻本有光緒十一年《傳硯齋叢書》本，民國陳恒和書林《揚州叢刻》本。本《文庫》據《傳硯齋叢書》本影印。（趙昌智）

廣陵考　（清）焦循著

焦循有《北湖小志》，已著録。揚州建置沿革素稱複雜，尤其是隋唐以前，名稱多變，治所多變，領地多變，且有僑治等因素，史籍所載，或闕或疑，或語焉不詳，焦循專就此作論述，考辨精審。《廣陵考一》云，胡渭《禹貢錐指》本《水經注》，作溝通江淮圖，以《水經》考之，胡圖未是也。《廣陵考二》云，《史記·六國志》楚懷王十年城廣陵，廣陵之名始見於此。但《陳涉世家》等凌人（或作陵人）秦嘉，有注作『廣陵人』誤。《廣陵考三》云，《漢書·地理志》廣陵國四縣：廣陵、江都、高郵、平安。臨淮郡所屬射陽、山陽等，後漢隸於廣陵。杜佑《通典》以東陽爲即盱眙，以射陽爲即山陽，非也。《廣陵考四》指出，《水經注》云中瀆水徑山陽城西即射陽縣之故城，誤。《廣陵考五》講述，漢代王國及郡的職官變化，指出《通典》等書的錯誤之處。《廣陵考六》云，杜佑《通典》謂三國時魏以廣陵爲重鎮，非也。此篇採入府志。《廣陵考七》考證宋齊南兗州之領地。《廣陵考八》考證南齊僑立東平一郡，正在今寶應一地，且可知直瀆一縣之地，本有寶應之半也。《廣陵考九》云，《梁書》太清元年改北廣陵爲淮州，此廣陵爲北魏所置，非南兗州之廣陵。兩廣陵一江北，一淮北，皆南北分争之地，往往惑人，爲通考之。《廣陵考十、十一》考辨南兗州領地、治所的變化。《廣陵考十二》考證南徐、南兗的變化。《廣陵考十三》云，東廣州刺史見於《北齊書》者惟王敬寶一人，附王則傳末，亦見段榮傳，謂之廣陵刺史。互相詮釋，明東廣州即廣陵，史文之善也。《廣陵考十四》考證史書上的四處吴州，江都郡梁置南兗州，後齊改爲東廣州，後周改爲吴州，開皇九年改爲揚州置總管府，大業初廢。《廣陵考》之文多見於《邗記》，惟文字有詳略，順序有顛倒。考之一、三、四、二、七、八、九、十、十一見《邗記》卷一，考之五、六、十二見《邗記》卷二，考之十三、十四見《邗記》卷三。可知，《廣陵考》據《邗記》輯纂而成，重點更爲突出，即考廣陵之變遷。是書收入清道光四年刻《雕菰集》卷十一，本《文庫》據此本影印。（趙昌智）

項羽都江都考一卷　（清）劉文淇撰

劉文淇有道光《重修儀徵縣志》，已著録。是書據《史記·秦楚之際月表》所載，考核秦漢天下時勢，斷定『江都爲項羽初都之地也』。在文淇之前，歷來方志諸書均未言及項羽曾都江都，唯《史記·秦楚之際月表》中有一語及此。文淇廣引《史記》《漢書》，以證成其説，認爲項羽雖然未至廣陵，然其先議所都之地實在江都。《史記·項羽本紀》之所以僅言項羽都於彭城，不言都於江都，是紀其實；而《史記·秦楚之際月表》之所以兼記項羽都於彭城、江都，是存其名。文淇治史，善於分析，闡幽發明，此爲一例。道光二十年，阮元作《〈項羽都江都考〉跋》，認爲『此説甚爲新異可喜』，激賞文淇於『旁行斜上、蠅頭細書』發現此義。此書有《青溪舊屋集》本、《揚州叢刻》本等。本《文庫》據《揚州叢刻》本影印。（韋明鏵）

揚州輿地沿革表一卷　（清）楊丕復撰

楊丕復（一七八〇—？），字愚齋，清湖南武陵人。嘉慶丁卯舉人，道光元年補石門縣學訓導。平生服膺宋儒，博覽古籍，耽精著録。著作甚富，而以《歷代輿地沿革表》一書稱最。嘗謂：『郡志沿革，名儒每不惜搜討，以究今昔之異同，而其考據必以正史爲斷，顧讀史亦不易也。』有清一代，官私地理志著作甚夥，主要有《明史·地理志》、顧炎武《天下郡國利病書》《肇域志》、顧祖禹《讀史方輿紀要》、陳芳績《歷代地理沿革表》、徐乾學《輿地備考》《輿地志餘》《輿地記要》、楊丕復《輿地沿革表》、段長基《歷代疆域表》《歷代沿革表》、李兆洛《歷代地理志韻編今釋》《清地理韻編》，及官修《大清一統志》等。其中以《天下郡國利病書》《肇域志》《讀史方輿紀要》《歷代地理沿革表》《大清一統志》等最重要。此篇以列表方式，將揚州自唐虞夏殷以降之地理建置沿革，以次叙述，簡明扼要，考證精當。今之揚州地域，古屬淮夷，既而隸青州、九江郡，漢代設吴、江都、廣陵諸國，晋代設廣陵郡，南朝稱南兖州、東廣州，至隋方改吴州爲揚州。表云：『開皇九年，改吴州爲揚州，置總管府。』自此之後，揚州之名始屬今揚州專有。是表在手，揚州輿地沿革一目瞭然。正如丕復所言：『讀史之餘，每即諸地，尋其因革』，『分搜博採，不爲無稽之言』。此書有光緒楊氏家刻本、民國陳恒和書林《揚州叢刻》本等。然《揚州叢刻》將丕復籍貫之『武陵』刻爲『武林』，是將湘人錯作浙人，誤。本《文庫》據《揚州叢刻》本影印。（韋明鏵）

揚州歷代疆域沿革圖説　（清）徐庭曾撰　徐芝田補圖

徐庭曾（一八六五—一九三七），字慶孫，清甘泉縣學增生。世居邵伯鎮，晚歲移居揚州。喜藏書，好史地之學，家本素豐而儉約如寒士。有《揚州水道圖説》《揚州鹽河水利沿革圖説》《邗溝故道歷代變遷圖説》，本《文庫》已收録。徐芝田，字耘生，庭曾子。庭曾有感於今之自命爲輿地家者，侈談五洲，而於鄉邦建置沿革一無所知，有感於揚州歷史悠久，其建置因徙治、稱名、僑治、領地之變而存疑甚多，遂以正史爲宗，旁及雜史野史，附以各家著述，以歷代揚州府州縣志準今地，考揚州歷代疆域之廣狹，繪自唐虞時代至乾隆以後揚州疆域圖三十四幅，各附説略，成《揚州歷代疆域沿革圖説》。書前有自叙，述及與其表弟、攻習新學的汪仲凡多有商討。是書原刊於清光緒三十年甲辰。一九六二年徐芝田於上海圖書館見此書，書存而圖佚，遂假歸，録一副本，依説補圖並加注公元、甲子。芝田補圖凡二十八幅，爲：唐虞周初時代、周末時代、秦統一時代、楚漢時代、西漢初年、西漢元狩以後、新莽時代、東漢建武以後、西晋時代、東晋時代、劉宋時代、南齊時代、蕭梁時代、隋開皇時代、隋大業時代、唐武德時代、唐武德末年、唐貞觀時代、楊吴時代、南唐時代、後周時代、北宋時代、南宋時代、元至元二十年以前、元至元二十年以後、明洪武初年末年、雍正以後、今揚州疆界圖（乾隆三十三年以後）。較之其父之書，省圖六幅，唐虞周初合併，洪武初年末年合併，又減三國時代、陳太建時代、唐永淳以後、國朝康熙以後四幅。今揚州疆界圖置於第一幅。書前增加徐慶孫先生小像一幀（梅鶴孫題）、尹石公撰《徐慶孫先生事略》一篇，後有徐庭曾自序，有凡例。本書對研究揚州歷史地理具有重要價值。此書有光緒間稿本，藏揚州市圖書館；光緒三十年刻本；一九六三年藍曬本。本《文庫》據一九六三年藍曬本影印，原缺一頁，據光緒三十年刻本補。（趙昌智）

揚州歷史易知編一卷　（清）湯寅臣撰

湯寅臣（一八五四—一九三〇），字澥北，晚號公亮，別署小玉茗堂主，清江都人。湯鎔子。嘗從陳浩恩學。中秀才後，無意仕進，熱衷教育，曾任初等小學教員、兩淮公立第一國民學校校長、市教育會會長等。講學之暇，以讀書著述自娱，博學多聞。精文字之學，並工詩，曾參加冶春後社、竹西後社。著作甚豐，有《湯公亮詩文集》《康熙字典正訛》《國音字母讀法考正》《説文辨似》《小玉茗堂詩文集》《集古集》《擬古集》等。另有《揚州歷史教科書》《江都沿革一覽表》《廣陵私乘》，本《文庫》已收録。是書據扉頁、牌記知爲光緒丙午春三月編次，前有作者自序。用編年體記事，上起春秋時期，下訖西漢末王莽，所記五百餘年揚州地方史事。作者自序中稱：『古揚州之地甚廣，北至淮，東南至海，《書》所謂「淮海惟揚州」是也。後世沿革不一，隋唐時始以廣陵爲揚州，然猶或曰廣陵郡，或曰江都府。至明太祖龍鳳十二年時，始定廣陵爲揚州府，而廣陵遂得專有揚州之名矣。（按：龍鳳係韓林兒年號，龍鳳十二年即元至正二十六年。朱元璋於至正十七年首取揚州，設江淮翼元帥府，後改江南分樞密院，立淮海府。洪武二年，改淮海爲揚州府，江都始爲揚州府治。）是編但就廣陵以言。』是書以朝代爲條目，分爲：春秋時之揚州、戰國時之揚州、秦之揚州、楚漢時之揚州、漢之揚州。每一條目下説明其時揚州之歸屬，其後詳述每一朝代大事。是書採輯《左傳》《國語》《史記》《漢書》等書記載中有關揚州歷史者，『凡有難解者，悉注以明之』，故曰《揚州歷史易知編》。書中所記爲揚州一方治亂興衰，以及地方長官變更大事，使讀者對王朝更迭下的揚州歷史演變有初步的瞭解。是書史料採輯均爲正史，史料較爲可靠，爲瞭解揚州地方歷史的較好參考書。本《文庫》據南京圖書館藏清光緒三十二年刻本影印，原刻本書名面標有『二編定於四月出版』字樣，可知此書僅爲初編。（陸音）

揚州歷史教科書　（清）湯寅臣撰

湯寅臣有《揚州歷史易知編》，已著録。是書爲作者奉兩淮鹽運使趙濱彦之命而作。起初，趙濱彦請寅臣編輯《揚州鄉土歷史》，寅臣以譾陋辭，不獲准，因著此書。著書之前，擬訂章程，決定『取吾揚鄉賢、名宦、流寓，有合於智育、德育、體育者，撮要以編輯之，求適乎初等小學之教科而已』。其編輯大旨，主張初等小學歷史宜先講鄉土志，此係由近及遠之意也。全書四册，共八十課，每學期一册，適合一、二年級四個學期使用。每課講述一人，簡明扼要，通俗易懂。第一册第一課以『吴王夫差』開始，認爲『編首吴王夫差者，以城邗一事，實吾揚發見之權輿，不能數典而忘其祖』。特别指出夫差鑿通江淮之功，『蓋江在廣陵之南，淮在廣陵之北，從古不通，由此而江淮通矣』。書中人物涵蓋政治、軍事、文學、經濟各方面，舉凡召平、董仲舒、張綱、陳登、謝安、曹憲、來濟、李邕、杜佑、王播、楊行密、韓琦、歐陽修、蘇軾、李庭芝、姜才、蔣瑶、曾銑、史可法、阮元等揚州歷史人物，鮮有遺漏。然書中並未列入隋煬帝楊廣、唐高僧鑒真，也不載元代客卿馬可波羅，亦歷史局限性所致。書後附《揚州歷史沿革表》，較楊丕復《揚州輿地沿革表》更爲簡明。如作者所言：『是編不載沿革，恐傷童子之腦筋；然又慮無以饜學者之心，故各列表於每册之後。』尤近人情。本《文庫》據華東師範大學圖書館藏清光緒三十四年鉛印本影印。（韋明鏵）

江都沿革一覽表　（清）湯寅臣撰

湯寅臣有《揚州歷史易知編》，已著録。江都之名，見於秦楚之際。然自漢以後，沿革不一。或立爲國，或立爲郡，而皆以江都縣屬之。甚至一城之中，分爲江都、甘泉兩縣。疆域雖析，治理殊難。逮民國成立，省甘泉縣入江都，權限遂一。今人欲考查江都二千餘年歷史，往往苦其繁複。作者因取載籍之有關沿革者，編成本表，使讀者一覽而能知其原委。表分時代、沿革、證明三欄。始於周敬王三十四年吴王夫差城邗溝，通江淮；止於民國十七年廢淮揚道，改縣知事爲縣長，直隸江蘇省。『證明』一欄，將地理沿革之要點列出，作簡要説明。如周敬王三十四年條稱『江都運河稱邗溝始此』；周慎靚王二年條稱『江都稱廣陵始此』；秦楚之際條稱『江都之名始著』；前漢高帝十二年條稱『江都建都始此』；前漢景帝四年條稱『江都建國始此』；後漢光武帝建武十八年條稱『江都爲廣陵郡治』；隋文帝開皇九年條稱『江都稱揚州自此始，江都有總管府』；隋文帝開皇十八年條稱『江都或稱邗江』；煬帝大業初條稱『江都或稱江陽，江都改郡始此』；唐太宗貞觀十八年條稱『江都析置江陽始此』；玄宗二十一年條稱『江都有淮南道』；楊吴太祖時條稱『江都改府始此』；宋太祖開寶四年條稱『江都復爲廣陵郡治』；元世祖至元十三年條稱『江都復有大都督府，並設江淮行省於此』；順帝至正十二年條稱『江都時爲淮南行省』；至正十七年條稱『江都有江南分樞密院』；明太祖洪武二年條稱『江都始爲揚州府治』；清雍正十年條稱『江都析置甘泉始此』；中華民國元年條稱『甘泉併入江都始此，江都隸淮揚道』；中華民國十七年條稱『江都直隸江蘇省自此始』。是書要言不煩，使人易於把握要點。本《文庫》據南京圖書館藏民國十八年鉛印本影印。（劉建忠）

揚州江甘人物歷史課本　（清）徐鼎彝編著

徐鼎彝，字北海，清甘泉人。諸生。世居西鄉新集，授徒郡城，因家焉。生平言笑不苟，以宋五子書教學者。宣統元年舉孝廉方正。年七十三卒。生平事跡可參見民國《甘泉縣續志》。清光緒三十一年乙巳，清廷詔停科舉，設學堂，京師學務處頒發鄉土志例目，令天下州縣據此編鄉土志作爲學堂鄉土教材。時任甘泉縣知縣白承頤委任桂邦傑編地理課本，而托鼎彝編歷史課本，即爲此書。此書材料除據縣志外，又採鄉土故事及民情風俗，各有所增。書前有鼎彝所撰《記略》云：『歷史一門，必先講鄉土之大端故事、古先名人事實，蓋欲以本境之鄉賢爲後人之感勸。……以本鄉之後進，學本鄉之前哲，慕其事功，起而則傚，安見近世之英才不競勝於既往之奇傑哉！』可見其編纂宗旨及拳拳教誨之心。是書共四十課，記自西漢召平至南北朝（上）梁曠等共二十七人事跡，大致一人一課，亦有事跡繁複者則一人多至四五課。所録皆歷代忠節孝友之人。爲便於課講，每課內容僅百餘字，所述事跡頗簡略。每課末又仿《荀子·成相篇》作歌五句，概括此人事跡，如詠西漢人召平云：『歌曰，揚州人，漢召平，矯令立項去滅秦。破釜沉舟，九戰章邯陣陣贏。』語言通俗平實，讀來朗朗上口，使學生容易背誦記憶。此爲本書一大特色，亦可見編纂者爲提高教育效果的一番苦心。鼎彝原欲對於自漢至清各時代人，皆有選録，後因白知縣將辭官，催其定稿，倉促間僅成此第一册。第二册嗣出未見。此書由鼎彝子振宗、孫康齡校，甘泉何壽春、江都沈廷銘刊，於清宣統元年由保粹軒刊印。本《文庫》據南京圖書館藏本影印。（徐大軍）

江都縣鄉土史　王鳳仁著

王鳳仁，生平不詳。全書凡分城邑、沿革、大事、人物、古蹟、今近之事務、社會與文化七大章，章下又分節或條目。第一章城邑，先介紹了江都的位置和境域，再着重從城池的起源、古廣陵城、江都和廣陵的或分或併、清以後的揚州城、舊城的修築、新城的開拓等方面來介紹江都縣城池的發展變遷史。第二章沿革，分唐虞迄周、秦漢、後漢、三國迄晋、南北朝、隋唐五代、宋元明清、近今八個歷史時期來介紹江都縣的建制在歷史上的沿革變化。第三章大事，則擷取了自吴王夫差開通邗溝始，一直到明末清初史可法抗清、揚州十日等江都歷史上所發生的重大歷史事件。第四章人物，内容比較單薄，文字也稍嫌簡略，僅列西漢召平、東漢臧文、清汪中等鄉賢七人之事跡。第五章古蹟分爲兩部分，一爲古蹟，收録了一些有代表性的名勝古蹟或遺址，如董子井、文選樓、平山堂、梅花嶺等，多與歷代名人賢士有關。二爲寺觀，選取了文峰寺、高旻寺、蕃釐觀等寺觀，介紹了它們的地址和由來等。第六章今近之事務，則主要記述了清中後期以來江都歷史上發生的具有重大影響的社會事件，如鹽務改革、鴉片戰争時英國人的入侵、辛亥革命時徐寶山被炸死等。第七章社會與文化，則介紹了江都的市廛、學校、公共建築物、工業、商業及交通等各方面的情况，使讀者對江都的社會發展有了一個大概的瞭解。本書原爲學堂鄉土教學所用，故内容比較簡略，但條理清楚，重點突出，語言通俗易懂，有利於學生的理解和接受。本書封面及目録題作『江都鄉土史』，正文卷首則作『江都縣鄉土史』，此據正文著録。此爲油印本，書中有不少墨筆修改塗抹的痕跡，似尚未完全定稿。書中内容記述至民國二十九年，卷末又有墨筆題曰：『整理裝改於民廿九年十二月十二日』，則此書當編成並印刷於此年。本《文庫》據南京圖書館藏本影印。（徐大軍）

高郵州鄉土志 （清）佚名撰

此書不著撰人名氏，按照當時慣例，一般由地方長官或儒紳主持編著。光緒三十一年，負責教科書編纂工作的京師編書局編訂了《鄉土志例目》，作爲全國編纂鄉土教材的指導方案。《例目》按照地方志的基本體例和内容，把基本内容設置爲歷史、政績録、兵事録、耆舊録等共十五門，對每一門的内容都有詳細説明。此《例目》由學部下發各省學務處，並令下發各屬縣遵照執行。此後全國各地掀起了編纂鄉土史地志書、教課書的高潮。本書即在此背景下編著而成。本書封面題『江蘇揚州府高郵州造呈遵飭修輯本境鄉土志清本』。又粘貼有紅紙，上書『京師編書局憲』。封面和正文内每頁都鈐有『高郵州印』大方印。志前有圖數十幅，包括『高郵州境全圖』及新增、續增各圖，乃是從嘉慶《高郵州志》、道光《續增高郵州志》、光緒《再續高郵州志》三志中直接抽印裝訂而成。全書未分卷次，内容、體例嚴格按照《鄉土志例目》的要求編寫，分歷史、政績録、兵事録、耆舊録、風俗、户口、宗教、實業、地理、物産十門。『歷史』介紹了高郵自上古至清歷代沿革，並説明了高郵命名的由來。『政績録』分興利、去害、聽訟三部分，記録了高郵歷代官員在這三方面所做的造福百姓的事跡。『兵事録』記載歷代發生在高郵的戰事。『耆舊録』即名人小傳，又分爲事業、學問兩篇，事業篇記歷代官宦或忠節孝友之人事跡，學問篇記歷代於學術或詩文有成就者。『風俗』概述了高郵地區的民風演變，指出民風與地理環境的關係。『户口』一文，據光緒三十年和三十一年的統計資料，記載了當時高郵的户口人丁數目，對男丁、婦女、土著、流寓人口皆有統計。『宗教』記録了回教、天主教、耶穌教在高郵的發展情況。『實業』分士、農、工、商四類，簡述了當時的發展情況。『地理』又分四篇，分别記載古蹟、山墩、水利、道路。『物産』分動物天然産、植物天然産、動物製造産、植物製造産四類，記載當地所見動植物及利用這些動植物製成的産品，如雙黄鹹鴨蛋、董糖等現在尚存的土特産，皆予記録。全書條理清晰，詳略得當，保存了一些清末高郵的社會、經濟資料，具有一定的史料價值。考書中内容記載至光緒三十二年，可知此書編修於此年或更晚。該書流傳稀少，目前僅見南京圖書館藏有抄本一册。有多種目録著録高郵檔案館亦藏，實不確，高郵檔案館所藏爲民國時編修的《高郵鄉土志》，非爲同一書。本《文庫》據南京圖書館藏抄本影印。（徐大軍）

高郵鄉土志　張孝則編

張孝則即張曾劭，孝則爲其字，高郵人。曾任江蘇高郵縣立圖書館館長。從事地方教育數十年。精經史子集，書法擅篆隸、魏碑。民國時編《三續高郵州志》時，任協纂。孝則熟於高郵地方掌故，『《三續高郵州志》，半出其手』（沈石如《高郵縣鄉土表解叙言》），此書可能爲其參與編纂《三續高郵州志》時據以節録而成之作。本書不分卷次，凡分爲輿地概略，河渠湖蕩、近代水患、地方古蹟、名人之宅墓祠宇、地方物産、地方風俗、歷代興學、歷朝兵防、歷朝兵事與匪患、名宦事跡、歷朝人物十二個專題。有些專題内容比較繁複的，下又分條目，如『歷朝人物』，又分名臣、良吏、烈忠、孝行、名儒及經學、文苑、義行、藝術、貞烈、列女十個部分。考其内容和體例，大體仍不脱傳統地方志的窠臼，詳於地理、歷史、人物幾大部分，略於對社會、民情等的記述。叙述上詳略得當，條理清楚，不同於同時期的另外幾種鄉土志之簡略。所據材料未標明來源出處，爲一大缺憾。書中有些地方有墨筆塗改和標注，不知出於何人之手。此書有民國間油印本，原本印刷質量頗劣，字跡深淺不一，難於閲讀。本《文庫》據高郵市檔案館藏本影印。（徐大軍）

高郵縣鄉土表解　沈石如編

沈石如，時任教於高郵縣立第一小學，餘不詳。此書封面題『高郵縣立第一小學出版叢書之一』，有『田友寫』的《文遊名勝》圖一幅。此『田友』，當即爲滑田友，江蘇淮陰人，中國現代雕塑大師，時任高郵縣立第一小學美術教員。卷首有高郵全境圖、市鄉區域圖。又有民國十八年沈石如所作《叙言》。石如認爲，鄉土教材爲學校不可少之物，但高郵地區的鄉土教材十分少見，學校對於鄉土常識也很缺乏；而且『夫鄉土材料，大半載在邑乘，然邑乘卷帙繁多，内容豐富，且所載多係考古知今，因新窮舊，以之明遞嬗之跡、知改革之源則可，若以爲鄉土常識材料，則猶有未當』。故其『爰就吾人必知之常識，於課餘之暇，用表列法，列爲表解若干則』。可見當時教育者對於學校鄉土教學的重要性已有清楚的瞭解，對於編纂一本適合學生的鄉土教材更是親身實踐。正文不分卷次和章節，只標明篇目。凡分沿革、幅員、湖水源委、境内大河、交通、湖蕩、閘洞、各壩、名人、先賢著述、名人傳略、名勝、古蹟、特産及大宗出産、物産、户口、教育機關、學區、四鄉著名鎮集、各里之鎮集、舊市鄉、新區、河務、水患二十五篇。每篇内容或以樹形圖，或以表格的形式表現出來，文字非常簡單，但很直觀扼要，便於讀者的閱讀和理解。如『高郵縣名稱之沿革』一篇，載：『邗溝——春秋末爲吴邗溝地；秦亭——秦築臺置郵亭；高郵縣——漢始置高郵縣；高郵軍——宋置高郵軍；承州——南宋爲承州；高郵路/府——元爲高郵路，後改爲府；高郵州/衛——明廢府爲州，又置高郵衛；高郵州——清仍爲州（衛地併入）；高郵縣——民國改州稱縣。』很多内容都如此類提綱挈領性的知識點，只求瞭解，不講求深度，十分符合小學生的認知能力和心理水平。末有石如啓事云：『本編表解取材專以本縣事實有歷史之沿革者爲主，至於社會事業及商業狀況之關於人事者多略而不詳。』又云有編續編打算，然未見。此書有鉛印本，於民國十九年二月初版，南京圖書館藏。本《文庫》據此本影印。（徐大軍）

寶應録　（唐）鄭輅撰

鄭輅，唐楚州刺史。是書講述了唐代楚州安宜縣尼姑真如的一生經歷，重點講述了真如於天寶元年和肅宗元年兩次得寶及獻寶的故事。因上天賜寶獲於楚州，代宗因以接位（代宗由楚王爲皇太子），改年號爲寶應元年，改安宜縣名爲寶應。此顯然是一個神異故事，然於史有考，新舊《唐書》《資治通鑑》均有記載，年號、人名等亦與史符。《新唐書》云：『肅宗去上元三年號，止稱元年，月以斗所建辰爲名。』肅宗元年即上元三年。時楚州刺史崔侁，淮南節度使崔圓。故明萬曆《揚州府志》收録此則故事於神異傳，贊曰：『志怪之書，君子弗道。至如八寶之事，唐用紀年，非幻而無徵者也。』據焦循《邗記》卷六考證，《寶應録》與《唐書・五行志》《酉陽雜俎》及《太平寰宇記》所引鄭略《得寶記》所載十三寶略有異。焦循曰：『鄭略《得寶記》本諸目見，宜得其實。』然兩書均標鄭略撰，『豈鄭略一人而兩説乎？』故事的背景是安史之亂，喪亂時久，殺戮過多，腥穢之氣，達於諸天，可謂天怒人怨，民心思安。代宗作爲玄宗長孫，亦頗得肅宗信任，能得民心，而肅宗張皇后子幼，懼代宗功高難制，陰圖廢之。再，唐朝神異故事較多。這應該看作是唐代宫廷鬭争的反映和民情民意的代言。清康熙間寶應知縣葉燮撰《真如獲寶辨》一文，以爲其事『矯誣罔誕』，與漢新垣平之『玉盃』、宋王欽若之『天書』相類。喬萊《跋〈真如獲寶辨〉》亦以爲然，並指出：『以故崔圓等窺瞰帝旨，爲此舉耳。不然，十三寶者，美玉也。既非降至天上，又豈辨之民間，非太子孰能有此寶哉？』本《文庫》據明嘉靖二十三年陸楫儼山書院刻《古今説海》本影印。（趙昌智）

揚州水道記四卷　（清）劉文淇著

劉文淇有道光《重修儀徵縣志》，已著録。道光十六年，受李蘭卿之邀，文淇撰《揚州水道記》，擬凡例：先運河，次兩岸工程，次兩岸諸湖。文淇承撰運河及兩岸工程，檢書萬卷，開始編輯。而李病故，事遂寢。翌年，文淇在此基礎上又花八個月時間，成《運河考》八卷，仍因《揚州水道記》書名。是書凡四卷，江都運河二卷，高郵運河、寶應運河各一卷。其特點，一是叙述了邗溝即揚州至淮安運河水道的變遷、沿革，旁徵博引，追根尋源，正訛糾謬，十分精核；二是記録了圍繞水道治理，朝廷與地方、水利與漕運的意見、紛争與協調，有理有據，條分縷析，鞭辟入裏，鑒前啓後；三是反映了沿途城鎮的變更和風光民俗，材料豐富，文字生動，間引詩文，涉筆成趣。是書刊印前，文淇接受阮元建議，前置十圖，圖文對照，更加清晰。其學術價值、文獻價值都極高，當時及其後均受推崇，是研究運河史的一部重要的歷史地理著作。此書於道光二十五年乙巳刊刻於江西撫署，咸豐間遭兵燹，版片多有散佚。同治十一年淮南書局補刊，補刊頁數幾近六成。二〇一一年廣陵書社出版整理本，由趙昌智、趙陽點校，收入《揚州地方文獻叢刊》。本《文庫》據清同治十一年淮南書局補刻本影印。（趙昌智）

廣陵曲江復對　（清）張大昌撰

張大昌（？—一八九三），字小雲，清浙江仁和人。曾中舉。光緒間助丁丙補抄文瀾閣《四庫全書》。著有《臨平記補遺》四卷《續補遺》一卷、《伯厚先生年譜》及《龍興祥符戒壇寺志》十二卷。是書一卷，係針對汪中《廣陵曲江考》而作。枚乘《七發》云『觀濤乎廣陵之曲江』，引發了『曲江濤』在揚在浙之争。秀水朱竹垞争之在先，引證詳博；江都汪容甫作考駁之，謹嚴茂密，一時盛傳。張大昌復引《史記》《漢書》《論衡》《水經注》等文獻，從赤岸山之位置、伍子之山胥母之場所在、吴越所屬之變更，以及廣陵之稱謂四個方面詳加辨析，謂汪中之言不足證。可備一説，以作參考。文章的後一部分，又仿效汪中《廣陵對》述所肄習，稽桑梓掌故，彰顯餘杭。文中提到明陳善《杭州府志》云：『廣陵爲揚州别名，杭屬揚，故亦云廣陵。』大昌認爲是論較爲平允。文章又説：『四方艷稱維揚以廣陵名繁華，貽譏焉。浙江以廣陵名衝要，制勝焉。』『謂之廣陵，於浙無加美；不謂之廣陵，於浙無所損也。』斯亦趣聞也。本《文庫》據清光緒九年丁氏刊刻《武林掌故叢編》本影印。（趙昌智）

揚州水道圖説　（清）徐庭曾撰

徐庭曾有《揚州歷代疆域沿革圖説》，已著録。此書共六册。第一册《邗溝故道歷代變遷圖説》，光緒三十年鎸板；第二册《揚州運道歷代沿革圖説》，光緒三十一年鎸板；第三册《揚州鹽河歷代沿革圖説》，光緒三十二年鎸板；第四册《揚州水利歷代沿革圖説》，光緒三十三年鎸板；第五册《國朝揚州運道圖説》，宣統元年鎸板；第六册《國朝揚州運河東西水道圖説》，光緒三十四年鎸板。六册之間既有聯繫，又有區别。第一册帶有總論性質，後幾册爲細化和延伸論述。《邗溝故道歷代變遷圖説》又有一九六三年藍曬本，已單獨收録，此不贅。《歷代運道》繪十五圖，附説，並考證由春秋至明揚州運道的二十三次重大工程。《歷代鹽河》述其顛末爲揚州古鹽河始創於漢，增修於宋，大開水口於明；約分四支水綫，江都運鹽河、儀徵運鹽河、高郵運鹽河、寶應運鹽河；圖僅一幅，而圖文互證，瞭然明白。《歷代水利》則以上流下流、黄未入淮黄既入淮述之，使人知揚州水利變遷之大局，圖則按射陂、張公渠、五塘、白水塘、召伯埭、富人固本二塘、捍海堰、真楚泰高郵斗門水利等八項各自繪製，以明其大略。清代揚州運道始以瓜儀運口，終以黄浦，分爲五段，運程所經城鎮、堡鋪、津梁、關隘、陂塘、閘壩、山林、祠廟、郵亭、驛站可作途中標識者，均按段附列，這對今後利用運河大爲有益。清代揚州運河東西水道實際是對除運河以外的揚州水利作了介紹，分爲運河以東和運河以西，運西主要是寶應、高郵、邵伯湖，運東則述及入江入海之各湖、蕩、河。此書於古代水利工程研究有一定價值。本《文庫》據揚州市圖書館藏清光緒刻本影印。（趙昌智）

揚州鹽河水利沿革圖説　（清）徐庭曾撰

徐庭曾有《揚州歷代疆域沿革圖説》，已著録。此係徐庭曾《揚州鹽河歷代沿革圖説》《揚州水利歷代沿革圖説》兩書的稿本，上述兩書分別於光緒三十二年、三十三年鎸板。較之稿本，刻本已大爲精簡。《揚州鹽河沿革圖説》稿本，先是鹽河圖目次加總述，再分三圖，第一圖西漢時鹽河，第二圖南宋時鹽河，第三圖元末鹽河，分別説略，最後結論。結論上又標上『此論不用』。刻本則僅留一圖，先是序略，而後分別叙述揚州古鹽河的四支水綫，徵引典籍，酌加案語。《揚州水利歷代沿革圖説》稿本，先是揚州水利圖目次，共八圖。而後分射陂水利、張公渠水利等，依次叙述。在每一圖説中又分爲叙述、圖、結論三部分（也有無結論的）。刻本順序則爲：序略、圖、圖説。水利圖名稱略有小異：第四圖稿本爲『石鱉塘白水陂水利』，刻本爲『白水塘水利』；第八圖，稿本爲『湖河堤岸斗門閘壩水利』，刻本爲『真楚泰高郵斗門水利』。本《文庫》據揚州市圖書館藏稿本影印。（趙昌智）

邗溝故道歷代變遷圖説　（清）徐庭曾撰

徐庭曾有《揚州歷代疆域沿革圖説》，已著録。此書以今日運河爲準，考歷代邗溝變遷之大勢，著圖八幅，即邗溝故道圖、邗溝初變圖、邗溝再變圖、邗溝三變圖、邗溝四變圖、邗溝五變圖、邗溝六變圖、邗溝七變圖。附之以説，清晰明朗。《嘉靖惟揚志》有對『末口』的叙述，庭曾引《左傳》杜預注、《方輿紀要》《禹貢錐指》《揚州水道記》《漕河志》等證《嘉靖惟揚志》之誤。對『邗水注樊良』之説，劉文淇與焦循的看法不同，庭曾也有客觀的評述。此書關於邗溝歷史的叙述，對今日大運河保護和利用有一定的參考價值。此書有清稿本一册，藏於揚州市圖書館；又有光緒三十年刻本，收入《揚州水道圖説》一書中；又，南京圖書館有一九六三年藍曬本。本《文庫》據南京圖書館藏一九六三年藍曬本影印。（趙昌智）

淮揚治水利害議　（清）錢湘靈撰

錢湘靈（一六一二—一六九八），名陸燦，字爾弢，號湘靈，又號圓沙。常熟人。順治十四年舉人，藏書家、校勘家，於《昭明文選》研究很有造詣。教授常州、揚州、金陵間，從遊甚衆。著有《調運齋集》《圓沙文集》等。是書分淮揚治水利害議、成法議、周橋議、翟壩議、治清水潭議、治河説六部分。《利害議》總述江淮治水的大略，《成法議》主要議治水方針，周橋、翟橋、清水潭是江淮水利的幾大要害處，《治河説》主要談治水要得人。康熙朝以三藩、河務、漕運爲三大要政，湘靈受老友高郵孫宗彝之聘館於其家，對水災有切身感受。而孫於水利頗有研究，周橋不可開、宣激淮水冲刷河沙以入海等建議曾爲當局所用，惟於治河之工，揭弊太深，受誣入獄，庚死。事見錢陸燦《吏部考功司郎中孫公墓志銘》（《淮海英靈集》乙集卷一）。是書當與此背景有關。《利害議》云：『水之爲害未有甚於今日之淮揚者也。』『惟水之不易治，蓋始於未明水性而又不講古人之成法，以至斯極也。』《成法議》云：『今者欲捨此成法，而喜爲新論，猶之療病者不問病之虚實寒熱，不遵醫法之補瀉温凉，而惟執己見以炫奇，則病者不亦危矣哉。』周橋、翟壩、清水潭三議中則斥責姦民享其利，公家享其害，或似亦爲公家之利，而究則以害爲利，『水禍至今日，尚可言哉？』《治河説》云：『見小利則大事不成』，『用兵者，良帥也』，『得其人，則一可當十，十可當百，不得其人，資寇盜耳』。議水亦是議政。本《文庫》據揚州市圖書館藏抄本影印。（趙昌智）

淮揚水利圖説　（清）馮道立著

馮道立（一七八二—一八六〇），字務堂，號西園，清東臺時堰鎮人。道立少年即立志做李冰、郭守敬一樣的水利家，報效國家，服務桑梓。其於水利，重調查，多實踐，勤著述。一次外出勘察，曾三年未歸，鄉黨稱之有大禹之風。道光十五年泰州鹽河疏浚工程、十七年揚州府疏通海口工程、二十年東臺縣疏通王港海口工程、二十八年洪澤湖啓壩洩洪工程等，均受聘擔任高參。著有《測海蠡言》《勘海日記》《束水芻言》《七府水利全圖》《攻海沙八法》等，已刻著作六種，未刻著作三十六種。是書收淮揚水利全圖、淮黄交匯入海圖、禦壩常閉水不歸黄沿江分洩圖、漕堤放壩下河築堤束水歸海圖、漕堤放壩水不歸海汪洋一片圖、東臺水利來源圖、東臺水利去路圖、東臺楊堤加高圖八圖，皆由實地勘察而繪。圖各有説，簡潔明瞭。各圖之排列有其内在的邏輯聯繫。作者在圖説結語中云：『明其大略，總圖之後即繼以淮黄交匯入海者，明乎淮受黄欺，欲治淮者當先治黄也；黄水如不能禦，即當大開江路，故沿江分洩圖次之；江水又不能容，則非開漕堤不可，即宜用築堤束水法，庶不致散漫無歸，故築堤圖又次之；若夫江海既皆不通，而漕堤之東又無高堤，則上壩一啓，水即四散，田園淹盡，始至范堤，而汪洋一片之景象成焉。』拳拳之心如見。

『至於東臺，僻處東隅，不過維揚一小縣，然來源、去路，與運堤、馬路等處亦予剥膚災也，例得附圖。』本書還附《淮揚治水論》，本水性之自然，以求利濟，提出『疏、暢、浚、束』四法，對歷代治水之法多有比較評説，深中肯綮。從序跋知，原擬附録的尚有數篇，可能因篇幅所限，只收此一篇。據其後人介紹，新中國成立後新築蘇北灌溉總渠，即參考道立之法，以長堤束水入海。此書有清道光十九年刻朱墨套印本，又有光緒二年淮南書局重刻本。本《文庫》據清道光十九年刻朱墨套印本影印。（趙昌智）

江北治河要策　（清）章鈞撰

章鈞，生卒年不詳，晚清無錫人。直隸候補知州，熱心地方公益事業。著有《大學參證》《時霖榮公傳》等。是書寫於光緒三十二年徐淮海水災的第二年。三十二年水災，據官紳調查，災區面積廣袤四千里，難民不下千萬，爲數十年水災中之最巨者。時局動蕩，列强環伺，朝廷正在『預備立憲』。時任兩江總督端方不滿於官賑，擬實行『官義合辦』，盛宣懷則手訂『官義合辦』章程十八條。除撥銀平糶、請旨截漕、籌辦官賑外，盛宣懷等委員在上海等地大量募捐。『今且境過情遷矣，鈞獨念去歲之災終將不絶於他日，害民傷財之爲泰西各國所笑也。』章鈞正是在這樣一背景和想法的指導下，從江南親到江北實地考察調查，遍歷各河以得其要，而著爲議。是書主要内容有：瀹江北之沈災以興水利在通鹽運而非僅在導淮議；淮揚徐海屬河一覽表；江北河圖；江北河工善後要目。作者認爲，江北之與江南同爲一省之區域，而貧富迥異，其所以異，亦不知行其殖民政策而已；去歲大災，推原其故，江南水利多而水患少；對治河之策，達官鉅紳雖議及，然無專精之士以膺其任，又恐無鉅款以竟其工，故旋議旋輟。故其感慨，水災『豈水之過哉』，提出江北河工善後要解决人、事、期、費四大要目。作爲一個旁觀者，其建議可作參考。本《文庫》據清光緒三十三年石印本影印。（趙昌智）

揚州水利圖説　胡澍著

胡澍（一八七七—一九七一），字滋甫，以字行，揚州人。少承家學，精通琴藝，曾隨孫紹陶倡建廣陵琴社。著有《琴心説》《道德經貫言録》等。是書分揚州山川概論、近湖水利、圩田水利、山田水利、江都山澗源流、陂塘水利、市河水利、瓦窑鋪至灣頭鎮縴道等八個部分。其特點：一是有總有分，重在細部。山川概論指出，揚州水利在江淮，其害亦在江淮，此即總述，而重點在叙述各個不同地區的水利。二是有古有今，重在當前。如陂塘水利叙述五塘千餘年之變遷後，按曰，不獨五塘之制宜復，凡大衝大澗仿塘制蓄水，山田均無旱可憂者。三是有言有行，重在實施。對瓦窑鋪至灣頭鎮縴道的修復工程，胡澍與其父兩代人都作了貢獻。通篇貫穿了一個思想：天下事，畏之則難，行之則易，有志竟成。以一代琴人，如此關注水利，熱心水利，熟悉水利，致力水利，固與其生平經歷有關，更與其作爲士子的任道精神有關。興地方之利，必賴地方之人。此書民國三十三年初稿，一九五九年陳恒和書林擬刻。此係抄本，無圖，前有作者一九五九年自序。據《揚州日報》二〇〇九年六月二十日報導，南京一陶姓收藏家藏有該書稿本，扉頁有『水利局所印江北水利圖係實地測量，頗爲詳細，擬影印縮小分列卷首，以便按圖稽核。民國三十三年江都滋甫胡澍初稿』等字樣。還有『一九八〇年陳從周□□□□記於揚州西園』字樣，鈐『陳從周印』。本《文庫》據揚州古舊書店抄本影印。（趙昌智）

揚州水利論一卷 （清）佚名撰

撰者不詳，清人。此論分别叙述揚州府所轄高郵州、興化縣、寶應縣、泰州四地之地勢、水之來源去路、治理之策，言簡意賅，鞭辟入裏。文中很重視水利的全局觀，如對高郵指出，郵之上流有淮、黄，下流有海，上下流不治，郵亦不得自主；且運河西當湖衝，東鄰於城，城處堤下，郵民休戚係於此焉。對興化指出，水來多去少，來易去難，使上流不治，淮、黄之奔湍急下，縱有海口疏浚，亦必致洪水横溢。對寶應指出，淮、黄不循正道，漲湖潰堤，惟寶應受害最先。每一段後均有一語頗具警策之義：高郵，綢繆經畫，前人之章牘具在，盍可忽乎哉！興化，從來利害不並立，水害既除，斯可徐圖水利矣！寶應，安不忘危，全在經理其事者得其宜耳！泰州，言泰州水利者惟在挑浚及時，瀦匯得所，勿復以曲防詬鄰封也。針對性很强。由此推測，此論或爲揚州府官員對各州水利討論之紀要。此論被收入民國間陳恒和書林刊刻《揚州叢刻》，本《文庫》據此本影印。（趙昌智）

治下河水論一卷 （清）張鵬翮撰

張鵬翮（一六四九—一七二五），字運青，號寬宇，祖籍湖北孝感，生於四川遂寧。康熙九年進士，歷任禮部郎中，兖州、蘇州知府，江南學政，浙江巡撫，河道總督，兩江總督，刑部、户部、吏部尚書，文華殿大學士等。其任河道總督達十年，是有清一代著名的治水專家。著有《治河記》十卷等。此書中所指下河，即揚之江都、興化、泰州、高郵、寶應，淮之山陽、鹽城七州縣以東際海之地。本書分三部分：一是分南、中、北三路宣洩下河積水，即引水入海；二是開挑人字、芒稻諸河引湖水入江；三是批駁『從天長、六合間別尋支河入江』之説行不通。全篇貫穿了康熙三十八年皇帝第三次南巡所確定的『如將上河堵築堅固，則下河不治而自治』的治下河方略。因前任總河于成龍執行不力，故調張鵬翮任總河。鵬翮莅任即『挐舟按視，博諏父老，洞其曲折』，在實地考察中領會旨意，執行中也不乏自己的見解。故入江、入海之路通，『沮洳俱去，澤國化爲樂國矣』。此書對今日之水利建設仍有參考價值。此書有《小方壺齋輿地叢鈔》本、《揚州叢刻》本。本《文庫》據《揚州叢刻》本影印。（趙昌智）

下河水利集説二卷　（清）劉台斗撰

劉台斗（一七五九—一八一四），字建臨，號星槎，清寶應人。乾隆五十一年舉人，嘉慶四年成進士，授工部營繕司主事。台斗得傳經學於父世謩、兄台拱，尤究心水利，凡治河得失、漕輸利弊，無不洞知其源流。通籍後，持服家居，講求尤確。服闋，兩江總督與河帥奏留南河協塞減壩，工竣，得功，十二年，奉旨簡發江西，以同知用。試吴城二年，善政最著，補瑞州銅鼓營實缺，以病乞歸。民持鏡一奩、水一盂，拜於舟前，曰：『象我公之明且清也。』十八年，補原官，奉檄總運事，以勞頓卒。《清史列傳》有傳。是書當作於持服家居時，台斗集衆人有關下河水利之説，分上、下兩卷，專題輯録。卷上分建堤束水、疏通海口、運河東堤最要閘座、湖蕩去路最要河道、范堤出水最捷閘座五個專題，卷下分洩入江、宣洩異漲、湖河遞減三個專題。每篇前有按，叙述作者見解；輯録中間亦有按，或補充説明實際情形，或表明作者自己的觀點。如『建堤束水』，於靳輔疏後加按，指出吾鄉喬侍讀萊上四不可議沮之，至疏海口事遂寢。可見台斗在治下河水利上具全局觀念，而無鄉曲之私。故阮元在《江西銅鼓營同知劉台斗傳》中稱其『有功於河』，所論『深切著明』。此書有稿本，藏南京圖書館，並有抄本傳世。本《文庫》據清稿本影印。（趙昌智）

下河集要備考　（清）朱楹輯

朱楹，生平不詳。書末落款爲『道光七年六月下澣署揚州府糧河通判朱楹謹識』，這應爲輯者當時任職。按同治《續修揚州府志·職官志》云，河官原設揚河通判一員、揚糧通判一員、江防同知一員，道光二十年揚糧通判改爲揚運通判，二十八年江防、揚運兩廳併歸一廳，改爲江運同知。而該志書又僅有河務同知、管河通判二職，河務同知爲咸豐十年設，管河通判道光三年、五年、六年、七年之任者均無朱楹名，恐爲署之故。是書輯録清順治九年至嘉慶十九年一百六十餘年間有關下河治理的上諭和大臣奏疏。先録上諭，再附以諸大臣奏疏。分四册：第一册順治九年至雍正十一年，第二册乾隆元年至十年，第三册乾隆十五年至二十八年，第四册乾隆三十一年至嘉慶十九年。依年編次，既可見某一時點關於治水方案之争論與決策，又可見水利形勢之變化及治水策略之調整。資料來源均標明出處，以便稽考。最後輯者以『按』的形式節述大略，實質也表明自己的意見。概而言之，是書很有資料價值。此書僅有抄本，藏南京圖書館。本《文庫》據此抄本影印。（趙昌智）

下河水利新編三卷　（清）孫應科編著

孫應科（一七七七—約一八五〇），字彦之，或作研芝、硯芝，號半翁，清高郵人。仝轍侄孫。廪貢生。精研經學，榜其居爲『書窩』。壯歲右臂折，而著述不輟。晚歲寓居寶應。著有《半吾堂文鈔》等。長於醫術，又有《半吾堂醫方》。另有《猶存集》《四書説苑》《天心閣詩鈔》，本《文庫》已收録。是書前有作者自序、例言，後有夏寶晋跋。內分上中下三卷，卷上爲七邑總述，卷中分述高郵州、興化縣、寶應縣、泰州、東臺縣、鹽城縣、阜寧縣，這兩部分主要是輯録志乘舊聞有關下河水利之説。卷下録自著十首：擬上當事書、挑浚下河海口議、移壩説、守壩辨、六漫溝議、范公堤議、子嬰閘考、射陽湖考、修復涇河閘增置白田鋪閘議、跋鹽城縣志後。夏寶晋跋云：『此書薈萃群言，參以己意，條分縷析，如指諸掌。恭桑之意，可謂勤矣。』誠爲的評。作者提出『民間之事民間自爲之』，『其次賢紳士爲輔，同心同德，鮮不濟矣。』『凡人可與樂成，難與圖治，大工未興，浮議滋起，非有定識定力，不能毅然獨斷。』（《例言》）都頗有見解，且具極大針對性。其七世祖寶彝因争河事，忤大吏而下獄，五世祖濩孫奉詔陳河務疏，載在工部則例，應科年近八旬猶親歷諸處，窮原竟務，奔走水利，令人感佩。本《文庫》據清道光三十年本吾堂刻本影印。（趙昌智）

洩湖水入江議一卷　（清）葉機著

葉機（一七六八—？），清浙江定海人。時任高郵知州。本書首先指出，高郵地勢實當洪澤湖水下洩之衝，運河東堤五壩高郵居四，是以受水最先最甚。接着提出湖水入海的種種困難，認爲『爲今之計，不能入海，惟有導之入江，入江即入海也』。作者分析，入江之利有四。利一，入江應挑河道僅入海之路的十分之一，錢糧省而蒇工速；利二，入江路近，水行疾，消減必速；利三，水性無不就下，導水入江，勢如建瓴；利四，百姓自養有餘，國家歲入有常，若計歷年賑蠲之費以挑歸江之路，朝廷既紓司農之急，小民亦免墊溺之災。稍有不便者，對淮南鹽艘有影響，作者以爲『以芒稻西閘底爲度，挑深五尺，使運鹽河長存五尺底水，以利運行。則各閘壩可長啓放，既利河工，亦無損運鹽』。此書有清王錫祺輯《小方壺齋輿地叢鈔》本；光緒中上海著易堂本，題作《洩湖入江議》；又有民國間陳恒和書林《揚州叢刻》本。本《文庫》據《揚州叢刻》本影印。（趙昌智）

江北運河決堤碑記　陳延韡撰　王景琦書

陳延韡（一八七九—一九五七），字含光，以字行，別號淮海客，江蘇揚州人，占籍儀徵。工書善畫，尤精篆書。著有《人外廬文集》《含光詩》等。王景琦（一八七八—一九六〇），字容庵，號蓉湘，江都仙女廟人。光緒二十八年舉人，以知縣分發廣東。民國後歸里。曾爲江蘇省議員。工書法，正楷書寫，融顔字之健雄，柳字之清健，端雅莊嚴，有『字冠八邑』之譽。喜吟詠，爲清末揚州冶春後社成員。與江石溪合著《夢筆生花館詩集》。江北運河，主要指淮陰、揚州一段運河。民國三年，韓國鈞任巡按使，在揚州始設江北運河籌浚局。九年，升格爲督辦江北運河工程總局，以張謇爲督辦，韓國鈞爲會辦，規劃江北運河工程，辦公地址設於揚州。二十年，改設水利局，隸屬建設廳，所轄北起自山東接界，南達於江七百里。民國二十年，淮河流域六至七月連續普降暴雨。因管理人員未備防患，應急失誤，致使八月運河決口，高郵、寶應、江都邵伯等地水淹，慘狀觸目皆是。民國二十二年三月，淮揚士紳立碑以志。該碑記主要記述民國二十年江北運河決口之事，介紹民國時期江北運河河務管理情況，旨要説明『江河之決雖曰天運，豈非人事』之理。此碑記見證了民國二十年江北運河水災歷史，是瞭解民國時期揚州運河的珍貴文獻。原碑已毀。此書爲搨本，經摺裝，方格，每葉六行，行十字，楷書，揚州市圖書館藏。本《文庫》據此搨本影印。（王志娟）

邵伯船閘工程述要　導淮委員會邵伯船閘工程局編　雷鴻基撰

雷鴻基（一九〇二—一九七二），曾用名雷曉峰，安徽安慶人。一九二三年畢業於南京全國水利局河海工程專門學校，歷任邵伯船閘工程局局長、淮河水利工程總局副局長。著名水利工程師。正文分引言（説明建造邵伯船閘的意義）、邵伯船閘計劃（包括輸水管、閘門、打樁等船閘工程和浚深河槽、堵塞缺口、修理涵閘等輔助工程）、施工概況（詳細説明開挖船閘基址、船閘之招投標和建築、引河通航以及重要工料明細）和附録（簡要介紹邵伯的得名、運道沿革和邵伯古蹟）四個部分。正文前附導淮委員會『整理運河航道計劃』（三江營至隴海鐵路交點）平面及縱斷面圖；正文中附邵伯船閘之模型、邵伯船閘之打樁工程二圖。按照導淮委員會『整理運河航道計劃』，邵伯、淮陰、劉老澗三處船閘工程完成後，自長江三江營口沿運河至隴海鐵路交點總長三百五十公里，吃水二點五米、載重九百噸的船隻可以終年通行無阻，五年後，年運輸量可達五百萬噸，二十五年後可增至二千萬噸，將有力推動邵伯、高郵、寶應、淮安、淮陰、宿遷等沿岸重要城鎮的經濟發展。爲此，導淮委員會於一九三四年二月在江都邵伯鎮設立邵伯船閘工程局，專司其職，並兼辦運河西堤堵塞缺口、修理涵閘等事宜，雷鴻基任局長。邵伯船閘是當時由長江進入運河的第一道船閘，其目的是維持邵伯至淮陰間運河水位，使河道最低水深達到三米，以保證吃水二點五米的船隻通行無礙，爲此設計船閘上下游最大水位落差爲七點七米，閘室寬十米，長一百米，上、下游閘門兩側之間閘墻與底部連成一體，全部用鋼筋混凝土澆製，爲塢式整體結構，並設輸水廊道。閘門、閥門、啓閉機以及鋼板樁均向英國訂製，四人摇動啓閉機，就可啓閉閘、閥門。船閘一次可分別通過三十噸船十五艘，或四十噸船十艘，或六十噸船八艘，或一百噸船六艘，或三百噸船四艘，或九百噸船一艘。一九三四年二月至八月完成開挖閘塘和引河、築堤等土方工程，七月招標選定上海陶馥記營造廠承包施工，至一九三五年五月打樁工程完成，一九三六年八月放水驗收，十二月正式通航，總耗資八十七萬八千元。建閘款項，係用英國減免的『庚子賠款』款項。邵伯船閘是民國時期新式船閘的典範之作，一直使用至一九七九年方被新建的鹽邵船閘所代替。本《文庫》據南京圖書館藏一九三四年鉛印本影印。（陳希亮）

馥記營造廠承建導淮委員會邵伯淮陰劉潤三船閘工程紀念册　佚名撰

馥記營造廠，全名陶馥記營造廠。一九二二年十一月，南通陶桂林創建。陶桂林（一八九一—一九九二），南通吕四人。少時在上海學徒，上夜校苦學英語，先後受聘於美商中國營造公司、美孚洋油公司、美商聚豐建築公司任木工翻樣和工地監工等，就此掌握當時先進的鋼筋混凝土結構建築技術。民國十一年，始創陶馥記營造廠。民國十六年冬馥記營造廠因承接廣州中山紀念堂，在港澳及南洋名聲大振。民國十八年，在南京承建中山陵第三期工程，後又承建國民革命軍陣亡將士紀念塔，成爲全國屈指可數的大型建築企業。所建馥記大厦達到了當時的國際先進水平。民國二十三年因總包『遠東第一樓』南京路二十四層的國際飯店，而名震天下。此外，陶桂林還承接了浙贛鐵路上的貴溪大橋、南昌贛江大橋等工程，其中民國二十三年至二十五年承建的淮河下游三座船閘即是重要的工程之一。自黄河奪淮，黄河的泥沙淤墊了淮河下游水系，造成江北運河水災易發。治理淮河就是治理運河。清末民初，以張謇爲主提出『導淮』之議，主張兼治運河及淮河，提出淮水三分入海，七分入江。民國十八年，成立導淮委員會，製訂導淮工程計劃，建築邵伯、淮陰、劉澗三閘即是導淮工程計劃中一個重要組成部分。民國二十三年，馥記營造廠以最低標價承建導淮委員會邵伯、淮陰、劉澗三船閘工程，歷時兩載，民國二十五年始告成功。其間因運輸困難、工作艱苦、虧蝕不資，幾致中輟。船閘落成之日，營造廠特出版此册以志紀念。紀念册中着重介紹建築導淮委員會三船閘工程經過情形概略。前有沈百先、陳果夫、劉允衡等人題詞，稱贊其『利濟初基』『績懋考工』。開篇有廠主兼總經理陶桂林緒言。後有陶桂林、邵伯船閘工程處主任陶哲明、淮陰船閘工程處主任翁存霖、劉澗船閘工程處主任羅順全照片，導淮委員會工程處設計邵伯、淮陰、劉澗船閘位置圖。書中還保留了大量三船閘施工過程照片，極具文獻價值。書後附以照片形式介紹馥記營造廠歷年承造重點工程，如上海四行儲蓄會二十二層大厦、廣州中山紀念館等，以及馥記營造廠水上發電間、發電機、挖石機、交通車、交通輪、水利工程建築用具等，並附歷年承造工程一覽表。陶桂林捐資創辦的南通吕四志誠職業中學第一届、第二届畢業生合影照片附於書後。本《文庫》據上海圖書館藏一九三六年鉛印本影印。（王志娟）

疏浚邵伯三江營段航道計畫概要疏浚邵伯瓜洲段航道計畫概要

導淮委員會邵伯船閘工程局編

二書介紹各自計劃之工段起訖、最低水位、計劃河底高度、水面比降、河底寬度及側坡、土方數目、機船隻數及工作日數、經費概算。並附疏浚六閘以下航道平面圖（圖號六三〇一），疏浚運河航道邵伯三江營段縱斷面圖、標準横斷面圖、機船挖土布置圖、土方估計表（圖號六三〇二），疏浚運河航道邵伯瓜洲段縱斷面圖、標準横斷面圖、機船挖土布置圖、土方估計表（圖號六三〇三）等。《疏浚邵伯三江營段航道計畫概要》：本段自邵伯船閘起，經六閘、裏運河、西灣河、太平河、石羊溝、廖家溝及沙頭河以達長江之三江營，長四十二點七九公里，其中邵伯船閘至石羊溝段長十三點九六公里，河道淤淺，尤須疏浚。以廢黄河零點起算，邵伯閘下游最低水位爲二米，三江營爲負零點四米。本段行駛之載重船隻，吃水深度通常爲一至二米，故欲維持常年通航起見，計劃河底高度在最低水位下二至三米，暫先挖至最低水位下二米。根據兩端最低水位差數及距離，確定水面比降。據計算，在最低水位下二米處，河底寬度爲二十米，暫靠左岸先挖十六米，兩岸側坡均爲一比二。疏浚至最低水位下二米，本段土方總計三二〇五九一立方米（含百分之十過度開挖）。現有機船二隻，以日均工作十六小時計，共需一百八十二天，扣除陰雨天和因其他事故停工日數，約需九個月方可開挖完竣。本段所費煤、機油、平土及運送費、機匠水手工資、管理費、機船修理及添配零件、預備費等總計九萬二千八百元。《疏浚邵伯瓜洲段航道計畫概要》：本段自邵伯船閘起，經六閘至瓜洲口止，長四十點六一公里。以廢黃河零點起算，邵伯閘下游最低水位爲二米，瓜洲口爲零米。本段行駛之載重船隻，吃水深度通常爲一至一點五米，故欲維持常年通航起見，計劃河底高度在最低水位下二米，暫先挖至最低水位下一點五米。根據兩端最低水位差數及距離，確定水面比降。據計算，在最低水位下一點五米處，河底寬度爲二十二米，暫靠右岸先挖十六米，兩岸側坡均爲一比二。疏浚至最低水位下一點五米，本段土方總計二四八七九八立方米（含百分之十過度開挖）。現有機船二隻，以日均工作十六小時計，共需一百四十二天，扣除陰雨天和因其他事故停工日數，約需八個月方可開挖完竣。本段所費煤、機油、平土及運送費、機匠水手工資、管理費、機船修理及添配零件、預備費等總計六萬八千二百元。一九三七年三月導淮委員會工程處編製，連附件共九件，活頁裝，牛皮紙封套，南京圖書館藏。本《文庫》據此影印。（陳希亮）

三十六陂春水圖題詠 （清）金應麟撰

金應麟（一七九三—一八五二），字亞伯，清錢塘人。道光六年進士，授刑部主事，總辦秋審，先後赴四川、湖北、山西等地審判案件。後歷任員外郎、江西道監察御史、給事中、福建副考官、鴻臚寺卿、直隸按察使、大理寺少卿等職。道光二十三年以親老乞歸，不復出。爲官遇事敢言，不避權貴。爲學博覽群書，擅長駢文，著有《豸華堂文鈔》《豸華堂奏議》《金氏世德紀》等。是書不分卷，爲贊頌明嘉靖中署高郵州知州金賢而作。三十六陂，地名，在今江蘇省揚州市之高郵。宋王安石有『三十六陂春水，白頭想見江南』之句。金賢，應麟九世祖，字樓泉，浙江仁和人。嘉靖十九年明經，授文華殿中書。出爲鎮江府知府，以誤書制誥降二級，遂留南直隸待補。歷署海州、高郵州、沭陽縣事，凡六年，以憂去官。服闋，選授陝西商州知州，尋以功加同知銜，攝西安、延安、興安州事，同知西安府，凡五年而卒。高郵爲珠湖、平阿湖、甓社湖、樊梁湖、高郵湖五湖匯聚之地。

金賢在高郵時，擔心五湖合而爲患，乃請開石梁，導石臼，浚秦蘭，以分水勢，使之直達淮水；又憂慮洪澤湖在高郵之西北，恐有衝越之患，於是增築堤堰以阻之；復修治日久堤圮的康濟河，於是河流順軌，一方因以安定。時人爲記金氏治水修堤之功，作《三十六陂春水圖》以頌之。其後二百七十餘年，其裔孫金應麟請於友朋爲之題詠。本書卷首爲顧承作《仁和金公家傳》，其後有董基誠、楊夔生、劉嗣綰所作《三十六陂春水圖序》及《後序》；次爲彭兆蓀、夏寶晋《三十六陂春水圖記》及《後記》，高鑾宣《三十六陂春水圖賦》，何盛斯《書三十六陂春水圖後》。後半部分爲《金氏世德紀》，即《三十六陂春水圖贈句》，輯録周聯奎、朱壬林、章黼等二十五人之圖詠。周聯奎之作有云：『水泛爲民患，水治爲民利。治水誰所司，實惟牧民事。』可見治水修堤實爲關係一方民生的重大工程。此書既可以考定明嘉靖間高郵治理水患之過程、經驗，又可以考見金氏造福一方之功績。誠如彭兆蓀《記》中所説：『美哉厥功，爲德遠矣。』本《文庫》據南京圖書館藏丁氏當歸草堂抄本影印。（尤德艷）

廣陵逸草　（清）郝壁撰

郝璧，字仲趙，號蘭石，又號昆岑子、積石山人。生卒年不詳，約於明萬曆三十年至清順治末年在世。先祖謫戍蘭州，遂家於此。郝璧聰穎早達，青年時便負詩名。崇禎十二年中舉，後至揚州爲官。崇禎末年，赴京參加『禮闈』會試。入清後，以文才署太常博士，陞給事中。順治六年，遷安徽按察副使。晚年退隱揚州，潛心著述。終客死揚州。所著《郝蘭石先生集》順治年間吴芷刻於揚州。本書爲作者在揚州所作詩文，包括詩、詩餘、序、引、記、跋語、祭文。內容有抒發個人孤獨惆悵情感的，如《城南行》等；有如《厭揚之俗》，在描寫揚州風土人情的同時，則表現了作者作爲文人的清高；亦有爲數不少的祝壽應酬之作等，一方面可以反映作者當時的交遊，另一個側面則印證了其晚年生活的清貧。其《猛虎行》則揭露淮揚地區官場的黑暗：『江淮之野虎少行，近冠峨峨踞公庭。』不僅官場黑暗，而且自然災害深重：『向來旱虐揚猶莖，今年魑赤蕪無青。冽冽風過新痕瑩，郡中日數市門扃。』這是當日揚州的真實寫照。郝蘭石在竹枝詞方面的創作，成就極高，李楷在《昆岑子序》中謂其『竹枝諸味，琟繪陸離，匪徒即事感慨繫之矣』。蘭石另有《廣陵竹枝詞》，本《文庫》已收録。是書一卷，凡百首，記述揚州風土習俗，表現了其極高的創作水準。竹枝詞本爲『志土風而詳習尚』，以吟詠風土爲其主要特色，有濃厚的鄉土氣息，本書《揚州曲自引》《揚州曲跋語》等，則表明其時以蘭石爲代表的文人所創作的竹枝詞，已經脱離民歌的本色，成爲文人的雅玩。書前有王鐸序，有凡例、目録。本《文庫》據清順治間刻《郝蘭石先生集》本影印。

（孫葉鋒）

揚州鼓吹詞序一卷　（清）吴綺著

吴綺（一六一九—一六九四），字薗次，號豐南、綺園，清江都人，歙縣籍。順治年間由選貢生薦授秘書院中書舍人。工詞，有『紅豆詞人』之稱。小令多描寫風月艷情，筆調秀媚。《清史稿》稱其：『出知湖州府，有吏能。人謂其多風力，尚風節，饒風趣，稱爲「三風太守」。』（《清史稿·列傳二百七十一》）著有《林蕙堂集》二十六卷等。是書記録揚州名勝景點計三十三處，多爲歷史遺蹟。其中不少遺蹟，今已不存，如謝安宅、蕪城、隋宫、迷樓、月觀、螢苑、鷄臺、隋堤、葉公墳等。書中所載史料，可供今人索驥。其於『二十四橋』一節云：『出西郭二里許，有小橋，朱欄碧甃，題曰「烟花夜月」。相傳爲二十四橋舊址。蓋本一橋，會集二十四美人於此，故名。』對二十四橋命名由來作出推論，後人多有引用。此書流傳版本主要有兩個，一是清康熙年間吴震方《説鈴》本，乾隆年間馬俊良《龍威秘書》本引《説鈴》本，亦有收録，署『《揚州鼓吹詞序》一卷』；二是民國揚州陳恒和書林刻《揚州叢刻》本，内封署『《揚州鼓吹詞序》一卷』，正文及版心均署『《揚州鼓吹詞》』。實則兩個版本均有序無詞。《揚州叢刻》本書前附有《吴氏小傳》，《説鈴》本及《龍威秘書》本均無此傳。本《文庫》據《揚州叢刻》本影印。（孫葉鋒）

廣陵舊蹟詩　（清）郭士璟著

郭士璟（一六二〇—一六九九），字飲霞，號眉樞，清江都人，祖籍陝西涇陽。家世業鹽，饒於資。順治十二年進士，授常州府學教授。康熙十一年遷國子監助教，晋工部主事，督榷九江關税。差竣，乞歸。工詩，著有《句雲堂詞》《江州雜詠》等。是書主要詠頌揚州名勝。涉及廣陵山川陂塘、城池宫苑、樓臺亭閣、寺塔祠墓，如浮山、大銅山、甘泉山、蜀岡、桃花岡、梅花嶺、山洋河、白塔河、伊婁河、雷塘、隋堤、蕪城、隋苑、隋宫、文選樓、佳麗樓、迎仙樓、東閣、延和閣、竹西亭、煬帝釣臺、平山堂、謝安宅、廿四橋、董子祠、煬帝墓、栖靈塔等。詩各有注，述其來歷、方位、變遷，也有引前人之詩爲證的。如《官河》詩云：『爲築邗城霸業新，錦帆又逐廣陵春。射陽湖下輕波漾，問似香溪浴美人。』自注云：『吴王夫差自廣陵城東築邗城，下掘深溝，謂之「邗江」。自江東北通射陽湖。《左傳》「吴城邗，溝通江淮」即此。』講述揚州城建歷史。又如《茱萸灣》詩云：『曲曲雲烟繞舊塘，長堤千載憶吴王。但聞坐引漁鹽利，嬴得茱萸泛水香。』詩中充分肯定了吴王劉濞坐鎮廣陵時對揚州城的經濟發展做出的貢獻。此集卷首鈐『焦循手録』印章，有康熙十一年桑豸『小引』。此書爲清焦循抄本，一册，國家圖書館藏。本《文庫》據此本影印。（王志娟）

廣陵詠古詩　（清）梅庚　蔣瑛　葉澐撰

梅庚（一六四〇—一七二二），字耦長，一字子長，號雪坪，一號聽山居士，清安徽宣城人。康熙二十年舉人，官至浙江泰順知縣。梅庚自幼『資禀穎異』，博通經史，承其曾祖戲劇家、藏書家梅鼎祚之風，『善八分書，尤長於詩畫』。有《天逸閣集》，另著有《雪坪詩鈔》《聽山詩鈔》等。蔣瑛（？—一七一四），字楙旃，號文河，清吴郡西洞庭山人。康熙二十四年拔貢，候選知縣，未銓選而卒。葉澐，字蕃久，號松川，清崑山人。家學淵源，及長，周歷燕、晋、楚、齊、魯、趙、魏之墟，凡輿圖阨塞、風土人物，莫不鈎稽默識，於古今典憲，尤爲綜貫。論列天下大事，每寓於詩歌，悲壯沈雄，而出之以藴藉。另著有《綱鑒會編》《歷代官制考略》等。全書一册，卷首無目録。書前有序，『康熙丙子孟陬玉□□□升題時年八十有二』，『孟陬』二字可見刻書於正月。雖因破損而不知序者何人，但依序中『蕃久，余通家子；楙旃，素遊吾門；耦長，□亦縞紵歡也』，可知題序者與三位作者交情匪淺。是書以當時廣陵歷史景點爲題材，選邗溝、董井、鬭鷄臺、孔融臺、謝安宅、蕪城、東閣、文選樓、高歡宅、隋堤、迷樓、螢苑、宫人斜、吴公臺、雷塘、二十四橋、蕃釐觀、玉勾洞天、淳于棼宅、淳于棼墓、竹西亭、水亭、芍藥廳、平山堂、蜀井、明月樓、五塘、康山、梅花嶺、影園三十處景點，並直接引以爲題，每人從中擇二十選題，各自著詩，共得詩六十首。書中雙行小字注釋三十八處，多爲對景點歷史背景的闡釋。三人首篇詩作分别題作『聽山梅庚耦長』、『松川葉澐蕃久』、『文河蔣瑛楙旃』，其後各著爲『庚』、『澐』、『瑛』。全書六十首詠古詩作，引經據典，文風大氣，亦如序中所言『其證據詳核，博通羣書，尤非世之耳食眼隅，拾人牙後語者比也』。是書爲康熙三十五年刻本，半葉九行，行十九字，左右雙邊，白口。南京圖書館藏。本《文庫》據此本影印。（陳立）

邗江雜詠　（清）戈守智撰

戈守智（一七二〇—一七八六），字達夫，號漢溪，清浙江平湖人。年十九補博士弟子員，經藝外兼工駢體韻語。與杭世駿、厲鶚交善。嘗遊揚州、漢陽，遇碑碣輒手自摩搨，歸而庋諸樓，榜之曰『帖海』。書法楊凝式、歐陽詢，晚乃出入諸家，於顔真卿稱嫡嗣。詩文結集爲《漢溪詩文集》，包括《偕存集》《入楚吟箋》《紫琅小草》數種。乾隆二十八年，戈守智遊邗江地區，『頻有感觸，……旁採舊説，標作新題，凡若干首，名曰《邗江雜詠》……』是書共計收録詩作五十篇，分別爲：茶園、雷塘、秋聲館、安江樓、甘泉山、迷樓、隋堤、鬬鴨池、大觀樓、皂角林、冶山、明月樓、隋苑、茱萸灣、九曲池、桃花岡、棲靈寺塔、梅花嶺、争春館、章武殿、芍藥圃、石塔寺、盂城、斗野亭、鷄留山、賞心亭、水精殿、煬帝釣臺、江山風月亭、影園、甓社湖、靈岩山、淳于棼宅、東園、凝暉殿、谷林堂、玉鈎亭、壺春園、月觀、無雙亭、平山堂、水亭、文選樓、鴛鴦塘、包老湖、繅絲井、蓮塘浦、鐵佛寺、居竹軒和摘星亭。當時内閣學士兼禮部侍郎、著名詩評家沈德潜曾評此書：『古意新聲，詞工韻遠，足備邗江典則。』本《文庫》據上海圖書館藏清乾隆二十六年刻本影印。（陳果嘉）

廣陵懷古三十首平山雜咏三十首　（清）潘鎬撰

潘鎬（一七二五—一七八六），字肇本，一作紹本，號芑湄，清常熟梅李人。廩生。晚年師事梁同書，命居一樓，出所藏晋唐名帖俾之臨摹，行草神妙處直逼米南宮，神祠匾額半出其手，名震一時。好學，善詩，著有《略識一丁》《梅李文獻小志》《蠡測篇》《雪鴻小集》。此書標注『芑湄潘鎬未定稿，門人沈潛録』。卷首有鮑岡爲《廣陵遊草》題詞《沁園春》一首。《廣陵懷古三十首》依次爲廿四橋、淳于棼宅、邗溝城、董子祠、瓊花觀、孔融臺、文選樓、謝安宅、東閣、隋宮、雷塘、隋堤、螢苑、玉鈎斜、木蘭院、法净寺、第五泉、竹西亭、蜀井、三絶碑、芍藥圃、三賢祠、明月樓、文信國祠、梅花嶺、蕭孝子冢、五烈墓、影園、騎鶴樓、江山風月亭、五司徒廟，計三十一處。題下有注，簡述景點位置，歷史掌故。詩爲七絶，《五司徒廟》爲二首五絶。重在述古抒懷。詩上又有批注，達三十餘處，似在强化詩中未盡之意。如與隋煬帝有關的達六首，《隋宮》云『築就迷樓作色荒』，批曰『三字斷定隋煬一生』。《瓊花觀》云『瓊花豈是亡隋物，枯菀猶更七百年』，下注『自隋亡迄元至正初，凡七百二十年而瓊花種絶』，上批『隋自致亡耳，花不任過也，可闢群蒙』。《邗溝城》題注邗城簡史，詩云『金城何事作蕪城，邗水滔滔日夜情。莫更傷心明遠賦，而今全盛邁西京』，上批曰『治亂興亡之源，要人深思而得』。對揚州似有較深的瞭解。《平山雜咏三十首》，五絶二十首，七絶十首，續七律一首，間亦有注有批，内容則側重在寫景，狀物細緻，語句清新，誠爲作手，非走馬觀花者所能爲。如涉桃花者數首，《桃花塢有感吴門唐解元葬處》《舟中望長春橋内桃花盛開》《净春園有紀》《香影樓外桃花》《山徑枯桃》等，角度新穎，頗堪玩味。本《文庫》據上海圖書館藏稿本影印。（趙昌智）

揚州古蹟題詠記二卷 （清）羅聘輯

羅聘（一七三三—一七九九），字遯夫，號兩峰，别號花之寺僧、金牛山人、衣云道人、蓼州漁父，清安徽歙縣人，先輩移居揚州。爲『揚州八怪』之一。自題其居室爲朱草詩林。爲金農弟子。工詩，善畫，筆情古逸，思致淵雅。道釋、人物、山水、花卉，無不臻妙，貌鬼獨絶。有《鬼趣圖》，名流題詠殆遍。有《香葉草堂詩存》，本《文庫》已收録。生平可參見《清史稿》《國朝先正事略》、吴錫麒《羅兩峰墓志銘》、陳金陵《羅兩峰年表》等。是書分爲上、下兩册，上册爲碑志墓銘附，下册爲奏疏條議附。均爲有關揚州古蹟的作品。全書有朱筆眉批，多爲名物、事例解釋；有朱筆圈點劃綫，所輯詩作，多有句讀；另有少量朱筆旁批。本《文庫》據上海圖書館藏抄本影印。（陳果嘉）

邗上集一卷 （清）劉大觀著

劉大觀（一七五三—一八三四），字正孚，號松嵐，清直隸丘縣人。乾隆四十二年拔貢，歷任廣西永福令、奉天開原令、山西河東兵備道、山西布政使等職。嘉慶十五年，因彈劾前山西巡撫初彭齡而被革職，後掌覃懷書院十一載。其爲官有政聲，頗有文名，著有《玉磬山房詩集》。是書爲劉大觀客居揚州期間創作的詩集，起於嘉慶九年甲子，訖於嘉慶十年乙丑。該詩集共收古今體詩一百三十五首。所收詩集大都爲劉大觀在揚期間與友人交遊唱和吟詠之作，其中不少詩作涉及揚州的名勝、古蹟、風俗等内容，可作爲研究清中期揚州地區文人活動以及社會歷史狀況的一份有價值的材料。清代著名學者阮元曾爲此詩集作序，稱其詩『體格藴藉如漁洋』。此書無單行本，均收録於劉大觀詩集的彙編本《玉磬山房詩集》中（《詩集》卷四即爲《邗上集》）。《玉磬山房詩集》有六卷本、八卷本、九卷本、十卷本、十三卷本等。據考，六卷本應爲清嘉慶十五年或稍後的刻本，而十卷本則爲道光年間刻本。兩種本子每卷所收内容數量略有不同，文字也有細微差别。以《邗上集》爲例，六卷本所收詩作爲一三五首，而十卷本所收詩作則略少，爲一二九首。本《文庫》據清嘉慶道光間刻《玉磬山房詩集》十三卷本影印，其中原缺兩頁，據南京圖書館藏《玉磬山房詩》十卷本補。（顧寅森）

廣陵覽古七卷 （清）顧鑾輯

顧鑾，號謝吟，清江都縣人。著有《周易名物述》三十二卷等。本書初爲作者塾課弟子時所作之講稿。卷前有嘉慶十二年嚴觀序，嘉慶十三年周長泰序。卷目爲：卷一江都縣古蹟；卷二甘泉縣古蹟；卷三儀徵縣、高郵州、興化縣古蹟；卷四寶應縣、泰州、東臺縣古蹟；卷五至卷六江都縣、甘泉縣、儀徵縣人物；卷七高郵州、興化縣、寶應縣、泰州、東臺縣人物。内容廣採揚州府屬八邑内的人文故實，起自周代，斷至元代。在編排上，依雍正府志《雜記》之例，古蹟以名類相從，人物以朝代爲次。此書的編撰旨在便於初學，其特點是博而約。『博』指所選類目多，古蹟包括本邑山崗、沙溝、湖塘、寺觀、城鎮、宮殿、樓閣、亭臺、宅院、井泉等三百多處，人物收録歷代揚州本籍及與揚州關係密切的外籍名人近二百位；『約』指文字精煉，記述簡約，舉其大要，不冗繁瑣雜。所載皆有書傳爲證，並注明出處，間有旁證載籍加以考證者，以『鑾按』二字標明。周長泰序稱其『人文碑碣考核靡漏』，『是書出，可爲名勝之記，考志書之遺，雕今潤古，絶非斤斤風雲月露詞章之爲』，其中尤對名物勝蹟記述較詳，細緻隱微，可補官修州縣志書遺缺。此書有嘉慶十三年顧氏研經室刻本，二册。二〇〇五年五月廣陵書社出版了點校整理本，收入《揚州地方文獻叢刊》。本《文庫》據清嘉慶十三年顧氏研經室刻本影印。（王永平　趙宣）

揚州茰灣勝覽一卷 （清）源印編

源印，即傳臨濟正宗第四十一世濟川源印禪師，生平不詳。書中有其所撰《重建天中塔》一文，云：『咸豐癸丑，即有金陵、維揚之大劫……源印前奉憲諭，住持斯刹。』則其應是咸豐後高旻寺的一位住持。茰灣，俗稱寶塔灣，居今揚州瓜洲鎮北部古運河三汊河口，灣中有高旻寺，寺中有天中塔。是書一卷。收文四篇，所記皆有關揚州高旻寺内天中塔事。其中包括康熙四十三年御筆《高旻寺碑記》，乾隆十六年春御筆五律一首，乾隆二十七年中秋御筆七律一首，順治十二年春二月吳惟華《天中塔碑文》，順治十二年秋吳惟華《天中塔記》，源印撰《重建天中塔》一篇。高旻寺是我國佛教禪宗的四大叢林之一，康熙、乾隆南巡，均曾多次駐蹕於此。天中塔乃高旻寺内標志性建築，清順治年間兩河總督吳惟華捐建。吳氏在塔建成後，又撰碑記兩篇，記建塔始末，即本卷所收吳氏二文，此二碑至今尚存高旻寺内。該塔於乾隆三十六年爲大風將塔頂中柱吹折，損及塔身，後經修復，又於道光二十四年坍塌，此後一直未曾重建。今塔由前任住持德林大和尚募建，建成於二十世

紀末，高七十二米，共九層，呈八角形，供七十二尊玉佛。本《文庫》據民國揚州陳恒和書林《揚州叢刻》本影印。（孫葉鋒）

揚州詠古五排詩鈔　（清）談怡曾撰

談怡曾，字星台，清江都人。諸生。生平不詳。此書卷首葉覲廷序稱怡曾『窮愁著書』，可以想見其生活之清貧。擅詩文。道光戊子，怡曾以足疾未赴鄉試，而以試期之八日成《揚州詠古排律詩》四十首，同學諸子爲之箋釋。所詠揚州各景依次爲：浮山禹廟、吴城邗溝、楊子江、董子祠、鬬鴨池、孔融宅、甲仗樓、秋聲館、露筋祠、文選樓、蜀岡、隋堤、螢苑、迷樓、胭脂井、九曲池、鬬鷄臺、玉鉤斜、上方寺、木蘭院、第五泉、竹西亭、斗野亭、大觀樓、二十四橋、三十六陂、鐵佛寺、建隆寺、雲山閣、平山堂、淳于棼宅、文丞相祠、明月樓、搗衣橋、康山、影園、太傅祠詠雙檜、后土祠詠瓊花、四并堂金帶圍、梅花嶺史公墓。此書爲抄本，一册，揚州市圖書館藏。本《文庫》據此本影印。（孫葉鋒）

揚州擬題分韻　（清）止止室主人輯

止止室主人，生平不詳。全書以分韻形式將歷史上描寫揚州的名勝佳句與宮閣樓臺等景點串連起來。分韻，舊時作詩方式之一。指作詩時先規定若干字爲韻，各人分拈韻字，依韻作詩一稱『賦韻』。分上平聲、下平聲、上聲、去聲、入聲。本書以韻爲編，首列一句，句下以小字注明此句詩出自何人何作及其上、下句，如『霞起早潮東』，其下注：『劉長卿《禪智寺懷演如上人》，上：「雁來秋色裏」。』『百越落掌中』，下注：『李群玉《登廣陵楞迦臺》，下：「十洲點空白」。』具體景點，則注明其地點、典故及簡要沿革，如『章臺宮』，下注：『江都。漢江都王建遊章臺宮，令四女子乘小船，建以足蹈覆其船。今莫知所在。』是書將當時揚州名勝古蹟作了梳理，並整理彙集了歷代吟詠揚州的詩句，同時也保留了部分已消失的古蹟資料。本《文庫》據上海圖書館藏清道光二十九年刻本影印，封面題署『揚州勝蹟』。（孫葉鋒）

揚州攬勝賦鈔初集四卷五集四卷　（清）郭晋超編

郭晋超（一八一九—一八九一），字湘蕖，清江都人。太平天國時期入郭松林幕，以軍功累保至副將，後改儒官教職，先後居戎幕三十年。曾繪《老去填詞圖》，海内名士題詠甚多。著《心蓮龕詩文集》，佚而不傳。今存《人月雙清館詩鈔》一卷，又名《情田雜俎》，清末心蓮龕緑絲欄鈔本，國家圖書館有藏。本書原計劃編撰爲八集，現存初集和五集各四卷。書前有郭晋超之序。『是編專備揚州掌故，自郡城及八州縣各鹽場屬在揚郡者，均所登載。其無涉揚郡者，雖有佳章，亦從割愛。』初集四卷，所收均是山川、城邑、古蹟、名勝、寺觀、園亭各實題，計百篇，且每篇之末都附有題解和小傳，『若先達名公久著志乘者，注明不複』；五集四卷，所收係史鑒、政績、事實、詩文、遊覽、寄寓各虚題，物産一門也附於虚題，共百篇，體例則一如初集四卷。是書『因取備題，故所登古賦律賦不拘一體』，它們大率先選定一個物象，然後抓住它的一個或幾個特點加以鋪陳描寫，往往雜體物、言情和説理三者而出入，並且在描寫中利用寓意比喻的方式寄托自己的情志。其題材之廣闊、立意之深邃、層次之綿密、押韻之規範，均可圈可點。此書爲清光緒五年印山堂刻本，八册，揚州大學圖書館藏。本《文庫》據此本影印。（王永平　趙宣）

揚州雜詠

（清）臧穀撰

臧穀有《揚州劫餘小誌》，已著録。臧穀曾主持揚州『冶春後社』，極一時詩文之盛。清初，吴綺（字薗次）曾作《揚州鼓吹詞序》一書，據事直書揚州之名勝古蹟。臧穀『鄉居避亂時，曾一披讀，即事寄慨，作絶句三十二首』。是書即爲詩作之結集，三十二首詩分别爲文選樓、争春館、東閣、蕃釐觀、謝安宅、董井、石塔寺、鬭鴨池、重城、康山、蕪城、蜀岡、隋宫、迷樓、月觀、螢苑、鷄臺、隋堤、玉鈎斜、平山堂、明月樓、竹西亭、芍藥廳、九曲池、二十四橋、雷塘、雲山閣、紅橋、廣陵濤、梅花嶺、淳于棼宅和茱萸灣。通篇之詩質樸詼諧，富於韻味，而臧穀也自言『非敢云詩，亦生長斯邦，藉供後賢之採擇爾』。此書爲上海圖書館藏民國五年長沙刻《菊隱翁詩集》本，共一册。本《文庫》據此本影印。

（陳果嘉）

選巷叢譚二卷

（清）况周頤撰

况周頤（一八五九—一九二六），原名周儀，因避宣統帝溥儀諱，改名周頤。字夔笙，一字揆孫，别號玉梅詞人，晚號蕙風詞隱。清廣西臨桂人。光緒五年舉人。官内閣中書。先入兩江總督張之洞幕。領銜江楚編譯官書局總纂，掌教常州龍城書院，講學南京兩江師範學堂。後受聘端方幕中，治理金石文字。况氏工詞，致力五十年，與王鵬運、朱孝臧、鄭文焯合稱『清季四大家』。又與同鄉王鵬運友善，結詞社，人稱『王况』，共創臨桂詞派。在卷一中，作者自述寫作本末：光緒二十四年九月，况周頤從揚州瓊花觀移居舊城小牛录巷，巷後太傅街，即阮元家廟及文選樓所在，故名其書曰《選巷叢譚》。此書體例亦仿阮元《小滄浪筆談》《定香亭筆談》，且『文達軼事，採擷較詳，則私淑之志也』。在此，況周頤不僅以『私淑』阮元自命，晚年更號『阮盦』，書中還大量採用阮元的學術觀點，記録了阮元不少軼事，足見其對於這位前輩學者的仰慕之心。書中所記，多爲在揚州考鏡古蹟遺存，如舊磚、古鏡、碑碣等，體現了作者在金石文字方面的極高造詣，對考察揚州歷史有一定價值。作者曾得斷磚一塊，文銘『楊州』而非『揚州』，遂從王念孫《讀書雜志》引證，『揚州』之『揚』，隋以前從『木』，唐人誤從『手』，證明此磚乃唐以前之物。其精於考據，可窺一斑。於揚州文選樓一節，考據尤詳，作者從文選巷之名由來入手，根據梁章鉅《歸田瑣記》與《楹聯叢話》的記載，指出揚州本有兩文選樓：『昭明太子文選樓，在太平橋北旌忠寺，見唐楊夔《文選樓序》及宋王觀《揚州賦》。又有隋曹憲文選樓，在文選巷，見宋王象之《輿地紀勝》。則是揚州本有兩文選樓，屬昭明者在太平橋，屬曹憲者在文選巷。』從而釐清了揚州兩處文選樓的區别。本《文庫》據清光緒三十三年刻《蕙風叢書·阮盦筆記五種》本影印。

（孫葉鋒）

揚州覽勝録七卷首一卷　王振世撰

王振世（一八七七—一九五四），字鐸生，晚清民國間揚州甘泉人。諸生。授徒自給，潛修學業。工吟詠，留心地方掌故。另著有《巢鳳齋詩集》，僅抄本存世。揚州素爲東南一大都會，至清康乾之際，進入全盛，李斗《揚州畫舫録》記載備詳。然自道光以後，揚城日漸殘破凋零，又經咸豐兵燹，更加荒蕪蕭條，以致遊眺之區，半埋榛莽。逮至民國，地方當局慮及四方遊踪，來者日衆，乃決意整理名勝古蹟，並委王振世『編輯遊覽之書，爲遊觀之導』。振世在自序中，叙述編撰緣起：民國二十三年揚州成立城北風景委員會，振世受委員胡顯伯之托，着手編撰，逾二載而成。『其膏火紙墨之費，則均由胡君所給』。全書七卷，卷首一卷，述揚州之沿革、形勢，卷一、卷二北郊録，記北郊風景，揚城名勝，北郊爲最，瘦西湖、冶春茶社、平山堂、蜀岡等著名景點均在此。餘卷依次爲西郊、東郊、南郊、新城録、舊城録。所録景點，或爲作者親自遊歷，或考證故籍，咨詢耆老。各景按道路遠近排列，便於遊人順道遊覽。原書中尚附有名勝古蹟照片數幀。因此，本編實際上是一部非常實用的揚州名勝古蹟導遊圖書。本書問世之日，正值山河破碎，日寇蹂躪揚城之際，作者於卷一『史閣部祠墓』條，於史可法抗清事，叙述尤詳。卷五『文丞相祠』條下，更云『俾我邦人，就近藉資觀感，是亦國家存亡危急之秋，振勵人心之一道也』。也是借古諷今，抒發胸中亡國之恨，激勵時人的民族氣節。這在當時的時代背景下，十分不易。此書初創於民國二十三年，完稿於民國二十五年夏，其時正值民族危亡之秋，書未印行，而『七七』事變爆發，不久揚城淪陷，其書遂被耽置。至一九四二年，經鄉紳潘季鼎等人醵貲贊襄，始得以出版。著名學者、書法家陳含光爲之署籤。董玉書有七絶四首題詞。書前有三序：一爲民國江都士紳陳懋森序，一爲作者自序，均序於一九三六年；另有民國三十一年熊育衡序。熊育衡，江蘇江都人，時任僞揚州綏靖區司令。本《文庫》據揚州市圖書館藏一九四二年鉛印本影印。

（孫葉鋒）

閒話揚州 易君左撰

易君左（一八九八—一九七二），名家鉞，字君左，湖南漢壽人。幼時隨父易順鼎到廣東讀書，不久回鄉，先後至長沙、北京求學，受新思潮影響。後赴日留學，就讀於東京早稻田大學，與同窗創辦華瀛通訊社。回國後參加五四運動，致力於文學創作。一九二三年就職於上海泰東書局，繼而受聘至安慶法政專門學校任教。一九二六年參加北伐戰争，任國民革命軍第四軍部主任秘書兼政治部主任。北伐後回湖南主辦《國民日報》，任社長。一九三二年任江蘇省教育廳編審室主任，主持江蘇文藝社，任社長，因《閒話揚州》引起筆墨官司。一九三八年至重慶任省政府編譯室主任，創辦《新四川月刊》《四川國民日報》，兼任兩社社長。一九四九年離滬赴臺，繼至香港，以執教與賣文爲生。一九五九年任教於香港浸會學院，寫作回憶録《火燒趙家樓》《盧溝橋號角》等。一九七二年在香港去世。此書係作者之揚州遊記集，上海中華書局一九三四年出版。全書目録爲：揚州人的生活、揚州的風景（上）、揚州的風景（下）。另附録四篇：關於揚州的參考書一斑、揚州的形勢、揚州的沿革、揚州的雜話。此書問世後，引起揚州人士不滿，以侮辱揚州人人格罪將作者和書局控告至江蘇地方法院。法院於一九三二年八月七日、八月三十日兩次開庭，結果達成調解：君左在京、滬、鎮及揚屬七縣報紙上道歉，並辭職離開江蘇；書局也在上述各報登報道歉，並向揚屬七縣民教館贈送價值兩千五百元書籍。作者在《新江蘇報》刊登啓事如下：『敬啓者：君左去年曾著《閒話揚州》一書，本屬遊記小品，其中見聞不周，觀察疏略，對於揚州社會之批評頗多失實之處，以致激起揚州人士之公憤，引起糾紛。事後詳加檢點，亦自覺下筆輕率，實鑄大錯，撫躬自省，以明心志。荷蒙中委王茂如（柏齡）先生本息事寧人之善意，愛惜君左之苦心，不辭煩累，毅然出面斡旋；而揚州人士亦深喻君左自責之誠意，承蒙諒解，撤回訴訟。謹此公布，

諸希鑒諒爲幸！』一場風波方纔平息。本《文庫》據一九三四年上海中華書局鉛印本影印。（韋明鏵）

廣陵名勝全圖 （清）佚名撰

不著畫者、撰者。是書分爲兩函，前有目録，上函二十四幅，下函二十四幅，凡四十八幅。形式上圖下文。其圖當爲寫實，構圖簡潔，位置得宜，筆墨精到，賞心悦目。其文言之有物，言之有文，言之有情。先叙景之方位，次叙建景之人、命景之由，再叙康、乾二帝或臨幸、或賜詩書聯匾之事。圖册直接述及康、乾二帝南巡者二十四幅，鹽商官吏修建者四十六幅，歷史掌故者十二幅（互有交叉）。而又寫景如繪，語言生動，文采飛揚，歷歷在目。如『趣園』圖文曰：『趣園，奉宸苑卿銜黄履暹舊業。南望春波橋，北則長春橋，西則玉版橋，又西爲蓮花橋。曲檻方塘，汪洋千頃，青萍紅蓼，飛鷺浴凫。至若暝烟迤逗，小雨廉纖，登錦鏡閣，撫軒窗，環望四橋則如鼉梁蝀影，遠含深鎖，蒼茫何極，向目爲四橋烟雨。乾隆二十七年蒙皇上賜名「趣園」，御書匾額，並「瀠洄水抱中和氣，平遠山如蘊藉人」對一聯，又「目屬高低石，步延曲折廊」對一聯。』直一篇絶妙園記。如『功德山』曰：『山有觀音閣，故亦名觀音山，在蜀岡最高處。程玓歲事繕葺。天花佛火，僧戒梵音，肅若名刹，郡人信奉惟謹。春祈秋報，士女駢闐。賈客販夫，有如南墟北集，紛紜輻輳，遊者取携自如，售者獲利以去，更見民蒙其福。山上恭備坐起，乾隆二十二年蒙皇上賜御製詩章。』似一幅風俗圖繪。圖文説明，最遲年限爲乾隆二十七年。四十八景中，天寧寺附於豐市層樓中介紹，無『重寧寺』，因重寧寺建於乾隆四十八年第六次南巡時。由是推斷此圖册當作於乾隆二十七年之後，四十八年之前。再，内有金山、焦山圖，金、焦地屬鎮江，但兩山行宫由兩淮鹽商捐資興建，並由兩淮鹽政管理。而鎮江行鹽屬兩浙鹽區。覽之，不僅可作卧遊之具，而且可作康乾南巡及揚州地方文化研究、園林建設之參考。本《文庫》據清乾隆刻本影印。（趙昌智）

廣陵名勝圖 （清）佚名撰

不著撰人。無序跋。是書所記皆清乾隆年間揚州勝景。卷首有圖目，所記凡四十八景，分别爲：金山、焦山、高旻寺、錦春園、九峰園、康山、平岡艷雪、天寧寺、萬壽重寧寺、梅嶺春深、城闉清梵、豐市層樓、堞雲春暖、香海慈雲、西園曲水、倚虹園、柳湖春泛、長堤春柳、邗上農桑、趣園、篠園花瑞、桃花塢、杏花村舍、青琅玕館、竹西芳徑、平流湧瀑、錦泉花嶼、蜀岡朝旭、小香雪、冶春詩社、春流畫舫、白塔晴雲、蓮性寺、水竹居、臨水紅霞、水雲勝概、春臺祝壽、高詠樓、净香園、卷石洞天、望春樓、來春堂、萬松疊翠、法净寺、香阜寺、山亭野眺、功德山、平山堂。每一景，皆有一圖一説。先列説，依次介紹其地理方位和景點由來，説明其建置沿革和修築之人，最後叙述此處與康熙、乾隆二帝歷次南巡相關之事實，二帝或賜名賜物，或書對聯、匾額等，文字簡明扼要。後配以圖，繪圖雕刻精美，綫條流暢，保存了當時的風景原貌。按文觀圖，圖文結合，每一景皆可瞭然於胸，歷歷在目。此書與本《文庫》另收之《廣陵名勝全圖》相比，多九峰園、康山、天寧寺、萬壽重寧寺、堞雲春暖、青琅玕館、小香雪、水竹居、來春堂諸景，而少華祝迎恩、荷浦薰風、十畝梅園、松嶺長風、雙峰雲棧、石壁流淙、小方壺、蓮花橋、硯池染翰諸景。所繪圖形大體相像，但細節上變化很大，順序也有很大不同。圖説文字中方位、由來等内容基本相同，但後又有增删處，此本似在前書基礎上增加乾隆二十七年之後内容而成。圖中所繪諸名勝，今多已原貌不存，則此二書於研究康乾二帝南巡史、揚州園林史、揚州城市發展史皆有很大的參考價值。此書未署編纂刊刻年代，考此書圖説文字中記載最晚爲乾隆四十八年，稱乾隆帝爲皇上而不稱廟號或謚號，則當編纂刊刻於乾隆四十八年後，嘉慶之前。此書有乾隆間刻本，六册；又有民國間上海申報館石印本，有書目署作阮亨編，然考此本内容，除卷首有阮亨序，其他圖文内容皆與刻本同。本《文庫》據國家圖書館藏清乾隆刻本影印，原本缺『蓮性寺』一圖，以民國間石印本補。（徐大軍）

揚州二十四景詩畫圖 （清）李廣心　楊若霖　團連城著　（清）閔深枝繪畫

書畫者生平均不詳。目次頁下題『甘泉李廣心字篠衫、江都楊若霖澹泉、儀徵團連城雪齋著』。書前有姚龍光序，叙述其與諸同社泛舟瘦西湖上，自城北至平山堂，沿岸見園林美秀，山巒叠嶂，清流迅湍，綜其景，凡二十有四，遂相約『繪圖而賡歌之』。序前有『歲在乙酉春，翠華南幸，鹵簿渡江，詰旦』數語，據清代江都縣地方志載，姚龍光係江都縣人，乾隆二十六年辛巳恩科三甲第八五名，推知本書創作時間當在公元一七六五年（乙酉）乾隆第四次南巡後。本書編排，一景一詩，均爲揚州城北勝景。依次爲：城闉清梵、卷石洞天、西園曲水、紅橋攬勝、冶春詩社、柳湖春泛、長堤春柳、荷浦薰風、梅嶺春深、四橋烟雨、白塔晴雲、石壁流淙、春臺明月、篠園花瑞、蜀岡朝旭、錦泉花嶼、萬松疊翠、雙峰雲棧、山亭野眺、臨水紅霞、緑稻香來、竹樓小市、平岡艷雪、硯池染翰等二十四景。三人題詩，每人八首，均爲七律。由於作者創作時間在乾隆南巡之際，故書中留下了許多對皇上歌功頌德的痕跡，如：『紅橋攬勝』圖注『御賜倚虹園』；『荷浦薰風』圖注『御賜静香園』等。『四橋烟雨』圖注『御賜趣園』，其詩中又有『天子揮毫欣有趣，空濛烟雨上橋題』；『雙峰雲棧』圖注『御賜小雪香』，其詩有云『山南山北飄晴雪，新點天章墨正濃』等等。是書有清刻本，不分卷，國家圖書館藏，鈐『長樂鄭氏藏書之印』，爲西諦藏書。本《文庫》據此本影印。（孫葉鋒）

揚州城東八景圖　（清）施際雲輯　（清）汪鋆繪圖

施際雲，號鐵琴，清江蘇揚州人。汪鋆有《北湖避寇草》，已著録。本畫册卷首有光緒七年施際雲自序，述繪製八景圖之經過，謂：揚州自古以園亭勝，但其景致多在城西北。東南一隅，則多不爲人提及，以致被認爲其地殊無可觀。有感於此，嘉慶道光年間，世居城東之林冬卉臨流覓句，分題《揚州城東八景》，並畫圖徵詩。林氏去世後，其圖散佚，加之咸豐癸丑太平軍兵燹，所存僅十之一二。光緒年間，施際雲因請其友汪鋆就昔標名目，重新繪圖。序後爲施錡增《城東八景圖説》，謂：城東面臨運河，『帆檣林立，間聞琵琶聲自蓬窗中出，大似潯陽江頭白司馬送客時也。今以説明圖，即以圖證説，固欲使後來者知吾城東不減於虹橋風月、平遠山光云爾。』所列八景爲：西流夕照、禪智山光、香阜晚鐘、邗溝烟柳、高橋夜月、北寺秋聲、魚市朝燈、玉川花影。爲今揚州茱萸灣至便益門一帶古運河兩岸。各景均撰七絶，如『玉川花影』云：『人影衣香隔畫欄，竹鑪茶社傍河干。座中亦有青衫客，分付琵琶莫浪彈。』署作『光緒癸未孟春月古林施錡增漫題』。其下爲汪鋆繪八景圖。卷首鈐『銕翁』章。八景圖上鈐有『硯山』『硯山書畫』『金石布衣』『子青先生畫弟子』諸章。此書有光緒間稿本，經摺裝，缺封面，存十六面。汪鋆與施際雲另有《緑陰庵圖》，乃施際雲爲紀念咸豐兵燹遇難長兄施亮曾去世二十周年，請汪鋆作畫，又先後延請揚州二十四位名士題詩，名士們的題詩時間有先後，前後相隔十年時間。汪畫當作於清同治十二年，較《揚州城東八景圖》早數年，册後有施際雲題跋。這組題詠由二十張摺頁組成（每張摺頁兩面）。本《文庫》據揚州市圖書館藏稿本影印。（孫葉鋒）

阮芸台珠湖草堂圖　（清）鄧實輯

珠湖草堂在揚州城北四十里，乃阮元先祖遊賞之地。焦循《珠湖草堂記》記載：『珠湖草堂，在公道橋東北八里許，倪家嘴之西，爲阮招勇將軍釣游之地。湖中罕見山色，草堂之樓，前臨湖水，空闊無所蔽，甘泉山色最近。每當晴霽，隔江京口諸山及西南橫、冶、金牛諸山，皆朗然可見，東望露筋祠岸，風帆漁棹，往來不絕。』嘉慶七年，阮元得曲阜顔運生所贈元人舊畫，畫中『柴門臨水，帆影依山，酷有吾鄉風景』，因名此畫爲《珠湖草堂圖》。阮元對此畫極爲珍愛，屢有題跋，當時題詞、題詠者有梁同書、郭麐、袁廷壽、張鑑、黄文暘、阮亨（阮元弟）、阮長生（阮元之子）、張因、孔璐華（阮元繼妻）、劉文如（阮元側室）等。清宣統元年己酉鄧實輯《神州國光集》外增刊三十三號，有此圖專輯，云：『此圖極黯舊，而題跋至多且精。阮氏自題詩跋至再至三，其珍重愛玩可知。而其一門師弟、朋友、兄弟、夫婦互相倡和，下至姬人、媳婦，無不嫻詩工書。覽此圖者，如想見當日一門文墨之盛。』本《文庫》據上海圖書館藏清宣統元年上海神州國光社珂羅版本影印。（孫葉鋒）

寶應名勝紀略二卷　（清）劉中柱著

劉中柱（一六四一—一七〇八），字禹峰，一作雨峰，清江蘇寶應人。由廪貢生授臨淮縣教諭，遷國子監學正，歷兵部主事、户部郎中，出守正定府，後解職歸籍。《清史列傳》卷七十一有傳，謂其『工詩古文辭，常與朱彝尊、查慎行、汪懋麟、喬萊、王式丹相唱和』。嘉慶《揚州府志》稱其著有《兼隱齋詩》二十卷、《又來館詩》三十卷、《南歸日記》一卷、《寶應名勝紀略》二卷、《并州百篇詩》一卷、《漁山園集》一卷、《梓里詩選》十二卷、《史外叢談》八十卷。全書二卷，書前有魏禧叙及作者自叙。作者擷採遺録，隱取廣博雅者之見，紀寶應山水、園林、刹宇、丘墓等地理位置及名人事跡傳説等，加以作者遊歷時所感，成此書二卷。卷上爲城内十八處名勝，卷下爲城外三十一處。部分篇末附作者或其後學手稿，多爲補充所述名勝相關傳説等。書中夾有數張手繪圖，描繪某名勝概況，如碧霞元君廟圖等。書後有乾隆九年作者侄孫劉穎跋，並光緒元年祁壽麐手閲。魏禧評其『紀略之文雋異多新語』，補地方志所未載者甚多，爲研究寶應歷史保留了有價值的史料。需要説明的是，書中所録名勝古蹟爲當時寶應縣所轄，内中有數處當時在屬，今已他屬者，如『甫里寺』，今已屬金湖縣。此書有清乾隆九年刻本，另有清抄本。本《文庫》據清乾隆九年刻本影印。（孫葉鋒）

淮甸春影録　郝濤撰

郝濤有《曹甸鎮志》，已著録。其著作生前均未正式刊行，僅有油印本存世。曹甸鎮在涇河東端，距江蘇淮安約二十五公里，西距運河約十五公里。淮甸本指淮河流域，此指作者家鄉曹甸，舊屬淮安山陽縣，新中國成立後劃歸寶應縣，作者以『淮甸』名，説明寫作時，曹甸仍屬淮安。作者生長於曹甸，熟悉曹甸歷史地理、人文掌故。本書實由《淮甸春影録》《曹甸詩話》《鶴墅文墨》《鶴墅雜録》《曹甸藝文志（續編）》等合爲一册。《淮甸春影録》爲作者筆記，所記以曹甸之人、物、事、文爲多。卷首有作者民國三十四年作『引言』，謂筆記與史書相仿，亦需具才、學、識三長。又指出筆記功用説：『於風俗、於文化，大而觀察今古，次而考説地方，又次而識於禽獸草木、景物文章，不愈於嘔吟博弈也？』可見作者對這類記述地方掌故風物的筆記的重視。内容既有自撰的，亦有抄録方志、他人著作的。惟所記仍以郝氏事跡爲多，如其記道：『民國初頁（葉），曹甸有郝氏勵學社組織，余見其月刊一册。社以郝名，限於族中。社員自出刊費，有義務投稿之責任。惜未持久。琥仲、昺衡、光曹諸詩，見《藝文志》。』凡此所記家族之事，在文獻中亦不多見。而以姓氏爲社名，亦可見鄉鎮中家族力量的龐大。書前有乙酉春作者序。本《文庫》據上海圖書館藏一九五四年油印本影印。（孫葉鋒）

明唐襄文公揚州專祠崇祀新録　趙敬謀編

趙敬謀，民國詩人，生卒年不詳，一九一四年，曾與吕思勉等在上海結詩社，名爲『心社』。唐襄文公，即唐順之（一五〇七—一五六〇），字應德，號荆川，人稱『荆川先生』，南直隸武進人。明代儒學家、軍事家。嘉靖八年禮部會試第一。嘉靖初年與王慎中同爲古文運動的代表，世稱『王唐』，有『晋江王、毗陵唐』之説。後又與歸有光、王慎中三人合稱『嘉靖三大家』。嘉靖中，倭亂頻發，順之與軍民共商禦敵之策，並率兵殺敵，屢創奇功。終因身心疲憊，舊病復作，卒於嘉靖三十九年。崇禎時追謚『襄文』。是書包括事跡、碑記、詩、詞、聯、函牘、書、跋，及補遺詩等九個部分。書前附『唐荆川先生早朝圖』一幀。其『事跡』部分主要從《明史》《常州府志》《江都縣續志》中輯録，以及明李贄所撰《荆川唐公傳》。碑記有三：記録其因抗倭有功，揚州士民念其功德，於城外建祠祭祀事。詩、詞、聯部分，輯録後人詠懷之作。函牘則是唐家後人致函時江都縣長，要求調停福緣庵侵占祠堂一事，以及當時江都縣、福緣庵與唐家後人所訂合約。書後有唐家後人唐肯撰跋，叙述本書編撰始末。『補遺』乃憑吊懷念唐氏的詩文，因没有收録於前，故補述於此。此書有一九二九年鉛印本。另有民國年間唐順之十四世孫唐鼎元主持印行的《揚州唐襄文公祠記》一册，前有十二世孫、著名文學家、翻譯家、書法家唐肯作序，所收内容，大都與前本相似。本《文庫》據一九二九年鉛印本影印。（孫葉鋒）

阮元專祠録 （清）佚名編

編者不詳。此書由四部分組成：賜謚文達前浙江學政巡撫原任太傅大學士阮公專祠録、賜謚文達前浙江學政巡撫原任太傅大學士阮公專祠録事實、賜謚文達原任太傅大學士阮公鄉賢録、賜謚文達原任太傅大學士阮公鄉賢録事實。前兩部分爲同治、光緒年間，浙江巡撫楊昌濬奏請在浙江省城建阮元專祠及阮元在浙江時期的事跡簡介；因阮元是江蘇揚州府儀徵縣人，後兩部分爲光緒年間江蘇巡撫吴元炳奏請將阮元入祀揚州府、儀徵縣二學鄉賢祠及阮元生平事跡簡介。值得一提的是，阮元主政浙江先後達十二年，深得民心，浙江士紳先後於道光、咸豐、同治、光緒四朝連續上疏朝廷，請求立祠。杭州阮公祠至今仍藏有《賜謚文達前浙江學政巡撫原任太傅大學士專祠録事實》一文。本《文庫》據揚州市圖書館藏清光緒刻本影印。（孫葉鋒）

吴榮禄公揚州專祠録附天津祔祀録 （清）佚名編

本書記述清朝李鴻章等官員上書奏請在揚州建立吴榮禄專祠及皇上批准一事。吴榮禄，即吴毓蘭（一八二七—一八八二），字香畹，清安徽肥東人。咸豐十年，與兄毓芬團練，去鳳（陽）、潁（上）間助剿太平軍、捻軍，擢縣丞。同治元年，從李鴻章軍東下上海。三年，陞任直隸州知州。同治七年一月，東捻軍首領賴文光率部突圍至揚州瓦窑鋪，爲毓蘭所獲。是年加布政使銜。毓蘭去世後，揚州地方奏請朝廷，於毓賢坊購地一區，捐建專祠。《清史稿》有其傳，謂：『吴毓蘭以擒獲巨憝顯名。功名之際，遭際固難測哉！』書後附《天津祔祀録》，因其光緒六年，授天津河間兵備道，修築南運河。在任兩年，卒，優恤，天津地方官員、士紳奏請附祀曾國藩天津專祠。本《文庫》據南京圖書館藏清光緒刻本影印。（孫葉鋒）

重訂賦役成規·揚州 （明）熊尚文等撰

熊尚文，字益中，別號思城，明江西豐城人。萬曆二十三年進士，曾任福建提學、湖廣督學、工部右侍郎等職。有文名，著有《蘭曹讀書日記》《倭功始末》等。是書爲熊尚文在揚州擔任整飭揚州海防兵備副使一職時倡議組織撰寫，參與其事者還有時任整飭兩淮鹽法右參議的吴撝謙，以及揚州府知府郭之琮和同知張繼芳。是書將揚州所屬各州邑所收賦役以及減存之數分款編輯。首書揚州府統計的錢糧數額，包括原額總數、續增總數、減免總數、實徵總數等，其後又將揚州府下轄的高郵州、通州、泰州、江都縣、泰興、寶應縣、儀徵縣等各州縣所徵賦役分別予以統計。其所收內容極爲豐富，涉及田畝的類別、地丁的原額、徵收錢糧的具體數額，以及實際徵收數額和留存等内容，是研究明代中期國家田賦收入的重要文獻。同時，萬曆年間正是中國傳統賦税制度發生重大變革的一個關鍵時期，書中的有關内容，對於研究明中期賦税制度的變革具有重要參考價值。書前有郭之琮、張繼芳序。本《文庫》據明萬曆四十三年刻《重訂賦役全書》本影印，且只選取有關揚州地區的内容。（顧寅森）

廣陵從政録一卷　（清）周際華撰

周際華（一七七三—一八四六），字石藩，清貴筑人。嘉慶六年進士，授内閣中書。先後任河南輝縣知縣，江蘇興化、高淳、江都知縣，兼泰州知州，署陝州直隸州知州，重辦學校，以興水利著稱。作者著有《共城從政録》《海陵從政録》《廣陵從政録》等官箴文獻。本書爲其在廣陵地區從政時所著各類政務文稿的彙總。共收録二十七篇文稿，分别爲：儒者論、勸士篇、禁止佛事、勸息争訟事、禁地棍、禁藉尸訛詐、嚴禁跌博、禁訟師、嚴禁看車、嚴禁窩留侉匪、祭江都縣署後樓仙人文、稟請飭發鹽義倉穀賑濟八十五洲災民通稟、勸捐賑恤、禁科斂示、再稟賑穀通稟、勸賑、嚴禁地保莊頭科斂、禁冒賑示、禁滋擾、稟賑粥通稟、粥廠示、稟修象山縴道制憲、象山示、再示青龍山、覆制憲催修縴道劄稟、禁放馬傷人和諭查掩埋。除一、二篇屬説教類的道德規勸文章外，餘下皆爲具體政務行文，具有行政實踐的價值，亦可視作周際華爲官一方的政績彙編。本《文庫》據上海圖書館藏清道光十九年家蔭堂刻本影印。（陳果嘉）

淮鹺備要十卷　（清）李澄輯

李澄，生卒年不詳，字練江，號夢花生，清江都人。廩貢生。工詩、古文，尤精制義，屢困場屋，嘉慶十八年後絶意仕進。著有《春秋人鑒》《夢花雜志》等。李澄熟知鹽務，本書是他在通覽『主者家所藏淮鹽志書』的基礎上加以考證增補，意在使淮鹽制度記載『條理綜貫，脉絡分明』（《自序》）。書成於道光二年。卷首爲道光三年兩淮鹽運使張青選序、道光壬午李澄自序。張《序》云：『竊以古來經濟之書，鮮有言鹺務者。惟漢桓寬《鹽鐵論》在不重鹽利。此編則在重鹽利，似今昔之相反，實時勢之各殊。李君案時勢以立説，仿傳注以成書，其旨約而賅，其言明且切，雖所言不盡能行，而於今日鹺務之大勢未始無補。』是書正文十卷。卷一鹽之始，記淮鹽的生産運輸過程，鹽場地址、面積、産量等。卷二始之弊，記鹽政管理弊端産生的原因及各類生産工具。卷三鹽之行，記銷售流程，淮南淮北綱鹽引數、食鹽引數。卷四行之地，記淮鹽行鹽口岸及其引數。卷五鹽之害，記緝查私鹽的制度和方法，附行鹽疆界圖。卷六害之法，記懲處私鹽的刑律。卷七鹽之利，記鹽課細目。卷八利之人，記鹽政官員設置。卷九鹽之説，記自明中葉以來有關鹽政制度的奏疏等文獻。卷十説之效，記清代兩淮官員奏疏及採取的相應措施，附名宦傳。本書體例設置得當，記載簡明扼要。特别是卷一、卷三分别記載淮鹽的生産運輸和銷售，整個過程叙述簡潔清晰。如卷一淮南生産運輸過程爲煎鹽、收鹽、出場、過壩、抵儀（儀徵）、稱掣、改包、開江，淮北爲曬鹽、收鹽、出場、過壩、至淮（臨清）、稱掣、加捆、分裝、江湖兩運。相較於其他幾部卷帙浩繁的鹽法志，此書對當時的從業人員來説更爲方便實用，對今人瞭解明清鹽政制度亦有很大幫助。本《文庫》據清道光刻本影印。（胡珍）

淮南鹽務臆言兩淮鹽務議略 （清）董恂撰

董恂一名董醇，有《甘棠小志》，已著録。董恂是揚州本地人，熟知鹽務，故而所論深入淺出，建言切中肯綮。《淮南鹽務臆言》，比較了淮鹽與川鹽的優劣，提出了緝查私鹽以及維護淮鹽行銷區的建議和方法。《兩淮鹽務議略》，詳細介紹了淮南鹽場、煎鹽之法、行鹽口岸、食鹽引數、緝查私鹽的制度和方法等。本《文庫》據清末《董氏五種》朱格朱絲欄稿本影印。（胡珍）

仙鎮禹王宫公産録 （清）徐正銘編

徐正銘，字心齋，清湖北人，寓居揚州。生卒年不詳。約生活於清同治年間。禹王宫，在揚州城東江都老城區。此宫爲清代湖北籍人在揚經商時所建同鄉會館。據序言載，乾隆年間，江、漢兩邑以及漕艘三幫六衛運木商人至揚城經商，每有公務，苦於無托足之地，遂於道光四年始倡同鄉義捐建造禹王宫，並立碑記之。因信奉大禹，故名。咸豐元年總理江北營務湖北人詹啓綸倡捐重修。同治二年，公産盡歸揚州湖北會館。同治十三年，會館所置公産有東鄉、灣頭民田共計壹百餘畝，會館西偏添同鄉辦公休息之所傳堂、後樓等。並由徐正銘總管銀錢出入，郭心莪專管賬目。是書一名《仙鎮湖北會館公産録》。作者『專因業産，仰希後哲起見，加勉守成』，遂編此録。主要記録清道光、同治年間揚州仙鎮禹王宫創建重修始末以及契據、房産賬目情況。具體收録建造重修禹王宫碑序（着重介紹歷來緣起，略陳大概）三篇，同治二年、道光二年地方政府告示四篇（曉諭民衆不得侵占會館公産），公所所置房産灘地田畝公山共存契據，會館現在各處市房及會館前後一切房産灘地田畝公山具體的房産。書後有同治甲戌徐正銘識語。這是晚清時期外地商人在揚經濟活動的重要檔案資料，對研究晚清時期揚州經濟發展有重要的參考價值。惜禹王宫於一九七六年前後被拆毁。本《文庫》據揚州湖北會館藏板清同治十三年刊本影印。（王志娟）

江都縣城厢市房東訴請撤銷縣公署取締規則全案

佚名編

編者不詳。此爲民國六年八月江都縣對於一樁民事訴訟案作出示諭，相關行業人不服並提請撤銷的申訴狀詞以及處理辦法。案件大致情形是：商家劉濤，租賃房東施曼仙之門面房數間，開丹鳳銀樓，民國初年市場不景氣，各家商鋪生意清淡，此時施曼仙要提高房租，劉濤拒絶繳納，施家遂派女眷到銀樓店面大鬧，並潑穢物，嚴重影響銀樓日常營業。揚州商會鑒於此房租糾紛，遂提起訴訟，請求江都縣發告示諭，大致計取締房東權限之規則四條：一，不許房東無故加增房租；二，房客不欠租的情況下房東不得單方面解約；三，因房客付出了店面裝修費用，故房東若要解約，必須與擔保人共同協商補償之法；四，房客與房東意見不合，應由擔保人居中調停，房東不得使用暴力對待房客。江都縣允行，處分劉濤、施曼仙房租糾紛案並貼出取締告示，城中房東認爲此示諭僅約束房東，實損害衆多房東利益，故由以張心泰爲首的三十名房東聯名，聘請律師胡震爲代表人，向維揚道道尹左某遞交訴願書，提起行政訴訟，請求撤銷前劉、施房租糾紛案之取締規則。道尹核查，發文准予撤銷。通過該案案卷，可睹民國初年民事糾紛案和行政訴訟案之實例，爲研究我國近代法制史的文獻資料。本《文庫》據揚州市圖書館藏民國鉛印本影印。（李潔）

江都縣縣政討論及辦理縣政的思考

謝持方著

謝持方，民國二十年前後，就讀於南京中央政治學校，曾以普通行政組學生身份在江都縣政府實習。國民黨中央政治學校，前身是中國國民黨於一九二七年在南京成立的中國國民黨中央黨務學校。一九二九年六月改組爲中央政治學校，一九四六年與中央幹部學校合併，改名爲國立中央政治大學。與中央陸軍軍官學校合稱爲『文武兩兄弟』，專門培養國民黨政治、軍事人才。國民黨中央政治大學研習學生在畢業前夕，均被派赴各地行政機關、學校等實習，瞭解社會，提升能力。此報告即爲謝持方在江都實習時撰寫的調查報告。民國江都縣，即今江蘇揚州。報告原名爲《江都縣政府實習總報告》。分上篇、中篇、下篇，前有緒論。緒論部分着重叙述實習的目的、方法、所得材料、報告内容及實習感受。上篇以『辦理縣政的幾個困難問題』入手，分別從增進縣行政效能、縣長持己待人、公務員舞弊、避免黨政糾紛、縣長處理司法五章加以論述。中篇以『縣政討論』入手，分别討論總務、公安、財政、建設和教育。下篇『地方調查』，着重調查史地、縣政府、公安、財政、建設、教育、地方自治、司法、黨務、商業、合作、新聞事業、佛教等。實習期間，作者系統地調閱卷宗及公報，參加旁聽各種會議，參與縣政討論。報告材料主要有規定摘要、縣政討論録及地方調查記，内容豐富，反映了民國二十年揚州地區縣政的實際情況。報告上交後，時任中央政治學校教授梅思平評其：『取材及編製方法均與衆不同，叙述亦頗具條理，惜所陳意見尚多空洞耳。』考核等級：丙+。該報告大致撰寫於民國二十年前後，作者用統一稿紙謄抄，半頁十一行，四邊雙欄，中縫有頁碼。原稿藏於南京圖書館，後收入《二十世紀三十年代國情調查報告》第一四二册，並將報告更爲現名。本《文庫》據此本影印。（王志娟）

江都縣政府實習總報告　章駒著

章駒（一九〇四—一九四一），又名之鴻，字不羈，浙江湯溪人。一九二五年在金華浙江省立第七中學讀書時加入中國共産黨（後脱離），同年加入中國國民黨。一九三二年畢業於國民黨中央政治學校。一九三三年至一九三七年歷任蘭溪縣教育科長、浙江省第四行政督察區專員公署秘書、金華縣長。一九三八年一月任慈溪縣長，組織戰時工作隊、抗日後援會，不久擴大爲縣抗日自衛委員會，編印《慈溪市戰時鄉土常識》。一九四一年初夏，日軍侵占慈溪，率縣政府工作人員撤退到山區，又組織遊擊隊兼任司令。同年十二月三十一日，駐地被圍，殉國，係浙江省抗日捐軀第一位縣長。此報告是章駒以中央政治學校行政系學生身份到江都縣政府實習而撰寫的實習報告。據《自序》可知：民國二十年四月，章駒到江都縣政府實習。章氏通過調查、談話、問卷方式瞭解情況，多留意現實之社會情形而求其弊端之所在，多留意各種行政之經驗及解決現實事實之方法。目的是希望對各行政機關『質』『量』上之調查，而作將來從政時之參證；同時又將各項行政之實際情形，尤其注意其行政『效果』與『方法』方面，照實叙出。其間，章駒撰寫了《江都社會調查記》《江都縣政設施訪問録》《各種縣單行法規之録本》。歸校後，重新整理，上交總報告。報告分兩篇，各篇下分章節，十餘萬字。第一篇縣政泛論，第二篇縣政分論。内容涉及普通行政、財務行政、工商行政、市政、縣政、統計、金融、法律、公用事業、合作事業、教育等，全面反映了民國二十年前後揚州地區社會各項事業發展的實際情況。報告上交後，時任中央政治學校教授梅思平評其：『叙述事實頗能條理明晰，究與徒事抄襲法令統計者不同。所陳改革意見，惜無獨到之處。』考核等級：丙。從該報告中各處落款可知，報告大致撰寫於民國二十年十二月至民國二十一年一月，抄本，半頁十行，行二十八格，四邊雙欄，中縫有頁碼。報告名頁有『中央政治學校研究部圖書室』圓形印章。原稿藏於南京圖書館，後收入《二十世紀三十年代國情調查報告》第一六二册。本《文庫》據此本影印。（王志娟）

江都縣之財務行政及收入支出實習報告

董載泰著

董載泰，廣州化州人。民國十五年曾任化州縣青年部長，畢業於中央政治學校。民國二十八年任陽春縣縣長，民國三十八年與吴榮華、鄧飛鵬等修《陽春縣志》。民國時期，正是中國社會轉型時期。政體的變化，帶來了國家財政、税收制度的變化，逐步有了近代經濟學意義上的地方財政管理。該報告是董載泰作爲南京國民黨中央政治學校財務行政組學生，到江都縣財政局實習而撰寫的實習報告。報告原名《江都縣財政局實習總報告》，着重調研江都財政局行政，故稱《江都縣之財務行政及收入支出實習報告》。報告分四篇，各篇下分章節。第一篇財務行政，第二篇收入，第三篇支出，第四篇債務，共十七章。内容涉及財政局之組織、預算及決算、會計制度、交代、田賦、雜税、雜捐、黨務費、民政費、教育費、建設費、司法費、財務費、農林費、債券、借款等，集中反映了抗戰爆發前揚州地區財務行政發展的實際情況。據稿本《江都縣財政編輯例言》介紹：『該集之編輯，皆係根據事實陳述，各章節之末，亦有加以批評者。』作者詳細叙述田賦，特别對當時江都縣田賦積弊前後治理經過及各種治理方案詳加叙述，並在各章節末附録可搜集到的各種條例規章及表册式樣，保存了當時揚州地區財政行政的檔案資料，對民國時期揚州財政經濟研究具有重要的參考價值。該報告上交後，時任中央政治學校教授張家驥評其：『調查翔實，取材豐富，工作頗稱認真，惜少闡議與組織之完密。』考核等級：乙下。該報告大致撰寫於民國二十年前後，作者用統一稿紙謄抄，半頁十一行，四邊雙欄，中縫有報告、頁碼。報告名頁有『中央政治學校研究部圖書室』圓形印章。原稿藏於南京圖書館，後收入《二十世紀三十年代國情調查報告》第一三三册。本《文庫》據此本影印。（王志娟）

江都縣財政局實習總報告

鄧傑著

鄧傑，民國二十年前後就讀於南京中央政治學校，曾以普通行政組學生身份在江都縣政府實習。民國二十年九月，鄧傑作爲南京國民黨中央政治學校財務行政組學生，奉派到江都縣財政局實習，自秋徂冬，共四個月，歸校後撰寫實習報告。報告着重調研江都財務局行政，故又稱《江都縣概況及經徵狀况會計制度實習總報告》。報告分四章，各篇下分章節。第一章財政局概况，下設財政局沿革、創立及經過、財政局行政系統之地位、組織、職員、經費、公文程式、辦事程式、考成辦法各節；第二章經徵狀况，下設田賦、雜税及雜捐各節；第三章會計，下設會計科目、通則、記賬方法及會計系統、表格、預算及決算、各機關領款辦法、收支程序；第四章江都縣概况，從史地、政治、經濟、社會、黨務四方面論述。另附録辦事手續、職員履歷、會計單據等，集中反映了民國二十年前後揚州地區財政、經徵、會計發展的實際情况。報告對會計制度有詳細的記載，其中附録的會計單據，保存了當時揚州地區財政的檔案資料，對民國時期揚州財政經濟研究具有重要的參考價值。該報告上交後，時任中央政治學校教授張家驤評其：『取材太泛，剪裁似欠精當，文字平平，見解頗有可採取處。』考核等級：丙上。該報告大致撰寫於民國二十年底，作者用統一稿紙謄抄，半頁十一行，四邊雙欄，中縫有報告、頁碼。報告名頁有『中央政治學校研究部圖書室』圓形印章。原稿藏於南京圖書館，後收入《二十世紀三十年代國情調查報告》第一三四册。本《文庫》據此本影印。（王志娟）

江都縣之税款收支及財政管理　呂澤智著

呂澤智，民國二十年前後就讀於南京中央政治學校，民國二十年九月以財政行政組學生身份奉派至江都縣財政局實習四個月，歸校後撰寫實習報告。報告主要據『實習日記』等整理，系統闡述江都財政局概况，列舉財政局各種積弊等，並提出改革管見。報告分三章，各篇下分章節。第一章江都縣財政局之歷史及其内部組成、第二章税款收支、第三章財政管理，着重反映了民國二十年前後揚州地區税款收支及財政管理的實際情况，對民國時期揚州財政經濟研究具有一定的參考價值。該報告上交後，時任中央政治學校教授張家驤評其：『取材空泛，文字及見解亦極平常。』考核等級：丙。該報告大致撰寫於民國二十一年初，作者用統一稿紙謄抄，半頁十一行，四邊雙欄，中縫有報告、頁碼。報告名頁有『中央政治學校研究部圖書室』圓形印章。原稿藏於南京圖書館，後收入《二十世紀三十年代國情調查報告》第一三四册。本《文庫》據此本影印。（王志娟）

江都田賦及其最近清賦風潮　湯一南撰

湯一南，生卒年不詳。南京中央政治學校地政學院學生。民國二十一年曾赴江都縣實地調查田賦問題。另撰有《江蘇省土地局實習報告書》。民國十六年到二十六年南京國民政府實行田賦整理政策，其主旨在於復興農村、擴張財税，民國二十一年，江都縣鄉民數千人因反對縣政府重新測量土地、清理田賦而發生了遊行示威和暴力衝突。湯一南此文即爲調查這次清賦風潮而作，完成於民國二十二年冬。書寫於版心印有『論文』、『地政學院』的箋紙上，當爲地政學院統一使用的論文格式。全文共分十二章。前六章分别爲江都田賦之沿革、江都田地總額、江都田賦税則、江都額賦、田賦附税、徵收制度，是關於江都田賦基本情况的報告。從第七章開始，進入清賦風潮的具體情况調查和分析，分爲江都田賦之積弊、清查田賦之風潮、最近整理田賦情形、整理江都田賦辦法、田賦在縣財政上之地位、田賦與農民，從各方面分析了清賦風潮發生的主要原因，在於政府與民衆的對立、農民負擔過重、測量方法和尺度未統一而滋生疑惑等等，並提出了處理辦法和善後措施。此書爲稿本，《民國二十年代中國大陸土地問題資料》第十册收録。本《文庫》據此本影印。（李潔）

江蘇省江都縣土地陳報概略　佚名撰

撰者不詳。此書爲民國二十三年江都縣辦理的土地陳報檔案文件。共分三部分：一、辦理經過；二、辦理效果；三、附録。辦理經過中陳述了土地陳報工作辦理的前後步驟，並云其間不無阻滯：『因縣境要塞區域辦理測丈，人民因鑒於民國二十一年縣府舉辦清賦，丈量近郊田畝，發生糾紛，深恐又蹈前次覆轍，遂致頓生疑竇，發生誤會。狡黠者鼓動風潮，純良者意存觀望，陳報進行因而大受影響。』又言辦理土地陳報之目的在於：『一俟完成即進而編造征册，據以開征二十四年度新賦。』辦理效果則就辦理土地陳報之詳細情况，進行分類描述，分爲四項：田畝之增益、科則之改訂、負擔之減輕、税收之增益。附録部分則是各種統計表格，共有六表，分别爲：江都縣土地陳報前後各則田地比較表、江都縣土地陳報前後田賦科則改訂情形表、江都縣土地陳報前原有科則表、江都縣土地陳報後科則比較歷年田賦減輕概况表、江都縣土地陳報前後各則田地税率比較表、江都縣土地陳報後省縣税款盈收估計表。是書可作爲研究民國時期土地賦税的文獻資料。本《文庫》據上海圖書館藏一九三四年財政部整理地方捐税委員會鉛印本影印。（李潔）

江都實習調查日記　吴致華撰

吴致華，生卒年不詳，南京中央政治學校地政學院學生，民國二十四年與同學十一人赴江蘇省土地局實習並深入各縣市進行土地調查。另有《江都耕地分配》，本《文庫》已收録。日記書寫在版心印有『實習報告』『地政學院』的箋紙上，當爲地政學院統一的調查報告模式。日記從民國二十四年一月二十日開始，二月二十日結束，分爲鎮江實習日記、江都調查日記兩部分。前者記載江蘇省土地局（按：當時江蘇省土地局設於鎮江）的沿革、組織構成、經費來源、現在成績等基本情况，調閲地方卷宗查看土地登記、地價申報、溢地清丈等情况。後者記載於江都縣展開的實地調查情况，結束處總結云：『此次調查本屬走馬觀花，所得殊尠，惟以深入農村之故，所生觀感亦復不少。』後列觀感三條：一、政府與農民之關係。（政府未盡其衛助之職，而農民反有種種負擔，政府雖視作當然，但農民則以爲剥削矣。）二、江都農村問題。（經濟問題及水利問題，較急於土地問題。）三、江都租佃問題。（佃農經濟最爲窘迫……是故土地分配問題，雖非急逼，然實爲農村復興之先决條件，亦土地問題中之根本問題也。）此書爲稿本，《民國二十年代中國大陸土地問題資料》第一〇一册收録。本《文庫》據此本影印。（李潔）

江都耕地分配　吴致華撰

吴致華有《江都實習調查日記》，已著録。《江都實習調查日記》，記民國二十四年前赴揚州江都縣進行土地調查的情况。本書即在這次調查的基礎上撰寫的論文。書寫在版心印有『論文』『地政學院』的箋紙上，當爲地政學院統一使用的論文格式。報告前有凡例及説明，續附圖表，正文共分六章，最後附録統計表。正文内容爲：第一章緒言，概述江都縣的建置沿革、形勢、地理位置、氣候、土壤、地形地勢、水利、面積人口、經濟狀况、土地權利移轉之習慣等；第二章江都地權分配，將江都縣耕地劃分區域，分别叙述了第二區、第四區與第六區、第七區、第九區四處版塊的地權分配情况，並且研討其分配特點，將農民與地主所有土地進行對比；第三章江都農場分配，亦分節叙録前述版塊的農場分配情况，總結其特點及比較；第四章地主與農民，分論地主和農民的地權獲得、經濟狀况及趨勢；第五章土地分配問題中之屯田問題，屯田即囤積占有土地之意，從歷史沿革到現况，分析了江都縣屯田情况以及由此而來的糾紛和租佃制度；第六章結論，分爲三節，農村土地問題之重心、農村土地政策途徑及其他、解决屯田糾紛之對策。該論文對於研究民國時期中國土地問題，是一份寶貴的資料。此書爲稿本，《民國二十年代中國大陸土

地問題資料》第六十六册收録。本《文庫》據此本影印。（李潔）

江蘇省立揚州蠶業試驗場十七年度工作概况　江蘇省立揚州蠶業試驗場編

二十世紀初，全國蠶業掀起蠶種改良運動。一九一七年，江蘇省立揚州蠶業試驗場始建，係全省最早的一個蠶種場，以種苗繁育和蠶桑示範爲主，爲當時蘇、魯、皖等省發展絲綢事業，繁育原蠶良種的基地。是書内容爲江蘇省立揚州蠶業試驗場在一九一八年度的工作情况彙總説明，時間自一九一八年十一月起，止於一九一九年六月。除第一頁之桑蠶廣告，全書共由六部分内容組成，分别爲：栽桑部、原種部、推廣部、總務部、臨時委員會和其它。江蘇省立揚州蠶業試驗場專職負責製造原種及育成桑苗，詳盡叙述一九一八年度各部門所做具體工作内容，以及將來擬籌劃實施的各類事項。此書爲上海圖書館藏民國鉛印本，非公開出版物，無版權頁。本《文庫》據此本影印。（陳果嘉）

高寶湖區土地經濟調查報告　導淮委員會編

導淮委員會，成立於民國十八年，爲民國時期負責淮河整治的專門機構，直屬於國民政府，掌管導治淮河的一切事務。委員會由國民政府特派委員長、副委員長、常務委員、委員組成。民國二十一年，國民政府賦予導淮委員會整理淮河流域土地之全權。同年十一月，委員會指派土地處科員顧貞祥、萬國鼐二人赴高寶湖區進行實地調查。該報告便是這一調查活動的成果。高寶湖地區分爲兩部分：一爲裏運河沿岸部分，包括淮安、高郵、寶應、江都四縣；一爲湖西部分，包括淮陰、盱眙、天長三縣。調查活動歷時六個月，至民國二十二年五月，裏運河沿岸的淮安、高郵、寶應、江都四縣調查工作完竣，而湖西三縣則因『夏季湖水泛漲，茭蘆遍地，舟車不能深入』而未完成。故此報告實際上只包括高寶湖區的裏運河沿岸四縣。本報告於民國二十二年十月編成。共分面積及人口、氣候地形及土壤、土地利用、地價糧價與田賦、土地經營、農村經濟及社會狀况、公地概况等七章，書前有時任導淮委員會副委員長的陳果夫序，書後附有該報告的結論和附録。該報告詳細記録了當時四縣的面積、人口、氣候、地形、土壤，以及農村經濟和社會情况等内容，並將調查所得的各種數據製成圖表（如四縣週年氣温及降水量比較表、歷年小麥及籼米價格漲落指數表等），形象直觀地反映了當時四縣的經濟社會情况。最後，報告的結論，將四縣農業經濟日漸崩潰的原因，歸結爲水利失修、糧價低落、土地負擔不均、農民不能安居樂業，並提出了相應的舉措，以求四縣經濟之復興。該報告的出版誠如序言所述，『不僅爲從事導淮研究者之一助，亦且足資探討一般農村問題、農業問題、土地問題，及主持江蘇省縣政者之參考資料也』。該報告於民國二十三年正式出版，南京圖書館藏有該報告初印本。本《文庫》據一九三四年鉛印本影印。（顧寅森）

高寶湖區新地興墾計劃草案

導淮委員會編

南京國民政府成立後，爲整頓淮河水利，一九二八年，在建設委員會下設置『整理導淮圖案委員會』，從事收集有關導治之計劃圖表及各方建議。一九二九年元月，正式成立導淮委員會，爲淮河流域水利之全權機構，直屬國民政府。一九三四年，全國經濟委員會成立，接收全國水利業務，導淮委員會亦合併於全經會，後分隸屬經濟部水利司、行政院水利委員會及水利部等。是書爲民國著名水利專家沈百先的保存本。沈百先（一八九六—一九九〇），字在善，浙江吳興人。河海工程專門學校畢業，美國衣阿華大學水利工程碩士。曾先後擔任中央大學土木工程系主任、河海大學教授，以及國民政府導淮委員會秘書處處長、總務處處長，江蘇省政府委員兼建設廳廳長等職。是書爲針對高寶湖區新地開墾的規劃草案，全書共有六章，分別爲：緒論、墾區現狀及興墾規劃、屯墾、集團農墾、中小農制興墾和結論。書後附完整區域地圖。據書所言：『本計劃除經過高寶湖區土地經濟狀況之實地調查，江北各縣地價生產量等調查報告，與國內農產專家交換意見，參考主計處、內政部、實業部及銀行海關各種統計外；並徵之蘇俄經濟現況，世界各國農業經濟政策，悉心研究，縝密考慮，力求切合高寶湖區實際需要。』通過各種比較，是書結論『當以屯墾爲最適宜，逐漸導入集團共耕，不但本會整理土地之目的，得以貫徹，新村鎮得爲合理之建設，樹全國自治之規模；而興墾時之收入，可供目前緊急工程之用，興墾成功後，逐年收入約在千萬左右，足供第二、三期按年工事之進展，全淮流域，繁榮可期。』由此亦可見，受制於『導淮工程』計劃資金的緊張，高寶湖區新地開墾的規劃草案並非簡單的地區開發規劃，更可視爲整個『導淮工程』經費來源的重要基礎和依托。該報告於民國二十四年正式出版，上海圖書館藏。本《文庫》據此本影印。（陳果嘉）

寶應縣保甲須知彙編

江蘇省寶應縣政府編

寶應縣地處江蘇省中部，位於江淮之間，京杭大運河縱貫南北，是揚州的『北大門』。保甲制是封建專制統治者利用宗法制度，以『聯保相勸』『連坐相糾』的方式在鄉村社會推行的一種政治管控體制。作爲傳統鄉里制度的一部分，它起源於北宋的王安石變法，之後爲歷代封建統治者所承襲，是近代以前統治者控制鄉村社會的主要方式之一。自二十世紀初清末『新政』開始，保甲制逐漸爲地方自治體制所取代。直到上世紀三四十年代，在國民政府的倡導下，這一制度又再次復興，成爲當時鄉村社會最基本的控制制度。作爲當時國民政府統治核心區域的江蘇省，於一九三四年開始採取自北向南的方式，推行保甲制度。時任寶應縣縣長的周敦禮爲切實有效推行這一制度，組織倡導編寫了此書。本書由江蘇省寶應縣政府於民國二十三年編成。全書收録了當時江蘇省及寶應縣頒布的一系列有關保甲制度的規定和條例，包括《江蘇省舉辦保甲各縣户口異動查報暫行辦法》《清查户口人員須知》《户口調查表填寫方法》《裝釘門牌須知》《填具聯保連坐切結須知》《寶應縣政府保甲會議規則舉例》《寶應縣政府保甲規約舉例》《寶應縣政府保甲問話十則》。書前有時任寶應縣縣長周敦禮序，論述了彙編此書的緣由和目的。是書所收資料内容廣泛，不僅對各縣户口查報的基本原則和方法作出明確規定，而且對户口調查表的填寫，乃至門牌的裝釘也作出了詳細而具體的規定。如關於門牌的寫法，《須知》中規定：『門牌應用墨筆填寫，墨跡務須濃厚，字跡不可潦草，並不許用亞拉伯字。』又如規定在訂立規約時，『須高聲朗讀三次，並逐一講解一次，然後由保甲長簽名蓋章，各户長，加盟捺印，以示鄭重』。此外，尤其值得注意的是，該規約中也反映了當時社會上的一些進步思想，如規定『三十五歲以下婦女，應一律放足』，『六至十二歲的童孩，應一律入學』。是書所收資料皆爲當時政府頒布的與保甲制度相關的法規條例，可以説是研究這一制度最爲原始的材料，故價值很高。此書有民國二十三年鉛印本，曾收入民國二十三年刊印的《寶應縣志》，與此單行本有些區别。本《文庫》據南京圖書館藏鉛印本影印。（顧寅森）

寶應縣之佃租調查　馬寶華著

馬寶華，民國時人，生平不詳。一九三二年，國民政府於中央政治學校内創辦地政學院，專門從事土地政策的調查與研究工作，直至一九四〇年因時局艱難而停辦。在其存在的九年間，地政學院共派出學員一六八人，奔赴全國各地進行土地方面的實地調查，積累了一大批翔實的地政資料。該批資料於一九七七年由臺北成文出版有限公司和美國中文資料中心聯合出版，名《民國二十年代中國大陸土地問題資料》。此書即爲其中的一種，當是馬寶華赴寶應縣調查之成果。寶應縣地處江蘇省中部，位於江淮之間，京杭大運河縱貫南北，是淮揚一帶有代表性的城市。作者選擇寶應縣作爲實地調查，就是認爲其可以『舉一反三，或可略得淮揚一帶情形之梗概』。書約成於二十世紀三十年代。全書分爲概論、佃農數量、佃租契約、納租方法、收租方法、業佃分析、贅言等七章。該書内容極爲廣泛，在首章《概論》中即對此次調查的原因、方法、所用術語等予以相應説明。之後，又通過實地走訪詢問的形式，對佃租契約的程序、期限，納租、收租的方法，以及佃農的籍貫、社會經濟生活等做了詳細的調查。針對調查中所發現的佃農因佃租期限過短而不願多施肥力以致糧食減産，以及業佃身份不平等的情況，作者提出了相應的解决方法：一是設立農民銀行，低利貸款給農民；二是獎勵農家副業，增加農民純收入；三是提倡農村合作，以維繫佃農之生産。尤其值得稱道的是，該調查活動頗爲科學嚴謹，『凡一問題，必遍詢諸人，互相校正，然後始於筆録』。此書可與同一時期編成的《高寶湖區土地經濟調查報告》互相參照，是研究民國時期淮揚地區社會經濟狀況的重要資料。此書爲手稿，本《文庫》據《民國二十年代中國大陸土地問題資料》本影印。

（顧寅森）

寶應長湖墾殖公司計畫説明書附招股簡章創辦簡章

熊希齡等編撰

熊希齡（一八七〇—一九三七），字秉三，别號明志閣主人、雙清居士，湖南鳳凰人。一九〇八年，被時任江蘇巡撫陳啓泰和時任兩江總督端方看中，委任爲江蘇農工商局總辦、蘇屬諮議局籌辦處會辦；都署總文案、寧屬諮議局籌辦處會辦、南洋印刷官廠監督。其間奔走於蘇、寧二地，辦理實業，即釐定蘇省農工商總局局制，歸併經費，籌設商品陳列館和農業實驗場，在南京辦理南洋印刷官廠，並與當地士紳籌建寶應長湖墾殖股份有限公司。江蘇寶應縣境之寶應湖被當地人稱爲長湖。清末，濱湖之地多荒廢。一九〇三年，翰林大學士曹典初和安徽知州鮑友恪，到山陽縣西南白馬湖畔（今岔河鎮東南）購水荒地、旱荒地各六個區，招股集資，招聘佃農，經營多年，初具規模。熊希齡擔任江蘇農工商局總辦後，擬以長湖開墾之地爲基礎，與當地紳士籌建墾殖公司（清末出現的新型農業企業）。是書，即熊希齡等人爲創辦寶應長湖墾殖有限公司而做的計劃説明書，其中分地勢、水道、區界、土宜、經畫、預算六節，詳細地分析論證了建立公司的可行性，並提出了籌建公司的具體操作辦法和措施。説明書中言：長湖濱湖荒地雖『廣大不若邊方，而地勢便利，實居優勝』；若『蓄洩有方，則不獨濱湖荒地可復舊觀，即於淮揚水利當亦不無小裨』；『湖濱農家苟能勤施勞力，不憂肥料缺乏，實湖荒最優之點』。熊希齡等計劃『墾地先擇民衛各荒，則購地必有定則。堤渠兼籌防水蓄水之益，則工程必事講求。闢荒疇以利舊農，參新法以盡地利，則墾殖宜有方法。易菰蘆以稻粱，變襤褸爲藨蓑，則農村宜有經營』。是書所附招股簡章、創辦簡章於一九一〇年九月二十三日呈文農工商部，得批復：『本部詳加批閱，均屬周妥』，『先准予試辦，一俟股本招齊，購地確有成數，仍將辦理情形報部核奪。』惜一九三八年大水，長湖墾殖公司遭災，損失巨大，無以爲繼。本《文庫》據上海圖書館藏京華印書局一九一〇年鉛印本影印。（陳果嘉）

寶應長湖墾殖公司第一次報告書　佚名撰

撰者不詳。長湖，是指江蘇寶應縣西境，上接淮安、清江，下鄰高郵、安徽天長這一地區的統稱。寶應長湖墾殖公司是熊希齡於光緒年間在江蘇任職期間，與當地紳士曹典初等人共同籌辦的。熊希齡有《寶應長湖墾殖公司計畫説明書附招股簡章創辦簡章》，已著録。熊希齡主張維新立憲，與譚嗣同等在長沙創辦時務學堂；又參與創設南學會，創《湘報》，以推動變法維新。戊戌變法失敗，遭革職。在趙爾巽繼任湖南巡撫後，得到提携，曾以參贊身份出洋考察憲政。返國後任東三省農工商局總辦、奉天鹽法道、東三省財政監理官等職，有『理財能手』之稱。一九一三年當選民國第一任民選總理。不久因反對袁世凱復辟帝制，被迫辭職。晚年致力於慈善和教育事業，一九二〇年創辦香山慈幼院。有《香山集》《熊希齡集》。據《宣統二年創辦寶應長湖墾殖公司計畫説明書附招股簡章創辦簡章》記載，光緒末年，鮑友恪任寶應縣農會總理，即提出集資經營意見，並作多次調查。宣統元年，熊希齡又前往詳細考察。二年，曹典初親至實地測量，編造預算，製訂創辦及招股簡章，報農工商部立案，正式創辦寶應長湖墾殖公司。公司有詳細的『計畫説明』，涉及地勢、水道、區界、土宜、經畫（包括購地、工程、墾殖方法、農村經營）、豫算等，同時還有《長湖墾殖公司佃農自治規約》。公司每開闢一圩，必招集佃農一二百户。公司規定，每一圩内，五家以上、二十家以下，設鄰長一人，管理田區内事務。本報告書主要報告了從宣統二年到民國元年，寶應長湖墾殖公司第一圩創始、購地到逐漸收股的過程，詳細叙述了兩年間，公司購地、堤工、閘工、渠工和開墾的始末，並於報告書後附有帳略，列明各項開支及存項，便於公司股東檢索。報告書開篇指出創辦公司宗旨，是『以公司團體組織，完善農村，疏渠築堤，冀除長湖以西水害而復修其利。明農興教，爲新墾地自治之本』。墾殖公司，是晚清時出現的一種新型農業企業，公司創辦人多係地方官紳，其包買官荒，或租買民田，用於種植糧棉或是發展畜牧業、林業、園藝業等。熊希齡等創辦的長湖墾殖有限公司，『其大農業思想較今人先知近百年』（《洪澤縣情簡明讀本》）。其創辦緣起、組織結構、管理方法等，爲研究近代中國社會轉型期經濟發展提供了最佳範本。本《文庫》據南京圖書館藏一九一二年中國圖書公司代印本影印。（王志娟）

長湖墾殖公司佃農自治規約　佚名撰

撰者不詳。封面題『寶應長湖墾殖公司佃農自治規約』。規約共六章，連同附則，共五十六條。六章分別爲共立公規、明定責任、勸課農功、糾察善惡、出入守望、同心公益。規約指出，公司每開闢一圩，必招集佃農一二百户。佃農四方來集，習俗各有不同。公司希望説之以公共道理，使人人向善，從而達到佃農自治的目的。公司希望各家佃户自己管治自己，比較觀感，同作好人。規約提倡『勤力耕種田禾增收、孝順父母友愛兄弟、妯娌和睦子弟勤苦、善待鄰里交結正人』，反對『離田遠居、吸食鴉片、賭博鬭牌、偷竊物件、争訟吵架、刁唆訛索、强很欺人、挾嫌尋隙』等。規約規定，公司墾務處爲自治規約之督行機關。每一圩內，五家以上、二十家以下，設鄰長一人，從『率耕善鄰』『奉公守法』者中選舉産生，具體負責管理田區內事務。同時在田區內建立連坐制度，實行嚴格的奬懲。由於長湖墾殖公司與一般公司性質不完全一樣，所以公司所訂規約更多地帶有鄉村自治的性質。本《文庫》據南京圖書館藏民國石印本影印。（陳希亮）

光緒五年揚州新舊城設廠施粥收支錢米數目　（清）佚名撰

撰者不詳。此書録存清光緒五年揚州新城瓊花觀、舊城石塔寺設廠施粥救濟各項收支費用，爲揚州重要的經濟史文獻，也是珍貴的地方社會救濟資料。書前首列施粥所用錢米來源，包括淮南總局撥發，及自安堂、儲豐裕、雙桐書屋、百忍堂、文綉堂、同益典、惜陰書屋等所捐。後分新城瓊花觀粥廠、舊城石塔寺分廠具體費用。所列極爲具體，包括廠內購辦柴米、什物、雜工、雜款及年下收廠給散各户口錢文、收支柴米數目、存廠物件。此外還記載了自十一月初三至來年二月初二每一天支出的粥米和江柴的數量。從捐助數目看，場運商捐爲主，由此可見當時揚州社會救助中商人特别是鹽商對設廠施粥善舉的支持。《江蘇地方文獻書目》評其：『設廠施粥是社會救濟的重要舉措，施粥救濟多見於文獻記載，但具體設施則多不詳。本書可詳見當時社會施粥的具體情形。』本《文庫》據國家圖書館藏清光緒刻本影印。（王志娟）

揚鎮沙洲義振函電存稿　（清）佚名撰

撰者不詳。是書爲清末荒政類書的一種，收録爲沙洲義賑一事往來函電文稿三十八篇，時間自一九〇六年（光緒三十二年）九月二十六日始，終於一九〇七年（光緒三十三年）八月十七日。是書之『函電存稿』，詳細記録了一九〇六年蘇皖水災，盛宣懷、吕海寰等人賑災籌款的過程和内容。此書爲上海圖書館藏光緒三十二年抄本，共一册，本《文庫》據此本影印。（陳果嘉）

江甘災賑各稿　（清）佚名撰

撰者不詳。是書爲清末荒政類書的一種，由江甘災賑各稿、災賑章程、丹陽辦理災案三種彙編而成。《災賑章程》，一卷。收録災後處置的三種章程，分别爲：勘災事宜十八條、撫恤事宜七條、查賑事宜三十九條。《江甘災賑各稿》，一卷。收録四十四篇有關江甘災賑活動的函、札、咨、示等文牘，時間自一八八五年（光緒十一年）六月起，末篇未見終了時間，所輯事項多爲官方的賑災舉動。《丹陽辦理災案》，一卷，收録一八八八年（光緒十四年）丹陽縣遭遇旱災後，官方應對災害的治理舉措和實施行爲，是災荒發生後官方機構處置的原始記録。此書爲上海圖書館藏清光緒抄本，共一册。本《文庫》據此本影印。（陳果嘉）

蘇省鎮揚水災振工徵信録　鎮揚水災義振會編

封面題『蘇省鎮揚水災振工徵信録（辛酉秋季起，壬戌夏季止）』。該書爲經辦民國十年秋季起，至十一年夏季止，查放丹徒、江都兩縣屬境沙洲潮鄉水災冬春急振暨散給乾糧、米麵、雜件並修築新舊圩岸工程及拾骨、寒衣、施藥、貼助、平糶各局等項收支各款之清册。一九二一年，鎮江、揚州遭遇特大水災。《中國華洋義賑救災總會十一年度報告書》謂：『此次江浙皖三省被災之廣，爲近百年所未有。本會所得確切之調查報告，就蘇皖兩省而論，受災之人達六百萬。』本書卷首鎮揚水災義振會同人撰序云：『辛酉秋七月望之二日，風雨大作，波濤上騰，遂使濱江洲圩湖湃潰決，不可勝紀。當是時也，屋宇蕩析，物具汩没，犬豕漂流。洲圩之人，扶老携幼，群焉露處於危岸之側，枵腹鵠立，呼號震天。其不飽蛟鼉而葬魚腹者幾希矣。』可見情况之嚴重。爲此，鎮揚水災義振會在充分調查的基礎上，分别不同情形，展開賑濟，有急賑、冬賑、春賑之别。又開展以工代賑，修築圩岸。其後，一九二二年閏五月，又遭遇暴風急雨，而洲圩得以保全。義振會同人由此感慨：『事不患於不密而患於無徵，款不患於用多而期於有信。』振工既畢，編此『徵信録』。『凡急振之散乾糧，冬振之給寒衣，春振之施丹丸，與夫岸工内之遷墳拾骨，及於補助平糶各局之費，條分縷析，刊布昭告，以慰我長官巨紳、富商大賈樂善之真誠。』『徵信録』詳列『收款各數』『支款各數』『辛酉冬振查放徒、江兩縣各沙洲潮鄉水灾户口細數』『壬戌春振查放兩縣各洲鄉水灾户口細數』『查放冬春兩振各洲圩潮鄉村名總表』『壬戌春季修築徒、江兩縣圩岸工長土方各數』等十二件，並附録『補種遲麥善法』。從清册看，共收款大洋四十八萬二千七百十七元五角四分八釐，支款大洋四十八萬二千三百五十元五分七釐，其中上海華洋義賑總會撥付大洋二十四萬元，個人捐款最多者爲揚州籍的金融巨子胡筆江和馬式如合捐的大洋二萬元。本《文庫》據南京圖書館藏一九二二年鎮江大成書局鉛印本影印。（陳希亮）

世界紅卍字會江都分會辦理江北水災急賑各項賑品及款目收支徵信録

世界紅卍字會江都分會編

世界紅卍字會是民國時期的著名慈善團體，『以救濟災患，促進世界和平爲宗旨』，奉行『不涉黨派，不談政治』之慈善理念。江都分會爲世界紅卍字會在揚州區域内設立的下屬地區分會。一九三一年江淮流域特大水災後，世界紅卍字會進行了大量救賑活動。是書爲世界紅卍字會江都分會辦理江都地區水災救濟活動後，經手賑災物品和公益款項的收支情況報告書，記録時間起於一九三一年八月，終於該年十一月底，全部各項收支均做一一説明。由書可知整個救濟活動『共支大洋一萬一千六百五十七元四角零二釐，……出入相衡，透支大洋一百零六元四角六分七釐』。此書有上海圖書館藏民國鉛印本，非公開出版物，無版權頁。本《文庫》據此本影印。（陳果嘉）

江都貧兒院辦理概况第一次報告書

江都貧兒院編

江都貧兒院由金全德（字樹滋）創辦，院址設在揚州南門街禾稼巷。該院於一九一九年奠基，一九二一年秋正式舉行開院儀式。抗戰揚州淪陷後，江都貧兒院幾經變遷，院名一再更改，院址也遷往他處，直至抗戰勝利後復校。是書内容有對江都貧兒院的完備介紹，其中包括：江都貧兒院的全圖、院訓、重訂江都貧兒院簡章、董事題名録、全院院生姓名一覽表、各級教授課程時間表、教職員一覽表、出院院生一覽表、第一次報告收支和本院大事記等。此書卷首有多幅照片，可見貧兒院當時的創辦樣貌，以及相關重要人物之形象。據書中介紹，江都貧兒院注重職業教育，要求院生至少掌握一門手藝，以便將來謀生，爲此專設六個工間，分别是：木工間、藤工間、竹工間、漆工間、印刷間和礦燭間。貧兒院亦注重文化學習，開設六年制完全小學的課程，以學生的成績優劣決定升留級，如考取中學的，由院方代繳一切費用，食宿仍回到貧兒院。品學兼優者如考入大學，院方仍助繼續深造。其《院事紀要》概括介紹了貧兒院創辦的歷史經過及院中之要事，而所訂之《重訂江都貧兒院簡章》共二十五條，包括定名、宗旨、額數及範圍、資格、入院方法、教授方法、文科理科制度等。其『宗旨』稱：『以收容貧民子弟，施以教養，授以工藝，助其自立爲宗旨。』此書有上海圖書館藏一九二三年鉛印本，非公開出版物，無版權頁。本《文庫》據此本影印。（陳果嘉）

真州救荒録八卷　（清）王檢心纂

王檢心有道光《重修儀徵縣志》，已著録。真州，即今江蘇揚州儀徵。清道光二十七年，王檢心任儀徵知縣。是年冬，儀徵清鋪河決口。道光二十八年儀徵江漲，災情嚴重。王氏以爲『救於已救之後，不若救於未荒之前。當此拯溺如救焚之時，刊而行之，未始不可救千萬人之命也』，故編撰此書。是書共八卷：卷一查勘水災各事宜，卷二請倉穀各事宜，卷三勸捐義賑各事宜，卷四正賑各事宜，卷五施丸藥、多婚、檢埋尸棺各事宜，卷六施放棉衣、放擔粥各事宜，卷七收當耕牛各事宜，卷八慈幼堂、育嬰堂、暫栖所、恤嫠堂、挖蝗蝻各事宜。書前有道光二十九年楊亮序、作者自序和總目。荒政，是中國古代救濟饑荒的法令、制度與政策、措施的統稱。《周禮·地官·大司徒》：『以荒政十有二聚萬民（防止百姓離散）：一曰散利（發放救濟物資），二曰薄徵，三曰緩刑，四曰弛力（放寬力役），五曰捨禁（取消山澤的禁令），六曰去幾（停收關市之税），七曰眚禮（省去吉禮的禮數），八曰殺哀（省去凶禮的禮數），九曰蕃樂（收藏樂器，停止演奏），十曰多昏，十有一曰索鬼神（向鬼神祈禱），十有二曰除盜賊。』是書通稟記録道光二十八年儀徵水災情況，並着重記載救荒措施。時人楊亮序言首肯了王檢心救荒法是善法。《江蘇地方文獻書目》稱是書：『對勸捐義賑、防災救災各事宜言之甚明，不失爲一部指導救荒的良書。』是書主要反映了清代揚州儀徵地區水災救荒情況，體現了區域性荒政特點，是揚州重要災荒史文獻資料之一。此書有清末抄本，四册，國家圖書館藏，藏本鈐有『蘭陵世家』印章。本《文庫》據此本影印。（王志娟）

馬棚灣漫工始末 （清）范玉琨編

范玉琨，字吾山，清嘉興人。七歲孤，及長，延請錢泳等校刊其父著作《歲寒堂讀杜詩》。清道員，曾官河道。時人評其：爲人才具敏練，講求河務，洵爲兩河出色人員，且遇事急公，不貪財利，尤屬可信。著有《治河芻言》《安東改河議》等。馬棚灣，今爲江蘇高郵馬棚鎮，位於高郵湖畔，西倚淮江公路、京杭運河，東與龍虬，北與界首、周山相鄰。因此處爲界首、盂城（高郵）兩驛站的養馬場，建有馬棚；又因京杭大運河在此蜿蜒曲折，故名馬棚灣。馬棚鎮東側爲清水潭，是古運河高郵段最危險的地段。清康熙十七年，河道總督靳輔爲解決清水潭決口屢堵屢衝的困境，採取了在潭西繞大灣築堤的方法，從而封堵了決口，形成了今天的馬棚灣。乾隆年間，清政府實施『借黄濟運』，試圖解決黄淮交匯處的清口淤沙、漕船擱淺問題，但效果不佳。道光年間，運河淤高，黄、淮隔絶，致使淮水衝決高堰，直灌高郵湖，由運河入海入江。道光九年，范玉琨受護淮揚道王貽象委托在馬棚灣照管賬目。道光十一年七月，高郵湖水溢，范玉琨因此受責被查。是書主要記淮揚河營遊擊薛朝英等赴馬棚灣、十四堡查勘災情之事。書前爲薛朝英等稟文，後附清摺二扣、圖一幀、清單一紙。據書中所言：七月初十日，薛朝英等奉命前往馬棚灣、十四堡查勘災情，籌劃堵塞決口、準備正雜料物等事，並估算土方量與工程費用。書中收録致芥帥書、致張河帥書、陶制軍片奏、護淮揚道王貽象來函、張河帥擬奏等，着重記述范玉琨受托經理馬棚灣河工事原委，以此明辯『聲名平常』之責。是書反映了清代揚州高郵地區水災治理情況，是揚州地區重要治水文獻資料之一。本《文庫》據南京圖書館藏清道光二十五年刻《小靈蘭館家乘》本影印。（王志娟）

寶應縣捐修風水洞訟案 （清）佚名撰

本書是清朝末年一樁訟案的案卷鈔彙。寶應縣境内一處水利閘口工程風水洞，因年久失修，派捐重建。於光緒二十九年十一月議定，總工費約錢兩千三百千文有餘，從洞下受灌田畝中攤捐，全部水田面積計有一千四百擔種之多。根據水源所由來，分爲正水田和兩來水田兩種，每用種一擔（約二十畝田），正水田捐錢一千八百文，兩來水田捐九百文。當時每日工錢約爲三十文，則此項工程耗費約近七萬七千個工日，所費不輕。攤至每家每户，則中等人家亦須繳納兩千至三千文不等。所以離閘較遠、不全由風水洞供水的民户，因對收捐境域與收捐款額不滿，以當時入贅於秦家河高氏家族中的高郵州文生韋用楨爲首，約二十餘人聯名上訴，訟風水洞工程經董畢作霖、芮鴻翔假公濟私，越境强攤，剥削百姓，敷衍工程，『借印信以聚斂，減工程以殃民』。又牽扯至秦家河地方一名保衛局千總名林葆仁者，勾結綁匪，私用刑罰，指使烟民，擾害地方，種種不法行徑。寶應縣令朱對此未作回覆，原告乃赴高郵州申訴，高郵州發文移送寶應縣，未有回覆。韋用楨又赴揚州府乃至兩江總督衙門鳴告，更直指地方官姑息養姦，收受賄賂，州、府、總督乃發文要求寶應縣詳察詳覆，且派員查勘。其間被告方又反訟韋用楨挾詞健訟、捏名上告、强攤訟費，挾帶孀婦至於該婦輕生投水。又有初與韋用楨聯名上訴者反供，自稱並未遭到强攤捐費，反受韋收訟費若干洋。又有兩户聲明曾被林葆仁逼迫至私衙内室作押，反誣韋用楨爲『韋大瘋子』，爲脱險起見，二人權且作押，又不忍助匪誣良，乃於光緒三十年十一月間再上呈詞辯明。經縣、州、府、兩江總督衙門各級發辦，新任寶應縣令張於光緒三十年十二月二十三日傳訊原告、被告各方，會同委派專員，三堂會審，於二十七日最終結案。其間是非曲直，今人僅據此案卷所鈔録的文詞恐難以瞭解。這樁訟案自光緒二十九年十一月十七日起，至三十一年三月二十七日，歷時十七個月，最終寶應縣報呈的結果是：風水洞工程料足工堅，已經抵擋一次洪汛，所以偷工減料一説不成立；捐款總額實收只有錢一千七百千文餘，總耗費爲兩千六百六十千文餘，不足部分乃承辦各董事自行墊付，所以越境攤派、剥削百姓一説不成立；韋用楨所訟林葆仁種種不法行徑，並無切實證據，俱是風聞，但林行爲不檢，輿情不洽，所以斥退其保衛局局董職務，押回高郵原籍，不得再過問寶應事務。韋用楨亦涉嫌假公斂費，聯衆抗捐，倚仗功名，貿然出頭，捏名上瀆，被嚴詞斥訓，羈押在縣，由陳慶齡等人具保釋之。本書即彙集原告、被告各次呈詞和總督衙門、府、州、縣批文以及各次取證供詞等等。於此中可見出晚清鄉村社會結構，亦可見出經濟、法律等社會生活各個方面的細節，可供研究者之取資。本《文庫》據南京圖書館藏清光緒抄本影印。（趙彦梅）

寶應弭患商榷書　居福生撰

居福生，民國時期江蘇寶應人。寶應，今江蘇揚州下轄縣，地處揚州市北。境内湖蕩環繞，古稱水鄉。大運河縱貫南北，多患旱潦。爲消除災患，邑人居福生於民國六年夏，撰寫《寶應弭患商榷書》。書中主要叙述寶應自前清之季以迄民國之初，多旱澇之災情況，具體分析成災原因，針對東西運河不同情況，引證山東等地治災經驗，提出寶應弭患治理大綱。如運河東境擬增修閘洞，保持閘洞暢流灌溉；東鄉諸湖蕩擬禁止圈田，以免與水争地；用機器深挖，用挖出泥培築圩岸。運河西境禁止圈田，培築圩岸；於諸圩連貫處廣闊通渠，各圩低窪處建築水櫃。並分三條：籌款、分工、辦法，提出具體執行措施。書後針對友人所提籌款、得人、分配、督工四難，作者又提出解決辦法。作者認爲所論『事關數省，非實邑一隅所可爲力，又當與皖魯兩省以及淮揚徐海諸父老共籌之』。可知此是一篇分析細緻、切乎實際的計劃書。本《文庫》據南京圖書館藏一九一七年寶應墨緣社石印本影印。（王志娟）

修繕揚州文匯閣工料函牘　（清）佚名撰

文匯閣，一名御書樓，位於揚州天寧寺西園。天寧寺，爲康熙帝、乾隆帝南巡時駐蹕揚州之行宫，是清代揚州地區重要的文化場所，康熙年間曾在此設『揚州詩局』，刊刻《全唐詩》與《佩文韻府》等。李斗《揚州畫舫録》卷四記云：『御書樓在御花園中。園之正殿名大觀堂，樓在大觀堂之旁，恭貯《頒定圖書集成》全部，賜名「文匯閣」，並「東壁流輝」匾。壬子間奉旨：江浙有願讀中秘書者，如揚州大觀堂之文匯閣、鎮江口金山之文宗閣、杭州聖因寺之文瀾閣，皆有藏書。著四庫館再繕三分，安貯兩淮，謹裝潢綫訂。』但據乾隆四十七年七月《奉旨辦理四庫全書分藏事》御檔載：『江浙爲人文淵藪，允宜廣布流傳，以光文治。現特頒發内帑銀兩，雇覓書手，再行繕寫全書三分：分貯揚州大觀堂之文匯閣，鎮江金山寺之文宗閣，杭州聖因寺内擬改建文瀾一閣。』（《清宫揚州御檔》，廣陵書社，二〇一〇年）則李斗所記時間有誤。《揚州畫舫録》載，文匯閣爲一座三層樓建築。一樓正中藏《古今圖書集成》，兩側書橱藏《四庫全書》經部圖書，書面用緑色絹；二樓全部藏史部圖書，書面用紅色絹；三樓藏子部、集部圖書，子部書面用玉色絹，集部書面用藕合色絹。清麟慶《鴻雪因緣圖記·文匯讀書圖》記：『文匯閣在揚州行宫大觀堂右……閣下碧水環之，爲卍字河，前建御碑亭。沿池叠石爲山，玲瓏窈窕，名花嘉樹，掩映修廊。』文匯閣與鎮江金山寺之文宗閣、杭州孤山聖因寺之文瀾閣，並稱爲四庫全書的『南三閣』。咸豐三年，太平軍攻入揚州，文匯閣及其藏書均毁於戰火。是書輯録乾隆、嘉慶年間有關修葺揚州天寧行宫及文匯閣的函件公牘等。原書無題名，此書名或係南京圖書館據本書内容所定。實則本書内容不盡於此，尚另收有乾嘉時期其他函牘。該書保存了有關揚州文匯閣極爲珍貴的原始檔案。嘉慶年間，文匯閣出現多處滲漏情形，地方士人因具文要求修理。其同人公具之文云：『最緊要者，文匯閣後檐滲漏，其西隅靠墻一處，潮濕更甚。總因閣身高曠，去冬奇冷大雪，朝北琉璃瓦多有凍破。今歲雨水頻仍，以致滲漏。』後附有『行宮屋漏各處』清單，反映了當時文匯閣年久失修之情形。另有公牘云：『原貯河水，以資保護。自乾隆四十九年至今，歷十餘年之久，河底灰土凍裂，不能存貯多水，已經乾涸多時。該處偪近民居，人烟稠密，此外並無井泉相近，風火堪虞。』四庫全書七閣前都開鑿有水池，爲防火之用，故當地士人特别提出應補做灰土、車戽河水等。函牘中還具體列出了各項工程所需費用，如其中一次提到需銀一萬二千七百多兩。本《文庫》據南京圖書館藏清抄本影印。（孫葉鋒）

廣陵冢墓遺文 （清）羅振玉撰

羅振玉（一八六六—一九四〇），字式如、叔藴，號雪堂，晚號貞松老人、松翁。祖籍浙江上虞永豐鄉，出生於江蘇淮安。諸生，任學部參事，兼京師大學堂農科監督。農學家、教育家、考古學家、金石學家、敦煌學家、目録學家、校勘學家、古文字學家，中國現代農學的開拓者，中國近代考古學的奠基人。其一生參與開拓中國的現代農學，保護、保存清宫大庫的明清檔案，從事甲骨文字的研究和傳播，整理敦煌文書、經卷，開展漢晋木簡的考釋，倡導古明器研究，編著有《貞松堂歷代名人法書》《高昌壁畫精華》《殷墟書契》《殷墟書契菁華》《三代吉金文存》等，還與王國維合著《流沙墜簡》，著作總數達一八九種，另校勘書籍六四二種。有《高郵王氏六葉傳狀碑誌集》，本《文庫》已著録。

此書爲作者光緒年間校寫江蘇地方志時，根據真州張丙炎和兩江總督端方所藏揚州市郊出土墓志輯録而成。書前有宣統乙卯羅振玉序。該書按朝代先後共計收録墓志三十方，其中，唐墓志二十五方，楊吴墓志二方，宋墓志二方，元墓志一方。因金陵出土墓志數量太少，遂將二方唐墓志、一方宋墓志以附録的形式附在卷後一併出版。這批墓志大部爲清代道光前後揚州在疏浚城東運河時出土的。主要爲張丙炎舊藏，少部分是端方在兩江總督任上所得。其後，張氏所藏志石又由南陵徐乃昌購歸端方。端方離任後運歸京城寓所。根據《故宫博物院藏歷代墓志彙編》編者的介紹，『墓志中既有端方陶齋舊物，也有周季木、徐森玉、馬衡等一批民國時期著名收藏家的藏品』。由此可知，這批廣陵出土冢墓遺石現在可能部分或全部藏於北京故宫博物院。

揚州是中晚唐時期的經濟中心和最繁榮的國際商業都會，這批珍貴的出土資料對研究揚州唐城的四至範圍、行政區劃、里坊布局及其社會政治經濟的發展變化十分重要。《廣陵冢墓遺文》的輯録出版，引起了學界對揚州出土材料和揚州研究的興趣和重視，也開啓了近代揚州唐城研究的先河。此書有一九一五年影印本。本《文庫》據上海圖書館

藏本影印。（顧風）

刻竹瑣談　周无方著

周无方（一八七九—一九六三），名柏年，字詠台，號无方，後以號行。江蘇揚州人。著名竹雕藝術家。一九〇〇年左右畢業於南京陸軍學堂。一九〇三年曾創辦過揚州民立中學，學校因故停辦後，任教於寧波。辛亥革命，軍閥徐寶山督軍揚州時，初任軍政分府總務長，後任副官長，授少將銜，不久陞授中將銜。一九一九年至一九二四年間，供職於揚州關税機構。其人博學多才，興趣廣泛，學兼中西。一生精研佛學，工詩，善畫山水，喜聽揚州評話，並參與話本的修改潤飾。尤精刻竹，精通各種竹刻技法，最擅皮雕，作品曾多次參加全國的各大展覽會。晚年寓居揚州舊城秕家灣。著有《刻竹經驗談》，本《文庫》已收録。《刻竹瑣談》是作者有感於『雕刻之學吾國獨無專書以傳其法，致後學無所師承』（周《序》），在積累了半生豐富實踐經驗的基礎上撰寫的。於一九三〇年先後發表於《上海畫報》和《東方雜誌》。全書分原起、説刀、刀口、刀形、磨刀、刀石、蘸火、奏刀、竹性、分類、淺刻、深刻、實雕、皮雕、落墨、去俗、騰空、讀畫、取光、雜問二十部分，對工具的製造使用；材料的認知選擇；雕刻技法的分類，各自的操作方法和技術要領；作品的優劣品評和藝術審美；如何增進藝術的修養，師法造化，體悟自然等條分縷析，做了精辟的論述，體現了作者在竹刻藝術上的獨到見解和極高造詣，對自學者有很强的指導作用。《刻竹瑣談》面世後，在藝術界引起了强烈的反響。書前有民國二十年黄漢侯序、民國十九年作者序，無目。本《文庫》據上海圖書館藏民國二十年鉛印本影印。（顧風）

刻竹經驗談　周无方著

周无方有《刻竹瑣談》，已著録。《刻竹瑣談》《刻竹經驗談》都是作者有感於『雕刻之學吾國獨無專書以傳其法，致後學無所師承』，又恐『數十年心血付諸東流』，遂將半生積累的豐富實踐經驗用文字記録下來。全書分選石、選鋼、製石、製刀、磨刀、蘸火、奏刀、説鎊與鎮、選竹、竹性、防裂、分類、淺刻、深刻、實雕、立體、皮雕、平底、磨光、分刀、留刀、聽勁、落墨、去俗、騰空、毛刀、刀趣、讀畫、取光、格理、養度、取捨、雜問，加上前言和自序共計三十五個組成部分。全書圖文並茂，對工具的製造使用；材料的認知選擇；雕刻技法的分類，各自的操作方法和技術要領；作品的優劣品評和藝術審美；如何增進藝術的修養，師法造化，體悟自然等條分縷析，做了精辟的論述，體現了作者在竹刻藝術上的獨到見解和極高造詣，對自學者有很强的指導作用。《刻竹瑣談》和《刻竹經驗談》面世後，在藝術界引起了强烈的反響。此書收録在民國二十年十二月十日發行的《東方雜誌》第二十八卷第二十三號。本《文庫》據此本影印。（顧風）

蘇省江北長途汽車公司第一次報告書　盧殿虎等撰

盧殿虎（一八八〇—？），字紹劉，江蘇寶應白田鋪人。其父盧墨庵爲江淮有名的塾師，施教嚴明。殿虎從小受其庭訓，聰敏過人。他前半生辦教育，後半生忙實業，辦交通。曾任淮揚道尹，寓居揚州。作爲鎮揚主席董事，盧殿虎因操勞過度，於一九三六年八月十一日突然去世，終年六十歲。位於揚州市甘泉路二二一號的匏廬，即係盧殿虎於民國初年所建，由當代揚州造園名家余繼之構築。晚清以來，由於津浦鐵路和滬寧鐵路相繼開通，素以航運繁盛的揚州，交通樞紐地位一落千丈。其時，旅居揚州的盧殿虎，於民國七年具文呈送時江蘇督軍、省長，請求成立瓜清長途汽車公司：『查江北全境，運河横貫其中，自瓜洲以達清江，綿亘三百餘里，爲交通之要道。近數十年，雖亦行駛小輪，期便行旅，顧或以堤防危險而停駛，或以運道淺阻而廢業。』不久蒙江蘇省長公署批准。盧殿虎在本書《公司成立原起》一文中亦云：『江北交通之在江蘇，極阻滯者也。以交通阻滯故，若實業，若文化，若一切政治上所應享之幸福，遂俱無進步之可言。』『商旅往來，咸以易於停駛之小輪爲唯一利器，此江北地方疾苦之一端，而行駛長途汽車之動議所以起也。』盧氏的倡議，得到了開明鄉紳的支持，原計劃是築一條瓜洲到清江的公路，但由於資金問題，遂改爲揚州至瓜洲；其後又屢經曲折，最終更爲揚州至六圩。江北長途汽車公司即由瓜清汽車公司更名而來。本書由公司成立原起、築路經過、立案文牘、現行規章及書表、決算、營業預算、現在之計畫及將來之希望、職員録等八個部分組成。書前有時任交通總長吴毓麟簽署的『長途汽車公司』立案執照，於創辦人一欄，署『盧殿虎等』，並有車站施工、落成、通車的攝影數幀。保存了大量珍貴的民國初年有關揚州交通的史料。本《文庫》據揚州市檔案局藏民國十四年五月上海商務印書館鉛印本影印。（孫葉鋒）

花部農譚　（清）焦循撰

焦循有《北湖小志》，已著録。本書爲戲曲論著，係作者就清中葉花部所演著名劇目如《兩狼山》《清風亭》《賽琵琶》等叙其本事並加以評論之戲曲理論專著。歷來文人談戲，只重南北曲，認爲地方戲曲鄙俚不足道，而作者却特别予以推崇表揚。這一方面可見十八世紀末葉民間戲曲已有相當的發展與興盛，一方面也表明作者别具眼光。在清代，戲曲不過是小道，士大夫多不屑言及，但作者並非只知白首窮經之學究。揚州學派先導戴震抨擊程朱理學，其《緒言》宣稱『喜怒哀樂之情、聲色臭味之欲、是非美惡之知，皆根於性而原於天』。焦循對戲曲之關注，正是反理學思想之實踐。作者之戲曲觀有三：第一，肯定戲曲同其他文學樣式一樣，均爲社會文化財富之組成部分，即《易餘籥録》所謂文學一代有一代之所勝。第二，認爲戲曲藝術不斷進化，戲曲演進有跡可尋，《花部農譚》斷言『彼謂花部不及昆腔者，鄙夫之見也』。第三，指出戲曲功能除娱樂消遣之外，尚有道德諷喻作用，如《清風亭》中逆子張繼保原係自縊而死，後改爲被天雷打死，作者贊爲『改自縊爲雷殛，以悚懼觀者，真巨手也』。此書有焦循原稿本、徐乃昌輯刻《懷豳雜俎》本、中國戲曲研究院編輯《中國古典戲曲論著集成》本、韋明鏵點校《焦循論曲三種》本等。本《文庫》據清稿本影印。（韋明鏵）

竹西春社鈔　（清）愛素生選輯

愛素生，清江蘇邗江人。揚州民間歷代素有猜射習俗，出現過不少製謎高手，歷史上揚州的燈謎學術團體，歷來在全國佔有重要地位。著名的『廣陵十八格』，相傳爲中國最早的謎格。古今謎書，凡介紹謎格，必然提及『廣陵十八格』。明末揚州即有謎社名『廣社』。清嘉道間的竹西春社，乃清代著名的謎社，社因杜牧《題揚州禪智寺》詩『誰知竹西路，歌吹是揚州』而名。清末民初，又有『竹西後社』繼起。這幾個謎社對全國的謎壇産生過很大的影響。書前有跋、題辭，有凡例、目次。全書由七種謎語著作彙編而成：各格摘要、蘆花館社鈔、疎影山房社鈔、雙桂草堂社鈔、菜香書屋社鈔、春社存鈔、春社續鈔。此爲清嘉慶間的燈謎專著，彙輯了嘉慶間揚州『竹西春社』諸友的燈謎佳作，是中國古代燈謎史上一部重要的資料，對後世影響極大。本書以謎格爲大關目，按格編排謎作。首列『各格摘要』，以例釋格，包括新賦格、包意格、曹娥格、朝陽格、蘇黄格、返照格、拆字格、增减格。各格或又分長篇、單句。其後依次爲《蘆花館社鈔》等六種。每一種中，又分列社友及各格所撰謎作，如『聽秋閣』『然松閣』等，可以想見當時揚州猜射盛况。謎作按格歸屬編排。《竹西春社鈔》的謎作約三百五十餘條，有一大半謎底採用了事物名稱、常言、人事、市言、人稱等。本書作爲一本燈謎專著，是研究揚州民俗、方言的珍貴資料。（參見陳楠《〈竹西春社

鈔〉中的揚州民俗》，二〇〇九年十二月二十六日《揚州晚報》。）本《文庫》據南京圖書館藏清嘉慶二十四年刻本影印。（孫葉鋒）

揚州方言韻語長短句　夢雨老人輯

夢雨老人，即顔二民，又作二溟，夢雨老人是其號。顔二民（一八七八—一九三四），名儞，又號慕蘇，是民國年間揚州一位很有名氣的書法家，與當時揚州另一個書畫家陳含光齊名，有『二民隸書含光篆』之稱。本書是據當時揚城街談巷議、市井俚語彙編而成的有關揚州方言俗語的資料書，保存了許多揚州方言俗語的資料。前有夢雨老人所撰凡例。書眉多有批語，大多針砭時弊、揭露社會醜惡之語。所謂『韻語』，據《凡例》稱：『是編本號方言，多操土音，故所叶之韻，但取順口悦耳便佳，不必盡合蔡氏十九韻及沈氏詩韻。』這對研究當時揚州方言韻部有重要價值。開卷有作者《西江月》詞，云：『生就冬烘頭腦，書痴早占嘉名。詩餘小曲譜新聲，老去自稱詞隱。　遺悶一編韻語，閑來也當狂吟。方言信手集成音，添作人間笑柄。』書末亦有一詞，末句云：『姑妄言之，姑妄聽之。方言市語，街談巷議，俚俗總新詞。』首尾呼應，道出本書編纂主旨。本《文庫》據上海圖書館藏清光緒刻本影印。（孫葉鋒）

點綴方言·揚州話　嚴鏡述

嚴鏡，生平不詳。是書開篇有序曰：『方言非無可以警世之處，然於向上一著，各有會心，不在言詞之粗細也。時復以一二語點綴之，供養十方如來一笑。』由此可見其輯録本書之大旨，即著録本地方言俗語，來達到警醒世人之目的。全書收録揚州話五百零八條。各條方言下，都有作者簡明解説。作者或爲信佛之人，點綴之詞，多爲佛家語，如『舊店新開』，下注云『又是一尊佛』；『餓鬼投窮胎』，下注云『因圓果滿』等。不少語句保留了鮮明的揚州方言特色，如『刷刮大麻油』『搶慌着忙』『簇嶄新』等，爲研究揚州方言歷史演變提供了寶貴資料。其中也有不少警世之語，如『兒子大是老子』『子登父業，父債子還』『女兒不斷娘家路』之類。有些語句今天仍爲人們常用，如『兒不嫌母醜，狗不厭家貧』之類。其注也有一些屬於調侃之詞，如『擧頭三尺有明月』，下注云『看脚下』等。此書有刻本，一册，不分卷；又見抄本行世，係一九八二年揚州古籍書店所抄。本《文庫》據揚州市圖書館藏刻本影印。（孫葉鋒）

揚州的傳説　蕭漢編

蕭漢（一九〇五—？），民國時期人。據書後跋言：民國十六年，已二十三歲，推其生年，當爲一九〇五，生平不詳，另著有《蘇州風俗》。二十世紀二三十年代，是中國民俗學研究比較繁盛的一個時期。這一時期，一些學者關注民間文藝與民俗文化研究，其中以廣州中山大學爲中心，成立民俗學會，出版《民俗學會叢書》，是書即是其中一部。編者以『檢到麥子開磨坊。幾篇小品，印刷印刷，聊當屠門之嚼，但以贈給有情的人們消遣』，遂編此書。主要內容有揚州考略、汪中故事、阮元故事、鄭板橋故事、金剛小鬼、石塔寺中、賈家馬家、闖王的大鍋、怪話之章、兒童故事之章、蕭日璜的奇話、徐文長的故事、葉天士的軼事、鳥歌一束、大話一則、神話之章。書前有目，書後有跋。該書一方面是瞭解民國時期揚州民俗文化的資料，另一方面也體現出民國時期學者對社會風俗文化的重視和尊重，反映出民國時期我國學術研究的一個特點。此書列入《民俗學會叢書》，於民國十七年由國立中山大學語言歷史研究所印行。本《文庫》據此本影印。（王志娟）

里堂家訓二卷 （清）焦循撰

焦循有《北湖小志》，已著録。是書分上、下兩卷，爲焦循教育訓誡其子弟而作，書中所述皆爲其親身經歷得出，故多參考價值。全書所論，主要圍繞治學和立身展開，治學文字占據大半。此書開篇云『儒者以治生爲要，一切不善，多由於貧』，説明焦循已認識到物質基礎的重要性，强調以耕讀持家，與傳統儒家思想十分吻合。其論治學文字，大多出於自身讀書實踐。如云：『人於他事，或有不能至，讀書未有不能者。不必問資質之清濁，只以讀書一途尊之、驅之，未有不能者也。』説明了讀書要按部就班，循序漸進，通過勤奮，纔能有所成。又論立身修養，皆循循善誘，言之成理。如論爲人處世，其云：『天下之道，同歸而殊途，一致而百慮。一人有一人之能，不能以己之能傲人之不能也；一事有一事之體，不能以此之體混彼之體也。』説明善於學習別人長處的重要性。書中文字並不是簡單的説教，而是常引前人典籍或前人事例來説明道理，形象生動，易於讀者理解接受，如書中引崇明縣吴姓老人的四個子女孝順老人的事跡，以此來教育後人。又如談到在待人接物中要做到有禮有節。『凡客至家，長或宗子出迎，久不相見者則拜。』『若待尊長，必須言温而貌恭，情親而意洽。』所論在今天也很有意義。故顧廷龍於《合刊焦里堂家訓二卷跋》云：『蓋皆自述生平躬行實踐所得，教其子弟，親切可行，非空言高論所得擬也。即今時移勢異，修治豈有變易，精義尤難泯滅，百世後生，永堪師法。』是書有焦氏手稿流傳，一直未曾付梓。直到光緒十一年，儀徵吴丙湘據原稿録鈔

本校勘刊入《傳硯齋叢書》，較稿本少卷下末尾『自有考據之目』兩條。本《文庫》據稿本影印。（徐大軍）

揅經室訓子文筆二卷 （清）阮福編

阮福（一八〇二—約一八七五），字賜卿，一字小芸，號喜齋，占籍儀徵，實甘泉人，世居郡城。阮元次子。國學生。候選府通判，户部郎中。道光二十二年，由户部堂官派主福建司稿務。二十六年，由浙江輸海疆軍需保奏議叙，以知府在任候選。歷官平凉府、宜昌府知府，三署德安府知府，兼德安清軍同知。浙江海運案内，欽加三品銜。幼受庭訓，成年後侍父於左右多年，除從塾師學外，多得益於父之指授。通經學，尤好金石考據。又有協助編印《皇清經解》《江蘇詩徵》《兩浙金石志》《古列女傳》《雕菰集》《揅經室集》的經歷，學養益豐。編著《文筆考》等。又有《孝經義疏補》《儀徵阮氏遺稿十二種》《滇筆》，本《文庫》已收録。同治九年，阮福由湖北宜昌府知府任解職歸里。得暇，裒輯平生所知家訓，凡見於《揅經室集》者分條繫注；未刻者亦編年附其後；就本身所受教育以詒子孫，欲其垂範百世，傳家學於無窮。光緒元年春，兩淮都轉鹽運使司運使方濬頤求阮元遺書，詢阮福，遂出示《揅經室訓子文筆》相正。方濬頤後即付梓印行。該書分上、下兩卷，上卷爲文，下卷爲詩。文有《學海堂文筆策問》《〈孝經〉郊祀宗祀説》《宗禮餘説》《〈大雅·文王〉詩解》《文韻説》等，皆爲《揅經室集》輯入。其中《學海堂文筆策問》爲阮福編入《文筆考》；《文韻説》雖是阮元、阮福父子論文筆之文，因撰於道光五年三月，而《文筆考》已前此行世，故未收入。另有《朱文正公遺墨卷跋》爲《揅經室集》未收，此文乃論書法之文，倡導古拙，反對泥古不化的館閣體，繼續爲其《南北書派論》《北碑南帖論》張目。詩若干首，皆事涉阮福者，其中有《揅經室集》中過録；亦有昔日阮元書賜阮福者，惜皆毁失，憑記憶默寫。所選詩，有爲避壽而竹林茶隱者，有督促子弟讀書者，有携子觀看農耕者，有種蔬食蔬者，諸如此類，皆體現出勤儉節約，不事鋪張，貼近鄉民，關心民間疾苦的心聲。道光元年十月，時任兩廣總督的阮元代理廣東鹽政、巡撫、學政、太平關、粤海關税務長官。適逢阮福生子，阮元爲之取名恩光，又逢同掌六印，取小名六印。闔家歡樂之餘，阮元擔心嬌慣新生兒，特意書寫一詩警示：『翡翠珊瑚列滿盤，不教爾手亦相拈。男兒立志初生日，乳飽飴甘便要廉。』例舉此詩，管窺蠡測，足見阮元教育子弟的用心。書前有定遠方濬頤、儀徵厲雲官、山左王際相序，卷末有阮福跋，皆言及是書輯刻之顛末。本《文庫》據上海圖書館藏清光緒刻本影印。（王章濤）

姚氏家訓附文法直指 （清）姚澍撰

姚澍，字雨田，清揚州府甘泉縣人。乾隆五十一年貢生，曾任如皋縣教諭。是書由作者侄孫姚光鼐校字，姚光鼐在跋中言『鼐家藏塾課文稿數百篇，並《遵注》《講義》諸書。癸丑兵燹之後，全稿散佚無存。丙辰（光鼐）應京兆試入都，篋中僅存《家訓》及《文法直指》一卷……爰付梓以傳世』。《姚氏家訓》共有四條，分别爲：定志、澄心、救務外之弊、救委靡之弊。相較而言，是書所附《文法直指》則更爲詳盡，全面教授讀書、作文之法，『初學從此入門，不至偭規錯矩；即已成者，神明意會，亦可精益求精』。是書有上海圖書館藏同治十一年姚光鼐刻本，共一册。本《文庫》據此本影印。（陳果嘉）

揚州芍藥譜 （宋）王觀撰

王觀有《揚州賦》，已著録。《宋史·藝文志》載揚州芍藥譜凡三種，作者分别爲孔武仲、劉攽、王觀。前二者之譜均無傳，王譜凡一卷，署『將仕郎守大理寺丞知揚州江都縣事王觀撰』，爲作者在江都縣令任上所作。譜前叙云：『維揚之芍藥……自古種花之盛，未之有也。』取其自熙寧八年季冬守官江都以來所見芍藥品種，較之舊譜更多，乃撰此譜。譜末有《後論》：『芍藥三十一品，乃前人之所次，余不敢輒易。後八品，乃得於民間而最佳者。』所謂『前人之所次』，《四庫全書總目提要》云即劉攽之芍藥譜：『其所謂三十一品前人所定者，實即本之於劉譜。惟劉譜有妒裙紅一品，此譜改作妒鵝黄，又略爲移易其次序，其劉譜所無者，新增八種而已。』綜之，此譜載芍藥品種共三十九種，分爲上之上、上之下、中之上、中之下、下之上、下之中、下之下七個等級，各列花名若干，並且介紹其顔色、花型、大小、高度和得名緣由。條目清晰，記載詳略有當，堪爲後代植物學研究和園藝栽培研究之重要歷史資料。此書有宋《百川學海》本、明弘治十四年華珵刻本、嘉靖十五年鄭氏宗文堂刻本、《山居雜志》本、《説郛》本、《筆餘叢録》本、清《四庫全書》本、《墨海金壺》本、《珠叢别録》本、《揚州叢刻》本等。本《文庫》據宋《百川學海》本影印。（李潔）

揚州瓊華集一卷 （明）楊端撰

楊端，字惟正，明浙江鄞縣人，成化間寓居揚州。集前自序云：『三山楊公立齋以南臺侍御來守是郡，始屬端爲之採輯。……藁成，公適以疾告歸。端恐復漫爲故紙，勉爲倩鐫工刻梓。』序末署『成化二十三年丁未歲二月既望四明楊端書於維揚寓舍』。考成化年間揚州知府楊姓者爲楊成，閩縣人，成化十四年任，二十二年去任，與『三山楊公立齋』

（三山，明時屬福建福州府閩縣）、『槀成，公適以疾告歸』和『成化二十三年刻梓』相合，故知是集作於明成化十四年到二十二年之間，是時任揚州知府的楊成命楊端採輯編撰而成。是集不分卷，除集前楊端自序一篇、瓊花圖一幅之外，正文彙集歷代關於瓊花的文賦詩詞作品，首爲宋杜斿《瓊華記》，次爲明盧昭《瓊華圖叙》，又次爲明單安仁《瓊華辯》，再次元馮子振、陳養浩《瓊華賦》各一篇，以及輯由唐至明諸多文人題詠瓊花詩、詞各若干。全書不標卷目，僅以文體相次。《四庫全書總目提要》著録爲『《瓊花譜》一卷』，又云：『范欽天一閣所藏别有《揚州瓊花集》，以雜文爲一卷，詩爲一卷，詞爲一卷，蓋即因此本而分析其卷帙。』此天一閣藏三卷本今未見傳本。本書有南京圖書館藏明成化二十三年序刻本，揚州市圖書館藏新抄本，均據此本過録。本《文庫》據明成化刻本影印。（李潔）

廣陵瓊花志三卷　（明）馬駢撰

馬駢，字共甫，號南亭，明江都人。户部郎中、泉州知府馬岱子。明成化二年進士，生平無考，朱彝尊《經義考》著録馬駢《春秋探微》十四卷，卷首馬駢自署爲『揚州府學生員』，《廣陵瓊花志》卷三詩自注又云『本府儒官』。朱彝尊《明史綜》又云：『共甫爲知泉州府事馬岱之子，與兄駙次甫、騆用甫並有詩名。』而據《廣陵瓊花志》卷三所録馬氏諸人詩及名下小傳，馬駢爲馬岱之次子，馬駙是其長兄，而馬騆實爲其季弟。《明詩綜》並云駙、騆均爲其兄，誤。是書凡三卷。筆者所見南京大學圖書館藏鈔本缺卷一前半部分，自第十頁之背面開始，有單安仁《瓊華辯》一篇，《錦綉萬花谷》《西京雜記》所載與瓊花有關典故各一則，卷末有『南亭外史氏論曰』一段文字，綜述瓊花之歷史源流，並云：『惜乎，（瓊花）爲數千年之瑞物，徒膾炙人口，而自無志譜以紀其勝，君子有遺恨焉。予因四明楊公之集瓊花詩，更述爲志簡略於其始者，外述所遺。』所謂『四明楊公之集瓊花詩』，即楊端《揚州瓊華集》，其内容詳見前則提要，據馬駢此『論曰』，是書當在楊集基礎上增輯而成。卷二、卷三首頁均題『南亭外史馬駢著，燕庵逸史劉然校』。卷二題爲『煬帝看花』，篇名下題『大業遺事唐中書侍郎顔籀師古述』，爲文言小説一篇，載隋大業十二年隋煬帝前往揚州后土祠觀賞瓊花故事，篇末『南亭外史駢曰』云閲自東陵上舍張伯淮之《説郛》本，與蔡天祐之《春夢録》一併録之。小説後又有『附雷塘記』一篇，爲其兄馬駙嘉靖辛卯正月遊雷塘而作，篇末馬駢論云：『予兄紫泉先生，昔《遊雷塘記》中載煬帝之冢墓爲詳，似可以補顔師古《遺事》之未備者，因附録之。』卷三題爲『古今題詠』，收録從唐至明歷代詩人題詠瓊花之作，按詩體分別編排，部分詩已見於楊端《揚州瓊華集》，在楊集基礎上更有增補，七律部分包括馬騑之父馬岱、兄馬駙、弟馬騆，以及次子馬環、季子馬璣詩各一首。此書有南京圖書館藏清天禄閣抄本，又揚州市圖書館藏據此抄本之過録本。本《文庫》據揚州市圖書館藏天禄閣抄本録副本影印。（李潔）

瓊花集五卷 （明）曹璿輯

曹璿，字玉齋，明江都人。生平無考。集前自序云『命仲兒守貞遍考群籍，增所未備』，康熙《江都縣志》亦云此書『中考證多出守貞』，知此書實爲曹璿、曹守貞父子合作。曹守貞，字子一，嘉靖十年舉人，十七年進士，歷官浙江遂昌知縣，工部營繕司主事，山東轉運判官，南京户部郎中，平樂知府等。著有《畸侔軒稿》，以及《括冶記》《名賢紀事》各一卷。此集曹璿自序署『嘉靖乙未季秋日』，即嘉靖十四年，爲曹守貞已中舉人而未登進士前奉父命助編。是書凡五卷，各卷按文體收録與瓊花有關的作品，卷一考證、遺事，卷二宋、元、明詩，卷三詩餘，卷四賦，卷五記。據曹璿自序，他憤於隋煬帝幸江都觀瓊花傳説之妄，以及後人誤將唐人題詠之玉蕊花謂爲瓊花之謬，尤其批評楊端《揚州瓊華集》之謬訛：『成化中浙人有爲花集者，止據黄冠舊簡，潦略成編，雖知隋事之誣，而猶踵延元封號之謬。中間所載李衛公、劉夢得詩，俱詠玉蕊花者，餘篇悉用免園俚語，冒稱唐宋名家之作。』因此據所得《寶祐維揚志》：『茲花始末具在，其詩篇斷自王黄州，與隋事略不相涉。』抄録並命其子守貞考證增輯，成爲此書。康熙《江都縣志》贊其：『極辨唐昌玉蕊之誣，足以洗數百年訛妄。』此書有《別下齋叢書》本、《香艷叢書》本、《揚州叢刻》本。本《文庫》據《揚州叢刻》本影印。（李潔）

瓊花志一卷 （清）朱顯祖編 （清）周熙訂

朱顯祖，字以君，號雪鴻，清江都人。順治三年副貢生。著有筆記《臆言》，另撰有《朱子近思録解》《希賢録》《正學編》《師程録》《二程集語》，均見於嘉慶《揚州府志》著録。周熙，字式文，別號霞尚主人，揚州人。生平無考。《瓊花志》後有朱顯祖之子朱澐識語一通，云此書原稿『藏之巾笥十餘年矣……吾友張子心齋木山刻《昭代叢書丙集》，檢以授梓』，按《昭代叢書丙集》刻於清康熙四十二年，可知《瓊花志》約爲康熙二十年至三十年間所編訂之作。是書一卷，無單行本，收入《昭代叢書丙集》卷四十五，題爲『瓊花志』，署『揚州朱顯祖雪鴻編次，同郡周熙式文仝訂』，首有瓊花圖一幅，云爲臨摹周熙原本上板鎸刻。全書僅十頁，羅列所輯與瓊花有關的典故、記録、考證、詩文等若干條。據書末朱澐識語，其父朱顯祖《亦園筆記》記亡友周熙臨終囑托：『某於瓊花一事，搜考大有苦心，今已刻圖一頁，考證三頁，其它事跡及宋元明國朝詩、詩餘、賦若干，未授梓，稿在某巷某家，願以歸之我翁，他日爲某廣其傳耳。』然朱顯祖追尋其未梓稿，竟已無有，乃以周熙原刻圖、考證，加以潤色增輯，編成此書。據朱澐轉引朱顯祖自述：『余本之周君式文熙，熙本之郡人曹君玉齋璿，他日梓而行之，亦猶是廣周君之傳云爾，豈余編纂之力哉！』乃知此書實爲周熙原稿、朱顯祖增訂之作，其所本又出自曹璿《瓊花集》。本《文庫》據《昭代叢書》本影印。（李潔）

瓊花題詠全集　（清）貴正辰纂輯

貴正辰，字祈年，明儀徵人。集前阮元序稱之爲『年家子貴祈年』，可知貴正辰之父當是阮元同年貴徵（一七五六—一八一五），字仲符。乾隆五十七年進士，官吏部文選司員外郎。著有《安事齋左文存稿》《安事齋詩録》《詞録》，纂《揚州河渠志》。貴正辰生平無考，阮元序云其於道光二十九年以《瓊花集》見示乞序，此書當纂於是年之前。是書凡六卷，面題『瓊花題詠全集，古蕃釐觀藏板』，集中序及每卷首頁、版心，均題《瓊花集》。首有阮元、但明倫、陳延恩序。序後有阮元題寫『瓊花真本』四大字，再後有『古蕃釐觀瓊花圖』三幅。正文每卷首頁均署『揚州貴正辰祈年輯，古瓊花觀住持吴本增校刊、徒項妙銷訂』，卷末頁尾署『男恩慶校字』。共六卷，卷一爲原始辨證，輯録歷代關於瓊花的考證記載，卷二爲雜文，收録以瓊花爲題材的記、賦、辨，卷三、四、五、六分别爲唐、宋、元、明各代題詠瓊花的詩作。從所收詩文範圍觀之，當曾參考過楊端《揚州瓊華集》、馬駢《廣陵瓊花志》二書。本《文庫》據清咸豐二年古蕃釐觀刻本影印。（李潔）

文選樓藏書記六卷　（清）佚名撰

撰者不詳。阮元學識廣博，著作宏富，藏書極多，因藏書樓鄰相傳隋曹、李修《文選》處，故名『文選樓』。是書主要記載阮元藏書。共六卷，收書目二千六百種，未刊行，傳世均爲抄本，且僅爲部分藏書之草目，當爲未定稿本。首記書名卷數；次記著者；再簡記版本，如『刊本』『抄本』等；最後簡記提要，每書不過十數字，最多數十字而已；更有少數記書得之何處，以得之朱彝尊曝書亭處爲最多。較之一般藏書目録，多簡明提要而已，因名藏書記。據考，藏書記出自藏書樓管理書籍的門客之手，其編撰體例多同《浙江採集遺書總録》，細校各條，也有異同，有異同者，多以藏書記爲優。應該是門客編撰『文選樓藏書記』抄録提要時，據原書改正《浙江採集遺書總録》錯誤所致。藏書記最終未能定稿，文字體例等都存在一些瑕疵，加之各抄本間尚有異同，當是傳抄間手誤。本《文庫》據李氏越縵堂抄本影印，抄本中縫下有『越縵堂鈔藏』字様。（劉向東）

墨香書屋藏書目 （清）佚名編

無編者名，當爲晚清民國間揚州某家所編。揚州歷來文風昌盛，官商舊家往往都有藏書讀書的風氣。知名藏書家如馬曰琯、馬曰璐、程晉芳、陳本禮、秦恩復、阮元、何氏瓠園、吴氏測海樓，不知名的更多，比如清末民初的冶春後社諸位社友，家家都有藏書。但是，揚州藏書家不知何因多不編撰書目，除測海樓編撰《吴氏測海樓藏書目録》稍有影響外，幾乎揚州歷代藏書家都没有編撰有影響的書目傳世。馬曰琯兄弟儘管藏書名揚天下，乾隆採進民間藏書編撰《四庫全書》，馬家獻書七百多種，位列全國第一；秦恩復家三代藏書刻書，藏書想必多矣；何氏瓠園藏書，通過張元濟先生的購書日記，可知光商務印書館購買的何氏藏書就有『明版三千七百三十二本，抄本五百五十四本……殿版一千零九十九本，普通書三萬四千八百九十八本，總共四萬零三百七十五本』。儘管經分析這三家藏書數量極大，由於未見藏書目，三家藏書數量質量究竟如何，並不十分清楚。故揚州藏書風氣雖然由來已久，且歷朝藏書家很多，但很難瞭解揚州各家的藏書具體情況。《墨香書屋藏書目》是例外。全目收書共八百五十多種，編撰特點十分明顯。其一，著録極爲簡略。每種書只著録書名和册數。其二，紙張著録明確。和其他書目明顯不同的是，著録紙張極爲仔細。前六百種幾乎每種書都記載紙張情況，且名目繁多，如竹紙、白紙、官堆紙、洋杭連、料半紙、桃花紙、重賽連、宣紙、白扇面連、棉紙、美隆紙、黑皮紙、賽連紙、杭連等，説明藏家非常熟悉紙張。其三，版本鑒定簡單。版本情況不是每書都著録，間或記之，且不準確。從簡略的版本記載分析，藏書質量尚屬中等水平，既有宋元版，也有明版和閔、凌套印本，以及稱爲『擺板』的活字印本。其四，不具備圖書分類能力。從目録編撰看，此目不分經史子集，亦没有自己的分類體系，屬於流水賬式的記載。總之，從中可窺清末民初揚州藏書家編目的水平和習慣。此書有抄本，一册，用『雲藍閣製』箋紙抄，上海圖書館藏。本《文庫》據此本影印。（劉向東）

珍書享帚録 朱長圻編

朱長圻，生卒年不詳，字甸清，南京萃文書局老板。原揚州陳恒和書店主人陳履恒是其親戚，也是其弟子。目録名《享帚録》，取『家有敝帚，享之千金』意。收書一七五種。其中多是善本古籍，因此費錢費力詳加校對鉛印出版。實際是朱氏萃文書局推銷書籍的書目。既是商業用途的書目，自然就有特殊的格式。首先介紹書名、卷數、版本、紙張以及册數，次則大字標注價格，最後是雙行小字解題：詳記撰者、行款、版本、刻工姓名、序跋及收藏印、名家題跋等。比較民國年間書目編撰的整體水平，此書目質量非常之高。書名比較完整規範，版本著録明確，記載書中序跋、刻工、收藏印等等，更加符合現代古籍書目著録的要求。書店爲商業用途編撰的書目，對後世目録編撰的影響極大。其對書名、著者、版本、刻工姓名、序跋及收藏印的固定著録格式，最終影響到現代目録編撰規則的成熟。本《文庫》據上海圖書館藏一九三六年鉛印本影印。（劉向東）

揚州金石目　宣哲撰

宣哲有民國《高郵志餘》，已著録。書前有言：『汪喜孫序《濟南金石志》云，丁卯之歲，曾葺《廣陵圖經》《邗江金石》，附書以傳。後之來者，編輯方志，未墨於板，選樓藏本，化爲烟雲。』是書所記名目，種類繁多，既有碑銘墓志等石刻文字，又有鐘鼎彝器的銘文款識。似爲《揚州金石編目》一書之初稿版本。此書有上海圖書館藏稿本，共一册。本《文庫》據此本影印。（陳果嘉）

揚州金石編目　宣哲撰

宣哲有民國《高郵志餘》，已著録。是書編寫基本以時間順序爲標準，每一目下有：該目所載之全稱，推斷年代之依據，收藏者何人，全文何處收録，何人在何種書籍題跋、題記等。比較《揚州金石目》，著録更加詳備，書寫亦更規整。此書有上海圖書館藏稿本，共一册。本《文庫》據此本影印。（陳果嘉）

高郵縣立圖書館概况　佚名編

一册。是書分本館簡史、本館規程及組織、本館各種圖書數量表、本館十六年度經濟概況、館務會議細則、館員服務規程、閲覽人數比較表、黨義閲覽室規約、普通閲覽室規約、兒童閲覽室規約、閲報室規約、借書規程、本館借出圖書統計表、徵集規程、參觀規程、附録本館標語等十六條，較爲完整地涵蓋了圖書館工作的方方面面。高郵縣立圖書館建於民國十年，地址在當時的公園内。第一任館長董增傳，繼任者張曾劬、徐義源、張鑒。圖書館設黨義閲覽室、普通閲覽室、兒童閲覽室、閲報室四個閲覽室，其餘設總務股、訂購股、編目股、出納股、事務股五個部門。圖書分類採用自己製定的九大類：叢、經、史地、哲學與宗教、文學、社會科學、自然科學、應用科學、藝術，共計藏書一二一八種，七六二五册。每天開放六點五小時，夏日延長一小時，每周一閉館，對館員、參觀者以及閲覽者的行爲都分别訂有規程。據接待讀者人數分析，每天平均最少接待讀者五人，最多接待讀者不到五十人。上世紀初，新式圖書館辦館思想及模式都剛剛從國外引進，地處偏僻之地的高郵縣在圖書館運行七年的基礎上，撰寫縣立圖書館概况，其圖書館的辦館思想及實績均明晰可見，同時期的材料保存至今的非常少見，尤其是邊遠小城鎮的圖書館早期的成立和運行狀况，文字資料幾乎不存，故此書是我國圖書館史上值得重視和研究的第一手資料。本《文庫》據一九二八年鉛印本影印。（劉向東）

寶應縣志書目校補

成永撰

成永（一八九八—一九七五），字哥言，别號戊戌生，晚號箕齋、盲左。寶應人，祖籍江西鄱城。八歲入塾讀書，喜博覽。年十五，學詩畫篆刻，研石經，治小學，肆力古文辭。自署書屋曰『學詁訓室』。畢生從事鄉土文獻研究整理，著有《寶應縣志書目校補》《寶應疑年録》。此書始編於一九四二年，三易其稿而成。鄉人郁念純襄助校録。全書以民國二十一年鉛印本《寶應縣志》卷二十三『藝文志』爲據，按經史子集分類，約收一千餘條寶應書目。首列書名、卷數，下詳録作者或版本，時以按語形式考釋書目。書中凡有邑人所著未收者補之，有他邑人所著誤入者正之，書之或存或佚而爲己所見者，以及或有刊刻源流可考者，俱詳記之於目，並按《疑年録》中所已考定之撰者生年先後釐定次第，其生年或尚有待考者，則次第暫仍其舊。如在譜系類後，作者按言：『寶應氏族譜乘頗多，姑就曾見其書者增補。其未見者，疑有成書，若梁氏、冀氏、刁氏、陶氏、田氏、郝氏、顔氏、方氏、昌氏、任氏、房氏、孟氏、賈氏等譜之存佚不得知矣。其流寓吾邑者，若胡家營莊，高郵胡氏今亦纂有家譜石印本；光緒九年來居吾邑之和州鮑氏友恪，編有本支譜略，鉛印二本；其定遠方氏，盱眙王氏，泗州沈氏，鳳陽萬氏，合肥郭氏、袁氏、徐氏、朱氏、汪氏，江寧胡氏、丁氏，溧水郜氏，丹徒茅氏等，雖有家譜著其本籍，與寶應無事跡可稽，故未録入。』由此可見此書非簡單的書目登録，實融入編者的考釋研究，時人遂有『公於此稿，用力至劬』贊語。一九八八年政協寶應縣委員會文史科據稿本影印發行。書前有政協寶應縣委員會文史科所撰《前言》，書後有癸丑年郁念純撰《寶應成哥言先生生傳》、一九八七年撰

《寶應縣志書目校補後言》。此書爲稿本，書名頁有『癸丑長夏盲左永三易稿，用手鏡寫於予西廡』字。用毛筆簡體字抄録。本《文庫》據揚州市圖書館藏一九八八年影印本影印。（王志娟）

儀徵吴氏有福讀書堂藏書簡明總册　（清）吴引孫編

吴引孫（一八五一—一九二〇），字福茨，一字茨甫，號養寬，拙圃老人，祖籍歙縣，清儀徵人。歷官浙江寧紹台道道員、廣東按察使、署理新疆巡撫、浙江布政使等職。家富藏書。有《揚州吴氏測海樓藏書目録》《吴引孫自述年譜》，本《文庫》已收録。吴氏由於多年在外爲官，受浙江、廣東藏書家編撰書目風氣影響，且受新式圖書館編目的影響，着力對自己的藏書進行整理編目，並數次雕版刷印出版，公布海內外。此爲最初的書籍登録簿，也即吴氏着手編撰藏書目的基礎。爲藏書登録編目，吴氏最先設計專用格紙，版心上印『有福讀書堂書目』，下印『儀徵吴氏藏書』，有固定某箱、某函、某册、某部的登録統計格式，準確有效地對藏書進行基礎登録。用心縝密，態度嚴謹，反映吴氏對藏書管理有超前於同時代人的先進理念。此目按經、史、子、集、藝、叢、醫、試、説、教、闕十一類，登記書籍五八五箱，共約十萬餘册。從各箱細目看，吴氏大約因長期宦遊在外，僅僅爲了便於携帶管理，將書籍按大類進行裝箱，未進行仔細的分類，更未對著者、版本等項進行登録。正是有如此細密的準備和精心保管，使得吴氏歸家後藏書能編成十二卷《測海樓藏書目録》，也可以稱得上揚州歷史上最完備正規的藏書目録，測海樓之所以成爲揚州歷史上著名藏書樓，實際也賴於此。本《文庫》據南京圖書館藏紅格抄本影印。（劉向東）

揚州吴氏測海樓藏書目録十二卷　（清）吴引孫編

吴引孫有《儀徵吴氏有福讀書堂藏書簡明總册》，已著録。此爲吴氏在《有福讀書堂藏書簡明總册》的基礎上，公諸於世的正式藏書目。共六册。吴氏嘗在書目序中云：『余惟視力量所及，耳目所周，不拘一格，凡元明刊本，舊家善本，尋常坊本，殿刻局刊各本，隨時購覓，意在取其完備，不必精益求精。自宦遊浙粤十餘年來，節省廉俸，廣購儲藏，得八千零二十種，計二十四萬七千七百五十九卷。……爰仿粤東廣雅書院書目之例，分爲七類四部，之首冠以御製敕撰諸書』，將收書及編目特點叙之甚詳。書目在四部分類之前列『御製敕撰諸書』，以示對清廷敬重之意。此後基本仿經史子集四部，加入雜著、叢書，分類排列各書。各書又先後列書名、卷數、作者、版本、册數、函數，除版本項不明瞭者乾脆不列外，其餘諸項均極爲準確。與《吴氏有福讀書堂藏書簡明總册》相比，改正『藏書簡明總册』的分類，成功將登記册改爲書目，反映了吴氏對藏書目編撰的重視態度和較高的書目編撰水平，在揚州藏書家中當爲孤例。書前有光緒三十年吴引孫序。本《文庫》據上海圖書館藏清宣統二年揚州吴引孫家刻本影印。（劉向東）

揚州徐氏藏書目 佚名編

編者不詳。書目收書四百七十餘種。用『雲藍閣』十行紅格紙抄。無書名，僅封面題寫『揚州徐氏藏書目』一行，故名。徐氏名字不詳，據紙張字體推測，書目抄寫於民國年間。推測當爲徐謙芳藏書。徐謙芳有《揚州風土記略》，已著録。徐謙芳專注地方文獻搜集，藏書豐富，一九三八年尚在世，日寇攻陷揚州，嘗避難於江都塘頭。有《揚州風土小記》傳世。書目按書名、著作者、印行年月、卷數、本數、板本、紙張、附記分别填寫。書名爲簡書名，著作者也僅寫一人名，印行年月多記干支，版本分别記『鉛印、石印、木』，紙張記『竹四開、白紙、白四開、油光紙四開』等等，對開本記載詳於紙張。總體可見編目水平較差。從所收書籍看，均爲經史子集常見之本。比重較多的有揚州所轄各縣志、水利志等地方文獻。揚州古籍書店藏書中多見鈐有『江都徐氏藏書』印者，當即爲徐謙芳藏書之證。本《文庫》據揚州市圖書館藏抄本影印。（劉向東）

道光十六年揚州府縣學名宦鄉賢册 （清）佚名編

編者不詳。本册編於道光十六年，收録了揚州府學以及江都、甘泉、儀徵、高郵、興化、寶應、泰州、東臺各縣學中所祀名宦和鄉賢的詳細名單。凡嘉慶《揚州府志》中已有傳的人物，只列名，不出傳。在府志中無事跡的，則於名下附有小傳。上起西漢，下至清朝。並詳考所祀諸人籍貫履歷，移出實不當祀而木主在列的，增補當祀而無木主的。又有將鄉賢與名宦錯置的，皆一一注明。現存抄本一册，藏於南京圖書館。本《文庫》據此本影印。（趙彦梅）

江甯揚州府學堂志一卷 （清）沈維驥撰

沈維驥，生卒年不詳。清長洲人。光緒二十八年，光緒帝下詔停科舉，改設學堂。江蘇風氣早開，『校舍比櫛，多士如林』，本書即將清代江甯府上元、江甯、江浦、六合、句容、溧水、高淳七縣，以及揚州府江都、甘泉、揚子、高郵、興化、寶應、泰州、東臺二州六縣十五個地方的學堂情況統爲一編。每一學校包括校名、地址、學生類别及人數、經費來源及數量等，校名下注明其學校性質。其中經費來源有政府撥付、商販捐助，還有學堂自籌。學校有幼稚園、初等小學、中學、師範、女子學校等等。內容詳實，從中可以看出當時的學校設置情況，亦可見地方政府對教育的態度。卷端署『江蘇通志卷〇〇』字樣，其本當爲《江蘇通志》底稿之一。現存稿本一册，藏於南京圖書館。本《文庫》據此本影印。（嚴嵐）

揚州儀董學堂章程　（清）佚名撰

撰者不詳。揚州儀董學堂，爲兩淮鹽運使程儀洛所創建。程儀洛，字雨亭，浙江會稽人，光緒三年進士。清廷自『戊戌變法』後，推行新法，在各地開辦新式學堂。光緒二十八年，程儀洛任兩淮鹽運使，就揚州城東淮南書局故址建本學堂。遴選高才生百餘人就讀其中，延請名師執教，購置圖書儀器，製訂規章制度。本章程即爲此而訂。《章程》包括第一章學堂辦法，第二章學堂條規，附分時授課表、管理圖書儀器章程。第一章『學堂辦法』第一節闡述辦學宗旨及課程設置時説：『此次揚州府學堂係欽奉諭旨飭辦。慎聘教習，督課諸生，恪遵先師孔子教育，以四子書、五經爲體，以本國歷史、輿地、掌故、數理及外國歷史、輿地、政治、藝學爲用。』鮮明地體現了以經學爲體，以技藝爲用，及中西並重的思想。又指出培養學生的目標是：『務令諸生葆完全之德性，具普通之智識，爲他日遞升省會高等學堂之選及地方小學堂、蒙學堂教習之任。』《章程》還指出，儀董學堂爲兩淮揚州之中學堂，其學生由本府各州縣分設之小學堂卒業生內遞升。第二章『學堂條規』規定，每年入學及年終散學日，應請地方官會同教習率領學生向至聖先師孔子行三跪九叩首禮。由此可以看到新式教育中的傳統印記。光緒三十三年兩淮鹽運使趙濱彦改其名曰兩淮中學校，民國成立後改名爲淮揚合一中學校，民國三年改爲省立。劉梅先《揚州雜詠》云：『儀董聲名重兩淮，達今存古講堂開。一時執教皆耆碩，八屬生員亦雋才。』現存刻本一册，朱印本，藏於揚州市圖書館。本《文庫》據此本影印。（江慶柏）

揚州儀董學堂藏書目　（清）儀董學堂編

書目不注撰人，當是學堂圖書管理人員編訂。書目首行題『儀董學堂藏書總目』；次行雙行小字題『學堂藏書，陸續增購，約略分類，隨時編入、存簿』。下鈐印『儀董學堂藏書圖記』。書目只記書名、卷數、册數、版本。書目大約按經史子集分類，又按照律例、救荒、算學、格致、兵法、醫學、地理、輿圖、國外歷史、法律、經濟、學校、衛生、雜部分類。揚州儀董學堂創辦於一九〇二年，據考校址最早在東關街，後多次遷徙，爲揚州中學的前身。從書目可以看出，清末的學堂隨着西學東漸，在注重傳統文化教育的同時，爲適應取消科舉後新式學堂的教學需要，也增添了許多新學科新知識的書籍。據統計，儀董學堂藏書目共計一〇七四五册。從分類看，舊式的經史子集四部分類法已經不能容納新的學科，所以，該目的分類極其紊亂。既有經部，又將經部的小學類單獨分出；既有子部，又將子部的醫學、兵法單獨分出等等。作爲學堂的圖書管理，肯定是以便利師生閱讀爲主要目的。圖書必須適應師生借還的需要，其中就必然有磨損和剔舊造成的圖書損耗。用雕版形式印刷學堂圖書館藏書目録，估計不多見，因爲學堂圖書館需要不斷增添或減少圖書，這不是一個好方法。也正由於這個原因，這類清末學堂的藏書目録非常少見，因而十分珍貴。本《文庫》據揚州市圖書館藏清光緒年間紅印本影印。（劉向東）

兩淮師範學堂職員姓氏録 （清）佚名編

編者不詳。兩淮師範學堂是清末揚州的一所師範學堂。光緒三十四年，時任兩淮鹽運使趙濱彦將尊古學堂改辦爲兩淮師範學堂，民國元年更名爲江蘇省立第五師範學校。本册首署『宣統元年第貳學期通信録』。通信録先收職員姓氏録，次學生姓氏録，内容包括姓名、字、年齡（學生）、籍貫、職務（職員）、通信處。職員姓氏録十五人中有兩位兩淮鹽運使在册：趙濱彦，字渭清，浙江歸安人，前總理，前兩淮鹽運使、現廣東按察使；吴葑，字闐生，山東海豐人，現總理，江安督糧道，署兩淮鹽運使。這種人員設置反映了清末兩淮鹽運司對書院、學堂行使着管理職能。本《文庫》據揚州市圖書館藏清宣統元年鉛印本影印。（嚴嵐）

揚州兩淮儀董學堂同學録 佚名編

編者不詳。儀董學堂是光緒二十八年由兩淮鹽運使程儀洛創辦的揚州中學堂。先後主講者有屠寄、王鵬運、鮑心增、劉富曾、桂邦傑等，皆海内人望。此同學録叙録先職員，次教員，次同學。職教各員以到校先後爲次第，同學則以姓氏筆畫爲序。所列職員有程儀洛（前兩淮鹽運使）、恩銘（前兩淮鹽運使）、吴葑（前兩淮鹽運使）、趙濱彦（前兩淮鹽運使）、榮普（前揚州府知府）等。書前有民國十年孫傳綺、桂邦傑序，有例言。是書一册，現存民國十年揚州徐青雲齋石印本，藏於揚州市圖書館。本《文庫》據此本影印。（江慶柏）

一年來之揚中 中央大學區立揚州中學出版委員會編

中央大學區立揚州中學，初名江蘇省立揚州中學，民國十六年七月初，由原江蘇省立第五師範學校、省立第八中學兩校改組成立。本校曾先後更名爲第四中山大學揚州中學校、江蘇大學揚州中學校。民國十七年夏，改爲今名。該校劃分爲四部即高中部、初中部、鄉村師範科及實驗小學。高中部設江蘇省立第五師範學校舊址，初中部設江蘇省立第八中學舊址，鄉村師範科設江蘇省立第五師範學校分校，實驗小學設江蘇省立第五師範學校附屬小學舊址。中央大學區立揚州中學出版委員會，民國十六年十月第一次校務會議依據學校組織大綱之規定，組織出版委員會，計劃及辦理學校一切出版事宜，並於同年十一月三日舉行成立會。有詳細的出版委員會職員名單。同月十日出版旬刊。民國十八年六月出版年刊，即本書《一年來之揚中》。是書主要『報告一年來工作之實況，藉求當代教育家之指導與批評』，『紀述各部科活動之真相，以冀事實上之明瞭與精神上之溝通』。有弁言（周厚樞）、敬告閱者（中央大學區立揚州中學出版委員會）、本校校歌一首、插圖江蘇大學揚州中學高初中師生校工全體合影（十七年三月一日）、江蘇大學揚州中學師生平治校園合影（十七年四月十五日）及江蘇大學揚州中學大掃除攝影（十七年勞動節）三幅。分一年來之學校行政、一年來之政務、一年來之訓育、一年來之體育、一年來之課外活動、一年來之教職員會、一年來之鄉師、一年來之實小等八章，附有教職員一覽表、學生名録。是研究民國時期揚州學刊史及教育史的珍貴史料。此書於民國十七年六月由中央大學區立揚州中學發行，鎮江江南印書館印刷，一册，有圖。封面題名由該校校長周厚樞題寫。周厚樞（一八九九—一九六七），字星北，江都人。美國麻省理工大學碩士，曾任國立廣東大學、河南中州大學、國立東南大學教授，民國十六年六月任國立中央大學區立揚州中學校長。著有《考察日本教育報告》《中等學校訓導與理化科教學》。本《文庫》據南京圖書館藏民國十七年本影印。（夏彪）

蘇揚中小校行政概况

江蘇省立揚州中學實驗小學編輯課編

蘇揚中小校即江蘇省立揚州中學實驗小學，創立於民國二年，初名爲江蘇省立第五師範附屬小學校；民國十六年，江蘇省立第五師範與第八中學合併改組爲第四中山大學揚州中學，遂改名第四中山大學揚州中學實驗小學校；民國十七年，國立第四中山大學改名爲江蘇大學，復改名江蘇大學揚州中學實驗小學校；同年，江蘇大學易名國立中央大學，遂改名揚州中學實驗小學。小校初辦時租用缺口街民房，後遷入左衛街師校舊址，即前梅花書院，並有所拓建。學校主持者先後八人：何景平、唐勤甫、單治秋、王芷濱、陳蘭舫、薛翹東、曹潄逸、張子華。是書修訂於民國十八年十二月，當時省立實驗小學除本校兒童教育和進行教育方面的創新實驗外，還肩負着聯絡地方小學、指導教生實習的任務，舊有行政概況早已散罄，且與現實情形多所不符，交流指導缺乏材料，故而修訂編撰本册。內容包括校史、校旗校徽、校歌、校舍平面圖、總務方面、指導系方面、教導系方面、事務系方面，對小校的行政組織機構、人員構成、職能、目標任務、具體標準、實施方案、規章制度、教工福利待遇、學生管理、學生考評標準等都有詳盡的條款規定，是小校行政概況的詳細檔案，據此可知當時省立實驗小學的辦學宗旨和基本設置情況。書前有民國十八年張幼虹序。本《文庫》據南京圖書館藏民國十八年鉛印本影印。（嚴嵐）

揚州中學實習報告　俞思敬　廖人祥　康世誠　謝維申　趙芝慶著

俞思敬等，係民國年間南京中央政治學校教育系學生，曾奉派赴鎮江、揚州等地學校實習。他們在揚州中學實習兩個星期，返校後，合署編寫實習報告。本報告爲實習總報告《鎮江師範及鎮師附屬小學揚州中學實習報告》之第三編、第四編。第三編揚州中學，下分三章。第一章專題研究，涉及教務、訓育、學生生活、女子生活、童子軍訓練。從報告中可知，當年揚州中學基本採用訓教合一來辦教務，有高級中學、初級中學、初級女子生活部，修業各三年，根據各教育目標，編制不同的課程。第二章教學參觀與試教，主要由五位實習者就教學與試教撰寫基本情況和個人感受。第四編爲參觀筆録，下分五章，其中第四章爲江都縣教育局、第六章爲江都縣立學校。本實習報告注重專題研究，扼要介紹各校基本情況外，着重寫出實習感受，並對實習見聞進行適當的評述。從中可以瞭解民國時期揚州中學、揚州地方教育實況，對研究民國揚州教育發展有一定的參考價值。報告用統一稿紙謄抄，半頁十一行，四邊雙欄，中縫有報告、頁碼。報告名頁有『中央政治學校研究部圖書室』圓形印章。原稿藏於南京圖書館，後收入《二十世紀三十年代國情調查報告》第四八册，名爲《鎮江師範及鎮師附屬小學揚州中學實習報告》。本《文庫》據此本影印。（王志娟）

江蘇省立揚州中學等校實習及參觀地方教育報告　李超英　錢安毅　劉悉規　鍾志鵬　劉玉書著

李超英等係民國年間南京中央政治學校大學部教育系學生。民國二十二年四、五月，作爲教育行政組第二組實習生，至栖霞鄉村師範學校、揚州實驗小學、揚州中學、界首等地學校考察四星期。返校後，合署編寫實習報告。原報告名《江蘇省立揚州中學揚州中學實驗小學界首鄉村師範學校實習及參觀地方教育報告》。據《報告》所言：他們爲五人實習小組，實習期間主要參加學生生活、參觀與討論、參與學校行政、試教以及演講等。歸校後，五人分工協作，分擔編撰，分篇署名，撰寫實習報告。確立撰寫原則：一、由觀察討論出發，特殊問題之探討；二、由參觀參與得來，親身經驗之認取。報告結構務求簡潔，鈔録只資佐證，忌堆積材料。報告以事項爲經，學校爲緯，混合述之。共分四編，編下各分章節。第一編江蘇省立揚州中學、第二編江蘇省立揚州中學實驗小學、第三編江蘇省立界首鄉村師範學校、第四編江都縣地方教育概況，内容涉及學校沿革、教務、訓育、事務、地方教育行政等，報告前有目録，報告後附『訪問江都縣地方教育後之聯想』。該報告保存了民國時期揚州地方教育發展歷史資料，是瞭解近代中國教育重視教訓合一辦學特點的一個範本。該報告撰寫於民國二十二年五月，著者用統一稿紙謄抄，半頁十一行，四邊雙欄，中縫有報告、頁碼。報告名頁有『中央政治學校研究部圖書室』圓形印章。原稿藏於南京圖書館，後收入《二十世紀三十年代國情調查報告》第一六二册。本《文庫》據此本影印。（王志娟）

省立揚州中學實習報告

高焕陞　曹魁武　夏昌桃　劉坤璞　魏興德著

高焕陞等有《省立揚州實驗小學江都縣教育局實習報告及實習日記》，本《文庫》已收録。高焕陞等爲民國年間南京中央政治學校教育系學生。民國二十四年四、五月，五人爲第一組，至栖霞鄉村師範學校、揚州實驗小學、揚州中學、鎮江等學校實習考察六周，回校後合作署名撰寫實習報告。原報告名《栖霞鄉村師範學校及省立揚州中學實習報告》，實習報告總目爲四，即栖霞鄉村師範、揚州中學、揚州實驗小學、江都縣教育概況。本稿實爲《省立揚州中學實習報告》，與《栖霞鄉村師範實習報告》合訂爲總報告之上册。報告分四編，編下各分章節。第一編概況，論及揚州中學沿革、校址及設備、組織、訓導；第二編高中部，論及教訓合一之實施、課程與教學、訓育之實施、教學上之計劃、事務概況；第三編初中部，論及概況、教務、訓育；第四編初級女子生活學級，論及創設緣起、教育宗旨探討、實施辦法、課程編制問題、勞作狀况、家庭組織概況及其批評、學生出路問題、改革建議。據《報告》可知，民國年間，揚州中學分一、二兩院，有初中部、高中部。校址分别在大汪邊、舊府署内。時任校長周厚樞。仿照日本教育體制，創建揚州中學初級女子生活學級，重視教育技能培養和家庭人培植。此次學生在揚州中學實習，前後三周，時間較短，以考察參觀爲主。報告多寫個人感觀經驗，實爲一種考察性報告。但内容真實可信，是瞭解民國年間揚州中學教育發展不可多得的珍貴資料。該報告前録有『教育系學生實習報告評判等第標準』，具體爲：一、考察精詳，所提問題確有價值，建議多可採者；二、根據學理判事實，能表現心得者；三、選材得要，編制合法，條理明晰者；四、文筆暢順，議論尚屬切實者；五、材料駁雜，語多空泛或見解幼稚者。合於以上一至四條者列甲等，二至四條者列乙等，三至四條者爲丙等，次之爲丁等，五條爲戊等。這爲瞭解民國時期教育水平提供了重要的依據。該報告撰寫於民國二十四年五月，著者用統一稿紙謄抄，半頁十一行，四邊雙欄，中縫有報告、頁碼。報告名頁有『中央政治學校研究部圖書室』圓形印章。原稿藏於南京圖書館，後收入《二十世紀三十年代國情調查報告》第二六四册。本《文庫》據此本影印。（王志娟）

省立揚州實驗小學江都縣教育局實習報告及實習日記

高焕陞　曹魁武　夏昌桃　劉坤璞　魏興德著

高焕陞等有《省立揚州中學實習報告》，已著録。高焕陞等爲民國年間南京中央政治學校教育系學生。民國二十四年四、五月，五人爲第一組，至栖霞鄉村師範學校、揚州實驗小學、揚州中學、鎮江等學校實習考察六周，回校後合作署名撰寫實習報告。原報告名《栖霞鄉村師範學校及省立揚州中學實習報告》，實習報告總目爲四，即栖霞鄉村師範、揚州中學、揚州實驗小學、江都縣教育概況。本報告實爲總報告之下册，即省立揚州實驗小學實習日記、江都縣教育局教育概況。省立揚州實驗小學，成立於民國二年，在梅花書院故址，曾爲揚州中學附小。民國二十三年改爲省立揚州實驗小學。此報告分四編，編下各分章節。第一編概況，論及揚州實驗小學沿革、環境、教育目標、組織、行政、訓育、教學、校舍及設備、教職員、經費及事務、學生；第二編教導概況，論及訓導、教務；第三編實驗研究及推廣；第四編總務。較全面地記録了民國年間揚州小學教育發展情況，是瞭解民國年間揚州小學教育發展不可多得的珍貴資料。《江都縣教育局實習報告》，主要分五編，即教育行政與概况、教育經費、學校教育、社會教育及自由參觀的感想，着重記述江都縣教育概況。提出教育辦得好否，在於經費與人才。後有條目式『實習日程』，簡明扼要地記録五人從四月七日至五月十八日的實習行程。該報告撰寫於民國二十四年五月，著者用統一稿紙謄抄，半頁十一行，四邊雙欄，中縫有報告、頁碼。報告名頁有『中央政治學校研究部圖書室』圓形印章。原稿藏於南京圖書館，後收入《二十世紀三十年代國情調查報告》第一六三册，本《文庫》據此本影印。（王志娟）

江蘇省立揚州中學校友録

江蘇省立揚州中學編

江蘇省立揚州中學，民國十六年七月初，由原江蘇省立第五師範學校、省立第八中學兩校改組成立。曾先後易名爲第四中山大學揚州中學、江蘇大學揚州中學、中央大學區立揚州中學。本書分以下六個部分：一、本校現任教職員一覽表（表設姓名、表字、性別、年歲、籍貫、履歷、職務及擔任教授科目、到校年月、通信處等欄）；二、曾任本校教職員一覽表（表設姓名、表字、年歲、籍貫、在校時所任職務、現況、通訊處、入校年月、離校年月等欄）；三、歷届高中普通科畢業生一覽表（八届。表設姓名、表字、性別、年歲、籍貫、畢業後之經歷、現況、通信處等欄）；四、歷届高中師範科畢業生一覽表（七届。同上）；五、歷届高中工科畢業生一覽表（二届。同上）；六、歷届初中畢業生一覽表（十届。同上）。本《文庫》據南京圖書館藏民國二十五年版影印。（夏彪）

江蘇省立揚州中學女子生活部訓練實況

江蘇省立揚州中學編輯

江蘇省立揚州中學，民國十六年七月初，由原江蘇省立第五師範學校、省立第八中學兩校改組成立。曾先後易名爲第四中山大學揚州中學、江蘇大學揚州中學、中央大學區立揚州中學。民國廿三年秋，『因鑒於現時女子教育之不切實際，徒重知識之傳授，而不顧及生活上諸般能力之養成。於女子對家庭及社會之責任，未免忽視。爲補救此缺點』，經江蘇省教育廳核准，在江蘇省立揚州中學創辦女子生活部，目的在『養成具有獨立人格及充分知識技能之女子，使內可治理家庭，外可服務社會』。規定訓練目標有六：一、發揚我國固有美德，以啓發愛國精神；二、養成刻苦耐勞習慣，以習於躬操家事；三、訓練誠懇樸實態度，以改革浮浪惡習；四、鍛煉堅實壯健身體，以提高國民體格；五、充實女子實用知識，以涵養豐富人生；六、傳授獨立謀生技能，以增進國家生產。本書分創設緣起及宗旨、訓練概况、教學實施原則、教學內容、訓練成效、活動一斑等六部分。後附江蘇省立揚州中學女子生活部第一届學生一覽表。書中有照片，封面題名由時任江蘇省政府主席陳果夫題。此書爲民國二十六年版，南京圖書館藏，本《文庫》據此本影印。（夏彪）

真州學策 （清）佚名編

編者不可考。此本所録，爲清順治二年至光緒二十四年間儀真縣歲、科試入學名册，抄録者非一人。其各「寧」字並諱闕末筆，蓋避清宣帝旻寧諱。道光《重修儀徵縣志》卷十七載儀徵學額：「廪膳生二十名，增廣生二十名，附學生歲、科各入學二十五名，武童學、科並試，額取十五名。」自注云：「儀徵學，蓋自雍正元年定額，以大學照府學例入學。又按《學册》，入學有撥入府學者，或多至四五名，或少則一二名，向無定額。」今查此册，「撥入」者最多爲七名，或四五名，或一二名，道光志所述同。此册以年爲序，每年注明歲、科試，學額變化，或注考試月日，或注試題（如康熙十九年庚午科入條），或加注考試形式變遷（如乾隆二十六年、乾隆五十五年、咸豐二年各注）。姓名旁，有注「廪」者，指廪生；注「副」字，指副榜貢生；注「中」者，指鄉試中舉；注「甲」者，指曾中甲科。另有注「縣首」「府首」等，指縣學、府學案首。據此册，可補正道光《儀徵縣志》、嘉慶《揚州府志》之疑似。康熙五十一年「李文暄」、六十一年「姜坤」下並有「中」字，則當爲舉人；乾隆二年丁巳「程暄」下注「甲」字，則當中甲科，而道光志並失載。康熙五十六年有方士庶，府志謂其「江都人」則誤，道光志注「儀徵諸生，居江都」爲得實。府志謂吴之彦「舉孝廉方正」，「孝廉」與「方正」本非同一薦舉名目，據此册康熙五十七年注「賢良方正」，則府志「孝廉」爲「賢良」之訛。劉寶楠《墓表》、丁晏《墓志銘》並謂劉文淇祖父噉占籍儀徵，補縣學生，未得其他佐證。此書康熙五十七年之「劉噉」，實即其人，得此而有驗。此册中偶有訛字。嘉慶元年注「謝朓栽詩月滿樓」，「栽」當作「裁」；咸豐七年注「虱念何房宫賦」，「何」當作「阿」；同治元年科試小注「安頭筠管長蒲蘆」，「安」當作「案」，均甚顯然。嘉慶十一年「廖阮江」，當據道光志卷三十四作「廖沅江」。嘉慶二十一年丙子科入「張高儔」，注「翰林」，實即道光志卷二十八道光元年鄉舉之張高鑄，後改名雲藻，道光十五年乙未科進士，入翰林，則「儔」乃「鑄」字之訛。册中又偶有脱文，如同治三年歲科並試，有失名一人；乾隆五十七年學額廿五名，撥府二名，則應有二十七人，「戴文炵」下當佚一人姓名。又光緒二十四年入學者失載，則非全帙。此册爲抄本，儀徵市圖書館所藏，本《文庫》據此本影印。上海圖書館藏有《儀徵縣入學名册》一册、二册鈔本兩種，内容

較此齊全。（萬仕國）

梅花書院課藝一集　（清）晏端書編

晏端書（一八〇〇—一八八二），字彤甫，一字巢芸，晚號蜕叟，清江蘇儀徵人，居於揚州仁豐里。道光十八年進士，散館授編修。官至左副都御史，署兩廣總督。一生熱衷文教，善書法。著有《粤游紀程》《使滇紀程》《豫章使程紀略》，參與編纂同治《續纂揚州府志》等。另有《梅花書院課藝二集》《梅花書院課藝三集》，本《文庫》已收録。舊時書院掌教者，從生員所寫作文中挑選若干代表性佳作，將老師的批改意見附在後面，編印出版，以便後來生員模仿領會，稱爲課藝或小課。實即今之學生範文。梅花書院爲揚州最爲著名的書院之一。據考最早建立於明代，多次經歷停辦和重建，從清乾隆年間姚鼐掌院起，漸入書院鼎盛時期。後與揚州安定書院互聘學師，生員也共同擁有，影響更得以擴大。梅花書院的諸生中有不少知名者，如揚州名人吴引孫、陳重慶、何廣生、范用賓等。是書即是晏端書執掌梅花書院時評選的書院諸生作文集。書前有同治十一年晏端書序。據序所言：自嘉慶丁丑至道光辛卯年，晏氏肄業梅花書院。自感『生平所詣，得力於師友者爲多』（晏《序》）。同治三年，晏氏因丁憂歸里。次年，應兩淮鹽運使之聘，出任梅花書院山長。同治壬申年，選刊積年課藝，用備多士觀摩，遂編此書。此書前題：監院陳夔齡、伍承欽、樊清瑞、温繁炘校刊。收文一百四十篇。生員名：范榮瓛、胡宗衡、嚴桂馨、王卿雲、汪兑、居鵬、詹嗣賢、曹祺、沈慶齡、陳咸慶、莫文炳、楊正鈞、郭淇、陳景富、陳浩恩、唐棣、李鴻飛、王金詔、徐兆豐、梅毓、李黼猷、芮曾麟、劉超、姚兆元、齊長華、陳漢襄、石可宗、丁集祺、丁芳、陳孚益、徐福辰、王治文、湯耀金、劉坦、李順祥、江徵祥、趙鼎臣、丁立中、李世榮、王日霖、劉傳祁、盧啓善、孫禄增、徐錚、嚴作霖、焦丙熙、吴慶枚、方霈森、劉用賓、張實書、徐承誥、范用賓、何籛、顧艮、王彬、吴林生、宣震發、黄積昌、江慶溱、江炳奎、諸元鈉、桂道生、張文卿、何廣生、居文騶、李蟠根、陳戣、楊蓬最、王紹文、汪兑、方鑄、潘寶琛、吴引孫、何承霖、唐秀森、居詰、吴麗生、顔馴、胡宗翰、李振禧、吴學泰。書眉有評語如『例挈下章，妙作起步』『千回百轉，跌出上章，筆力千鈞』『卸落輕隽』等。此書對研究晚清揚州地區科舉教育有一定的參考價值。本《文庫》據江都區圖書館藏清同治十一年刻本影印。（劉向東　王志娟）

梅花書院課藝二集　（清）晏端書編

晏端書有《梅花書院課藝一集》，已著録。是書爲揚州梅花書院學生課藝作文集。書前有光緒元年晏端書序。據序言：晏氏主政梅花書院已九年，『課藝積存既夥，並取在院會課諸作，釐剔而删潤之，計得如干首，都爲《二集》』。文前題：監院陳履泰、趙書禾校刊。收文一百零五篇。生員名：劉超、張恩書、顧敦彝、芮曾麟、梅毓、詹嗣賢、何廣生、姚正元、齊長華、吴瀾、錢觀齡、王希善、楊正鈞、鄭喬齡、江徵祥、曹祺、居鵬、趙鼎臣、王肇臨、嚴桂馨、唐棣、姚兆元、魏本正、古鏡、厲衡青、李鶴慶、周伯義、李長松、陳漢襄、石可宗、陳之幹、張祥書、熊作賓、王恩榮、汪錫鼎、芮鍾琦、李鴻飛。書眉有評語如『籠絡大方』、『筆力凝重，有高屋建瓴之勢』。是書對研究晚清揚州地區科舉教育有一定的參考價值。本《文庫》據江都區圖書館藏清光緒元年刻本影印。（劉向東　王志娟）

梅花書院課藝三集　（清）晏端書編

晏端書有《梅花書院課藝一集》，已著録。是書爲揚州梅花書院學生課藝作文集。書前有光緒八年晏端書序。據序言載，晏氏主政梅花書院已十六年，因老友錢楞仙於庚辰年去世，爲不負亡友之托，遂續刻《梅花書院課藝三集》。『兹集仍就隨課録取前列之佳製，詳加評騭，間爲删易而潤色，歸於完善。……爲初學作梯航。』文前題：監院陳履泰、趙書禾校刊。收文一六五篇。生員名：趙德壐、楊正鈞、陳重慶、吴丙湘、趙文琳、何廣生、齊長華、朱鳳儀、戴憲曾、居鵬、陳景富、芮曾麟、周伯義、唐棣、湯耀金、劉壽曾、王鳳誥、陳咸慶、丁立鈞、王漮、王鑒、楊福臻、張雲鵬、張成甲、蔣紀雲、劉顯曾、盧啓善、周實純、吴楙宣、吴國彦、詹嗣勛、吴鳳翔、陳重綸、陳浩忠、錢鴻第、魏本正、陳文鐸、張騮、張允鴻、居文騶、俞焕藻、唐鴻發、鄭喬齡、凌養源、楊邦哲、許秉錫、李興鄴、王恩榮、趙德壐、金信芳、張騮、許秉錚、許蘭馨、趙西彝、高秉鈞、厲衡青、陳錫鼎、徐焕、儲桂林、李慎侯、陳偉騏、李道根、魏本立、項兆麟、耿汝霖、朱森、張祖珍、陳漢襄、李廷獻、許家珍、王兆奎、佘鋆。書眉有評語如『語意簡卓，大旨瞭然』等。是書對研究晚清揚州地區科舉教育有一定的參考價值。本《文庫》據國家圖書館藏清光緒八年梅花書院刻本影印。（劉向東　王志娟）

安定書院課藝　（清）錢振倫編

錢振倫有同治《續纂揚州府志》，已著録。錢振倫先後任杭州紫陽書院，淮陰崇實書院，揚州梅花書院、安定書院山長。曾著《示樸齋駢體文》《示樸齋制義》《制義卮言》等。張之洞《書目答問》盛稱其所著『《示樸齋駢體文》用唐法』。所謂『課藝』，即生員佳作範文之集錦。每篇附有教師簡短批語，對後學者幫助極大。著名書院往往都編有此類讀本，既用來教育後來者，也可傳播書院名聲。揚州安定書院，由胡文學始建於康熙元年，歷經百餘年，期間雖稍有波折，到清末依然招生納士，聲名遠揚，與梅花書院並稱於揚州。其歷任山長主講有胡文學、杭世駿、趙翼、蔣士銓、吴介臣、錢振倫等等。舊例，安定書院諸生以月試等第爲升降，每月官課、山長課皆四書文一首，試律一首；書院山長别試詩賦、經解、策論，謂之『小課』。錢振倫同治八年任揚州安定書院山長，至光緒五年春病逝，前後八年，成就甚衆。此書即自安定書院小課中選出，各篇繫以評語。全書分論語、學庸、孟子、經文四類，收一百四十二篇習作。如首篇收録董廷銓《君子務本，本立而道生》篇，書眉有評如：『分按處字字的當』、『探原立論，顧視清高，氣深穩』、『立本道生，交關處體會深微，一掃浮烟漲墨』、『自在流出』。文後有吴介臣山長原評『發揮切實，題藴畢宣』，有錢楞仙『空衍務本則泛，太切孝弟則露，此能涵蓋渾成，恰如題分』評語。錢氏擅駢文，精制藝，故選格較高，評點精到，從中不僅可窺科舉考試端倪，亦可見當時揚州書院教學概貌。書前有同治十一年錢振倫序，有目録。是書爲清同治年間刻本，牌記標有『同治丙寅爲始/壬申選録付刊』字樣，目録首頁標有『掌教錢楞仙先生評選』『監院施震福、吴琪校刊』字樣。現藏揚州市江都區圖書館。本《文庫》據此本影印。（盧嫻　劉向東）

安定書院小課二集　（清）錢振倫編

錢振倫有同治《續纂揚州府志》，已著録。錢氏曾先後任紫陽書院、崇實書院、梅花書院、安定書院山長，有《制義卮言》等，張之洞《書目答問》盛稱其所著『《示樸齋駢體文》用唐法』。是書二册，不分卷。《目録》題：掌教錢楞仙先生評選，周子瑜先生參閲，方子箴先生鑒定，監院陸筠、吴琪校刊。周頊，原名景，字京望，改字子瑜，貴州貴筑人，嘉慶二十五年進士，授庶吉士，散館改禮部主事，官至江蘇常鎮通海道。主纂同治十二年《如皋縣續志》。光緒十年，主講安定書院。年九十，卒於泰州。方濬頤、錢振倫有同治《續纂揚州府志》，已著録。此爲錢振倫去世前一年所選，《自序》稱：『兹所選録，但就各體之中，擇其雅馴合法者登之，冀不戾於文達之指，俾知功令所以取士，不離乎此；書院所以課士，亦不外乎此。其文，半皆工時文者所爲。』同治八年錢振倫任安定書院山長時，方濬頤任兩淮鹽運使，相得甚歡。十五年後，方氏亦主講安定書院，得此書稿，乃請周頊詳加審閲，並商權兩淮鹽運使程桓生（尚齋），爲之刊行。是書首經解五首，次史考五首，次論三首，次啓一首，次賦二十六首，次古體詩十五首（分五言、七言、九言、雜言），次近體詩五十四首（分五律、七律、五排、五絶、六言），末爲試帖詩十七首。其作者則有李玉珂、吴丙湘、張騮、陳堂、包亦庚、趙徵禾、王廷俊、梅雲蒸、詹嗣勛、魏本正、韓丙熙、許振宗、晏振恪、蒯文豹、臧澍、周康保、丁國瑞、魏本立、章登瀛、楊鳴相、厲崑青、吴兆蓉、高冠之、張維金、厲衡青、包昌祺、李世俊等。書前有光緒十三年方濬頤序。本《文庫》據儀徵市圖書館藏光緒十三年揚州宏文齋嚴寬甫刻本影印。其試帖詩有許振宗《鯉魚風起浪花腥》一首，有目而無詩；許振宗《坐聆宵柝霜團屋》一首，則有詩而無目，蓋刻印時所亂，非有闕文也。（盧娴）

廣陵書院課藝　（清）范凌霻編

范凌霻（約一七九二—一八七五），字雨村，號膏庵，清揚州甘泉人。年十七入邑庠，受業於吴錫麒、汪端光。早年與吴文鎔、卞士雲諸人相交，故學有根底。咸豐元年舉孝廉方正。同治三年，主廣陵書院講席。著有《雨村遺稿》《冷灰詞》。《清詞綜補續編》卷五收其詞作二首。另有《湖東集》，本《文庫》已收録。朱鳳儀在序中贊云：『（雨村先生）耆年碩學，士論翕然，群彦汪洋，文藻日盛。』清代揚州有安定、梅花、廣陵三大書院，知名宇内，培養不少人才，對揚州文化之昌盛起了重要作用。廣陵書院始建於嘉慶年間，以專門教育本地童生爲特點，教學和管理均不輸安定、梅花，在兩書院因兵燹停辦期間，廣陵書院始終辦學不輟。同治元年，揚州知府孫恩壽重修書院，延請范凌霻主講。范氏主講書院十年，選得生徒課藝極佳者百數十篇，擬用雕版刷印出版，至光緒元年雕刻未半，因范氏去世擱置。光緒六年，范氏孫范用賓改用鉛印出版。書前有『光緒庚辰三月揚州鎔鑄樓校印』一行，當是揚州歷史上早期的鉛印作品。書前有光緒己卯朱鳳儀叙。朱鳳儀（一八四〇—一八九八），字葵生，甘泉人。諸生。同治六年舉於鄉。三應禮部試不售，遂絶意仕途。教授弟子數十年，成就甚衆。嘗與纂光緒《甘泉縣志》，著有《教子録》等。該書二册，收文一四一篇，目録載作者唐棣、居鵬、周康保、詹嗣賢、石可宗、許劭昌、吴紀龍、何廣生、姚兆元、王廷俊、胡宗衡、丁集祺、胡鈞、吴國彦、梅毓、厲衡青、朱開渠、時雨、陳堂、蔣燕昌、尚兆山、孫成、高寶昌、潘逢泰、錢桂芬、殷如珠、許蓉鏡、程繩祖、朱承釗、張騮、張兆瑾、佘鋆、毛昌善、顧如桐等。其他還有高樾生、吴引孫、胡鎔、王紹業、趙興曾、劉炳章、汪國鴻、徐兆豐等人有文章而無目録，當是後來臨時輯入者。比如第一頁第一篇高樾生的『其命維新是故君子無所不用其極』，第二頁第二篇唐棣的『而吾心之全體』，均不見目録，如此文不對題者甚多，個別頁碼編排有誤，可見當年編撰之粗疏。此書有光緒十六年揚州鎔鑄樓鉛印本，二册，國家圖書館藏。本《文庫》據此本影印。（劉向東）

揚州西山小志 （清）林溥撰

林溥，生卒年不詳，字少紫，清甘泉陳家集人。咸豐二年進士。官山東即墨、東平等知縣。工墨梅，丰神灑落，氣韻古秀。後卒於任。西山，在今揚州市西部，是揚州儀徵市、邗江區、南京六合區和安徽天長市接壤的丘陵地區，方圓二百餘里。該志爲抄本，題《西山樵唱》。書端無題名，卷首有林溥《西山樵唱題辭》。其中云：『余家居西山陳家集三百餘年，其間軼事極多，素無記載，强半遺忘。今年避亂家居，搜索舊聞，已百無一二，僅就記憶所及，編爲韻語，略當西山小志云。』該志主要記述當時公廨所在地陳家集一帶有關情況，着重反映丘陵山地農村的歷史沿革、古蹟名勝、風土人情等。文體形式别致，前以韻句作唱，後有詳述作解。具體内容依次爲：形勢六首，沿革七首，古蹟十三首，名勝十九首，人物十八首，軼事十二首，異聞十一首，農事十八首，歲時二十首，市肆十一首，嘲俗十三首。如《農事》記述了當地農民從播種栽插至收穫登場、穀物進倉的勞作情況；《嘲俗》反映了當地衣、食、住、行的鄉風習俗；《軼事》記述了雍正、乾隆間書畫名家諸如鄭板橋、李鱓、顔嶧、李仙榜、周慤齋、戴禮等輩曾較長時間寄留於此，並在當地遺存書畫名跡的情況，爲研究有關書畫名家提供了補充資料。然有些唱詞囿於韻文形式，不如解説具有較翔實的資料價值。但唱詞中的方言俚語，却爲研究當地方言俗語提供了寶貴資料。書後有徐謙芳識。本《文庫》據抄本影印。（胡珍）

揚州風土記略三卷 徐謙芳撰

徐謙芳（一八八六—一九五〇），字益吾，號羨于，江都人。江南高等師範學堂肄業，藏書甚豐，爲祠堂搜集圖書近八萬卷。抗戰期間，家居著述，有《文史評聚》《藏書輯述》《文字古今通假集解》等，又編撰地理風俗方面著作數種。本書名『記略』，據徐氏自序云：『成鄉土善良之治者，風俗也。成此風俗者，地理與歷史也。故地理、歷史於風土人情，猶影之隨形，響之應聲，無或爽者。……吾揚之風俗及山川形勢，或得故老之傳聞，或察優劣之現狀，亦云熟矣。爰不揣陋妄，摭拾見聞，述成三卷，名曰《揚州風土記略》。大抵地理、歷史十二三，習慣十四五，迷信十一二。雖未能驗進化之陳跡，而人事之現象已畢集。』兹爲全書宗旨。此書成於民國八年，民國二十七年又作增補，三十四年最後定稿。前有真州陳含光及邑人王汝許、季可甫所作序，卷末附録徐謙芳民國三十四年作《六十自述》，以及徐氏之子壯猷、碩猷等跋。卷上述地勢（附天文）、述古蹟（附建置、名勝），卷中述河渠、述學術、述風俗（附方言）、述宗教，卷下述交通、述物産、述歲時、述雜綴。是書可補揚州地方志清末到民國之間的空缺。此書有民國稿本，又有抄本。本《文庫》據揚州大學圖書館藏抄本影印。（李潔）

廣陵小正一卷　佚名撰

撰者不詳。書仿《夏小正》之例，按一年十二個月，分别記載每月的物候、氣象以及生産方面的事情，反映了揚州地區乃至整個江南地區的風俗民情、節氣氣候、農事活動、動植物習性等，如正月麟筆書春、靈符懸户、花鼓戲，二月百花生日、燕來巢、兒童戲蹴鞠，三月踏青、清明掃墓、桃花雀集於樹上、浴蠶，五月龍舟競渡、飲雄黄酒、細雨飛梅，七月採菱、鬬乞巧、盂蘭盆，八月桂子飄香、登樓玩月、擘絲治絮、餅嚼月，九月賞菊、鬬蟋蟀、草木凋、插茱萸，十月嶺上梅開、納禾稼、蠶事畢，十一月破柑嘗稻、日晷初長、九九消寒圖，十二月雪花六出、臘八粥、爆竹歲除錢等。作者感嘆當時『國步孔艱，民生多困，人情燕雀，朝政蜩螗』，致使『郡國利病之書不聞登之天府，宇宙農桑之業未見督諸有司』，於是編寫此書，以利當政者瞭解民情、治理國家。是書收録於民國二十三年陳恒和書林刊行的《揚州叢刻》，本《文庫》據此本影印。（嚴嵐）

真州風土記　（清）厲秀芳著

厲秀芳（一七九四—一八六七），字實夫，一字惕齋，清儀徵人。道光二年舉人。五赴會試不第。道光二十三年，授山東武城知縣。咸豐初乞養歸。太平軍興，避地東臺，以詩酒自娱。工詩，語言平易，風格天然，尤長於刻畫地方風物。著有《夢談隨録》。又有《真州竹枝詞》，本《文庫》已收録。真州即今江蘇儀徵市，史有『風物淮南第一州』的盛譽。本書以真州節日爲綫索，介紹真州的風土民情。作者從正月元旦燃放爆竹，止於除夕之慶，舉凡風俗、花草、物産、器具、飲食，加以記述，富有地方特色。比如：正月裏開財門；紳士宴客曰請春卮，鋪家宴客曰做財神會；立春前一日迎春；正月十五上元節俗尚舞龍燈和花鼓戲；十五上燈吃元宵，十八落燈吃麵條；清明時的小吃茯苓糕、烏米飯、糍團，時鮮甘蔗、蘿蔔、荸薺，春蔬蘆芽、竹笋、芰菜，位於菜市口的翟店甲魚美味獨步一時；端午節楹上貼神符，中堂懸判官；九月九日重陽吃重陽糕、飲茱萸酒、持螯賞菊，鬬蟋蟀；十月霜信既降，北山永慶寺看紅葉；小雪後家家腌菜，腌肉、鶏、魚、鴨；十一月冬至節，『大冬大似年』，即吴中俗説『肥冬瘦年』；儀人婚葬多在冬臘月間；臘月二十三四送竈『軍三民四』；臘月底還有辭年酒，擇吉酬神；除夕貼對子、貼門神、守歲。作者輕筆記禮儀，重筆寫風情，富有生活氣息。在記述中，作者常有今不如昔的感嘆，如謂『風俗不古』『人心日侈』『樂不可極，識者憂之』『蓋其時人心已不古矣』等，表現了作者感時憂世的心境。本書爲研究清末儀徵地區的社會狀況提供了豐富的民俗資料。此書原爲《真州竹枝詞》的引言，清王錫祺《小方壺齋輿地叢鈔》第六帙收入，改題《真州風土記》。本《文庫》據此本影印。（嚴嵐）

廣陵竹枝詞　（清）郝璧撰

郝璧有《廣陵逸草》，已著録。郝璧因生活在揚州，故對揚州風土人情極爲熟識。是書凡一百首，系統地將明代揚州的歷史變革、民俗風情、寺院禪林、自然風光、飲食文化等，一一寫來，令人神往。如：『周遭二十四橋是，十六院中人已非。隋帝不來殿脚冷，曲池我亦醉忘歸。』描繪的是揚州著名景點二十四橋。『花衫女子翠纓羅，珠帽兒童響玉珂。各帶迎春花鬢側，行人綺陌踏青歌。』寫的是揚州的戴花習俗。『喜得生兒痘事全，花旛竹馬荅神前。瓊枝都仗洪慈力，牲帛來償乳哺錢。』寫揚州人家對幼兒平安躲過痘疹的欣喜心情。其中還有不少詩寫了揚州的飲食特色，如：『桃花排浪魚燒尾，驛路喧傳進江鯉。天厨膳罷刀錯落，大賈人家先知美。』『蟹黄肥美敵江瑶，活眼蹣跚受赭糟。但是團臍居上膾，琉璃酒滿且持螯。』『灣頭埂子客雲屯，左衛街連缺口門。百寳横陳須眼碧，一時踴屨價難論。』好似一幅幅生動的市井圖，保存了豐富的民俗資料。卷首有作者自序，署作『辛巳春日積石山人郝仲趙書於羅疏齋』。辛巳爲崇禎十四年。本書對清代揚州竹枝詞的寫作具有示範作用。此書現存明崇禎刻《郝仲趙全集》本、清順治刻《郝蘭石先生集》本。本《文庫》據清順治刻《郝蘭石先生集》本影印。（嚴嵐）

隋堤柳枝詞　（清）林九棘撰

林九棘，字伯逸，清福建莆田人。著有《十詠堂稿》八卷，收《江城雜興》《雜興二集》《西湖遊紀》《隋堤柳枝詞》《東遊紀草》《秦淮春泛》《漢宮秋詠》《苦蘆草》各一卷。是書詠廣陵古蹟隋堤，揚州之繁華，江山興廢之慨嘆，盡繫之於其中。卷首有小引，每首詞後綴以越州何之傑評語，書後有錢塘毛先舒題跋。毛先舒評其詞：『大略俊壯以作氣，而時或凄清宛轉，裊裊欲飛，唱嘆之餘，使人或泣或笑。』其詞如：『幾夜新潮濺淺沙，笛聲處處怨飛花。鶯梭織柳鶯時眼，恐負東風起浪嗟。』可謂悠揚醇雅。『幾盱江雲泛碧流，遊絲牽赴舊迷樓。當年姊妹曾攜手，夢到而今付白鷗。』頗有豪邁之情致。『輕嵐牽袂逐船來，緑暗相思渾未開。何處笛聲飄折柳，故園新恨亦悠哉。』亦風韻絶倫。風格與作者《江城雜興》的凝重、雄渾全然不同。何之傑，字毅庵，蕭山人。明諸生。毛奇齡喜其詩，曾將己詩與同鄉何之傑、徐緘詩合爲一集，名曰《越州三子》。康熙二十五年，被同鄉人告發作詩譏政，史稱『何之傑詩案』。毛先舒（一六二〇—一六八八），原名騤，字馳黄，後改名先舒，字稚黄，仁和人。『西泠十子』之一。諸生。明亡，不求仕進。能詩文。與毛奇齡、毛際可齊名，時稱『浙中三毛，文中三豪』。是書有清康熙《十詠堂稿》刻本，一册，國家圖書館藏。本《文庫》據此本影印。（方慧君）

廣陵古竹枝詞 （清）佚名撰

撰者不詳。未題撰人名氏，前後亦無序跋。詞凡四十七首，所詠多爲揚州地方風俗、市井生活和男女戀情等。所收雖不多，但内容豐富，特别是反映當時揚州女子的日常生活，很有研究的價值。或叙述揚州女子的日常遊玩，或描摹她們的打扮穿着，或表現她們的約會愛情，無不刻畫得活靈活現，别具風味。如第一首：『揚州女兒忒風流，每到花朝鎮日遊。手弄白團不掩面，生來都慣見人羞。』揚州女孩天真爛漫、情竇初開、無拘無束的形象躍然紙上。詩中所詠多具揚州地方特色，有多首皆與水上生活和畫舫有關，如『心性耽閑似去年，一春針綫幾曾拈。小郎懦弱渾難管，自典金釵買畫船』，活脱脱一個敢作敢當、潑辣豪爽的船娘形象；又如『畫舫玲瓏紗作窗，碧烟輕護美人妝。情娘不耐風流性，走去船頭折緑楊』，描繪的又是一個活潑可愛的少女形象。所詠皆爲七言絶句，語言活潑，節奏明快，頗具生活氣息。有的還很風趣詼諧，如『左邊山圍右邊河，娘隨阿女上山坡。不嗔女兒風擺柳，只怨才郎看者多』。另有數首描寫了當時船妓的生活，亦反映了清中期揚州奢華的生活景象。一九六一年，揚州古舊書店組織人員從當地周邊以及個人詩文集中搜集反映揚州風土人情的竹枝詞、畫舫詞等共十七種，編成《揚州風土詞萃》一書，皆手抄而成，此即爲其中第一種。本《文庫》據揚州市圖書館藏《揚州風土詞萃》抄本影印。（徐大軍）

揚州畫舫詞 （清）韓日華撰

韓日華，字就之，清錢江人。生卒年不詳，約生活於嘉道間。道光時寓揚州。詩無題名，内容以寫揚州西北名勝爲主。卷首有道光六年冬日韓日華於邗上寓齋所寫序言，其自序云：『廣陵園林之勝，甲於大江左右。由小秦淮折而西而北，迤邐十餘里，亭臺高下，花柳遠近。』『然文讌之盛自漁洋尚書、冶春詩社後，風流幾絶。』既贊嘆揚州景致之秀麗，又嘆惋文讌之漸衰。又言：『近以養疴之餘，時與二三知己放棹其間，興之所至，輒成絶句，自春迄冬，積之遂得詩百首。昔真州李艾塘嘗作《畫舫録》，其於郡城所屆，雖坊市第宅無不詳悉。余是編亦以「畫舫」名，而所歷不過虹橋、蜀岡諸勝，所謂草河、城南等録皆未及焉。』説明了詩作的緣起和書名的來歷。韓詩間亦有民俗方面的材料，如：『覆額初齊態已濃，更將梳裹鬬春容。當時止説抛家髻，争似鬟雲到枕鬆。』自注：『揚州婦女梳掠，有「雙飛燕」「到枕鬆」諸名色。』記載了當時揚州婦女的裝飾。俗稱遊春節的『三月三』書中亦有記載，詩云：『三月初三上巳辰，畫橈花舫滿湖濱。』此書初刻於清道光七年，另有《揚州風土詞萃》抄本。本《文庫》據揚州市圖書館藏《揚州風土詞萃》抄本影印。（嚴嵐）

廣陵秋興　王追騏著

王追騏（一六三八—約一六八五），字錦之，號雪洲，湖北黄岡人。順治十六年進士，授庶吉士，改禮科給事中，官至山東武德道僉事。雪洲由詞林入諫垣，建節山左，以伉直忤時。而其詩寄托遥深，絶不露侘傺無聊之概。宋琬比諸屈原，魏惟度稱其詩『新穎雋逸，不屑屑步趨古人』（《雪洲詩序》）。有《知津堂制藝》《吴越行吟》《居俟樓集》等傳世。《秋興》八首，是唐大曆元年杜甫在夔州時所作的一組七言律詩，因秋而感發詩興，故曰『秋興』，爲杜詩七律的代表作，其中『無邊落木蕭蕭下，不盡長江滚滚來』爲千古名句，對後世産生了很大的影響，歷代以此題而擬作者不計其數。是書所收亦是如此。前有雲間張一鵠、襄樊杜濬序，末有吴郡徐籀跋。徐跋作於丁未仲春，則知雪洲詩應成於康熙六年丁未前，時正客居廣陵。杜序云：『雪洲太史……偶遊廣陵，賦秋興八章，仍杜之名而少異其體，一時傳者以爲吾楚有此，足與宋玉、杜甫鼎立而三，不知其中飄然之致，愀然之思，覺屈與李之不盡傳者亦復寓之以傳也。……雪洲獨能於此地爲此詩，則其抱慨較古人倘更深乎？』詩凡八首，皆爲五律，亦以秋爲主題，通過對客居廣陵時所處秋聲秋色的描繪，來抒發自己漂泊他鄉、知音難尋、寂寞孤苦、思念家鄉的感情。如第一首：『閑夜知秋静，因風聽遠聲。林間千葉落，窗外萬蟲鳴。半榻殘燈影，他鄉久客情。丈夫憐此際，何以慰平生。』其他各詩大抵如此。與杜詩中所飽含的强烈的憂國憂民的情懷相比，雪洲詩更多的是對自身遭遇的感慨和對家鄉的無比思念之情。此八首詩成後，又有商丘宋犖、新城王士禄、三原孫枝蔚、通州陳世祥、通州范國祥、宣城沈沁、泰興季公琦、宜興陳維崧、崑山葉藩、黄岡杜世農、黄岡王一翥等十一人亦皆以此爲題相唱和，各成五言律詩八首，分列於後。其詩亦大抵以感慨身世飄零、知音難覓、思念家鄉爲主旨。此書收入一九六一年揚州古舊書店編的《揚州風土詞萃》中，然考其内容，與揚州風土無關。本《文庫》據揚州市圖書館藏《揚州風土詞萃》抄本影印。（徐大軍）

揚州夢香詞注 （清）費軒著

費軒，生卒年不詳，字執御，號成齋，原籍新繁，明末清初文學家費密孫，費錫璜子。其曾祖父因避兵亂遷居今揚州江都麾村鎮野田莊，後遂定居於此。費軒約生活於康乾年間，曾歸蜀應試，新繁中式，成舉人。卷首題作『夢香詞』，據總目録和書中内容題作『揚州夢香詞注』更確。卷前有甘泉王世球序，題下有費軒所撰小引。詞凡一百二十首，皆用《江南好》格律吟詠揚州風物。《江南好》，即《望江南》，因白居易《憶江南》三闋首句『江南好』而改名。每詞皆以『揚州好』三字開始，下再詠揚州風物。每首詞後又有注，對所詠事物作説明和補充。如第一首：『揚州好，第一是紅橋。楊柳緑齊三尺雨，櫻桃紅破一聲簫。處處繫蘭橈。』注云：『紅橋一作虹橋，揚郡第一遊觀之所。風雨晦明，觴船歌舫相望於途，直至夜分。燈火絡繹，列若明星。』注對詞的内容作了很好的擴展和引申。每首詞雖僅二三十字，然所詠範圍極其廣泛，從風景名勝、地方物産、歲時佳節，到揚州人的衣食住行各個方面皆有所吟詠，可謂包羅萬象。如寫當時揚州的美酒『喬家白』以及高郵特産董糖：『揚州好，端是勝郇厨。清冽酒傳喬氏釀，輕鬆糖讓董家酥。風味記還無。』如寫到揚州評話：『揚州好，評話晚開場。略説從前增感慨，未知去後費思量。野史記興亡。』寫揚州美食小吃的：『揚州好，小吃味相兼。白米紅蝦經酒緑，淡香海蜇入糟甜。但好不論錢。』『揚州好，夏日市聲齊。蘆葉香粳包玉笋，桂花豌豆煮金泥。糖屑滿銅匙。』『揚州好，春色上街坊。筠籠鯽刀和獾笋，棘針螺螄撥茴香。別處不曾嘗。』在作者筆下，一幅幅揚州風俗民情圖躍然紙上。描摹細緻貼切，用詞明白易懂而又節奏明快、朗朗上口，故詞成後一時傳頌。王世球序評其詞云『托詠諧於小令，情以纖而益麗，語因俚而彌工』，亦爲確論。費軒生活於康乾時，此百餘首詞都是當時揚州風土的真實反映，對於當下揚州的城市研究和民俗研究都具有很大的史料價值。本《文庫》據揚州市圖書館藏一九六一年揚州古

舊書店編《揚州風土詞萃》抄本影印。（徐大軍）

揚州竹枝詞一卷 （清）董偉業著

董偉業，清康熙、乾隆間人。字耻夫，號愛江，因有『問何家世何名目，自號揚州董竹枝』之句，故世人稱之『董竹枝』。遼寧沈陽人，流寓揚州。性狂簡，相傳爲時新商賈宦交結官吏者訴之，董竟遭笞，故時有『竹根打竹枝』之謡。著有《揚州雜詠》《耻夫小稿》等。竹枝詞源於樂府，多詠風土，具有顯著的地方特色，在中國詩詞中占有一席之地。又稱韻文風土小記，屬雜記的一種，以詩爲乘，以史地民俗的資料爲載，詩前詩後多有小注和題跋，説明本事，考證故實。通俗易懂，饒有趣味。清代揚州竹枝詞約十餘家，如孫枝蔚《揚州竹枝詞》、孔尚任《清明紅橋竹枝詞》、程夢星《虹橋竹枝詞》、程宗洛《揚州竹枝詞》、金烺《廣陵竹枝詞》、佚名《廣陵古竹枝詞》、黄慎《維揚竹枝詞》、臧穀《續揚州竹枝詞》、阮先《渌湖竹枝詞》、韓日華《揚州畫舫詞》、魏源《揚州畫舫曲》等。其中内容較爲豐富廣泛，並能反映出揚州韻文風土著作水平的大約有三種：即林蘇門《邗江三百吟》、林溥《揚州西山小志》及董偉業《揚州竹枝詞》。董氏《揚州竹枝詞》歷來受到人們推許，所謂『揚州老董』『董竹枝』，即係指董偉業和其《揚州竹枝詞》。著者因嫉於揚州薄俗，作《竹枝詞》九十九首以爲譏諷。書中内容涉及當時揚州一地的風土民情、名勝物産，爲研究清代後期揚州社會、民俗提供大量可靠的珍貴資料。《淮海英靈集》評：『其詞多鄙俚，然傳誦遍海内。』各詩無小注，書前有清乾隆五年鄭燮序、顧于觀、潘西鳳題詞，書後有李葂、常執桓跋。此書主要版本有：清光緒十三年刻本、一九三〇年松竹草堂重刻本、《揚州叢刻》本、《揚州地方文獻叢刊》排印本。本《文庫》據《揚州叢刻》本影印。（王志娟）

續揚州竹枝詞 （清）林蘇門撰

林蘇門（約一七四八—一八〇九），字嘯雲，一字步登，號蘭痴，清儀徵人。阮元舅父、業師，以學問賅博名於世，擅長風俗詩。曾在山東曲阜衍聖公府中供職，參與校訂《四庫全書》。有《邗江三百吟》，本《文庫》已收録。是書共九十九首，自題『即和董耻夫韻』。至於其旨趣，作者嘉慶五年所作《自序》云：『吾少時讀《揚州竹枝詞》，竊慕董耻夫之才調，想見其爲人。……維揚風俗駸駸日上，此編矯厲末俗則有餘，似非所以頌清時美古處也。思欲一效其技，而少變其旨趣。』嘉慶二年歸里，乃就見聞所及，撰爲此書。如作者所言，續作多美頌之詞。董詩第一首開宗明義：『只栽楊柳蓮花埂，不種桑麻芍藥田。』諷諭當時揚州不事農桑的浮華風俗。而林詩則是：『自古繁華今又盛，人居福地種心田。』粉飾太平，歌頌清明。由此可見兩者的不同。林詩也不乏有價值的風俗描寫：『慣喜談天笑口開，鼻烟壺樣選瓊瑰。』『殷實商家豈曰無，門前僕立女提壺。』『成群三五少年狂，抱得洋琴只一床。』『訪得玉坡嘗口味，大連熬麪仗蟀螯。』『混堂天下原難並，通泗泉通院大街。』有關戲曲的史料也很珍貴：『亂彈誰道不邀名，四喜齋稱步太平。』『蘇班名戲維揚聚，副净當場在莽蒼。王炳文真無敵手，單刀送子走劉唐。』記載了乾嘉時蘇州與揚州之間的戲曲藝術交流。有關揚州鹽商、揚州八怪的史料：『康山傍宅與爲鄰，口岸新簽怒忽嗔。明白安詳江廣達，散商依舊總商人。』『徽商巴姓住邗城，洪水汪邊久得名。』『兩峰能畫少能文，畫鬼畫人總十分。更有梅花稱妙絶，横斜疏散暗香聞。』有關揚州園林、史跡的記述：『最羨山林城市好，澂園依舊是休園。』『梅花嶺旁隴阡路，閣部忠魂今古賦。』這些史料對揚州地方文化的研究都有參考意義。此書現存抄本，另有《揚州風土詞萃》本。本《文庫》據揚州市圖書館藏抄本影印。（嚴嵐）

邗江三百吟十卷 （清）林蘇門撰

林蘇門有《續揚州竹枝詞》，已著録。邗江，即揚州。是書以詩體爲記，吟詠揚州風俗，每題下綴以緣起，引而敘之。凡十卷，每卷一門。卷一播揚事跡，卷二大小義舉，卷三俗尚通行，卷四家居共率，卷五周摯情文，卷六新奇服飾，卷七趨時清賞，卷八適性餘閑，卷九名目飲食，卷十戲謔方言。門下又有子目，並以方言爲題，共三百首。詩前小引，分别記揚州當時的風俗、飲食、服飾、方言等。其詩方雅，其注簡明，工而不纖，華而不靡，頗爲時人稱道。尤爲與衆不同者，作者關注當時生活，筆下與城市平民有關的平凡瑣事常令人耳目一新。陳廷慶序中稱：『凡邗上山川、風物，志乘所未詳，稗野所不載，登諸篇什，叶於聲詩，令人可詠可歌，洵巨製也。』書前有陳廷慶、凌廷堪、張鑑、朱爲弼、童槐等人序及嘉慶十三年自序。有像贊、總目。是書有清嘉慶十三年初刻本，四册。本《文庫》據此刻本影印。

（方慧君）

邗江竹枝詞 （清）佚名撰

撰人不詳。題下署『儀徵函璞集英書屋』。此集或爲當時書商搜集民間流行的詩詞俚語編訂而成。此凡一百首，皆爲七言絶句，對清代揚州普通百姓在吃、喝、玩、樂諸方面的市井生活的情形作了具體而生動的描繪。如寫揚州戲館：『邗江戲館叫茶園，茶票增加賣百錢。茶果大包隨意吃，時新正本鬧喧天。』寫揚州的茶坊：『邗江遍處是茶坊，揚款焉如蘇式昂。三五七文粗細碗，手巾把子水烟裝。』寫揚州評話：『《三國》名公王景山，煉成戲派學曹姦。鼻烟常嗅真堪厭，細軟逢人便請安。』也有些詞的内容品位不高，格調較低下，流露出對奢靡生活的羡慕和向往，但亦是當時社會面貌的真實反映。如寫酒館青樓情形的：『初進門來膽氣懸，相逢一笑便留連。水烟用過香茗送，姊妹争歌傍綺筵。』此外，詞中對歲時、穿戴、伎藝等也均有詳細的描寫，保留了大量的民俗資料。最後有數首是對瘸子、癩子、跎子、近視眼、矮子等殘障人士大加戲謔調笑，則完全墮入惡道。縱觀全集，用詞通俗風趣，活潑生動，很有可讀性，完整保留了當時揚州市民生活的面貌，對於揚州民俗研究很有價值。本集於一九六一年被收入揚州古舊書店編《揚州風土詞萃》抄本。本《文庫》據揚州市圖書館藏本影印。（徐大軍）

揚州竹枝詞　（清）孔慶鎔撰

孔慶鎔（一八七〇—一九三二），字小山，一字劍秋，清浙江衢州人。諸生。幼隨父官兩淮，父殁，貧不能歸，因奉母居揚州，遂爲江都人。生平泛應群倫，工酬世文字，凡有所求，揮手而就，莫不服其敏捷。爲冶春後社代表人物之一。善製謎，著有《心嚮往齋謎話》。生平可參見民國《江都縣新志》卷九。是書收詞凡一百首，後又附録六首。慶鎔雖爲孔聖人後裔，但生當國力衰微、腐敗不堪的清末，滄桑歷盡，艱苦備嘗，故所作《揚州竹枝詞》中更多的是笑罵無常、倜儻不群之情，並未嚴守着『温柔敦厚』的詩教。其詞第一首就寫得十分尖利：『恭喜聲聲語吉祥，嶄新已换舊衣裳。却從門縫投名刺，真個人情紙半張。』一語道破了當時澆薄的世風。百首詞按節令時序寫來，把揚州從春節、元宵、清明到端午、重陽、除夕的節日風尚寫得要而不繁。慶鎔在清亡之後又活了二十來年，故其詞對民國初年的情況也不乏載述。『一覺揚州夢已空，孤山深處駐行踪。』依稀流露出他對於逝去的清朝的眷念。『混沌初開教字母，已通西學習挨皮。』現實又使他不得不承認『歐風東漸』的時代潮流。孔氏對於民間的事物如刻瓜燈、叉麻雀、鬬蟋蟀、剪紙花、唱淮書、吃牢飯等毫不避俗，頗有當年董竹枝（董偉業）的遺風。孔詞最後寫道：『人人道我衢州怪，也向揚州號竹枝。』可謂夫子自道。附録六首則記録了吹糖、炸果、賣粥等街頭的手藝買賣，寫得很是風趣，也保存了一份珍貴的民俗資料。本《文庫》據一九六一年揚州古舊書店編《揚州風土詞萃》抄本影印。（徐大軍）

小遊船詩　（清）辛漢清撰

辛漢清（一八三九—一九〇二），字補芸，一作補雲，號亦軒，清江都人。善弈，尤善詩，冶春後社成員。著有《續畫舫録》等。是書由漢清在光緒己亥、庚子（一八九九、一九〇〇）兩年間寫成，較爲全面地記録了清末揚州船娘的一些資料，共收録一百零二首詩。後由蕭丙章校訂，經揚州冶春後社諸同人及弟辛漢春等襄助，於一九〇二年刊行。當時名士吉亮工曾云：『補芸或即此可以不死。』漢清常與詩友徜徉湖間，飲酒賦詩，因感嘆『揚州虹橋迤北爲長春湖，或曰瘦西湖。畫舫笙歌，在昔爲盛。風雲一變，人事遂遷』，貪戀『夕陽明月，雲影波光，著一二亂頭粗服者於其間，綺語風情，半鳴天籟』，感慨『雖非昔日美人名士之高懷，倘猶勝市儈淫娃之俗乎』，而『編成七絶百首，顔曰《小遊船詩》』。此書有上海圖書館藏光緒二十八年刻本，一册。本《文庫》據此本影印。（陳果嘉）

續揚州竹枝詞　（清）臧穀著

臧穀有《揚州劫餘小誌》，已著録。清咸豐年間，太平軍曾三進揚州城。咸豐三年二月，林鳳祥、李開芳率領太平軍從南京沿江東下，於二十二日攻下儀徵，二十三日第一次攻陷揚州。臧氏『年始冠』，於事變前夕倉皇出城，避兵至邵伯。咸豐六年三月一日，太平天國將領陳玉成、李秀成向清軍江北大營發起攻擊，第二次攻下揚州。臧氏又於當日黎明狼狽出城。咸豐八年八月二十八日，太平軍在江浦擊潰江北大營後，在李秀成的指揮下，攻下儀徵。九月三日，第三次攻占揚州，九月十五日退出揚州。當時臧氏常住在西北鄉，經歷了此次戰事，見聞頗多。故其自序云：『自罹兵燹，頗多見聞，蟬結舌而難甘，繭有絲而必吐。……觸滿目淒涼之感，冒無病呻吟之譏。用訪前人，博採軼事，得詩百首，統名之曰續竹枝詞。』此集凡一百首，主要記録太平軍三次攻克揚州，給揚州帶來的滅頂之災和滄桑巨變。如寫第一次的：『癸丑年間最苦辛，揚州初次遇紅巾。家家都説穿城過，聽信善人江壽民。』寫第二次的：『驚心直到丙辰年，二月清明更可憐。賊退不來天又旱，鄉間田畝浪收捐。』由於是親身經歷，親眼所見，寫得真實可信，情感深厚。除了記録戰爭情形外，詩中還有不少對當時揚城人的日常生活情景和社會現狀的描寫，亦爲寫實。如寫茶館的：『教場茶館鬧紛紛，每碗銅錢十四文。午後偷閑來到此，呼朋引類説新聞。』又如寫教堂的：『蕃釐觀外新堂設，略與京城樣不殊。七日有期剛禮拜，紅男緑女奉耶穌。』表明當時西方傳教士在揚州的活動已有相當的影響和勢力。臧穀是這場災難的目擊親歷者，形諸於詩，真實感人，故這些詩對太平天國史研究和揚州社會史研究都有很高的史料價值。本《文庫》據一九六一年揚州古舊書店編《揚州風土詞萃》抄本影印。（徐大軍）

瓜洲伊婁河櫂歌　于樹滋撰

于樹滋有民國《瓜洲續志》，已著録。繼《瓜洲續志》後，值民國十八年夏秋，酷熱之際，于樹滋『病困斗室，痛苦尤甚，長晝無事』，乃『摘取瓜洲事實，作《瓜洲伊婁河櫂歌》』（于樹滋《序》）。先後得一百二十首，並於每首後加注，記述了瓜洲地理位置、歷史變遷、名勝古蹟、人文軼事，堪稱瓜洲的百科全書。如開篇一首記伊婁河得名：『新河開濬號伊婁，刺史高名百世留。從此江行無險惡，任教南北渡中流。』詩後小注：『《輿地紀勝》：伊婁河即揚子鎮以南至江之運河。隋以前揚子鎮尚臨江，至唐江濱積沙二十五里，渡江須繞瓜洲沙尾紆行六十里。開元二十六年，潤州刺史齊澣奏開此河，二十五里即達揚子，無風水之災。按《至順鎮江志》：當時瓜洲遥隸潤州，故澣得以改置。』書中有詩論及『曲江濤』，如：『曲江亭子曲江濤，地以人傳名愈高。門對金焦列屏障，圖成詞客各揮毫。』詩後小注：『曲江濤自高廟辨正，後阮文達元於深港建曲江亭，元有記，王山人豫繪圖，文達復有詩叙……』詩中所提阮元建曲江亭事，頗有史料價值。書前有庚午年漸逵序及于樹滋自序，有何希澄、曹傳霖、姚洪淦、居福焜題詞。何希澄題詞贊云：『志乘修成歷四年，徵文考獻仰承先。更爲歌詠傳風俗，安得輶軒上此編。』時人姚洪淦稱：『瓜洲百二首新詞，考獻徵文備載之。能括廿餘編志乘，上追十五國風詩。』本《文庫》據上海圖書館藏一九三〇年鉛印本影印。（顧一平　王志娟）

集揚州俗語詩　高乃超撰

高乃超（一八六九—一九三三），名孔源，因少時多病，弱冠病愈而背曲，人以『駝翁』或『高駝子』呼之。祖籍福建長樂，後隨父遷居揚州。工詩精弈。曾置惜餘春茶肆，一時文士多聚其所。時人稱其『風雅致清貧』。著有《滑稽詩話》等。杜召棠《惜餘春軼事》云：『高乃超嘗集揚州俗語，成七律百首，惜原稿已不知何在。』此書現僅存二十八首。首行名『集揚州俗語詩』，各詩無題，僅以『其一』等標識。詩句多爲揚州俗語，淺顯有趣，讀來頗有啓迪。如：『銀錢到手非容易，錯過時光没處尋。幾見賣瓜曾説苦，果然獨木不成林。今朝有酒今朝醉，一寸光陰一寸金。螞蟻不攢無縫蛋，江湖越老越寒心。』『心病還須心藥醫，情人眼裏出西施。人逢喜事精神爽，船到江心補漏遲。無事不

登三寶殿，有錢難買少年時。黄金有價人無價，色不迷人人自迷。』本《文庫》據揚州市圖書館藏抄本影印。（顧一平　王志娟）

望江南百調　（清）黄鼎銘撰

黄鼎銘，字録奇，别號惺庵居士，清儀徵人，世居揚州。清宣統二年以歲貢應會考列第二等，以知縣用，簽分河南，因淡於榮利，未幾即歸。工文章，有聲庠序。書法北朝，得其逸趣。能詩。卒年五十六歲。此《望江南百調》，寫揚州風土民俗。卷首題『白沙惺庵居士稿』。書前有潘文熊、臧穀、楊泰燠、熊昭漢、周士鴻、何震彝題詞。作者有感於光景常新，歲華虚擲，乃成此百詠，『以俚言道俗情，雜悲歡與諧謔』，即通過詠唱揚州風景習俗，針砭時事，抒發自己心中鬱結不平之氣。其詞思新語奇，莊諧相雜，綴以俚句。如：『揚州好，端午樂何如。到處艾絨懸綉虎，大家蒜瓣煮黄魚。跳判鬧通衢。』寫揚州端午盛况。『揚州好，城内兩何園。結構曲如才子筆，宴遊常駐貴人軒。東閣返梅魂。』此寫揚州之景，語工意足。又如：『揚州好，漆器最精純。盧氏銅胎工仿古，朱家鐵筆善翻新。賽會許奇珍。』此寫揚州之漆器。凡此類，皆有助於瞭解揚州的歷史文化。此書傳本有南京圖書館藏稿本一册，揚州市圖書館藏抄本一册，有民國年間揚州陳恒和書林《揚州叢刻》本。本《文庫》據南京圖書館藏稿本影印。（方慧君）

赤湖雜詩二卷　（清）阮先　阮充撰

阮先有《北湖續志》，已著録。阮充（一八二六—一八九二），字實齋，號雲莊，别署碧香吟館主人，清儀徵人。阮鴻季子，阮元從弟，阮先弟。國學生。工詩畫，精篆刻。嘗在從兄阮元萬柳堂之西建雲莊，道光二十七年夏，請畫家明儉繪《雲莊圖》。編著《雲莊印話》《雲莊文集》《碧香吟館筆談》《揚州鼓吹詞續編》等，與纂《北湖續志》。另有《渌湖竹枝詞》《雲莊唱和録》《雲莊題贈録》《雲莊詩存》，本《文庫》已收録。赤湖亦名赤岸湖，在甘泉縣北，距揚州府城六十餘里，毗鄰高郵縣。咸豐六、七、八年間，阮氏兄弟倆曾避亂僦居甘泉王開益望湖草堂，與林少紫等有消夏唱和之作。同治二年五月，應王開益之邀，阮先與其兄阮克、弟阮充又再住草堂。時戰事漸平，於是與弟阮充各賦絶句三十首。詩多詠赤湖風物。書前有同治二年阮先自序，交代雜詩創作緣起。繼之爲泰州康發祥、儀徵吴鎧、高郵吴慶鴻、甘泉王開益、甘泉談恩誥、上元黄宗彦、江都徐兆生、安徽天長王官等二十多人的題詞。詩後有與王開益同作詩六首，與兄先同作詩二首，阮祓、金長福等人識語。

附録儀徵張安保《湖中雜詩》及甘泉林溥和詩若干首。本《文庫》據南京圖書館藏清同治刻本影印。（胡珍）

渌湖竹枝詞　（清）阮充撰

阮充有《赤湖雜詩》，已著録。渌湖，即渌洋湖，亦作緑洋湖、陸陽湖，在今江都西北艾陵湖東北，半入高郵界。湖之西有瓮子湖。咸豐九年，阮充爲避亂而移居渌洋湖畔的陳嶼嘴，時與王開益、陳幹生等人相往來唱和。此集成於咸豐十一年年底，凡四十首，描寫了渌洋湖畔優美的田園風光、平和閑適的生活以及農村淳樸的風俗，多有清新感人之句。如寫湖邊風光的：『渌洋春水碧琉璃，渌洋春岸草萋萋。摩詰詩情崔白畫，一群汝鴨小橋西。』寫淳樸的農家生活的：『鄉居食物各隨時，餺飥糈粱儘合宜。破曉魚籃隨口喚，蔣家娘子黑皮兒。』又如寫農民熱鬧的勞作場面的：『田鼓喧填更打鑼，插秧時候笑聲和。夕陽西下聞歌起，聒耳新詞格垛多。』後有小注：『格垛多，秧歌名。』最後一首詩及詩下小注説明了作詩的緣由和背景，可作自序來看：『風雪殘年晝掩門，豚兒閑話酒重温。編成一卷湖陰曲，當作他時話柄存。』後又編録其兄阮先所和二十首，亦爲『博採風謡，雜徵往事』（阮充識語）之作。據卷末同治元年阮充自識云，陳幹生曾爲此集作序，但此本未見。本《文庫》據揚州市圖書館藏一九六一年揚州古舊書店編《揚州風土詞萃》抄本影印。（徐大軍）

真州竹枝詞　（清）厲秀芳著

厲秀芳有《真州風土記》，已著録。此爲厲秀芳咸豐六、七年避亂東亭時所作。《自跋》有云：『余向者不喜作詩，以爲人生爲樂甚多，何事苦吟，自尋煩惱，間有酬應，勉强塞責。乃殘年離亂，客邸無聊，不得已以廿八字消遣旅愁，此竹枝詞所由作也。』是書有引，約萬言，追述儀徵當日風土人情，以志今昔盛衰之感。書前有鮑毓東叙、張安保叙及咸豐七年自叙。繼之丹徒張鶴齡、泰州康發祥、東臺姜焘等七十餘人題詞。書後有李嗣昌跋、自跋，並附《憶舊廬》十二首。惕齋子寅官校。詩凡四百餘首，反映了儀徵的風土人情、花草物産、器具飲食等情況。有表現生活風俗的，如娶親、拜堂、接天地、拜年、祭財神等；有記叙當地園林的，如東園、吴園的興廢；有寫當地特産的，如鰣魚、湯包、蟹包等；另外，還有反映西方鴉片貿易的危害和經濟勢力的滲透，如罌粟、洋燈等。通篇淺顯易懂，記叙所見所聞所感，表達了作者對家鄉的思念，也是一部切實的『真州歲時記』。本《文庫》據上海圖書館藏清咸豐十年刻本影印。（胡珍）

真州雜詠二卷 （清）高頌禾撰

是書封面頁題『菉仲司馬遺稿　陳伯游方海校正』。高頌禾，浙江仁和人。原名學淇，字稑仲、菉仲、衛泉，號茗卿，又號稿山、粟庵，齋室名竹西行館、暴麥亭、房山山房。爲人伉爽篤摯，好聚書，工書法，亦能詩。初仕閩，徙官淮南，咸豐三年以例貢繼任吕四場大使，後以勤政勞瘁，卒於官。著有《暴麥亭稿閩游集》。書前有陳方海序。《序》稱：『一卷饒清味，真州托興寄。官閩常勵學，地僻合吟詩。風雅超千古，交游快一時。校讎籤略下，亦比爪痕遺。菉仲司馬以真州近作二卷屬校，因附小詩呈政。時爲辛亥季冬鄱陽陳方海初稿。』由此可知，陳與作者同時代，因所屬而校稿。全書詩詞大多有墨筆圈劃，另有少量朱筆校注，無序言和跋語，可能爲謄清稿本，未見刊刻版本。書稿大約成於咸豐二年，有上、下兩卷，是高頌禾在真州，即今儀徵地區活動時所作詩詞的彙總收録。此書爲稿本，共一册，上海圖書館藏。本《文庫》據此稿本影印。（陳果嘉）

菱川百詠 （清）韋柏森撰

韋柏森，字茗莊，清高郵人。喜吟詠，常與郵城詩人詞客如楊雨溪、李子仁輩相唱和。有《秦郵竹枝詞》，本《文庫》已收録。談人格在本書題詞稱：『櫂歌百篇記曾哦，故友才華感逝波。誰料韋郎詩更敏，不論街巷總搜羅。』書前有談人格、楊福申、朱桐、李一同、宋子聯等人題詞及自叙，書後有韋用楨、王樹藩、孫篠湘識語。《自叙》中云：菱川，即臨澤鎮，一名臨川，又號菱川，在高郵城東。鎮因東部臨近葦蕩沼澤得名。臨澤爲歷史悠久的古老集鎮，南北朝劉宋時至隋朝，在此置臨澤縣。其地因位於高（郵）、寶（應）、興（化）三縣交界處，故能多次避開戰禍，即如清代清軍與太平軍、捻軍作戰，也未禍及此地，『宅爾宅，畋爾田，保全無恙』，生活依然富足平静，『南北避兵者來居，咸曰樂土，迄今花柳成蹊，桑麻遍野』（《自叙》）。作者世居此地，因仿《洛陽風土記》《荆楚歲時記》之例，『不揣謭陋』，將本地新舊事跡一一記之，成絶句百首，『顔曰《菱川竹枝詞》，聊以供採菱時，或竹深處，三五成群歌唱』（《自叙》）。詩有寫歷史的，如《臨澤縣》；有寫風俗的，如《放河燈》《題糕》；有寫坊巷的，如《花圃巷》《鎚壩巷》；更多的是寫臨澤古蹟的，如《都天行宮》《樂善好施牌坊》。時人王樹藩對其人其詩評價甚高：『韋郎一枝妙筆，盡搜羅，忠孝備遺聞。多少方言里語，居然著手成春。菱川百首韻争新，好句似珠勻。』此書與《秦郵竹枝詞》合刻，有清光緒十六年刻本，南京圖書館藏。本《文庫》據此本影印。（胡珍）

秦郵竹枝詞　（清）韋柏森著

韋柏森有《菱川百詠》，已著録。詩凡百首，『借竹枝之名以歌風俗』（《自序》）。書前有夏銘孫、潘啓龍、王偉忠、韋偉元、王達璋等人題詞。書後有『男用楨編次　孫子聯較字』語。詩通篇無標題，所寫均爲高郵一地之歷史古蹟、風土人情，『見聞廣且博，意態放而恣。風俗與人情，群物分以類。使我一披吟，恍如身所至。是豈近人詩，一篇風土記』（王達璋本書題詞）。高郵河網密集，因而詩中有關水利、水運、水産、水居、水災等方面的内容較多，如：『蓼花紅處有民居，三兩漁家結个廬。落日放船人撒網，燒香港口取銀魚。』其詩對社會陋習如招妓、聚賭、吸食鴉片的危害也有反映，如：『野花雖好不宜家，鴉片烟膏煮去渣。烟賣借花招客至，被迷把命送烟花。』也有一些詩反映了晚清時期學校教學内容的變化，如：『書院又新名致用，中學也考西學重。』還有一些詩反映了社會出現的新事物，如：『奇莫奇於電報奇，沿堤鐵綫膽瓶瓷。不須奔命勞星使，萬里音通只片時。』此書有清光緒十六年刻本，與《菱川百詠》合刻，南京圖書館藏。本《文庫》據此本影印。（胡珍）

廣陵游草　（清）錢岳撰

錢岳，字藴生，號十青，堂號『錦樹堂』，吴縣人。明末清初女性詞選《衆香詞》的編者之一，曾輯《錦樹堂詩鑒》十三卷。其父爲錢中諧，字宫聲，號庸亭，江南吴縣人。順治戊戌進士，康熙己未，召試博學鴻詞，官翰林院編修。是書按年代順序，收録錢岳在廣陵地區游歷的詩詞作品，其中甲子年四十七首、乙丑年五十六首、丙寅年四首。甲子年詩詞後，有多人跋言，其中孫枝蔚、申維翰等皆爲作者之父執輩。錢岳此行前往廣陵，是『北渡就婚』，其以『畫眉之餘墨，寫江南之遠山，即事怡情，工而入逸』，並以『詩中之畫，畫中之詩，見重於當代公卿』。惜《晚晴簃詩彙》一書未曾録其詩。全書多有朱筆圈劃，有零星批注。此書爲清刻本，與《金陵游草》合刻一册，上海圖書館藏。本《文庫》據此本影印。（陳果嘉）

邗江遊記　南郝居士撰

撰者生平不詳，卷首署『南郝居士撰』。是書寫作於辛亥之後，作者爲探望釋甲静養的兄長，自滬赴揚，暇時援筆記録此行之見聞，故成此一卷。遊記以時間爲序展開描寫，詳記沿途風景、村落民居等狀况，將旅途的日期、天氣、時間、所經之地、所遇之事一一述來，甚至途中乘客衣着、衆人情態等也都有記録。遊記文筆清新優美，記事雜而不亂。述及揚州風景時尤爲精彩，如：『繞城十里，碧水如環。

三五女郎，蕩瓜皮小艇，真有凌波仙去之勢。』『冬乾水涸，澄瑩如鏡。藻荇交横，時觸舟有聲。』『清風徐來，夾岸荻花瑟瑟，一片秋聲，萬重寒雪。』將揚州冬景描述得十分清雅。而寫到清晨旅途之情形時：『朝日射窗，清風作寒。座中乘客極寡，蓋時過早，市中人尚栩栩作蝶夢，非至不得已，孰肯破衾温，作朝興事耶？是亦我國之弊習，無足爲異。』又淡漠地對世態予以譏諷。寫消閑之地『教場』：『百技雜陳，百貨紛集，有弄戲法者，有説書者，有賭棋者，有賣酒者。種種色色，陸離光怪。』又記其中的『書場』：『場中極穢陋，人類尤不齊，惟説者貫注精神，尚令客忘倦耳。』可使人窺見民國時期揚州市井生活之一斑。本《文庫》據一九一四年涵青山房石印涵青主人輯《古今遊記叢鈔》本影印。（方慧君）

揚州畫舫紀游圖　佚名撰

撰者不詳，書名下鈐『清秋閣舊主』白文印，或即作者之印。作者翻閲李斗著《揚州畫舫録》，遥想當年揚州勝景，不勝今昔之感，於是集成這份紀游圖。揚州爲一繁盛都會，名勝可記者甚多。因古今興廢不一，沿革無常，作者以李斗所記年代較近，與當時實地多可徵實，故紀游圖中提及的所有名勝，均以李斗《畫舫録》爲據。本篇爲大紙一張。正面爲文字説明，介紹揚州城内各景物之地理位置、景致特點。如介紹揚州城内的園林名勝：『城内小玲瓏山館，馬半查别墅也。在新城東關街，又曰街南書屋。有看山樓、七峰草堂諸勝。叢書前後二樓。乾隆間進藏書，可備採擇者，七百七十六種。』反面繪爲圓形游戲圖，六個環形，最中心的一個圓圈内書『畫舫紀游』四字，外圈將各景點分列圖中。頁中書游戲規則，即入局者出若干爲公注，各存若干爲私注。視擲骰所見點數，決定前進或後退至某一景點，以此決勝負。此圖非簡單的景觀展示，實則意欲通過游戲的方式，徜徉於揚州的府城内外。此圖將城市景觀與民間游戲結合，匠心獨運，亦折射出揚州市井文化的高雅品位。復旦大學圖書館特藏部藏一幀，分十五欄，除第一欄題作『揚州畫舫紀游圖』外，分十四欄縷述揚州的風景名勝。另，南京圖書館藏刻本一幀，本《文庫》據此本影印。（方慧君）

揚州游覽指南　楊則友著

楊則友，江都人，生平不詳。作者於丙辰之秋著成此書。書中介紹了在揚州旅行食住行游的基本情况，包括例言、揚州略説、揚州城市概況、旅行宿食起居概述、城北風景游覽、揚州古蹟及附屬地址表。《例言》共六條，簡述此書編著特點。《揚州略説》包括揚州名稱之沿革、揚州之形勢及農業情形、揚州繁盛之回溯及將來，簡述揚州名稱的由來及名稱之沿革、揚州之形勢（北扼長淮，南臨大江，距淮約三百餘里，距江僅三十里。沿城東南臨運河，南出瓜洲，西溯江漢，東下蘇浙）、農業情形（地勢高燥，禾黍全賴雨收。北有邵伯諸湖，地勢平坦，田畝受湖水灌溉，亦較西路豐腴，且湖沼既多，漁業亦盛。因位産米之區，浸成米市）、揚州繁盛回溯（揚州繁盛，由來已久。其近當推前清中葉，當時漕舶雖稱極盛，然鹽商實爲之中堅）。《揚州城市概況》簡述揚州城分舊城和新城，外合内分。西曰舊城，東爲新城。舊城東西直徑一里半有餘，南北三里餘。新城東西二里半有餘，南北與舊城等。舊城城門有五座，新城城門有八座，城内人口約二十萬，市肆多居新城，以南部爲盛。舊城除大小東門及西門等數街外，幾乎無市肆可言。《旅行宿食起居概述》分别就汽車、小輪班次、輪船碼頭、民船碼頭、旅館、菜館、茶館、浴室、電話等詳述其情形。《城北風景游覽》簡略介紹城北景點，如下街、緑楊村、湖上游船、虹橋、熊園、劉烈士墓、長堤春柳、徐園、小金山、法海寺（塔）、鳬莊、五亭橋、平山堂、觀音山、天甯寺、重甯寺等。《揚州古蹟》則分舊城、新城和城外三個部分簡略介紹。附屬地址表則詳細記載了黨務、官署局所、社會機關、同業公會、學校、會館、律師、祠宇、教會、庵觀（僧、道、尼）、慈善事業、金融機關、廠號、錢莊、當典、銀樓、綢布、廣貨、參藥、西藥、書籍文具、附印書局、報館、印刷、筆墨、紙、電料、鐘表、眼鏡、茶葉、茶食、南北貨、醬園、烟、香粉、古玩、漆器、照相、帽鞋、漆、香燭、酒、染坊、磁器、鹽、米麥、柴、醋、油坊、木行、北貨、鮮果、八鮮行等等地址表。該書編寫體例清晰，内容廣泛，涉及揚州飲食、住宿、交通、游覽各個方面，作爲揚州游覽指南用書較爲實用。此書有民國五年鉛印本，揚州志成印書館印行，第十四板。一册。本《文庫》據南京圖書館藏本影印。（劉建忠）

第三輯　傳記年譜家乘類

廣陵十先生傳　（明）歐大任撰

歐大任有《浮淮集》，已著録。此書不分卷，卷端題『廣陵儲王景趙朱蔣曾桑朱宗列傳』。正文記載明成化至隆慶年間揚州十位先賢人物事蹟。十先生包括：儲巏、王軏、景暘、趙鶴、朱應登、蔣山卿、曾銑、桑喬、朱曰藩、宗臣。內容涉及諸先生之姓氏名號、籍貫里居、科舉仕途、交游治學、良言善行、著述專長、後代子嗣等情况，其中詳於仕途陞遷、德行事蹟。明隆慶四年李攀龍序贊云：『自董生而授經術之業，有如十先生，廣陵得以稱文獻之邦矣。』此書爲研究揚州歷史先賢人物可資參考之重要著作。此書未有單行本行世，有明隆慶萬曆間刻、清印《歐虞部集》本。國家圖書館、北京大學圖書館、華南師範大學圖書館各藏一部。本《文庫》據此本影印。（王永平　姚海英）

廣陵詩事十卷　（清）阮元編

阮元（一七六四—一八四九），字伯元，號芸臺、雷塘庵主，晚號怡性老人、揅經老人，占籍儀徵，居揚州。乾隆五十四年進士，選庶吉士，授編修，擢少詹事，歷官山東、浙江學政，兵、禮、户部侍郎，浙江、江西巡撫，湖廣、兩廣、雲貴總督，道光朝拜體仁閣大學士，致仕，加太傅，謚文達。清乾嘉時期著名學者，『揚州學派』代表，主持文壇數十年，學者奉爲泰斗。博學貫通，精窮經誼。餘事爲詩，著有《揅經室集》，編《兩浙輶軒録》《十三經注疏校勘記》《經籍籑詁》《皇清經解》《疇人傳》。生平事蹟見《清史稿》卷三六四等。另有《阮元家書》《阮文達公致仕後家書》《詩書古訓》《曾子注釋》《淮海英靈集》《柳堂春泛圖詩鈔》《儀徵阮氏遺稿十二種》《琅嬛仙館詩》，本《文庫》已收録。阮元幼時即思輯録家鄉諸家詩爲一集，緣自憂慮『廣陵耆舊零落百餘年』，『已刊專集漸就散失，近年詩人刻集者鮮』，『懼其遺佚而不彰』。乾隆六十年，阮元移任浙江學政，以爲『桑梓非遥，徵訪較易』，故有輯印《淮海英靈集》之舉。肇始於嘉慶元年五月，竣事於嘉慶三年八月。其間，阮元得便『讀廣陵耆舊之詩，且得知廣陵耆舊之事，隨筆疏記』。所記『有因詩以見事者，有因事以記詩者，有事不涉詩而連類及之者』，輯成《廣陵詩事》。收録地域、時間與《淮海英靈集》同，具體爲揚、通分治前之地域；清初至成書的嘉慶四年之前。書中記有順治朝吴綺、孫枝蔚、楊捷、常延齡等人物，尚有順治二年廣儲門樊家園羅烈婦節烈事；記有卒於乾隆五十八年之江昉、五十九年之汪中，尚有成書之時健在的林道源。《廣陵詩事》所記分類，大體如下：卷一，記軍功、科第、仕宦事；卷二，記節婦、孝女、孝子、忠義、仁愛、節烈事；卷三，記儒林、文苑事；卷四，記擅長詩文書畫諸藝之才人、畸人；卷五，記金石考據事；卷六，記園林、古蹟、景區；卷七，記詩酒唱和、文讌集社；卷八，記古玩、異物、奇事；卷九，録佳聯、名吟、諸驚人截句；卷十，記懷人、悼亡、憶舊諸情事。惟未能按時序輯録，又因分類較細，而使人物、事件被割裂，稍嫌雜亂；但事出有因，皆『隨筆』體裁所使然，得此效果，已屬不易。是書有清嘉慶六年浙江節署刻本、《文選樓叢書》本、光緒十六年重刻本、民國九年用光緒重刻板刷印本。本《文庫》據嘉慶六年浙江節署刻本影印。（王章濤）

揚州畫苑録四卷　（清）汪鋆輯

汪鋆有《北湖避寇草》，已著録。汪鋆有感於揚州歷來以畫名者甚夥，而資料分散且遺失者多；咸豐兵燹中昔日同游之書畫家死難者多，難以釋懷；與修府志，搜集資料衆多，格於體例未能盡載；受天池山人魚翼《海虞畫苑略》啓迪，遂成此書。是書四卷，録揚州一地自清初至成書時已故畫家五百五十八人，按本邑、流寓、方外、閨秀分類，開地方斷代畫家傳記之體例。除輯自《揚州畫舫録》《畫徵録》《圖繪寶鑒》《淮海英靈集》《廣陵詩事》及地方志乘等史籍外，大量資料係第一手。以『汪鋆按、拙補』形式新撰一百八十多條，僅咸豐癸丑死難、失踪者即三十餘人，資料可信可貴。書中借傳主之口和評論傳主藝術之際，表達了作者對藝術的諸多精辟見解。卷二『虞蟾』條後的長篇按語，綜述了清初以來揚州畫壇發展大勢，與全國畫壇之比較，頗有價值，尤以其中提及『另出偏師，怪以八名』，係現存畫史中最早記載揚州八怪的文獻資料，其觀點雖見仁見智，其價值不容否定。是書有清光緒十一年刻本，二册；《揚州叢刻》本。本《文庫》據清光緒十一年刻本影印。（趙昌智）

江揚衆史録　竹居主人編

編者生平不詳。是書首頁下標『竹居主人偶編』字樣。是書爲殘本，僅存卷五、卷六。主要收録南京、揚州地區或寓居於此兩地清代畫者三十餘人事蹟。起自金農，迄於施瑞年，涉及揚州八怪金農、黄慎、陳撰、李葂、華嵒等。其中有揚州畫人，如方士庶；亦有流寓揚州人，如伊秉綬、丁皋等。主要記傳人姓名里居、生平軼事、韻事畫藝等。書中偶有小字注，注明由來。是書或多録自蔣寶齡《墨林今話》，如金農小傳、張棟小傳等。與汪鋆《揚州畫苑録》相比，個别小傳内容較之豐富，如鮑皋傳。是書雖爲殘本，僅存兩卷，但集中記録揚州一地畫人，豐富了地方畫史資料，對研究揚州書畫史有一定的參考價值。此書爲殘稿本，南京圖書館藏。本《文庫》據此稿本影印。（王志娟）

揚州府宦浙同官録　（清）周劍青編

周劍青，生卒年不詳，名振坤，清甘泉人。工詩及書畫。咸豐間以知縣隸文煜幕。以功陞知府，分發浙江，權杭州知府，兼大關監督，愛民恤商，有政聲。著有《劍青詩文集》。本書之編纂，據方鼎銘《序》言：『周劍青太守偕二三同志彙爲是編。』所謂同官録，即指在各省某地任過官職或獲取過一定學位的各地人氏的花名册。《江蘇地方文獻書目》就收有《江蘇同官録》《江南江寧同官録》等。是書一名《浙省揚郡同官録》，爲同治年間在浙江任職的揚州人名册。仿『蘇郡同官録』體，記録同治甲戌年前揚州人在浙江任職情况。起自方鼎銘，迄於梁朝棟，共五十六人。記録姓名、爵里、年齒、任官履歷，並録其曾祖父母、祖父母、父母名及妻室存殁生庚。書前有光緒元年儀徵方鼎銘序，有凡例。此書保存了同治年間揚州人任職浙江情况，可補方志職官内容，有一定的史料價值。本《文庫》據上海圖書館藏清同治十三年刻本影印。（王志娟）

廣陵詩人小傳録存　（清）陸仁壽輯

陸仁壽，字魯言，號鈍園，江蘇泰州人。清末民初人。家富藏書，精研版本，留意地方文獻，除本書外，還輯有《海陵詩鈔》等。是書包括《廣陵詩人小傳録存》《廣陵名媛小傳録存》《江蘇詩徵小傳》三部分。《廣陵詩人小傳録存》係從《淮海英靈集》《詩觀》《江蘇詩徵》《廣陵詩事》《廣陵詩存》《名媛詩話》《國朝閨秀正始集》以及揚州及各屬縣地方志、時人筆記等書籍中輯出揚州籍詩人之傳記内容，將姓氏依韻編次，彙集成卷，釋、道編於篇末。《廣陵名媛小傳録存》多從《名媛詩話》《國朝閨秀正始集》《續集》《江蘇詩徵》之中取資，以姓氏之韻次編排，凡揚籍女子嫁於外地，或外地女子嫁於揚籍人士，以及仕宦揚州的官員之妻女，一併收入。《江蘇詩徵小傳》係從《江蘇詩徵》中輯出詩人傳記部分，但内容較《詩徵》爲簡。全依《詩徵》之體例，姓氏依韻編次，有科名者按科第先後，無科名者約略依時代之先後，名下列字號、籍貫、科第、著述等。只輯至《江蘇詩徵》之卷二十七『陳松』，『陳』在平水韻上平聲『十一真』，且《詩徵》全帙爲一百八十三卷，以此推算，只輯出一小部分，尚有多半未及完成。此書爲清抄本，四册，卷首有『魯言』『鈍園』印，南京圖書館藏。本《文庫》據此本影印。原稿《江蘇詩徵小傳》因内容未

涉揚州，故不録。（趙彦梅）

勝朝殉揚録三卷 （清）劉寶楠輯

劉寶楠有《寶應圖經》，已著録。劉寶楠、劉恭冕父子的主要學術成就集中在《論語正義》這部《論語》的『新疏』中。《續碑傳集》、民國《江都縣續志》有傳。順治二年，清兵南下，史可法奉命守揚州，率士民抵抗，史可法及守城士僚從死甚衆。史可法嗣子、副將史得威尋史可法遺體不得，乃葬其衣冠於梅花嶺下。康熙時，郡人建祠於大東門外姜家墩，後毁圮。乾隆初，復於廣儲門外梅花嶺南史可法墓西側建祠，然從祀者久議不決。又郡城縣學内，原有忠義祠，祀本籍歷代紳士之殉難者，官於此而殉義者亦雜列其中。道光十八年，劉寶楠應揚州知府李璋煜之請，考核史可法祠之應從祀者及忠義節孝祠之應補祀者。其時，劉寶楠患眼疾，乃命子恭冕檢録史志，寶楠復加考訂，乃輯得八百餘人，分爲三卷。卷上文武官弁，幕府賓僚及吏僕等並載；卷中鄉官士民，附僕；卷下文武官弁及鄉官士民婦女，附婢。前有方濬頤、劉寶楠二序，該書集中記叙了揚州抗清殉難者的事蹟。此書有清同治十年淮南書局刻本，四册，未署編者姓氏。本《文庫》據此本影印。（王永平 趙宣）

揚州義民別傳 胡山源著

胡山源（一八九七—一九八八），原名三元，晚號半村老人，江陰人。當代作家、翻譯家。歷任上海基督教青年協會書報部翻譯、浙江之江大學教師、上海世界書局編輯，兼任《申報·自由談》等刊物主編。創建新文學團體彌灑社。一九五一年後歷任福建師範學院、蘇北師範專科學校、上海師範專科學校中文系教授。抗戰前後，爲鼓舞群衆的抗日鬬志，寫下了以明末抗清爲背景的《江陰義民別傳》《嘉定義民別傳》和《揚州義民別傳》，合稱《明季忠義叢刊》。作者用白話短篇小説的筆法，以紀傳體的方式寫了明末在防守揚州抵抗清軍的過程中，慷慨激昂、以身殉國的十五個義民典型，與《明季忠義叢刊》其他兩部書有所不同的是，還收録了董媪、錢淑賢、張氏三個女子，作者表達了面對抗戰，男女都須盡力的觀點。本書乃作者爲激勵民衆的抗戰鬬志所作，在《自序》中，作者總結了揚州守城失敗的原因有兩個：一是失了鬬志，二是民衆没有參加。提出『鬬志是決定戰争的主動力』，並揭示『蓋凡爲國民，皆有民族自衛之責任，苟有一技之長，即當出其全力』的宗旨。書中收録的人物雖然身份各不相同，但都表現了感人的民族氣節，寄寓了『國家興亡，匹夫有責』的道理。其中，有談笑就義的書生王廷珮，有歷盡艱辛、撫育義民孤兒的老媽子董嫗，有血戰保衛揚州的無名大俠『箭俠』，有爲抗清流盡最後一滴血的武官戴之藩，有力勸別人不能發國難財的舵工徐有義，有宣傳復國的説書人柳敬亭，等等。故事生動形象，體現了作者的全民抗戰思想。書後附有明應廷吉《青燐屑》、明王楚秀《揚州十日記》、明佚名《揚州變略》、清戴名世《乙酉揚州城守紀略》、清鎖緑山人《史可法守揚州》（《明亡述略》）等文，可資參考。此書有一九四一年上海世界書局鉛印本，一册。本《文庫》據上海圖書館藏本影印。（嚴嵐）

揚城殉難録四卷附一卷　（清）劉文淇　王翼鳳編

劉文淇有道光《重修儀徵縣志》，已著録。王翼鳳（？—一八六〇），號句生，清儀徵人。王僧保弟。廪貢生。少慧，師事江藩、包世臣，治《左傳》，曾與劉文淇、楊亮、吴熙載等共注《南北史》。工詩文。與兄僧保、梅植之、楊亮齊名，與劉文淇、黄承吉友善。客浙江學政幕者十餘年。咸豐十年，太平軍攻占杭州，賦絶命詩，自縊死。有《舍是集》《聲遠堂文鈔》，本《文庫》已收録。本書一作『劉文淇、吴熙載合撰』，見同治《續纂揚州府志》卷二十二。咸豐三年二月，林鳳祥、李開芳率領太平軍從南京沿江東下，於二十三日攻陷揚州，至十一月二十六日撤離。是爲太平軍第一次攻占揚州。翌年，劉文淇於亂後回揚州，遂與王翼鳳合纂是書。共四卷，分男册二卷，録官員、士紳、民人殉難者一千三百三十一人；女册二卷，録殉難婦女一千一百一十七人，通計二千四百四十八人。書中所録皆爲揚州士民歿於此役者，男女老幼『或被殺，或絶粒死，或焚死，或自刎，或自縊，或入水死』，荼毒喪亂，令人不堪卒讀。書前有捐刻揚城殉難録收賬清單，卷首目録處有『積學齋徐乃昌藏書』印，書後附《丹陽鄭茗仙女史蕙困守揚城日記》一卷。本《文庫》據清同治光緒間刻本影印。（王繼雄）

揚城殉難續録二卷　（清）鄭士烺編

鄭士烺，生卒年不詳，字章雲，清揚州人。是書專録咸豐年間揚城死難者名單。書名稱《續録》，因先是已有劉文淇之《前録》。據凡例，鈔録死難者姓名之目的，本爲佛家舉行道場超薦亡靈所用。原稿存揚州教授陳衍吉、訓導吴琪處，因未及詳校，鈔録偶或有誤。太平軍三入揚州城，城中官民死亡慘重。書中實録死者姓名二百餘人，有官員、書生、道士、和尚、民人、民婦等，均爲下級官吏、底層百姓。其死法，有殺死、戳死、砍死、毒死、燒死，有剖腹、肢解、刺喉、觸階、投厠，有自刎、自縊、自焚、投水、絶食等。多數死者因脅之不從，或不願入館，以至於死。其中最慘者，乃至全家無一幸存，如從九品耿頤千承辦團練，『咸豐三年被賊殺，闔家六人同死』；運司書吏藍長齡，『闔家十四口，咸豐三年同死於難』。又有鄉鄰集體死難者，如民人黃如鎬，『咸豐八年九月二日與十人同死於難』；民人陳履吉，『咸豐九年與十一人同死於賊』。陣亡者亦復不少，如武官李春方等『五十人力戰陣亡』；候選訓導鍾兆熊『與各紳董率勇執兵巷戰被害』。民人自發抵抗者，書中亦載之。如廩生陸銘因父死，『自恨不能殺賊以全親，咸豐某年某月奮取大石闖入賊所，連擊賊首，賊怒，支解之』；民人陳國琳，『集漁舟數十隻，施放槍炮以禦賊』，其後戰死。女性則以拒污而死者居多，孤女陳瑞雲題壁詩云：『好月好花皆幻景，全名全節是英雄。』咸豐戰亂，有夫婦同死者，父子同死者，母女同死者，弟兄同死者，戰争之慘，莫過於此。本《文庫》據《揚州叢刻》本影印。（韋明鏵）

邗江鍾毓　（清）詹坦撰

詹坦，字守白，號廣文，清江蘇山陽人。光緒十一年拔貢，曾官雲南新平縣知縣，揚州府學教授，又曾參與纂修民國《山陽縣志》。工詩文，於教學之暇成書若干卷，《邗江鍾毓》爲其中一種。此書是一部清代揚州歷史傳記類的著作。『邗江』爲揚州的别稱，『鍾毓』即是『鍾靈毓秀』之意。所述内容可分爲兩部分，一是記述了清代揚州府忠孝之士的感人事蹟，『忠』如儀徵劉欽鄰、江都閔文仲，『孝』如江都蕭惟堅、高郵趙術堂；二是記述清代揚州的科舉人才，載自順治至光緒共九朝，揚州府會試開科一〇四次，題名三百六十七人；鄉試開科一百一十二次，題名一千五百零六人；歷科副貢二百六十二人，拔貢一百五十五人，優貢三十一人，歲恩貢一百七十六人；武鄉會試開科八十九次，題名七百六十八人。本書還詳細記載了清代揚州府屬文武狀元、榜眼、探花、傳臚、會元、解元的人數和題名，其中狀元五人，榜眼四人，探花七人，傳臚四人，會元九人，解元二十人。此外，還記述了揚州府屬大學士、尚書、侍郎、重宴鹿鳴、重游泮水、博學鴻詞、孝廉方正的人數與人名。詹坦有感於『揚州爲東南名郡，代毓偉人』，乃『徵文考獻，微者彰之，缺者補之，傳疑者終校之』，終成此書。書前有江都徐兆英序。此書由如皋楊慶森、甘泉桂邦傑校訂，光緒二十九年冬揚州府學活字排印本。内封由陳含光篆書題籤，一册。本《文庫》據揚州大學圖書館藏本影印。（王永平　趙宣）

廣陵私乘　湯寅臣著

湯寅臣有《揚州歷史易知編》，已著録。是書爲湯寅臣所聞所知廣陵一地鄉人之義舉善事，恐世人不盡知之或湮没風雨致於無徵，則故賢逸事不能大白於後世，故編成一書，陳人行義、追念故賢、表彰鄉里。所謂私乘，即爲私人所著之史書。作者自序中曰：『余嘗讀《國朝先正事略》一書，未嘗不嘆其搜羅之富，論議之精，而足爲國史之資料。』又説：『國史固重，而志乘亦匪輕。國史繫一國之觀瞻，而志乘則爲一邑之模範。余嘗不揣固陋，取平昔所聞所知者，各爲事略一篇，名曰《廣陵私乘》。』本書爲人物傳記，所記自同治間太守英公始，凡三十四人，每人各爲事略一篇。每篇事略皆記其字號、籍貫、科第官職等基本情况，且頌其人品、德行，並列舉其逸事。所記人物，涉及極廣，有官吏、畫家、醫家、鄉紳、教諭、商賈、烈女節婦等。顯官巨紳略而不記，凡居官愛民、臨難取義，士敦孝弟、女尚節烈，處家動人觀感，行事有益社會則記之。是書是一部私家撰寫的揚州人物志，雖名『私乘』，但爲研究清末揚州人物及官修方志人物傳提供了親見親聞真實史料，尤顯珍貴。此爲民國鉛印本，書前有郭鍾琦序及作者自序各一篇。書口有『揚州新勝街』字樣，扉頁有曾應森署書名及朱印『文富堂發行』字。本《文庫》據南京圖書館藏本影印。（陸音）

蕪城懷舊録三卷補録一卷　董玉書編

董玉書，字逸滄，晚號拙修老人，揚州人。生活於清光緒至民國年間。清末江都拔貢。歷任天長、霍丘縣令。著有《寒松庵詩集》《蒙園紀聞》《寶昌雜録》等。『蕪城』爲揚州之别名，始出自南朝鮑照《蕪城賦》。此書之創作正值國破家亡，民族危難之際，時揚城歷經戰亂，亦呈現衰落殘敗之景象，作者有感於斯，遂以爲名。作者創作此書已年過古稀，因客居滬上，遥思故土，追憶感懷而作。書中所記大都爲作者親自聞見，記憶所及，筆之於書，偶有聞見不詳，或借書參證，或函友徵詢，故是書較爲真實可信，可補正史之不足。此書三卷補録一卷，卷前有張惟驤、杜召棠序及作者自序，卷末有閔爾昌跋。此書内容記載清代後期道、咸、同、光及民國初年揚州人物軼事及掌故，輔以地方風物。其體例承繼李斗《揚州畫舫録》，以人物爲經，信筆貫串相關故實，不僅保存了大量的詩文作品，亦保存了豐富的史料，如冶春後社人名表、民國陳恒和書林刻書目、青溪舊屋儀徵劉氏三代生平著述等，都具有重要的資料價值。是書爲研究清末民初揚州歷史人物可資查考之重要著作。本《文庫》據民國三十七年鉛印本影印。（王永平　姚海英）

明代寶應人物志　（清）朱克生撰

朱克生(一六三一—一六七九),字國楨,一字念莪,號秋厓,清江蘇寶應人。諸生。性喜風雅,自幼穎異,博學工詩,與陶澂、陳鈺相唱和,稱爲『寶應三詩人』。其詩才氣高爽,王士禛、汪琬皆愛重之。克生生平足蹟半天下,所至皆紀以詩。著有《毛詩考證》《恒陽消夏録》《雪夜叢談》《秋舫日記》《憶游偶記》《詩準》《環溪集》《秋崖詩集》等。又輯有《唐詩品彙》。《清史列傳》有傳。此書卷端有康熙元年朱克生撰『明代寶應人物志引』,概叙本書之編撰緣由。正文輯録有明一代二百七十餘年寶應先賢人物事蹟,旨在補綴闡幽。全書分名臣、逸民、孝義、方技、列女五類。凡二十八傳,另有附傳若干。其中名臣有十四傳十五人(附傳一人),占全書大半,包括袁復、陳晟、尹禮、鄭禮、高昭、張稷、朱嘉會、朱應登、朱曰藩等人。每篇傳記末加作者評論,以『朱克生曰』起筆,或對人物點評論贊,頗有精到之論;或對人物事蹟考核,補正訂訛。如《吏部考功司主事陳公傳》:『朱克生曰:《寶應縣志》只載其爲五軍斷事,陞湖廣僉事,及考雷禮《列卿年表》,始知考功之爲大理寺丞,後調湖廣僉事,紀載不詳。』此書有南京博物院藏抄本。另是書之稿本尚存,現藏上海圖書館。本《文庫》據南京博物院藏抄本影印。(王永平　姚海英)

寶應耆舊傳二卷　(清)范士齡輯

范士齡,原名人炳,字懿齡,清揚州寶應人。廪生。爲人至孝,母老多疾,朝夕侍側。少篤於學,文章有奇氣,工書法,嘗協修縣志,以採輯多佚,復搜訪貞烈、節孝婦女,請旌捐建總坊。著有《左傳釋地》《續循吏傳》等。民國《寶應縣志》卷十四《孝友》有傳。此書卷前有周叙待、王曉等所作序及道光六年范士齡自序等,後依次爲例言、正文二卷。書後有范家模跋。内容記載寶應先賢名儒人物事蹟,所採人物自宋至清一百六十餘人,包括名賢宿儒、烈女節婦、方伎仙釋等,門類不一,蓋以時間爲先後,不分體例。主要叙述人物之姓氏名號、籍貫里居、生平事蹟、科舉仕途、學習著述、妻氏子嗣等情況。此傳於分目下注明文獻出處,博採自唐宋以來各家文集、詩選、家乘、行狀、墓志銘、人物志、方志等,八易寒暑而成。此書網羅放佚,事必徵實,表微闡幽,故已有科名者不載,詳載志書者亦不復採入。又是書意在存人,末綴詩古文辭,如《漢書》之《揚雄傳》載賦、《班固傳》載詩、《臧洪傳》載書之例,存人亦存文,增加文獻資料價值,可備查考輯佚之用,爲研究寶應歷代人物之重要參考著作。本《文庫》據清道光六年寶應范氏刻本影印。(王永平　姚海英)

寶應人物志列傳 （清）劉寶楠撰

劉寶楠有《寶應圖經》，已著録。此書不分卷。封面及卷端題『列傳』，封面鈐『楚楨』朱文印。書叙清代寶應人物事蹟，内容包括傳主之名號、籍貫、科舉、仕途、生平事蹟等。全書輯録朱士彦、朱彬、喬德謙以下九十餘人。其中勾去祁式璟、王榜、潘遇莘諸人，疑爲作者删改所致。另書中出現本書撰者劉寶楠之傳記，當爲後人所補。每篇列傳末標文獻出處，所引資料源於《寶應縣志》《國朝先正事略》、劉中柱《寶應詩録》及諸家文集等。所徵引文獻者，如《寶應詩録》，現已佚失，可備輯佚之用，具有較高文獻價值。是書未有刻本行世。上海圖書館藏稿本，内有圈改塗抹，手蹟猶存，洵爲可貴。本《文庫》據此稿本影印。（王永平　姚海英）

寶應祀典紀略三卷 （清）劉寶楠撰

劉寶楠有《寶應圖經》，已著録。是書三卷，卷一録朱毓賢撰《□□□烈士祠並祀邑名宦二十四公碑記》、劉寶楠撰《修建寶應祀典議》、朱士端撰《寶應祀典後議》《善行祠記》，卷二爲《二烈士傳》，卷三爲《大吏傳》。封面鈐印『楚楨』。今人劉文興以爲是書爲『書估僞名』，因其所録篇章多有出處，説見其著《清劉楚楨先生寶楠年譜》。是書所輯文章，或叙一方祀典，或傳祀主事蹟，可目爲珍貴的地方史料。本《文庫》據上海圖書館藏稿本影印。（王繼雄）

寶應儒林事略一卷 （清）成孺撰

成孺（一八一六—一八八三），原名蓉鏡，字芙卿，二親喪後，更今名，晚號心巢，清江蘇寶應人。諸生。侍親恭順，極富孝名。輕舉業，畢生講學著書，曾與劉毓崧、戴望、劉恭冕、汪士鐸等同校書金陵書局，有切磋之誼。晚年受湖南學政朱逌然之邀，主講長沙校經堂。博通經學，旁及象緯、輿地、聲韻、字詁，於金石審定尤精確。爲學不專一家，於漢學、宋學，實事求是，不爲門户之見。有《周易釋爻例》《尚書曆譜》《禹貢班義述》《春秋日至譜》等。另有《寶應文苑事略》《成氏先德傳》《史漢駢枝》，本《文庫》已收録。《清史稿》有傳。是書所記，其實僅朱澤澐一人之事蹟。朱澤澐（一六六六—一七三二），字湘淘，號止泉，學者稱止泉先生，江蘇寶應人。少勤學，與同邑王懋竑、喬僅精於經籍，尤好朱子之學。朱澤澐認爲，朱子之學實繼周（敦頤）、程（顥）、紹顔（回）、孟（軻），以上溯孔子。因取朱子文集、語類讀之，一字一句，無不精心研究，反身體認。著有《朱子聖賢考略》《宗朱子要法》《陽明晚年定論辨》等。朱澤澐被認爲是清代寶應學派的創始人之一。而成孺之學術旨趣與朱澤澐頗爲近似，『有所纂述，而折衷於程、朱』（馮煦《清故寶應縣學生成君墓志銘》），故而成孺撰《寶應儒林事略》，專爲朱澤澐立傳。成孺所撰傳，概括了朱澤澐的學術思想，稱其『肆力於六經性理，講求身心性命之奧，沉酣於周、程、張、朱之書，反之於身，會之於心，及謁陸清獻後，遂專意主敬，反覆小學、《近思録》而深造焉』，對朱氏之人品亦極爲推崇。本《文庫》據清光緒年間刻《成氏遺書》本影印。（王永平　趙宣）

寶應文苑事略一卷　（清）成孺撰

成孺有《寶應儒林事略》，已著録。是爲寶應文壇朱四輔、劉以化、湯廷頌、趙開雍、朱克生、王式丹、劉國黻、喬出塵、劉家珍、喬兆棟、成申、喬億、朱賽、楊景漣、湯希儀、朱宗大、吴自强、湯之桂、趙璉、劉履恂、潘湘、喬載繇、梁以樟、孔繼鑅等人傳記。所記各人事蹟極爲詳盡。傳記能同時注意於文人之間相互之聯繫，對各人的著作情況有詳細的著録，對各人詩文風格也有精當的概括。本《文庫》據清光緒年間刻《成氏遺書》本影印。（王永平　趙宣）

江渚貞烈志　（清）熊維熊編著

熊維熊，生卒年不詳，字偉男，清江都瓜洲人。熊敏慧子。熊敏慧，順治二年舉人，著有《汲冷堂集》《汲冷畫集》。維熊，康熙二十一年歲貢生。一年七試皆第一。王士禎以國士目之。工詩畫，畫得董、巨遺意，詩尚平淡，著有《緑雲軒集》。據作者自序，本稿著於己巳夏，即康熙二十八年，所記爲己亥年事。順治十六年，鄭成功軍北伐，進入長江，接連攻克鎮江、瓜洲，瓜洲城陷，士民多有殉難者，婦人女子雖生長深閨，當變亂困厄之際，『一旦時至勢迫，視死如歸，義無反顧』。本稿收録了瓜洲城陷時貞婦烈女十人：張氏、劉氏、饒氏、沈氏、范氏、熊氏、茅氏、魏女、熊女、萬女，每人先叙其事蹟，再繫之詩歌，『以俟後之載筆者採而獻之，庶芳徽大節得以誦述不窮』。卷首有『里堂』印，書稿前有同里蔣垣序、作者自序，後附《高郵吴世傑萬貞女詩並序》《徵吊萬貞女詩文引》《書江渚貞烈志後》。此書現存有清焦循抄本一册，藏於國家圖書館。本《文庫》據此本影印。（嚴嵐）

廣陵女士殿最　（明）萍鄉花史撰

萍鄉花史，據《中國叢書綜録》載，即曹大章。曹大章（一五二二—一五七五），字一呈，號含齋，明金壇人。嘉靖三十二年進士第二人（即榜眼），授翰林院編修。詩學李白，文學司馬遷，擅長散曲，曾爲魏良輔《南詞引正》作序。嘉靖三十八年出任會試同考官，能慧眼識人。因與嚴嵩父子交惡，被黜。著有《蓮臺仙會品》《秦淮女士表》《曹太史含齋先生文集》等。本書雖是舊時文人優游青樓後之所作，亦一時社會風氣之反映。品評娼妓，分列等級，其風以晚清最盛，但可追溯至明。嘉靖、萬曆間，文人尤好作此類游戲文章，如《秦淮女士表》《廣陵女士殿最》皆一時之作。據作者自述，其先寓白門，後至廣陵，『甫閲兩月，目成衆伎，不下百人』。於是臧否其品，貶褒以詩，並以不同花卉喻其流品高下。全書以名花比擬名妓，分咏異香牡丹、温香芍藥、國香蘭、天香桂、暗香梅、冷香菊、韻香荼蘼、妙香薝蔔、雪香梨、細香竹、嘉香海棠、清香蓮、艷香茉莉、南香含笑、奇香臘梅、寒香水仙、素香丁香、瑞香等名花十八種。最奇者，行文只言香花，無一字涉及青樓，故與其説是香艷之文，不如看作草木之志。其中『妙香薝蔔』條，力辨薝蔔並非梔子花，而是來自西方之金色花朵。按薝蔔又譯作瞻波、瞻蔔伽、旃波迦，意譯爲郁金花。又『艷香茉莉』條，明言茉莉『自西國移植於南海，人憐其芳香，競植之』。凡此，皆明代中外文化交流之吉光片羽。各種花卉，均以『花史』之名徵引前人成説，評點該花品類；又以『殿最』之名綴以韻語，簡潔雅致。該書有《緑窗女史》本、《花錫新命》本、《説郛續》本等。本《文庫》據《説郛續》本影印。（韋明鏵）

廣陵香影録 （清）徐鳳采著

徐鳳采，清江蘇昆山人，著有《藕絲仙館詩稿》，已佚。傳見《昆新兩縣續修合志》卷五十。此書爲記述揚州風月之作，不分卷。書前有作者序，署撰作時間爲『上章執徐』，即庚辰年。按晚清之庚辰，前爲嘉慶二十五年，後爲光緒六年，此當爲嘉慶二十五年。考書中録有龔自珍咏揚州女兒小雲之詞，小雲之名始見於龔氏道光十九年《己亥雜詩》，此前自珍與小雲似未相逢。作者有《緣起》解釋書名之來由，云：『題曰廣陵，則以地爲限；曰香影，則易過不留。』則是書專記揚州香艷之事，實爲青樓史料。書首多録友人題詞，有『賴有品花香影録，不教鶯燕笑東風』句，亦本書宗旨所在。是書對揚州歌姬之品評，分爲清品、艷品、雋品、逸品四類。如清品云：『神淡如水，氣和於春；梅花作骨，明月前身——是爲清品。』艷品云：『芙蓉含露，芍藥圍香；花迷蛺蝶，夢繞鴛鴦——是爲艷品。』餘類推。所記女子，除揚州人外，多自蘇州、杭州、常州來，爲他書所未道。書中所録文人酬唱詩詞甚夥，釐爲上中下三集，皆爲饋贈、唱和、紀實之作。值得注意者，書中録龔自珍詞《高陽臺·

重過邗江小雲出紈素索書且云願得凄凉之句感而賦此》，此小雲當即龔氏《己亥雜詩》所咏：『能令公慍公復喜，揚州女兒名小雲。初弦相見上弦别，不曾題滿杏黄裙。』考自珍與小雲相交之事，《己亥雜詩》雖屢言及，惟小雲究爲何人不詳。而是書涉及小雲之篇什，如《賣花聲·題小雲校書梅花小影》《臺城路·贈小雲女史》《仿西崑體四十韻爲小雲作》《爲小雲畫水墨牡丹便面》等，多達十餘首，不啻研究自珍生平交際之資料。本《文庫》據國家圖書館藏清道光元年自刻本影印，卷首有『苦雨齋藏書印』朱印，原爲周作人藏書。（韋明鏵）

竹西花事小録一卷　（清）芬利它行者編

芬利它行者，姓名、生平不詳，清同治前後在世。梵語有『芬陀利』一詞，亦譯作『奔荼利迦』，意爲白蓮花，『芬利它行者』或出於此。是書一卷。描寫揚州風俗之書，以李斗《揚州畫舫録》爲最，其後少有此類著述，而本書算是一種。本書記太平天國戰後揚州秦樓楚館復蘇之事，風格猶如清初《板橋雜記》。其寫作時間，據書前小序爲『兵火劫餘，滄桑變後，人民城郭，市肆街衢，頓改荆榛』，顯係太平軍戰事之後。序末署戊辰冬仲，則應爲同治七年。魯迅《中國小説史略》述『清之狹邪小説』時，言『揚州，吴門，珠江，上海諸艷蹟，皆有載録』，所指即《竹西花事小録》《吴門畫舫録》《珠江名花小傳》《淞濱瑣話》等書。本書除對揚州風月有一般描述外，尤重音樂。揚州歷來以歌吹盛，貧家女常從小教習絲弦。經咸豐兵燹後，『千家有女先教曲』之風不減當年，書中所謂『廣陵爲鹺運所在，雖富商巨賈，迥異從前，而徵歌選色，習爲故常，獵粉漁脂，寖成風氣』。該書於昆曲流傳之記載尤值得注意。如記晚清揚州工於度曲之女多屬青樓，號稱『八大家』，主人分别爲高二、陳四、高麻子、蔣和尚、小高二、劉三孃、蔣桂珠和熊姓。其中大寶玲、小寶玲姐妹，均擅長度曲。其他知名者尚有愛珠、春林、喜林、如香、翠香、蘭英、玉琴、素雲、素娟等，『善謳吴歈，清越有節』，所謂『吴歈』即是昆曲。又言揚州歌女『有林下風氣，非復障袖抹肩故態』，此種剛健清新之風恰與蘇州歌女文弱嫻静之風有别。然揚州歌女所唱，並非全爲昆曲，俗曲更多，『南詞中如《哭小郎》《哭孤孀》之類，向爲江北擅場，二八佳麗，往往專能』。本書有《香艷叢書》本、《國學珍本文庫》本等。本《文庫》據《香艷叢書》本影印。（韋明鏵）

廣陵花册　（清）愛蓮居士重訂

愛蓮居士，生平不詳。清末室號爲愛蓮居士的人頗多，從書中序可知此人爲良常人。良常，山名。在今江蘇省句容。原爲句曲山的一部分。據愛蓮居士序：『今僕……遍賞名花，時開蕊榜，曩者曾訂《廣陵花册》，未免珠遺。今兹更啓邗上花官，敢云不謬，恭疏短引，以正方家。』此書實爲揚州妓女排行榜。共記了一甲三名，二甲八名，三甲二十名。詳細記載了這三十一位風塵女子的藝名、姓氏名字、籍貫、年齡、品格、外貌及才情。作者在每人簡介後，或歌或詩或評，詞句婉約綺麗。揚州青樓業興於唐代。《揚州夢記》有載：『揚州，勝地也。每重城向夕，倡樓之上，常有絳紗燈萬數，輝羅耀列空中。』至宋代，揚州青樓業由盛及衰，遠不及蘇、杭二地。明代時，揚州青樓業再度興盛，『揚州瘦馬』更成舉世之艷稱。謝肇淛所撰《五雜組》説：『維揚居天下之中，川澤秀媚，故女子多美麗，而性情温柔，舉止婉慧。固因水澤氣多，亦其秀淑之氣所鍾，諸方不能敵也。然揚人習以爲奇貨，市販各處童女，加意裝束，教以書畫琴棋之屬，以邀厚值，謂之瘦馬。』清代的揚州妓業仍繁盛一時。吴薗茨《揚州鼓吹詞序》説：『在郡城内，唐盛時，每夕伎館燃絳紗燈數萬，粉黛綺羅之盛甲天下。』此書有清光緒二十七年惜紅室刻本。扉頁『廣陵花册/良常愛蓮居士重訂/惜紅室鋟板』，牌記『光緒辛丑初夏/漢皋蔡文焕刊』。此本七行，行十六字，白口，單黑魚尾，四周雙邊。本《文庫》據南京圖書館藏本影印。（武心群）

廣陵花譜一卷 （清）病鸝編

卷前自序末題『光緒癸卯秋七夕，雪溪病鸝序於瀟灑書齋』。雪溪，浙江湖州一水名。查《江蘇地方文獻書目》：『廣陵花譜，清張家駒著。』似誤。張家駒，字敬修，乾隆三十七年進士。據張氏《瀟灑書齋書畫述》卷首道光丙申自序，『署安樂鄉老題於壺隱草廬，時年六十有三』，由此可知作者並非張氏。清末民初著名鴛鴦蝴蝶派香艷體詩人朱天目，被譽爲『揚州六才子之一』，著有《廣陵花譜》。此書在其傳記資料中多有提及。考較朱天目之行實，似可以推斷兩書實爲同一書，南京圖書館所藏《廣陵花譜》或有可能爲朱天目所作。據朱氏《情海歸槎記叙》曰：『余浙之吴興人也，清光緒九年歲次癸未，誕生於揚州。』吴興亦是湖州别稱。『及長，他無所好，所好者色耳。十四歲至三十歲，此十六年中，如穿花之蛺蝶，徵逐歡場。』而本書自序亦有云：『僕花房慣宿』，人生經歷、性情喜好可謂至爲吻合。清光緒二十九年此書刊行時，朱天目已二十歲，『筆之於書者，皆余少年之經驗』也正相合。比對《四美記》，風格亦相近。然朱天目别稱病鸝尚無確切證據。舊時花譜署名室名别號，究其原因是時人『所以稱號者，以游戲筆墨，知者自知，不必人人皆知』。花譜，此處『花』爲妓女的諱稱。舊例每年花朝，巨室子弟作品花會，延詞客文人，遴選姿容，較量技藝，編定花選。清嘉慶、道光年間開始的花譜熱，一直持續到光緒時。是書前有自序，自述『遍訪琪花』，『餐其秀色，配以芳名。曾採新聲，譜作品花之曲；偶拈舊句，集成絵月之詞。庶幾燕瘦環肥，允爲定論』。是編所記皆爲晚清揚州名艷，凡十有二人：寄春君李小翠、雪夫人曹小杏、馨列侯史小盈、一株雪陳香林、燕支頰張翠霞、似六郎王金枝、斷腸花王明珠、廣寒仙唐秀蘭、霜下傑張寶琴、錦城友李金珠、赤玉盤陳玉鳳、金蛺蝶陳金爐。以一花比一艷，按花期順序排列第次，如寄春君代表最早綻開的春梅，雪夫人是富貴白牡丹，馨列侯則喻指爲蘭。各爲之傳，記叙姓名字號，生年籍貫，身世容貌，性情愛好，傳後各附一詩賦贊其突出之處，諸妓之妍媚，或贊美，或調笑，其優劣盡見其中。是書具有一定的史料價值。此書書名頁有舊題『影郎署』。查民國鴛鴦蝴蝶派小説期刊《眉語》第十六號（一九一六年一月），刊有小説《雪紅慘刼》，卷端下題『苕溪卞韞玉女史著，幻影潘淼潤校』，文首有韞玉自識『而呈於影郎潤次之』，文末有幻影並識『乃述之吾妻』。由此可知卞韞玉其夫爲潘淼，字幻影，稱爲『影郎』。卞韞玉，生平不詳，浙江苕溪人，二十世紀初中國女性小説家。二人與朱天目皆爲浙江同鄉，且又同屬鴛鴦蝴蝶派作家，或許交往甚密，因而爲之題寫書名也未可知。是書《顧頡剛文庫古籍書目》已著録。本《文庫》據南京圖書館藏光緒二十九年刻本影印。（王英姿）

敕賜平山棲靈寺同戒録 （清）祥堅輯

祥堅，號拙樵，清江南徽州府人。乾隆年間揚州平山棲靈寺方丈。棲靈寺，即大明寺。坐落在揚州西北郊蜀岡中峰上。因建於南朝孝武帝大明年間而得名。隋朝仁壽元年，皇帝楊堅爲慶賀其生日，下詔於全國建塔三十座，以供養佛骨，該寺建『棲靈塔』，塔高九層，宏偉壯觀，被譽爲『中國之尤峻特者』，故寺又稱『棲靈寺』。以其在隋宮西，又名西寺。後時有興廢。乾隆二十三年佛誕日，時任揚州平山棲靈寺方丈的祥堅於棲靈寺舉辦傳戒活動，得二百零八人，分爲七十壇，依律宣揚説沙彌、比丘、菩薩三大戒。傳戒活動結束後，祥堅輯成《同戒録》，鹽商汪應庚孫候補道員汪秉德出資刊行。汪秉德，曾出資重修法凈寺，並與汪立德共同參校程夢星的《平山堂小志》。是書不分卷。主要記録了壇上傳戒師、各壇戒子名録，簡述壇號，戒師、戒子姓名、籍貫等。書前有乾隆二十三年兩淮都轉鹽運使司鹽運使盧見曾序、武進劉星煒序、敬亭居士汪廷璋序及棲靈寺得戒大師祥堅自序。無内封，有『玉音澄曠』、『欽賜蜀岡慧照』題字。此書保存了清代揚州佛教傳戒活動、僧人情况，是清乾隆時期揚州平山棲靈寺傳戒活動的文獻實録，史料價值珍貴。本《文庫》據上海圖書館藏清乾隆二十三年刻本影印。（王志娟）

過海大師東征傳　［日］元開撰

元開（七二二—七八五），即日本奈良時代著名的文學家淡海三船，一名真人元開。生於元正天皇養老六年，卒於恒武延曆四年。出身貴族，少時皈依佛門，三十歲奉命還俗進入宦途。在鑒真未赴日前，曾受到先鑒真而到日本的唐僧道璿的教導，鑒真東渡抵達奈良，元開也曾受鑒真的化導。鑒真應日僧邀請，歷盡千辛萬苦東渡傳法，是中日文化交流史上的一件大事。鑒真在日本辛勤不懈地傳法十年，不僅傳播了佛教戒律，有助於日本佛教的發展提高，同時還傳播了盛唐文化，對日本的建築、雕塑、工藝、醫藥、書法、文學等方面，都有重大的貢獻，於日本奈良時期的天平文化起了積極的推進作用。正由於此，鑒真被尊爲『日本文化的恩人』。對於鑒真的一生事蹟，除了幾篇簡短的僧傳外，留下的文獻資料甚少，惟有日本元開的《唐大和尚東征傳》，詳細記述了鑒真的出身、出家、受戒、游學、講律、東渡歷程和在日活動的全過程，是了解和研究鑒真的珍貴史料。元開撰寫《唐大和尚東征傳》，有其特殊的條件，一是曾親受鑒真的化導，與鑒真的弟子多有來往，是一些事件的親歷者。二是有第一手材料可資借鑒。與鑒真同時赴日的弟子思托，一直追隨鑒真左右，是協助鑒真籌建奈良唐招提寺的得力助手，曾寫有《大唐傳戒師僧名記大和尚鑒真傳》三卷和《延曆僧録》五卷，但爲殘本。元開的《東征傳》，即是據思托的著作改寫或縮寫的，甚至直接引用了原文。日本觀智寺所藏抄本《唐大和尚東征傳》中作者署名印爲『天台沙門思托與真人元開撰』，不是没有原因的。是書成於公元七七九年，此後以抄本流傳，頗有出入。日本的第一個印刷本乃東大寺在一七六二即清乾隆二十七年爲紀念鑒真千年忌的時候出的『戒壇寺本』。中國的第一個刊本，是民國十一年在揚州大明寺建立《古大明寺唐鑒真和尚遺址碑》時所出的鉛字排印本，名《過海大師東征録》，後附日本常盤大定所撰的碑記。這兩個本子均校訂不精，存在不少差誤。本《文庫》據揚州市圖書館藏一九二二年鉛印本影印。（朱福烓）

石研齋主年譜　（清）秦黌編

秦黌（一七二二—一七九〇），字序堂，號西巘，晚號石翁，别號石研齋主人，清江都人。乾隆十七年進士，授翰林院編修，數充廣東、山東等地鄉試考官，歷任四川道監察御史，官至湖南岳常澧道。四十九歲時告養歸里，後掌教儀徵樂儀書院。著有《易書詩三經傳説鈎提》《周禮纂注》《史鑒雜録》等。傳略載嘉慶《重修揚州府志》卷四十八。另有《石研齋主年譜》，本《文庫》已收録。本譜由贇子恩復手録成編。恩復，字近光，號敦夫。乾隆五十二年進士，官翰林院編修。家富藏書，精於校勘，其家藏書室即稱石研齋，所刻書時稱秦版。著有《享帚詞》《石研齋集》等。本譜前冠譜主所作《叙》，其中有『七十年中』之語，末注明其時爲『庚戌夏』，即乾隆五十五年，時作者將七十歲。而又經塗改爲『乾隆乙未冬』，即乾隆四十年，時譜主五十四歲，年譜即記至該年，蓋譜爲未完殘稿也。《叙》中有言：『贇德不修，爵不顯，齒非耄耋，則譜亦何足叙也。』雖是謙辭，亦可見在其心目中作年譜者之要求，古人作譜，於人品、官爵、年歲、學問是有一定要求的。譜稿主要記叙作者生平科舉、交友、游歷與爲官經歷，以及家族成員往來與生活情形。其中載，乾隆二十四年十一月，秦贇在京城，受命進《平定回部頌》册子，乾隆皇帝問：『汝揚州人，揚州有舊城新城，汝住何處？』回答：『臣住舊城。』乾隆曰：『舊城是讀書人，新城是行鹽人。』其後皇帝又數召問對，並訓示『居官以實心認真爲主』等語。任職湖南岳州、常德、澧州三年，其間所記最爲詳致，從訴訟、賑災、官員任免、兵馬調運，到岳陽樓之修葺等，對於地方歷史研究具有一定參考價值。此書據南京圖書館藏《江都秦氏遺書五種》抄本影印。原本塗抹修改處甚多，字蹟亦有漫漶不清者。（曾學文）

容甫先生年譜年表　（清）汪喜孫編

汪中《廣陵通典》，已著録。其傳記見《清史稿》卷四百八十一《列傳·儒林二》和《清史列傳》卷六十八《儒林傳下一》等。本譜編者汪喜孫（一七八六—一八四八），一名喜荀，字孟慈，號荀叔。汪中子。嘉慶十二年舉人。曾任河南懷慶府知府等，有政聲。家富藏書，熟讀經史百家。著有《從政録》等。另有《汪荀叔自撰年譜》《孤兒編》《汪氏學行記》，本《文庫》已收録。著述經楊晋龍編輯整理爲《汪喜孫著作集》，二〇〇三年由臺北『中央研究院中國文哲研究所』出版。年譜之例，依年繫事。前人生平事實，如無日記傳世，則詩作與書札最資參考。本譜引録譜主詩作與往來信函較多，信函對象爲劉台拱、王念孫、朱彬、秦西岩、趙懷玉、謝墉等數人而已，可窺其慎於交友、不流於俗之性格特徵。史載汪中恃才傲物，卓爾不群，與同時代學者相較，友朋不多，並被人目爲『輕狂』。個中緣由，應與他的坎坷經歷有關，按汪喜孫説法，即『少苦孤露，長苦奔走，晚苦疾疢』，極富才華，而又終生不得志，易造成性格的乖異。譜中對此多有涉及，如『（乾隆）五十二年丁未』條云：『先君質直不能容人』，『持論不合』，『辨論無所讓』，又謂『先君鑒於人倫，時出片言，品核士類』，但屢引盧文弨言『君實不狂，而衆曰狂』，王念孫言『直諒多聞，古之益友』等，爲之辯護。古人年譜多由與譜主親近之人如兒孫、弟子等爲之，評人、紀事、論文多贊譽甚至溢美之辭，爲尊者諱，實不足怪。書末附録《馬秀才書事》一文，專記譜主於杭州去世情形。本譜所記頗爲詳細，是目前研究汪中生平學術最爲重要的資料。其中有關譜主與學侶間交誼切磋之内容，頗可供治清代學術史之參考。書後附汪喜孫撰《先君年表》。本譜有秦更年等編輯、民國十四年上海中國書店影印《江都汪氏叢書》本。本《文庫》據此本影印。（曾學文）

汪荀叔自撰年譜一卷　（清）汪喜孫編

汪喜孫有《容甫先生年譜年表》，已著録。本譜由汪喜孫自編。記事始於乾隆五十一年七月十六日作者生日，終於道光元年作者三十六歲之時。喜孫以孝聞名，九歲喪父後，由母朱氏一手撫養成人，因此事母至孝。朱氏七十壽辰，喜孫爲編輯《壽母小記》一卷，本譜前面部分即録其主要内容，包括時人郭尚先、姚瑩所撰《壽母小記序》，顧莼、夏燮所撰《贊》各一篇，以及包世臣、宋翔鳳、魏源、俞正燮等人所作詩詞若干首。年譜内容簡略，主要記述譜主家事及科考應試、師友交往情形。作者三十歲時官内閣中書，然尚未外放任職，故所記側重學術，涉及校刊書籍，品評學者等。如論清代學術：『戴東原、程易疇於學無所不通，本朝經學大儒只此二人。其餘《廣雅疏證》《經傳釋詞》《經義述聞》，由聲音、訓詁以通名物、象數及群經大義，鄭、許之後，一家而已。義理之學有《原善》《孟子字義疏證》，發漢宋諸儒所未發，昌明正學，有功於世道人心不少，實書也。其源自亭林開之。』頗有見地。本《文庫》據民國時灰格抄本影印。（曾學文）

江子屏先生年譜一卷　閔爾昌編

江藩（一七六一—一八三一），字子屏，號鄭堂，晚號節甫，清甘泉人。清代揚州學派著名學者，與同里焦循並稱『二堂』。阮元《定香亭筆談》卷四稱其『淹貫經史，博通群籍，旁及九流、二氏之書，無不綜覽』。爲人豪爽灑脱，曾游歷各地。著有《國朝漢學師承記》《國朝宋學淵源記》等。生平事蹟見《國朝先正事略》及《清史列傳》卷六十九《儒林傳下二》等。本譜編者閔爾昌（一八七二—一九四八），初名真，字葆之，號黄山，晚號復翁，江都人。曾任袁世凱幕僚，後任教於北京輔仁大學中文系。博聞强記，深通文史，曾與修《清儒學案》，編有《碑傳集補》。致力於家鄉揚州學者資料的整理研究，編著成王念孫、王引之、焦循、江藩年譜，撰有《方地山傳》。另有《焦理堂先生年譜》《王石臞先生年譜》《王伯申先生年譜》《雲海樓詩存》《雷塘詞》，本《文庫》已收録。生平事蹟見《自述》（《民國人物碑傳集》）、金毓黻《閔爾昌》。作者編輯本譜時，有感於譜主傳記簡略，載籍無多，故編譜亦未能詳備。依年編次，其中不少年份未有記事。於其師承情况多有介紹考辨；亦披露了一些罕見信札等資料，如致焦循書札二通；中以雙行小字備注有關資料；末附録譜主卒後學者所撰挽詩、題贊等，皆有價值。江藩爲人豁達大度，交游甚廣，游幕生涯，行踪不定，而家鄉揚州仍是他難得的安居之地，譜中記其在揚活動較多。譜末有編者所撰《自題江子屏先生年譜稿後》絶句六首，中有『同心汪阮播蘭芬，樸學揚州自一軍』等句，於譜主及揚州學者極爲推崇。本《文庫》據民國十六年初刻本影印。（曾學文）

理堂日記　（清）焦循著

焦循有《北湖小志》，已著録。本編爲作者嘉慶元年七月至十二月之日記，起自七月初四日，因其子廷琥患病，從杭州乘船歸揚州；終於十二月初二日，復離浙江返回家鄉，途經石門縣，晚宿石門鎮；其間自七月十四日至八月初三日則未見記録。所記多爲游歷、交誼、醫藥、歲考、讀書、著述諸事。其中所載，如作者與摯友李斗、李鍾泗等交往情形，其子廷琥患病及治療經過，往來浙江與揚州之間及前往浙江各地經歷等，於焦循生平研究，可資參考。又記載地方名醫李振聲行醫事蹟甚多，尤其是其醫方病案，頗多啓發。此後焦氏曾撰《李翁醫記》二卷，記述李氏治愈的疑難病例，闡明病因病理，記録處方，向稱名作。後半部分記載作者協助時任浙江學政阮元進行科考閲卷諸事務頗詳，對於研究清代科舉考試制度極具史料價值。日記亦載録作者隨興所作詩，如《湖州懷吴蘭次太守詩》：『髯蘇之後見先生，魚鳥江湖老性情。百畝蒲蓮鄰赤岸，三年冠蓋客烏程。道場山遠浮秋舫，墨妙亭空吊晚鶯。賴有詩詞著遺蹟，故園回首鍛烟横。』表達對這位家鄉先賢、三風太守的追懷之情。更有不載於《雕菰集》的佚詩、佚文，具有珍貴的文獻價值。又如作者閲讀陳維崧撰《湖海樓文集》，見其中《依園游記》一篇，寫遊覽揚州園林故事，喜其内容關乎桑梓，文字清麗，遂全文録載，不過文中偶有漏字，如『雀爐茗碗』奪一『爐』字，『凌晨而』下原本脱字，實爲『出』

字，其餘字詞與今本亦小有差異。另有日期抄録錯誤者，亦有稿本誤而抄時正之者。據考證，《理堂日記》現存抄本兩種，本《文庫》據上海圖書館藏抄本影印；另一種爲姚氏咫進齋抄本，名《里堂日記》，一册，現藏國家圖書館。日記抄本上有不少抄寫者眉批文字，或簡評内容，或注明格式，或指出文字脱誤，又多一重參考價值。（曾學文）

焦理堂先生年譜　閔爾昌編

焦循有《北湖小志》，已著録。焦循生平資料較爲豐富，主要有其自撰日記、家訓，其子廷琥所撰《先府君事略》，以及《清史稿》卷四八二、《清史列傳》卷六十九諸傳記。本譜作者閔爾昌有《江子屏先生年譜》，已著録。作者編定二王與江藩年譜既成，復搜集資料，編訂本譜。因有《先府君事略》等可資參考，故本譜編成費時無多，而記載較爲詳細，内容較爲豐富。五十四歲後至去世之前數年，記載尤詳，如記立北湖耆舊祠事，記種痘事，録《易通釋》寫作札記各條，録手書《撰孟子正義日課記》之作，或逐日記録譜主生活、讀書、撰述情況，在各譜中爲不多見。後附《焦理堂先生著書目》及《焦虎玉先生著書目》。末附作者賦詩一首，題爲《揚州二王江焦先生年譜陸續刊成漫題一律》：『簡編風雨送年華，夢寐江淮驛路賒。頗笑齊人知管晏，獨推漢學盛乾嘉。公卿韋布皆千古，道義文章自一家。詳譜亭林諒難及，椎輪或許比吴車。』本《文庫》據民國十六年江都閔氏刻本影印。（曾學文）

焦里堂先生年譜一卷　王孝魚編

焦循有《北湖小志》，已著録。其年譜另有民國間閔爾昌所編《焦理堂先生年譜》，收入本《文庫》，事略見該譜之提要。本譜編者王孝魚（一九〇〇—一九八一），名永祥，以字行，山西榆次人。近代著名學者、古籍整理專家，王船山學術研究的開創者。畢業於南開大學哲學系，後任職於東北大學、中央編譯局、中華書局等。著有《船山學譜》《現代文化史》，整理有《莊子集釋》《二程遺書》等。本譜爲作者所著《焦學三種》之一，另二種爲《里堂思想與戴東原》和《里堂易學》。前有作者爲『三種』所作之《自序》《凡例》，並附録清代揚州學者阮元撰《通儒揚州焦君傳》。《自序》稱：『里堂者，清代第一流之經學大師也，乃細讀其書，而知里堂爲一絶大之哲學家。』評價極高。《凡例》謂：『年譜之作，貴明本人一生之精神人格之真相，不僅登載生卒履歷即爲畢事，故凡重要文字，可窺見其治學爲人之態度及思想之大略者，皆不避繁瑣，詳爲節録。』是譜廣採焦氏事略、學侶書札、時人筆記等各種文獻資料。記載起於乾隆二十八年譜主生，終於嘉慶二十五年譜主卒。主要記譜主治學經歷與學術成就，略述其生平和交誼，引録信函、序跋等文字甚多，頗資參考。作者於焦循學術至爲推服，又用力勤劬，研究多有心得。譜中於部分引文出處及版本差異、相關人物事蹟等，常加按語，略作考訂説明，當時的一些學術資料如《國粹學報》《昭代經師手簡》等所載亦見引用。本《文庫》據上海圖書館藏民國二十二年《焦學三種》鉛印本影印。（曾學文）

還讀我書室老人手訂年譜二卷　（清）董醇編

董醇有《甘棠小志》，已著録。傳略參見其門生馮文蔚所撰《皇清誥授光禄大夫户部尚書甘泉董公神道碑銘》。本譜爲譜主自編。譜主自訂，手訂爲編撰年譜的一種重要形式。本譜記事始於嘉慶十二年丁卯作者出生之年，終於光緒十七年辛卯八十五歲，之後一年僅録其門生故吏與親屬所撰挽聯若干首，末並載其自撰挽聯：『不惠不夷，渺滄海之一粟；而今而後，聽史論於千秋。』前録光緒祭文、譜主畫像及祁寯藻題詩。正文依年編次，内容前簡後繁。因譜主自道光末年起久居中樞，官至尚書，接觸機要，所載多爲其供奉内廷經歷，涉及皇室生活及重要決策等，頗爲詳細。其中如『道光二十八年』條録所作『駁折漕議』等，可見譜主對於經濟事務之熟悉；『咸豐二年、三年』條載其被授湖南糧儲道後自京赴任復返京城沿途親歷，因時值太平軍戰事，道途艱難、長沙城守、回鄉探親諸經歷，記載具體。於晚清政治、經濟史研究頗具參考價值。又皇帝誥授封號、恩賜物件等録之甚詳，此爲官僚年譜之通例，顯示皇恩浩蕩。自光緒八年離任回籍後，所記以讀書、寫作爲主。本譜有光緒間甘泉董氏家刻本。本《文庫》據上海圖書館藏本影印。該本刻印較精，惟凡遇帝后名號、内廷宫殿名稱甚至奉旨、上諭、御筆、恩賜、硃批等凡涉皇帝的字詞時，均作另行處理，殊爲繁瑣，讀來吃力。（曾學文）

通齋自記　（清）蔣超伯編

蔣超伯（一八二一—一八七五），初名翹然，字叔起，號夢仙，别號通齋先生，清江都人。道光十九年舉人，二十五年進士。歷官廣東潮州府、廣西南寧府知府，江西道、山東道監察御史，刑部陝西司主事等。晚歲辭官歸里，於揚州郡城南河下營小盤谷以居，有蜩笑山房諸景。肆力於詩古文辭，著作甚多，有《南行紀程》等。另有《南漘楛語》《通齋集》《垂金蔭緑軒詩鈔》《圃珖巖館詩鈔》《通齋文集》《通齋遺稿》《外集附曉瀛遺稿》，本《文庫》已收録。未刊稿由臺北聯經出版事業公司影印爲《通齋先生未刻手稿》十二種，收入《明清未刊稿本彙編初輯》。本書名爲『自記』，實是作者自撰年譜，按年繫事，每條先標明干支紀年及作者年歲，次記載生平事蹟，主要是其爲官經歷見聞及與家族成員往來情形，偶録詩文，所記較爲簡略。全稿僅七千餘言，可謂『用筆從簡而序事無遺』（其子祖懃語）。書前有友人李承霖序，稱其『博聞强識，才大心細，於學無不精』，『與人交無苛禮，無僞貌，胸懷肫然坦白有終始，品學皆不愧古人』。本譜自記至光緒元年四月止，末有其子祖懃所作識語。本《文庫》據上海圖書館藏清光緒二年刻本影印。（曾學文）

養雲主人六旬以前年譜雜記一卷附續紀一卷

（清）王楙官編

王楙官（一八四七—一九一七），字雲軒，號養雲主人，祖籍安徽歙縣，生於河北保定，清揚州府甘泉縣人。年輕時居京城，屢試不售。後曾署理廣東開平縣事，補瓊州府會同縣知縣。雜記編至作者六十歲時。前有光緒三十二年李經畬題籤及作者自序，並列王氏家族世系表。作者少年時曾隨父應昌（字少卿）輾轉山西、四川等地，譜中有關於其父爲官經歷，如在四川剿匪之事的記載。而於作者任職開平時平息械鬭、查獲匪黨諸事，記之甚詳。同治十三年條所記焚毀檔案情況至細，爲研究近代檔案史之難得資料。楙官於光緒九年、十年間協助兩廣總督張樹聲辦理海防工程，因承辦炮臺工程『浮開銀兩』被後任總督張之洞參奏革職，譜中於此甚感委屈，辯解頗多。光緒十五年，作者應友人臺灣澎湖鎮總兵吴瑞生之邀赴臺，復受巡撫劉銘傳之委托，辦理全臺鹽務事，後改管理税釐事務，前後在臺七年，直至中日甲午戰後割臺之時。其間曾游歷臺灣名勝，於鄭成功祠撰一聯云：『英雄應厄運而生，赤手擎天，存故國四十年正朔；開闢在神州以外，紅毛避地，啓遐荒百萬衆提封。』其時正當甲午戰前，譜中所録涉及賦税、訴訟、賑災等内容，尤其是《馬關條約》割臺後臺灣官民的反應，爲作者親身經歷，極富價值。五十歲之後則多記作者回鄉居住時經商與生活經歷。末附録作者所作七言長律一首，概述平生。作者雖仕途不順，然與晚清幾位重臣多有交集，並曾親歷重大事件，故其年譜於近代歷史研究頗可資參考。續紀接續前譜，主要記録其在上海經營大有公司等實業及回揚州添房造屋、親友往來諸事務，至民國五年七十歲時止，該年所記僅八字：『静以待時，聽天安命。』是書有光緒三十二年石印本，書眉間有其子益君所作簡短批注；續記有民國六年鉛印本。本《文庫》據上海圖書館藏本影印。（曾學文）

雷塘庵主弟子記八卷　（清）張鑒　阮常生等編

阮元生平，參見《廣陵詩事》提要。本譜前冠御製祭文、碑文各一篇。卷一、卷二編者張鑒，卷三、卷四編者阮常生，卷五、卷六編者阮福，卷七由阮孔厚、阮祜分編，卷八由柳興恩編。張鑒（一七六八—一八五〇），字春冶，號秋水，清浙江烏程人。爲阮元弟子，肄業於詁經精舍，久客阮元幕。博學工文，通經史，精校勘，富著述。著有《冬青館集》《十三經叢説》等。柳興恩（一七九五—一八八〇），原名興宗，字賓叔，清江蘇丹徒人。道光十二年舉人。襄助阮元編纂《皇清經解》，元嘆相見恨晚，遂以爲弟子。通經史，著有《穀梁春秋大義述》等。阮常生（一七八八—一八三三），一名長生，字彬甫、壽昌，號小雲，爲阮元嗣子。讀書刻書，能嗣家學。工書法，擅治印。累官清河道、直隸永平府知府，署直隸按察使。阮福（一八〇二—約一八七五）、阮祜（一八〇四—一八七〇）、阮孔厚（一八〇五—一八六二）均爲阮元子。福字賜卿，一字小芸，號喜齋。歷官甘肅平凉、湖北宜昌知府。喜金石考據，著有《孝經義疏補》《小嫏嬛叢記》等。祜字受卿，舉人，任四川潼州知府。孔厚亦名禕，一品蔭生。本譜卷七記至阮元致仕回籍之道光十八年十月，後附羅士琳跋中有『先行校刊，後有編次，俟續刻焉』之語；最後一卷主要記其家居事蹟。

本譜有幾個特點：一是規模較大，卷帙較繁。書凡八卷，近十五萬字，於當時學者年譜中較爲特出，於官員年譜亦不多見。二是成於衆手，作者較多。上述作者五人，均爲譜主弟子和兒輩，亦因譜主享壽高，有的作者逝於前，之後部分只能由其他人續撰。三是内容豐富，資料翔實。譜中叙事甚詳，録譜主奏摺、皇帝諭旨等頗爲詳備，如前三卷記阮元浙江巡撫任内清剿海盗之事，巨細靡遺，足資參考。作爲乾嘉道三朝重臣，皇帝屢有賞賜，文中亦記載無闕，稍嫌冗繁。四是注重宦蹟，忽略學術。作爲卓有貢獻的一代學術大家，譜中對於其學術經歷、學術成就等載録較少，此爲不足之處。本《文庫》據清道光間儀徵阮氏琅嬛仙館刻本影印。（曾學文）

劉孟瞻先生年譜二卷附録一卷校勘記一卷　［日本］小澤文四郎編

劉文淇有道光《重修儀徵縣志》，已著録。小澤文四郎，日本上野人，近代學者。民國二十六年來華，居北京朗日廬，因慕清代揚州學者之學行，對『治經校史，學冠江淮；當路鄉黨，靡不推重』的劉文淇尤爲崇仰，乃廣搜博采典籍資料，又赴揚州，踏訪舊蹟，採摭遺聞，歷時僅一載，編成是譜。現代藏書家、學者傅增湘在爲本譜所作《序》中說：『年譜之作，大抵出於子姓，或門人故舊，以其搜採便而聞見詳也。』小澤作爲外國學者，編輯清代學人年譜，其『輯録之劬，捃摭之艱，自什倍於常倫』。加之當時正值抗日戰爭時期，本譜之成，實屬不易。譜前冠傅《序》及編者《自序》各一篇，末又有作者《自跋》一篇，於年譜編輯過程及原則等有所交代。該譜採集豐富，資料翔實，於劉氏世系、交游、著述諸情況儘量網羅介紹，其中多參互考訂，頗加按語。然編者過於强調實事求是徵引文獻資料的作用，以致出現引文過繁、文獻駁雜之弊，如全文照録譜主所作大量傳記、祭文、墓志、序記等文章，而其中多録自《文集》，文獻價值不高。雖然編者已於《自跋》中作了解釋，冗繁之弊，仍屬顯然。書後又附録儀徵劉氏五代錫瑜、文琪、毓崧、壽曾、貴曾、富曾、顯曾、師蒼、師培之傳記、墓銘十篇，雖與年譜之例稍有不合，然可爲後來學者研究儀徵劉氏提供便利。本《文庫》據民國二十八年北平文思樓鉛印本影印。

（曾學文）

文節府君年譜 （清）吴養原編

吴文鎔（一七九二—一八五四），字甄甫，一字子範，號雲巢，别號竹孫，清揚州府儀徵縣人。嘉慶、道光、咸豐三朝重臣。嘉慶十八年舉人，二十四年進士。歷官翰林院侍讀學士，國史館副總裁，禮部侍郎，福建、江西、浙江巡撫，雲貴、閩浙、湖廣總督。咸豐四年，於湖北黄州爲太平軍所敗，投水自盡。謚文節。性剛介，爲政勤勉，革弊肅貪，吏治清明。傳載《清史稿》卷三百九十六《列傳一百八十三》和《清史列傳》卷四十二《大臣傳續編七》。本譜編者吴養原（一八二五—一八六四），《清史列傳》作『養源』，爲文鎔子。二品廕生。官刑部員外郎。著有《乙部隨筆》四卷、《東周宫詞》五卷等，另編有《吴文節公遺集》，收録文鎔奏疏文稿等。文鎔爲清中晚期重臣，或因死於非命，事蹟不彰。其傳記資料所載，多爲政聞時事。本譜記其早年讀書應試之事，可知其爲博學之才，如初入縣庠試，『名列第一，試文傳誦一時』（十八歲條）。『肄業梅花、安定兩書院，每課輒高等，恒不出三名外，掌教者無不激賞』（二十一歲條）。中年曾任河南、順天學政等職，參與或主持各級考試，書中記載頗多，其中不乏嚴明紀律、革除弊端等内容。本譜篇幅較多，備載譜主於中樞與地方任職期間所上大量奏摺及皇帝諭旨等，雖顯繁瑣，然於地方政情多所反映，其中對江西、雲南等地爲官情狀及死難事所述尤多，可見其價值。文末介紹作者對譜主的懷念與評價，以及寫作經過。本譜原題『皇清誥授光禄大夫太子少保兵部尚書都察院右都御史湖廣總督顯考文節府君年譜』。本《文庫》據清咸

豐同治間初刻《吴文節公遺集》本影印，原稿有少量文字塗抹處。（曾學文）

龍川夫子年譜 （清）謝逢源編

謝逢源，原名廖，字平原，號石溪，清江蘇溧陽人。咸豐九年秋七月，獲游於李光炘門，深得光炘信任，事之最久。又遵師命録其語録，編爲《龍川弟子記》一書。譜主李光炘（一八〇八—一八八五），字晴峰，號平山，又號群玉山人，晚號龍川老人，揚州府儀徵縣人。道光中寓居揚州海島巷。同治元年、二年間，於江都宜陵建龍川草堂，授徒講學，歸者日衆，史稱太谷學派南宗。同治五年北宗黄崖教案後，避禍至泰州等地講學，弟子衆多。後病逝於泰州。有《李氏遺書》《龍川先生詩鈔》等。本譜全稱『皇清例授修職郎候選儒學訓導廩貢生龍川夫子年譜』，成於光緒十五年。記自嘉慶十三年戊辰，終於光緒十一年乙酉。着重記述譜主一生治學、游歷、傳道及其弟子概况，於龍川道統源流、門人事蹟，嘉言懿行，載之頗詳。書中記載道光十一年，光炘二十四歲時，偕同邑張積中短暫從太谷學派創始人周太谷游學，寓居揚州郡城，該條詳細介紹周氏行蹟與思想，以及諸弟子事蹟，對研究其生平頗具參考價值。該條所載周氏逸事亦多，如：『晚年遨游邗上，無識之者。清晨入茶社，高談闊論，人多不能領略。或以「周大話」目之，則瞿然改容遜謝曰：「大而化之之謂聖，吾何敢當此哉？」』尤爲生動。所載李氏語録甚多。如同治元年條録所擬龍川草堂楹聯曰：『至精至變至神，胥歸簡易；不惑不憂不懼，悉本中庸。』概括其爲學宗旨。同治二年條載：『吾門往者不追，來者不拒，如信心不及，自來自去，亦無罪過。然切不可謗道，謗則必遭天誅，慎之慎之！』可見其弟子入門之原則。雖於黄崖教案記載闕如，然從同治七年六十一歲條中所載『自丙寅至戊辰，流言四起，遷徙無常，俎豆弗修，及門星散』，可窺事變後當時南宗境况。年譜後補録作者親耳所聞之教誨及親身所歷之事實，其中對於譜主性情嗜好、飲食起居等多有記述。又附録《詩題年考》一篇，分年録載譜主詩作標題。本書是研究李光炘及其弟子生平事蹟的第一手資料，對太谷學派及與揚州、泰州之關係，乃至晚清秘密社會研究，均具有重要參考價值。是譜爲手稿本，曾收入江蘇廣陵古籍刻印社所編《太谷學派遺書》第一輯。本《文庫》據手稿本影印。（曾學文）

吴引孫自述年譜 （清）吴引孫編

吴引孫有《儀徵吴氏有福讀書堂藏書簡明總册》，已著録。是譜首述吴氏家族源流，記事始於咸豐元年譜主生於揚州，終於民國九年其七十歲生日，時居上海，不久即去世。此稿爲作者手訂，前大半部分以行草書寫，塗抹修改甚多；宣統三年及民國年間則以行楷書寫，改動亦少，從中可窺見作者書法之造詣。主要記述譜主科考、出游、仕宦諸經歷及家中事務，備載月日，頗爲詳致。因作者曾爲官數地，且多爲清末重要行政區域，任職期間，創辦書院，籌劃海防，加强武備，整飭吏治，敦風厲俗，卓有政聲。稿中所涉各地政務民情，對地方史地乃至清末政治、經濟、軍事等研究，具有一定參考價值。入民國後，引孫『剪髮去辮不易服』。譜中所記，除涉及上海、揚州等地重要時事外，多爲其旅滬期間『避亂度歲，祀神祭祖』等居家經歷。末附録作者四十八歲時所紀『受業門生姓氏年籍履歷』一份。本《文庫》據上海圖書館藏初稿本影印。（曾學文）

左盦年表左盦著述繫年及傳略　錢玄同編

錢玄同（一八八七—一九三九），原名師黄，更名夏，字德潛，號疑古，吴興人。一九〇六年赴日本早稻田大學學習，參與同盟會活動，與章太炎、劉師培等交往，師從章太炎學《説文解字》。一九一〇年回國後，任中學教員、浙江省教育總署教育司視學、北京高等師範國文系教授、北京大學教授，參與編輯《新青年》，提倡白話文。一九一九年起，擔任國語統一籌備會常駐幹事、國語統一籌備委員會及國語推行委員會常務委員，研究注音符號，倡導新式標點，推進漢字簡化。一九三四年，南桂馨因擔心劉師培著作散佚，乃獨自出資，聘請錢玄同任編輯、鄭裕孚任校對，直至一九三八年編印成《劉申叔先生遺書》。《左盦年表》首次系統介紹了劉師培的生平經歷，儘管内容比較簡略，但由於作者與劉師培交往較多，並且梳理了劉氏的大部分著作，所述大致可信，惟偶有疏漏之處。如《年表》一九〇六年條，稱劉師培創白話報，實則劉師培白話文章主要刊發於一九〇三年林獬創辦於上海的《中國白話報》中；一九〇四年陳獨秀創辦的《安徽俗話報》，雖曾遷於蕪湖，但一九〇五年八月該刊即停刊。劉師培並未參與其事，也無文章刊發其中。《左盦著述繫年》是《劉申叔先生遺書》所收各專著的編年，凡《遺書》所未收者，《繫年》均未著録。如劉師培一九〇三年編有《國文典問答》，一九〇六年前後編有江蘇、安徽、江寧鄉土歷史、地理教科書六種，錢氏以其内容淺易，無甚精義而未收，《繫年》均未著録；一九〇八年有《逸周書補釋》上卷，則因未見其書而未著録。《劉申叔先生遺書》卷首所録傳記，包括陳鍾凡《劉先生行述》、劉富曾《亡侄師培墓志銘》、尹炎武《劉師培外傳》、蔡元培《劉君申叔事略》四篇。劉富曾，乃劉師培叔父；陳鍾凡，一九〇九年考入兩江師範學堂，時劉師培任該校教員。一九一七年從北京大學畢業後，留校任預科補習班國文教員，入文科研究所爲研究生，劉師培時任該校教授。一九一八年，與劉師培同入進德會。一九一九年，曾爲劉師培告病假、借款，並料理其後事。尹炎武，早年師從李詳，一九一一年入安徽存古學堂。曾任江蘇通志館纂修、國史館纂修及北京大學教授、輔仁大學教授兼國文系主任、貴州師範學院教授兼國文系主任。蔡元培，一九〇四年與劉師培相識於上海，共同參加光復會、同盟會活動。辛亥革命爆發後，與章太炎共同發表聲明，保釋劉師培。一九一七年擔任北京大學校長後，聘請劉師培擔任北京大學教授。劉師培逝世後，又爲其料理喪事。由於作者或爲劉師培親友、同鄉，或爲其至交，所述均得自見聞，資料詳實。其記憶偶誤處，錢玄同已加案語，説明原委。此書有民國間錢玄同烏絲欄稿本，後刊入《劉申叔先生遺書》。本《文庫》據《劉申叔先生遺書》本影印。（萬仕國）

盛白沙烈士年譜　盛成編

盛成（一八九九—一九九六），原名延禧，字成中，儀徵人。譜主盛延祺之弟。一九一〇年入南京匯文學院讀書，加入同盟會。辛亥革命爆發時，參加光復南京戰役，爲『辛亥革命三童子』之一。參加一九一九年北京『五四』運動，擔任長辛店鐵路工人救國十人團聯合會會長，結識周恩來、許德珩、吴稚暉等。得徐宗漢資助，一九一九年十一月，赴法國勤工儉學，投身『達達運動』，參與創建法國共産黨，並用法文創作傳記文學《我的母親》，贏得廣泛聲譽。抗日戰争期間，投身救亡運動。一九四七年被派往臺灣任教，因不滿時政，長期受國民黨當局壓制。一九六五年由臺灣赴美國，流亡海外。一九七八年十月經香港回國，擔任北京語言學院教授。一九八四年，法國政府授予榮譽軍團騎士勳章。著有《海外工讀十年紀實》《意國留踪記》《臺兒莊戰紀》《東西南北中》等，另有《秋心美人》《狂年吼》《老觚新釀集》三部法文詩集，專著有《但丁》《沈光文研究》，譯著有《村教士》《海上墳園》《老殘游記》等。譜主盛延祺（一八九四—一九二三），字白沙，號益齋，後改磊齋，儀徵人。早年追隨孫中山，參與討袁運動、護法運動，北伐戰争期間，在肇和艦事件中犧牲。一九二四年被孫中山追授爲海軍中將，一九八五年被江蘇省人民政府追認爲革命烈士。是譜作於一九八五年譜主九十誕辰時，前有作者代序一篇，末附《盛白沙烈士小傳》一篇。譜内按年分條，以譜主事略爲主，兼記家事、鄉事、國事三類。作者爲譜主胞弟，其中少年時期事實多得自親聞親見，較爲可信；譜主從軍時期史料，每加按語，詳釋因果，其得自譜主故友丁國忠、陳立芬口述者，至爲翔實，不爲一般史書所載。所記鄉事，如創設儀徵高等小學堂、縣城天足運動、民國縣議會等，保存清末民國初儀徵地方史料，罕見記載；兼載國事，可見當時社會思潮對長江區域普通民衆生活的影響，彌足珍貴。此譜爲上世紀八十年代儀徵縣志辦公室油印，一册。本《文庫》據儀徵市圖書館藏本影印。（萬仕國）

宋孫莘老先生年譜一卷補遺一卷　（清）茆泮林編

孫覺（一〇二八—一〇九〇），字莘老，宋揚州高郵人。北宋官員、學者。爲胡瑗弟子，黄庭堅岳父。歷官湖州、潤州、蘇州、福州、亳州、揚州、徐州、應天府等地，有善政，同邑秦觀在《孫莘老挽詞》中稱其『轉守七州多異政，奉常處處有房祠』。遷右諫議大夫，進吏部侍郎，官至龍圖閣學士兼侍講。通經學，尤精《春秋》之學，有《文集》《奏議》《春秋經解》等著述。傳載《宋史》卷三四四。本譜編者茆泮林，字雩水，室名梅瑞軒，約生於清乾隆四十年前後，卒於道光二十五年後，高郵人。諸生。家貧，喜著述。著有《毛詩注疏校勘記校字補》等，輯有《十種古逸書》等。另有《唐月令注》，本《文庫》已收録。本譜由湘鄉左暉春咏史精廬刻板，左氏於書前所冠《序》中盛贊此書：『旁徵博引，辨析詳明，於先生出處大節，立朝風軌，以至一交際、一游歷，視史傳加詳，俾覽者按年可稽也。』是譜採摘甚廣，包括正史、邑志、筆記、文集等，可見作者讀書之多、用力之勤。內容録譜主奏疏、詩文及同時代人詩作較多，從中梳理譜主生平軌蹟，然如全文載《春秋經解自序》等文字，則稍嫌冗繁。孫覺與王安石、蘇軾、曾鞏等交往密切，曾反對王安石變法並因此遭貶官，又以敢言著稱，譜中於此記述亦多。間有對高郵甓社湖珠、吴興墨妙亭等文化遺蹟的記載考證，可資參考。後附録《孫龍圖逸事》，搜集宋人筆記、詩話等介紹孫覺的文字，彙於一編；茆泮林所撰《跋》一篇，及考證勘誤文字。又附載陳奏平校補之《宋孫莘老先生年譜補遺》一卷。本《文庫》據清道光二十五年刻本影印。（曾學文）

淮海先生年譜一卷　（清）秦瀛編

秦觀（一〇四九—一一〇〇），字少游，一字太虚，號淮海居士，别號邗溝居士，學者稱淮海先生，宋揚州高郵人。北宋著名文學家、學者，宋詞婉約派代表人物。曾任秘書省正字，兼國史院編修官。政治上不得意，仕途多舛，終貶徙嶺南，客死藤州。秦觀才華横溢，其作品情感深厚，意境悠遠，歷來爲人稱道。有《淮海集》《淮海居士長短句》等。

另有《淮海先生三種》，本《文庫》已收録。傳記載《宋史·列傳·文苑六》。本譜原編及重編者均爲秦氏族人。初編者秦淇，明萬曆時江蘇武進人。秦觀十八世裔孫。重編者秦鏞（一五九七—一六六一），字大音，號弱水，明清之際江蘇無錫人。秦觀二十世孫。明崇禎進士，曾任清江縣知縣，官至河南道監察御史。再編者秦瀛（一七四三—一八二一），字凌滄、小峴，號遂庵，清無錫人。秦觀二十八世孫。歷任浙江布政使、廣東按察使、刑部侍郎等，有政聲。擅古文辭，有《小峴山人文集》《詩集》等。據秦瀛所撰《序》稱，本譜原爲秦淇所編；後秦鏞加以考證，配以案語，刊刻行世；秦瀛復參互考訂，補缺辨誤，另加案語，編次成書。本譜採集《宋史》《續資治通鑒長編》《夷堅志》諸史籍與《山谷集》等時人詩文資料，記譜主一生坎坷經歷，以及與蘇軾、孫覺、黄庭堅等人之交往，録其所作詩文甚夥，記其去世前情形尤爲詳細。末復備叙譜主逝世後停殯潭州、歸葬廣陵、遷葬無錫之經過，詔立、毁黨人碑之大要，以及其故交之詩文追念，直至南宋高宗建炎四年追贈誥辭之事。其中仍依年羅列，不少年份並無叙事，則稍嫌多餘。年譜經秦氏後世族人數次增修，詳爲考訂，堪稱完備。因秦觀傳記資料簡略、稀少，故本譜成爲清代以後研究其生平事蹟最主要的參考資料，具有獨特價值。該譜編撰體例嚴謹，記事詳略得宜，考證用功甚勤，爲年譜中可稱道者。本《文庫》據清嘉慶二年秦氏刻本影印，原本寫刻俱佳。（曾學文）

孫宗彝年譜一卷　（清）孫弓安編

孫宗彝有康熙《高郵州志》，已著録。本譜編者孫弓安（一六四一—？），字無熛，號臥薪老人，清高郵人。孫宗彝長子。師從錢陸燦。順治十四年舉人。生平習聞其父教誨，並熟知其事迹，爲撰年譜。喜游覽，工集唐詩，所至皆有游草。有《愛日堂全集》附刻本，《集唐詩》已佚。《廣陵思古編》收其文三篇，《江蘇詩徵》等選收其詩。子爲父作譜，得資料與記憶之便，有的逐月記載，是爲長處。宗彝爲官與出游時間較短，長期生活於家鄉高郵，因而年譜主要反映其家居期間孝親、賑災、訴訟、著述等事蹟，内容多涉當時地方史事，對於名城高郵一地歷史文化研究頗具價值。中如順治十八年『五十歲』條所載當地所行均里、均差、丁差、田差之法，『五十一歲』條所載治水之策，『五十七歲』、『六十九歲』諸條所載裏下河地區水災及賑濟之事等，於經濟史研究不無裨益。於譜主晚年因冤入獄情形記載尤詳。亦有繁瑣之處，如順治十一年『四十三歲』條載譜主以文選司員外郎充河南典試正主考，是科中式九十九人，名籍一一羅列，實無必要。末附録虞山錢陸燦撰《吏部考功司郎中孫公墓志銘》，所述譜主生平事蹟，亦稱詳實。本書原名《先府君年譜》，清同治九年《愛日堂文集》附刻本，注明孫弓和、弓聖校梓。本《文庫》據此影印，並改今名。該版文字有數處塗抹不清，稍存遺憾。（曾學文）

檢討公年譜一卷附刻一卷 （清）夏味堂輯

夏之蓉（一六九七—一七八四），字芙裳，一字醴谷，別號半舫，室名半舫齋，清江蘇高郵人。雍正四年舉人，十一年進士。乾隆元年，召試博學鴻詞，授翰林院檢討。歷官至廣東、湖南學政。晚年主講鍾山、麗正書院，士林悦服。卒後崇祀鄉賢祠。通經史，善詩文，工書法。著有《讀史提要録》《半舫齋詩文集》等，主修《高郵州志》，收入本《文庫》。其傳略載《清史列傳》卷七一《文苑傳二》以及嘉慶《重修揚州府志》卷四十八《人物三》等。本譜編者夏味堂有嘉慶《高郵州志》，已著録。其年譜由其子齊林、雲林合編爲《府君澹人公行略》一卷，收入本《文庫》。古代年譜之作，多成於譜主後人與弟子輩手，事多美善，言多褒贊，以展示譜主事親至孝、博學自勵、爲政寬簡諸美德爲主。一般莫能例外。本譜所載，如事親『出入必告，早暮問安』（八歲條），爲學『刻意勵行，不以小成自局』（十四歲條），讀書『冥思苦吟，達旦不輟』（十九歲條），處世『留心民瘼，意識過人』（二十五歲條），教學『焚膏披卷，分夜不知疲』（三十三歲條），科考『經史貫通，詞賦淹博』（三十八歲條），修史『論事精核，嚴而不苟』（四十七歲條），督學湖南『文教之興，浸浸日盛』（五十二歲條）之類，即可窺見一斑。其中於譜主四十九歲至五十四歲擔任廣東、湖南學政期間經歷，載之尤詳。附刻一卷，包括戴祖啓《送夏醴谷先生歸高郵序》、朱侍琇《上督學夏老夫子書》、茹敦和《夏醴谷先生墓志銘》等篇。本譜有乾隆四十九年高郵夏氏半舫齋家刻本，字體秀雅，刻印精美，爲清刻本之佼佼者。本《文庫》據此影印。（曾學文）

府君澹人公行略 （清）夏齊林　夏雲林編

夏味堂有嘉慶《高郵州志》，已著録。本譜編者夏齊林（一七七六—？）、夏雲林（一七八三—？），爲味堂之子，生平不詳。本書名稱『行略』，實爲年譜。前有編者所撰引言，略謂所編『即吾父年三十以後不孝兄弟所親炙歷年敬識事蹟，合諸我生以前得諸伯叔姻戚之所傳述者，條而列之』。譜主年輕時事蹟多無可記述，故年譜前略後詳，是爲通例。味堂一生屢試不售，除短暫外出科考、訪學等外，以里居爲主。本譜記其家族事較爲煩細，而關於當時高郵地方事務的記載甚多，是其特點，如參與地方志書編修，水旱災患及賑濟善後，董理普濟、育嬰兩堂，整理珠湖書院，修葺學宫、奎樓，疏浚市河等，涉及地方經濟、社會、文化等方面，殊有價值。『七十五歲』條所記《拾雅》一書成書始末及内容特點，亦可參考。末注王念孫填諱。本《文庫》據清刻本影印。（曾學文）

高郵王氏父子年譜一卷　劉盼遂編

高郵王氏父子，指清代乾嘉學派重要學者、文字訓詁學家王念孫、王引之父子。《清史稿》卷四八一《王念孫傳》謂：『有清經術獨絶千古，高郵王氏一家之學，三世相承，與長洲惠氏相埒云。』本譜編者劉盼遂（一八九六—一九六六），名銘志，字盼遂，河南信陽淮濱人。近代著名古典文獻研究專家、文字學家、收藏家。民國十四年考入清華國學研究院，師從王國維等大師，後任教於燕京大學、北京師範大學等高校。著有《文字音韻學論叢》《論衡集解》《世説新語集解》等，二〇〇二年北京師範大學出版社編輯出版《劉盼遂文集》。本譜前有作者所作《輯譜凡例四則》，説明寫作原則，亦是本譜異於他著之特點，即年譜正文主要撮録每年大事，儘量少録詩文，而對譜主治學爲人之津要，别編一篇《高郵王氏治學切要語》，附録於後，其中既有二王爲學之精髓，又有當世學者的評論；又輯録王氏父子已刊、未刻、散佚著述，編成《高郵王氏父子著述考》和《王寬甫先生著書目》，搜羅考訂，至爲詳盡，方便讀者研究使用。二人合譜，體例上以父念孫爲主，按年羅列事蹟，子引之事蹟則附載於每年之後。對於念孫用力最勤之重要著作《廣雅疏證》，作者分别於『乾隆五十二年』條和『乾隆六十年』條綴以按語，贊其『爲先生精心撰結之作，最稱精緻；若《述聞》《雜志》諸書，則皆隨時疏記，非有程限，隨録日札之流，非其比也』，於王氏四種中，獨推崇本書。每年復不厭其煩，羅列當時學者之生卒，『用以志仰止乾嘉學術之盛』，稍嫌冗繁多餘。作者編撰此譜，歷時十餘年，稽考大量資料，讀此亦可見乾嘉學者之交誼。本譜首刊於民國二十五年，由北平來薰閣書店鉛印，列入《段王學五種》之一。據書前余省吾《序》云，本譜始刊於女子師範大學《學術季刊》第一卷第三期，再刊時篇幅已增多三分之一，『蓋盼遂孳孳斯編十有餘載』。本《文庫》據民國鉛印《段王學五種》本影印。（曾學文）

王石臞先生年譜一卷　閔爾昌編

王念孫（一七四四—一八三二），字懷祖，號石臞，一作石渠，清高郵人。因生而清瘦，『貌如石之臞』，故自以爲號。乾隆四十年進士，初任翰林院庶吉士，累官至山東運河道、直隸永定河道。父安國，累官吏部尚書；子引之，官至工部尚書。念孫早年從戴震學，通文字、聲音、訓詁之學。所著《廣雅疏證》《讀書雜志》，與其子引之所著《經義述聞》《經傳釋詞》，合稱『高郵王氏四種』，另有《王石臞先生遺文》等，成果卓著，爲清代乾嘉學派代表性人物之一。阮元於《揅經室續集》卷二《王石臞先生墓志銘》中贊曰：『高郵王氏一家之學，海内無匹。』其傳記載《清史稿》卷四百八十一《列傳·儒林二》和《清史列傳》卷六十八《儒林傳下一》等。本譜編者閔爾昌有《江子屏先生年譜》，已著録。閔氏於本譜序中説，曾客居高郵兩年，沐二王流風餘韻，撮録其事蹟，鈎稽排比，撰成年譜。本譜依年編次，内容主要是叙述生平，於譜主治河、劾貪諸事蹟不吝筆墨；交流學術，於譜主與同里學人如劉台拱、汪中、賈田祖、李惇交往、切劘之情形尤爲關注。如『七十九歲』條全文收録爲實應朱彬《經傳考證》所作《叙》一篇，此文譜主遺文不載，更顯價值。間有考訂，如『十歲』條指出繆荃孫《儒學傳稿》所引史料之誤，雖内容無關大旨，然可見作者治學之用心用力，融會貫通；又如『七十三歲』條録載譜主所作段玉裁墓志銘一篇，作者對其中個別字詞訛誤作了辨正，但仍照録原稿，未予改補，以存其真，亦可見作者學術嚴謹之一斑。本《文庫》據民國間刻本影印。（曾學文）

王伯申先生年譜一卷　閔爾昌編

王引之（一七六六—一八三四），字伯申，號曼卿，卒謚文簡，清高郵人。嘉慶四年進士。歷官至國史館副總裁、工部尚書。紹承家學，與父念孫合稱『高郵王氏父子』。精通文字、聲音、訓詁之學，卓有建樹。著有《經義述聞》《經傳釋詞》等，方東樹《漢學商兑》譽稱《述聞》一書『漢唐以來，未有其比』。其傳記載《清史稿》卷四百八十一《列傳·儒林二》和《清史列傳》卷三十四《大臣傳》等。本譜編者閔爾昌有《江子屏先生年譜》，已著録。作者曾客居高郵兩年，對二王人品學術十分景仰，遂撮録其事蹟，鈎稽考訂，依年編次，撰成年譜。本譜内容兼顧宦蹟與學術，而過於簡略。其中評價引之《經義述聞》云：『不爲鑿空之談，不爲墨守之見。聚訟之説則求其是，假借之字則正其解。熟於漢學之門徑，而不囿於漢學之藩籬。』誠爲的評。又録《文集》失載之信札及序跋之文數篇，如與焦循書等，自有價值。篇末對引之子孫情况有簡單却全面的介紹，藉此可觀王氏一族衍化之大略。本《文庫》據民國初刻本影印。（曾學文）

劉職方公年譜　（清）劉穎編

劉永澄（一五七六—一六一二），字静之，號練江，明揚州府寶應人。萬曆二十九年進士。授順天儒學教授，後任國子監學正，北方學者稱爲『淮南夫子』，與高攀龍、文震孟、劉宗周等友善。後辭歸，再補兵部職方司主事，未及到任而卒。天啓四年崇祀鄉賢祠。著有《劉練江先生集》《離騷經纂注》等。本譜前題『五世孫穎編，六世孫若蓮校』。編者劉穎（一七一七—一七七四），字實夫，號儲齋。諸生。工制藝，喜好風雅。著有《儲齋詩草》《越吟》《職方年譜》等。由於譜主享壽不高，加之作譜隔時已久，故本譜內容簡略，文字無多，計約四五千言。記事起自明萬曆四年丙子六月初三日永澄生，終於萬曆四十年壬子譜主卒於家。依年記述，紀年、壽歲與經歷爲綱，以大字羅列，考略、說明諸文字以小字排列。末有編者按語。本譜有民國間朱絲欄抄本，總十八頁，頁十行，夾以雙行，行二十字不等。本《文庫》據此影印。又有《劉練江先生集》本。永澄年譜另有劉中柱編《先職方公年譜》一卷。（曾學文）

朱止泉先生年譜一卷　（清）朱軺編

朱澤澐（一六六六—一七三二），字湘淘，號止泉，清揚州府寶應縣人。一生治朱子學，服膺朱子『尊德性』『道問學』及居敬、窮理之道德學問，知行合一，融會貫通，得其心傳。著有《朱止泉先生文集》八卷、《外集》五卷、《朱子理學考略》十卷等。乾隆十八年入祀鄉賢祠。其傳略見《清史稿》卷四百八十《列傳·儒林一》和《清史列傳》卷六十七《儒林傳上二》，以及王箴傳所撰《朱先生行狀》，收入《碑傳集》卷一百二十九。本譜作者朱軺爲澤澐侄子，自康熙四十四年始從澤澐學，歷二十餘年，對其生平交游與學術特點，頗爲熟悉。近人傳增湘嘗於《劉孟瞻先生年譜·序》中言：『年譜之作，大抵出於子姓，或門人故舊，以其搜採便而聞見詳也。』先是澤澐子光進隨録見聞，訂有《紀年》一編。軺參互考訂，補其未備。本譜前有高斌題《止泉先生贊》《崇祀鄉賢疏》《崇祀道南祠文》及寶應知縣沈錫鼎所撰《止泉先生傳》，後有朱光進、朱軺識。末有秦翰才語，交代所録版本情況。秦時任上海文史館館員，精研文史，搜集、整理、抄録大量年譜，時人謂之『譜癖』。年譜依年編次，簡略記録譜主一生隨父宦蹟，歷游閩中、江西南豐、山東費縣、山西晉州，以及家居讀書治學之經歷，間記其與友朋交往情形，從中可窺其學術思想之大略。由於譜主不入宦途，且交游未廣，晚年更杜門潛修，不問世事，故本譜所載事蹟不多，篇幅有限。本書版本，據孫殿起、雷夢水《販書偶記續編校證》卷六《史部傳記類》所載，有乾隆戊辰刊本。一九五九年上海秦翰才按桐城方宗誠批點本抄録。本《文庫》據此抄本影印。（曾學文）

王白田先生年譜　（清）佚名編

王懋竑（一六六八—一七四一），字予中，清揚州府寶應縣人。王氏久居白田，後徙入城中，築白田草堂以居，故學者稱爲白田先生。少研朱子學，身體力行。康熙五十七年中進士，補安慶府學教授。雍正元年，授翰林院編修。不久以老病乞歸，杜門著述。嘗謂：『老屋三間，破書萬卷，平生志願足矣。』治學以實事求是爲宗，與同里朱澤澐、喬僅均以通朱子學顯名，是清代寶應學派的開拓者之一。所著有《白田雜著》八卷，又有《白田草堂存稿》二十四卷，内文二十卷，詩四卷，末附其子箴聽所撰《先考王公府君行狀》一篇（收入《碑傳集》卷四十八）。另有《王白田書札》《讀書記疑》，本《文庫》已收録。傳載《清史稿》卷四百八十《列傳·儒林一》和《清史列傳》卷六十七《儒林傳上二》。本譜不著撰人。疑爲譜主自編。書中材料大量摘引譜主自撰《歷試草目録》《時文存稿》《書日課後》《日記》《家書》《墓志》《文集》《續集》等著述，並一一注明來源，多爲第一手資料，詳贍而可靠。其中富有特色者，爲録譜主平常所書座右銘或書誡子之文字，如『四十一歲』條所載『惜分陰，湛深刻苦，循序漸進，熟讀精思；以身體之，以心驗之，從容默會於幽閑静一之中，超然自得於書象意言之表』，『七十四歲』條所録『父慈子孝，兄友弟恭，夫和婦順，慎擇友朋，讀書爲善，根本以充，治家勤儉，錫福無窮』，等等，既有治學心得，又有治家箴言。對研究譜主生平與學術，以及當時學術重鎮寶應、揚州學者的交往等，具有一定參考價值。本譜未見刻本。來新夏《近三百年人物年譜知見録》（增訂本）、楊殿珣《中國歷代年譜總録》（增訂本）諸書均未見著録。本《文庫》據稿本影印。（曾學文）

先府君恪齋公行狀　（清）朱百遂編

朱百遂，字適庵，清道咸同光時期揚州府寶應縣人。幼好學能文。同治十二年中舉人，十三年成進士，授翰林院編修。充武英殿功臣館總纂、國史館提調。光緒十二年，充會試同考官。歷官户部廣西司郎中。光緒二十年，任山西汾州府知府，後以勞瘁卒於任。年五十九歲。於學無所不窺，畢生未一日釋卷。著有《息庵詩文稿》等。傳載《寶應縣志》卷十二。朱士恭（一七九八—一八六九），字恪齋，號小亭，別號半亭、小柱，爲百遂父。幼穎悟，事親極孝。年二十三，以縣試第一，補弟子員。後屢試不售，遂絶意仕進，讀書自娱。咸豐中，曾倡辦團練，以防禦太平軍北犯。嘗誡子『慎以從公，和以處衆』。喜刻書，曾出資梓刻喬載繇《白田風雅前編》等著作。行狀亦稱行述、事略，爲傳記之一種，是記述死者世系、籍里和生平事蹟的文章。《先府君恪齋公行狀》簡述朱氏先世由蘇州遷寶應後繁衍變化之大略，重點記載朱士恭生平事蹟，其中載士恭論讀書云：『書者，天下之至寶，其珍無價。有關經濟、學問及日用事，手録一過，日置案頭，臨事便可應用矣。』可窺其讀書之法。時道光中，列强犯境，士恭『每謂中國之受制於夷者，由於食用夷物』，則近乎迂腐。又其中所記調製戒絶鴉片、鄉間訴訟、水旱災禍以及咸豐三年太平軍攻陷揚州後軍民北逃、驚擾地方等事，對於地方歷史研究具有一定參考價值。附録《先妣喬太夫人行述》一篇，簡述朱百遂庶母喬氏生平。喬氏字年姑，寶應人，喬載繇之女。生於嘉慶五年，卒於同治元年。又《夫人陳氏行略(並跋)》一篇，簡述百遂夫人陳氏孝親治家諸事蹟。陳氏名帨，字佩紛，儀徵人，其父陳嘉樹，曾任江西布政使。陳氏生於道光十八年，卒於同治十年。又《家事類記》一篇，主要記作者家人『封肉』治病之事親孝行。本《文庫》據清同治刻本影印。(曾學文)

劉端臨先生年譜　劉文興編

劉台拱(一七五一——一八〇五)，字端臨，一字江嶺，清揚州寶應人。清代學者，開寶應劉氏學術之先。乾隆三十五年舉人，後授丹徒縣訓導。道德修養爲時人稱道，尤以至孝受人敬重。治學長於經學與訓詁，著有《論語駢枝》《經傳小記》等，合刊爲《端臨遺書》八卷。傳載《清史稿》卷四百八十一《列傳・儒林二》和《清史列傳》卷六十八《儒林傳下一》等。本譜編者劉文興(一九一〇——一九六〇)，字詩孫，爲寶應劉氏後裔。畢業於北京大學研究所國學門，後任教於輔仁大學、蘭州大學。曾襄助沈兼士編纂《廣韻聲系》。另編有《寶應劉楚楨先生年譜》，本《文庫》已收録。據書前作者《弁言》所述，本譜編於作者北京求學之時，所見乾嘉學者與劉台拱函札甚多，隨筆甄録，遂於台拱侄孫恭冕所作年譜未定舊稿基礎上，參考《行狀》《墓表》《家傳》《劉氏清芬集》《清芬外集》《崇祀鄉賢名宦事實册》及各家文集諸資料，編訂成稿。前冠劉氏《世系》一篇，可窺劉氏先祖自蘇州遷居寶應以後之譜系大略。本譜徵引廣博，一一注明來源，對於恭冕初編稿内容，特别以『原譜』的名義載録，不掠人美。劉台拱與當時學者程瑶田、汪中、王念孫、段玉裁、阮元、焦循等交誼深厚，譜中收録他們往來函札甚夥，大多係切磋學術，交流見解，有的篇幅較長，而並非罕見之本，稍嫌繁贅。往往加注信札原件藏於何處何人之手，顯示作者確曾親見。文中作者『案』語較頻繁，主要是對所引資料繫年的分析及對個别内容的闡釋等，足見其用力之勤。末附録《後裔》《著作》及段玉裁撰《劉端臨家傳》三篇。本譜初刊於民國二十一年《國立北京大學國

學季刊》第三卷第二期。本《文庫》據《國學季刊》本影印。（曾學文）

寶應劉楚楨先生年譜一卷 劉文興編

劉寶楠有《寶應圖經》，已著録。其著述與劉台拱、寶樹、恭冕合編整理爲《寶應劉氏集》，二〇〇六年由廣陵書社出版。本譜編者劉文興有《劉端臨先生年譜》，本《文庫》已收録。本譜取材廣泛，所採均第一手資料，如劉氏之《家譜》《行狀》《家傳》《文集》等，旁及友人詩文著述，簡述譜主交游、經歷與著述情況等，編次論列，大體得宜。至懸疑未決或作者有所考訂之事，則以『文興謹案』説明己意，旁引所見所聞，尤可參考，如『三十五歲』條對寶應二劉之一劉玉麐之簡介等。亦有可斟酌者，如『五十七歲』條叙述譜主於元氏任訪得《漢延熹封龍山碑》之事，全文録載劉恭冕、張穆、成蓉鏡、朱士端等人所作碑考、碑跋、碑記等，長篇累牘，不厭其煩，實爲贅疣。末附《著述考》一卷，分已刊、未刊與草稿本三部分，詳細介紹各書序跋、内容、版本等，間作考證，足見作者用心，爲本譜之重要補充，獨具價值。本譜原載民國二十二年《輔仁學志》第四卷第一期。本《文庫》據此本影印。（曾學文）

王文勤公年譜 （清）王凱泰編

王凱泰（一八二三—一八七五），初名敦敏，字幼軒，號補帆，又號補園主人，清揚州寶應人。道光三十年進士。歷官浙江按察使、廣東布政使、福建巡撫。光緒元年，因沈葆楨奏請移巡駐臺，東渡赴臺，處理臺灣事務。因積勞成疾，半年後卒，贈太子少保，謚文勤。工詩，精於製聯。編有《致用堂志略》，撰《臺灣雜咏》及《續咏》四十餘首，輯刻有《歸園唱和集》《三山同聲集》等。其傳記載《清史稿》卷四百二十六。是譜前附光緒皇帝御賜祭文、碑文，閩浙總督李鶴年等所奏爲代遞遺摺，兩江總督沈葆楨奏爲請賜謚典並於閩、臺建專祠摺，王凱泰上《病不能起口授遺摺叩謝天恩事》奏摺，以及閩浙總督何璟所奏請入祀名宦折等數篇，皆爲編印時補録。凱泰自編譜記事始於道光三年，終於光緒元年。其中如咸豐十年在籍襄辦團練，防剿捻軍，因功陞遷；同治二年入李鴻章幕府，料理軍書，被稱得力；同治十二年上疏言改革六事：停捐例，汰冗員，限保舉，復廉俸，重學額，立練營；以及逝前在臺期間，籌劃海防，整飭吏治，移易風俗，苦心經營諸事務，載之甚詳，於晚清歷史研究頗可資參考。後有其子儒卿等所作案語，略述其爲人性情、讀書治學及病逝過程、奉靈歸葬等情形。凱泰通經濟之道，爲官克勤克儉，殫精竭慮，所在多有善政，口碑甚佳。

經略臺灣纔數月，沈葆楨疏稱其『臺民好逸，率之以勤；臺俗好奢，示之以儉；臺俗好鬬狠，化之以和平』，並爲其英年早逝而痛惜。光緒贊其『持躬謹恪，秉性清廉』。閱讀是譜，可見其爲人之品行端潔、爲政之清廉勤慎。本譜原名《先文勤公自訂年譜》，由凱泰子豫卿、儒卿、壽卿刊印，並酌予補録。據楊殿珣《中國歷代年譜總録》著録，有清光緒間刊本。本《文庫》據揚州市圖書館所藏抄本影印，並改今名。（曾學文）

史可法年譜一卷　楊德恩編

史可法（一六〇二—一六四五），字憲之，號道鄰，明河南祥符人。崇禎元年進士。歷官西安府推官、漕運總督、南京兵部尚書。南明弘光政權時，加東閣大學士，督師揚州。清兵南下，堅守孤城，城破被執，不屈被殺。揚州人於梅花嶺築衣冠冢，今爲史可法紀念館。有《史忠正公集》。

本譜編者楊德恩，民國學者，居上海。先編有《文天祥年譜》，由商務印書館出版。復廣搜史料，排比考訂，於民國二十八年底編成是譜。據其所撰《序》載，爲考證史可法生年，作者對諸多文集史料爬梳稽考，推理論定，解決了這一難題，殊有創獲。本譜寫法，『先把一件事蹟立一個綱，以下即用目的方法加以説明』（《序》）。譜主成進士前，載籍簡略，事蹟不彰，酌記相關時事，可見明清嬗代之踪蹟。崇禎以後，記載轉詳，尤其是於福王當政後並揚州守城事蹟，按月載其大概，再録各種相關史籍資料，十分詳備。紀年既有皇帝年號、干支，又加注公元紀年，頗便讀者。書前附史公遺像一幀及與家人遺書墨蹟，末録《明史》本傳，另附《參考書目》，列書二十五種。本譜是研究史可法生平最爲重要的參考書之一，對於晚明史和南明福王政權的研究，亦足資參考。本書民國二十九年由商務印書館鉛印出版，收入《民國叢書》第四編。本《文庫》據此影印。史公年譜又有姚海舫編《史可法大事年表》，民國三十三年重慶人文書店出版《中華四英雄傳》；後又有加拿大學者史元慶所編《史可法年譜》，一九九一年由中國友誼出版公司出版。（曾學文）

石濤上人年譜　傅抱石編

石濤（一六三〇—一七〇七），俗姓朱，初名若極，更名元濟，字石濤，號苦瓜和尚，又號道濟、清湘老人等。出生於廣西全州，爲明宗室。清初著名畫家，畫風新穎奇異，蒼勁恣肆，師法自然，極富個性。晚年定居揚州，逾三十年，於舊城大東門外築大滌草堂，賣畫爲生。開揚州畫派先聲，對後來揚州八怪創新求變畫風的形成影響頗大。所著《苦瓜和尚畫語録》爲畫論名作。本譜編者傅抱石（一九〇四—一九六五），江西新喻人，現代著名畫家、美術史家。曾潛心於石濤及其書畫研究，著有《石濤叢考》《石濤再考》《石濤三考》諸書。是譜前冠羅家倫所撰《偉大藝術天才石濤》代序長文一篇，又有作者《自序》《例言》及《重要參稽書目》。記載譜主生平經歷、行踪、交游、繪事等，附列各年時政大事及重要相關人士行誼。究其特點，一是徵引繁富，所列參考文獻達六十種，包括詩集、畫録、傳記、志書等，其中包含多種日人著述和作者自著，所引大量題畫詩文等，均爲可靠之第一手資料；二是考訂精審，作者究心石濤研究經年，所著甚夥，譜成於諸作之後，對於譜主生卒、世系等之考訂，尤爲心血所粹；三是取捨有法，所見資料，大率經過嚴謹甄別，再定取捨，有疑問者不録。實爲石濤研究著述中之較有價值者，向爲研究者所重視。末有作者所作簡短《後記》。石濤年譜衆多。本譜有民國三十七年京滬周刊社鉛印本，載《京滬周刊》第一卷第四十期至第四十七期，此本稍嫌標點不精，排印粗糙。本《文庫》據此本影印。

（曾學文）

鄭板橋年表　任乃賡編

鄭板橋（一六九三—一七六六），名燮，字克柔，號板橋、板橋道人，清揚州興化人，祖籍蘇州。爲官清廉，愛民如子。罷官後客居揚州，以賣畫爲生。爲「揚州八怪」之一，詩、書、畫被世人稱爲「三絶」。詩宗陶淵明、陸放翁，畫竹似蘇東坡。書法風格獨特，自創「六分半書」，後人稱之爲「板橋體」。著有《板橋詩鈔》《板橋詞鈔》《板橋家書》《板橋題畫》《板橋先生印册》等。任乃賡，以字行，名厚聲，興化人。清代學者任大椿之後，曾任山東萊蕪、濟寧和江蘇碭山縣縣長。一九四八年起任教於中央大學、南京大學，後專職於圖書館館藏與文獻整理。秦翰才（一八九五—一九六八），名之銜，字又元，翰才爲其號，陳行鄉人。建國後被聘爲上海市文史館館員。精研文史，搜集、整理、抄録大量歷代名人年譜，時人稱爲「譜癖」。《年表》起自一六九三年鄭氏生，訖於一七六五年板橋卒，因年紀事，多爲交友與詩文創作事，稍嫌簡略。《年表》後鈔有鄭燮自述生平詩文《七歌》《板橋自叙》《板橋自序》三篇，並依次抄録《清史列傳》《揚州府志》《興化縣志》《清代學者象傳》《國朝耆獻類徵》《墨林今話》《銅鼓書堂遺稿》等多種文獻所載的鄭氏小傳。自述詩文與小傳，蓋皆秦氏録自中華書局《鄭板橋集》。秦氏於抄本最末附黏任乃賡氏來信兩通，並有數行文字，略述兩人交往始末。鄭板橋研究著作歷來多有，而年表譜録類，則以任乃賡氏《鄭板橋先生年譜》爲早，可惜遺著手稿，一經編訂，已非原貌，然而任氏筆路藍縷之功，畢竟不致淹没。此鈔本保存任氏手澤，抄録者又與任氏頗有淵源，故具備相當的文獻價值，可資學者利用。《年表》原刊載於中華書局一九六二年出版的《鄭板橋集·附録》，係中華書局上海編輯所根據任乃賡氏遺著《鄭板橋先生年譜》手稿編訂。據秦氏所述，《鄭板橋集》出版後『轉眴售罄』，欲求購一本而不可得，於是借書抄録，遂成此本。本《文庫》據上海圖書館藏秦氏一九六二年抄本影印。（王繼雄）

凌次仲先生年譜四卷 （清）張其錦編

凌廷堪（一七五七—一八〇九），字次仲，一字仲子，祖籍安徽歙縣，生於海州板浦鎮。清代著名經學家、戲曲理論家。因長居揚州，與揚州學者淵源頗深，學術風格相近，被列爲揚州學派代表人物之一。乾隆五十八年進士，授寧國府學教授。通經史，工詩文，尤長於《禮》學研究。徐世昌《清儒學案》稱其學『無所不窺，於六書、曆算以迄古今疆域之沿革、職官之異同、史傳之參錯、外屬之源流，靡不條貫』。著有《禮經釋例》《燕樂考原》《校禮堂文集》等。傳載《清史稿》卷四百八十一《列傳·儒林二》和《清史列傳》卷六十八《儒林傳下一》等。本譜編者張其錦，字褧伯，清安徽宣城人。廩膳生。爲廷堪弟子，從其學垂十年。江藩《國朝漢學師承記》稱其『精研章句，不墮師承』。廷堪逝後，其錦得阮元資助，裒輯乃師之詩文著述多種，讎校刊刻，傳於世。復搜羅史料，編輯是譜，於道光六年功成。本譜前録朱錦琮作《序》，阮元撰《次仲凌君別傳》，江藩《國朝漢學師承記》之凌廷堪傳，《校禮堂集》紀略所載《定香亭筆談》《瀛洲筆談》《揚州畫舫録》中關於凌氏之簡傳，以及戴大昌所作《凌次仲先生事略狀》，並附作者所摹畫《次仲先生校禮圖》一幀。文凡四卷，卷一記述譜主自出生至三十一歲，卷二至三十八歲，卷三至四十九歲，卷四至卒年。按年叙事，與他譜有異者，在於較多年份之標目，除注明紀年、歲數外，更提綱挈領，羅列該年大事，如游歷、居官、撰述等，使人一目瞭然。爲志譜主知交之廣，譜中不吝篇幅，羅列大量人名，如二十五歲、二十七歲、三十歲各條，特别是三十二歲、三十四歲諸條全録科考名單，殊爲冗繁。書末再列譜主友朋、弟子、塾師等近二百人名字號。廷堪弟子衆多，素孚衆望，嘉慶十二年曾主講歙縣紫陽書院，時五十一歲，年譜該條記學規、試題、評卷等頗詳，可窺其教授之道。本《文庫》據民國《安徽叢書》鉛印本影印。（曾學文）

史氏揚州城東支譜 （清）史有慶編

史有慶，生卒年不詳。字受堂，號坦園，清揚州人。附貢生。爲史可法嗣子史德威之曾孫，繼父兄未竟之志，考訂揚州史氏支譜，刊輯成帙。重整史可法祠墓，出資培築墓園，增造亭軒，栽種梅花，構成今日之梅花嶺史公祠之游觀。此書是定居揚州的史可法後裔之家譜。史可法生平，參見《史可法年譜》提要。史可法無子，先曾在家中已過繼堂弟可程之子詢（一名照青）爲嗣，揚州城破之前，又繼部將史德威爲嗣子，以後事相托。史德威，一名史得威。有《維揚殉節紀略》，已著録。以宗派述淵源，史德威與史可法爲同宗，屬於山西平陽支派。史可法決意殉國，德威請同死，可法泣止之，托付後事，曰：『吾與汝異派同源，昭穆相當，汝當嗣余。』可法遇難後，德威爲清兵所執，清兵訊明其爲可法嗣子，遂釋之。德威覓可法遺骸不得，爲葬袍笏於梅花嶺。後舉家亦遷揚州，其後人爲史可法守墓建祠，世代相守，遂爲史氏揚州城東支派。譜中除上溯始祖、始遷祖淵源，及著録史德威嗣史可法之後的子孫譜系（可法爲四十九世，德威五十世，下至於五十四世止，輯譜之有慶爲五十三世）之外，還附有《道鄰公本宗分支考》《畏庵公本宗分支考》，分别述史可法之本族祖先、兄弟、子孫和史德威之本族祖先、兄弟、子孫。從考述可知史可法之堂弟及子孫後世除留居山西外，有遷居江寧，而史德威之本宗有隨遷揚州，有流寓江南。史可法本宗譜系下記至五十四世，史德威本宗譜系下記至五十五世。此書前有一九六三年葉恭綽題識，考辨史可法譜系，並云：『此譜出而史氏南北世系、籍屬，可瞭如指掌矣。』洵爲考證史可法家族的寶貴資料。此書有嘉慶十五年教忠堂刻本，揚州市圖書館藏其複印件。本《文庫》據此本影印。（李潔）

維揚浦頭張氏族譜 （清）張瑚等修

張姓源自於黄帝之子少昊青陽氏之孫揮公，因發明弓箭司弓矢之長（正），而賜姓張於青陽（今河北清河）。維揚浦頭張氏一支，以唐朝宰相張九齡爲前世始族祖。宋高宗南遷時，其族祖仲千公、叔千公兄弟倆護駕南渡，因功獲賜潤州高資鎮（今鎮江丹徒）多處田土，遂定居於潤州城内果子巷（今鎮江大市口以東）。至元末時，二十六世永六公爲避兵禍，遂携眷由潤州果子巷遷至揚州東鄉浦頭村（今江都區浦頭鎮）定居，是爲浦頭張氏始遷祖。浦頭張氏一支，遷揚至今已近七百年，其族曾先於康熙五十四年始修族譜，然止爲挂譜而無譜牒世系，現存有譜引、家訓、傳、序及像等。後於乾隆四十四年，由十四世孫瑚初創族譜，是爲始修；道光十五年，十五世孫之紀等續修，是爲二修；道光二十五年，十七世孫情等又修，是爲三修；咸豐四年，十六世孫薫等又修，是爲四修；同治八年，十六世孫鎔等又修，是爲五修；光緒二年，十七世孫聯桂等又修，是爲六修；民國三年，十八世孫肇龍等又修，是爲七修。自乾隆至民國，不斷續修，故其支世系前後相續，脉絡清晰。浦頭張氏一族，歷史悠久，人文興盛，出過多名進士，其中尤以張聯桂爲佼佼者。張聯桂，字丹叔，又字弢叔，自號問心齋主人。咸豐間入資爲太常博士。曾在廣東、廣西等多地爲官。光緒十八年任廣西巡撫，任内注重育人才、興工商。中法戰爭期間，聯桂積極籌辦海防，曾陳十二策，多被兩廣總督張之洞所採納。後以疾歸。工文章，有《延秋吟館詩鈔》《續鈔》等。浦頭張氏歷次所修族譜，由於時間久遠、天災人禍等原因，存世稀少，現僅存兩種，一爲《維揚浦頭張氏族譜》不分卷，張鎔修，同治八年活字本，國家圖書館和中國人民大學圖書館有藏；二爲《張氏族譜》四卷，張薫等修，咸豐四年木活字本，國家圖書館有藏。至當代，浦頭張氏二十二世孫之鎔爲保存歷史遺迹，發揚家族文化以教育後人，經過多次尋找和不懈努力，終於探訪到一部殘損嚴重的族譜和銑公房的部分譜牒。經精心修補，補録殘損文字，並續修民國後至當代相關資料和世系，終成一部首尾相對完整的族譜。譜共分七册，第一册爲張氏歷次族譜序及授皇恩聖旨，第二册爲科名、封贈、恩榮、恤典、孝行、節婦，第三册爲前世九齡公系圖表、後世永六公系圖表、家法家規祖訓，第四册爲始祖至銑公房十六世，第五册爲銑公房十七世至十八世，第六册爲銑公房十九世至廿二世，第七册爲銑公房聲公支譜。本《文庫》所收爲張之鎔所提供之本，原本爲民國三年活字本，殘缺部分或以其他本補配，或爲之鎔整理補全。本《文庫》只收其中的第一、二、三册部分内容，當代新修内容不收。（徐大軍）

儀徵厲氏家譜三卷首一卷末一卷　厲萬青等修

厲萬青（一八六九—？），字松岩，菱孫，號選樓，儀徵人。廩貢生，光緒庚子辛丑恩科舉人，清末授山東鹽大使，加同知銜。民國歷任江都行政公署第一科科員、山東鹽運使署秘書、江蘇省議會第三十四届第四區覆選監督公署事務員、江都縣參事會參事員、地方款産經理處董事、江都縣救濟院副院長等。於厲氏家譜中屬於立堂公系次第十二世。是書爲儀徵厲氏家族的家譜。始遷祖浙公，家本餘姚，宋室南渡時金兵勢熾，屢次南侵，都城杭州頻繁有警，惟岳飛軍屯真州，金人不能撼動，故厲氏來真州依軍而住，名『浙』，蓋不忘本自浙江也。其下數世失考，自明弘治初厲景升起方有世系記載，故此譜以景升爲一世祖。厲氏世代書香，屢有仕宦、文學之人，其中較爲著名者有四世厲士貞（一六〇六—一六七四），字烈士。康熙進士。有《舟南集》《獨快堂詩》。八世之厲炯（一七二二—一七九五），字啓明，號曉樓。布衣工詩，有《曉樓詩抄》。十世之厲同勳（一七八九—一八五二），字冠卿，號茶心。嘉慶副貢，任兵部郎中。工詩，有《還珠堂詩鈔》。十世之厲秀芳有《真州風土記》，已著録。這本家譜記載了他們的詳細生卒年和仕途履歷以及家庭情况等資料，可供研究。家譜卷首一卷，收録序文數篇、修譜條例、宗祠地址平面圖、世系總圖、世系分圖；正文三卷，分爲上中下，均厲氏各房支之世系表；卷末一卷，爲事略、跋、志傳、發給號數表。本《文庫》據國家圖書館藏一九四〇年揚州大成印製局鉛印本影印。（李潔）

（高郵）重修金氏宗譜　（清）金長福纂

金長福（約一七九七—一八七一），字壬安，號雪舫，清高郵人。廩生。道光二十九年歲貢。咸豐三年，太平天國攻陷揚州，長福贊辦團練有功，奏奬擢爲教諭，加翰林待詔銜。淡於進取，博洽經史，工詩。著有《廣陵近事》《淮海見聞録》《廣陵近事詩》《海陵竹枝詞》《紅雪吟館詩稿》《意園酬唱集》《小墨莊詩話》等。是書爲高郵金氏族譜，金氏原籍蘇州，明初遷高郵武安鄉，遂世居高郵，繁衍爲高郵著姓。此譜從始遷祖起計爲一世，自第八世起分爲三大支，曰思泉公派、乾剛公派、坤剛公派，共三房，往下系至十八世。纂者金長福屬於坤剛公派第十五世。書後附同治九年《譜式》一篇，撰者金淦，生卒年不詳，字麗卿，號仿梅，庠生。屬乾剛公派第十五世。本譜除載高郵金氏譜系、墓向、世系圖以及金長福行略、金淦之父鳴鸞行略與祭文之外，另附有《烏夜啼思親曲》《永貞子戒淫詩》《朱柏廬先生治家格言》各一篇，末頁又抄《格言》數條。《烏夜啼思親曲》疑爲金淦所作，乃十字格鼓詞體，《永貞子戒淫詩》亦是類似道情的俗體韻文，頗可備俗文學研究資料。本書僅有清鈔本，揚州市圖書館藏。本《文庫》據此本影印。（李潔）

寶應朱氏家乘十卷　（清）朱克生纂修

朱克生有《明代寶應人物志》，已著録。譜稱朱氏先祖於元末明初時即已定居寶應，始祖稱八三公朱某，其先世俱已失考。朱氏世以耕讀傳家，明成化間五世朱訥應天府鄉試中舉，後歷任鄞、長陽、江陵三縣知縣，弘治間六世朱應登中進士，歷官南京户部主事等職，官至布政司右參政，從此家族顯名於江淮間，爲寶應著姓。朱應登與子朱曰藩在明中期俱爲詩文名家。史稱應登才思泉涌，落筆千言，詩宗盛唐，格調高古，與李夢陽、何景明等稱『弘治十才子』。子曰藩爲嘉靖進士，歷官九江府知府，雋才博學，詩多藻思，其詩文集《山帶閣集》被著録於《四庫全書總目提要》。後人有編《二朱詩集》傳世。寶應朱氏家譜創修於七世朱應登，稱《寶應朱氏世録》，明萬曆十六年由曰藩子方中刊刻印行。此編爲康熙八年十一世孫克生續纂，收族人至十二世，記事止康熙八年。該譜共十卷，可分三個部分。一爲恩命録、世科録和崇祀録。恩命録收録了明清朝廷自明正德至清順治間頒予朱訥、朱應登等人誥勅二十道；世科録收録了有朱氏家族成員的明成化十三年至順治二年四次應天府鄉試榜單和明弘治十二年至順治四年會試榜單；崇祀録則收録有朱訥、朱應登、朱曰藩三人被推選入鄉賢祠的原始公文，這些由歷朝政府頒予寶應朱氏家族或與之有關的文件，是家族最具榮譽的歷史檔案。二爲傳善録和家傳録。傳善録記載了自三世至十世寶應朱氏重要族人如朱應登、朱曰藩等人的墓志銘、行述及傳記；家傳録包括自始祖八三公以來的寶應朱氏南北二支共十二世譜圖及族人小傳。全譜斷自可見之事，真實地記載了家族的歷史。第三部分爲介壽録、贈言録、倡和録、書問録和懷悼録。是寶應朱氏族人與友朋之間的往來詩文的分類彙編，内容宏富，其中很多爲明代弘治嘉靖間朱應登、朱曰藩父子好友、文壇名流如李夢陽、徐禎卿、邊貢、吕柟、祝允明、文徵明、文彭、羅洪先、王世貞等人作品，一些詩文並不見於個人文集中，有較高的文學資料價值。寶應朱氏在明清兩代僅有朱曰藩與朱克生兩次修譜，朱曰藩譜本已亡佚，此爲清寶應朱氏康熙刻本（有抄配），今存南京圖書館，是已知唯一的一部全本。本《文庫》據此本影印。（李培文）

孤兒編三卷　（清）汪喜孫撰

汪喜孫有《容甫先生年譜年表》，已著録。是書爲汪喜孫宣揚家族懿德及父親汪中學術人格高尚的著作。全書分三卷，卷首有汪喜孫自序。卷一收録介紹汪氏世系、汪氏始祖的相關墓志、碑記等汪氏家族歷史資料。如《汪氏世系》《汪王廟碑》《徽州古唐汪氏遷揚以後家譜叙》等。卷二收録與汪中相關的靈表、碑記及喜孫爲其父學術著作所作的多篇序跋，如《尚書攷異跋》《春秋述義跋》《廣陵通典跋》等。卷三爲喜孫搜集的證實其父學術地位，或駁斥不利其父人格的傳言文章。如《焦里堂述先君遺事正誤》《校禮堂集凌仲子撰先君墓銘正誤》等篇。書後有朱爲弼、許印林瀚書。是書對汪氏家族的歷史與汪中學術人格及當時學界相關事務的瞭解，具有一定的參考價值。朱爲弼評其『所以述祖德，誦父槼者既詳且盡』，『至於辨正經學之沿僞、考核譜録之襲謬，是於鄭、許、賈、服諸先儒外可參一席』。是書被收入清道光刻本《甘泉汪氏遺書》、一九二五年上海中國書店影印《重印江都汪氏叢書》。本《文庫》據《重印江都汪氏叢書》本影印，卷首有『積學齋徐乃昌藏書』印，卷一前有『南陵徐乃昌校勘經籍記』印。（方慧君）

汪氏學行記六卷 （清）汪喜孫撰

汪喜孫有《容甫先生年譜年表》，已著録。本書爲清代大儒汪中生平資料彙編，係汪喜孫多方收集其父資料及各方評論輯成，是研究汪中和清代乾嘉時期的學術、思想文化重要的參考資料。是書的編輯與清代《國史儒林傳》的編撰有關。嘉慶十五年至十七年阮元兼國史館總輯，編輯《儒林傳》和《文苑傳》。清代學術的風氣總體趨向崇古尊經，儒生們普遍重視經術。因此，在當時儒生的心目中，列入國史的《儒林傳》體現了國家對某種儒學觀念的正統地位的承認和對某種儒學人才的尊重。在編輯《儒林傳》的過程中，阮元曾向其姻親和弟子們徵求意見。資料顯示，他曾向焦循、臧庸、張鑒等人徵求撰寫《儒林傳》的建議，或托張鑒和江西地方官員代爲搜集學者遺書；另外阮元曾與關係較爲接近的官員或學者，如王念孫、朱錫庚等，在北京討論編撰問題。汪喜孫初從焦循和王念孫處得知其父汪中被收入《儒林傳》，後從史館得知乃父被改入《文苑傳》，大爲焦慮，於是致信王念孫，請求其出面關説。汪喜孫後多方搜集乃父資料及各方評論，輯成此書刊行，與此當大有關係。從是書卷三收阮元等《擬儒林傳稿》、王念孫《與劉端臨先生書》、臧庸等《上阮雲臺先生論儒林傳書》、王念孫《王先生與喜孫書》等篇中即可窺見端倪。全書共分六卷，主要收録汪中的傳、贊、頌、行狀、墓表及相關題詞、序、跋、書信等。卷一、卷二另收汪中祖父及父輩汪鎬京、汪一崧、汪一元的傳、贊、墓表等相關資料。是書被收入清道光刻本《甘泉汪氏遺書》、一九二五年上海中國書店影印《重印江都汪氏叢書》。本《文庫》據《重印江都汪氏叢書》本影印。（方慧君）

林氏一家言 （清）佚名編

不題編者名氏。此書乃清揚州西山林氏家族自輯其族人的科舉文之合集。包括學校之院考、歲考、補廪試卷以及科場之鄉試、會試硃卷等，除八股文外，還有少量試帖詩文，如林閬《金帶圍賦》，咏地方名花，頗有特色。還夾帶乾隆十八年舉人林廷和鄉試履歷一份，道光十七年舉人、三十年進士林溥的鄉、會試履歷各一份。此書輯者不明，目録稱林廷和（一七〇七—一七六一）爲『先君』，又稱林溥

（一八一〇—？）爲『少紫兄』，而據後文林溥履歷，廷和爲溥曾祖父，可見輯此書者不止一人，輩分亦不統一。書之格式亦不統一，當多據原本或謄本翻刻，按版心不同題字，共分爲二十四種，收録十八人：《試草》，林文彦（效寬）、林苞（鳳九）；《展亭試草》《摯表制藝》，林廷和（致中）；《南江制藝》《南江試帖》，林世沅（湘芷）；《桐江試藝》《桐江廩卷》，林閏（歲成）；《蘭汀試藝》《蘭汀試帖》《蘭汀廩卷》《禮堂試草》，林閬（苑西）；《翠嵐試帖》，林長嵩（維嶽）；《聽松試藝》，林閣（曲江）；《錦江試草》《錦江試帖》《琢之時文》，林瑛（琢之）；《蓉衫試草》，林闤（康衢）；《橙浦試藝》，林闐（存圃）；《試草》，林開（玉珂）、林廷光（上國）；《裕堂試草》，林闉（應山）；《孔太尊府試》，林詠；《梅鶴山房》，林振耆（鶴儔）、林拔玉（湖邨）；《暉吉堂試草》《廩卷》，林寶麟（定庵）。一些文稿間有師友之序跋。其中林廷和、林開、林閏、林閬、林溥均爲地方文化名人，有著作傳世。此書可與林述曾（林廷和孫、林溥父）所編《林氏西山本支宗譜》參看，並爲研究揚州林氏家族的第一手文獻資料。同時對於科舉文化研究亦有參考價值。本《文庫》據揚州市圖書館藏清刻本影印。（李潔）

阮元家書　（清）阮元著

阮元有《廣陵詩事》，已著録。此編爲揚州市圖書館收藏的阮元箋札一帙，册頁裝，連接處皆脱落，斷成封面單片一頁，另有兩頁對叠成摺者計八摺，標稱八頁（實十六頁）。此編爲墨蹟，考之爲阮元手蹟無疑。書寫時則行、草書夾雜成篇，多爲草稿，也非完全是家書，混入致外人函和奏摺稿殘頁。裝幀時，以單片箋札裱製成册。每頁（摺）可視爲信函一通（件），八頁則爲八通。其中第一、二、三頁雖無上款，依據函中内容推之，收件人當爲阮元二子阮福。第四頁，據上款，係致甘泉縣縣令鍾承露。第五頁，爲阮元草擬奏章之殘稿。第六頁，係一便箋，並無具體收件人。内容爲安排涉及『夏師母』的有關事宜，中間多有交接，而交接的具體責任人是阮元三子阮祜。第七頁，據上款，收件人是時任武英殿大學士的曹振鏞。第八頁，據引首『諭祜』，知收件人是阮祜。此編八通信函，頗多記載阮元家中、族中及與社會各界交連的、鮮爲人知的事。對阮元處事既果斷，又能變通；清肅家風，嚴格執行，十分重視對子弟的管束；關心民間疾苦，注重平民、商户的利益等情事，皆有真實反映。如第一頁（通），有嚴馭家人，配合地方政府掌控其違法亂紀的記載。有針對祭産禮祀洲務事，阮元作出合乎常情的决定。當時阮家已與某撥户訂立契約，擬定承包金額，議定時估算洲上蘆葦包銷的價格會低於實銷的金額，阮元指示只收取承包金額，餘者留寬裕給撥户，但嚴令絶不許雜人涉乎此事，有損業户的名聲，更使撥户蒙受損失，或收益太低，無法經營。再如第七頁（通），係復曹振鏞函，内中文字謙恭隨和，字裏行間皆以晚輩身份敬重對方。須知，曹、阮實爲政敵，曹之壓制、貶低阮是當時政壇一明顯事，然而阮元忍辱應對。雖明知阮福、阮祜兩兒並非曹有心提携，係通過官場正式程序而入仕，但依然以『極爲心感』表示謝意。足證阮元爲人、爲官的品質和作風，亦見其圓通、變通之識見和能力。總而言之，八頁文字雖不多，但極具史料價值，且他處不復見者。本《文庫》據揚州市圖書館藏手稿本影印。（王章濤）

阮文達公致仕後家書 （清）阮元著

阮元有《廣陵詩事》，已著録。此編爲手書墨蹟。審其文意、書寫風格及筆法，當屬阮元手書。屬信函原件散片裝裱成册，有數頁爲一函，亦有一頁中裝兩函或三函不等者；輯前未經篩選、編年、分類，而且多有殘缺，雜亂無序，雖分二册，實隨意爲之，並無界定標準。所謂上册封面題『阮文達公致仕後家書』，竪寫單行。下以雙行小字注：『乾隆十八年，七十五歲致仕，居揚州大東門福壽庭，二十三年，八十歲，乾隆御書「頤性延齡」賜壽，自號「頤性老人」；乾隆二十六年，八十三歲，晋太傅，重宴鹿鳴。』後經人删改，其中『乾隆十八年』中『乾隆』改爲『嘉慶』，復改作『道光』，『十八』删後，復標『△』，以示保留；『二十三年』，未冠年號，增冠『道光』；『乾隆御書』之『乾隆』删除；『乾隆二十六年』，『乾隆』改作『道光』。注文水平低下，爲此編出自書商隨意拼接加證。然不影響這些函件的價值，故此編今以珍品收藏於國家圖書館善本部。上册八十頁，下册十五頁，連封面，總九十六頁。上册收一百餘通，下册收十通左右。今彙印爲一册。全册各信函，基本上無上款，未署接收人稱謂；函末除極少數署『頤性老人』、『兄頤』之類别號或省稱外，亦多未署書寄者稱謂；亦未見署時。細審信函内文字，詳加考證，據文理推之：書寄者斷爲阮元無疑。收受者可確認爲：所謂上册所輯信函，主要寫給四弟阮先，少量寫給三弟阮克，間有並稱致三、四弟者；所謂下册所輯信函，主要寫給其三子阮祜。信函書寫時間，大體在道光二十年至二十七年間，符合封面所題『致仕後家書』之標識。全册信函之内容，大致可分爲：一是禮祀洲、禮東洲蘆柴收賣之管理、銷售之入帳情況，意在保證家祠、家廟開銷；二是關愛族中諸子弟、親屬的仕途、身體、生活等情況；三是關注社會問題，如水患、邪教、義冢等事；四是阮元晚年行踪；等等。其中言及『二洲』蘆柴産、供、銷諸事最多。或言蘆柴價格、帳目，或言蘆柴收割，或言『二洲』管理及人事等等。諸多内容，反映物價、民情等社會問題，而且與阮元皆有密切的關聯，頗具史料價值。本《文庫》據稿本影印。（王章濤）

青谿舊屋儀徵劉氏五世小記　梅鉽纂

青谿舊屋乃劉文淇書齋名，典出《南齊書》卷三十九《劉瓛傳》。劉瓛，字子珪，南齊沛國相人，『住檀橋，瓦屋數間，上皆穿漏。學徒敬慕，不敢指斥，呼爲青溪焉』。劉文淇慕其爲人，因以爲名，後人稱『青溪舊屋劉氏』。梅鉽（一八九四—一九六四），字鶴孫，號元罜，江蘇江都人。父梅裿，字少鶴，秀才；母劉師鑠（一八七一—一九三六），字衛儀，劉師培胞姊。民國時，梅鉽曾在江都縣任職。一九二四年赴南京，任交通銀行文書、稽核。一九三〇年起，任國華銀行董事會秘書，中央銀行總行業務局文書主任，中央信托局秘書、專員、襄理等職。一九五七年，被聘爲上海文史館館員。是書爲梅鉽任上海文史館館員時所作，仿洪亮吉《外家紀聞》，記述儀徵劉氏自文淇至師培四世學行及家庭瑣聞，尤以劉師培爲詳，均爲作者親見親聞，並參考其他記載，内容翔實可靠。其中述及劉師培幼年逸事、劉師蒼失足落江、劉師培赴滬參加黨人革命、黄季剛拜師等，或爲他書未見，或較他書爲詳，均有裨地方掌故；所録《匪風集》初刻本詩二十二首，足補《劉申叔先生遺書》之闕。其於劉師培入幕端方、參與洪憲帝制等，持論平允，不爲回護，亦足可嘉。書前有南桂馨、張重威二序。南氏序述及劉師培《禮經舊説》稿本遺失情況、《辨滿洲非中國之臣民》一文未收入《劉申叔先生遺書》的原因，亦有補於歷史。張重威爲劉師培弟子，又與作者爲通家之好，存有劉師培逸稿十一篇，亦爲重要史料。此書有一九六二年上海玉夔龍館油印本。梅鉽子英超以此爲底本，重加校勘，並撰前言一篇，詳述成書經過；新附張重威所藏《劉申叔集外遺文》十一篇及南桂馨、盧慎之、周作人、陳乃乾、張重威、張舜徽有關書札六通，二〇〇四年由上海古籍出版社出版，較此本略善。本《文庫》據南京圖書館藏一九六二年油印本影印。（萬仕國）

高郵王氏志傳事實　（清）佚名編

編者不詳。全書不分卷，於中縫處標明所録篇章的體裁，分傳、奏議、事實、題本、志五種。彙輯高郵王氏式耜、曾祜、曾禄、安國、念孫、錦孫、引之、彦和祖孫六代的相關傳記、墓志銘、事略等二十一篇，記録了六世傳主的生平事蹟、師友交游、仕途經濟等。其中還包括禮部奏請王安國、王念孫入祀鄉賢祠的奏議，江蘇巡撫題爲公舉鄉賢事的題本，以及公舉王安國、王念孫爲鄉賢的事實。並録嘉慶十二年六月旨准王安國入鄉賢祠、嘉慶十二年六月旨准王念孫入鄉賢祠的文。高郵王氏爲當地著名仕宦、書香之家。王氏祖孫居官不忘治學。王式耜，字聖野，號宇泰，爲名儒。王曾祜，字西眷，式耜子，爲人抱才守拙。王曾禄，式耜次子，拔貢生，博通典籍，文行粹然，師範嚴肅。王安國，字書城，號春圃，官至禮部尚書、吏部尚書，深研經籍，著有《王文肅公遺文》一卷、《補遺》一卷。王念孫、王引之是乾嘉學派的杰出代表，揚州學派的中堅學者，不僅對許多文獻典籍進行了系統整理，而且在音韻、文字、訓詁校勘等專門領域取得了豐碩成果。是書有清咸豐刻本。羅振玉曾整理編排王氏父子未刊叢稿一箱，於一九二五年排印出版，爲《高郵王氏遺書》。是書所載傳記、史料可與《遺書》中資料相證。本《文庫》據國家圖書館藏本影印。（方慧君）

高郵王氏六葉傳狀碑誌集六卷　羅振玉輯

高郵王氏爲當地著名仕宦、書香之家。生平事蹟，參見《高郵王氏志傳事實》等提要。羅振玉有《廣陵冢墓遺文》，已著録。一九二二年，羅振玉從江姓手中購得高郵王氏父子未刊叢稿一箱，將其中的寫定稿整理篇次，於一九二五年排印出版，即《高郵王氏遺書》。是書爲《遺書》中的一種。本書分六卷，彙輯高郵王氏曾禄、安國、念孫、引之、壽同、恩晋及壽同之女、恩晋之姊淑儀祖孫六代的史傳、家傳、行狀、行述、碑文、墓志銘、祭文、事略等十八篇，記録了六世傳主的生平事蹟、師友交游、仕途經濟、治學著述，及王氏家族的源流、遷徙等情况。其中所載家訓、家規、治學家法等，爲研究王氏學術思想的形成、發展，提供了極爲豐富的背景資料。本《文庫》據《高郵王氏遺書》本影印。（方慧君）

猶存集四卷　（清）孫仝轍　孫應科輯

孫仝轍（一七二〇—？），字次眉，清江蘇高郵人。乾隆二十四年舉人，曾任本邑珠湖書院山長。與人同編《朱子年譜》《朱子文集注》等。孫應科有《下河水利新編》，已著録。是書爲高郵孫氏家族的譜乘。原爲孫仝轍所輯《沛城孫氏遺事》一卷，其侄孫應科認爲：『沛城，湖上村名。孫氏，高郵望族，繫以一村，隘矣。故逸去「沛城」二字，曰《孫氏遺事》。』並擴充其内容爲四卷。卷一《宗譜本支》，記自遷郵第一世孫惟善起，至第十五世孫應科本人止，共十五世十七人的譜傳。卷二分爲上下，爲《孫氏遺事》《孫氏遺事補》，載孫氏先輩可堪著録的德行義舉之事，卷二上並附有孫仝敞識語《沛城孫氏遺事書後》一篇，仝敞乃仝轍之弟、應科祖父，可見上是孫仝轍所輯，下是孫應科所補。卷三、卷四均爲《贈言録》，分爲上下，上録詩，下録文，均是當時交游文人爲孫氏家族所作的贈詩和傳記文字。其中著名文人有高郵吴世傑、常熟錢陸燦、長洲韓菼、汀洲伊秉綬、高郵夏之蓉、彭城李衛、武進錢名世、寶應劉寶楠等。本《文庫》據南京圖書館藏清道光十五年小康書屋刻本影印。（李潔）

寶應鄭氏贈言録五卷　（清）鄭乾清編

鄭乾清，字千子，號雪屋，清江蘇寶應人。諸生。工詩，嘗集介庵精舍，偶檢眉山詩『山自石邊流出冷，風從花裏過來香』句，拈筆屬和二十餘聯。邑人朱克生激賞之。著有《吟松稿》《雪屋詩集》。另有《白田鄭氏一家言》，本《文庫》已收録。鄭乾清是寶應鄭氏十二世裔孫，是書主要搜輯酬唱詩文及傳記、序、跋、志銘等文字。卷一、卷二輯詩，詩人多爲當時的名家，諸如元人顧瑛、楊維楨、張雨，明人徐溥、徐渭、梁以樟，清人葉燮、金德嘉，也有邑人朱曰藩、湯廷璉等，所輯或爲與鄭氏唱和之作，或爲與鄭氏游覽時吟咏景色、助興、抒懷之作，或爲與鄭氏贈別所作等。卷三輯世傳二十一篇，共二十人，皆爲鄭家男子傳記，概述其生平事蹟，頌其美德。卷四輯內傳、外傳。內傳三篇，記嫁入鄭家的女子中的節婦、烈婦；外傳現存四篇，記鄭氏女子中的節婦、烈婦，主題即歌功頌德。卷五輯序、跋、墓志、祭文、碑銘、挽詩等，約請當時名人撰寫，如明人姚明恭、梁以樟、朱應登等。本《文庫》據南京圖書館藏清吟松閣刻《鄭氏一家言》本影印。（胡珍）

王白田書札　（清）王懋竑著

王白田，即王懋竑，生平事蹟参見《王白田先生年譜》提要。懋竑少從叔父式丹學。《四庫全書總目提要》卷一百十九稱其：『蓋篤信朱子之書，一字一句，皆沈潛以求其始末，幾微得失，無不周知，故其言平允如是。』錢大昕贊其『篤志經史』、『耻爲聲氣標榜』。張舜徽在《清代揚州學記》中，亦稱他是揚州學派的先驅，寶應學派的創始人。懋竑精研朱子之學，窮一生精力，盡瘁於《朱子年譜》一書，此書『蓋積二十餘年，四易稿而後定』。又別爲《年譜考異》四卷，並附録《朱子論學切要語》二卷。另著有《白田草堂存稿》二十四卷，《讀經論疑》十六卷，別有《朱子語録注》《朱子文集注》等，並傳於世。寶應王氏一門，均力學砥行，精善學術，爲世所重。懋竑曾祖父王有容、祖父王凝鼎、叔父王式丹，均有著作傳世。本書爲墨蹟簡牘，不分卷。有懋竑撰書《厚庵公傳》，厚庵公即王凝鼎，泰和公即王有容。讀此兩傳，可知懋竑家學淵源。書中懋竑手抄前人詩詞墨蹟，是其心有融匯，抒懷之作；又有與親友往來信札等，當可據以窺其生平交游。書後有記載王氏祖塋始末的短文一則，王氏祖塋坐落在寶應城外三阿鄉，今寶應射陽湖鎮一帶，由於年久失修，多處出現塌卸，康熙十六年，乃重新加築，並浚深明堂。該文兩葉，均鈐有『白田世守』朱文印。本《文庫》據揚州市圖書館藏手稿本影印。（孫葉鋒）

王希伊夫婦墨蹟　（清）王希伊編著

墨蹟紙本，不分卷，一册。王希伊（一七一九—一七九四），字耕伯，號在川，清江蘇寶應人。王懋竑之孫。生卒年均不詳，約清高宗乾隆二十年前後在世，年七十六歲。乾隆六年舉人，授陝西白水知縣，實心愛民，爲學士朱筠所稱。以病改江蘇青浦教諭，尋乞歸。具見包世臣撰墓表及《清史列傳》。著有《彭衙存稿》十卷，《續修白水縣志》二卷，詩集十卷，並傳於世。另有《清白堂存稿》，本《文庫》已收録。王希伊妻邱氏，山陽人。邱氏爲山陽鉅族，其祖父是康熙己卯舉人，父親侶遠曾受業於寶應名儒朱澤澐之門。朱澤澐乃王希伊的外祖父。邱氏幼承家教，曉解文義。希伊祖父王懋竑以精研朱子名世，生前所撰《朱子年譜》等著作，一直未能刊行。希伊毅然醵資刊刻，刻資無以繼，又鬻良田三十畝以償。家居爲之促，邱氏親自覈覆字數，並安置刻工酒食，了無怨色，且謂希伊云：『刻書無所怨悔，只刻書鬻田後所欠，宜作商量，不宜使潛滋暗長耳。』其識大義如此。邱氏於乾隆二十九年不幸早卒。本書由王希伊收集邱氏生前墨蹟，並撰書追思亡妻文章等彙輯而成。前半部分，爲邱氏生前所抄録的王懋竑部分遺稿、《楊椒山先生遺訓摘録》《寄白水公家書稿》等墨蹟，字體爲正楷，端莊秀麗。後半部分爲王希伊撰書的懷念文章，《亡妻邱孺人行述》一文，歷數二人數十年夫妻生活點滴，字裏行間，飽含深情。書中還收集了孫仝敞、孫仝轍等親友所撰寫的紀念文章和挽聯等。書後附本書目録。本《文庫》據揚州市圖書館藏手稿本影印。（孫葉鋒）

寶應鄉賢劉蓼野端臨喬梓遺札　（清）劉世謩　劉台拱等撰

手札墨迹，一册。『喬梓』者，父子也。此書爲劉世謩、劉台拱父子二人書信手稿彙編。書前有《中國人名大辭典》《清史稿·儒林傳》《昭代經師手簡》《寶應縣志》等古籍中有關劉台拱、劉世謩的傳記資料。劉世謩（一七二五—一八

○一），字仿魏，號蓼野，清江蘇寶應人。劉台拱之父。嘉慶元年舉人。生平篤學，學問以朱子爲宗。劉台拱有《劉端臨先生年譜》，已著録。本書收録有劉氏父子往來書信若干通，大都爲劉世謩所作。劉世謩書信，多爲誡勉勸學之語，字蹟飄逸如行雲流水。劉台拱字蹟則工整雋秀。中有父子談論家事内容，如十一月二十八日劉台拱致父母信中，建議父親將本年所收租稻得價便賣，田房若可賣亦以賣爲妙，總之要蓄聚現銀，多多益善。且有『男之言此，自有用意，但不可明説』云云，足見其殷殷之情。信中還提及大舅、二舅、三舅、姐夫、外祖、六妹等親戚事。從書信中也可看出劉台拱治學勤奮處，如其在六月二十一日書信中言，近况頗佳，飲食便利，『惟我歸心似箭，意欲於中秋前趕完一百二十卷書』。『一百二十卷書』當指台拱所著《漢學拾遺》。本《文庫》據國家圖書館藏清稿本影印。（孫葉鋒）

清芬外集八卷　（清）劉寶楠輯

劉寶楠有《寶應圖經》，已著録。劉寶楠已有《清芬集》十卷，輯寶應劉氏家族的詩文著作，此名『外集』，則所輯是有關寶應劉氏家族的詩文文獻，如家族成員所交游文人之贈詩、贈文以及爲劉氏所撰寫的墓志、傳記等。該書八卷，詩兩卷，文六卷，按撰寫贈詩（文）的作者朝代先後分類，起自晚明，迄至乾隆期間。其中高攀龍《明兵部職方司主事劉静之先生墓誌銘》（劉永澄）、文震孟《明故兵部職方司主事劉静之行狀》（劉永澄）、阮元《江西銅鼓營同知劉君傳》（劉台斗）、阮元《劉端臨先生墓表》（劉台拱）、王巖《劉清之先生傳》（劉永沁）等，都是研究寶應劉氏家族的重要資料。本書有國家圖書館藏清抄本，八卷；又揚州圖書館藏清抄本，二卷。本《文庫》據八卷本影印。（李潔）

兩世鄉賢録崇祀名宦録　（清）佚名輯

是書爲《劉端臨先生遺書十種》之附録，前有寶應朱彬撰《劉端臨先生行狀》、儀徵阮元撰《劉端臨先生墓表》各一篇。後爲《兩世鄉賢録》，是揚州府題請劉世謩、劉台拱父子兩代入鄉賢祠之奏章及劉氏父子事實册。又《崇祀名宦録》，是鎮江府丹徒縣題請劉台拱入本地名宦祠之奏章及劉台拱事實册。均爲劉氏身後之哀榮文字。劉世謩有《寶應鄉賢劉蓼野端臨喬梓遺札》，已著録。劉台拱有《劉端臨先生年譜》，已著録。端臨婿阮常生曾爲之輯《劉端臨遺書》《劉端臨先生遺書續刊》梓行，外孫阮恩海又將二書合刊印行。阮常生即大學士阮元之長子。此書是研究寶應劉氏家世和生平的資料。本書屬《劉端臨先生遺書十種》，有上海圖書館藏清嘉慶二十一年刻本、清道光十四年世德

堂刻本，又國家圖書館藏光緒間刻本。本《文庫》據嘉慶二十一年刻本影印。（李潔）

寶應朱氏集存史料書牘　佚名編

朱氏一支，自元明間遷居寶應，繁衍生息，或精善學術，或爲政一方，朱氏遂成寶應望族。其中尤以朱彬一門，最爲矚目。朱彬（一七五三—一八三四），字武曹，號郁甫，清寶應人。乾隆六十年舉人。師承於父祖，受益於良朋。與外兄劉台拱相切磋，同治小學。又與李惇、汪中、王念孫父子結交，研討經史，每有所得，則以書札往來，必求其是而後已。是清代中期揚州地區著名學者，也是乾嘉學派重要人物之一。《清史列傳》有傳。著有《尚書故訓别録》《禮記訓纂》《朱氏支譜》《邑乘志餘》《温病條辨》《遊道堂詩話》等。另有《經傳攷證》《尚書異義》《白田風雅》《遊道堂集》，本《文庫》已收録。其三子朱士彦、朱士達、朱士廉，分别在嘉慶、道光間取得進士，各自爲官一方，士彦曾任吏部尚書。朱氏『一門三進士』成爲美談，至今寶應縣還存有『三進士故居』。由於世代爲官，可以方便接觸相關檔案，寶應朱氏珍藏或抄録有大量的歷朝珍檔，本書即是其集存的有關晚清珍貴檔案史料的彙編。全書分元、亨、利、貞四册。元册爲上諭及相關案牘，大多與揚州有關。如《上諭查辦雷以緘等誑報戰功貽誤軍機案》《上諭懲處揚州府失守員弁》等案牘，所奏是清咸豐六年，太平軍攻入揚州，揚州軍營失利，時揚城守將雷以緘等接應遲延，並捏稱助剿收復揚城，雷以緘等人被革職查辦的事實。本册另有《何桂清奏報江南江北軍務》《揚州文營批示》《江蘇團練事宜》等。亨、利二册爲朱壽鏞（曼伯）家書。朱曼伯，寶應朱彦士之侄（參見《近世人物志》七十六頁，金梁輯録，臺北明文書局，一九六六年）。在《致瑞兒》的一封家信中，還涉及清末哥老會活動情况等。貞册爲雜録及名人手札等，如《會拿匪首名單》等。尤可珍貴者，内有翁同龢、袁世凱、徐郙等人手札，以及《焦里堂詩手稿》。此爲稿本，四册，揚州市圖書館藏。本《文庫》據此本影印。《文庫》另收録《寶應朱曼伯等資料雜輯》。（孫葉鋒）

寶應朱曼伯等資料雜輯　佚名輯

朱曼伯，寶應人，約生活在晚清時期，生平不詳。在晚清一些私人日記中，散見其活動記載。《曾國藩日記》同治十年十月初三：『二更後閱朱彬所著《禮記訓纂》，本日朱曼伯所送也。』惲毓鼎《澄齋日記》：『十六日晴。病人大見弱狀，夜間仍嘔。連日搶攘，心緒爲之不寧。朱曼伯世丈（壽鏞，廣東臬臺）枉過久談。』此外，在《清稗類鈔·方伎類》中亦有記載，其『高錫麒相門竈』條云：『寶應朱曼伯方伯壽鏞自幼至老，虔奉財禄壽三星，每晨焚香叩頭各八十，凡二百四十。令其孫乳名一虎者，在旁記數，行之數十年。光緒時，開藩汴中，知縣高錫麒以精堪輿家言自薦。朱嘗召之，爲相門竈，雖安一牀、設一几之細，必令高指示方向也。』由這些資料大約可以推知，朱曼伯名壽鏞，乃晚清的一名官員，並與當時朝廷重臣有着密切的交流。此爲墨蹟手札，一册。爲晚清部分史料的彙輯，内容涉及函牘、奏章、報紙等。如：《劉誠甫函牘》數封，其中有覆張之洞函等。劉誠甫，儀徵劉氏族人，以經學傳家，名重於世。有光緒十一年十一月王先謙學政視學告示。另有《沈文肅公兩江督署楹聯》《某中學發起國學社刊之宣言》、李元度《致石達開書》、太子少保彭玉麟《俄欲無饜防務難弛密陳管見》奏章、曾國荃《曾襲侯復李相國書》等。另有黄小宋、周再三、張景樓、李鴻章等致朱曼伯函牘。書後輯有晚清時期部分報紙關於鐵路、河防等内容的剪報。參見本《文庫》所收《寶應朱氏集存史料書牘》條。本《文庫》據揚州市圖書館藏本影印。（孫葉鋒）

成氏先德傳　（清）成孺撰

成孺有《寶應儒林事略》，已著録。成孺在學術上的最大貢獻，是不薄漢學愛宋學，不糾纏於門派之爭，各取所長，主張漢宋兼容。他從『明理』『成德』的高度，合經師與人師於一，將儒學提升到一個新的境界。著作三十餘種，主要有《周易釋文例》《尚書曆譜》《禹貢班義述》《春秋日至譜》《史漢駢枝》《心巢文録》《問漁亭詩草》等，收入《成氏遺書》。是書内容，顧名思義，乃爲寶應成氏一族前人先賢的紀傳。作者上溯至元末始遷祖，下及曾祖輩，追叙宗門先賢百十餘人，其中尤以叙述成康保事蹟爲詳，可視作正史之補。書中行文詳簡允當，叙事筆調洗練，往往寥寥數語，即能勾勒豐采，使人物形象躍然紙面。《成氏遺書》叢編於光緒年間刻印行世，《成氏先德傳》是其中一種，與《寶應儒林事略》《寶應文苑事略》合訂爲第十九册。不分卷，書末有缺損。本《文庫》據上海圖書館藏光緒《成氏遺書》本影印。（王繼雄）

第四輯　學術著述類

博雅音十卷　（隋）曹憲撰　（清）王念孫校

曹憲（約五四一—六四五），隋江都人。仕隋爲秘書學士。聚徒教授，凡數百人。精於小學，『自漢杜林、衛宏以後，古文亡絶，至憲復興』（《新唐書》本傳）。大業年間，隋煬帝令與諸儒撰《桂苑珠叢》一百卷，時人稱其該博。又注張揖所撰《博雅》，煬帝令藏於秘閣。精通《文選》，著有《文選音義》，爲當時所重。後許淹、李善等皆承襲憲，相繼教授《文選》，隋唐文選學由此大興。唐貞觀年間，揚州長史李襲譽表薦，唐太宗徵憲爲弘文館學士，其以年老辭不赴任，太宗乃遣使就家拜朝散大夫。年一百零五歲卒。其著作，《舊唐書·經籍志》著録有《博雅》十卷、《文字指歸》四卷、《曹憲集》三十卷，《新唐書·藝文志》又著録有《爾雅音義》二卷，今皆不存。清馬國翰《玉函山房輯佚書》輯有《文字指歸》一卷。事蹟具新、舊《唐書》本傳。曹氏著作今傳世者唯《博雅音》一書。《博雅》即《廣雅》，三國魏張揖所撰，是一部依《爾雅》體例而成的訓詁學著作。原分上、中、下三卷，後析爲四卷，曹憲爲之作音釋，更析爲十卷，因避隋煬帝楊廣諱而改稱《博雅》。宋晁公武《郡齋讀書志》、陳振孫《直齋書録解題》皆只載《博雅》十卷，可見宋時《廣雅》原書已不傳，世所傳者唯曹氏音釋之《博雅》。曹氏音釋原附於相應的正文之下，至清王念孫撰《廣雅疏證》時，方將曹氏音釋析出，並作校正，附於所刻《廣雅疏證》卷末。《博雅音》主要爲給《廣雅》所收的字注音，注音用反切和直音兩種，如『粗，在户反』『祏，音託』『槾，亡旦、亡丸』等。除注音外，間或説明字體，略有詮解，如『凋，多聯反。憲案：《説文解字》，凋落，凋字从仌；彫刻，彫字从彡；雕鷲，雕字从隹』。經王念孫校勘的《博雅音》，王氏所作校語甚多。校語與曹氏文之間用圈隔開，一目瞭然，如『逴，丑卓。○各本丑訛作尹，今訂正』。王氏所作校正，主要對《廣雅》舊本和《博雅音》的訛脱錯落之處作認真校訂，分清某爲《雅》文誤入音内、某爲音字誤入正文、某爲訛字、某爲改字、某爲脱文、某爲改音、某爲此字之音誤屬於彼字、某爲校記之語誤羼入本文，爲之逐條注明。由於《廣雅》解説過於簡略，且自隋以後通行之本已多訛脱，曹憲也常據錯字注音，念孫遂一並爲之糾失釐定。念孫辨析之精，考據之深，學者推崇備至，以爲千古不刊之作。此書有嘉慶間高郵王氏刻本，附於《廣雅疏證》卷末；又有《畿輔叢書》本、光緒五年淮南書局刻本等。本《文庫》據光緒間王灝輯刻《畿輔叢書》本影印。（徐大軍）

説文解字韻譜五卷 （五代）徐鍇撰

徐鍇（九二〇—約九七四），字楚金，五代南唐廣陵人。幼年喪父，四歲而孤。聰慧自知書，長而能文。舉進士，起家秘書郎，累遷右拾遺、虞部員外郎、屯田郎中、知制誥、集賢殿學士，官至右内史舍人，兼兵、吏部選事。與其兄徐鉉同爲唐王近臣，聲聞江左，號稱『二徐』。關於其卒年存兩説：一爲宋代馬令《南唐書》：『鍇以開寶八年卒於金陵圍城中。卒之踰月，南唐亡。』一爲陸游《南唐書》：『開寶七年七月卒，年五十五。贈禮部侍郎，謚曰文。』徐鍇酷嗜讀書，所校書尤審諦。精於小學，潛心許慎《説文解字》數十年，著有《説文解字繫傳》《説文解字韻譜》。本書前其兄徐鉉有序，述其撰作之由，一曰存篆籀之正體，二曰折習俗之端，三曰便《説文》之檢閲。以第三點最爲重要，序曰：『（許書）偏旁奥密，不可意知，尋求一字，往往終卷，力省功倍，思得其宜。舍弟楚金特善小學，因命取叔重所記，以《切韻》次之，聲韻區分，開卷可睹。』全書取《説文》之字，以平、上、去、入四聲編次，分上平聲、下平聲、上聲、去聲、入聲五卷，二百零五韻。凡小篆皆有音訓，注音則以反切。有音則省訓詁。如卷一『上平聲·東部一』起首幾字：東，德紅反。涷，暴雨。同，徒紅反。銅，赤金。童，奴也。注『史』字者籀書，注『古』字者古文。《四庫全書總目提要》稱：『所注頗爲簡略。蓋六書之義已具於《説文繫傳》中，此特取便檢閲，故不更複贅耳。』鉉《序》亦云：『楚金又集《通釋》四十篇，考先賢之微言，暢釋氏之玄旨，正陽冰之新義，析流俗之異端。文字之學善矣、盡矣。今此書正欲便於檢討，無恤其它，故聊存詁訓，以爲別識。其餘敷演，有《通釋》焉。』《韻譜》各家書目著録名稱略有不同，或稱《説文解字韻譜》，或稱《説文韻譜》，又有《説文解字篆韻譜》《説文篆韻》《篆韻》之稱，卷數或五或十。異名雖多，所指則一。傳本有：元延祐三年種善堂刻本、明李顯刻本、明抄本、清初抄本、清抄本、《函海》本、《古經解彙函》本、同治三年馮桂芬刻本。本《文庫》據元延祐三年種善堂刻本影印。（方雲）

王先生十七史蒙求十六卷 （宋）王令撰

王令（一〇三二—一〇五九），初字鍾美，改字逢原，宋廣陵人。原籍魏郡元城，五歲時即失去雙親，由叔祖王乙育於遊宦之廣陵，遂占籍廣陵。稍長後即自謀衣食，不願仕進，除了擔任過幾個月的高郵軍學官外，始終在天長、高郵、江陰等地開館授徒爲生。二十八歲患脚氣病逝世。王令節操高尚，才能卓犖，但因不干仕宦，又享年不壽，聲名不顯，一生貧苦。仁宗至和元年，王安石奉召晋京，途經高郵，結識王令，極爲推重，遂成知己，因王安石的大力揄揚，其人方不致被埋没。著有《論語解》《孟子解》等。另有《廣陵先生文集》，本《文庫》已收録。是書共十六卷，首載王令弟獻可《序》一篇，略叙王令其人、本書内容及刻書緣起。序後爲總目，卷目『參爲對偶，聯以音韻』，以四字一句、兩句成對的形式概括史事典故，讀起來朗朗上口，便於記誦，是爲特色。總目後有原宋刻牌子三行：『麻沙鎮南齋虞公千里先生校正的無差誤乾道己丑歲刊行。』是書内容，據王獻可序云，乃是將宋以前各朝歷代正史中的『聖君賢相，忠臣義士，文人武夫，孝子烈婦，功業事實，以類纂集』，是一本可供學童發蒙的歷史教育普及讀物。此書因作者英年早逝而一度湮没，後幸爲作者弟、英州刺史王獻可所訪得，於是得以刊諸棗梨，『與學者共之，用傳不朽』。清初朱彝尊據宋本影鈔，康熙間海陽程宗璵又據朱氏鈔本校刻，是爲海陽程氏刻本。此後是書屢經刻印，有道光間大文堂刻本、同治間京口敦經堂校本、光緒間南清河王氏木活字本等，版本甚夥。本《文庫》據上海圖書館藏海陽程氏刻本影印。

（王繼雄）

樂菴先生遺書四卷附後題一卷　（宋）李衡述　（宋）龔昱編

李衡（一一〇〇—一一七八），字彦平，號樂菴，宋江都人。紹興年間進士。勤學有才幹，爲地方官，專以誠意化民，以循良著稱，《宋史》有傳。博通群書，以《論語》爲根本，講學明道，樂於教人。著有《樂菴文集》《易説》《論語説》等，惜不傳。其《周易義海撮要》《樂菴先生遺書》，《四庫全書》有著録。龔昱，字立道，宋昆山人，從李衡學，安貧樂道，鄉人稱爲『龔山長』，與陸游、劉過等有過從。《樂菴先生遺書》，初作《樂菴先生語録》五卷，乃龔昱録李衡平日講學之語而成。此書『闡明理學，間論詩文，亦有涉及二氏者，如因緣地獄諸説，未能粹然無疵，而超悟處自非淺人所及』（《樂菴先生語録》四庫提要）。據沈珠序，此書『舊本五卷，今定爲四卷，條悉如舊。舊曰語録，今更曰遺書』云云，則卷次的調整，書名的更改，條目的重編，乃沈氏所爲，與原書實無不同。其後萬曆五年李樹敏、四十六年李通刻本，皆依此例。此書前有明隆慶元年沈珠序、天順七年龔□序、原本吴仁傑序及李衡本傳；書末附《樂菴先生遺書後題》：分别爲李潛跋、龔詡跋、鄭文康跋及方九功跋；萬曆五年宗孫樹敏《讀樂菴先生遺書》及萬曆戊午七月宗孫通《新刻樂菴遺書紀事》。《四庫全書總目提要》認爲此書流傳失緒，且『考書中所言，大抵與隆萬間心學相合』，認爲是姚江末流影撰此書『以助心學之瀾』，指出吴仁傑叙不類其文風，范成大、鄭文康等人的序跋皆爲影撰，將此書定爲僞書，對其完全否定。當代學者研究認爲，吴仁傑與龔昱友善，此叙撰寫於李衡去世之年，距其撰寫《兩漢刊誤》等書序已過二十餘年，風格有變化也是可能的，且不同類屬之書，其序的風格也會不同；范成大、鄭文康的序跋在其文集中皆有收録，不可能作僞。至於此書流傳過程，據衆人的題跋，可知宋時曾刊刻於家塾，後則多以鈔本流傳，至明代則有天順七年、隆慶元年、萬曆五年刊本等，流傳頗有端緒。除上述理由外，尚有以下幾條可以佐證：一、宋人著作即有引用《樂菴語録》之文者，如宋史鑄《百菊集譜》卷三『韓魏公嘗言保初節易』條、宋趙善璙《自警編》卷二『或問如何斯可以安心』條，即來自《樂菴語録》。二、《樂菴語録》卷五後附遺事六則及李滔跋語，與《永樂大典》所録《樂菴先生遺事》全同。三、楊士奇《文淵閣書目》卷一著録有《樂菴語録》一部一册』，可知此書絶非明朝中後期『姚江末流』僞托之書。是書有明萬曆五年刻本。本《文庫》據明萬曆四十六年李通刻本影印。（尤德艷）

庶齋老學叢談三卷　（元）盛如梓撰

盛如梓，號庶齋，一作恕齋，元揚州人。《四庫全書總目》云爲浙江衢州人。生卒年不詳，大致生活在宋末元初。元大德間，以薦授嘉定州儒學教授，遷衢州路學教授，後以崇明州判官致仕。生平事蹟見方逢辰《揚州盛庶齋吟稿序》（《蛟峰集》卷八）。是書爲一部讀書筆記，主要考辨經史、評論詩文，偶記宋元間朝野逸聞掌故。《四庫全書總目》入子部雜家類，《千頃堂書目》入子部小説類。全書分上、中、下三卷，其中中卷又分中上、中下兩卷，故實爲四卷。上卷多記元代君臣故事及辨明經傳得失，卷中之上多記先賢修身治學格言，卷中之下多記唐宋詩人佚事和詩話等，下卷則雜論天文地理、典章制度、名物故實等。大多爲盛氏讀書所得及摘自前人典籍者，亦有録自朝野逸聞者。每條叙事簡明，間及議論；考證嚴謹，均有根據。所叙各條之下，常注出據某人説，有可資考證處。書中亦有值得商榷處，如《四庫全書總目》於此書提要中已指出的陸游《姚將軍詩》漏姚之名、引《左傳》晉景公如厠事、譽賈似道豪傑等各條。雖有小瑕，仍不失爲一部『頗見考據』之作。又，如梓生活在宋末元初，『猶及與元初故老遊，故所紀多前人緒論，頗有可採云』，於瞭解宋元之際士人風尚也有一定價值。是書原以抄本行世，有明嘉靖元年柳僉抄本、清彭氏知聖道齋抄本、《四庫全書》本等，嘉慶十年，鮑廷博據汪西亭藏本覆刻，並以錢功甫鈔本校刊收入《知不足齋叢書》。本《文庫》據《知不足齋叢書》本影印。（徐大軍）

復套議二卷　（明）曾銑撰

曾銑（一五〇九—一五四八），字子重，號石塘，明江都人。嘉靖八年進士，授長樂知縣。徵爲御史，巡按遼東。擢兵部侍郎。嘉靖二十五年，總督陝西三邊軍務，屢敗韃靼貴族攻掠，建議發兵收復河套，得到首輔夏言的支持。但爲權臣嚴嵩所阻，誣奏其掩敗不報、克扣軍餉，因而被殺。隆慶元年贈兵部尚書，謚襄愍。事蹟具《明史》本傳。《千頃堂書目》著録有曾銑《曾襄敏公奏議》二卷，蓋即此書。嘉靖二十五年，銑以兵部侍郎總督陝西三邊軍務，欲西自定邊營，東至黄甫川，千五百里，築邊墻以禦剽掠。並念河套諸部久爲中國患，因上疏請復其地，條八議以進。後又合諸臣條上方略十八事，並獻營陣八圖。八議爲：一曰定廟謨、二曰立綱紀、三曰審機宜、四曰選將材、五曰任賢能、六曰足芻餉、七曰明賞罰、八曰備長技。共計萬餘言，指據明悉。此即其前後所上奏稿集，分成上、下兩卷。考其所上奏議，多由實地調查而來，考慮周詳，頗具實用價值。如其八月所上《重論復河套疏》中曰：『中國不患無兵，而患不練兵……復套之費，不過宣（府）大（同）一年之費。……敵之所以侵軼無忌者，爲其視中原之無人也。』陳辭慷慨激昂，有理有據，惜不爲嘉靖帝所接受，反遭殺身之禍。本《文庫》據明萬曆間刻本影印。（徐大軍）

博蒐録　（明）桑喬撰

桑喬，一作桑維喬，字子木，别號玄同子，明江都人。嘉靖十一年進士，授户部主事，改監察御史。出按山西。時嚴嵩爲尚書，廣交遊，揚聲譽，舉朝猶未知其姦，喬獨首先發難，劾嚴嵩。巡按畿輔，托病辭，爲嵩所陷害，戍九江，卒。隆慶初贈光禄寺少卿。有《廬山記事》《真詮》等傳世。事蹟具《明史》本傳。此本僅一册，抄本，卷首題下有『錢唐丁氏正修堂藏書』『江蘇第一圖書館善本書之印記』朱文印各一，卷末有『八千卷樓所藏』『善本書室』『江蘇第一圖書館善本書之印記』朱文印各一，知原爲丁氏八千卷樓故物。卷前貼有一紙條，上有以墨筆所作跋文；又有一紙條夾在書内，上有跋文，以墨筆書於版心爲『國朝杭郡詩三輯』的稿紙上。丁申、丁丙兄弟於光緒間編成刊刻《國朝杭郡詩三輯》，此紙條雖未署名，應爲丁氏兄弟所作。跋一云：『舊抄本。明桑喬著。未見著録。其書自天地、人事、官制及文字音義，下至草木鳥獸蟲魚，無不輯載，可資學者記誦之助。……其著書在朱謀㙔之前，其體例頗似謀㙔之《駢雅》。』跋二云：『右《博蒐録》一册，不分卷。明桑喬著。其書未見前人著録，體例似朱謀㙔《駢雅》。書中自天地、人事、官制，以及文字音義，下至草木鳥獸蟲魚，無不輯載，可資學士記誦之助。喬登嘉靖壬辰進士，其著書在謀㙔之前，搜羅載籍亦不及謀埠之博，然語皆有本，約而不陋，亦可於《駢雅》外自立一幟。惜世無魏茂林爲之搜求出處，餉遺藝苑，與《訓纂》同不朽也。』從此二跋，可見此書之内容和體例大概。卷首有喬自序，略叙編纂是書緣由及宗旨。其云：『夫博以溺心，雖一語猶障；識以資慧，即百物皆通。愚屏居多暇，頗以載籍自娱，間取殺青所具，及胸臆所收，古今寰宇、見聞名物，一一筆之薄蹏，以待昕夕自遊覽。天地大矣，愚惡能蒐括靡遺？聊以識吾一二。』此書以訓詁品物及語詞爲主，叙述較簡潔明瞭，如：『木芍藥，今之牡丹；今之芍藥，古草芍藥也，一物而分爲二名。』『邘，音寒，邘溝，揚州。』所採語詞出於歷代經史文集和唐宋類書等。内容、體例雖似《駢雅》，然不分類别，頗不便讀者閱讀使用。此書無刊本流傳，唯存此舊抄本，南京圖書館藏。本《文庫》據此本影印。（徐大軍）

新鎸易經家訓六卷　（明）王納諫撰

王納諫，字聖俞，明江都人。萬曆三十一年鄉試第一。三十五年進士，授行人出使，以疾歸，家居二載。吏部司官缺人，争營之，起爲吏部主事，力疾赴召，而疾益甚，復請告歸，一月而逝。著有《新鎸王觀濤先生四書翼注講意》《周易翼注》《會心言》《初日齋集》等。卷前有孫承義所作《家訓小引》。孫承義，字從宜，揚州人。其小引云：『余郡觀濤王先生，資學兩卓，今古淹通，往往於經書獨解正脉，而摘辭亦單契守溪真傳也。以故叢元邗水，自公始。先《四書翼注》已播傳海内，服士心矣。至《易》，雖有梓，猶謂未悉其藴，公餘復深心參定，第記爲家子弟訓焉。』書凡六卷，卷一自乾卦至謙卦，卷二自豫卦至離卦，卷三自咸卦至困卦，卷四自井卦至未濟卦，卷五爲繫辭上，卷六爲繫辭下。其體例，先經文，再傳文；經文中，先列卦名、卦畫，再爲卦辭、爻辭。傳文，主要採録《彖》《象》《文言》數種。經傳文中需説明處，納諫則於天頭空白處作有批注。所作文字除解釋易理及闡發道德倫理、爲人處事等道理外，亦有不少地方指明文章寫作方法。如爲《文言》『元者，善之長也；亨者，嘉之會也；利者，義之和也；貞者，事之幹也』一句所作注云：『四句以元爲主，句句皆指心内説。者、也二字，文勢呼應中最要體認。』此書由於爲家子弟童蒙訓示而作，故言簡而辨，理約而精，頗適宜初學者。本《文庫》據國家圖書館藏明孫承義刻本影印。（徐大軍）

閻紅螺説禮三十三卷　（明）閻有章撰

閻有章，生卒無考，生平傳記不見於各史志資料。本書各卷卷端題『古揚閻有章含卿輯並著』，自序末題『江都後學閣有章題於二分明月菴」,凡例末題『二分明月菴主人』。朱彝尊《經義考》著録此書,引鍾淵映語『江都人,號紅螺居士。崇禎九年自序』。可知其字含卿,號紅螺居士,揚州府江都人,有齋名二分明月菴。《禮記》自漢代戴聖定爲四十九篇,經鄭玄、王肅作《注》,孔穎達撰《正義》,是儒家經典之一,深受學者及政府重視。至宋代,朱熹及其弟子以《儀禮》爲經,取《禮記》及諸經史雜書所載有關資料,撰成《儀禮經傳通解》及《續》,元代陳澔(朱熹四傳弟子)成《禮記集説》,明初被定爲科舉考試用書,風行數百年。有章之祖幼時『了無師承,日取陳《注》點定,思已過半,其年棘試,四題無訛』,父親『踵事增華,於陳《注》所未剖析者,即筆一二語白文之上』,受此影響,有章則『陰識於中,紙窻編輯,删《注》率祖,解經從父』(見《自序》)。一生專於治《禮》,終成此書。全書三十三卷。檀弓上下、曾子問、明堂位、喪服小記、雜記上下、喪大記、中庸、奔喪、問喪、服問、間傳、三年問、大學、喪服四制十六篇不載。先逐列《禮記》正文,後分别附以注音及論説,旁加句讀。書前有崇禎七年許遂序、九年閻有章自序。《自叙》曰『即編輯,不至蹈諸家之聚訟』。許遂《序》云:『今之善説《禮》者爲閻紅螺氏。紅螺家世顯曲臺,聲稱籍甚,文章氣誼,宇内所宗。』又云:『出其生平篤志所爲《説禮》者授之。卒業其書,令人心目俱了,而大率補陳澔氏。非摭前人者類,益以便後進之習讀。』此書最早見著於朱彝尊《經義考》卷一百四十六,題三十二卷;《明史》、乾隆《江南通志》、嘉慶《揚州府志》皆著録爲三十一卷。《傳是樓書目》云:『《説禮》三十二卷,明閻有章,四本。』明崇禎九年刻本流傳罕見,檢《中國古籍善本書目》,僅二家藏,另美國芝加哥大學遠東圖書館有藏。本《文庫》據南京圖書館藏明崇禎九年刻本影印。

(方雲)

左國類函二十四卷　(明)鄭元勳　王光魯纂

鄭元勳(一六一〇—?),字超宗,號惠東,明末徽州歙縣人。鹽商出身,寓居揚州。築『影園』,喜藏書。天啓七年,與冒襄等在揚州結社。崇禎二年入復社。九年,與梁于涘、張惟良等結竹西續社。崇禎十六年進士,次年因參與調解揚州士人與駐將高傑紛争,被揚州百姓誤殺(《欽定勝朝殉節諸臣録》卷十)。著有《讀史論贊》《影園自記》《英雄恨》等。另有《影園瑶華集》,本《文庫》已收録。王光魯,字漢恭,號款思居士,生卒年不詳,明末清初揚州人。居瓜洲,爲諸生,潛心於學,爲周亮工門人。精於考訂,詩宗少陵,著有《閲史約書》《碧漸堂詩草》《古今官制沿革圖》《元史備忘録》等。又著《想當然》傳奇,托名盧柟以行。全書共二十四卷，卷前有崇禎十五年王光魯序、鄭元勳序。此書爲類次分考之書，内容輯採《左傳》《國語》之文章，以類相從，上從『君道』『臣道』『政治』，下至『天道』『地利』『鳥獸』，共設二十四目，每卷爲一目，分類編排。内容寬泛，涉及政治、經濟、文化、教育、軍事、民俗等各方面，爲研究先秦歷史可供查考之重要著作。此書實乃輯合《左傳》《國語》二書，分類編排，以避原書冗雜之弊，爲閲讀查考提供便利。此書有明崇禎刻本，現藏揚州大學圖書館，是爲初刻本，版心下題『影園藏書』字樣。《中國古籍善本書目》著録爲孤本，入選《國家珍貴古籍名録》（名録號〇七三七七），甚爲珍貴。本《文庫》據此本影印。

（王永平　姚海英）

鐵橋志書二卷　（明）梁于涘　扶綱輯　（清）朱潮遠重輯

梁于涘（約一五九五—一六四五），字飲光，一字湛至，號谷庵，明江都人。少有詩名。曾與鄭元勳、李之椿等人在揚州共結竹西續社。崇禎十六年進士。除萬安縣知縣。清軍攻占南昌，率軍民閉城固守，城破自縊。著有《谷庵集》。扶綱，生平不詳。朱潮遠，字卓月，清江都人。朱家民子。嘗鎮福建漳州及廣東潮州等地。著有《四本堂座右編》。鐵橋，是指位於貴州關嶺與晴隆縣交界北盤江上的鐵索橋，也稱盤江橋。朱家民，字同人，號天民。明江都人，後籍於雲南曲靖。萬曆三十四年舉於鄉，初知涪州。天啓二年擢貴陽知府。時水西土司安邦彦叛亂，以兵攻城，家民率衆以死堅守。後進爲貴州左布政使。因滇黔道險，造此鐵橋以通往來。後清政府在遵義烏江、關嶺花江等地先後修建了數十座鐵橋，皆爲因襲盤江鐵橋建構而成，示範作用巨大。故明清兩代，贊美鐵橋和紀念家民詩文無數，且多立碑刻石，以流傳不朽。是書纂輯與鐵橋和朱家民有關之碑記、考證、傳記、詩賦等相關文獻而成。據朱潮遠乞言所云，是書應初纂於明崇禎年間，後毁於兵燹，僅存十之一二。順治間，潮遠搜羅遺存，並遍尋明清以來相關資料重輯而成是書。卷前首爲順治帝聖旨，後爲重修盤江鐵橋碑記、鐵橋節略、序、乞言、盤江地里考、盤江源考、登臨題詠姓氏、重刻鑒閲姓氏、圖、題橋勒石等内容。其中所附盤江橋插圖數幅，與《徐霞客遊記》中所記相符合，爲後世留下了珍貴的鐵橋最初形象資料。正文上卷卷首題『廣陵後學鄭元勳超宗閲、梁于涘飲光選、宗灝開先較』，收録有關盤江鐵橋的記、叙、銘等文九篇；下卷卷首題『黔楚門人周祚新又新閲、扶綱允常選、潘馴駿公較』，收録詩賦數百首。有些文後，潮遠作有評語。卷後附有對聯匾額、鄒漪撰《大方伯朱公傳》，末爲潮遠所作跋。是書保留了大量盤江地區的地方文獻資料，對於考察明清橋梁建造史和當地歷史地理都很有參考價值。書中有康熙四年潮遠所作《鐵橋節略》一文，時間最晚，則此書應刊刻於此年。封面題『揚州四本堂藏板』，四本堂應爲潮遠的書齋名；書中中縫皆題有『紫陽書院』；卷末有『廣陵紫陽書院之繡鶴堂藏板』字樣。有多種資料據此而著録此書版本爲廣陵紫陽書院刻，然考諸資料，廣陵未建紫陽書院，更無從刻書。考《全明分省分縣刻書考》著録有明崇禎江西婺源縣紫陽書院刻本，當爲此書的初刻本。或有云此書爲杭州紫陽書院所刻，然此院建成於康熙四十二年，與此本時間不符。又據劉尚恒《徽州刻書與藏書》云徽州紫陽書院於康熙四年刻有此書。此書應爲潮遠在崇禎本基礎上補刻而成。此康熙本今藏於國家圖書館。本《文庫》據此本影印。（徐大軍）

香乘二十八卷 （明）周嘉胄撰

周嘉胄（一五八二—約一六六一），字江左，明末淮海人。清順治中寓居江陵，十四年與盛胤昌等稱『金陵三老』，時年七十六。另有《裝潢志》，本《文庫》已收録。作者自述：『余好睡嗜香，性習成癖，有生之樂在兹，遁世之情彌篤。』其對《香乘》寫作抱有極認真的態度，少時即成十三卷，時欲付梓，並請當時著名文人李維楨作了序，但『殊歉挂漏，復窮搜輯』，歷壯逾衰，積二十餘年始成此書。工過半矣，又遇梓工痪斃，家中遭火，决然移貲剞劂，其精神令人感佩。全書共二十八卷，含乘品五卷、佛藏諸香一卷、宫掖諸香一卷、香異一卷、香事分類、別録各二卷、香緒餘一卷、法和衆妙香四卷、凝含花香一卷、薰佩之香塗傅之香一卷、香屬一卷、印香方、印香圖各一卷、晦齋香譜一卷、墨娥小録香譜一卷、獵香新譜一卷、香爐一卷、香詩、香文各一卷。凡有關香品名稱、産地、特點、治香配方、香療之法以及香品典故、詩文一應俱全，誠爲明代以前中國香文化集大成之作。是書有明崇禎十六年周嘉胄自刻本、康熙元年周亮節重修本、《四庫全書》本。另有鈔本極爲罕見，日本早稻田大學藏有一部。本《文庫》據明崇禎自刻本影印。（趙昌智）

裝潢志 （明）周嘉胄著

周嘉胄有《香乘》，已著録。是書爲作者長期寢饋其中，切切於兹，探討有日，精心結撰之作。詳細介紹了書畫裝潢全過程。對各道工序的做法、注意事項，如洗、揭、補、襯邊、小托、壤攢、覆、上壁、下壁、安軸、上桿、上貼、貼籤，包括治糊、用糊、製硬殼等，都交待得十分清楚。深刻闡述了裝潢與書畫的關係，『裝潢優劣，實名迹存亡係焉，竊謂裝潢者書畫之司命也』。要求書畫家、收藏家要優禮良工、賓主相參，實際上提出了一個文化傳承需要文人和技工共同完成的重要命題。書末仿畫有十三科説，提出『表背十三科』，亦屬創見。更可貴的是作者將自己的『金針之秘』公諸海内，『俾古迹一新，功同再造』，則其志也。書前有張潮小引，書後有張潮跋，云本書爲其編輯出版《昭代叢書》時所獲，『得之不勝狂喜』。出版以來多有好評，《中國畫學著作考述》云：『是書論述精到，非多年寢饋此道者，難以擘肌分理，言之成理，洵爲佳構。』此書單行本傳世少，求是齋本《裝潢志》爲全國僅有的單行本，曾經翁方綱考訂，現藏山東博物館。《昭代叢書》《學海類編》《述古叢鈔》《藝術叢書》《叢書集成初編》《美術叢書初集》《中國畫論類編》等均收録此書。本《文庫》據《昭代叢書》本影印。（趙昌智）

客齋餘話四卷　（明）徐石麒著

徐石麒，字又陵，號坦庵，明湖北人，流寓揚州。生卒年不詳，約清順治初年前後在世。精研名理，沉默寡言。善畫花卉，工詩詞，兼製曲。順治二年，清兵陷揚州，石麒冒死入城，取出其所著書殘本。自後，遂隱居不應試。著作傳世有《枕函待問編》《客齋餘話》《坦庵樂府》《坦庵詞曲六種》《古今青白眼》《蝸亭雜訂》等十餘種。《坦菴枕函待問編》《坦庵詞曲兩種》，本《文庫》已收録。是書前有焦循所作序，述及此書編訂經過。焦序云：『《客齋餘話》本五卷，族子廷玉藏其草本，甚珍惜之。丙寅冬月索閲一過，丁卯四月病小愈，復閲一過，且爲次之，删其間文爲四卷，録爲此本。坦菴以詞曲著名，然而博覽典籍，探索名理，實非詞人可比。時同里孫蘭於考論之功最深，坦菴以此書介其校訂，可知當時交誼之深，亦見就正之切也。仍其原本録之，以示後人。』對石麒及此書甚爲肯定。是書爲一部捃拾典故、談論學問的筆記。凡分四卷，卷一收日月、日月中鷄兔、天地等二十一條，卷二收十干十二支、五行生尅、水火等十九條，卷三收楮錢、鬚髮、憂懼等二十二條，卷四收風水、蓄鳥養花、事鬼神等七條。篇幅雖不長，然所記内容豐富，天文、氣象、時令、典章、詩歌品評、地名考辨、文人軼事等均有涉及。其文多以主客問答的形式來討論學問，議論頗爲精當。有些觀點頗有可注意處，如『蓄鳥養花』一條云：『蓄鳥籠中，不如任其來去，飛鳴自適；養花瓶内，不如隨其長落，蕭疏可觀。此人趣不如天趣之自然也。』頗有些親近自然、向往自由的意識。是書向未有刊本，光緒十一年，儀徵吴丙湘據宛平劉氏鈔本刊入《傳硯齋叢書》中。本《文庫》據此本影印。（徐大軍）

坦菴枕函待問編五卷 （明）徐石麒著

徐石麒有《客齋餘話》，已著録。是書凡五卷，每卷下列有條目，皆據同一主題而論。卷一共列八條，分別爲參贊、性教、天道、禍福、命、聖賢、孔孟、爲善，大抵講儒家修身道德觀。卷二分爲權、善用天之所與、禮法、體用、天人交際、志氣、生死、誠、禮樂之用、立言、衣食、人欲十二條，所論皆關於儒家的個人修養和處世法則。卷三分老子、莊子、申韓、墨子、荀子、三教異同、二氏、僧寺道院、僧宜在山、隱士、狂狷、術數十二條，對道家、儒家、法家及僧道等各家學説觀點皆有評論，指出各家思想存在的不合理處。卷四分教子弟、父母、子道、兄弟、化始閨門、夫婦、守節、出妻、情義、朋友、諫諍十一條，所論皆關於人倫道德。卷五分君、臣、相度、閹宦、出處、用人、治術、國脉、財賦、用兵、史十一條，所論皆有關治國用人之法。各條多有述有論，述則引經據典，論則層層推進，考論嚴謹細密。石麒雖爲詞曲大家，但其博覽典籍，探索名理之功，又非一般詞人可比，於此書可見一斑。是書有焦循編《焦理堂先生叢鈔四種》本，稿本，藏湖北圖書館；光緒十一年，儀徵吴丙湘據劉氏亦陋寶鈔本刊入《傳硯齋叢書》中。本《文庫》據《傳硯齋叢書》本影印。（徐大軍）

雲谷卧餘二十卷雲谷卧餘續八卷 （清）張習孔著

張習孔（一六〇六—？），字念難，號黄岳，又號雲谷，歙縣籍，生於江都。順治六年進士，官至刑部郎中、山東督學僉事，爲官廉明。晚年居揚州，建詒清堂爲刻書堂號，從事藏書、刻書活動。工詩詞古文，好爲雜記，著述甚豐，刊行於世有《詒清堂集》《周易辨志》《檀弓問》《七勸口號》《繫辭字訓》《家訓》《使蜀紀事》等，纂修《新安張氏統宗譜》。其子張潮，清代著名文學家、編撰家，以《幽夢影》著稱於世。作者『以遂初之暇，高摭典略……編爲《卧餘》一集』（黄《序》），全書二十卷續八卷，近五百條筆記，内容繁富，自天文曆法、歷史地理、詩詞文翰、人物掌故、校書藏書、器物風俗考釋等多有論及，傳統筆記體，可讀性較强。張氏喜議論，但不甚考證，《四庫全書提要總目》言其『多以私臆斷古人。又果於自信，如杜甫之詩皆爲改定，左丘明之傳亦爲删削。此自有詩文以來無人敢爲之事也』。然觀其書，張氏所論，有些頗有道理。如：『好名與好利雖曰其弊相等，然兩者實爲背馳。好名者有所不爲，好利者無所不爲。好名者欲求人知，好利者惟恐人知。好名者常爲益人事，好利者常爲損人事……今世苟有好名者，是救時藥石也。』（卷六《名利》）張氏以書香傳承，認爲『書香不可絶，書香一絶，則家聲漸趨於卑賤；家聲既卑賤，則出人漸卑陋；

人既鄙陋，則上無君子之交，下無治生之智』（《檀几叢書初集·家訓》）。書中還涉及一些校書、藏書、讀書内容，如『書籍訛字，其文理踣礙者猶可校正，惟順語成文者最易漏檢』（卷二《訛字不覺》）。此書可謂是一部涉及領域廣泛、頗有見地的著作，時人黄澍稱其『卧而讀古今書，論天下事』（黄《序》）。書前有周亮工、黄澍序。本《文庫》據清順治十八年自刻本影印。（王志娟）

清湘老人題記一卷附一卷苦瓜和尚畫語録一卷 （清）石濤著 （清）汪鋆輯

石濤生平事蹟，參見《石濤上人年譜》提要。康熙十二年至十五年間，石濤數次逗留揚州，二十八年便移居揚州，直至病逝。『他在揚州的活動加重了這個時空在中國文化史上的意義。』（［美］喬迅《石濤——清初中國的繪畫與現代性》）汪鋆有《北湖避寇草》，已著録。汪鋆對石濤書畫十分欽佩，尤嗜其題畫，遂大力搜集輯録，釐爲二卷。卷一爲清湘老人題記。附録一卷，録後賢詩跋，又分兩部分：第一部分録寶應潘遇龍、江都費錫璜、丹徒鮑皋、錢塘吴錫麒、閔華、李穀、興化鄭燮、寶應陶李、歙縣汪士慎題詩；第二部分録江都員燉題跋、板橋題畫、快雨堂題跋，以及抄録《廣陵詩事》《揚州畫舫録》《畫徵續録》《觚賸》《春草堂隨筆》有關石濤的資料。可以看出，汪鋆搜録範圍主要是流傳於揚州和周邊地區的石濤作品。與此前汪繹辰輯《大滌子詩畫題跋》形成有益補充，對《苦瓜和尚畫語録》是一個很好的詮釋，對瞭解石濤一生及推動石濤書畫藝術流傳起到重要作用。石濤《苦瓜和尚畫語録》，寫於揚州大東門外大滌草堂。全書凡十八章，一畫、了法、變化、尊受、筆墨、運腕、絪緼、山川、皴法、境界、蹊徑、林木、海濤、四時、遠塵、脱俗、兼字、資任，先談主旨，次談筆墨，再談技法，最後談責任與擔當，而又以一畫貫始終，通篇充滿哲學意味。其所提出的『我之爲我，自有我在』『惟借古以開今』『借筆墨以寫天地萬物而陶泳乎我』『有經必有權，有法必有化』等思想振聾發聵，至今仍有很强的指導價值。書後有雍正六年張沅識。此書主要版本有清光緒九年儀徵汪氏《十二硯齋三種》本、《畫苑秘集》本等。本《文庫》據清光緒九年儀徵汪氏刻本影印。（趙昌智）

大滌子題畫詩跋四卷 （清）石濤撰 （清）汪繹辰輯

石濤生平事蹟，參見《石濤上人年譜》提要。汪繹辰，字陳也，新安人，占籍錢塘。其父泰豐，號後山，康熙五十年進士，官潮州同知，工花卉松石，著有《即是深山館集》《國朝畫徵續録》等。汪繹辰家藏石濤即大滌子畫甚多，因録其題畫諸作並搜其散見他處者附抄《畫語録》後。是書凡四卷，卷一山水，卷二梅蘭竹松，卷三花卉人物，卷四合作雜題。誠如輯者云，大滌子『凡爲詩文字畫，皆磊磊落落，怪怪奇奇之氣流露於其間』『詩跋之清老，要非宋元以下手筆』（汪繹辰《跋》）。是書有三種版本。一是汪繹辰精抄本，後有汪氏題跋，且有繹辰朱文印、卷勺亭主白文印等，係汪氏原輯本，共著録詩七十四首；二是民國十四年程霖生刊印石濤題畫録，輯爲五卷；三是民國二十五年《美術叢書》本，係傳抱石將上述兩種混合編成的四卷本，重新編序，加了標題，爲《大滌子題畫詩跋》作校補，鄧實、黄賓虹收入《美術叢書》。本《文庫》據《美術叢書》本影印。（趙昌智）

音韻須知二卷問奇一覽二卷 （清）李書雲輯 （清）朱素臣校

李書雲，名宗孔，字書雲，别號秘園，明末清初揚州人。順治四年進士及第。朱素臣，名曤，字素臣，號苼庵，蘇州人。明末清初戲曲作家，畢生致力於戲曲創作和研究，著有傳奇十九種，代表作有《十五貫》《未央天》等。《音韻須知》爲戲曲曲韻之作，卷上分東鐘、江陽、支思、齊微、居魚、呼模、皆來、真文、寒山、桓歡等十部，卷下分先天、蕭豪、歌戈、家麻、車遮、庚青、尤侯、侵尋、監咸、廉纖等十部。此書本於元代周德清《中原音韻》，惟周氏分十九部，此書則將魚模分爲居魚、呼模二部，較周氏多一部。或據明洪武年間官方韻書《洪武正韻》，分魚模爲二部。《問奇一覽》，主要考論諸字形聲訓詁，卷上爲分毫字辨、同音異用、誤讀諸字、異音駢字、誤寫諸字、通用諸字，卷下爲一字二音至一字八音、一字十音。觀其所輯，大致依據明張位《問奇集》而略有變動，因而曰『一覽』。如分毫字辨、誤讀諸字等，與張氏之書同綱，其餘各類亦大抵相似。二書版本主要有清康熙間香芸閣刻本、清孝經堂刻本。本《文庫》據香芸閣刻本影印。（丁晨晨）

補三史藝文志一卷 （清）金門詔撰

金門詔（一六七二—一七五一），字軼東，號東山，清江都人。藏書家、史志目録學家。康熙五十七年參與編纂《古今圖書集成·經籍典》。雍正元年以牽涉陳夢雷案被撤職禁錮。乾隆元年進士，授翰林院庶吉士，改山西壽陽知縣。因忤上官被劾歸，放浪山水間。有《金太史全集》《全韻詩》《華鄂集》等。作者以爲，『漢班固因以作《藝文志》，誠千古文苑之津梁，而爲藏書者之鴻寶』，遂『取三史所載，並旁搜博採，合爲一志。以當拾遺補闕之一助』（金《序》）。全書一卷，首經次史，然後繼之以子，終之以集。四部下再分四十餘類，如易、書、詩、春秋等，各類又按遼、金、元爲序，收録遼、金、元三朝典籍書目九百餘種，是研究遼、金、元三朝著述情況的重要資料。其中，『天文家』類，就收有二十五種書目，涉及時令、曆法、星象、算術，可窺遼、金、元三朝科技研究概況。《江蘇藝文志》以爲，『此書補遼、金、元三史藝文之缺。遼、金兩代較清倪燦《補遼金元藝文志》完備，元代部分遜於清錢大昕《補元史藝文志》』。書前有作者序。此書主要版本有《金東山文集》本、《昭代叢書》（道光）本、《八史經籍志》本、《廣雅書局叢書》本、《史學叢書》本、《叢書集成初編》本、《二十五史補編》本等。本《文庫》據清光緒九年刻《八史經籍志》本影印。（王志娟）

天慵菴筆記二卷 （清）方士庶撰

方士庶（一六九二—一七五一），字洵遠，又作循遠，別號環山，又號小獅道人，一作小師道人，清江都人。本新安籍，家於維揚。諸生。性喜交遊，樂真率。工詩善畫，於畫出入宋元名家。山水受學於黄遵古，用筆靈敏，落筆蒼秀，氣暈駘宕，已到古人不用心處。時稱妙品。學人謂之爲『王原祁後山水第一』。其得意之作，皆鈐『偶然拾得』墨印。晚年造詣尤超妙入神品。年六十而歿，歿後，其詩稿歸其族叔方息翁。另有《環山詩鈔》，本《文庫》已收録。是書由方氏曾孫携其雜記手稿交於焦循整理而成，江都閔華爲方氏作傳，焦循及趙之謙等人爲此書作序，戴采孫爲之跋。全書分爲上下二卷，多爲題畫之作，有詩有跋，亦有記録作者所見前人畫卷。後附方氏爲其生母及妻子所作祭文兩篇，字字情真，感人肺腑。方氏之筆記，正如焦循於序中所言：『其論畫高妙，可稔其生平之所得，所云脚踏實地，不必別開生面，墮入鬼窟。此豈獨工畫之士宜然哉？』方氏所言『山川草木，造化自然，此實境也。因心造境，以手運心，此虚景也。虚而爲實，是在筆墨有無間……故古人筆墨，具見山蒼樹秀，水活石潤，於天地之外，別構一種靈奇。即或率意揮灑，亦皆煉金成液，棄滓存精，曲盡蹈虚揖影之妙』，可謂概括了中國繪畫之精粹。本《文庫》據上海圖書館藏《仰視千七百二十九鶴齋叢書》本影印。（丁晨晨）

續方言疏證二卷 （清）沈齡撰

沈齡，字與九，清江都人。監生。道光咸豐年間宿儒。與儀徵廩生黄春熙（字聖臺）、江都諸生任雲倬（字漢卿）、揚州歲貢生田溥光（字季華）、儀徵歲貢生劉毓崧（字伯山）友善，時以學問相切磋。研究小學用力甚深，尤喜段玉裁之《說文解字注》。有《說文重文考》，未成。是書二卷，書前有寶應劉嶽雲跋。方言者，如劉氏跋云：『凡一義而有數文，一物而有數名，大半由於方言。抑方言之不同，尤多由於方音。蓋五方氣稟，有剛柔清濁之殊，因之言語有緩氣急氣、緩舌急舌、長言短言、横口合脣、蹴口開脣、閉口籠口之别，以其音之不同而别擇一字以當之，更或增制一字以實之，此方言所以日多也。惟能通聲轉之源，不以俗字入書，不爲望文生訓，而後於方言，可以會通聲音訓詁，一以貫之。』清杭世駿摭録《十三經注疏》《説文》《釋名》諸書爲《續方言》，前後類次皆依《爾雅》，可謂揚雄《方言》之補苴。《續方言》采夏商周及漢以前謡俗語言之異，『類方以從，引據典核』（《續修四庫全書總目提要》）。沈氏之《疏證》，即源於聲轉之説，多引杭氏之《續方言》逐條疏證，徵引採摭甚博，疏通考證中正精核，從中可窺『凡同聲者義無不通』之意，此舉於訓詁學頗有裨益。據劉氏跋云，《疏證》稿本初爲通州胥人所得，後輾轉歸劉毓崧，於光緒十二年刊入《木犀軒叢書》中。本《文庫》據此本影印。（丁晨晨）

四書講義集説　（清）李道南纂

李道南（一七一二—一七八七），字晴山，清江都人。乾隆三十六年進士。性嚴正不阿，劉文正公（即清名臣劉統勳，劉墉之父）曾書『學顔子之學，志伊尹之志』二語贈之。後歸而授教於鄉，從遊者數百人，郡中文學之士，半出其門。著有《還是讀書堂課藝》《同懷寸草録》等，惜散佚。

四書即《大學》《中庸》《論語》《孟子》，爲儒家之經典。自朱子撰《四書章句集注》，將四書合爲一帙，四書地位益顯。李氏《四書講義集説》，分《大學講義集説》《中庸講義集説》《論語講義集説》《孟子講義集説》四部分，前有作者自序，説明寫作緣起『六經之精微盡於四子之書，而四子之精微盡發於朱子之大注』，序後附校訂門人姓氏。本書不録大注，録朱子之語，若《朱子語類》之屬，後又録諸家之説，誠如作者《自序》云：『上自程朱語録之微言，下逮元明諸儒之名論，無不博採而慎擇之。至我國朝講義，李厚菴先生簡而精，陸稼書先生質而醇，不失朱子之旨，其餘諸名家純雜各半，故所擇較嚴。』諸家之説後又間有雙行小字按語，附以作者心得創見。本書所集諸語雖多，然措辭尚屬簡潔，且有自出己見之語，能『發前人所未發』（《續修四庫全書總目提要》），可惜爲數不多。本《文庫》據上海圖書館藏清乾隆三十年還是讀書堂刻本影印。（丁晨晨）

江都陳氏四種　（清）陳本禮撰

陳本禮（一七三九—一八一八），字嘉會，號素村，清江都人。監生。喜藏書、刻書。築『瓠室』爲藏書樓，貯書數十萬卷，善、秘本尤多。淹貫群經，善詩文，對《楚辭》、屈原研究頗深。著有《焦氏易林考證》《太玄闡秘》《漢詩統箋》等。是書一名『匏室四種』，即《協律鉤玄》《急救探奇》《屈辭精義》《漢樂府三歌箋注》。《協律鉤玄》，是陳本禮箋注唐詩人李賀歌詩。陳氏以爲長吉七歲稱詩，即爲昌黎所賞識，而『鉤玄』一語出自昌黎；又感長吉以帝室之胄，僅得一命爲郎，是以名集。是書四卷外編一卷，共收録李賀詩二百四十三首，考之當時，稽之史册，察其命派，專在發明義理，不欲作訓詁考據。書前有陳本禮自序、唐杜牧《李長吉歌詩叙》、新舊《唐書》本傳、李商隱撰《李長吉小傳》及陳氏選録毛晋、王思任、宋琬、姚文燮、董伯音、何焯、方世舉諸家評論等，有略例、目録。《急就篇》是漢代學童的教科書，傳爲漢代史游作。《急救探奇》，是陳本禮對《急就篇》所作箋注。全書一卷。包括綱目摘略，以爲『不讀史無由知其用意……俾讀者論世知人，則於急救之旨思過半矣』；急救章，下分姓名、諸物、五官、續編，按箋、原文、注形式，逐一解讀《急救篇》；姓氏考原，以及歷代研究《急救篇》舊序。書前有嘉慶壬申年陳本禮自序。《屈辭精義》，六卷，是書按司馬遷《史記》所論『屈辭』編次，卷一屈子列傳（司馬遷）與外傳（沈亞之）、離騷，卷二天問，卷三招魂、大招，卷四九章，卷五九歌，卷六遠遊、卜居、漁父，收録屈賦二十七篇。各篇以章句形式箋訂，下有『發明』『箋』『節解』『正誤』，書中又多引王逸以來各家説。陳氏五易其稿，正其訛誤，探賾索隱，求其旨趣。書前有嘉慶辛未作者序，有石駰山人張會《江上讀騷圖歌》，有目録、略例及參引諸家。書後有作者嘉慶辛未跋及壬申跋。《漢樂府三歌箋注》，三卷，分别注釋漢樂府中的《唐山夫人歌》（一作《安世房中歌》）、《鐃歌》及《郊祀歌》。《安世房中歌》以楚聲基礎，共十六章。《鐃歌》爲軍樂，共十八章。《郊祀歌》爲效祀樂歌，共十九章。多反映漢代『以孝治天下』，尤重孝道的時代風氣。陳氏認爲漢樂府號稱難讀，此三詩尤爲難讀，遂箋注三歌。各歌有陳氏序，並以章句形式，逐節詳解，並注按語，音釋義訓較爲準確，有助於今人對漢樂府的瞭解與研究。此書有清嘉慶、道光間《江都陳氏叢書八種》本，另有同治十一年刻本。本《文庫》據嘉慶道光間裛露軒藏板影印，三歌首頁下注『江都陳本禮箋訂　男逢衡校字』。（王志娟）

述學三卷外篇一卷補遺一卷別録一卷　（清）汪中撰

汪中有《廣陵通典》，已著録。是書彙集作者所撰重要文章，包括闡釋經典，如《釋三九》《居喪釋服解義》《春秋述義》諸篇；考論經傳諸子，如《周官徵文》《荀卿子通論》《賈誼新書叙》各章；抒情發志，則有《哀鹽船文》《廣陵對》《黄鶴樓銘》等文，以及其他雜著。其考論古今，引申觸類，常能發前人所未見之隱，成一家言，頗稱精辟。依作者原計劃，初擬爲『《述學》一百卷』，因常年爲生計而忙碌奔波，加之不幸早逝，僅成此數卷，實爲憾事。本書編成後，得到當時學者的好評。汪氏學侣王念孫於《述學序》中，盛贊其爲文『合漢魏晋宋作者，而鑄成一家之言，淵雅醇茂，無意摩放而神與之合，蓋宋以後無此作手矣』。江藩《國朝漢學師承記》稱：『君中年輯三代學制及文字、訓詁、制度、名物有係於學者，分别部居，爲《述學》一書，屬稿未成，後乃以撰著之文分爲《述學内、外篇》刊行之。』王引之《汪容甫先生行狀》謂：『先生於六經、子、史以及詞章、金石之學，罔不綜覽。乃博考三代典禮，至於文字訓詁、名物象數，益以論撰之文，爲《述學内、外篇》……識議超卓，論者謂唐以下所未有。』是書版本衆多，從卷數看，有二卷、三卷、五卷乃至七卷、九卷本等；從時代看，有乾隆間初刻本，嘉慶間彙刻本，嘉慶、同治間增補本，道光間《江都汪氏叢書》本等；從字體看，有家刻大字本、宋體小字本、阮刻大字本等；又有民國間《四部叢刊》本及近年廣陵書社《新編汪中集》整理本等，較爲複雜。本《文庫》據清道光三年汪喜孫編定仿宋小字精刻本影印，包含《内篇》三卷、《外篇》一卷、《補遺》一卷、《别録》一卷。（曾學文）

質疑删存三卷 （清）張宗泰著

張宗泰（一七五〇—一八三二），字登封，號筠岩，清甘泉人。乾隆五十四年拔貢，曾先後在天長縣、合肥擔任教諭一職。他博覽群書，頗有文名，尤精於經學和史學，時人稱其『經術文章，彪炳當世』。主要著作除本書外，尚有《周官禮經注正誤》《孟子七篇諸國年表説》《爾雅注疏本正誤》《竹書紀年校補》《舊唐書疏證》及《新唐書天文志疏證》等。是書又作《質疑偶存》，分上、中、下三卷，是一部考訂史實性質的筆記類著作。作者根據『讀書不應穿鑿附會』而要『會而通之』的原則，對中國古代典籍中記載的史實做了大量的考證和辨析工作，糾正了原先記載中的訛誤之處，其所涉内容較爲廣博，包括天文、地理、語言文字、歷史、禮樂制度等方面。如『辯陳壽父被髡之妄』條中，作者通過相關考證，認爲陳壽的父親並未被諸葛亮施以髡刑，而陳壽也並未因此而在作《三國志》時有意貶低諸葛亮。同時，作者認爲史書中有關陳壽因向丁儀、丁廙之子索取千斛米不得而不爲二人立傳的説法同樣不可信。書前有目録。本《文庫》據《聚學軒叢書》本影印。（顧寅森）

秦敦夫筆録 （清）秦恩復著

秦恩復（一七六〇—一八四三），字近光，一字敦夫，號澹生，清江都人。乾隆五十二年進士，改翰林院庶吉士，散館授編修，官至太史。讀書好古，精於鑒藏。所居『玉笥仙館』，蓄書數萬卷。又有『石研齋』，亦爲貯書之所。精校勘，聘學者顧廣圻於館中，共相商榷，勘定古書。手校陶弘景《鬼谷子注》、盧重玄《列子》及《隸韻》《揚子法言》《唐人三家集》《詞林韻釋》諸書，世稱善本。阮元撫浙時，聘請他主持『詁經精舍』，校刻書籍頗多。爲人謙虚，不談學問。撰有《石研齋書目》二卷，顧廣圻在其序中稱『深究録略，得其變通』。所録之書，詳注於書名之下，使讀者在開卷之間目瞭心通。校書仔細認真，一字之誤，必求善本校正。顧廣圻、江藩爲之作序。刊刻有《全唐文》《樂府雅詞》《詞源》《元草堂詩餘》《陽春白雪》《詞林》《享帚精舍詞學叢書》等，因選良工雕刻，校勘精良，海内藏書家搶購，時號『秦版』。藏書印有『臣恩復』『小淮海』『三朝侍從之臣』『秦伯敦父』『秦伯敦甫』『石研齋秦氏印』等。藏書於道光十一年遭竊，二十一年又遇火灾，亡佚大半。文學上以詞見長。著有《石研齋集》《享帚詞》。另有《江都秦氏遺書》，本《文庫》已收録。是書爲秦氏讀書時隨手筆札，依次節録南宋王偁《東都事略》六則、南宋洪邁《容齋隨筆》七十八則、清王士禎《池北偶談》三十四則、明楊慎《丹鉛總録》六十九則、《璅語》四十二條及《補遺》十三條，卷末録北宋石介詩文兩條、北宋孫復詩一首。筆札内容上雖難免『漫無序次』之譏，主人的志趣好尚，或可借此管窺。是書爲稿本，現藏於上海圖書館。不分卷，共二册，上册四十八葉，下册五十葉。卷首鈐印『葉氏德輝鑒藏』與『葉尚農印』，上下兩册每册末頁皆鈐有『敦夫』與『秦恩復印』印記。本《文庫》據此影印。（王繼雄）

菣厓考古録四卷附校勘記　（清）鍾褢撰　鮑鼎校

鍾褢（一七六一—一八〇五），字保岐，別號菣厓，清甘泉人。嘉慶九年優貢生。好著書，不與世争名，與當時著名學者阮元、焦循等多有交往。鮑鼎（一八九八—一九七三），字扶九，號默庵，江蘇鎮江人。現代著名的金石學和藏書家，著有《抱殘守缺齋藏器目》《金文略例》等。是書共分四卷，書前有阮元、阮亨所撰序以及焦循爲鍾褢所撰墓誌銘，書後附有鮑鼎所撰校勘記。據序及墓誌銘所載可知，該書乃是鍾褢死後焦循受阮元之托從其遺書中撮其精華而成。書中除『古詩用律句』一條外，餘皆屬考證文義、字義，内容涉及經學、史學、語言文字等諸多方面。作者博覽群書，對古代典籍十分熟悉，通過考證與辨析對典籍記載中的訛誤或互相牴牾之處提出了許多獨到的見解。如『樊遲少孔子四十六歲』條，作者通過精細考證認爲《史記》中『樊遲少孔子三十六歲』的説法不可信，應以《家語》『樊遲少孔子四十六歲』的説法爲是。又如『商瞿』條，鍾裒根據《史記》的記載指出《漢書》顔師古注『謂商瞿姓』之誤。此書諸多觀點誠如阮亨所言，可『闡前賢之興論，啓後學之真修』。一九三一年中國書店影印清嘉慶十三年刻本，附加校勘記。本《文庫》據此影印。（顧寅森）

里堂書跋二卷 （清）焦循著

焦循有《北湖小志》，已著録。焦循在經史、諸子、曆算、戲曲、詩詞方面的著述較豐富，多見於世，而其日常題寫的書跋則集中見於其《里堂書跋》。因其見識廣博，深知檔案文獻之價值，故多爲藏書作跋識而彙編成册，共計一〇四篇。全書分上下兩卷。其跋文内容豐富，雖皆爲序跋，却没有明顯的範圍，詩、書、畫、金石皆爲其序跋的對象。根據不同的對象，重點突出其價值與特點，往往精悍短小，而具有一定的學術價值。從中可見焦循對於文獻的珍視，也就不難理解其學問何以廣博、著作何以等身。其中部分書跋係其家藏，如《湯睡菴評選歷科程墨》，簡要講述來歷和收藏狀況；跋《薛氏讀書記》則類似簡單的讀後感，言此書對於本人的啓發；跋《輟耕録》則詳細交代書籍卷數、流傳、版本情況，屬於比較典型的圖書題跋；亦有類似讀書札記的條目，如跋《法言》，寥寥數語即交代出此書爲後人所不可及之處，評介精到；以及對於書籍人物故事的考辨，如《辨誣》，可見其性情與旨趣之靈活。因其書跋的豐富性，不拘於人、事、物，皆納入其中，故能保存很多珍貴的信息，具有重要的文獻價值，後代訪書家和收藏家皆以此書爲參考。本《文庫》據上海圖書館藏清手稿本影印，書前有『嬰莽（秦更年）所藏名賢手稿之一庚申冬重裝并題』字樣。（張敏）

詩韻集成十卷 （清）余照輯

余照，字春亭，清江都人。生平未詳。另輯有《詩韻珠璣》。是書乃輯録清代著名類書《佩文韻府》而成。康熙五十年《佩文韻府》編竣，但因卷帙浩繁，人多無力購買，且携帶不便，故又編一部《佩文詩韻》，不收『韻藻』『對語』和『摘句』，只收韻字。後人仍嫌繁富，乾隆時人周兆基將《佩文詩韻》再加簡化，編成《佩文詩韻釋要》。《釋要》删繁就簡，查韻極爲方便。《佩文韻府》所收『韻藻』太多，翻閱不便；《佩文詩韻釋要》完全没有『韻藻』，士人又覺不足，於是出現了不少折中的小型韻書，即在韻字之後注有一定數量的『韻藻』，有的也附有『摘句』。無論『韻藻』還是『摘句』，都從《佩文韻府》中選録。此種韻書數量頗多，流布亦廣，余氏《詩韻集成》即其中一種。是書體例，擇要而言，有如下幾點：一是所收韻字仍《佩文韻府》之舊，依平水韻排列韻母，每一字下收若干尾字與標目字相同的詞，是爲『韻藻』；二是每一字下酌情收取相關典故，予以注釋，是爲『選句』；三是因蘇軾詩句『最爲時尚』，故選擇其中『可命題者十之七八』，標明出處，隨韻附入；四是多選名句中押險韻而工或『別押一義』者，以助吟詠；五是爲方便人們鋪文摛藻，特於坊間類書中裁取『工雅適用者』，分門別類，編爲《詞林典腋》，列於每頁上幅，庶幾『珍錯不在他求』。以『一東』部『風』字爲例，字下收『高風』『流風』『避風』等詞五十餘，繼以《毛詩》《韓詩外傳》、謝莊《月賦》、曹植《七啓》等典籍詩文中『風』的典故十餘則，再附東坡『風』字結尾的詩句十餘句。總體而言，是書可視爲一部帶有詞典類書性質的小型韻書。從書中尚選入蘇軾詩句中『可命題者』來看，是書甚至還帶有些許的考試輔導性質。雖然也有學者以爲此類韻書乃『末流』，『其實已與書抄同科，無事以字典辭典衡之，尤不能以韻書視之』，但其歷史作用和價值仍值得一定的注意。是書共十卷，自成書以來印刻頻仍，較早的有嘉慶刻本，現藏於南京圖書館，僅殘存四卷，後有道光十八年刻本、同治三年連元閣刻本、光緒八年瀛洲書屋刻本，民國時鴻章書局、文瑞樓、達文書店、春明書店等出版商均曾石印行世。本《文庫》據上海圖書館藏清同治三年連元閣刻本影印。（王繼雄）

世本輯補十卷　（清）秦嘉謨輯

秦嘉謨，字味芸，清江都人。秦恩復侄。廩膳生。乾隆南巡，召試二等，以訓導用。嘉慶年間在世。《世本》是先秦時期史官修撰的一部重要典籍，主要記載上古帝王、諸侯和卿大夫家族世系傳承。司馬遷《史記》、韋昭《國語注》等均曾引用和參考書中内容。南朝時，該書已缺《謚法》一篇，此後逐漸散佚，至南宋末年全部亡佚。爲此，後世學者紛紛進行輯補工作，現存刊行的輯本共有八種。秦嘉謨的《世本輯補》是現存輯本中篇目最多、内容最爲豐富的一種，其字數相當於其他輯本之和。全書共分帝系篇、紀、王侯譜、世家、大夫譜、傳、氏姓、居篇、作篇、謚法等十卷，書前有秦嘉謨所撰自序、諸書論述以及世本篇目。是書是秦嘉謨在明人祁承㸁、清人洪飴孫輯本的基礎上完成的。秦嘉謨在書中對《世本》佚文的考證相當精當，遠勝其他輯本。他提出佚文有衍、脱、誤三種情況，如《氏姓篇》『巴』條，秦認爲『此下復有「公巴公巴」四字，疑衍文』。又如同篇『耿』條，秦認爲『今本誤作觚，蓋耿字傳寫之訛』。此外，作者還詳細交代了輯文取捨的原則，主張大量查尋古籍，但其輯佚的範圍過於寬泛，以致自亂其例。書前有嘉慶丙子秦嘉謨序。本《文庫》據清嘉慶二十三年琳琅仙館刻本影印。（顧寅森）

春秋公羊禮疏十一卷 （清）凌曙撰

凌曙（一七七五—一八二九），字曉樓，一字子升，清江都人。國子監生。少甚貧，曾傭於香作，後任塾師。勤奮好學，與當時文人學者阮元、劉逢禄等皆有交往。所著除《春秋公羊禮疏》外，尚有《春秋公羊禮説》《春秋公羊問答》《春秋繁露注》《群書答問》《四書典故覈》等。凌氏初治禮經，主鄭氏學，繼又治《公羊》何氏學，以爲《春秋》之義，存於《公羊》。《公羊》是專門解釋《春秋》的一部典籍，最初只是口耳相傳，至西漢時始著於竹帛。東漢何休的《春秋公羊解詁》、唐人徐彦的《公羊傳疏》二書是研究公羊學的經典之作。凌曙在爲阮元校輯《經郛》的過程中閲讀了大量的典籍，對《公羊傳》頗有見解。他有感於宋元以來，學者往往徒托空言，認爲欲救正此弊，惟有實事求是，而事之切實，無過於禮。又因『徐氏之疏乃詳於例而略於禮』（凌《序》），故作成此書。全書徵引廣博，頗爲嚴謹，『自鄭氏《三禮注》、晋宋諸志、《通典》、唐志，苟有合於何義者罔不甄綜』，『可證者證之，無則闕疑』。總觀全書，所有引徵皆

序而不斷，實事求是，未曾穿鑿妄議，是治《公羊春秋》者的重要參考之作。書前有嘉慶己卯凌曙二序，有凡例。卷後有『受業儀徵阮福校』字樣。此書主要版本有：《蜚雲閣凌氏叢書》本、《咫進齋叢書》本、《皇清經解續編》本等。本《文庫》據清嘉慶二十四年刻《蜚雲閣凌氏叢書》本影印。（顧寅森）

續博物志疏證十卷附補遺一卷 （清）陳逢衡撰

陳逢衡（一七八〇—一八五〇），字穆堂，號履長，清江都人。陳本禮子。諸生。道光元年舉孝廉方正，力辭不就。治經史，長於詩，喜藏書。著有《竹書紀年集成》《山海經彙説》《逸周書補注》《穆天子傳補正》等，輯有《江都陳氏叢書》，另有《讀騷樓詩》三集，未刊。陳氏有别業名『瓠室』，歷兩代經營，積書十萬餘卷，且多秘本，其藏書之豐，可與馬曰琯兄弟『玲瓏山館』齊名。《續博物志》，係宋代李石繼西晋張華《博物志》而補撰的雜史著作。言簡意賅，包羅百科，雖屬奇談，却藴含着許多不爲人知的科學知識。陳逢衡長於考據，尤精古史。此書即是對雜史著作《續博物志》的考證。據道光二十四年陳逢衡《自序》言：『予考訂茂先《博物志》時，隨手檢閲李氏之書。自道光丙申年專意注此，日積月累，凡有詮釋輒附於上。己亥二月始寫有

底本。』陳氏在《凡例》中，詳加考證《續博物志》作者，從書中徵引唐及五代、北宋人説，用《埤雅》説最多，得出李石是南宋人而非唐人的結論。《疏證》共十卷，列四百六十一則，旁徵博引，逐條考證。如卷一『天圍圜三百六十五度』條，疏證：『此亦本《爾雅·釋天》疏文。蓋補張氏志地有四遊而申言之也。然張説但以證地，此則專論天耳。』再如卷四記『乾元末肅宗獲十三寶於楚州改元寶應』條，論《舊唐書·肅宗紀》上元三年楚州刺史崔侁獻十三寶事，衡按：『乾元在上元前，李氏誤記。唐楚州安宜縣，今江蘇揚州府屬寶應縣。』陳氏又從《佩文韻府》、曾慥《類説》等書輯補《續博物志》一卷，或加考證。如『元鮮于樞紙箋譜』條：『《博物志》云：王右軍寫《蘭亭序》用蠶繭紙。又會稽庫中有紙九萬番，悉以乞謝安。』下附小字注：『案，林登《博物志》世無此書，此疑引李石《續博物志》。』書前有道光二十四年陳逢衡序，有凡例、目録等。是書考證博洽，是研究《續博物志》的重要著作。陳逢衡作爲晚清時期古史文獻研究重要人物，其學術研究反映晚清學術風尚，對研究清代學術史有一定的參考價值。又有《補遺》一卷。此書爲稿本，書中偶有塗乙，上海圖書館藏。本《文庫》據此本影印。（王志娟）

金玉瑣碎二卷　（清）謝堃撰

謝堃（一七八四—一八四四），字佩禾，號春草詞人，清甘泉人。國子監生。曾官曲阜屯田郎。幼孤苦，隱於市，長喜詩文詞曲，兼工書法，記聞博洽，賦性淡雅，時爲阮亨、陶澍等名流廣爲延譽。中年以後遊歷粵閩吴楚燕魯，學業益進。所著《春草堂集》十四種，包括《駢體》一卷、《古近體詩》五卷、《詞録》一卷、《詩話》五卷、《黄河遠傳奇》二卷、《十二金錢傳奇》二卷、《綉帕記傳奇》二卷、《血梅記傳奇》二卷、《錢式》四卷、《花木小志》一卷、《書畫所見録》三卷、《金玉瑣碎》二卷、《雨窗記所記》六卷、《雨窗隨筆》二卷。本書收入《春草堂集》之二十九卷、三十卷。撰著緣由據《自序》所叙，『瑣碎者，明其非秦珪漢璞周鼎商彝者也』，作者感慨豪貴之士『誇侈鬬靡，競尚玩好，且必欲得商周秦漢之物以爲快』，『搜陵掘墓僞造私摹無所不爲』，所以『取富素豪貴所棄瑣屑之物，及觀夫它人所藏有愜余之心者，默而識之』。所收古器文玩，卷上三十八種，卷下二十八種，品類衆多，包括古尺、鼓、古鏡、筆插、印章、硯、紙、壺、石料、瓷器、瓦當、玉器、寶石等，每件器物單獨成篇，詳細記録其形制、款識、尺寸，以及相關的製作工藝、文獻記載，考證其來歷、年代、真僞，間記作者的見聞和收藏經歷，足以廣人見聞。書前有作者自序，有目。此書現存清道光二十年曲邑奎文齋刻二十五年印《春草堂集》本、清光緒六年刻《春草堂三種》本。本《文庫》據清道光二十五年《春草堂集》本影印。（嚴嵐）

牒鯖小紀一卷 （清）薛傳均撰

薛傳均（一七八八—一八二九），字子韻，清甘泉人。諸生。博覽群書，精研經學，少與劉文淇、包慎言、姚佩中等相約爲學，自選小學，攻許氏，旁通群籍。深受福建學政陳用光賞識，就聘汀州。有《説文答問疏證》《文選古字通疏證》《閩遊草》，並行於世。另有未刊稿《牒鯖小紀》《同席録》《薛子韻先生雜著》，藏北京大學圖書館。包慎言爲其作《墓碑》，文中列舉嘉、道間漢學之儒，述諸家流别，末稱：『然必守許氏以推賈、馬、服、鄭訓詁者，卒莫如子韻之善。』何謂言鯖？《西京雜記》卷二：『五侯不相能，賓客不得來往。婁護豐辯，傳食五侯間，各得其歡心，競致奇膳。護乃合以爲鯖，世稱「五侯鯖」，以爲奇味焉。』後因以『言鯖』謂説話有味。是書作者以爲『方言俗諺，咸資談譚』，所謂『笑牒言鯖，足添腹笥』（《識語》）。該書以讀書所記爲主，參以『耳目所及』『故老所討論』，共收録方言俗語四百餘條，内容涉及民俗語，如暖房、傳席、撒豆穀、跨鞍馬；稱謂語，如親家、半子、小姑、家翁；飲食名，如饅頭、角黍、豆腐；物件名，如熨斗、手巾、梳子；遊戲名，如韆鞦、射覆、象棋；諺言成語，如遠水不救近火、朝三暮四、掩耳盜鈴等。條目簡煉，偶有小注。如『翻金斗』條下注『《教坊記》作「筋斗」』。引用書目涉及《史記》《三國志》《文選》《輟耕録》《北窗瑣言》等。是書對研究清代民俗方言俗語，具有一定的參考價值。但此書仍爲筆記類雜記，所作條目，未作類别劃分，亦無目録，閲讀檢索不便。書前有桂馥弁言，有識語。本《文庫》據清稿本影印。（王志娟）

南漘楛語八卷 （清）蔣超伯輯

蔣超伯有《通齋自記》，已著録。是書前有丹徒李承霖所作《序》，謂：『是編乃平日隨筆所綴，不名一門。其徵引瑰奇，頗多俗儒未見之籍；其證佐精審，不爲調人兩可之詞。在通齋各種中，此其尤勝已。』又曰：『文學、政事，叔起蓋兼有之，非專一於呫畢，不知權度之輕重短長者。』作者於《自序》中，稱其退休歸里後於運河濱面水而居，『漕渠一綫如帶繚其外，戲自目爲南漘翁』。漘（音脣）者，水邊也。又附録作者《五十自述》七律詩四首。本書以筆記小説之體，廣徵博引經傳史籍，考訂異同，多有所得。全書凡八卷，卷一開篇『羿禹並稱』條，考證堯時治水功臣有名羿者，與傳説中有窮氏之君后羿爲二人，前者多不爲人所知；『鹽賦』條，從三國蜀司鹽校尉王連屢獲重用進而得出結論：『利權一而信任專，此蜀之所以能立國乎？』爲一家言；卷二『戴東原汪容甫論大學』和『大戴禮以王氏述聞爲當』數條，可爲清代學術史研究提供參考；卷四『造鹽』『造磚』諸條、卷六『岐黄之學』十六條等，於科技史、醫學史研究頗見價值；此外，書中引用大量珍貴的子史資料，詳實考訂，間作結論，頗多啓發，顯示了作者深湛的經史功底。此書版本較多，主要有清同治十年（辛未年）刻本、民國二十三年上海新文化書社排印本、民國上海進步書局石印本等。本《文庫》據清同治十年刻本影印。

（曾學文）

筭學啓蒙通釋三卷　（清）徐鳳誥著

徐鳳誥，字香谷，清甘泉人。國子監生。窮數十年功研究數學，適逢西學東來，鳳誥於古書《九章》《四元》外，如代數、三角、微積、割圓、八綫皆深究其理，所著書融貫新舊，有承前啓後之功，惜遺稿多散失。年六十餘卒。尚著有《中西通術》《割圓通解》《開方釋鎖演式》《開方釋鎖演段圖解》等數學書。朱士傑，字漢卿，號松庭，元燕山人。周遊湖海二十餘年，講學於廣陵尤久。所著《四元玉鑒》是中國古代水平最高的數學著作，在當時處於世界領先地位。本書爲徐鳳誥對朱士傑著作之詮釋。清學者阮元自乾隆六十年抵杭州浙江學政任開始，至嘉慶二十一年七月由南昌贛撫任豫撫期間，傾心尋覓《四庫全書》未收書，先後得一百七十餘種。於各書分別撰有《提要》，題作《外集》，收入《揅經室集》中。道光九年，時志詵將阮元撰的《文筆考》《揅經室集》寄給阮元的朝鮮弟子金正喜。金正喜認真研讀，始知朱士傑《四元玉鑒》失而復得，惜另著《筭學啓蒙》在中國失傳。但朝鮮境内竟保存翻刻的元大德時揚州人越城原刊本及抄本，朝鮮顯宗元年（清順治十七年），金始振據此本重刊，金正喜等又以金始振重刊本翻刻。《筭學啓蒙》上卷列縱横因法、身個加法、留頭乘法、身外減法、九歸除法、異乘同除、庫務解税、折變互差等八門一百一十三問，皆由淺入通，爲《四元玉鑒》六術的基礎。可知兩書相互呼應互補。揚州學人出資組織刻工，以朝鮮原刻本《筭學啓蒙》縮版影刊。阮元囑羅士琳詳加校勘，並對『術學隱晦，莫揭其指，亦各疏詮』，而所出之校、疏亦附於書後，於道光十九年九月刊印行世。卷首有元大德三年初刻本揚州趙城元序；朝鮮李朝顯宗元年重刊本金始振序；清道光十九年阮元、羅士琳各一序；四序記該書幾種版本之原委甚詳。又若干年，同郡徐鳳誥深究《筭學啓蒙》，以爲羅士琳之『識誤附釋詮發極精』，然終覺得意猶未盡，遂『問詮釋』，草成《筭學啓蒙通釋》。同郡從事算學者孫滸卿、阮拾珊、胡鏡堂、劉謙甫、王翕庭、鄭菊人、桂蔚臣、姚石泉等皆以爲此書對學算入門有極大的幫助。爲免轉抄訛誤，旋於光緒十二年自序之，刊印流通。是書有光緒十二年求是齋刻本、光緒二十三年上海文寶閣刻本、光緒二十三年復古齋石印本、光緒二十五年揚州刊本等。本《文庫》據南京圖書館藏求是齋刻本影印。（王章濤）

嬰闇題跋四卷　秦更年撰

秦更年（一八八五—一九五六），字曼卿，又字曼青，號嬰闇居士，江都人。早年爲錢莊學徒。光緒年間，嘗參與冶春後社。後在廣州、長沙、上海等地銀行供職，晚年寓居上海。爲上海文史館館員。曾從葉德輝遊，遂精版本目録學，交遊廣泛，評騭碑版金石，鑒賞詩詞字畫，均眼力過人。著有《漢延熹西岳華山廟碑續考》《嬰闇雜著》等。另有《嬰闇詩存》，本《文庫》已收録。秦氏因諳熟版本流略，眼學極佳，見古籍能立判優劣高下，潛心多年，藏書極爲豐富。和普通古籍藏者不同的是，他對金石碑版鑒別尤其精到，故此每見善本舊搨，詳加考證，精楷題跋。藏書中往往圈點題跋，精彩紛呈。但因題跋散見於各書前後，生前並未編集。一九五六年秦氏歿後，老友尹石公、吴眉孫、梅鶴孫提議將題跋編輯出版。其子秦曙聲歷經三年，『在封面或副頁前後』、『在簡箋或斷片上』極力搜輯，加上衆老友相互奔走，集秦氏爲各書撰寫的序跋成編。全書四卷，共收題跋三百多篇，其中圖書碑版約占其半，由秦氏舊友程勉齋擔任校對，一九五九年油印出版。書有尹石公序。有目録，目録後附一九五八年秦曙聲識。書後有戊戌新春周大烈識語，並附有《嬰闇居士自序》。本《文庫》據揚州市圖書館藏一九五九年油印本影印。（劉向東）

清代樸學大師列傳　支偉成纂

支偉成（一八九九—約一九二九），原名懋祺，江都人，幼從母居寶應，後徙居南京。近代學者。二十歲時，因慮人生莫不有成，惟有成立德、立功、立言『三不朽』之一，方可稱『成之偉者』，更名偉成。先後肄業於上海省立商業學校和大同大學，於國立東南大學師從蔣維喬，獲文學士學位。一九二五年任江蘇省立第一圖書館主任。其國學功底深厚，雖享壽僅約三十歲，而著述衆多，有《國學用書類述》《墨子綜釋》《莊子校釋》《楚辭之研究》《吴王張士誠載記》等，以《清代樸學大師列傳》影響最大。樸學本指儒家經學，取其樸質之義。後特指清代繼承漢儒學風而治經的名物訓詁考據之學，乾嘉時期尤爲盛行，是清代學術的特點和成就所在。清代漢學家研究經史，以考據爲歸依，注重實事求是，涌現了皖派、吴派、揚州學派等地域性學術流派和一大批卓有成就的學者。支偉成『因念清儒治學之法，饒有科學精神，而淳樸之風，尤足爲後人矜式』，乃於所作《安徽樸學大師列傳》基礎上，增廣補充，成《清代樸學大師列傳》。其間得章太炎指點，商定體例，斟酌取捨，並經章氏校訂。全書分爲二十五篇，記述自明末清初顧炎武、黄宗羲、王夫之，迄晚清潘祖蔭、王先謙等，共收録三百七十餘人。前有金壇馮煦『儒林模範』、鳳凰熊希齡『表揚先哲，繩勉後人』兩幅題字，次附《章太炎先生論訂書》及關於清代學術的問答，次列《參考書舉要》，次凡例、目次。是書分先導大師、北派、吴派、皖派、常州派、湖南派、浙粤派、南北懷疑派諸學派，以及小學、史學、地理學、金石學、校勘目録學、諸子學、治事學、曆算學、博物學等門類；又列『提倡樸學諸顯達』，爲畢沅、阮元等學者型官員立傳；兄弟、父子等則循例作附傳。每篇簡介傳主生平、著述、學術特點及成就。末附録《叙傳》，叙述支氏源流及名人生平，直至其父恒棟。據作者自述：『此書主旨，在使後生學子見夫前代大師，持躬耿介，廉潔自持，壹志專心，難而後獲，則可使人奮勉向學，不爲物遷，更見其考證辨析，莫不條理縝密，博引旁通，則可藥近人凌亂膚淺之病；且既明其師友傳授之淵源，則於以知學術之途徑。』本書分類得法，叙論有據，内容豐贍，是一部關於清代學術史的重要參考書，素爲研究者重視。是書初版爲民國十四年上海泰東書局鉛印本，後收入臺北明文書局所編《清代傳記叢刊》等，一九九八年岳麓書社出版整理排印本。本《文庫》據民國間泰東書局本影印。（曾學文）

揚州足徵續録稿　佚名輯

不著纂輯者姓名。揚州在清代交通發達，商業繁榮，巨商大族亦多以贊助學術爲寵榮，吸引了一些飽學之士，更有本土學者如汪中、劉文淇等人砥礪向學，王念孫、王引之父子及阮元等人學高位顯而又傾心學術，形成了一個地域性的學術群體，後人稱之爲『揚州學派』。至道、咸年間，揚州學派走向衰落，但很多學者家世績學，傳承有自，除了整理繼承先人的學術成果，也積極治學，是乾嘉學派的遺音餘響。本書所輯録諸篇，即反映了這一狀況。是書不分卷，收録了劉毓崧、凌毓瑞、汪保和、凌鏞、任雲倬、黄春熙、李祖望、薛壽、黄國華、田普實等人的文章，内容涉及經學、文字學、史學等方面，其中尤以李祖望的《海外墨緣册子答問並叙》篇幅最長，叙録了汪喜荀與曾出使至清廷的朝鮮人權敦仁於道光十八年前後往來書信答問内容，詳細討論了藏書、天文曆法、書法、篆刻、官制、學案、音韻、文字、版本、校勘、叢書出版等多方面的内容，是對清中後期學術界的活動與成就的一個極具高度的總結，也是反映清代學術東漸的重要史料。本《文庫》據南京圖書館藏稿本影印。（趙彦梅）

江都方言考釋三十三卷附録二卷　張洪義著

張洪義（一八七八—一九六三），字禹平，一字羽屏，江都人。清末附生。精研經文，後致力於音韻、文字、訓詁研究，是較早研究揚州方言的學者。民國年間，先後在江蘇省立第八中學、私立鎮江中學、揚州國學專科學校、江都縣中學任教。新中國成立後，任江蘇省文史館館員，並當選揚州市人民代表。著有《江都方言考釋》《廣雅疏證拾補》《説文解字商》《説文聲類表》《語源》《新字貫》等。張氏認爲，『字之古義，恒散見於方言之中』，『稽核方言，當次土著』，『欲詳一地之語言，必須深入而久處其間』，故『彙爲考釋，惟信邑中確存此言，常在人口而已』。作者歷時十年，四易其稿而成。全書三十三卷附録二卷，以字爲條目，按字畫多少排序，筆畫數相同的即次之以韻，共收一千五百多個條目。書前有戊子（一九四八）仲秋江都張洪義自序。是書作者引經據典，追根窮源，用傳統的訓詁學方法，對揚州方言的詞彙、音義、源流及演變詳加考釋，旁搜遠紹，能給人以知識和啓迪。如：『木』，俗呼村野之人爲抹大銃。抹，疑木之聲轉。村野無文，故况之以木。『汕』，追逐人去，俗呼如刪。一謂魚游水之貌，一謂群游之貌。群魚游水，相銜不絶，如相追逐。人之相追逐者，假以爲稱，故亦云汕。『出』，遇事不協衆心，好獨出以示異者。『肉』，出言過聵，謂之六語。六，蓋肉之聲誤。有呼爲肉頭。有關揚州方言專著，除張氏此書外，另有夢雨老人《揚州方言韻語》、顔慕蘇《揚州方言韻語》、洪爲溥《江都方言輯要》以及王世華、黄繼林編纂的《揚州方言詞典》等。張氏著作是較早的一部。其内容豐富，條理清晰，以空格斷句，易讀有趣。該書爲未刊稿，《江蘇文史研究》曾以《揚州方言例釋》爲題選載。雷夢水《古書經眼録》著録此書，十六卷本。南京圖書館藏原稿三十三卷，附録二卷，分訂十二册。本《文庫》據揚州市圖書館藏複印件影印，内容略有差異。（王志娟）

清庵先生中和集前集三卷後集三卷附道德會元　（元）李道純撰　（元）蔡志頤編

李道純，字元素，號清庵，別號瑩蟾子，都梁人。主要生活在宋末元初之際。《揚州府志》卷十九謂其『住儀真長生觀，世傳其得道飛升，號所居觀曰飛仙。今觀雖廢，常有鶴翔其處』。博學多才，道兼南北，學貫三教，是元初傑出的內丹學家。其著述有《三天易髓》《全真集玄秘要》《瑩蟾子語録》《太上大通經注》《無上赤文洞古真經注》《周易尚占》等，多收録於《道藏》。蔡志頤，號損庵，别號實蟾子。李道純門弟子。編有《中和集》。《中和集》是在大德丙午年編成，以李道純室匾名，題名『中和』，取《禮記》『喜怒哀樂之未發謂之中，發而皆中節謂之和』之義。此書係李道純主要撰述。全書分前後二集，各集又分上、中、下三卷。前集有玄門宗旨、畫前密意、金丹妙訣、問答語録、全真活法，論述太極、内丹、性命之學。後集按論、説、歌、詩、詞、隱語收録李道純詩文，多爲雜論性命及内丹之旨。書中於『九還七返』『三宫』『三要』『玄牝』『真種子』『藥物』等内丹術語，皆有明晰解釋。李氏精於内丹學，其内丹理論兼容並包，系統完整。其師王金蟾爲道教丹功南宗白玉蟾弟子。其學以全真道南宗爲主，兼取北宗。通老、易，達禪機，其内丹理論以『守中』爲要訣。故後人稱其爲内丹學中的中派。李道純借助於『中和』的觀念，從本體論和修養論的層面上對儒道釋三教的義理作了系統性的深層次的和合，從而加劇了元明清以來三教由對抗進一步走向融合的趨勢，客觀上激發了元明理學及心學在心性學説上的深入争論和發展。是書集中反映李道純觀點，爲元道教思想史上之重要文獻。書前有大德丙午杜道堅序，有目録。《正統道藏》收入洞真部方法類。書後附《道德會元》，以儒學、禪學詮釋老子學説，注多儒義，頌近禪偈，體現元代儒釋道三教融和的特點，是元代重要的道教文獻。《正統道藏》收入洞神部玉訣類。本《文庫》據明覆元大德本影印。（王志娟）

尚書私學四卷　（清）江昱纂

江昱（一七〇六—一七七五），字賓谷，號松泉，清儀徵人。廩貢生。與弟恂皆以篤學孝友聞於鄉里。著有《韻岐》《松泉詩集》《梅鶴詞》《瀟湘聽雨録》等。此書是在江昱《書説》基礎上增訂『十之五六』而成。乾隆間名儒程廷祚在序中稱『粹然以精，多發前人所未發』，『於二十五篇詮解殊略，而典、謨、貢、範之精微，盤、誥之詰曲聱牙，則鉤深索隱，無所不用其極，使微言奥旨燦若列星，無復艱晦之慮』，稱贊江昱是『伏氏之功臣』，與『向三家（宋代仲晦朱熹、元代草廬吴才老、明代京山郝氏）等争烈』。而在祖籍揚州、雍正進士、後調江南的王又樸來揚州時，江昱將此書出示，王『不覺開卷豁然』。江昱在自序中則稱該書乃其『二十年精神歲月所積』，『覃思有得，雖中夜必起而疏之，一知半解，固不揆庸妄』，後來删削大半，遂成四卷。全書卷一爲《虞書》；卷二爲《夏書》《商書》；卷三、卷四爲《周書》。總三百餘條。《四庫全書總目提要》稱：『是書大旨謂古文《尚書》論政、論學莫不廣大精深，非聖人不能道，故其説多據理意斷。然亦有偶然標識，無關大義者，如謂凛乎若朽索之馭六馬，若蹈虎尾涉於春冰，皆晋人危語之祖云云，殆非詁經之體。又如稱：刑金氣也，苗爲暴虐淫過之刑，殺戮無辜，金氣盛極，故惡臭薰烝，變而爲腥，腥於五臭爲金云云，亦過於求深也。』但全書明白曉暢，甚便於初學，如卷二《禹貢》篇：『以貢名篇，非治水之書也，但因水治而後有貢，且九州貢賦必由水道以達帝都，故兼言水之成功也。』又卷四《秦誓》篇：『通篇語氣乃敗崤之後計窮力憊，無可奈何之辭，全無痛惜悼恨之意。其大致近於風詩，而不類誓誥。』又，作者能根據書經，結合現實，發生感喟，如：『百穀生成，全賴乎時。耕耘收穫，有一之或失乎時，全功皆廢……今人則以怠惰而失其時，過恒在下，今之農夫，終身不出廬井，老死不知兵革，力役不擾，驛騷不驚，乃或習於惰遊，疏於耒耜，即其勤者，又往往以逐末分其力，而田畝之本務率任乎天，而功不及半者多矣。』（卷一）告誡守令盡心田野，嚴示勸懲，勿徒襲課農故事，而務收重穀之實功，如此則是善體經文者。書前有程廷祚序、王又樸序、吴敬梓序及江昱自序。是書有清乾隆二十一年刻本、清抄本、民國三十一年上海合衆圖書館抄本，本《文庫》據乾隆二十一年刻本影印。（劉棟）

周禮經注節鈔七卷周禮注疏獻疑七卷　（清）許珩輯

許珩，字楚生，清儀徵人。生卒年不詳。諸生。通經學古，於《周官》一書用力尤深。能詩，所著古今體詩，奄有三唐之勝。遇雖窮，不屑作霜辛露酸語。《節鈔》一書，爲許珩在訓蒙過程中删節而成。計《序官》一卷，《經注》六卷。前五官（天官冢宰、地官司徒、春官宗伯、夏官司馬、秋官司寇），自喪禮之外略爲删節，以便學生舉業；認爲《考工記》一篇是記序程式之祖，則全部録入。經文或節一二條，或節其句，或節其字；注以兩鄭爲主，參用賈疏及後儒之説，而間附以己意，大旨在於解字釋讀、貫串經義，凡字的通假、互借、讀音，一目瞭然，甚便初學者。書前有嘉慶辛未嚴榮序，有叙例、參訂姓字。《獻疑》一書，是許珩在輯撰《節鈔》時，因其説有可疑，抑或原注不通而前人復有異説，有説而不合己意者，依己意而別疏之，共得二百餘條。稿成後復經阮元、江藩審閲，並删重正謬。江藩在序中稱該書『疑所當疑，不疑所不當疑』，盡掃前人聚訟陋習，而謂許珩爲『鄭、賈之諍友』。程元吉則謂其不僅通漢儒之訓詁，而且得宋儒之精微，給予了極高的評價。書前有嘉慶十六年江藩序、程元吉序。書後有作者自跋。本《文庫》據清嘉慶十六年

刻本影印。（劉棟）

群經釋地一卷　（清）戴清撰

戴清（一七六二—一八二八），字静齋，先世爲休寧人，祖父始遷居揚州儀徵。以嘉慶癸酉歲貢生，候選訓導。天資聰慧，自幼便『性耽典籍，凡有關實學者勤加採録，異同疑似，尤所究心』。一生精研地理之學，於山川形勢及州郡沿革，瞭如指掌。戴清認爲《四書》中地名引用沿襲之誤常有發生，便搜集史書地理志及地學典籍，著成《四書典故考辨》十二卷。書中注疏考校《四書》地名，糾證錯誤，考證確鑿有據，令人信服。戴清絶意科舉後，潛心著述，除《四書典故考辨》《群經釋地》外，尚著有《經史管見》四卷、《史記正誤》《説苑正誤》《新序正誤》各一卷、《韻辨》二卷、《左氏兵法集證》二卷，並撰《雙柑草堂古今體詩》八卷、《古文》二卷、《駢體文》二卷。是書名稱『從《爾雅》舊名』，内容則是在閻若璩《四書釋地》的基礎上擴充而成。據戴氏自序，是書原爲十卷，其中《書經》《詩經》《周禮》《禮記》各一卷，《春秋三傳》三卷，《爾雅》《論語》《孟子》各一卷，書成後以爲『一人之見恐無當於公評』，欲『留待通儒碩士，指其錯誤』，故僅藏書稿於家中，未即付梓。戴氏殁後，鄉人劉文淇從書稿中擇取數條，編爲一卷，刻印行世。今日所見刻本皆劉文淇編定之本。今刻本計有《書經》十一條、《詩經》八條、《周禮》二條、《禮記》二條、《春秋三傳》五十五條、《爾雅》四條、《論語》一條、《孟子》一條，前刊范仕義、李周南序及戴氏自序。是書對舊説詳加辨析，『是者仍之，誤者正之，缺者補之，間出己意參訂』（戴《序》），考證確當，詳實可徵，又均以現用地名解釋，頗便檢覽。是雖非戴著全帙，已足見其人於地理學之精研覃思。本《文庫》據上海圖書館藏嘉慶十五年刻本影印。（王繼雄）

詩書古訓六卷　（清）阮元撰

阮元有《廣陵詩事》，已著録。阮元一生徵輯、整理、刊刻圖書典籍甚夥。乾隆末年，阮元在山東學政任上即發心編纂《經郛》，一時所採之書未得詳盡，且抄胥遺錯，不能付刊，久藏於篋。道光十五、十六年，阮元入閣，於值宿集賢院之際，將《詩》《書》二經録出，成《詩書古訓》六卷。十八年致仕後，延畢韞齋光琦校定、刪定、增補，十九年冬十二月完書，二十一年刻成。此書《序》云：『萬世之學以孔孟爲宗，孔孟之學以《詩》《書》爲宗。學不宗孔孟，必入於異端。孔孟之學所以不雜者，守商周以來《詩》《書》古訓以爲據也。』此是書之大旨也。全書六卷，卷一至四《詩經》，《風》《小雅》《大雅》《周頌》各一卷，卷五《尚書今文》，卷六《尚書逸文》。體例爲：録《論語》《孝經》《孟子》《禮記》《大戴記》《春秋三傳》《國語》《爾雅》經中引《詩》《書》爲訓者，採繫於《詩》《書》各篇各句之下；再輯子史引《詩》《書》者附於後，以晉爲斷，蓋漢晉以前，尚未以二氏爲訓，所説皆在政治，言行不尚空言也。此書版本有二：一是道光二十一年六卷刻本；二是《皇清經解續編》本，將六卷分爲十卷，其中《詩》七卷，《尚書今文》二卷，《尚書逸文》一卷。本《文庫》據清道光二十一年本影印。（趙昌智）

曾子注釋四卷　（清）阮元撰

阮元有《廣陵詩事》，已著録。曾子（前五〇五—前四三五），名參，字子輿，春秋末魯國武城人。孔子弟子，以孝著稱。在學術上，上承孔子，下啓思、孟，將儒學發展到一個新的高度，爲早期儒學史上的重要人物。阮元的《曾子注釋》一書對曾子作了高度評價，叙録云『七十子親受業於孔子，其言之無異於孔子而獨存者，惟《曾子》十篇乎？曾子修身慎行，忠實不欺，而大端本乎孝，孔子以曾子爲能通孝道，故授之業，作《孝經》。今讀《事父母》以上四篇，實與《孝經》相表裏焉』，『曾子之書，以爲當與《論語》同，不宜與記書雜録並行』，『從事孔子之學當自曾子始』。阮元對《曾子》一書的流傳作了詳盡的考辨，指出，《漢志》載曾子十八篇等九種版本皆失傳；自汪晫以下九家係雜採他書，割裂原文而爲之，不足數也；近時爲大戴之學者有盧文弨、戴震、孔廣森、王念孫、汪中、丁傑等校本。阮元注釋《曾子》主要據北周盧辨之書，博考群書，正其文字，參以諸家之説，擇善而從，如有不同，即下己意，稱名以別之。至於文字異同，及訓義所本，皆釋之，以明從違之意。著書過程中與友人商榷，説文善者，擇而載之。注釋中體現了阮元一貫的學風，不妄改。但《曾子事父母》『孝子無私憂，無私樂，父母所憂憂之，父母所樂樂之』一句，今本皆脱『無私憂』三字，而丁傑云方孝孺《遜志齋集》讀曾子篇引此有三字，阮元據以補之。近年來，公布的《上海博物館藏楚竹書（四）》中有《内禮》一篇，其内容與《曾子立孝》等篇有關，『君子事父母』一段即有『亡私憂』三字。由此可見阮元的學識之高。同時，在《曾子天員》一篇，引入天文曆算等知識，指出天圓地方，『謂之者，謂其道，非謂其形也』。但他認爲『西洋有謂地心本重，人物各願就地心之重，得附麗不脱之説，此説理仍未足』，表明阮元已具有初步的科學技術理念，但仍有其局限性。此書爲嘉慶三年戊午夏六月，阮元刊於浙江使院之揅經室。板藏揚州福壽庭，毁於火。道光二十五年以初印本重刊，劉文淇、王翼鳳同校。本《文庫》據清道光二十五年重刊本影印。（趙昌智）

孝經義疏補九卷首一卷　（清）阮福撰

阮福有《揅經室訓子文筆》，已著録。是書爲阮福奉父命而著。序云：『家大人言……此即發明孔子所言「吾志在《春秋》，行在《孝經》」之微言大義也。』阮元所注《曾子十篇》與《孝經》相表裏，故命阮福著是書。《孝經義疏補》九卷，首一卷，録孝經注解傳述人、孝經注疏序、孝經序。内九卷，分爲十八章：開宗明義章、天子章、諸侯章、卿大夫章、士章、庶人章、三才章、孝治章、聖治章、紀孝行章、五刑章、廣要道章、廣至德章、廣揚名章、諫諍章、感應章、事君章、喪親章。阮福所做的貢獻在補，《孝經》注爲唐明皇所删鄭注，而鄭注半存其中，唐以前書凡可見鄭氏舊注者，皆補之；陸氏音義尚可見鄭注舊音舊義，但又多爲唐疏宋校時所删，全據《經典釋文·孝經音義》載入，且疏證之；古籍可發明《孝經》者，自魏文侯《孝經傳》以下多引證之。在補輯中，阮福也多所發明，他考證『孝』字首見於諸經者，莫古於《虞書》『克諧以孝』；以經爲書之名目，自《孝經》始；《孝經》之鄭注，相傳爲鄭玄，非，應爲鄭玄之裔孫鄭小同；對《孝經注疏》的作者，宋本只標唐明皇御注、陸德明音義、宋邢昺校，阮福毅然在陸德明音義下、宋邢昺校上，補增『元行沖疏』，以正唐儒之名。阮福云：『書中偶下己意，不敢自是，皆就訓於家大人。』而阮元也十分關注此書的寫作。道光九年中秋前夕，賦詩寄懷，詩中有句云：『滇南宦最遠，今惟仲子隨。仲子文筆拙，經義微解窺。疏經成十卷，閲之頗解頤。』即指阮福撰《孝經義疏補》成一事，表示肯定。同時也認爲尚有未詳之處，復撰《宗禮餘説》《大雅文王詩解》《咸秩無文解》三篇，加以指導。是書道光九年初刊於滇，因字迹不整齊，加之數年間阮福又有增訂，十四年遂屬四弟孔厚再刊於滇。一部書凝聚了父子兄弟兩代三人的心血，亦於孝之身體力行也。本《文庫》據清道光十四年本影印。（趙昌智）

尚書傳疏大意　（清）劉文淇撰

劉文淇有道光《重修儀徵縣志》，已著録。此書成於道光十年，包括《尚書序傳疏大意》及《尚書傳疏大意》，分别就《尚書序》《尚書》正文，摘取孔安國傳及孔穎達疏，簡明扼要，頗便初學。此書於各家異説，多主一説。亦有間存異説者，如《禹貢》『二百里蔡』，劉氏引孔傳云：『蔡，法也。法三百里而差簡。』又引孔疏云：『「蔡」爲法，無正訓也。此名爲蔡，義簡於夷，故訓「蔡」爲法。法則三百里者，去京師彌遠，差復簡易。言其不能守平常也。』又別引本篇『三百里蠻』疏云：『甸、侯、綏、要四服，俱有三日之役，什一而税；但二百里蔡者，税微差簡，其荒服力役、田税並無；

故鄭注云：「蔡之言殺，減殺其賦。」』劉氏引鄭説，低一格，以與前者區别也。此書間述己意，並本傳、疏，如《大誥》『不可不成寧考圖功』，引孔傳云：『寧考，謂寧祖聖考也。』再引孔疏曰：『寧卽文王，考卽武王，故言「寧祖聖考」也。』自注云：『按，此篇所謂「寧王」，俱指文王。』間或明序、傳互見例，如《泰誓上》『觀政於商』，劉氏自注云：『按，十一年自孟津還之事，見《書序》之傳中。』《洪範》『遵五之義』，劉氏引傳云：『言當循先王之正義以治民。』自注云：『「下」「王」字意同。』乃指下句『遵王之道』『遵王之路』言也。此書頗採古説，兼取阮氏《校勘記》，力圖恢復古本面貌。如《禹貢》『熊羆狐狸織皮』傳云：『織皮，織金罽也。』阮元《校勘記》云：『古本作「織皮，金罽也」。按，《史記集解》「金」作「今」。』劉氏正作『織皮，今罽也』，既從古本而不從殿本，又據《史記集解》改古本誤字。又如《大誥》『民養其勸弗救』，傳云『以此四國將誅』，阮氏《校勘記》浦鏜云：『「此」當「比」字誤。』劉氏引傳，卽作『比』字。此書書眉注文，或明字音，或記句讀，蓋以備參考者。然其中偶有脱誤，如《冏命》『聰明齊聖』，劉氏引孔疏云：『「齊」訓「通」也。』然本疏云：『「齊」訓「中」也，「聖」訓「通」也。』則此文『齊』下似脱『中也聖訓』四字。本《文庫》據揚州市圖書館藏稿本影印。（萬仕國）

資治通鑑地理今釋十六卷 （清）吴熙載撰

吴熙載（一七九九—一八七〇），原名廷揚，字熙載，號讓之，清儀徵人。師從包世臣，工書畫，擅篆刻。是書按朝代分十六卷，間採齊召南、戴震、徐松、董佑誠、沈垚諸説，釋以清代地名，條分縷析，頗可採信。其中有正《通鑑》誤説者，如《周紀一》『汾水灌安邑，絳水灌平陽』注云：『按，此語誤，酈道元已糾之。汾水出寧武府寧武縣，至滎河入河，不徑安邑；絳水出平陽府翼城縣，合澮水入汾，亦不得云「灌平陽」也。當云「汾水灌平陽，涑水灌安邑」，方合地望也。』有考《通鑒》誤字者，如《周紀一》『最』注云：『無注。《六國表》同。按，地無名「最」者。考《樂記》注：「聚，或爲最。」《殷本紀》注：「最，一作聚。」是二字古通，疑即「鄹」也，在今山東兗州府曲阜縣東南。』有正胡注之誤者，如《周紀二》『徐州』注：『按，注言薛縣，非也。今直隸保定府安肅縣有徐城，與下言「燕趙」合。』有補足胡注者，《周紀五》『鄭道已絶』注：『注云：「韓都新鄭，秦拔野王，故上黨歸韓之路絶。」按，注言韓由野王渡河，當時黃河由鄭滑北行，野王之東，即魏之卷，故無渡河南歸之路也。』或辨析疑似，如《周紀三》『易水』注：『易水有三：北易，濡也，出今易州，徑定興縣，合中易；中易亦出今直隸易州，徑定興入拒馬河；南易，雹也，出今直隸易州，徑安肅、容城、安州、新安，合爲依城河。』或詳述源流，如《後周紀四》『閔河沿潁』，謂『閔河本曰琵琶溝，即蔡河上流也。古者汴水首受大河，自滎陽東，歷鄭州、中牟、開封、陳留、杞、睢州，以達歸德，而東曰蒗蕩渠，睢水、渙水是其支流也。其自開封而南，經尉氏、扶溝、西華入陳州，合潁水者曰鴻溝，即沙水，又即蔡河，亦汴水之支流也。五季時，自滎陽合京、索諸水，自滎澤導之而東，曰閔河，宋人曰惠民河，元人曰賈魯河，其實一也。東至鄭州、中牟，曰金水河，迤南至尉氏，合於沙水故道，曰蔡河，沙蔡音同。由是而南，經扶溝、西華至陳入潁，其實一也。』或存異説，如《周紀一》『兔臺』注：『《趙世家》注：「在河北。」今無考。按，下文連言「剛平」，當與相近，然亦無考。惟今山東東昌府莘縣有岡成城，魏、趙、衛相接地也，然在河南矣。存參。』卷二《秦紀一》『壽陵』注：『疑唐之壽安縣取此爲名，今河南河南府宜陽縣。』前後重見者，用互見法。其無考者，則闕如。

此書有光緒八年江蘇書局刻本、光緒二十三年廣東經史閣重刻本、浙江書局刻本。本《文庫》據清光緒八年江蘇書局刻本影印。（萬仕國）

周易舊疏考正一卷尚書舊疏考正一卷　（清）劉毓崧著

劉毓崧（一八一八—一八六七），字伯山，一字松崖，清江蘇儀徵人。道光二十年優貢生。束髮受學，幼即有奇童之譽。從父劉文淇受經，長益肆力於學，纘述先業，曾得郭嵩燾、曾國藩禮遇。自《左氏》而外，旁通經史諸子百家之書，凡所寓目，略能記誦，備悉原委。精於校勘，友人著述，多爲勘定。參與撰寫《舊唐書校勘記》。著有《經傳通義》等。《周易舊疏考正》爲考正《周易》舊疏之作，首乾卦，次坤卦，次屯卦，次大畜卦，次大過卦，次咸卦，次困卦，次繫辭上，次繫辭下，次説卦傳，總計十八條。每一條首列經文，次爲王注、韓注，次爲疏文，然後以案語形式加以辨析考正。《尚書舊疏考正》爲考正《尚書》舊疏之作，首尚書序，次堯典，次舜典，次皋陶謨，次禹貢，次五子之歌，次允征，次帝告、釐沃，次仲虺之誥，次祖乙，次高宗肜日，次泰誓，次武成，次洪範，次歸禾，次無逸，次君奭，次將蒲姑，次立政，次周官，次賄肅慎之命，次康王之誥，次畢命，次吕刑。總二十四篇三十四條。每一條首列經文，次有傳者列傳文，次引孔穎達疏全文，最後加以自己的案語。二書俱秉承劉文淇《左傳舊疏考正》體例家法，證之史傳，意在辨明舊疏中存在的唐人注疏混入六朝舊疏、唐人注疏非出孔穎達一人之手等弊端。如《堯典》『宵中星虛』條案語云：『舍人《爾雅注》，《隋書·經籍志》不著録；李巡《爾雅注》，《隋書經籍志》云已亡。孔冲遠預修《隋書》，在貞觀十年，後二年而作《書疏》，安得見而引之？此疏引舍人注，他疏或引舍人注，或引李巡注，蓋皆六朝舊疏，非冲遠筆也。』即使爲唐人舊疏，更有辨析删削疏者姓名而據爲唐人所有，如《允征》篇『辰弗集於房』條案語云：『《新唐書・曆志》云：《書》曰：乃季秋月朔，辰弗集於房。劉炫曰……與此疏之説語意正同。此疏蓋亦光伯之筆，唐人削去其姓名，遂攘爲己説耳。』又有根據疏文數説並存，前後互異，證明疏文有非出孔穎達一人之手者，如《康王之誥》篇『皆布乘黄朱』條案語云：『此疏自諸侯朝見天子至必當少陳之也，一人之説也；自案《周禮》「小行人云」至「故云諸侯皆陳馬也」，又一人之説也。前一説謂諸侯皆獻馬，後一説謂惟二王之後獻馬，二説不同，必非一人之筆。』又如《説卦傳》之『故説卦爲第九』條，先枚舉五不同，然後説：『今王氏、韓氏俱未言及十翼，孔氏之論十翼，本以自申己説，則作疏當以己説爲主，何由不顧前論而歧異若此？足知此疏非冲遠筆矣。』兩書均有《皇清經解續編》本、清抄本。本《文庫》據《皇清經解續編》本影印。（劉棟）

龍學孫公春秋經解十五卷 （宋）孫覺著

孫覺有《宋孫莘老先生年譜》，已著録。孫氏少師事胡瑗，對《春秋》之學素有研究。僅《江蘇藝文志》載，所著『經部春秋總義』，就有《春秋經社要義》《春秋學纂》《春秋尊王》等。此書是對《春秋》所作的解注。孫覺致仕之時，以龍圖閣學士兼侍講提舉醴泉觀，故又名《龍學孫公春秋經解》。孫覺得胡瑗《春秋》學，大旨以抑霸尊王爲主。《自序》稱《左氏》多説事蹟，《公》《穀》以存梗概。今以三家之説，較其當否，而《穀梁》最爲精深，且以《穀梁》爲本。其説是非褒貶，則雜取三傳及歷代諸儒啖、趙、陸氏之説，長者從之。其所未聞，則以安定先生（胡瑗）之説解之。胡瑗是北宋時期以儒家義理解釋《周易》的先驅，其主要思想體現在《周易口義》，但是書已佚。世人以爲能『傳其緒論』的，惟見孫氏《春秋經解》。周麟之《跋》稱，初，王安石欲釋《春秋》以行於天下，而莘老之《傳》已出。一見而有惎心，自知不能出其右，遂詆聖經而廢之。邵輯《序》稱是書作於晚年，謂安石因此廢《春秋》，似未必盡然。然亦可見當時甚重其書，故有此説。《四庫全書》收録其書，爲十三卷本，並證《春秋學纂》即《春秋經解》之别名。此書以『利害』爲説，着重强調春秋亂世之相，以譏貶筆法來闡發經文大義。在儒學發展史上，特别是在《春秋》學的研究領域，占據着相當的地位，對研究宋人經學有着一定的參考價值。此書有十三卷本和十五卷本。據王重民《中國善本書提要》稱：『《四庫》及《聚珍》（《武英殿聚珍版書》)印本均作十三卷。《提要》(指《四庫全書總目提要》)因以《宋志》及《書録解題》作十五卷者爲誤,而不知宋代實有十五卷本也。此鈔本(指國家圖書館藏本)即從宋刻本出,原本爲紹熙間邵輯所刻,嘉定間又經汪綱修補者。』本《文庫》據上海圖書館藏康熙間刻《通志堂經解》本影印。(王志娟)

孫公談圃三卷　(宋)孫升述　(宋)劉延世録

孫升(一〇三八—一〇九九),字君孚,宋高郵人。治平二年進士。元祐年間,擢中書舍人,累官至天章閣待制、集賢院學士。紹聖初,黨錮禍起,謫居汀州,二年後以疾終。《宋史》等有傳。《續資治通鑒長編》記孫升仕履及章疏較詳。劉延世,生卒年不詳。字玉孟,號述之,臨江新喻人。少有盛名。元祐初遊太學,不得志,築堂講業,名曰抱瓮,潛心問學。長於繪畫,尤善寫竹。隨父遊宦汀州,從孫升遊,並録孫升語,以爲『公言皆可以爲後世法,亦足以見公平生所存之大節』,遂退而筆之,集成三卷,名《孫公談圃》。是書爲宋代筆記。分上、中、下三卷,凡百餘條。書前有乾道二年孫競序、建中靖國元年劉延世序。《遂初堂書目》著録於子類小説家類,《四庫全書》收於子部小説家類。書中多記北宋人物、政事、軍事、奇聞等。孫升論詩,以唐詩爲佳,常嘆『近世作詩無復有唐人風』。故是書收録詩句,多有唐詩佳境。如孫莘老的《述懷詩》《長陽道中》等。又多録詩壇雜事軼聞,如子瞻在黄州得僧之燒煉藥,梅堯臣稱『唯造平淡難』,故『寢食遊觀』,不廢『吟諷思索』等。《四庫全書總目提要》以爲:『升爲元祐黨籍,多述時事。觀其記王安石見王雱冥中受報事,則不滿於安石。記蘇軾以司馬光薦將登政府,升言軾爲翰林學士,其任已極,不可以加。如用文章爲執政,則趙普、王旦、韓琦未嘗以文稱。王安石在翰林爲稱職,及居相位,天下多事。若以軾爲輔佐,願以安石爲戒。又記軾試館職,策題論漢文帝、宣帝及仁宗、神宗。升率傅堯俞、王嵒叟言,以文帝有弊,則仁宗不爲無弊;以宣帝有失,則神宗不爲無失。則又不滿於軾。記争吊司馬光事,亦不滿程子。殆於黨籍之中,又自行一意者歟?』其實任文學之士執政,不誤事者少。孫升雖爲元祐黨人,但評騭人物未嘗黨同伐異。此議於蘇軾、王安石均有貶抑,然却出以公心。孫升歷三院,遷左史,入中書舍人,危言讜論,内外憚之。是書多記其親歷所聞時事,史料價值較高,可補正史之闕,糾正史之謬。本書存世版本有:《百川學海》本、《四庫全書》本、《學津討原》本、《稗海》本等。本《文庫》據《百川學海》本影印,卷一首頁有『滄葦』『韋振宜讀書』陽文印。(王志娟)

宋二孫先生奏議事略　（清）王敬之輯

王敬之（一七七八—一八五六），初字仲恪，改字寬甫，清高郵人。樸學大師王念孫次子，王引之弟。國子監生，官縣令。事蹟附見劉盼遂《高郵王氏父子年譜》。著有詩文《小言集》十二卷，另有《宜略識字齋雜著》九卷附《家諱編》一卷。擅填詞，有《漁唱乙稿》一卷。另有詞集《三十六湖漁唱》三卷、《高郵耆舊詩存》，本《文庫》已收録。宋二孫先生者，北宋孫覺、孫升。孫覺有《宋孫莘老先生年譜》，已著録。孫升有《孫公談圃》，已著録。二人事蹟皆載入《宋史》。是書總一册，卷末有王敬之跋。計有《孫莘老先生奏議事略》，收孫覺奏議十九篇，後附《孫莘老先生事略》《孫傳師先生事略》《孫傳師先生墓誌銘》（按，孫傳師，即孫覽，字傳師，孫覺弟。進士。累遷至邊帥）；《孫君孚先生奏議事略》，收孫升奏議五十八篇，後附《孫君孚先生事略》，並《孫莘老先生奏議補遺》。孫覺、孫升二人文集、奏議均早亡佚，敬之以鄉里後人，爲表彰先賢，保存文獻，從李燾《續資治通鑒長編》中輯録二人奏議，編爲一帙。不過《長編》並未盡録，經今人所編《全宋文》重輯，得孫覺二十篇，孫升八十六篇。王敬之所輯，未可視作全備。本《文庫》據上海圖書館藏道光二十五年高郵王氏刻本影印。

（王繼雄）

甲申雜記一卷聞見近録一卷　（宋）王鞏撰

王鞏（約一〇四八—約一一一七），字定國，號清虚，宋魏州人，一作莘縣人，晚年寓居高郵。同平章事王旦之孫，工部尚書王素之子。因恩蔭，補爲校書郎。累官大理評事，遷太常博士。曾任揚州通判。篤學力文，練達世務，擅書工詩，文采風流，爲一時所宗。坐蘇軾烏臺詩案，被謫賓州鹽酒税，後宦至宗正丞。存世著作有《甲申雜記》《聞見近録》《隨手雜録》，另有《論語注》《清虚先生集》，已佚。清陸心源《宋史翼》有傳。甲申年，即宋徽宗崇寧三年。《甲申雜記》，共四十二條，所記上起仁宗，下訖崇寧，隨筆記載，不以時代爲先後。《聞見近録》，共一百零四條，所記上起周世宗，下訖宋神宗，其中太祖、太宗、真宗、仁宗事爲多。二書所記多爲宋都城東京舊聞，其中亦記有揚州事。如《聞見近録》載：『揚州后土廟有瓊花一株，宋丞相構亭花側曰「無雙」，謂天下無別株也。仁宗慶曆中，嘗分植禁中，明春輒枯，遂復載還廟中，鬱茂如故。』又記：『張文定留守南京，高麗使者至，例當留守迎送。文定曰：「我，前執政也，可與陪臣禮乎！」遂不出，而遣少尹。尋以其事聞，神宗以爲得體，仍令中書降旨揚州，令陳升之如張某所請。』後二書與《隨手雜録》一併收入《四庫全書》，得以傳世。因書中間涉神怪，稍近稗官，故《四庫全書》將其列入子部小説家類。但《四庫全書總目提要》又認爲，『所記朝廷大事爲多，一切賢姦進退，典故沿革，多爲史傳所未詳，實非盡小説家言也』。是書屬歷史筆記，可補正史之缺，有一定的史料價值。據《四書全書總目提要》載：『卷末有其從曾孫從謹跋，稱先世著書散佚，隆興元年乃得此三編於向氏，鈔録合爲一帙。前有張邦基序，言得其本於張由儀，由儀則少從其父得於鞏家敝篋中。末題甲寅五月，爲高宗紹興三年，蓋向氏之本又出於張氏。當時親傳手迹，知確爲鞏撰，非依託矣。』該書除《四庫全書》本外，另有《知不足齋叢書》本等。本《文庫》據宋本影印。（王志娟）

淮海先生三種　（宋）秦觀撰

秦觀生平，參見《淮海先生年譜》提要。是書包括《蠶書》《法帖通解》《淮海題跋》。《蠶書》爲我國現存最早的一部蠶桑專著。篇幅不長，前言之外，正文分爲種變、時食、制居、化治、錢眼、鎖星、添梯、車、禱神、戎治十個小節，分別敘述了育蠶技術（種變、時食、制居），煮繭、繅絲技術（化治、錢眼、鎖星、添梯、車），養蠶的祈禱和禁忌（禱神），以及西域桑蠶技術舉例（戎治）。較爲系統全面地講述了育蠶繅絲之法。秦觀自云：『予閑居，婦善蠶，從婦論蠶，作《蠶書》。』秦觀之婦爲高郵人，《蠶書》所述當是高郵一帶養蠶技術。然又云：『桑土既蠶，獨言於兖。然則九州蠶事爲最乎？予游濟河之間，見蠶者豫事時作，一婦不蠶，比屋詈之，故知兖人可爲蠶師，今予所書，有與吴中蠶家不同者，皆得之兖人也。』又似此養蠶技術來自山東兖州。其所記究竟是何地養蠶之法，至今學者猶有争議。此書作者亦有題爲秦湛撰，《宋史·藝文志》和《四庫全書總目提要》均持此説。湛爲觀之子。《法帖通解》爲秦觀論書法之作。其自序述：『法帖者，太宗皇帝時遣使購摹前代法書，集爲十卷，摹刻於板，藏之禁中。大臣初登二府，詔以一本賜之，其後不復賜，世號「官帖」。故丞相劉公沆守長沙日，以賜帖摹刻二本，一置郡帑，一藏於家，自此法帖盛行於世。士大夫好事者，又往往自爲別本矣。今可見者……凡六本，雖有精粗，然大抵皆官帖之苗裔也。』又自述撰此文緣起。此文當作於北宋紹聖元年秦觀被貶謫出朝之後。《淮海題跋》乃明毛晉輯佚秦觀題跋之作，内容包含《法帖通解》之序言和七篇論書法之作，此外另有六篇，合爲一卷。六篇名分別爲：《書王蠋後事文》《書輞川圖後》《高無悔跋尾》《裴秀才跋尾》《録壯愍劉公遺事》《書晋賢圖後》。有跋畫文，亦有人物傳記跋文和紀傳文，體例略雜。卷末有毛晉跋語二則，奬譽均高。《蠶書》據明嘉靖時期周履靖彙編叢書《夷門廣牘》本影印，《法帖通解》據明王文禄彙編叢書《百

陵學山》本影印，《淮海題跋》據明末清初毛晉彙編叢書《津逮秘書》本影印。（李潔）

元城先生語録三卷行録一卷　（宋）馬永卿編

馬永卿，字大年，宋高郵人。大觀三年進士，歷官江都丞，浙川、夏縣令，永城主簿。有文集二十卷，又《嬾真子》五卷。元城先生即劉安世（一〇四八—一一二五），字器之，號元城，北宋大名人。神宗熙寧六年進士。從學於司馬光。司馬光入相，薦安世爲秘書省正字，尚書右僕射吕公著又薦爲右正言。劉安世剛直敢言，有『殿上虎』之稱，歷劾章惇、蔡確、范純仁，累遷左諫議大夫，進樞密都承旨。章惇用事，累貶英州、梅州，徽宗立，赦還，歷知衡、鼎、鄆州等，蔡京當權，又連謫峽州羈管。後稍復承議郎，卒於宣和時。是書署『左朝散郎主管江州太平觀賜緋魚袋馬永卿編』。馬永卿曾求學於劉安世，爲劉門弟子，編此書以記就學於劉氏的經過和劉氏日常學問之言。書前有南宋紹興五年正月馬永卿自序，詳記緣起：『僕家高郵，少從外家張氏諸舅學問。……大觀三年冬，僕將赴亳州永城縣主簿，七舅氏戒僕曰：「永城有寄居劉待制者，汝知之乎？」僕謝不知。舅氏因爲言先生出處起居之詳，且曰：「汝到任可以書求教。」僕到任之次日，因上謁，三日以書求教，先生曰：「若果不鄙，幸時見過。」僕因三兩日一造門，後數月，先生以僕爲可教，意亦自喜，嘗曰：「某在謫籍，少人過從。賢者少年初仕宦肯來相從，願它日無負此言。」……僕從之學，凡一年有餘，後先生居南京，僕往來數見之，退必疏其語，今已二十六年矣。僕既不能卓然自立，行其所學，以追前輩，已負先生之託矣。若又不能追録先生之言，使之泯絶，則僕之罪大。僕懷此志久矣，獨以奔走因循，欲作復止，比因竊禄祠廪，晨昏之暇，輒追録之，以傳子孫。』書分二卷，後附《元城先生行録》一篇，記劉安世之生平和言行。本書爲明刊本，書前有明正德丁丑大名知府金賢序，同年翰林院侍讀崔銑序。馬永卿自序在二序後，又有紹興丙子（二十六年）范陽張九成原序。本《文庫》據明正德十三年張儒刻本影印。（李潔）

从古正文五卷字原釋義一卷　（明）黄諫撰

黄諫，生卒年待考。《中國歷代人名大辭典》作『一四一二—？』，中國蘭州永登縣政府網站作『一四〇三—一四六五』。字正卿，一字廷臣，號蘭坡。明揚州府高郵人，僑寓蘭州。正統七年探花，授編修。天順初改尚寶司卿，兼侍講。後出使安南。還翰林學士。人稱『黄探花』『黄學士』。以石亭事牽連被劾，謫廣州通判，從學者甚衆。其博學多藝，工詩文，兼善篆隸行楷，亦善畫。性嗜茶，好品泉水。後召還，卒於南雄，歸葬高郵，或言葬於蘭州永登城西。著有《書經集解》《月令通纂》《李文毅公傳》《使南録》《大小篆隸書》《蘭坡集》，已佚。另著有《亢倉子音釋》《帝王紀年纂要》等。《國朝獻徵録》有傳。是書包括《从古正文》《字原釋義》，是分析漢字字形、考證字源的著作。漢語字音在《詩經》時代即已分别聲調。至齊、梁時，沈約、周顒等人以『平、上、去、入』四字作爲各類的調名，總稱四聲。《从古正文》即按聲别類，分平聲上、平聲下、上聲、去聲、入聲五卷，共收約三千四百餘字，着重對文字的本字加以考證。如，『暫，作蹔，非从日，斬聲，不久也。』《字原釋義》則選録六百餘字，釋字音原義。如：『心，息今切，象形火藏。忽、悃等六百二十字从此。』是書爲傳統的文字訓詁讀物，屬經部小學類著作。對我國古文字研究有一定的參考價值。本《文庫》據明嘉靖十五年李宗樞石疊山房刻本影印。（王志娟）

王西樓先生野菜譜 （明）王磐撰

王磐（一四七〇—一五三〇？），字鴻漸，號西樓，明高郵人。生於富室，好讀書，不應科舉，縱情山水詩畫間。曾於高郵城西建樓三楹，日與名流吟詠其間，故自號『西樓』。曾工散曲，詞頗警健，亦善爲詩，律詩流麗。長於寫意畫，所繪山水當世有名。著有《西樓律詩》等。另有《王西樓先生樂府》，本《文庫》已收録。王磐久居江淮，見民間百姓食用野菜，尤其『正德間江淮迭經水旱，饑民枕藉道路，率皆採摘野菜以充食，賴之活者甚衆』，然而他擔心『其間形類相似，美惡不同，誤食之，或至傷生，此《野菜譜》所不可無也』，於是取六十餘種野菜，配以圖像，詠以詩歌，『俾人人易識，不至誤食而傷生』，由此可見撰作宗旨，乃是濟世救民之作。此書影響甚大，明末徐光啓將之收入《農政全書》，後滑浩又曾刊行删去繪圖之《野菜譜》，姚可成彙輯《食物本草》一書，亦將《野菜譜》輯録其中。清嘉慶年間《重修揚州府志》，其《物産志·蔬之屬》亦全録王磐《野菜譜》中之菜名和注釋文字。此書有國家圖書館藏明刻本，前有嘉靖三年王磐自序，後有《野菜譜叙》，撰者署『存白山人李宫』；明刻清康熙三十三年王英重修《高郵王西樓先生全集三種》本；又有日本伊藤篤太郎藏明萬曆刻本《野菜譜》，前有沈朝焕序、張元春序、存白山人序，後有嘉靖丁亥（六年）張綖《跋西樓先生野菜譜後》、萬曆丙戌（十四年）張敷漸《跋西樓野菜譜樂府》。本《文庫》據明萬曆刻本影印。（李潔）

詩餘圖譜三卷 （明）張綖編 （明）毛晉訂正

張綖（一四八七—一五四三），字世文，自號南湖居士，明高郵人。王磐之婿。早有才名，與兄經、紘，從弟繪合稱『張氏四龍』，時人稱其爲『淮海才子』。正德八年中舉，嘉靖十四年得武昌通判。爲官清正廉明，深得民心，與當時名公王陽明等有交遊。後歸里，隱居武安湖上，構草堂數楹，藏書數千卷。擅詩文，尤工長短句，人稱『再來少遊』。喜杜詩，並爲之作注釋。著有《杜詩通》《杜律本義》等。另有《張南湖先生詩集》，本《文庫》已收録。顧瑮曾作《南湖墓志銘》，記其生平。毛晉（一五九九—一六五九），字子晉，號潛在，原名鳳苞，字子九，明常熟人。諸生。遊錢謙益門。通明好古，强記博覽。性喜藏書，構『汲古閣』『目耕樓』庋藏，共得八萬四千餘册，内多宋元刻本。又大量刻印古書，並創『影鈔』法。因毛晉刻書爲歷代私家刻書最多者，且好抄録罕見秘籍，繕寫精良，後人稱爲『毛鈔』。有《毛詩草木鳥獸蟲魚疏廣要》《毛詩名物考》《隱湖題跋》等。全書三卷，卷之一爲小令，凡六十四調；卷之二爲中調，凡四十九闋；卷之三爲長調，凡三十六闋。是書詳次調體，部析異同。明王象晉《序》評其：『圖列於前，詞綴於後，韻脚句法，犁然井然。一披閲而調可守，音可循，字推句敲，無事望洋，誠修詞家南車已。』該書在中國詞學史上具有開創性的貢獻，是明代重要的詞學理論著作。是書圖譜標識簡易而直觀，詞譜體例較爲完備，書中某些詞調下所附按語釋要，帶有學術性的注釋。是中國現存較早的詞譜著作。此書另有明嘉靖十五年丙申初刻本、明萬曆二十七年謝天瑞《新鐫補遺詩餘圖譜》本，書中保留《凡例》。《凡例》首倡婉約、豪放二體説，具有詞學重要的理論價值和開創意義。該書作爲詞譜編纂史的初級階段，不可避免存在微瑕，如詞調取合不同、同調異名之調重出、格律體認不切等問題。但其『於詞學失傳之日，創爲譜系，有篳路藍縷之功』（鄒祗謨《遠志齋詞衷》）。書前有崇禎乙亥年（一六三五）王象晉序，有目録。該書主要版本有：明嘉靖十五年丙申初刻本，三卷，臺北『國家圖書館』藏；有明王象晉重刻本，因收入毛晉《詞苑英華》而成爲通行本，此本字體鐫刻秀美，但缺凡例；另有萬曆二十七年謝天瑞《新鐫補遺詩餘圖譜》本，國家圖書館藏；萬曆二十九年游元涇《增正詩餘圖譜》本；崇禎十年萬惟檀《詩餘圖譜》改編本等。本《文庫》據明末毛氏汲古閣刻《詞苑英華》本影印。

（王志娟）

孫氏七經讀法 （清）孫喬年輯

孫喬年（？—一七六五），字賓田，清高郵人。孫濩孫四子。八歲能文章，誦經史必求甚解。應京兆試見擯，考職授主簿，不就。授徒寶應汜水，學益篤。乾隆三十年復應京兆試，卒於途。著有《尚書古文證疑》《五經合解》《補大學傳説》《讀南北史》等。據本書後孫仝嚴《附記》稱，『先子（喬年）七經全書皆有著述，既釋詁又論文，講明義理，博引群儒，發前人之所未發，總計數百萬言』。因感『皓首空拳，實難授梓』，嘉慶庚午年，遂於全書抽刊《古文尚書證疑》，道光乙酉又刊刻《禹貢釋詁》等，並行於世。因恐先人之著湮没不存，又將七經首卷讀法源流綱領成書，即爲《孫氏七經讀法》。孫仝嚴，生卒年不詳，清高郵人。孫喬年之子。著有《蒻蕘四説》。是書主要涉及孫氏讀《周易》《尚書》《毛詩》《禮記》《論語》《孟子》《春秋》七經。孫氏以爲易學當以朱子本義爲主，以爲其『既明其象，復探其理，至奇至平，亦空亦實，蓋易學之集大成也』。以爲『唐虞之盛，《尚書》載之』。讀《毛詩》，則分列毛詩源流、六義、大雅小雅、變風變雅、四始、篇次、詩序論述。又認爲『《周禮》醇疵各半，《儀禮》枝葉繁瑣，未甚切日用』，惟『《禮記》多名言微理，故「三禮」並行而獨以《記》爲粹』。民國學者江瀚在《續修四庫全書總目提要》稱：其論有自相矛盾之處，蓋受『制義之流毒』，『惟讀《春秋·論胡傳之失》，較爲中肯』。書前有《七經全書十三種總目》，書後附《行傳摘録》，介紹孫喬年生平。另有孫仝嚴撰《附記》。本《文庫》據清道光五年天心閣刻本影印。（王志娟）

群經識小八卷　（清）李惇著

李惇（一七三四—一七八四），字成裕，一字孝臣，清高郵人。乾隆四十五年進士，選知縣不就。受學使彭元瑞之聘，主講暨陽書院，以經學教授諸生。少穎異，七歲即知解學，有神童之稱。與同邑王念孫等交善。治經通敏，尤長於《詩經》《春秋三傳》。晚年好曆算，得宣城梅氏書，盡通其術。著述較豐，皆藏於家，現多佚。有《左傳通釋》《澱湖漫稿》等。《清史列傳》有傳。此書爲清人學術筆記。共八卷，卷一爲《易》，卷二爲《書》，卷三爲《詩》，卷四爲《三禮》，卷五爲《三傳》，卷六爲附録，多爲《論語》，卷七爲附録，多爲《孟子》，卷八爲補遺。據《凡例》言，是集首五卷，係作者乾隆丙申歲手訂存稿，附録二卷、補遺一卷係其子李培紫輯佚而成。全書雜論考訂諸經二百二十餘條，廣徵博引，考證精當。王念孫稱其：『好學深思，必求其是。……不惑於晚近之説，而亦不株守前人。……各經中飲食、衣服、宮室、器皿之制，皆考定精審，而言之鑿鑿。』（王《叙》）阮元贊其：『事事精確不磨，發前人所未發。』書前有道光六年王念孫叙、阮元撰《孝臣李先生傳》、道光五年其子李培紫所撰凡例，有標目。此書有清道光五年安愚堂刻本，另有《清經解》本、學海堂本等。本《文庫》據清道光五年安愚堂刻本影印。（王志娟）

夏小正集解四卷 （清）顧問纂

顧問，生卒年不詳。字備堂，號桐蔭，清高郵人。顧增光子。少承家學。乾隆四十五年鄉試榜首。嘉慶六年大挑以知縣用，署河南夏邑。後歷署洧川、杞縣、通許，有政績。另著有《校正四書釋地》《遊大伾山記》《關帝年譜》《岳王年譜》《晚香詩鈔》等，多佚。《夏小正》，以全年十二個月爲序，記載每月的天象、物候、人事、農事、氣象等方面内容，是中國現存最早的一部記述天象和物候的著作，也是中國現存最早的科學文獻之一。原爲《大戴禮記》中的一篇，《隋書·經籍志》始别出《夏小正》一卷，並注爲漢戴德撰。宋代關澮始作注，另有宋傅崧卿《夏小正戴氏傳》四卷、朱熹《儀禮經傳通解》注及蔡元定注，元金履祥《資治通鑒前編》注，明張爾岐《夏小正集注》一卷及清黄叔琳《夏小正注》一卷等。顧氏『往歲授課里塾及門中有受業《小正》者，苦其文字簡古，裒集群書，勉爲之注。稿未就，喜得北平黄先生本讀之，融會傳注，博採旁搜，頗稱該洽』，但其『考證中不無傅會』，『因重加考訂，經則折衷朱子《儀禮通解》，傳則就正金氏《通鑒前編》，論辨既夥，存逸各半……藉先輩之成書，示後學之正義』（顧《識》）。由此可知，顧氏主要參訂黄叔琳《夏小正注》本，或涉其傅會者，則悉從他本注疏，編纂而成。全書四卷，按四時次第，每三月爲一卷，逐節分注，以章句體解讀。凡不戾於經傳者，悉録其舊。間有附會穿鑿之處，或削或辨。首爲經文，後附傳，再繫以諸家注釋及自己的説解。書中所引注文多注明出處，不僅可見其搜羅之宏富，也使讀者有徑可循，爲後世學者全面準確地考證與研究《夏小正》打下基礎。書前有總目，目後附乾隆甲辰秋九月高郵顧問識，有例言，有《先儒注釋姓氏》。本《文庫》據清乾隆五十七年敬業堂刻本影印。（王志娟）

高郵王氏父子論均書札 （清）王念孫　王引之撰

高郵王氏父子指王念孫（一七四四—一八三二）、王引之（一七六六—一八三四）父子，是清代著名學者，於音韻、訓詁與經學等方面成就斐然，以王氏四種著稱於世。王念孫嘗稱『訓詁聲音明而小學明，小學明而經明』（《説文解字讀叙》），王引之則謂『訓詁之要，在聲音不在文字』（《春秋名字解詁序》），認爲『訓詁之旨，存乎聲音』，於音韻之學用力甚勤，創獲甚多。本書主要彙輯王氏父子論述音韻的文章，以及念孫與音韻學家江有誥（字晉三，號古愚，安徽歙縣人）和經學家丁履恒（字若士，號東心，江蘇武進人）往復商討古音韻的書札數篇，包括古詩隨處有韻、答江晉三書、與江晉三書、簽江晉三《古韻總論》四條、與丁大令若士書、簽記宋小城諧聲補逸十四條、書朱乔《詩經韻考》後及古韻廿一部等。其《答江晉三書》云：『念孫少時服膺顧氏五書，年二十三入都會試，得江氏《古韻標準》，始知顧氏所分十部，猶有罅漏。旋里後，取三百五篇反復尋繹，始知江氏之書仍未盡善。輒以己意，重加編次，分古音爲二十一部，未敢出以示人。及服官後，始得亡友段君若膺所撰《六書音均表》。』與段氏商訂古音，『段君從者二，不從者三。自段君而外，則意多不合，難望鍾期之賞。』説明了其研治音韻學之經歷。王氏音韻學成就得到當時學者阮元等稱賞，阮氏《與吳學博蘭修書》謂：『王懷祖先生精研六書音韻，欲著《古音》一書，因段氏成書，遂即輟筆。然其分廿一部，甄極《詩》《騷》，剖析豪芒，不但密於段氏，更有密於陸氏者。』此書爲民國間所編印，署『餘園藏本油印，倉石士桓所貽』。近人劉盼遂編、民國二十五年刊印《高郵王氏父子年譜》附録《高郵王氏父子著述考》中未見著録。本《文庫》據國家圖書館藏日本昭和十一年（一九三六年）倉石士桓油印本影印。（曾學文）

三百篇原聲　（清）夏味堂著

夏味堂有嘉慶《高郵州志》，已著録。是書爲研究《詩經》音韻之作。夏味堂《自叙》云其撰書緣起：『味幼從先君子受《毛詩》，先君子每曰：「三百篇之韻，天地之元聲也。」味敬識之，不深解。間習爲詩，見世所用平水韻，與《毛詩》迥殊，竊惑焉。比少長，得讀昆山顧氏、婺源江氏書，考古韻甚精確。十餘年前，又得金壇段氏《韻表》，溝斷隴析，於是三百篇韻例秩然，而味之惑益滋甚。聲一耳，古與今何以迥殊？』於是夏氏經十數年深求苦研，探索聲韻轉變源流，『敢奮筆爲《原聲》一書，冀引伸先人緒言，爲諸家通其窮，而亦無啓乎循習者之疑且駭』。全書共七卷，分爲：總論第一、聲通譜第二、三百篇聲證第三、周頌聲譜第四、三百篇字代聲證第五、叠韻證第六、毛傳證第七。書前除作者《自叙》之外，還有阮元序。又附《王伯申庶子書》一通，即高郵音韻學家王引之寫給夏味堂探討學術的書信。書末有嘉靖十二年丁卯八月夏味堂《後叙》一篇。本《文庫》據清抄本影印。（李潔）

韓詩内傳徵四卷　（清）宋綿初著

宋綿初，生卒年不詳，字守端，號瓞園，清高郵人。乾隆四十二年拔貢生，選爲五河、清河縣學訓導。深於經學，尤長於《詩經》。著有《釋服》《颬園經説》《形聲指誤一隅編》《古韓詩説徵》《是亦山房文集》《颬園詩存》《困知録》等。西漢時，傳《詩經》之學者有魯、齊、韓、毛四家，其中韓指韓嬰，作《内外傳》數萬言廣《詩經》之意，其傳授之《詩》被稱爲『韓詩』。後《内傳》已亡，僅存《外傳》，且經後人改竄，已非原書。南宋學者王應麟作《詩考》，輯雜見於他書之『韓詩』，宋綿初《韓詩内傳徵序》認爲：『其中殊多脱漏，引書則篇卷不明，經文與傳注相汩，又劚存字句，既不測其終始，亦莫知其是非，無徵不信，學者懵焉。』因此宋氏『擬更掇拾，備西漢一家之言，披覽有得，輒筆之於書。王氏所遺者補之，略者詳之，疑似者去之，群書相發明者、諸家有考正者，旁搜博採，引證以窮其歸趣，久而成帙，顛末略存。於是唐宋不傳之書，宛然可見，亦一適也』。此即本書之宗旨。是書四卷，正文前有《叙録》二卷，分上、下，考輯『韓詩』創者韓嬰之史事以及韓詩學派之傳承和書目著録情況。正文四卷之後，又附録《補遺》《疑義》兩篇。書末有宋綿初之子宋保撰《後識》一篇，補充了一些從父所得家傳之有關韓詩之古音、訓詁的内容。本《文庫》據清乾隆乙卯（六十年）志學堂刻本影印。（李潔）

諧聲補逸十四卷附札記 （清）宋保撰

宋保，字定之，一字小城，清高郵人。主要活動在清嘉慶年間。宋保家學淵源深厚，其父宋綿初爲經史學家。宋保早年遊庠，以廩貢生肄業國子監，之後從同里王侍御念孫遊學，究心聲音訓詁之學，盡得其傳，與王念孫父子、姚文田、黄丕烈等交遊較多，邵晋涵、錢大昕、孫星衍諸老宿對其學頗爲稱賞。阮元《揅經室集》卷五有《與高郵宋定之論爾雅書》，《諧聲補逸》書前有與阮元通信，阮元對其作給予很高的評價。是書由張炳翔收刊入《許學叢書》。所謂許學，即對許慎《説文解字》的研究。東漢許慎所撰《説文解字》是我國第一部按部首編排的字典，總結了先秦、兩漢文學的成果，保存了漢字的形、音、義，是研究甲骨文、金文和古音、訓詁不可缺少的工具。後世音韻、訓詁，即傳統所謂『小學』者，大抵不出此書範圍。清朝時《説文》的研究達到了頂峰。清中葉叢書編刻成風，小學研究著作亦在此列，張炳翔輯《許學叢書》便是其中之一，《諧聲補逸》作爲《説文》的考證、補輯之作，即收在此叢書中。宋保研習許學日久，因前人如二徐（徐鍇、徐鉉）不明古音而誤删《説文》古字，導致音義不明，故有此作。全書十四卷。體例依《説文》次第，方便檢閲。其中『篆文補聲三百有九，古籀重文補聲八百卌有六，凡一千一百四十五，毋穿鑿，毋附會，毋求多，毋悦寡，引類取證必衷諸是，亦以還許君之舊，正徐氏之失而已』（宋保《後識》）。阮元評價：『大著《諧聲補逸》一書，因聲求義，而得古人制字之本。其間孳乳之由，關通之迹，甚爲分明。發覆正訛，新義叠出。觀於此而猶昧於形聲者，真粗材矣。然海内實能貫徹於此而無惑者，不過數人而已。大致已極謹細無可疵議。』王引之説：『是書正徐氏之失，復許氏之真，誠所謂好學深思，心知其意，宜家置一編。』姚文田稱：『凡所發明，咸與二十一部相合，而能觀其會通，洵爲叔重之功臣，六書之羽翼也。』（《諧聲補逸·書》）此書部分被認爲不可取之處，如釋『醢』字，解釋爲『四字並同部，聲相近』，重音近而忽略部首意義上的關聯，在解釋上不能完全使人信服。然而瑕不掩瑜，在清代許學、小學研究中，仍不失爲重要、有新見之作。書前有與王念孫、阮元等書，有宋保序，書後有嘉慶癸亥後識，光緒十年張炳翔跋，并附張氏校録之《札記》。本《文庫》據《許學叢書》本影印，書頁中縫有『忍庵校本』字樣。（張敏）

四書説苑十卷首一卷補遺一卷續遺一卷　（清）孫應科輯

孫應科有《下河水利新編》，已著録。是書廣引博採歷代關於四書之文字注解、名物考證，附録於文句之下。『原本漢學』，而不拘於門户，諸家之説同異兼收，而不下斷語。漢唐經學家如鄭玄、趙岐、許慎、孔穎達、顔師古等，心學一脉如陸九淵、薛侃、焦竑、羅汝芳等，乾嘉學者如段玉裁、何焯、邵晋涵、錢大昕、顧炎武、閻若璩、朱彝尊、毛奇齡、汪中、江永、惠棟、趙翼、王念孫等，及清代欽定諸經義疏、《康熙字典》等均有收録，且不限於經部，楊慎、歸有光、袁枚等人文集，梁玉繩《史記志疑》、王士禎《池北偶談》等亦多引用。多處特别引用其叔曾祖孫喬年《尚書古文證疑》與其父孫齊未刊刻之《讀書識小録》。自言『輔朱子，非駁朱子也』，故於毛奇齡僅收專注考證的《四書賸言》，而戴震、王復禮等人專駁朱子的著作則『不闌入一字』。國子監博士劉彦矩因其『彙聚群言，津逮後學，頗似劉向《説苑》』，命名爲《四書説苑》。此書所引多出於通行四書注解之外，故《續修四庫全書總目提要》稱其『可以廣異聞、備博採，爲治四書者所必不少』。是書十一卷，首一卷，補遺一卷，續遺一卷。前有例言及錢杕、李周南、夏味堂、劉寶楠序，葉維庚跋，有參訂姓氏，有歷代解四書名目與本書引用書目，後有孫應科跋。《江蘇藝文志》稱：『其所輯《四書説苑》是與其七世祖宗彝《易宗集注》、五世祖濩孫《檀弓論文》等並傳。』此書道光四年初刻本無補遺、續遺，道光二十八年補刻本增入。《八千卷樓書目》《清續文獻通考》《續修四

庫全書總目提要》均有著録。本《文庫》據清道光二十八年補刻本影印。（田浩然）

唐月令注一卷附補遺續補遺續考 （清）茆泮林輯

茆泮林有《宋孫莘老先生年譜》，已著録。是書主要包括《唐月令注》一卷，《唐月令考》一卷，《唐月令注補遺》一卷等。唐李林甫等撰，清茆泮林輯。具體内容有《唐月令群臣進注表》（李林甫等著）、《書唐月令》（羅泌著）、《唐月令考》（茆泮林著）、《唐明皇御刊定禮記月令》（李林甫等著）、《唐月令注補遺》（茆泮林著，成蓉鏡增訂）等篇章。至於《唐月令》的成書情況，《新唐書・藝文志》著録《唐明皇御刊定禮記月令》一卷，集賢院學士李林甫、陳希烈、徐安貞，直學士劉光謙、齊光乂、陸善經，修撰官史元晏、待制官梁令瓚等注，自《禮記》中第五易爲第一。此本卷首有李林甫等進書表，與《全唐文》中李林甫《進御刊定禮記月令表》同，以《禮記月令》『纂習舊儀，定以孟春日在營室，有拘恒檢，無適變通，不知氣逐閏移，節隨斗建，洎乎月朔差異，日星見殊，乃令雩祀愆期』，因此對其『重有刪定』。可見《唐明皇御刊定禮記月令》（即《唐月令》）是根據唐代的實際情況對《禮記月令》修改後形成的。南宋時，衢本《郡齋讀書志》著録《唐月令》一卷，引序文與進書表略同，並説明北宋『景祐初，改從舊文』，其書於是『別行』。至清道光十四年，茆泮林刊行《十種古遺書》，録入『別行』之本，又取《内經》王冰注，校其異同，別紙録出，以補《唐月令注》之遺。凡經文及注中小有差異者，皆載録之，以備參考。正如茆泮林在書中所説，『朱子作《儀禮經傳通解》，載《禮記月令》鄭注，併附注唐本於《呂覽》《淮南》之後，其中經文有依《唐月令》刪定者，似亦僅有足取者焉。況定立春為正月之節，至今時憲相承不改，茲故録其文而併考之。』可見，一方面《唐月令》可以用來考訂《禮記月令》，具有語言學價值；另一方面，古代君王依據季節、氣候、曆法行政，《唐月令》記述的天文曆法、自然物候，是古代官方安排生産生活的依據，體現了古人取法自然、遵循自然規律的生存原則以及『天人和諧』的宇宙觀和價值觀，具有重要的歷史文化價值。本《文庫》據清道光十四年梅瑞軒刻《十種古逸書》本影印。（王浩宇）

讀書劄記四卷 （清）喬可聘撰

喬可聘（一五八九—一六七五），字君徵，號聖任，晚自號柘田逸農，明末清初寶應人。天啓二年進士，授中書舍人，歷官至河南道監察御史。以敢言著稱，曾上疏力阻開高堰閘以泄洪水之議，保全淮揚數州縣。曾師從劉宗周、黄道周，立身嚴正，以氣節自持。曾列名《東林黨人榜》。入清後歸隱，築柘溪草堂以居，成寶應一方名勝。邑人劉寶楠曾輯有《喬御史集》一卷。另著有《自警編》《醉陶齋隨筆》等。興化李清爲撰墓志銘。其子喬萊，並享時名。是書四卷，前有清康熙七年作者自叙，作者稱因讀《王文成全書》《性理大全》《近思録》及諸儒語録，又與學者互相切劘，乃知有知行合一之學，有居敬窮理之學，有理一分殊之學。可知其學初從陸、王入，晚乃兼信程、朱，故其説出入兩派之間。顧名思義，本書内容主要是彙集作者平時所作讀書札記，引述自先秦孔子、孟子、顔回、曾子至宋代周敦頤、張載、二程、邵雍、朱熹、陸九淵以及明代王守仁、胡居仁、薛瑄、顧憲成諸大儒之言論，闡述太極、無極、陰陽、理氣、性命、良知等哲學命題。或是從讀史閲經中悟道議論，或是對歷史人物事蹟的提煉品評，或是對爲人處世的原則要求，或是抒發自己的學術見解，多爲簡短的格言警語，如卷一『人不學便老而衰，若能持守得定，不與血氣同衰，故年愈高而德愈進』；『士氣關國運，士無氣節，國勢奄奄殆盡，觀西漢末季可見』；『處事無他，至誠而已，仰不愧，俯不怍，至誠也』；『郡志與國史不同，郡志紀一鄉之賢，苟有一德一藝者，皆可書也』；『今人喜講學而不重躬行，爲世道人心之害甚大』；『閑言雜語，不如一默；閑思雜慮，不如一靜。聞是聞非，不如兩渾；聞毀聞譽，不如兩忘』等等。然其生於明季，不免染佻薄之習。如其中一條云：『中庸其至矣乎，無極而太極。』（《卷四》）顯弄玄機，高深莫測。朱彝尊曾撰《喬御史讀書札記序》，收入《曝書亭集》卷三十六。本《文庫》據清康熙七年刻本影印。（曾學文）

四朝大政録二卷　（清）劉心學撰

劉心學（一五九八—一六七一），字近思，一字兼山，清寶應人。永澄子。純孝，嘗因侍祖疾，輟省試。補廩生。明亡，隱於棋酒間。熟精史事及閩洛性理，構興讓堂，延諸正人講學。著有《明史摘要》六卷，又輯《四朝大政録》。《清史列傳》有傳。是書分卷上、卷下兩卷，書記自明萬曆迄於崇禎四朝政事。卷上爲争國本、楚宗獄、妖書獄、梃擊、紅丸、移宫、要典、改實録，卷下爲光宗起廢、光宗恤録、首善書院、經撫爰書、劾崔魏諸姦、朝政大亂、開讀傳信、定逆案。書作於清康熙七年，時明史未修，而谷應泰《明史紀事》初刊行，是書蓋爲補正紀事而作也。心學家世仕宦，《四朝大政録》所録之事，其耳目覩記皆親歷，有所徵信。五世孫台垣稱其『足以羽翼正史』。此書是清修明史時的重要參考資料。書前有潘煜如序，有海寧陸嘉淑撰《劉近思先生墓志銘》，有目録。書後有道光十一年五世孫劉台垣識語。

本《文庫》據南京圖書館藏清道光十一年世德堂刻本影印。

（武心群）

春秋不傳十二卷　（清）湯啓祚著

湯啓祚（一六三五—一七一〇），字迪宗，號滋人，清寶應人。一生不應科舉，隱居縣城南之槐樓村，以讀書著述自遣，博學通經史。著有《杜詩箋》《刪剩詩文稿》《刪剩詩文續稿》等。其傳記載道光《重修寶應縣志·文苑傳》。是書十二卷，前有康熙五年張琠、六年王巖序，又有乾隆三十六年王鳴盛序。次列目次、《春秋》字音。之後據《春秋》分卷闡釋：卷一隱公，卷二桓公，卷三莊公，卷四閔公，卷五僖公，卷六文公，卷七宣公，卷八成公，卷九襄公，卷十昭公，卷十一定公，卷十二哀公。張序謂其書『不假《左傳》一詞，而經之或抑或縱，或予或奪，或進或退，瞭然若指諸掌。……並爲左氏功臣』。王巖序則稱其『不斤斤乎株守三傳而善採其長，不硜硜乎立異三傳而不襲其短』。是書卷一開篇即針對《左傳》不出《春秋》將不傳的説法加以論斷：『《春秋》殆不翼《左氏傳》而行者也。』如王鳴盛所説，『是編也，不任傳，亦不廢傳』，其主旨在取三傳之美者，又不拘守三傳，因經文之微言大義，學者自可尋繹而得之，所患以三傳之説先入爲主，反可致束縛學者之心思，蒙蔽聖人之本旨。爲清人闡釋《春秋》之重要成果。《四庫全書總目提要》稱：『其書自稱「不傳」者，謂於四傳無所專從也。今觀所説，特不從《左傳》耳。於《公羊》《穀梁》、胡氏皆掇其餘論，而日月之例信公、穀尤篤。然三家之傳皆以譏貶爲主，而亦各有所平反。啓祚乃專取三家嚴刻鍛煉之説，合爲一書。如其所論，是聖人之立法，更酷於商鞅、韓非也。』本《文庫》據清嘉慶循陔堂刻本影印。（曾學文）

讀書記疑十六卷　（清）王懋竑著

王懋竑生平事蹟，參見《王白田先生年譜》提要。此書乃懋竑考訂經史、隨筆札記之書，又名《白田草堂續集》。凡分十六卷，卷一周易，卷二尚書、毛詩，卷三禮記，卷四禮記、左傳、論語、孟子，卷五音韻考，卷六至卷七爲史，卷八南史，卷九至卷十北史，卷十一國語存校、莊子存校、荀子存校，卷十二後漢書存校，卷十三南史存校，卷十四至十五北史存校，卷十六爲讀杜工部集及讀唐宋八大家諸文集。卷首有同治十一年俞樾序，知此書由懋竑族玄孫王凱泰延請俞樾爲之校讎。俞樾於序中詳述此書内容及學術價值：『凡九經諸子之義蘊，歷代史傳之事實，唐宋諸大家詩文之得失，古今音韻之變更，有所見輒記之，區其類而録之，實事求是，細入無間。而三禮之學，尤爲精邃。故於學制之異同，樂章之沿革，以及喪紀之等差、衾冑之制度，歷歷言之，如示諸掌。……爲兩漢廟制存其大略，以補班、范之所未備。……名曰記疑，實所以祛千載之疑也。』推崇備至，並以王應麟《困學紀聞》相比。是書對研究儒學經義及歷史有較大參考作用。論史諸篇，尤爲詳核，故王鳴盛《十七史商榷》『李德裕主議殺郭誼』條下，即採用其説，且謂其論最精，頗得後人推重。末有凱泰所撰跋文，述此集編訂及刊刻經過甚詳。本《文庫》據清同治十一年福建撫署刻本影印。（徐大軍）

秋槎雜記　（清）劉履恂著

劉履恂（一七三八—一七九五），字迪九，號雲陔，清寶應人。乾隆五十一年舉人，屢試禮部不第，授教諭，改國子監典簿，卒於京師。履恂爲揚州學派經學家劉寶楠之父，博覽經史百家，説經多以經注經，折衷一是。著有《義迹山房詩稿》，本《文庫》已收録。是書爲劉履恂經學筆記，大多爲經書考證之隨筆。書名頁題爲『《皇清經解》著録，劉雲陔先生著《秋槎雜記》，世德堂藏板』，卷末有道光十九年十月劉寶楠所撰《秋槎雜記書後》一篇，云其版本來源：『先君著《秋槎雜記》内外篇，内篇説經，外篇雜論，傳記、詩文，合爲一卷，道光元年刊行。時儀徵阮相國總督兩廣，刺取是書，内篇刊入《皇清經解》，而删其外篇，是卷即依《經解》本也。』可見此書實爲劉履恂説經之著作。卷前有道光壬午年山陽汪廷珍序，又有儀徵劉文淇撰《劉迪九先生墓表》一篇，對研究寶應劉氏的家世、生平和學術淵源都有資料價值。此書有《皇清經解》本，又有清道光十九年劉寶楠世德堂刻本。本《文庫》據世德堂本影印。（李潔）

甓齋遺稿一卷　（清）劉玉麐著

劉玉麐（一七三七—一七九七），字又徐，號春浦，又號甓齋，清寶應人。乾隆四十二年選貢生，授鬱林州判，以軍功叙按察司經歷，隨征百色，卒於軍中。玉麐與同里喬大鴻、喬大鈞、喬方立、劉兆彭、湯襄隆、湯應隆並稱『敦素園七子』，有合刻《寶應敦素園七子詩鈔》，已著録。著有《粵西金石録》《爾雅補注》等。是書總題爲《甓齋遺稿》，無分標題，體裁爲讀經之考證筆記，共十條，分别爲對『《虞書》「肆類於上帝」』、『《詩》「得此戚施」』、『《詩·有瞽》「設業設虡」』、『《周禮·漿人》「共王之六飲」』、『《曲禮》「國中以策彗恤勿，驅塵不出軌」』、『鄭康成注《祭法》曰』、『《尒疋》「既伯既禱」』、『《尒疋》「蜺爲挈貳」』、『《尒疋》「椹謂之榩」』等經部典籍中的具體詞義和制度的考據。此書一卷，無單行本，收録在《皇清經解》卷一千三百六十九，卷目下題『學海堂』、『甓齋遺稿，寶應劉州倅玉麐著』，版心題『劉州倅甓齋遺稿』、『庚申補刊』，卷末題『刑部山西司郎中臨川李秉文刊』、『漢軍樊封舊校、番禺金錫齡新校』。據《中國古籍總目·經部》著録，《皇清經解》本《甓齋遺稿》有道光刻本、咸豐補刻本、鴻寶齋石印本、點石齋石印本，此書版心之『庚申補刊』，當是咸豐十年補刻本。本《文庫》據此本影印。（李潔）

經傳攷證八卷 （清）朱彬撰

朱彬生平，參見《寶應朱氏集存史料書牘》提要。朱彬爲朱澤澐族孫，與劉台拱爲内外兄弟，常與台拱切磋，得益良多，故其爲學，深研訓詁名物，而又不廢義理。生平論學，抨擊陸、王而推尊朱子，又以王懋竑表彰朱學，獨爲醇正，終身服膺。覃思經訓，一本漢學。所著《經傳攷證》八卷，卓有發明。此書卷之一，周易考證；卷之二至三，尚書考證；卷之四至五，毛詩考證；卷之六，禮記考證；卷之七，左傳公羊傳、穀梁傳考證；卷之八，論語、孝經、孟子考證。作者採集前人諸説，詳加己意，逐條考證經傳。清代學者王念孫在序中稱其能『合採漢唐宋諸儒所長，而化其鑿空之病與拘牽之習』，『乃師前人之説而善用之者』。民國學者江瀚《續修四庫全書總目提要》評論：『是書雖亦循漢學家治經塗軌，然頗不以惠棟所輯《易漢學》爲然』，並舉例説明『其書瑕瑜互見』。乾嘉學派是清代中期重要學術流派，朱彬作爲乾嘉考據學者，在清代學術史上占有一定地位，其學術軌迹和學術思想也具有一定的代表性。此書作爲其代表性學術著作，集中體現其學術成就和治學特點，對當今學者研究乾嘉學派有一定的參考價值。書前有道光二年王念孫序，有卷首作者識及目録。是書原刊本，藏南京圖書館。另有稿本，清王念孫批校，藏浙江圖書館。據《江蘇藝文志》載，通行版本有清道光二年寶應宜禄堂刻本、道光二年遊道堂刻本、道光十六年宜禄堂刻本、《皇清精解》本、學海堂本等。本《文庫》據清道光二年遊道堂刻本影印。（王志娟）

尚書異義四卷尚書故訓別録一卷 （清）朱彬著

朱彬生平，參見《寶應朱氏集存史料書牘》提要。《尚書異義》共四卷，爲經義訓詁學著作。此書前三卷對《虞夏書》以下三十三篇字詞進行釋義，卷下分目，目下並記條數。卷一爲虞夏書、堯典、舜典、皋陶謨、益稷；卷二爲禹貢、甘誓、商書、湯誓至微子八目；卷三爲周書、牧誓以下二十目；卷四爲序，對《尚書》百篇次第不同、孔鄭書目不同等問題進行考核。卷末有清光緒十二年曾孫朱勤壯跋。

此書對《尚書》詞句進行釋義，首列《孔安國傳》注解，後引東漢馬融、鄭玄諸家釋義，所引資料源自正史、地理志、文集等，如《三國志·魏志》《後漢書》《史記集解》《釋文》《水經注》《太平御覽》《隋書》《文選注》等，彙集諸家釋義，爲《尚書》經義研究可資查考之著作。《尚書故訓别録》一卷，對《尚書》字詞進行訂訛、解釋。主要徵引《史記》《説文》《漢書》《釋文》等文獻，與傳文相互勘校，以辨文字正誤。此書爲清光緒十二年始予刊刻，然行世甚少，主要靠抄本流傳。揚州大學圖書館、南京圖書館各藏抄本一部。本《文庫》據揚州大學圖書館藏抄本影印。（王永平　姚海英）

讀書解義　（清）朱毓楷著

朱毓楷（一七五九—一八〇九），字幼則，清寶應人。幼喪父，家貧，事母至孝。屢試不第，從其姊夫汪中以經義相質難，於『曾子十篇』及許、鄭之學多有研究。另有《師文堂集》。是書不分卷，書後附有作者外甥汪喜孫爲其所撰墓志銘，爲舅母王太孺人所撰祭文，邑人劉恭冕《寶應祀典紀略》及湯國泰（字仁山，海州人）詩《書寶應朱幼則先生墓志後》。據記載可知，朱毓楷喜覽群書，手不釋卷，每有疑議必就正於汪中，他通過考證辨析，對典籍記載中的訛誤或互相抵牾之處提出了許多獨到的見解。此書即記載了其考訂内容若干條，内容皆屬考證字音、字義、文義，涉及經學、史學、小學、訓詁等諸多方面。如『春秋僖公三十三年傳烝嘗禘於廟』條，作者通過精細考證，認爲唐孔穎達疏『祫禘正是一祭』所説非是，指出祫禘不是一祭，不應混淆。又如『尚書大傳咎繇謨』條，作者通過對古代天子諸侯等的服飾彩章『璪火』之『璪』字的分析，推斷出許慎《説文》雖宗孔氏古文經學，却也兼及今文經學，對今文經學的合理部分也予以吸收。此書有道光刊本、《春雨樓叢書》本。本《文庫》據清同治二年刻《春雨樓叢書》本影印。（王麗）

説文諧聲舉要十四卷　（清）朱士端著

朱士端（一七八六—一八七二），原名效端，字銓甫，清寶應人。朱毓楷子。少承家學，又從叔父朱彬遊。受學高郵王念孫之門，得文字、音韻學之傳。精於許氏形聲之學，嘗以二徐本互校，多正後儒删改之失。又以鍾鼎彝器諸文考今許氏所載古籀各體。道光元年舉人。考充右翼宗學教習，選任廣德州訓導。爲官清廉，教士有方。歸里，閉門著書，著有《齊魯韓三家詩釋》《强識編》《説文校定本》《宜禄堂收藏金石記》《檢身録》《知退齋筆記》等。同治中，其後人輯其所著爲《春雨樓叢書》刊行。另有《吉金樂石山房文集》《詩集》，本《文庫》已收録。《清史列傳》、民國《寶應縣志》有傳。此爲稿本，一名《説文形聲疏證》，主要研究《説文》諧聲，爲古文字考證著作。東漢許慎所著《説文解字》，是中國文字學史上里程碑式的著作。許氏首創六書之體，系統解讀古文字。朱氏認爲『六書之體，《説文》解特造之字，經典用假借之文，借字行而本字賴以不墜，唯《説文》之功居』。但後世解經家往往就假借字望文生訓，而造成本字不詳。他明確指出：『六書之旨，最重諧聲。諧聲實六書之綱紐。』（朱士端《識》）朱氏因遵道光己丑、壬辰科回避制例，不參與禮闈試，旋補右翼宗學教習，趁閑暇，以《説文》一書，定以功課，每日考訂十數字或六七字不等，歷四年撰成《説文諧聲舉要》。是書仍按《説文》部首分類排序，據形繫聯，十四卷，各卷又分上、下，收録一千餘字，逐一解讀。每字一般先列篆文，然後釋義，再標注『从某字某聲』，最後加『按』以諧聲解讀。如卷一上：『吏，治人也。从一从史，史亦聲。按：古音紙實通史，吏亦聲之轉。』朱氏《説文諧聲舉要》着重從諧聲研究《説文》，是清人古音學研究成果，體現晚清揚州學者學術研究特點，對中國語言、文字研究有一定的參考價值。本書有稿本數種，蓋前後數次修訂謄抄。本《文庫》據稿本影印。（王志娟）

太學坊表八卷　（清）朱百谷撰

朱百谷，字涵之，清寶應人。朱士彦子。廪貢生。道光二十年欽賜舉人，官内閣中書，署侍讀。授貴州正安州知州，以功陞直隸州知州，賞戴花翎。後調廣順州，未莅任，還里省墓。漕督王夢齡奏留督辦高寶團練，以積勞感疾，卒於家。事聞優恤，贈光禄寺正卿銜。據民國《寶應縣志》《清史稿藝文志補編》載，著有《易言》《尚書小傳》《禮記述》《望雲山廬存稿》，惜已佚。是書成於道光乙未（十五年），增訂於咸豐辛巳（七年）。道光《重修寶應縣志》卷二十三著録爲四十五卷。是書爲八卷。卷前爲御製先師孔子贊及顔曾思孟四子贊並序頌學立碑、祝文等。全書以頌揚先師孔子及其門人七十二賢爲主，兼及周朝至清代先儒，其目的是『闡聖道於後世，允爲後學津梁』，『百谷不敏，所願大人先生匡其不逮，而與後學共勉之』。是書對中國古代文化史、教育史以及國家教育政策的研究皆有裨益。本《文庫》據清咸豐七年正安州刻本影印。（胡珍）

漢石例六卷　（清）劉寶楠撰

劉寶楠有《寶應圖經》，已著録。此書爲清代金石義例學研究鼎盛時期的重要著作之一。所謂『例』，是指一些事同手法同的記事規則，而這些記事規則背後一般都存在着一定的含義，因此又稱爲『義例』。專門研究金石碑刻文章體例的，即稱『金石義例』。元代潘昂霄《金石例》、明代王行《墓銘舉例》、清初黄宗羲《金石要例》，世稱『金石三例』，三書的刊行奠定了金石義例學的基礎。清代是金石義例之學發展鼎盛時期，成爲清代學術的重要組成部分。劉寶楠受『金石三例』及清朱彝尊影響，以爲墓銘莫盛於東漢，『韓柳上法莊荀，工於思議而體製寖失』（劉寶楠《叙》），『始本竹垞之意，壹以東京爲主，傅以經術，加之博證，纂成《漢石例》』（張穆《序》）。全書六卷，取漢一代石刻，收墓碑例百五十，廟碑例二十九，德政碑例十三，墓闕例十一，雜例三十二，總例四十八，側重研究考證碑石文體，包括書寫格式、古刻體制，如卷六總例『碑文隔圈例』『碑文空字例』『碑文出格例』『碑文提行例』『碑文空行例』『碑文低行例』等。條分縷析，旁採諸家，發明經義，貫穿史籍。所謂『文因義而生，例因義而立，故沿例而求其義』。時人張穆稱其：『蓋惟深通漢學，故能得其大義。義舉而例亦因之俱舉。』（張《序》）《續修四庫全書總目録提要》稿本評價：『於斷制深嚴，條理明暢，尤非諸家所能及，蓋不僅文章家之事也。』重視漢碑研究，是揚州金石義例之學的一個重要特點。劉寶楠所著《漢石例》即爲其中一部。該書不僅研究指導文章寫作示例，因其注重考察碑志文的體例特點及其變化，藉以考證經史，體現出清代揚州學派學術特點，對深入研究清代揚州學術有一定的參考價值。書前有道光二十九年張穆序，有道光十年、道光十六年劉寶楠叙，有目録。此書初刻於清道光二十九年《連筠簃叢書》，署『清劉寶楠録』字樣。另有湖州丁氏刻本、光緒十八年吴縣朱記榮《槐廬叢書》本等。本《文庫》據連筠簃刊本影印，書中牌記題『道光廿九年靈石楊氏刊馮志沂署檢』，書口下刊『連筠簃叢書靈石楊氏栞』字樣。（王志娟）

毛詩注疏長編詩經注疏長編　（清）劉寶楠編

劉寶楠有《寶應圖經》，已著録。是書彙録清代學者對《毛詩》的相關討論和著作，包含有陳啓源《毛詩稽古編》、錢大昕《十駕齋養新録》、顧炎武《日知録》《左傳杜解補正》、胡渭《禹貢錐指》、惠周惕《詩説》、惠棟《古文尚書考》、全祖望《經史問答》、李惇《群經識小》、段玉裁《説文解字注》、汪中《述學》、朱彬《經傳考證》、王引之《經義述聞》、宋翔鳳《四書釋地補正》等，以及作者之父劉履恂、叔父劉台拱的論《詩》著作等。是書爲稿本，未分卷（封面寫『毛詩注疏長編卷一』，然而後面再未出現卷數），分爲若干册，封面格式爲右起題本册所收著作名稱，如《毛詩稽古編》，左題《詩經注疏長編》，册内分條按篇目摘録對《詩經》内容的注疏文字。此書實爲作者治學過程之中所自輯資料彙編，從中可窺劉氏治學之勤勉和治博，亦有資後人作爲工具書使用。本《文庫》據上海圖書館藏清稿本影印。（李潔）

史漢駢枝一卷 （清）成孺撰

成孺有《寶應儒林事略》，已著録。是書一卷，爲成氏考訂《史記》《漢書》《續漢書》《後漢書》所作，計考《史記》者十條，考《漢書》者五條，考《續漢書》及《後漢書》者各一條。數量雖少，但所考多精覈，有理有據。如《史記·五帝本紀》『江淮荆州』，張守節《正義》讀『淮』爲『匯』，釋爲彭蠡湖。而成氏認爲，《禹貢》云『東匯澤爲彭蠡』，不得稱彭蠡爲『匯』，『淮』應當如字讀，『江淮荆州』當釋爲江淮之間古荆州之地，不必涉揚州地。凡此數條，皆糾正了張守節的説法。此外還有對錢大昕、顔師古等舊説的辨析糾正。其中亦有義理證據薄弱，顯然與事實不符者，但通覈全書，精湛者居多。可供研究《史記》《漢書》者參考。此書有《南菁書院叢書》本、《成氏遺書》本、《廣雅書局叢書》本、《史學叢書》本等。本《文庫》據清光緒十四年《廣雅書局叢書》本影印。（徐大軍）

漢碑徵經一卷 （清）朱百度著

朱百度，字權之，又字午橋，清寶應人。幼受家學，專研聲音訓詁之學。精眼科。民國二十一年《寶應縣志》卷十三書目收録朱百度所著《説文徵經》《漢碑徵經》《射陽漢鏡考釋》，另著《漢竟圖粹》。有《寶應左右朱氏家集彙稿》，本《文庫》已收録。作者以爲秦焚簡册，古籍就湮。後代相承轉寫，傳沿至今，未變者惟漢碑最古，遂以《隸釋》《隸辨》所載漢碑中有合經文者，筆之於篇，並旁搜金石以補之，又復參以他書，佐以成訓。爰取『文獻足徵』之義，名曰《漢碑徵經》。作者自序言：是篇創於癸丑（咸豐三年），成於庚申（咸豐十年），辛卯（咸豐十一年）復加校對，芟其凌雜，補其缺漏，《周易》部分始竣。全篇主要以漢碑文字考徵周易經文，逐條論證，詳加『案』語，論證經文與碑文在字音、字形、字義等方面存在的差異。如『《郭泰碑》：「童蒙賴焉。」《蒙》：「童蒙求我。」百度案：《方言》十三、《廣雅釋詁》一篇並云：「賴，取也。」《孟子·公孫丑篇》「勿求於心」，注云：「求者，取也。」是賴與求亦同義。』諸如此類，篇中隨處可見，頗能體現作者考據之功。此書爲清代文字考訂、金石研究著作，對經學研究有一定的參考價值。書前有咸豐十年、十一年朱百度自序。無目。本《文庫》據清光緒十五年《廣雅書局叢書》本影印。（王志娟）

食舊悳齋雜著　（清）劉嶽雲撰

劉嶽雲（一八四九—一九一七），字佛卿，清亡後改名爲震，號致庵，室名食舊悳齋，清寶應人。揚州學派代表人物之一。與恭冕爲族兄弟，承家學累世之傳。又師從寶應學者成蓉鏡，與成肇麟、馮煦被譽爲『成門三俊』。後轉益多師，而博觀約取，惟求致用，不拘於一家之説。光緒十二年進士，歷任農部主事、户部主事、江西司員外郎、四川司郎中、紹興府知府等。光緒間曾主講於四川尊經書院。一生著書甚豐，計有五十餘種、二百餘卷，於經史諸子、天文地理、經濟政治、詩詞歌賦、數理醫藥等諸多方面無不精研，是一位學貫中西的通才。所著有《群經地理今釋》《礦政輯略》《微積分述》《測圓海鏡通釋》《五經算術疏義》《格物中法》《光緒會計表》等，多刊行於世。生平可參見唐文治所撰神道碑、馮煦撰墓志銘、章梫撰家傳。是書凡收嶽雲所撰文章三十六篇，篇幅多不長，然内容繁雜，故歸於雜著。形式上既有學術筆録，亦有爲他人著作所作的序跋和與他人書信等。所談内容於訓詁、聲音、典制、名物、天算、輿地等都有所涉及，可見其治學之雜。嶽雲遍讀群經，治學務實。在治學之餘，又積極研讀西學，曾師從清末曆算名家吴嘉善、李善蘭及英人傅蘭雅，有所成就。故是書所談，既有中國傳統學術如《夏小正天象考》等，亦有不少談算學、光學之作，如《墨子格術解》等，間涉江防、海防之事，如《進呈江蘇江海圖説》等。其所著述，『尤能留心世道，取所得於古以證今，誠所謂通經致用者也』（王家鳳《跋》），體現了其所倡導的『西學中源』的思想。據黄裳《清代版刻一隅》云，此書於光緒八年壬午刻於湖北志局，卷葉數尚是墨釘，爲初刻本。又於光緒二十二年刊行於四川尊經書院，爲重刻本。本《文庫》據上海圖書館藏清光緒八年刻本影印，此書封面爲光緒壬午嘉魚劉心源署，卷尾有光緒八年王家鳳跋，又有『江夏王樹之、錢桂笙同校』一行。（徐大軍）

第五輯　詩文集類

揚州足徵録二十七卷　（清）焦循輯

焦循有《北湖小志》，已著録。焦循著述宏富，是清代乾嘉學術盛世之大家，揚州學派傑出代表，有『通儒』之譽。嘉慶十一年，焦循應地方主事者之約，分任纂輯《揚州文粹》，後因故事寢，而留存了搜集的文獻資料。後焦循又參與纂修嘉慶《重修揚州府志》，進一步搜尋相關資料，並於嘉慶二十年，翻檢舊稿，編次成書。《自叙》言：『《足徵録》者，揚州之事有關乎揚者，不必揚人之文也。』『足徵』，語出《論語・八佾》，即『文獻足徵』之意。是書共二十七卷，按文體分卷編次，卷一至卷十二志傳，卷十三至卷十八序，卷十九書後題跋，卷二十疏，卷二十一書，卷二十二紀事，卷二十三碑記，卷二十四至卷二十五記，卷二十六啓、説、論辨證對，卷二十七祭文哀辭，各卷首列所收篇目，題下標明作者籍貫、姓名及字號；正文題下，均記作者籍貫、姓名，部分篇章後注明選文來源。輯録從明末清初至乾嘉之際的學者名儒、文人逸士與揚州有關的各類文作三百篇。其文章來源，主要是已有刊本，少數未刊稿及尚未編刻入集的單篇文作。内容涉及揚州建置、水利、田賦、學校、人物、災祥、藝文等方面，其中保存了不少罕見或失傳的歷史文獻資料，是研究清代揚州歷史的重要文獻。書前有嘉慶二十年焦循自叙、序目。此書有多種版本：清嘉慶間廣陵墨香書屋刻本，其傳本甚鮮；清同治間真州張氏《榕園叢書續刻》本，較爲通行；清揚州陳氏雲藍閣抄本，國家圖書館藏；廣陵書社《揚州地方文獻叢刊》整理本。本《文庫》據上海圖書館藏《榕園叢書續刻》本影印。（王志娟）

焦里堂手鈔詩文集十三種　（清）焦循輯

焦循有《北湖小志》，已著録。焦循治學，以研究《周易》《孟子》著稱。北湖焦氏，世傳《易》學。焦循自幼習《易》，其治《易》之法，發端於父親的啓示，終成《易學三書》。焦循又以爲：『《論語》二十篇，乃全《易》注脚。』而《論語》一書，『其文簡奥，惟《孟子》闡發最詳最鬯』，故又於嘉慶二十三年奮力寫作《孟子正義》，兩年後成稿。《周易》《孟子》之外，早年曾著力於《毛詩》，撰成《毛詩草木鳥獸蟲魚釋》，對算學也有所研習。終其一生，勤於治學，筆耕不輟，著述等身，在經學、文學、史學、數學、醫學等方面均有傑出成就。是書分六册，鈔録詩文集十三部，依次爲：佚名著《漪庵遺集》一卷，王方岐撰《蒙谷詩》一卷，羅煜撰《霞汀詩餘》一卷，姜生齊撰《既上人詩集》一卷，張瑶房撰《瑶房詩》一卷，徐棄疾撰《閑情偶寄》一卷及附録，吴寅撰《夢硯居遺詩》二卷、《清渠詩鈔》三卷，郭嗣齡撰《玉山集》二卷，謝九成撰《鶴墅詩鈔》二卷、《鶴墅樂府學步編》二卷，謝旭撰《遺閑偶集》一卷，謝天霽撰《來青閣詩鈔》一卷。《漪庵遺集》《鶴墅樂府學步編》前，以及《瑶房詩》《閑情偶寄》《清渠詩鈔》後，皆有焦循題識，録其顛末。惟首頁記《花傭月令》，文字不竟，而其書亦不存於鈔本，未解何故。所録著者，除一人不可考外，其餘十人皆爲清初寓居或籍隸揚州者，於焦循爲鄉先賢，則焦氏鈔録此本，或意在留存鄉梓文獻。此書爲抄本，現藏於上海圖書館。扉頁有『言言齋善本圖書』印，首頁有『曾留吴興周氏言言齋』印，卷内鈐有『焦循手録』、『焦循私印』印。卷前裱有『六五老人』題款，並有手抄目次一份，後附落款。本《文庫》據此抄本影印。（王繼雄）

端綺集二十八卷 （清）黄奭輯

黄奭（一八〇九—一八五三），字右原，清甘泉人。嘉道年間兩淮鹽商總商、个園主人黄至筠次子。道光年間因順天府尹吴傑薦，欽賜舉人，以貲入刑部郎中。家世貨殖而獨嗜學，曾從南城曾燠遊，燠異之，命拜江藩爲師，因而專精漢學，嘗以所學質於儀徵阮元，阮元稱其勤博。著有《爾雅古義》十二卷、《杜詩注》三卷、《端綺集》二十八卷等。黄奭畢生從事輯佚，所輯《高密遺書》十三種、《清頌堂叢書》七種，譽滿海内，而尤以《漢學堂知足齋叢書》和《黄氏逸書考》，包羅最廣，此編於同治、光緒年間陸續將所輯各種佚書彙刻，輯書數量頗爲可觀。是書爲黄奭彙集友朋、師親與之唱和的詩文、序跋、信札，編年而成，時間自道光二年至道光三十年止。道光二十三年，『彝輪入江』，个園黄氏『徙家袁浦』，先生獨守蕪城，『於是就數十年同人之詩、古文，爲天所留者，不分體而編年以先後之，雖有斷爛顯然，亦仍之年各一卷』，集成此書，並作自序於『道光癸卯小陽月』，但是根據該書目前收入他人著作的現狀，其編成後又有增補，直至道光三十年。是書每頁九行，行二十字，左右單邊，無魚尾，收入黄氏自編之《清頌堂叢書》。本《文庫》據《清頌堂叢書》本影印。（方曉偉）

蔗根集十七卷 （清）黄錫麒輯

黄錫麒，一名治原，字也園，清甘泉人。嘉道年間鹽商、揚州著名園林个園主人黄至筠三子。博採文獻，潛穿典墳，工詩詞，善書畫；曾彙朋友詩爲《蔗根集》。所謂『味之甘莫若蔗，蔗之甘莫若根。凡枝條之鬯茂，漿液之充潤，清而彌韻，澹而愈旨』（金長福《蔗根集序》），以名斯集，殆得詩家三昧。據《凡例》稱：其集仿畢沅編《吴會英才集》之例，『人各一卷，卷或數十首，或百餘首。合之則共爲一集，分之則各自爲集』，又『但列郡邑、名字，略以年齒爲前後。不復綴以小傳』。共十七卷，從道光十五年四月起，至第二年九月止，收輯同時十七位詩人的詩作，主要爲揚州人。每卷選録一人之詩，最末卷十七爲編者本人作品，署名爲『甘泉黄錫麒也園』。書前有道光丙申金長福序，有凡例，有輯者黄錫麒識。此集有道光十六年丙申清美堂刻本，一函四册，每頁十行，每行二十一字，大黑口，左右雙邊，無魚尾，浙江大學圖書館西溪分館（原杭州大學圖書館）和南京圖書館有藏。是書曾見《清史稿藝文志及補編》集部總集類『雜集』之屬著録，編者作『黄錫麟』。山東省圖書館編《山東省圖書館藏海源閣書目》也收入此書，編者作『金長福』。本《文庫》據清道光十六年清美堂刻本影印。（方曉偉）

淮海英靈集二十二卷 （清）阮元輯

阮元有《廣陵詩事》，已著録。嘉慶元年，阮元任浙江學政，乃以清初揚州府地域（含嘉慶時通州、如皋、泰興）爲斷，徵選清代邑人詩作，凡本籍、著籍，閨閣之出嫁、來嫁，釋道之出遊、來遊者，一體收録，歷三年而成。計收録作者八百六十五人，詩二千四百八十八篇。助其徵輯者有團維墉、汪榮懷、程贊和、程贊皇、程贊寧、程贊普、汪光曦、方仕傑、薛溶、王文泗、李斗、葉觀廷、史椿齡、張維楨、張觀海、黄洙、朱春槎、歐陽錦、焦循、季徵、李鍾泗、黄文暘、徐元方、王授、謝開基、江藩、夏味堂、沈鈁、王述之、劉台拱、劉台斗、朱士彦、黄騂、陳燮、繆承鈞、劉仙培、季爾慶等三十七人，助其編纂者有陳焯、趙蕙棻、陳文傑、端木國瑚、焦循、阮鴻，校對則由阮亨、阮長生負責，可謂集一時之盛。此編仿元好問《中州集》例，以天干爲次，以得詩先後爲序。其中甲、乙、丙、丁、戊五集，録嘉慶時已歿詩人；壬集收閨秀，癸集收方外；虚己、庚、辛三集，以待補録。名『淮海英靈集』者，取秦觀《淮海集》、殷璠《河岳英靈集》爲意。所録作者基本涵蓋清中期以前揚州府的重要作者，各附以小傳，述其生平、官階及作品存佚情形。《江蘇詩徵》小傳及嘉慶《重修揚州府志》、道光《重修儀徵縣志》等所録人物傳，均有取於此。今人著録訛誤，也可藉此糾正。部分作者詩詞集今或不存，賴此所選，得窺一斑。此編所選作者，既有劉欽鄰、蕭日璜、汪楫等忠孝節義之士，又有徐石麒、梁嘉稷、范荃、施銓、王玉藻、王巖等北湖遺民詩人。鄧漢儀曾因所輯《詩觀》中有應禁之人，奉旨抽毀行世，而丁集卷一録鄧詩，孔尚任《哭鄧孝威中翰》直稱『飲少醉易成，拭眼泪盈把』；閔華《澄秋閣集》『有詠錢謙益等詩，並違礙語』，乾隆間列目禁毁，而甲集卷四小傳有此集名。是書爲嘉慶三年儀徵阮氏小琅嬛仙館刻，首有阮元序及《凡例》九則，通州胡長齡題籤。另有道光二十二年阮亨珠湖草堂刻《文選樓叢書》本，實取小琅嬛仙館版刷印。本《文庫》據清嘉慶三年儀徵阮氏小琅環仙館刻本影印。（盧嫻）

淮海英靈續集十二卷　（清）阮亨　王豫輯

阮亨（一七八三—一八五九），字梅叔，號仲嘉，清儀徵人。阮元從弟。嘉慶二十三年副貢，入阮元幕。咸豐元年舉孝廉方正，不就。家業毁於太平軍兵燹，晚境坎坷。撰有《瀛舟筆談》《珠湖草堂詩鈔》，輯《皋亭倡和集》《律賦經畬集》等。另有《霻桂軒唫稿》，已收録。王豫有嘉慶《瓜洲志稿》，已著録。阮元《種竹軒詩序》稱其『身處蓬茅，名滿海内』。是書爲嘉慶十三年阮元再任浙江巡撫時，命阮亨、王豫續輯《淮海英靈集》，編爲己、庚、辛三集，於道光六年刻成。此書首有王豫序，稱三集計十二卷，共七百七十一人，詩一千四百九十四首，實則詩人七百七十八家（重收者十三家），詩作一千四百一十七篇。收録流寓詩人，與《英靈集》體例略異。所録詩人，間有曾涉文字獄者，如李驎《虬峰文集》，乾隆間曾列禁書專案，庚集卷二録其詩。己集卷一鄭熙績傳所稱《含英閣詩草》、己集卷三席居中傳所稱《昭代詩存》、朱鳳臺傳所稱《退思堂草》，均在禁毁之列，則斯時文網益疏矣。《凡例》稱：『前集已録者，兹不復録。』今檢其書，重出者仍多。如《續集》己集卷一繆肇甲已見《英靈集》丙集卷一，所選詩異；庚集卷一程名世已見《英靈集》乙集卷四，小傳、詩並異；庚集卷二李湘已見《英靈集》乙集卷二，小傳較詳，所選詩全同。庚集卷三方汝謙已見《英靈集》戊集卷二，小傳略同，所選詩同，而較《英靈集》少一詩；王聖已見《英靈集》乙集卷三，小傳及所選詩同，惟較《英靈集》少選三首；陸端已見《英靈集》丁集卷三，宫履基已見《英靈集》乙集卷四，許天球已見《英靈集》乙集卷一，所選詩均異。庚集卷四吴宏雋已見《英靈集》甲集卷四，所選詩異；賈寬生已見《英靈集》戊集卷二，所選詩同而題小異；夏廷英《英靈集》丙集卷二作『夏廷萸』，所選《寄五兄》即《英靈集》所選同題二首之一。更有一人而重收者，如庚集卷四閔崧已見己集卷三，小傳略同，所選詩同題異。庚集卷五目録『趙澧』，正文作『趙明禮』；『劉實篆』下，目録奪『賈啓彪』。本《文庫》據清道光刻本影印。（萬仕國）

淮海同聲集二十卷　（清）汪之選輯

汪之選，字選山，號月樵，清浙江仁和人。生平事蹟不詳。本書前有嘉慶二十二年劉鳳誥以駢體文寫就之《序》，謂：『夫以是邦之盛，畫旗津鼓，夾江楊柳之春；節傳軍衙，大國冠裳之會。』清代揚州繁盛，詩人薈萃，留下詩作衆多。本書卷十六甘泉人黄金有《題汪月樵詩集》曰：『詩似香山一派清，桃花潭水共深情。妙心每向閑中會，真味都從澹處生。風月自然供雅興，筝琶最怕近繁聲。今朝得附松陵集，淮海同聲浪得名。』或即本詩集之特色。本書主要收集乾嘉時期詩人詩作，凡二十卷，卷一吴錫麒，卷二汪端光，卷三江漣，卷四陳鴻壽、屠倬等，卷五孫星衍、郭麐等，卷六曾燠、阮元等，卷七黄文暘、伊秉綬等，卷八許乃濟，卷九蔡復午，卷十吴文祥、許承露，卷十一袁承福，卷十二江藩、李斗等，卷十三姜上桂、王豫等，卷十四周右，卷十五汪茂醇、汪全泰等，卷十六黄金，卷十七許乃椿，卷十八單壯圖，卷十九張彤雯、袁先忠等，卷二十汪之選。共收詩人八十八人，詩作將近九百首。詩人既有揚州名家，亦有外地名士，多爲汪之選詩友。作品主要包括遊歷、詠物、懷古、題畫、贈答、感事等題材，内容不局限於揚州，而詠懷揚州風俗、古蹟、名勝者不少，集中常見詩人們於平山堂、意園、西園、桃花庵雅集唱和之作，名勝古蹟則有雙忠祠、梅花嶺、鐵佛寺、蜀岡、小玲瓏山館、玉勾斜等。詩如吴錫麒《揚州燈市詞》四首之一：『蕃釐觀裏閣曾憑，曼衍魚龍百戲騰。過眼繁華渾似夢，居民猶説廣陵燈。』寫揚州燈市之繁。江漣《瓜州》：『波濤天塹扼襟喉，沙磧成城一鎮留。代閲宋元江洗馬，帆連吴楚客維舟。西風潮汐通揚子，北府兵厨載潤州。莫問舊時征壘地，角聲吹老荻花洲。』寫瓜州形勝與滄桑。汪之選《曉登廣陵鎮海樓望隔江山色》：『遠山若美人，紅日照初起。嫵媚不可名，扶出緑雲裏。冥冥楊柳深，娟娟芙蓉美。我欲從之遊，遥隔一江水。』寫江南山色之佳，而鎮海樓亦得憑詩留名。本《文庫》據清嘉慶二十二年本影印，原本刻印較佳。（曾學文）

淮海秋笳集 （清）李肇增輯

李肇增，生卒年不詳，約咸豐前後在世。字冰叔，號冰署，清甘泉人。諸生。工駢體文。以參戎幕功官浙江新昌、昌化知縣，署玉環同知。輯《淮海秋笳集》，另著有《琴語堂文述》《琴語堂雜體文續》《冰持庵詞》。是書前有甘泉李肇增序，次目録，收道光、咸豐間詞人十二家之作。依次收張安保《晚翠軒詞》七首、范凌霞《冷灰詞》二首、吴熙載《匏瓜室詞》五首、汪鋆《梅邊吹笛詞》二十首、李肇增《冰持庵詞》一首、王茭《受辛詞》二十首、張丙炎《冰甌館詞》四首、黄涇祥《荳蔻詞》五首、郭夔《印山堂詞》六首、馬汝楫《雲笙詞》十首、黄錫禧《栖雲山館詞》二十二首、姚正鏞

《江上維舟詞》二十二首，另附有白桐生詞作二首。十二家中，除黄涇祥、姚正鏞外，餘皆本籍揚州，而黄、姚二人亦是流寓維揚之客，故此書乃以『淮海』爲名。肇增輯訂是書，緣於其時『屬大風横起，豺狼食人，故舊傖荒，半登鬼籙』，於是感時傷物，輯録各家詞作，都爲一册，用懷故人。肇增於序中有『雍門之操，非媚賞於聾俗；車子之奏，期躢伎於温胡』之言，以爲所收詞作，於綺言麗語之下，均有詞人的『苦調義心』寄焉，而王之春在《椒生隨筆》中也以爲書中所録之詞『蓋因兵燹仳離，有感而作』，『都爲哀怨之音』，『不僅以搓酥摘粉爲工』。本《文庫》據上海圖書館藏清咸豐十年遲雲山館刻本影印。（王繼雄）

北湖三家詞鈔十卷　（清）吴康輯

吴康，字少文，清甘泉人。幼年多病，不應舉子試，着力詩詞，著有《白茆草堂詩鈔》四卷、《白茆草堂詞鈔》一卷。是書前有嘉慶庚午甘泉吴康序，略述三家事蹟及刻書旨趣，後有嘉慶庚午黄珏橋人焦循書於半九書塾之雕菰樓跋，情文並至，寓寄深遠。三家者，徐石麒、羅煜與范荃。依次録有徐氏《甕吟》一卷、《且謡》一卷、《美人詞》一卷，附女延香主人徐元端詩餘《綉閑集》一卷，羅氏《霞汀詩餘》一卷，范氏《春雨詞》一卷、《秋吟》一卷、《秋花雜詠》一卷、《柳塘寤語》一卷、《今之石湖詞》一卷。徐石麒，字又陵，號坦庵，原籍湖北，一作鄞人，流寓揚州。少承家學，精研名理。工詩善畫，尤精度曲，入白仁甫、關漢卿之室。一家老幼，皆擅倚聲。晚爲貢生。卒於康熙年間。有《坦庵詩餘甕吟》。羅煜，字然倩，號霞汀，原籍黄山，隱居北湖。醉心詩文，與徐石麒、范荃交好，吴康序狀其人曰『逍遥雲水，已是閑鷗；嘯傲溪山，真如野鶴』。范荃（一六三三—一七〇五），本名恒美，字德一，慕其先文穆公（宋詩人范成大）之詩詞，亦號石湖，揚州甘泉人。長於文詞。因家貧，以授徒爲生。好隱居，終身不仕。年七十三而殁，自題墓石曰『今之石湖』。所著有《讀史小識》《竹隱居隨筆》《文集》《詩集》《梅花詩》《論語詩》。又有《劉隨州評》《范氏家乘》等。本《文庫》據上海圖書館藏清嘉慶十五年白茆草堂刻本影印。（王繼雄）

廣陵詞抄　（清）佚名輯

輯者不詳。是書爲清初至同治間本籍或流寓揚州的詞人作品集。體例爲以詞繫人，首列詞人姓名，後附生平簡介，較重要或知名的詞人，並録他人評語，最後鈔録詞作若干。詞人排列，大致以考取功名早晚爲序。第一册依次抄録鄭俠如一首、華衮一首、王賓二首、陸舜一首、劉梁嵩一首、吴綺九首、汪懋麟一首、宫夢仁一首、鄧漢儀一首、朱克生一首、吴壽潛一首、王喜儒一首、鄭熙績一首、程夢星七首、鄭燮一首、方元鹿一首、江昱二十七首、閔華二首、江昉三十六首。第二册依次抄録唐司衡一首、江立十七首、汪棣十五首、鄭澐二十六首、施朝幹六首、程名世一首、徐元端一首、戴陵濤一首、汪端光一首、詹肇堂七首。第三册依次抄録夏寶晋二十六首、周叙三首、王東寅二首、楊福申十四首、黄仲僊六首、李祓十四首、顧騄十二首。第四册依次抄録李福祚九首、成沂十五首、鄭恩源七首、張丙炎二十六首、夏子錫六首。總計收録詞家四十人，詞作三百十一首。詞始於唐而盛於宋，至元、明兩代而陷於衰微不振，至明末陳子龍爲首的雲間詞派崛起，詞藝方接續兩宋，形成清詞中興的局面。清初詞壇，派别衆多，而廣陵詞派實爲諸家流派的先導。是書所輯録的廣陵詞人與詞作數量頗爲可觀，時間跨度亦大，對於清詞和廣陵詞派及其餘相關研究均有一定的價值。本《文庫》據上海圖書館藏抄本影印，原書共四册，第一册首頁鈐有『右任之友』印，後三册首頁各有一『于思』印。（王繼雄）

廣陵思古編二十九卷 （清）汪廷儒編

汪廷儒（一八〇四—一八五二），字醇卿，又字薌青，清揚州府儀徵人。道光二十四年進士。以長於文學、書法得選翰林庶吉士，散館授編修。二十六年任江西鄉試副主考，咸豐元年任恩科順天鄉試同考官，選拔得人，爲士林稱贊。工書法，善山水，極得董其昌用筆、用墨之妙。以學行優異成嘉慶、道光間揚州名儒。同治《續纂揚州府志》卷九《人物》有其傳記，表彰其『友愛篤行』、注重鄉邦教化事蹟。著有《思古隨筆》《知菜根味詩集》《延月軒古文抄》，惜已佚。有部分書法作品傳世。汪氏積三十年之力，收輯鄉先輩古文，於道光十五年編成《廣陵思古編》。是編所收皆郡人遺作。以汪氏所見抄録，隨抄隨刊，各卷編次大體按作者時代先後爲序，卷一至卷十爲江都縣人、卷十一至卷十二爲甘泉縣人、卷十三至卷十五爲儀徵縣人、卷十六至卷二十爲高郵州人、卷二十一至卷二十四爲興化縣人、卷二十五至卷二十八爲寶應縣人、卷二十九爲泰州人（附流寓），總計輯存一百六十一家四百十三篇文章。各卷首列所收篇目，題下標明作者籍貫、姓名及字；正文題下，均記作者籍貫、姓名及字號，部分篇章題下注明寫作年份或選文來源。其文多涉及揚州歷史、地理、人文。汪氏本着經世致用主旨輯纂是書，所收作品突出反映革除弊政、崇尚實學、維繫世風、改良學風，集中展示揚州文人學士古文創作成就與文學思想。正如當代學者所稱：『《廣陵思古編》輯録的篇章其實很有限，但是汪廷儒格外重視擇取能够反映作家文學思想的文章，這就使得這部書對於研究清代揚州文學具有特别重要的意義。』（田豐點校《廣陵思古編》整理説明）此書是清初至道光年間揚州學者、作家所作古文的一部總集，與阮元輯纂《淮海英靈集》以及《廣陵詩事》，形成姊妹篇。書前有道光癸卯年劉文淇序、周叙序、金長福序、道光十九年汪廷儒自序，有凡例、目録。本《文庫》據清道光二十九年揚州儀徵汪氏刻本影印。（王志娟）

廣陵思古外編續集　（清）汪廷儒輯

汪廷儒有《廣陵思古編》，已著録。廷儒素留心鄉邦文獻，積三十載之功，編成《廣陵思古編》二十九卷，收録揚州府屬各州縣文士作品凡四百餘篇，以地域分卷。其《自序》稱：『其中關風俗盛衰，係政治利弊，以及水經、人物、書籍、考證諸作，凡有見者，輒皆掇録。』於道光二十九年秋刻成。是書不分卷，實爲續《廣陵思古編》之作。書前有作者道光二十九年四月自序及目録，收録文章包括江都六人九篇、儀徵二人三篇、高郵十二人十二篇，目録中最後一篇吴贇《對曰有政子曰其事也》正文未見。正文有圈點及眉批。篇末附録編者或他人簡短點評，如『刊落陳言，獨標新穎』，『精理爲文，秀氣成采』，『得意疾書，落筆有興，酣摇五岳之致』，『涉筆成趣，顧盼有情』等等，言簡意賅。又附録作者小傳，因爲其中作者大多並不知名，各人的生平簡介尤具價值。本《文庫》據國家圖書館藏清道光間刻本影印。（曾學文）

同光年間揚州名人文稿　（清）梅毓　桂邦傑等撰

清道光年間，揚州學者劉文淇等相約學侶治經，每月一會，以通經考古爲任，命題撰文，互相品評，成《邗上精舍集》十卷。其後，同治、光緒年間，梅毓、桂邦傑、朱鳳儀、劉壽曾等地方學者復集同道，每月相聚文宴，吟詩論文，彙爲一編，又稱《邗上精舍後集》。梅毓（一八四二—一八八二），字延祖，江都人。梅植之子。同治九年舉人，候選教諭。能傳家學，著有《穀梁正義長編》《劉更生年表》等。桂邦傑，編纂民國《江都縣續志》，已著録。本編主要收録諸作者於光緒戊寅年（四年）正月始所擬經史論文及論題，以及所作詩賦等。如《韓城屬雍州考》（戊寅正月求聲社課），《論算學啓蒙古法方程相消之理》（三月課），《終三十里解》（七月課），《詩凱風序辨》（八月課），《王制古今尺步畝里考》（九月課）等。詩文作品尚有桂邦傑《廣反恨賦》，朱鳳儀《問中西礦務利病得失》《宋明棄守寧夏議》，劉壽曾《春秋責備賢者論》《記華孝子尋親事》，劉富曾《穀梁畫我解》《有酒如淮解》，劉貴曾《擬謝惠連秋懷詩》，作者還有李汝麟、黄兆霖、陳兆麒、吴春霖等人。如梅毓《區田考》一文，分别叙述區田之制、區種之法、區田宜種之穀、治區田之器、種區田之收穫、區田之利，並附區田圖，引經據典，考證精詳。其《揚州藝文志商例》一篇，闡明『搜葺吾鄉先哲及同時作者著述書名』之範圍及原則，共列十條，時間起自西漢，迄於近代；地域專指揚州郡治而言；内容惟制藝、詞曲、小説不録；資料取材於正史藝文志、各家詩文集、筆記、金石、碑版以及藏書家目録；體例悉遵《四庫》書目；方外、閨秀之著作列於書後；留寓所著概不列入；等等。編纂《揚州藝文志》之體例可謂完備，惜未見成書。稿中又見《續廣陵通典商例》諸題目，亦未有著述。又如孔昭寀之《五箴》，包括惰箴、褊箴、貪箴、躁箴、妄箴，有勸誡之功用。本《文庫》據揚州市圖書館藏抄本影印。（曾學文）

白沙風雅六卷　（清）張達輯

張達，號蕉衫，清蕪湖姑孰人。生平事蹟不詳。曾爲揚州東園題名，其名載於《揚州畫舫録》卷十三。本書前有乾隆元年仲秋張達同里武亮所作《序》，其中説：『見真之人士其秀而文者如此，而其地之山川、土田、人物、政教、風化，可因以略見焉。』又有雍正十年仲冬作者自序，介紹其於雍正三年始遊真州，後遂客居於此，『偶翻閲邑乘，見藝文多有缺略，再考諸前輩詩篇，淪亡散佚，幾不堪屈指數，爲之怏怏累日。每遇賢士大夫，不遺餘力，旁搜篋衍，得作者數十人』，復得詩友高梧岡、團冠霞等人相助，自明及今，廣爲徵集，輯爲是編。儀徵舊稱白沙，故名。書凡六卷，卷一收録蔣山卿、王大化、黄瓚等十二位詩人詩作八十八首，卷二收録朱永年、鄭元勳、徐濂等二十一人詩作八十二首，卷三收汪楫、團鴻、洪嘉植等三十一人作品一百二十八首，卷四收茅嘿、鄭燾、張樞等二十一人之作一百二十一首，卷五收洪元聲、吴炤吉、高雲鳳等十二人詩作一百四十一首，卷六收汪果、李先墩、方岳等十九人作品八十四首。各卷目録中所記篇數與實際篇數偶有不符，又卷三目録中列團錦名，而正文中實未見詩作。詩人多附生平介紹，有的極爲簡略，其中多爲儀徵籍人，亦有江都等地詩人。所録詩體包括五古、七古、七律、五律、七絶、五絶等，題材涉及遊覽、感懷、詠物、唱和、送別、贈答等。如王大用《泛江》：『門外澄江静，蘭舟碧漪間。沿堤千樹柳，隔岸幾重山。聽曲春雲細，開尊晝日閑。銀絲鮮入饌，沉醉不知還。』清新雅致。鄭元勳《歸園》：『到家無可喜，喜及送殘春。草可芻疲騎，花能唁主人。去當黄脱落，歸及緑鮮新。無羗琴書列，逌然手拂塵。』淡然自適。蔣廉榮《九日登天寧寺塔》：『身入層霄極目高，香雲繚繞散江皋。萬家烟火迷孤堞，千里波濤寄短舠。指顧金焦拳石小，喜無風雨素心勞。登臨此日誠歡賞，採得茱萸泛濁醪。』描繪出儀徵天寧寺塔之雄壯。汪楫《哭櫟園先生》之『江左風流千古在，文章交道總如神』，被稱名句。本集有乾隆年間玉槎山房刻本，六卷；又有雍正十年雙桐軒刻本，八卷。本《文庫》據上海圖書館藏清乾隆間玉槎山房刻本影印，原本刻印頗佳。（曾學文）

真州兩生詩存三卷 （清）劉藴輝 何淳著

劉藴輝（一八二〇—一八六八），字玉生，清儀徵人。諸生。博學好讀，務爲有用之學，於天文、輿地、兵法、算學，無不研究。貌奇古，好談論古今成敗，能使一座傾倒。應試屢不售。太平軍陷南京，威脅江北，乃棄舉子業，往鄰縣六合，助力守城。倪曾鎔稱其『環堵蕭然，不蔽風雨，妻孱子殤，無以爲養』。窮窘而又懷才不遇，鬱鬱而終。何淳，字樸庵，晚清儀徵人。性明敏，勤學問。十八歲補弟子員。體弱多病，卒年僅十九歲。《虚白齋詩》全稱『虚白齋古近體詩』，劉藴輝著，分上、下兩卷，前有光緒七年儀徵張丙炎序、同治十一年江都倪曾鎔叙、高郵董對亭《劉玉生傳》及《府志文苑傳》，後有儀徵程畹於同治十年所作跋。詩起於道光二十二年壬寅，終於咸豐十一年辛酉，按年編輯。其詩格律嚴謹，風調清雅，質樸無華。如《途次見人家甚幽》：『籬落田園傍水濱，數家桑柘自成鄰。不知世有天涯路，難得閑消物外春。紅雨作泥香送馬，緑陰如巷暗通人。江干老屋三椽在，何事匆匆撲面塵。』又如《春望》：『東風吹暖入新晴，佳節江南屬燕鶯。好夢對花重現影，亂愁似草不知名。無才衹覺身爲累，大劫難期世早平。人事盡非春不改，野烟濃處最傷情。』描寫了身處亂世的憂愁與無奈。《鋤月山房遺稿》，何淳著，附刻於前書之後，收録作者雜體詩作十八首。中如《天問》《天答》兩篇，謂『男兒奇氣不能吐，坐困愁城淚如雨。拍案大叫問蒼天，天意何爲生盤古』。『明知恨事古來多，争奈光陰頻倥傯。人生本是過隙駒，俯仰古今如一閧。何不優遊自得尋真樂，徒爲饒舌增悲痛』。抒發志氣難伸的不甘與無奈，令人唏嘘慨嘆。又如最後一首《病中夢老僧見招，恍然有三生之悟，口占一絶》：『利鎖名韁大可哀，何如清凈伴蓮臺。一場短夢而今醒，從此塵中不再來。』凄惋欲絶，令人感傷無已。後有程畹於同治十一年所作跋。本《文庫》據南京圖書館藏清光緒間揚州倪文林齋刻本影印，該本封面題『真州兩生詩存/同治壬申師山高行篤署』。（曾學文）

高郵四家詩鈔四卷 （清）殷嶧 端木守謙 劉永和 賈田祖著

作者均爲清康熙時高郵人。殷嶧（一六六〇—一七四二），字桐高，號晝村，寄籍安徽天長。康熙九年進士，二十五年拔貢，中丁酉（五十六年）副榜。以教習任太原令。聽訟稱神，案無留牘。免官後曾設帳課徒。家居十餘年後卒。善文，工詩。端木守謙，字梅和，一字梅庵。歲貢生。工古文詞，精詩律，善行草。卒年七十一歲。劉永和，字豫堂。諸生。事母以孝聞。著有《古詩十九首輯解》。賈田祖（一七一四—一七七七），字稻孫，號禮畊。清高郵人。廪膳生。少好學，以治經學聞名。喜《左氏春秋》。著作三千餘篇，清雄博奥，發言深摯，哀樂過人，晚年尤著力於作詩。性明達，與同邑王念孫、李惇友善。著有《容瓠軒詩抄》《春秋左氏通解》等。有《賈稻孫詩集》，本《文庫》已收録。《國朝漢學師承記》《清史稿·儒林傳》等有傳。本書包括殷嶧《樊桐詩鈔》、端木守謙《黎山詩鈔》、劉永和《書翼堂存改》（疑應作『存稿』）、賈田祖《禮畊存稿》各一卷。詩集前均附作者簡介，然塗抹處甚多。詩大體以五律、五絶、七律、七絶爲序編排。詩中可見幾位作者相互間有贈答或題詠之作。詩多紀遊、感事、詠物、懷人、傷時、贈答之作。《樊桐詩鈔》載與同里李北岳等唱和、贈答之作較多。《丁酉秋京闈榜發名在副車志感四首》其一云：『即今排翮已蹉跎，況復沉淪困乙科。鈍步豈能追電影，幺弦終不配雲和。側身燕市朋儕少，屈指風簷歲月多。三十六湖招隱處，一帆吾自愛烟波。』抒發科試過程的艱辛與祇中副榜的蕭散之情。端木守謙《蕪城懷古》：『放眼蕪城落照斜，幾行官柳半藏鴉。當年勝地空惆悵，春暮逢僧掃落花。』觸景生情，感慨古今。劉永和《乙酉除夕》：『爆竹聲稠疊，平心閲歲華。三更春欵欵，白髮影梅花。』歲月悠悠，怡然自樂。《禮畊存稿》中《讀〈後漢書〉》及《自君之出矣》數首，則可反映賈田祖學者詩人的詩風。本《文庫》據南京圖書館藏清碧虛齋抄本影印。（曾學文）

高郵耆舊詩存五卷高郵耆舊詩餘一卷 （清）周叙 王敬之 夏崑林輯

周叙（一七八四—一八五〇？），字雨窗，清高郵人。道光十五年歲貢生，曾任訓導。咸豐元年舉孝廉方正，不就。平生以表幽闡微爲己任，輯有《感舊前後集》《耆舊詩詞》，邑中先輩事蹟多賴以傳。有詩集收入《高郵夏氏叢書》中，本《文庫》已收録。王敬之有《宋二孫先生奏議事略》，已著録。夏崑林（一七八七—一八六五），字瘦生。歲貢生。

夏紀堂子。少承家學，淡於進取，以吟詠自娱，晚研經學。家有園數畝，名爲槿花村，與周叙、王敬之唱和其中，時稱『三友』。有詩集收入《高郵夏氏叢書》中，本《文庫》已收録。《高郵耆舊詩存》包括初册、二册、補遺、别册、附册。《高郵耆舊詩存初册》收録高郵詩人馬玉麐、王磐、劉永和等三十六人詩作，前有道光十四年高郵宋茂初序，以及《徵刻高郵感舊詩集啓》、《高郵耆舊詩存初册説略》即凡例，《高郵耆舊詩存初册目》。據凡例，本書所採，『以稍關感勸爲要』，一般吟風弄月者不收；已載於《淮海英靈集》與《高郵州志》中者不録，以免重複；時代以乾隆六十年前去世爲限；附詩人生平簡介，『不敢一字傅會，所不知者缺之』。《二册》前有道光十六年王敬之序，共收録龔璛、許楨、李必恒等八十餘人詩作，時代至嘉慶年間，其中如端木守謙詩等《初册》已有收録。《二册補遺》收前册失收之吴磐、葉雲、釋道潛等十四人詩作，前有簡目。《别册》收録孫覺、孫升、秦觀等十六人詩作，年代自南唐至清，所收與《初册》之編例有别，《初册》『其人已顯，詩不需傳』，此册則主要收録已顯名者。前有道光十六年七月夏崑林序。《附册》收夏富春等九人詩作，時代直至道光年間。各輯所收，包括本籍、流寓、方外、閨秀等，對入選詩人均作簡介。《高郵耆舊詩餘》，收録秦觀、秦湛、張綖等十六人詞。書前有道光丙辰年周叙序，有目。高郵素爲文獻之邦，詩人輩出，詩文詞作繁多。《高郵耆舊詩存》各輯以及《詩餘》之編刻，主旨在以詩詞傳人，對於保存文獻、表彰詩人、弘揚文化具有特别價值。本《文庫》據南京圖書館藏清道光十四至十六年刻本影印，原本刻印較佳。（曾學文）

白田風雅前編五卷　（清）喬載繇輯

喬載繇有道光《重修寶應縣志》，已著録。先是寶應學者朱彬曾編有《白田風雅》二十四卷，輯録清代前期寶應詩人詩作。白田爲寶應之代稱。寶應素稱文獻之邦，名人衆多，明清兩代家族文化興盛，寶應學派異軍突起，在中國文學史、學術史上都享有一定地位。本書採集有明一代寶應一地詩人遺篇。據書前題識，此書編於道光二十年十月，次年八月抄録。前有光緒二十四年朱百遂識語、道光二十年喬載繇序、道光二十九年載繇外甥朱士恭跋和載繇子守敬序。據《目録》中注明，全書共收録作者九十五人，詩八百四十餘首。作者有朱應登、朱曰藩、吴敏道、劉永澄、喬可聘等一時俊彦。作者均以雙行小字作生平簡介，其中有的並不知名，賴此得傳。詩集之編録，旨在載詩作、傳詩人，除了詩歌與文學意義以外，其中記事之作又另具價值。如鄭綵《倭寇犯邑賦此紀其顛末》《水南新莊避倭》《復過海泠溪避倭》並序三首，真實記載了明嘉靖三十五年、三十六年間倭寇犯境、地方驚擾、人民避難之情形，具有一定的史料價值。吴敏道《寶應嘆》七言長詩，描寫了寶應遭遇水災後『狼藉浮尸任漂棄，鄰鷄野哭候天明，親朋相見如更生』的悲慘境況，顯示出强烈的現實主義色彩和人文情懷。而遊覽賞景之作，尤其是歌詠家鄉名勝風光的詩篇，亦爲人重視，如泛舟廣洋湖、邵伯湖、白馬湖，吟詠邗溝、竹西諸作品，從中可窺地理變遷與世事滄桑。贈答之作亦多，可見詩人間交遊情況。其中名家如朱應登，《明史》卷二八六《顧璘傳》稱其『才思泉涌，落筆千言』，與顧璘等合稱四大家，本書録載其詩六十餘首，頗可參考。本《文庫》據南京圖書館藏稿本影印，原本楷體抄寫，間有補録，字體清秀。（曾學文）

白田風雅二十四卷 （清）朱彬輯

朱彬生平，參見《寶應朱氏集存史料書牘》提要。是書成於道光元年，並未刊刻，後朱彬曾孫朱綬生請喬止巢加以增訂，在金陵書局刊刻出版。封面有葉景葵題識。卷首有道光元年婁縣姚椿序。共二十四卷，前十九卷輯録詩人大致以時代爲序，二十卷、二十一卷爲朱氏家集，二十二卷爲『閨媛』，二十三卷爲『釋子』『羽士』，二十四卷爲『官師』『流寓』『酬贈』。是書爲地方詩總集，收録清初至中葉揚州府寶應縣詩人三百一十六家，詩作一千三百餘首。名『白田』者，寶應古稱也。據姚椿序云，寶應雖然地處江淮河海之間，多有水患，『然其風氣樸茂，篤學好古，文儒鴻筆之士，渢渢乎多出其間』。是書於當時寶應的文士碩儒，如王巖、喬邁、陶澂、喬萊、劉中柱、陶蔚等人的詩作皆有選入。所録詩作，尤其重視富於社會内容的作品，如陶澂詩即較爲全面地反映了明清鼎革之際寶應百姓所遭受的苦難。書中對重要作者録有評語，署名者非止一人，其中『劉雨峰曰』爲劉中柱之評，『劉楚楨曰』爲劉寶楠之評，署名『遊道堂詩話』者最多，即編者朱彬之評語。第二十四卷中多收清初至中葉名士，如孫蕙、葉燮、施閏章、王士禛、朱彝尊、查慎行、沈德潛、袁枚等。本《文庫》據上海圖書館藏清光緒十二年金陵書局刻本影印。（王繼雄）

寶應敦素園七子詩鈔七卷 （清）喬方立等著

喬方立，字守之，一字楓亭。著有《花雨香齋集》。湯應隆（？—一七七一），字鍾律，號魯山。著有《借樹軒集》。劉兆彭，字述民，號野塘。著有《拳石山房集》。湯襄隆，字荆垣，號漢亭。著有《古槐草堂集》。劉玉麟，字又徐，號春浦。著有《深竹閒園集》。喬大鴻，字儀上，號客浦。著有《槐陰樓集》。喬大鈞，字秉之，號荔江。著有《聽雨草堂集》。七人均爲揚州府寶應縣人，約生活於清乾隆時期，喬方立、大鴻、大鈞爲寶應望族喬氏後輩。時當青年，才情顯露，常集於縣城敦素園，詩酒唱和。寶應人文之盛，舊稱甲於江淮，提倡風雅，詩人輩出。明清時期其地詩人合集，已有《白田風雅》《白田風雅前編》數種。本書輯喬方立等七人詩爲一編。前有乾隆三十四年王鳴盛撰《寶應敦素園七子合刻詩序》，稱：『白田爲淮南一隅地，而特多汲古之士。……七子者，尤其傑出者也。』『七子者，年甚少，志甚鋭，潛心根柢，蘄至於古之立言者，殆不欲徒以詩人名。』又有同年吴授兕《序》，盛贊其詩：『五古則希踪六代，七古則取法盛唐，近體最上者近王、孟、韋、柳一輩，次亦不落明七子以降。雖其才思所濬，音響所流，或以超逸飄渺取勝，或以蒼古雄渾見長，派别各有不同，而要其含英咀華，力追正始，則一也。』本《文庫》據清乾隆三十四年刻本影印，該本偶有眉批，注明刻本字詞訛脱等情況。（曾學文）

象求集五卷二集三卷三集一卷　（清）劉寶楠輯

劉寶楠有《寶應圖經》，已著録。本書共有三集，初集五卷，二集三卷，三集一卷，乃輯録清代寶應詩人作品之選集。劉寶楠識語云此集中詩多爲其他選本所取：『江都王柳村徵君輯《江蘇詩徵》，儀徵阮梅叔明經續《淮海英靈集》，並取是集選録。』又説：『先輩及先世詩文專集之存者，予篋中得五十餘家，總編爲《寶應文徵》，而分之則仍各存專集，其有專集而詩又不全存，或所存太少不足成集，彙編爲《寶應文徵》《别録》《外集》。是集已録入《文徵》《外集》而猶惜而存之者。』此書輯著時間，據劉寶楠書首手題識語，云：『是集予少時所編，中輟而未成……計是集序於嘉慶十九年，時予年二十有三，今忽忽三十有八年，每閲是集，輒有今昔之感云。』後有劉寶楠所撰序，底本有修改痕蹟，原作『嘉慶五年八月五日邑人劉寶楠謹識於所好軒』，後時間塗改爲『嘉慶十九年』，按，嘉慶五年時寶楠僅有十歲，不可能即編書，此處『五年』當是最初筆誤。本《文庫》據國家圖書館藏清稿本影印。（李潔）

寶應諸前輩詩　（清）劉寶楠輯

劉寶楠有《寶應圖經》，已著録。是書爲清代寶應詩人選集，前有劉寶楠自題識語，言：『是卷載吾邑前輩詩凡十五人。王柳村《江蘇詩徵》、阮梅叔《淮海英靈續集》皆取是本選録，固而存之，以待後之採詩者。』十五人乃朱之璣、范新民、黄豫、黄觀、黄夢鸝、黄道、陸向、祁念祖、祁如琛、杜士禄、趙璉、張龍光、陸文鑒、朱應麟、黄學周。此書爲手抄本，格式不統一，朱之璣、黄豫、黄觀、黄夢鸝、黄道、陸向、祁念祖、祁如琛諸人之詩都是先列作者名，名下雙行小字録小傳，再列其詩作；范新民、杜士禄則是先列詩集名（如范新民《荷邨集》、杜士禄《湖西詩人遺稿》），下列作者名，名下雙行小傳，再列其詩作，其中范新民《荷邨集》字體行款亦與其他詩人不同，爲行草手抄；趙璉、張龍光、陸文鑒、朱應麟則前無集名，直接列第一首詩題於頁首，下書作者，名上小字籍貫、名下小字字號（如黎陽趙璉燕邨、新樂張龍光蘭溪等）。最後又插黄觀《東鄉詩人遺稿》一頁，眉批『已録』。睹此，本書當爲未定之謄寫稿。本《文庫》據揚州市圖書館藏劉寶楠手抄稿本影印。（李潔）

廣陵聯句集 （明）涂相等撰

涂相，字夢卜，號東潭，明南昌人。正德十二年進士。授官浙江新昌知縣，擢御史，爲内閣桂萼所譖，得罪外貶廣德州州判。歷官多處，所在皆有政績。後遷南京兵部職方司員外郎，轉工部都水司郎中，致仕，卒。著有《東潭集》。書前有二序，均署嘉靖丁酉五月作，一爲文徵明《廣陵聯句録引》，云：『《廣陵聯句録》者，侍御豫章涂君夢卜所作。君自内臺出判桐川，再遷維揚，於是數年，所爲詩甚富，此則在維揚與其所遊會合聯句之作。』一爲黄省曾《廣陵聯句集序》，云：『詩凡若干首，作者凡五人。東潭涂子，名於楚；莘野田子，名於大梁；少海朱子，名於維揚；瓠川宗子，名於廣德；而五岳黄子，則以鉛槧從事於江左者也。』據此二序，本書爲涂相由御史外貶之後，嘉靖十六年（丁酉）遷任揚州州判時與文友的聯句詩作品。作者五人，東潭涂子即涂相本人，五岳黄子則即序二作者黄省曾。黄省曾（一四九六—一五四六），字勉之，號五岳山人，明吴縣人。嘉靖十年舉人，後屢試不第，棄科舉攻文藝。擅詩能畫，交遊極廣，師從王守仁、湛若水、李夢陽等當世名家。著有《五岳山人集》《擬詩外傳》《騷苑》等。書後又有署名『建平瓠川宗訓』於嘉靖丁酉七月所作《廣陵聯句録後序》，宗訓當即黄序所言廣德人『瓠川宗子』，當是涂相任廣德州判時所交遊之友，適來揚州訪涂而參加聯句並題後序。另外兩人，田莘野（開封人）、朱少海（揚州人），均不詳其人，當爲涂相在揚州結交之文友。本書一卷，收録聯句詩共三十六首。包括《與莘野田子聯句四首》《與瓠川宗子聯句五首》《與瓠川宗子少海朱子聯句三首》《與瓠川宗子聯句十四首》《與五岳山人黄子瓠川宗子聯句七首》《與五岳黄子聯句十首》。詩多爲宴集遊玩之作，情調較爲閑適，總題雖然是『廣陵聯句集』，其實不限於在揚州之作，也有遊鎮江、常州、蘇州等地的作品。卷末宗訓所作後序，提及本年淮揚水災，涂相救災之事：『東潭涂公判水曹，乃五月之季，淮海淫雨異甚，湖水羨溢湍悍，於是河決邵伯，又決寶應，水高出民屋，稚耋病之，蓋襟喉之害也。公輒詣邵伯……行視其決處，則刮除衝嚙而成淵，於是却徙而稍迂之，並堅地作巨堤。』保留了一段寶貴的治水資料。本《文庫》據國家圖書館藏明嘉靖刻本影印。（李潔）

影園瑤華集三卷　（明）鄭元勳輯

鄭元勳有《左國類函》，已著録。鄭氏爲明末揚州望族，先世鄭景濂在揚州治鹽起家。景濂次子鄭之彦任鹽筴祭酒，鄭氏遂成兩淮巨商。之彦有四子，『猶視煮海』『博學能文』，在揚廣築園林，名重海内。崇禎年間，長子元嗣建有五畝之宅二畝之間、王氏園，次子元勳有影園，三子元化有嘉樹園，四子俠如有休園。影園，舊在揚州城西南湖中長嶼南端，爲鄭氏別業。因其地在柳影、水影、山影之間，遂得名。清初，爲揚州八大名園之一。康熙十年前後影園易主，稱方園。乾隆三十五年，鄭元勳玄孫鄭澐，字晴波，時爲内閣中書，多故園之思，曾請人作《影園圖》。民國間，園廢。近年，揚州市政府在原址建影園遺址公園，遺址之南，建有一座半卧式斜碑，上刻鄭元勳《影園自記》。崇禎十三年，影園中黄牡丹盛開，鄭元勳大會詞人賦詩，並徵詩於江、楚間。江寧陳丹衷，上元姜承宗，如皋冒襄、李之椿，安徽程邃，江西萬時華，廣東黎遂球，揚州梁于涘、王光魯、顧爾邁，浙江茅元儀等，集於影園。錢謙益以黎遂球所作十律爲第一。鄭元勳鑄金觥一隻，内鎸『黄牡丹狀元』字様贈送，一時稱爲盛會。當年，鄭氏輯黎遂球、梁于涘等人黄牡丹詩作，爲《影園瑤華集》。惜原刻本不存。乾隆年間，鄭元勳玄孫鄭開基從其他文集中，將有關詩文輯集整理，釐爲三卷，重爲刊刻，『以紀當年風雅』。此集三卷，上卷爲當年各人所作詠黄牡丹詩；中卷爲記題影園文，包括茅元儀《影園記》、黎遂球《影園賦》、鄭元勳《影園自記》；下卷輯集同人題詠影園之詩。影園是造園家計成最晚作品，又是計成所建諸園中唯一留有園記的一座。此書對瞭解和研究揚州園林藝術以及造園家計成，提供了珍貴資料。本《文庫》據上海圖書館藏清乾隆二十七年鄭開基拜影樓刻本影印。（王志娟）

蜀岡禪智寺唱和詩冶春絶句紅橋倡和詞　（清）王士禛編著

王士禛（一六三四—一七一一），原名士禛，字子真、貽上，號阮亭，又號漁洋山人，人稱王漁洋，因避諱，改名士禎，謚文簡，清山東新城人。順治十五年進士。博學好古，詩與朱彝尊並稱。書法高秀似晉人。康熙時，繼錢謙益而主盟詩壇。論詩創神韻説。早年詩作清麗澄淡，中年以後轉爲蒼勁。擅長各體，尤工七絶。有《帶經堂集》。順治十六年，王士禛選任揚州推官。在揚州期間，『晝了公事，夜接詞人』，主持風雅。此書所收《蜀岡禪智寺唱和詩》《冶春絶句》《紅橋倡和詞》，主要反映王士禛在揚主持詩會活動情形。《蜀岡禪智寺唱和詩》，王士禛編。蘇軾守揚州，時蘇伯固寓揚，而李孝博使嶺表過之，伯固與之遊蜀岡，送之以詩。蘇軾因和其韻，有《次韻伯固遊蜀岡送叔師奉使嶺表》詩。遺墨流傳，刻之於石。順治十八年，王士禛在揚州任推官，訪求斷碑，因和其韻，有『後遊慨今昔，憑吊當同然』之句。同時和者有王士禄、釋元志、宗元鼎、王揆、孫枝蔚、杜濬、程邃、冒襄、陳維崧、吴嘉紀、汪楫、鄒祗謨、許承宣、許承家等。王士禛因輯爲此編。首輯《東坡先生石刻詩》，詩後附嘉靖辛丑盛儀、萬曆己卯陳文燭識。書前有王巖序。原稿有缺。《冶春絶句》，一名《阮亭甲辰詩》，王士禛著。此書主要收録康熙三年甲辰三月十日清明節，王士禛招集林古度、杜濬、孫枝蔚諸賢，修禊廣陵城北，即席賦《冶春絶句》二十四首。其中如『紅橋飛跨水當中，一字闌干九曲紅。日午畫船橋下過，衣香人影太匆匆』，成爲廣爲傳誦的名詩。書前有林古度序。書後附杜濬、孫枝蔚等友人詩評。有陳玉璂跋。《紅橋倡和詞》，王士禛著。是書主要收録康熙元年壬寅六月之望，王士禛招集諸名士觀荷泛舟，作詩會於紅橋，作《浣溪沙》詞，諸賢唱和，編輯成册。後附王士禛《紅橋絶句》二首，有陳允衡跋。書中集中反映王士禛在揚主持詩會活動所創作作品，是研究王士禛詩詞藝術及清初揚州詩文活動的重要資料。本《文庫》據上海圖書館藏清康熙間刻《新城王氏雜文詩詞十一種》本影印。

（王志娟）

紅橋倡和第一集 （清）冒襄等撰

冒襄（一六一一—一六九三），字辟疆，號巢民，一號樸庵，又號樸巢，私謚潛孝先生，清如皋人。十歲能詩。少負盛氣，與桐城方以智、宜興陳貞慧、商丘侯方域，並稱『四公子』。明崇禎壬午副榜貢生。清康熙間，以山林隱逸及博學鴻詞薦，不就。著述豐富，有《巢民詩集》《文集》《影梅庵憶語》《同人集》等。事蹟見《清史稿》本傳。作者另有冒丹書、杜世農、杜世捷、李以篤、孫默、陳世祥、陳維崧、曹爾堪、王士禄、靈幹、弘修、沈泌、季公琦、吴嘉紀、汪楫、葉藩、張儼、張度、姚景明、談允謙、程邃、顧苓、王概、宋琬、王追騏、朱一是、宋實穎、宗元鼎、吴崑、方草鉞、方雲施、孫金礪、鄧漢儀、孫枝蔚、范國禄、姜鶴儕、姜稼。所謂倡和詩，就是詩人相互間應答酬謝詩詞。此書即爲清康熙五年十月初七日遠近名流四十餘人詩會揚州紅橋，所作各詩，彙編成集。參會者有夔州李公研齋（長祥）、萊陽宋公荔裳（琬）、檇李曹公顧庵（爾堪）、新城王公西樵（士禄）、黄岡王公雪洲（追騏）、崇川陳子善伯（世祥）、范子汝受（國禄）、陽羨陳子其年（維崧）、延陵季子希韓（公琦）、宛陵沈子方鄴（泌）、姑孰張子若思（儼）、江都宗子定九（元鼎）、姚子仲潛（景明）、汪子舟次（楫）等士卿四十餘人，緇衣二人，女史一人。『携樽鹺，溯濠流，達槐子河，人限二字，賦唐人五言近體二首』（孫金礪《紅樓雅集記》）。是書按人繫詩，詩題前有詩人簡介。據《江蘇地方文獻書目》江慶柏考證：陳維崧作《得潛字》《得如字》二首，均不見於《陳迦陵文集》《湖海樓全集》。詩人倡和之作，是中國詩歌的重要組成部分。詩會活動，更是古代重要的文化活動。此集對研究揚州詩詞及相關文化活動，提供珍貴史料，對研究清初詩詞有一定的參考價值。此書有清康熙年間刻本，與《廣陵倡和詞》合刻；另有南京圖書館藏清抄本。本《文庫》據此抄本影印。

（王志娟）

廣陵倡和詞七卷 （清）王士禄等撰

王士禄（一六二六—一六七三），字子底，一字伯受，號西樵，清山東新城人。順治十二年進士，曾官吏部主事。清介有守，篤於友愛。自少能文章，工吟詠。以詩法授諸弟，皆有成就，而王士禛尤以風雅爲海内所敬仰。著有《表餘堂詩存》《炊聞詞》《讀史蒙拾》等，輯有《然脂集》。據孫金礪《序》載：康熙五年丙午廣陵紅橋之集，得四十六人，可謂極盛。不久次第散去，停留於廣陵者尚有十七人。『詩酒讌聚，交歡浹月。』因丙午之集爲分賦五言近體，繼集則各賦《念奴嬌》詞。『諸子踵華增美，倡予和汝，迭相酬贈。多至十餘首，少者七八首。抽新領異，各出心裁。』此集分炊聞、南溪、烏絲、小香、青簾、幽篁、含影七卷，分録宋琬、曹爾堪、王士禄、陳世祥、鄧漢儀、范國禄、沈泌、季公琦、談允謙、程邃、孫枝蔚、冒襄、李以篤、陳維崧、孫金礪、宗元鼎、汪楫十七人詞作。各詞後附詞友評語。如王士禄《小春紅橋讌集同限一屋韻》，鄧孝威評：『一往情深。』書前有康熙丁未孫金礪序，有廣陵倡和詞十七人姓氏，簡介其姓名、字號及籍貫。該詞集收録清初名家詞人作品，如王士禄、陳維嵩等，對清初詞研究有一定的參考價值。此集可與《紅橋倡和第一集》參看，對研究清代揚州詩詞及相關文化活動，提供珍貴史料。此書有清康熙年間刻本，與《紅橋倡和第一集》合刻；另有南京圖書館藏清抄本。本《文庫》據此抄本影印。（王志娟）

山心室倡和甲乙集一卷城南聯句詩一卷 （清）程夢星輯

程夢星有雍正《揚州府志》，已著録。程氏爲揚州鹽業富商，家有篠園，專儲圖書字畫，築漪南別墅，專供接待賓客、吟詩會友之用。夢星與當時名彦交往，聘請文士方世舉（字息峰）、韋謙恒（字藥仙）等對家藏圖籍進行整理鑒別校勘，請鑒賞家張鑒（方谷）鑒定書畫，自身專注於業鹽、讀書，著述上。重視公益建設，尤重地方修志，並主持東南詩壇數十年。僅詩集就有《今有堂集》附《茗柯詞》《香溪集》一卷等。是書分爲《山心室倡和甲乙集》一卷及《城南聯句詩》一卷兩部分，有乾隆乙丑季秋月吴興姚世鈺序與乾隆乙丑中秋後五日程夢星自序。《山心室倡和甲乙集》爲程夢星與親友雅集酬唱的作品集，除夢星外，另録黄裕、楊濂、程夢鈞、盛唐、唐毓薊、余昊、程名世、程志乾、許建華、汪惟豫、洪其籍等人詩作一百餘首。《城南聯句詩》録程夢星及其親友共作聯句詩五首。本《文庫》據上海圖書館藏清乾隆十年刻本影印。（王繼雄）

揚州東園題詠四卷 （清）賀君召輯

賀君召，字吴村，清山西臨汾人。生活於十八世紀前半期，歷康、雍、乾三朝。寓居揚州，以鹽筴起家，喜好風雅，交遊廣闊。一生最大成就，是於雍正年間開闢蓮性寺東側荒地，創建東園，一名賀園。乾隆甲子（一七四四）間增修擴建。君召工文墨，擅書法，廣搜名人手迹點綴園景，而又慷慨好客，四方名士旅遊揚州，多以東園爲寓所，題詠唱和，時留新作，遂使園内景色錦上添花，琳琅滿目。是書乃君召晚年所編，爲園中匾額楹聯、題壁詩詞、園景圖繪之彙集，又名《法海寺東園詩》。共四卷，首卷爲丙寅間名畫師袁耀所繪園景十二幅，依次描繪東園内醉烟亭、凝翠軒、梓潼殿、駕鶴樓、杏軒、春雨堂、雲山閣、品外第一泉、目矖臺、偶寄山房、子雲亭、嘉蓮亭十二處景色。次卷、三卷輯遊園文士之題壁詩賦，末卷輯文人所題寫的匾額楹聯。前有乾隆丙寅冬嘉平月有六日同學瓜圃老人魏嘉瑛序、乾隆乙丑仲春嘯村李葂序，及乾隆十一年丙寅冬日賀君召自序，書末附乾隆九年八月知名文士屈復所撰《揚州東園記》一篇。繪刻精妙，極具文獻與文物價值。東園被列爲揚州八大名園之一，内有亭臺樓館二十餘處，富麗清幽，兼而有之，而其最大特色，尚不在景。清代揚州富庶繁華，鹽商薈萃於此，各自逞雄競能，興修園林。這類園景無不經專家設計，精心擘畫，丘壑草木，錯落掩映，自成天地，只是既爲富商大賈所建，則寒士庶民，往往不得其門而入。賀氏東園則不然，全年開放，不分晝夜，任人遊觀，不問貴賤，既有香車畫舫之踪影，也不乏販夫走卒之行蹟。這種與人同樂的規制，使東園名聲大噪，在揚州園林中獨樹一幟。留題詩詞的人士，多有以君召比賀監，即唐代賀知章，原因即在於此。東園勝景，今天早已瓦礫無存，唯有《題詠》一編，長留世間，供人追想往昔勝蹟之仿佛。本《文庫》據上海圖書館藏清乾隆十一年刻本影印。（王繼雄）

韓江雅集十二卷　（清）馬曰琯等撰

馬曰琯（一六八八—一七五五），字秋玉，號嶰谷，清安徽祁門人，後遷江蘇揚州。著名鹽商、藏書家，爲清代康乾時期揚州徽商的代表人物之一，與弟馬曰璐同以詩名，人稱『揚州二馬』。乾隆初舉鴻博，不就，好結客，所居園小玲瓏山館藏書甚富，與天一閣、傳是樓諸家齊名。四庫全書館設立，馬氏私人獻書七百餘種，爲全國之冠。《清史稿》有傳。另有《林屋唱酬録》《焦山紀遊集》《廣陵倡和集》《沙河逸老小稿》《嶰谷詞》，本《文庫》已收録。是書共十二卷，爲馬曰琯與友朋所結『韓江詩社』酬唱詩作集，彙輯自乾隆八年至乾隆十三年四十一位文人所詠詩作，計有詩詞九百六十首，聯句八首。前有乾隆丁卯冬月長洲沈德潛序。手寫楷書，字體秀美，刻印精良，裝幀典雅，體現出清代中葉揚州書籍的印製水平。集中四十一位詩人，其中可考者二十六人，以浙江籍最多，共十一人；江蘇籍六人；安徽籍五人，陝西籍二人；湖北、山西籍各一人。是此集雖以『韓江』爲名，而所録非止揚州人士，如沈德潛序云，『故里諸公暨遠方寓公咸在，略出處，忘年歲，凡稱同志、長風雅者與焉』。集中詩作意趣極高，詩作者或在廟堂，或處江湖，皆屬一時名流，曾居官位的有程夢星、杭世駿、全祖望、唐建中、鄭江、邵泰、劉師恕等，而如馬氏兄弟、丁敬、厲鶚、高翔等則爲布衣名士。諸人志趣相投，結社吟詩，推舉馬氏兄弟爲詩壇壇主。詩社同人不願與世俗同流，於描繪揚州的旖旎風光外，又能關注民生疾苦，作品往往能反映社會現實。如馬曰璐的《題五毒圖》，把朘刻盤剥的官吏比作『五毒』：『拖金紆紫比令僕，赤幘大冠稱縉紳。……已爲蠆尾欲令國，何怪致蠹殘人民。』諸如此類，於集中屢見不鮮，使本書兼具較强的文學性和現實性，成爲珍貴的地方史料。本《文庫》據上海圖書館藏清乾隆十二年刻本影印。（王繼雄）

林屋唱酬録一卷焦山紀遊集一卷　（清）馬曰琯　馬曰璐等撰

馬曰琯有《韓江雅集》，已著録。馬曰璐（一七〇一—一七六一），字佩兮，號半查，安徽祁門人，後隨祖父遷居江蘇揚州。國子生，候選知州，乾隆元年與其兄馬曰琯並薦博學鴻詞，不就，名重一時。好學、工詩、喜結客，一如其兄，常與名士作詩畫之會，曾與兄合編《叢書樓目録》，又輯刊宋本《韓柳二先生年譜》八卷。兩兄弟僑居揚州，經營鹽業，爲當地徽商巨富，捐資開揚州溝渠，築漁亭孔道，設義渡，造救生船，造福一方百姓，其慷慨好義的名聲遠爲傳播，人稱『揚州二馬』。有《廣陵倡和集》《南齋集》《南齋詞》，本《文庫》已收録。此二書均爲一卷，是馬曰琯、馬曰璐兄弟與文友宴遊酬唱之作。《林屋唱酬録》是遊吴中太湖諸山之作，前有序文云：『馬君嶰谷，雅嗜山水，今春偕昆弟、友生自揚入吴，過惠山，歷武邱，憩明瑟園，乃攀天平，歷支硎，俯寒泉，躡華山鳥道上靈巖，陟鄧尉，由天池石壁渡太湖，探石公、包山、林屋、縹緲峰，消夏灣諸勝，飲明月坡而返，流連唱和，並得詩五十餘首。』參與唱和的詩人有馬曰琯、馬曰璐、陳章、閔華、樓錡。書前有沈德潛所作序，書後附録杭世駿撰《嶰谷馬君傳》一篇。《焦山紀遊集》是遊鎮江焦山之作，據《粤雅堂叢書》收録本書後所附道光庚戌（三十年）南海伍崇曜跋曰：『（遊焦山）越林屋之遊七年矣。』此次參與唱和的詩人有厲鶚、杭世駿、陳章、樓錡、馬曰琯、方士庭、馬曰璐、閔華、陸鍾輝。本《文庫》據清刻《粤雅堂叢書》本影印。（李潔）

廣陵倡和集二卷 （清）馬曰琯 馬曰璐 程夢星等撰

馬曰琯有《韓江雅集》，已著録。馬曰璐有《林屋唱酬録》，已著録。程夢星有雍正《揚州府志》，已著録。本書爲居揚州之諸名士宴遊唱和之作，參與者有馬曰琯、馬曰璐、程夢星、厲鶚、杭世駿、胡期恒、唐建中、方士庶、王藻、張四科、陸鍾輝、符曾、方士庭、陳章、閔華、洪振珂、汪玉樞、汪從晋、黄裕等。全書共二卷，二十四題。宴集地點多在馬氏兄弟、程夢星等人的園林，也有在其他人園林或同遊名勝，分題限韻而作。卷一有《夏日過嶰谷齋中觀壁間金焦石刻因憶兩山舊遊用東坡自金山放船至焦山韻》《新秋分用韋左司雜體詩韻》《新秋雨後集南齋分用昌黎秋懷詩韻》《上元後一夕南圻招遊平山堂看月》《同人携茶集張漁川齋中試惠山泉用山谷謝黄司業寄惠山泉韻》《雨後兩明軒看盆荷再用山谷韻》《懷樊榭渡江三用山谷韻》《晚清軒分詠》《書汪蛟門先生少壯三好圖後》《二月六日集水雲漁屋分詠》《七日集篠園分詠》《四月二日登康山喜環山歸自新安各賦五言古詩十二韻》《南園春柳詞》《夏日讀水經注》。卷二有《銀槎》《犀槎歌》《花朝小集花畦各成絶句四首》《題方環山畫冷泉亭圖》《南圻自葺秋花用孔毅父鷄冠韻》《竹西秋禊詞》《賦得楊柳月中疏》《登看山樓觀殘雪用東坡聚星堂雪韻》《題馬麟仿黄荃春江瀲鵜圖》《晚晴》。

是書未見序跋。本《文庫》據國家圖書館藏清刻本影印。（李潔）

廣陵倡和録三卷 （清）王藻編

王藻（一六九三—？），字載揚，號梅沜，清吴江人。監生。早歲以販米爲生。乾隆元年薦舉博學鴻詞科，罷歸。工詩，有『相看何物同塵世，只有秦時月在天』句，爲世所稱。平生好藏宋版書與青田印章。有《鶯脰湖莊集》。是書所成與揚州『二馬』小玲瓏山館及邗江吟社有不解之緣。王藻與揚州『二馬』交好，與邗江吟社中諸多文人亦結下深厚友誼。『二馬』爲清雍乾時期鹽商馬曰琯、馬曰璐兄弟，小玲瓏山館是其私家園林。兄弟二人在館中藏書、刻書、接濟寒士、廣聚文人雅士，並結邗江吟社，組織很多文學活動，爲當時的文人提供了一個重要的活動基地。小玲瓏山館在當時具有十分重要的文學地位，吟社有很多著名詩人，如浙西詞派的代表厲鶚，揚州八怪中的金農、高翔、汪士慎等。小玲瓏山館的文學活動在清代文學史上可以書寫濃墨重彩的一筆。《韓江雅集》是邗江吟社的一部唱和集，其中收録王藻詩作就有三十餘首之多。王藻在《廣陵倡和録》一書『題廣陵倡和録後』曰：『十載題詩多樂事，異時展卷若前塵。薄遊三度奚囊富，不羨揚州杜子春。』十餘年間王藻三遊廣陵，時間分别是卷一卷下題『時雍正六年歲在著雍閹茂』，《閏四月上浣出揚州北郭登上方寺復由寶城至鐵佛禪院》詩題下題『以下雍正十三年歲在旃蒙單閼』及卷二所題『時乾隆八年歲在昭陽大淵獻』。王藻在三遊廣陵時與友人吟詩作賦、酬唱投贈，遂編爲一書，是爲《廣陵倡和録》。是書分三卷，前有錢唐厲鶚序。共編入王藻及其友人馬曰琯、馬曰璐、厲鶚、高翔、汪士慎、陳章、閔華、符曾、姚世鈺、張四科、方士庶、張士進等三十四人詩作三百餘首，詩作者題名下均有字號、籍貫等著録。是書之編輯正如厲鶚序中所説：『知友朋文字遊從爲可樂，又以見廣陵人士之盛，園林琴酒之適，有非他方可及者。』書中多寫景詠物、遊戲娛樂、情感交流之作。雖多次韻，聯句等酬唱之作，亦常有佳作。是書不啻爲小玲瓏山館文學活動成果的縮影，亦是雍乾時期揚州詩壇繁盛的見證。本《文庫》據南京圖書館藏清乾隆寫刻本影印。（陸音）

邗上題襟集邗上題襟續集 （清）曾燠輯

曾燠（一七五九—一八三〇），字庶蕃，號賓谷，清江西南城人。乾隆四十六年進士，選庶吉士，入值軍機處，任都察院右副都御史。乾隆五十七年，朝廷考核各官政績，曾燠被定爲一等，被任命爲欽差大臣，出使江南一帶，後陞兩淮鹽運使。嘉慶十二年，陞湖南按察使。十三年，調湖北。十五年，遷陞廣東布政使。二十年，再陞貴州巡撫。道光二年，以巡撫銜任兩淮巡鹽御史。著作有《賞雨茅屋詩集》《賞雨茅屋外集》《駢體文》，編有《續金山志》《江右八家詩》《朋舊遺詩》《江西詩徵》《國朝駢體正宗》等。舒位《乾嘉詩壇點將録》稱其爲『雲裏金剛』。洪亮吉《北江詩話》稱其詩『如鷹隼脱韝，精采溢目』。乾隆五十八年二月，曾燠赴揚州任兩淮鹽運使，七月與友人幕賓舉行九峰園秋禊，詩酒唱和，積而成帙，十月即刊刻《邗上題襟集》，取温庭筠、段成式等《漢上題襟集》之意，收録衆多宦遊揚州的文人酬唱詩作。內容有秋禊詩、消寒分詠、遊焦山詩、題畫詩、詠物詩等，或吟花弄月，或流連詩酒，在一定程度上反映了揚州文學在這一年的基本發展態勢。此集刊刻後，又於使署西北隅築題襟館，使文人雅集既有題襟之名，又有題襟之實，帶動了揚州風雅文風。《邗上題襟集》刊刻後至嘉慶二年，賓客唱遊之作又已成帙，故出續集。續集內容爲文人讀《邗上題襟集》後題作以及嘉慶二年衆文人秋湖觴芰詩等。而《邗上題襟集》和《續集》的序跋則記録了曾燠揚州酬唱的環境及背景，生動闡釋了當時文人的文學觀、地域觀，對此後揚州文學發展産生了深遠影響。二書的刊刻，首先使得豪雋有名之士名傳天下，其詩歌唱酬亦有據可查。集中收有吴錫麒、吴煊、詹肇堂、徐嵩、胡森、吴嵩梁、吴照、陳燮、黄道開、張彭年、黄郁章、王文治等近九十位往來於揚州的文人五百餘首詩作，真實體現了當時揚州文學的創作繁富狀況，既使『分則不足，合則有餘』的雅集之作得以保存和傳播，亦使其中寒士借此集名稱朝野，詩傳天下。其次，此詩集增此邦之掌故，補前人之墜典，爲後人留下諸多與揚州地域風土人情有關的佳作。《正月十五日梅花嶺作》《寶應縣景賢書院詩二十韻》《瓜洲登大觀樓記所見》等，均爲相關地域題詠之作。而曾燠從攝山移來梅花十株進題襟館，賓朋們以《題襟館種梅》爲題，以各人姓氏爲韻，賦詩紀事，更令人感受到揚州官梅婆娑多姿的芳影。此書爲乾隆至嘉慶兩淮官署刻本，國家圖書館、南京圖書館、吉林大學圖書館等館均藏。嘉慶六年，曾燠又輯其優者，成《邗上題襟集選》二卷，仍由兩淮官署刻印。本《文庫》據南京圖書館藏清乾隆至嘉慶兩淮官署刻本影印。（陳曉明）

榕園唱和集　（清）李彦章輯著

李彦章（一七九四—一八三六），字則文、蘭卿，號榕園，清福建侯官人。嘉慶辛未進士，任內閣中書，典江西鄉試，以軍機章京，遷內閣侍讀。道光五年，任廣西思恩知府。

興建陽明書院、西邕書院。後任慶遠、潯州知府。道光十三年，陞任江蘇常鎮通海道、江蘇按察使。道光十六年陞任山東鹽運使。未及赴任病逝。政暇，肆學工詩，善書、精鑒藏。有《榕園全集》傳世。葉紹本序云李氏詩作『窮力追新，雄深雅健，不墮纖靡、吅囂之習，蓋近人詩文中可爾一家』。揚州文人雅集之盛自歐陽修始，觴詠不絕。明清時期更是『一時文宴盛於江南』。李彥章道光十三至十五年間任職揚州，與郡中耆舊寓公、通儒佳士，倣先賢故事，燕遊酬唱，詩酒流連。同遊者有秦恩復、程贊清、謝學崇、徐培深、朱襄、張銘、黃承吉、阮亨、丁元模、劉文淇、梅植之、吴廷颺、潘宗藝、王僧保、王翼鳳、汪彥樹、秦巘、劉寶楠諸人，作品內容多爲撫今追昔，思慕先賢之作。每遊輒爲一集，詩成即付梓人，分集刊刻。全書包括七種七卷，即《雙石齋唱和集》，記道光甲午六月二十一、七月十二日、重陽日及次年正月二十日李彥章招集秦恩復等人賦詩紀事，議建宋三公祠詩。《小紅橋唱和集》，收録道光乙未上巳日招集秦恩復等十六人倣漁洋故事於小紅橋修禊雅集賦詩集。《桃花庵唱和集》，收録乙未清明後二日秦恩復等十人齊聚桃花庵賦詩集。《四并堂唱和集》，收録乙未四月二十六日李彥章招集賓僚十三人於四并堂前賞花賦詩集。《補柳亭唱和集》，李彥章甲午年議建宋三公祠時曾云『願作平山補柳人』，因建補柳亭於祠右湖上，周圍遍種梅柳成陰。乙未年六月二十一日，李氏復集程贊清等十八人在三公祠同祀歐陽修生日，衆人賦詩集。《四并堂唱和第二集》則是乙未年七月初二日李彥章聚程贊清等十八人在三公祠同祀韓琦生日，衆人各賦七言古詩。《載酒堂唱和集》，平山堂舊有三賢祠祀宋人歐陽修、蘇軾及清人王士禛。李彥章新建宋三公祠，祠宋之歐、蘇及韓琦，即所謂以『三公易三賢』。又作載酒堂於祠之西軒，以所摹朱鶴年《王士禛石帆詩意圖》設祀於此，專祠先生，以永不朽。此集首有乙未上巳日李彥章所作《題漁洋先生小像四首》，後爲八月二十八日秦恩復等十九人於載酒堂同祀王士禛生日，各賦五律四首。是書本無題名，據扉頁墨筆所題擬名。存子目七種七卷，清道光年間各集詩成，隨刊隨印，先後流傳於世。本《文庫》據南京圖書館藏清道光年間刻本影印。（韓梅）

邗江送別圖詩刻　（清）朱慶元編

朱慶元，生卒年不詳，號韻松，清安徽無爲人。官至福建知縣。朱慶元於揚州任兩淮鹺使幕僚，道光元年補官福建泉州經歷，僚友餞行，爲繪《邗江送別圖》並賦詩贈別，後朱慶元携圖經歷多地，隨處請人題詠。本書即十二年後朱慶元追憶前事，彙編贈詩而成。書前有道光十二年八月蕭重《小引》、道光戊子（八年）六月陳榮試《序》，皆駢文。又有朱慶元《自記》一篇，詳叙此集由來和彙編原委：『壬申秋，應長蘆鹺使聘……又三年，鹺使調任兩淮，相偕至揚州，佐鹺幕焉。道光元年辛巳，補官泉州經歷，楊補凡爲作《送别圖》，與平二愚、王小通、宋北臺、姚星甫、家松厓（即朱圻）諸同人賦詩寵行。次年正月捧檄將行發而先慈疾作，遂告養，先慈竟以是年棄世……嗣後四方奔走，仍以槖筆資生計，歲乙酉坐補此官，忽忽七更寒暑，計作圖時閲今十又二年矣。而此十二年中，一館泰壩，再館長蘆，過江南，來温陵，於豐州，於龍潯，或於役都門，或羈栖會邸，在在與此圖俱。一時文人詞客、開士名媛，題詠幾遍，美不勝收，而當年作畫題詩諸君，則已風流雲散矣。安知後此之人海滄桑，不有甚於今日者乎？爰彙録卷中諸作，梓而存之，一以紀遊子之踪，一以雪思親之涕，且以觸今雨舊雨之感於無窮也，是爲記。道光壬辰閏重陽無爲朱慶元書於温陵官廨之吟香齋。』書末又有蕭重題後及道光庚寅（十年）姚煌《書後》一篇。本《文庫》據南京圖書館藏清道光十三年刻本影印。（李潔）

題襟館倡和集四卷　（清）方濬頤等撰

方濬頤有同治《續纂揚州府志》，已著録。是書爲方濬頤任兩淮鹽運使時與詩道同人酬唱詩作集。兩淮鹽運使公署内有『題襟館』，爲嘉慶間修建，方濬頤到任後重修，以爲公務之餘，與同人吟詩唱和之所。共四卷，前有同治辛未秋桐城許奉恩序，後有目録。總計收古今體詩五百五十一首。録詩人有方濬頤、許奉恩、王尚辰、莫維寶、何栻、王際相、陳鍾藻、湯世厚、莊忠域、唐人鑑、李祖望、張光甲、李鍾珩、于昌遂、何紹基、方臻大、于竇之、何維樸、汪鋆、吴長慶、凌兆熊、黄紹芬、吴善賓、金安清、劉瑢、丁紹恩、張德堅、金長福、馬書城、徐穆、汪鎧、韓儀亮、王菼、瑞昌、沈秉成、趙佑宸、李光廷、胡銜照、吴唐林、吴瑩、丁錫恩、廖壽山、廖壽同、汪應溥、道源、真然、方燕昭、陳克劬、黎庶蕃，共四十九人。本《文庫》據上海圖書館藏清同治十一年兩淮運署刻本影印。（王繼雄）

虹橋秋禊圖題詞　（清）朱銘編

朱銘（一八一五—？），字石梅，號四白齋主人，清儀徵人，祖籍安徽。學詩於儀徵阮亨，與阮元及其子阮福爲文字交。有《四白齋唱和集》《平山堂唱和集》，本《文庫》已收録。道光十九年（己亥），大學士阮元致仕還鄉，主持文壇，衆文士效仿追隨，互相唱和，曾經有多次盛會留下繪圖徵詩，彙編成册。咸豐三年（癸丑）太平天國戰爭，揚州城被攻陷，多圖俱毁，唯有道光二十五年（乙巳）所作《虹橋秋禊圖》，由阮元從弟阮亨弟子朱銘携帶保全。光緒三年，朱銘以此圖卷徵詩梓行。其《自跋》詳叙此書原委：『先是道光己亥，阮文達公予告還鄉，修葺邗上農桑臺榭，爲湖上憩遊所。余因梅叔師追隨末座，刻燭賦詩，文達公許可。由是郡中名宿互相唱和，壇坫頻仍。嘗於癸卯春集平山堂，甲辰夏集雲山閣，繪圖徵詩，彙裝成册，署首者乃文達公及徐松泉給諫。咸豐癸丑，毁於寇難。惟乙巳歲所作《虹橋秋禊圖》長卷，挾之以出。……可謂性命相依、患難相共者矣。嗚呼！使是卷與二册俱存，豈非余之甚幸耶？抑是卷偕二卷俱亡，豈非余之不幸耶？乃册亡而卷存，豈非余不幸中之幸耶？從此什襲珍藏，未敢輕乞一題。今幸重睹升平，偶一展卷，緬想故人，輒有落落晨星之感。爰付手民，以公同好，倘蒙諸君子垂念卷中故舊，發爲詠歌，郵寄續刻，是尤余所深幸也夫。光緒三年歲次丁丑孟冬竹西四白齋主人朱銘自跋，時年六十有三。』是書前有道光乙巳仲冬李維醇署首，題『虹橋秋禊圖』五字，道光二十六年上巳日同郡秦巘（玉笙）所作駢文《序》，《序》後即朱銘請林鴻繪製《虹橋秋禊圖》，圖後録阮亨等人與朱銘唱和之詩，阮亨詩題曰：『道光乙巳秋九月杪，石梅賢弟招同嵇葯園司城、畢藴庵明經、倪陶庵貳尹暨雲莊弟、恩甲孫虹橋秋禊，限晴字韻，各賦七律一首。』參與者有儀徵阮亨（梅叔）、無錫嵇榮培（葯園）、儀徵畢光琦（韞庵［詩題作『藴庵』］）、江都倪馥（陶庵）、儀徵阮充（雲莊）、儀徵阮恩甲（鼎孚）以及儀徵朱銘（石梅）。詩彙之後是朱銘《自跋》，跋後附録以此圖卷徵集的各地名流題詠詩歌。本《文庫》據上海圖書館藏清光緒三年刻本影印。（李潔）

四白齋唱和集附平山堂唱和集　（清）朱銘編

朱銘有《虹橋秋禊圖題詞》，已著録。所謂『四白唱和』，即朱銘題詠《白梅》《白蓮》《白菊》《白蓼》七律四首以及同人賡和之作。書前有同治十三年冬阮福《序》，略述作者生平與爲人：『石梅上舍，家梅尗叔詩弟子也，嗜吟詠，精篆鎸，性淡泊，無志功名。先傅相文達公予告還鄉，嘗以金石文字藉諸鐵筆，時余亦隨侍在籍，常相晤言，顧稔知石梅之淡泊也。迨後天各一方，莫知所止。余歷京秩，先後二十載，出守楚北，又廿載，始引退歸莊，居文選樓下，適與石梅比鄰。重逢話舊，朝夕論詩，因知從戎秦豫，磨盾勩勞，雖屢列薦章，不肯出而問世，其胸襟之淡泊也益信。出《四白齋唱和集》一卷，屬余弁言。』又有同治癸酉（十二年）冬朱銘自序，叙及唱和『四白』之原委：『（先大父）三入南闈，薦而未售，晚年嘗自慨云：「家徒白屋，恒守白丁，慣以白眼看人，不覺白頭垂老。」故顔其齋曰「四白」。先君子友原公追思四白，乃於齋前蒔種白梅、白蓮、白菊、白蓼以寓四白生生之意。癸丑春，揚城不守，余奉母携家避亂於海陵，迨寇退歸來……四白之遺，今俱不復見矣。於是營築三椽，補種四白，招集同人唱和於其間。一時勝友如雲，渾忘亂後；高朋滿座，復覩升平。敢效拋磚以引玉，不謂探驪而得珠。或和體，或和韻，或三四章，或一二首，謹以先後送到次序，隨時登録。因索觀絡繹，不暇鈔胥，用付手民，公諸同好。願海内方家弗以雕蟲見哂，而能垂鑒四白之苦心，則幸甚。』是書一卷，書後又附《平山堂唱和集》一卷，爲同治十三年春揚州平山堂落成，朱銘與友人同遊，雅集唱和之作。朱銘自題：『甲戌孟春下澣，平山堂落成，雪航、開士邀同汪子儀禮部，陳雨芹、趙月舫孝廉，汪蜺園明經，王小汀處士，山堂雅集，詩以紀遊。』仍是朱銘原唱，同人屬和。本《文庫》據揚州市圖書館藏清光緒元年刻本影印。（李潔）

春雨唱和集　（清）王開益輯

王開益有《甘棠小志節録小注》，已著録。是書前有王開益自叙，云：『上元孫蓮水（韶）以《春雨》四律傳，因名其樓。予未讀其詩也。甲午冬，阮蓮卿録以見示，詩云……予循誦再三，未肯釋手，雨窗無事，依韻和之。詩成，以寄蓮卿，蓮卿亦欣然屬和。仍望諸吟壇賜教，則不獨益之幸，抑亦春雨樓主人之幸也。乙未季春甘泉望三王開益識於望湖草堂。』據此可知此集是光緒二十一年（乙未）王開益發起徵求賡和上元孫韶《春雨》七律四首之作。叙後有《春雨唱和集題辭》數首，後均爲《春雨和韻》組詩，每人賡韻之末均署『融春室薈編』。參與和詩者有江都周鎖（篠雲）、江都談怡曾（星台）、江都張維楨（芰塘）、江都華汝仁（蓮塘）、江都郭淦如（麗生）、江都張蕙（幹亭）、江都趙時澍（沛森）、甘泉趙時溶（濟東）、江都唐栘（小園）、江都楊權（蓮卿）、江都胡瀛（閬仙）、江都蒯文虎（穆卿）、江都柏有壁（完卿）、甘泉文汝梅（用和）、甘泉葉貴曾（酒生）、甘泉常海天（子秋）、甘泉倪連元（星珠）、甘泉虞學文（錦雲）、甘泉亢文鼎（寶齋）、甘泉趙大猷（曉樓）、高郵金長福（雪舫）、高郵尤炳文（綺園）、高郵胡冠英（小康）、高郵陳時升（應中）、高郵張兆珠（仿湖）、高郵周六卿（緦亭）、高郵周連甲（殿英）、高郵周六雅（律生）、高郵周賓燕（式嘉）、高郵時雝（古琴）、儀徵阮亨（梅叔）、儀徵阮貞（蓮卿）、儀徵阮天保（漁村）、儀徵阮孔厚（魯卿）、儀徵阮棨（少梅）、天津吴啓麟（書瑞）、安東程得齡（湘舟）、錢塘陳斐之（小雲）。王開益之和詩未見收録。本《文庫》據揚州市圖書館藏清光緒間望湖草堂刻本

影印。（李潔）

重陽唱和詩　（清）王開益等撰

王開益有《甘棠小志節録小注》，已著録。是書爲光緒四年（戊寅）九月王開益與同社文友重陽前後唱和詩集。集前有駢文《叙》一篇，署『光緒四年九月漚香外史吴宗鈺拜撰』。全書不分卷，按題歸類分爲三部分，第一部分爲王開益（望湖）《戊寅九月初五日小雨偶成》詩及其賡和，參與唱和的作者有吴安業（杖仙）、金堉（小舫）、吴官業（雲上）、李允洵（少泉）、阮先（慎齋）、陳兆麟（石夫）、阮充（雲莊）、阮貴生（星垣）、張恩榮（柱伯）、談恩誥（蓉舫）、陳桂馨（小山）、楊丙光（少鶴）、吴宗鈺（玉才）、王增慶（欣甫）、汪恩榮（錫三）、阮祓（後莊）、阮增瑞（玉卿）、阮恩浩（春厓）、阮恩詔（餘庭）、阮恩濼（春農）、阮恩霖（霞青）、阮震傳（長卿）、阮燮堯（午峰）、阮燮堃（卓齋）、林振玉（湖村）、［閨秀］方蘭娟（静卿）。第二部分爲續和，仍用王開益原詩韻，參與唱和的作者有查懋馨（一山）、李修梅（次生）、范榮薇（黼卿）、何鍾駿（軼群）、吴清源（客樵）、趙馨桂（筱衫）、陶世榮（紫綬）、談人標（建霞）、黄文石（硯農）、阮充、戴異（景馮）、談恩誥、薛之莖（子靈）、談士錦（竹珊）、徐聯芳（蕚樓）、王增慶、郭文曾（奎卿）、張金城（柳溪）、張百城（紫雲）、岑和煦（燮臣）、王九川（懺庵）、［方外］覺開（寄庵）、郭守曾（省吾）、阮祓、何駿聲（律清）、王承露（澄鷺）、張履震（青士）、阮恩寅（虎臣）、［閨秀］孔殷懿（榮木）、［閨秀］阮愛珍（寶娟）。第三部分除阮充、阮祓、阮恩詔、阮恩濼、阮震傳的《附擬轆轤體》唱和詩之外，仍是續和王開益原唱之作，參與作者有王士俊（蓉莊）、戴寶珠（懷卿）、吴嵩慶（仰齋）、朱銘（石梅）、黄兆先（稚衫）、鄭桂（稚山）、蔣祖懃（滄漁）、徐崧齡（生甫）、孫錦城（浣溪）、許增福（麟洲）、郭超曾（偉庵）、俞福清（子淵）、夏增祥（子才）、何駿聲、阮燮堃、［道衲］胡合孫（竹筠）、［道衲］蔣映乾（小航）、汪召棠（蜕園）。本《文庫》據揚州市圖書館藏清光緒刻本影印。（李潔）

竹西九老吟　（清）張丙炎　徐穆等撰

竹西九老，指晚清揚州德高望重的九位老者，以年齒爲序，他們是徐穆、陳景富、張丙炎、吴韮聲、程嘉櫆、徐兆英、陳彝、何籛、范用賓。徐穆（一八一八—一九〇〇），字孝竹，一作嘯竹，晚號耄學詞人，儀徵人。布衣。曾遊幕四方，爲諸侯座上客。喜愛詩詞，以詩鳴世。著有《越中歸棹詞》《孝竹吟草》《蔗渣詞》等，惜皆散失。陳景富（一八二〇—一九〇〇），字仲弼，江都人。家學淵源，年未弱冠，以經古第一補諸生。咸豐二年舉人。三應禮部試，均未及第，從此絶意仕途。先後授徒五十餘載，名播江淮間，人稱『大師』。曾參與修纂光緒《江都縣志》。張丙炎（一八二四—一九〇五），字午橋，號榕園，一號藥農，儀徵人。咸豐九年進士。博雅好古，富收藏，喜吟詠，工金石。著有《冰甌館詞》，輯有《榕園叢書》等。吴蜚聲（一八二五—一九〇〇後），字子英，儀徵人。生平不詳。程嘉標（一八二五—一九〇四），字少枚，儀徵人。自幼聰明勤學，年二十爲諸生。早年困於場屋，屢試不第。擅詩文，工書法，兼擅倚聲。後人輯《程少枚先生遺詩》印行於世。徐兆英（一八二六—一九〇五），字毓才，一作育才，江都人。咸豐二年舉人。曾主講廣陵書院，深受士林推重。工吟詠，兼精醫術。著有《愛虞堂文稿》《梧竹軒詩鈔》等。陳彝（一八二六—一九〇〇），字六舟，儀徵人。咸豐二年舉人，同治元年傳臚。歷官安徽巡撫、禮部侍郎，授内閣學士。著有《抱瓮廬詩文存》等。何籛（一八三二—一九〇七），字述庭，儀徵人。歲貢生。候選教諭。工詩文辭，兼書法。曾與陳景富同修光緒《江都縣志》。范用賓（一八三三—一九〇五前後），字觀亭，甘泉人。同治九年舉人。工吟詠，曾與臧穀結消寒社。參與纂修光緒《甘泉縣志》，著有《小歲寒堂詩集》四卷、《揚州竹枝詞》一卷。本書爲竹西九老於光緒二十四年在瘦西湖小金山湖上草堂雅集時所賦之詩的合集。前有張丙炎《記》文，對這次雅集如座次安排描述得相當生動、具體。綜觀全書，僅有八人詩作，其中徐穆、程嘉標、徐兆英、陳彝、范用賓等五人所賦皆長詩，獨缺吴蜚聲詩作，不知何故。本《文庫》據揚州市圖書館藏清光緒二十五年刻本影印。（胡珍）

瓜渚遁叟璧水重游唱和集二卷附刊一卷　于樹滋編

于樹滋有民國《瓜洲續志》，已著録。書前有于漸逵序、于樹滋自序，均作於民國乙亥（二十四年）。科舉時代重游泮水是一大盛事，于樹滋八十上壽重游泮水述懷賦七律六章，『冀留陳蹟紀念，非敢播諸樂府，傳入詩壇也。乃筱川弟率兒輩具柬徵和。自慚拋磚，安希引玉。辱承碩望耆宿、博雅同人，不吝珠玉，各錫瓊瑤，先後得古今體詩五百九十餘首。爰仿俗選唐詩體裁，更依近時省縣區域，廣薈諸編，萃成一集。督工排印，付郵遞呈，藉供諸公睿鑒，聊申樹滋感忱云』（《自序》）。『海内和者，已多至百餘家；五七言近古體，無美不備。宗兄仿《唐詩三百首》例，依次歸類，詩餘附後』（于漸逵《序》）。是書分上、下兩編，附刊《璧水重游題額楹聯》《八十壽文壽詩壽聯書畫》。上編先原唱詩，次和詩，和詩依次爲五言古詩、七言古詩、五言絶句、七言絶句、五言律詩、七言律詩；下編依次爲和原韻七律、詩餘、附刊。參與唱和者有陳時若、胡堅、趙玉森、顔鋆、宋毅、王震、萬君默、易君左、張彬文、吴桂林等人。本《文庫》據上海圖書館藏民國二十四年鉛印本影印，書頁中縫有『于氏市隱草堂』字樣。（胡珍）

真州倡和詩三卷　（清）團昇輯

團昇，生卒年不詳，字冠儀，一作冠霞，號鶴籢。清儀徵人，後居泰州。康熙五十九年副榜。官訓導，知人善教。工詩書畫。著有《畫山樓詩》《畫山樓文》《假年日録》等。輯刻《真州倡和詩》。享年八十八歲。是書分上、中、下三卷，無序跋。綜觀全書，多爲團昇居儀徵時，與同人宴遊唱和之作，或詠史，或擬古，或詠物，或贈别。參與唱和者有張璞、陶鑑、卞澍、方嶟、許登瀛、李志楝、李仙植、張秉彝、石繼登、劉嘉禾、汪堂、李仙榜、李少白、閔華、汪聖清、楊大任、黄裕、楊瑗、方振和、方元鹿、吴之粹、李鵬舉、丁居信、劉國柱、劉承毅、劉標、宋麟、李少元、黄極、黄榮、厲靖等人，其中尤以團昇、張璞、陶鑑詩作爲多。據阮元《廣陵詩事》云，前後唱和，極一時之盛，爲真州詩壇大事，團昇萃刻之。本《文庫》據揚州市圖書館藏清末刻本影印。（胡珍）

柳堂春泛圖詩鈔三種　（清）阮元等撰

阮元有《廣陵詩事》，已著録。是書分《柳堂春泛圖詩鈔》《竹林茶隱圖詩鈔》《隱園醉月圖詩鈔》三種。《柳堂春泛圖詩鈔》，收録阮元於道光二十年暮春遊萬柳堂後回真州看桃花所作七絶二首，及其從弟阮克、阮先、阮充各和詩二首。《竹林茶隱圖詩鈔》，前有徐兆英《竹林茶隱圖記》敘其顛末。據《記》文可知，阮元八十壽辰時在道橋别業中作竹林茶隱，從弟阮克弟兄侍遊賦詩，阮元並繪《茶隱圖卷》紀事，至今里黨艷稱之。『舅岳（指阮克）秉承家訓，力敦孝友，閑居别業，寄情水竹。二三知己，不時過從，煮茗論詩，屏絶時事，不得謂之非茶隱也。』本詩鈔收録的正是這些知己友人的詩作。《隱園醉月圖詩鈔》，前有識語云：『乙卯仲冬，月當頭夕，阮敬齋都尉招約同人隱園雅集，繪圖徵詩。』據此可知，雅集時在咸豐五年。參與作詩者有范凌霙、徐廷珍、姚光鼐、丁紹恩、阮孔厚、阮充等人。本《文庫》據揚州市圖書館藏抄本影印。（胡珍）

雲莊唱和録二卷雲莊題贈録四卷　（清）阮充編

阮充有《赤湖雜詩》，已著録。《雲莊唱和録》二卷，分《重蓮唱和詩》和《秋燈唱和詩》兩種，均爲阮充與同人唱和之作。書前有咸豐三年阮亨序、凡例。《重蓮唱和詩》《秋燈唱和詩》前均有道光二十三年阮充自序。唱和者有儀徵汪廷儒、江都周鑕、高郵金長福、甘泉文汝梅、慈溪虞振璜、江都符葆森、高郵夏崑林、天長崇桐林、鎮洋邵廷烈、蘇州蔣保燮、銅山趙福、興化鄭國玖等，多爲江蘇尤其是揚州地區的名士。《雲莊題贈録》四卷，前三卷分别爲名士賡唱迭和《雲莊圖》《碧香吟館圖》《桐陰覓句圖》等詩作，卷四爲附録《北湖竹枝詞題詞》《赤湖雜詩題詞》等。據書前咸豐十年阮充自序和凡例可知，道光二十六年清代畫家明儉繪《雲莊圖》，二十七年儀徵汪廷儒繪《碧香吟館圖》，咸豐七年儀徵方陶庵繪《桐陰覓句圖》，先題記，後贈言，以繪圖先後編次。綜觀全書，作者遍布四方，仍以江蘇尤其是揚州地區爲多。本《文庫》據南京圖書館藏清同治七年刻本影印。（胡珍）

樸園題贈集　（清）巴光誥等撰

巴光誥，字北野，石樵，號樸園，清儀徵人，舊籍隸新安。歲貢生。候選訓導。以貲捐納道員。世業鹺，凡地方公事有關鹺務勸捐者，光誥皆爲之倡首。少力學，有文譽。嘗延四方名士客其家，敬禮弗衰。全書計收録巴光誥《樸園自記》（附鮑崇城識語）、沈恩培《樸園記》、王墉《樸園記》、王墉《樸園二十詠》（五言律詩）、錢泳《樸園十六詠》（五言絶句）等五篇。樸園，在儀徵東南三十里，巴光誥兄弟所築，當時被譽爲『淮南第一名園』。三篇記文，以文學手法詳細記述了構園的緣起和園亭規模、結構及園内衆多名勝等。其中軒、齋、亭、榭、樓、閣、池、館等建築二十餘處，『皆以長廊通之。第其境迂曲，或傍巖，或倚樹，或映竹，或臨水，高低旋折，有不可直遂者』（沈恩培《樸園記》）。二詠是吟詠園中名勝，如錢泳《梅花嶺》詩云：『花映真州月，香分庾嶺春。扶筇嶺頭看，花月認前身。』本《文庫》據上海圖書館藏清嘉慶二十三年刻本影印。（胡珍）

甓湖聯吟集七卷　（清）李光國選

李光國，原名燹火，字智周，一字定齋，清興化人。雍正七年拔貢，肄業太學，凡十四試皆第一，方苞延主家塾。時方苞奉命纂修職方志，光國多襄其事。乾隆元年薦舉鴻博，九年中順天副榜，授祁門教諭。告歸，僑居高郵。博物嗜古，藏書甚富。工詩文，詠史諸作多古人未發處。又善懸肘書。著有《帝王世系録》《姓氏譜》《陰符經注》《定齋詩鈔》等。是書收録高郵人陳兆蘭、陳桂、宋鴻儒、沈均、李貢、賈田祖、沈錡七人古今體詩共一千二百一十八篇。前有趙青藜序、夏之蓉序。趙《序》云：『高郵李君雪鄰，樗巢先生子也。先生詩名布海内，商丘宋中丞選刻十五子詩，先生風格最上。此其淵源有自。而七子之切劘於是者，良非苟焉已也。無何雪鄰謝世，七子者情不忍忘，仍於冬至後刻期舉消寒會如故。』李君即李基簡（一六八六—？），字雍南，號雪鄰。乾隆三年舉人。善屬文，尤肆力於詩。乾隆年間，李基簡聯合七君子等人於甓湖（甓社湖，在江蘇高郵西北）側舉消寒詩會，其被推爲詩社『主盟』。李光國亦參與此消寒詩會。此書即七君子唱和之作，由李光國費時數年輯刻而成。全書七卷，每卷只録一人之作。卷首均有李光國所撰題解，對作者及其詩風等進行評價，往往要言不煩，切中肯綮。所選之詩多擬古、閨情、遊記、詠史之作，也有貼近百姓生活、反映民間疾苦的佳作，諸如宋鴻儒《踏車歌》《築堤謡》、賈田祖《捕魚歌》《放鴨翁》。集中時有狂誕之句。本《文庫》據清乾隆十九年刻本影印。（胡珍）

秦郵話別録　胡爲和輯

胡爲和有民國《三續高郵州志》，已著録。是書與作者《東亭話別録》《舜江話別》合一册，封面題『郵東别緒舜江話別附』，無序跋。計收録七言律詩五十六首。據詩題《己未夏日檄移東亭瀕行郵邑父老昆季餞別於文遊臺偶作四律答謝並志離懷》可知：胡爲和於民國八年夏奉令自高郵調至東臺，高郵士紳餞別於文遊臺，胡爲和賦詩答謝。高郵名士陳有珍、王鴻藻、孫斌、徐養源、馬建勳、王易、宣時楷、何榮生、王仲嘉、譚慶棠、汪淮、賀俞、馬建勳等十三人作詩相和。和作以接到先後爲序，主要是歌頌胡公爲官清正、廉潔奉公等。本《文庫》據南京圖書館藏民國間鉛印本影印。（胡珍）

白田倡和集　（清）葉燮等撰

葉燮（一六二七—一七〇三），字星期，號己畦，世稱橫山先生，清吴江人。葉紹袁子，康熙九年進士。任江蘇寶應知縣。因三藩亂時役重而與巡撫慕天顔不合，被劾罷官。後定居江蘇吴縣橫山，縱遊四方名勝。精研詩學理論，所作以險怪爲工。有《原詩》《己畦詩文集》《汪文摘謬》等。本集收録葉燮、喬萊、王式丹等十二人所作詩歌，其中葉氏詩居多。書前有劉寶楠跋，劉氏記『同宗南垞先生命胥録寄』，説明爲跋緣由。據劉氏《跋》，此集倡和詩朱扆、鄭乾清、喬薑等人詩作可依『文徵卷六』，喬萊、王式丹、陶蔚等人詩作可依『單行之集』校勘補録。本《文庫》據上海圖書館藏稿本影印。（丁晨晨）

新安二江先生集八卷　（清）江春　江昉著

江春（一七二一—一七八九），字穎長，號鶴亭，本籍安徽歙縣，居揚州。淮鹽巨商，爲乾隆時期『兩淮八大總商』

之首。『以布衣上交天子』，任總商期間，先後蒙賜内務府奉宸苑卿、布政使等職，薦至一品，並賞戴孔雀翎，爲當時鹽商所僅有。工制藝，精於詩，建隨月讀書樓，集當時文付梓行世。江昉（一七二六—一七九三），字旭東，號橙里，又號硯農，清江都人，安徽歙縣籍。江春同祖弟。好書畫，喜交遊，工詩，尤善詞曲，有《練溪漁唱》《晴綺軒集》，與吴烺、程名世合輯《學宋齋詞韻》。江氏兄弟『賈而好儒』，江春之康山草堂即爲文人雅士聚集之所，一時『聯吟綴句，殆無虚日』。本書爲後人刊其二人遺稿合一集而成，多爲江氏兄弟與康山草堂雅士唱和之作。共收録江春《隨月讀書樓詩集》三卷，詩約三百二十首；收録江昉《晴綺軒詩集》一卷、《晴綺軒集句》一卷、《練溪漁唱》二卷、《集山中白雲詞句》一卷。《練溪漁唱》收詞一百餘首，其中數首爲與厲鶚唱和之作。書前有嘉慶年李保泰序、嘉慶十年吴錫麒序及《江鶴亭橙里二公合傳》。此書爲清嘉慶康山草堂刻本，卷末有『大清嘉慶九年甲子九月九日揚州康山草堂開雕，吴縣袁廷壽、江都張鏐同校字』篆文牌記。著名藏書家周叔弢評此本：『寫刻精好，紙墨瑩潔，開卷便有驚人之處。余嘗謂清代刻本可上追趙宋、下俯朱明，正指此等書而言。』本《文庫》據上海圖書館藏清嘉慶九年康山草堂刻本影印。

（丁晨晨）

江都秦氏遺書七卷　（清）秦黌　秦恩復　秦巘著

江都秦氏是著名的藏書家、文學世家，自乾隆年間秦黌以科舉起家，其子恩復、其孫巘皆以文學名噪一時，家富藏書，至兩萬餘卷。中遭咸豐兵燹，散失殆盡，復於道光十五年遭大火，時人嘆爲『書家之大厄』。秦黌有《石研齋主年譜》，秦恩復有《秦敦夫筆録》，已著録。秦巘（一七九二—一八五三），字玉笙，號綺園。道光元年順天鄉試舉人。招集淮海詞社，與符葆森等人相唱和。工丹青，善醫術，晚年尤以詞名。著有《意園酬唱集》《思秋吟館詞》《詞繫》。此書收秦黌、秦恩復、秦巘祖孫三代的著作五種，書中有多處改動，後未付刊刻，傳世除南京圖書館藏稿本之外，尚有謄清抄本。書根題作：《江都秦氏石研齋未刊遺稿五種》。其中《石研齋主年譜》已收入本《文庫》第三輯之中，此輯不再收録。現收目如下：《石翁吟》一卷，一册，秦黌撰。集中收入五、七言詩五十餘首，多記遊、唱和之詩。《享帚精舍文集》二卷，一册，秦恩復撰，其子秦巘輯録。集中收入二十餘篇序、跋文章，記校刻諸書之經過，搜羅放佚，考據異同。其中《南唐周文矩〈唐宫春曉圖卷〉跋尾》一文，考定其圖舊題趙孟頫之作爲誤，識見獨到，考據確鑿，使得此卷歷千年而終獲真賞。《享帚詞》不分卷，二册，秦恩復撰，其中前一册原題作《海藏庵詞》，後圈去，改作《享帚詞》，後一册卷端下題『英灣釣客倚聲』。書根題作《海藏庵詞二卷》。詞風綺麗悱惻，多於小題注『效六一體』、『效白石體』，可知其淵源所自。《思秋吟館詞集》不分卷，秦巘撰。集中收入詞作一百二十餘首，風格或峻峭，或穠艷，洵爲詞中多面手。此集另有版本流傳，分爲五卷，亦藏南京圖書館。内容大半與本書同，於小半處始多出入，可與此書並而觀之。本《文庫》據南京圖書館藏清抄本影印。（趙彦梅）

江都焦氏家集九卷 （清）焦循編

焦循有《北湖小志》，已著録。此書爲焦循彙編焦氏家集而成，收録七種，具體爲：《醒齋主人杜胡集》一卷，江都焦憬著，焦循爲之跋。杜胡謂香草，故可稱此集爲『香草詞集』。《憑軒遺筆》二卷，甘泉焦軾著。由焦信堂出焦軾草稿，焦循仿《笠澤叢書》體合詩賦記傳等整理而成。《敬齋集》一卷，江都焦兆熊撰。此集爲詩、詞合集，附《奚貞女傳》一篇。《海稷遺草》一卷，江都焦輪蒲載甫著。爲其子德輿彙輯其五七言各體詩爲一册。《晚翠集》二卷，江都焦繼轍鑒前著。論説文一卷，詩一卷。《肅堂詩草》一卷，甘泉焦汝敷撰。《蝸牛草堂詩稿》一卷，甘泉焦永撰，焦循爲跋。本《文庫》據南京圖書館藏清焦循抄本影印。（丁晨晨）

儀徵阮氏遺稿十二種十三卷 （清）阮元 阮福等著

阮元有《廣陵詩事》，阮福有《孯經室訓子文筆》，已著録。此集爲阮氏文選樓遺稿，輯阮氏一家著作十二種。有《撫浙監闈紀事詩》一卷，阮元輯，時其爲浙江巡撫監臨闈事，以『試院煎茶』命題擬作試帖詩一首，監試官、同考官等皆有和作，輯爲是書；《雨花精舍詩存》二卷，阮祜著；《廣西庚辰三元詩事》一卷，阮福輯；《歸里詩草》一卷，阮福著，多爲寫家鄉事之詩作；《楚北武闈監院煎茶詩》一卷，阮福輯；《魚聽軒詩草》一卷，阮福著，封面鈐『阮元印』朱文印章；《小瑯嬛詩文草》一卷，阮福著；《小瑯嬛仙館詩草》不分卷，阮福著；《青藜館詩鈔》不分卷，阮劉蘩榮撰；《珠江送别詩》一卷，阮福録；《小瑯嬛從記》一卷，阮福著；《小瑯嬛主晚年詩稿》不分卷，阮福著。本《文庫》據南京圖書館藏稿本影印。（丁晨晨）

高郵張氏遺稿 （清）張廷樞輯

張廷樞，字天木，清高郵人。張守中曾孫。郡庠生。少失怙，事母至孝。曾遊學虞山。工書法。著有《寄庵詩集》。據《中憲裕齋張公辭集遺編》後所附張廷樞跋可知，此遺稿由張氏耗時幾十年多方收集而成，欲爲刊刻，而力不及，乃『手録一册，以遺子孫』。鈐有『張廷樞印』『張氏珍藏』『永思堂』『象斗』諸印。此遺稿爲張氏輯其高祖張綎等一家七人詩文而成。卷首録有《南墩公詩》六首；《張南湖先生文集遺稿》一卷（後附張綎小傳），《張南湖先生詩餘集》一卷附《雜體》一卷，張綖著；《中憲裕齋張公文集》一卷，《中憲裕齋張公詩集》四卷《附録》一卷，《中憲裕齋張公辭集遺編》一卷附《小曲》一卷，張守中撰；《張爲庵先生詩文遺稿》一卷，張經著；《張南墩先生詩文遺稿》一卷，張紘著；《張素庵先生詩文遺稿》一卷，張繪著；《張益齋先生詩文遺稿》一卷，張守謙著；《張確齋先生詩文遺稿》一卷，張瞻撰。本《文庫》據揚州市圖書館藏清張氏稿本影印。（丁晨晨）

高郵王氏家集十九卷　（清）王恩泰編

高郵王氏爲清代高郵當地著名仕宦大家。安國於雍正二年榜眼及第，授翰林院編修，歷任廣東學政、廣東巡撫、禮部尚書、吏部尚書等職；其子念孫、孫引之均以學術聞名，爲乾嘉學派代表人物。壽昌，字子仁，引之長子，補雲南福建司主事兼廣西司，有政聲。四人事蹟可參見《高郵王氏志傳事實》，本《文庫》已著録。恩泰，原名恩湛，爲壽昌次子。此爲高郵王安國、王念孫、王引之、王壽昌一家四代人之文章總集，凡四種十九卷。《王文肅公遺文》一卷，王安國撰。此集收文十多篇，其中多爲奏疏，如《奏疏濬海口》《奏舉賢員》《奏省簿書以課農桑》等；所作《古堂府君行述》，述其父曾禄生平事實甚詳；又有《夏伊園詩存叙》等記、序文章。《王光禄公遺集》六卷，王念孫撰。前有咸豐六年夏崑林序、咸豐七年陳奂序。卷一收有《敬陳剿賊事宜疏》一文，詳陳剿賊六事，並於其中首劾大學士和珅。卷二所收皆爲有關水利建設的説、議文章，如《糧漕利弊説》等。卷三所收皆爲序文，如《劉端臨遺書序》《廣雅疏證序》《讀書雜志序》等。卷四所收爲與當時學者桂馥、宋保、陳奂、段玉裁等人談論學術之書信，以及所作跋和墓碑。卷五收爲其父所作行述，爲其亡妻所作行略等文。卷六爲外集，收有五七言雜體詩、紀恩詩等三十多首，以及散館考賦一篇。《王文簡公遺集》八卷，王引之撰。前有咸豐六年陳奂序。卷一收有《太上皇帝紀元周甲授受禮成恭紀頌十八章》《皇上五旬萬壽恭紀寰海呼嵩頌九章》，卷二收有《閲視河堤各工恭賦》等文，皆爲應制恭賀文。卷三收有《升授都察院左副都御史謝恩摺》《授工部尚書謝恩摺》等奏摺。卷四收有《祭劉信芳家宰文》《汪先生狀》《致宋小城書》等文章。卷五收有《釋名定本序》《壽朱母范恭人五十序》《經義述聞序》等文。卷六收有爲其父所撰之行狀。卷七收録廷對策問及《擬潘岳藉田賦》《王言如絲賦》等科考時所作文章。卷八爲附外集，收《館課試律》數首。《文集》四卷，王壽昌撰。卷一收書、説、文、示各體文章十三篇，多爲其爲官時所作公文。卷二收《先文簡公行狀》一篇。卷三收壽昌自訂年譜，有其子恩泰識語。卷四收詩二十多首，詞曲四十多首。全集卷末有恩泰所作跋，可知此集曾請陳奂編訂。民國間，羅振玉據未刊稿本編輯刊印而成《高郵王氏遺書》，收有安國、念孫、引之詩文，可與此集中所收作校勘補充。本《文庫》據清咸豐七年高郵王恩沛、王恩泰刻本影印。（徐大軍）

猶存集一卷附天心閣詩鈔續鈔　（清）孫應科輯

孫應科有《下河水利新編》，已著録。是書《猶存集》一卷，實爲前已著録《猶存集》四卷之續編。前有道光二十二年儀徵劉文淇序，云：『高郵孫君研芝曩刻《猶存集》四卷，第三卷《贈言録》載一時名流投贈之什，先世詩未之及也。茲因先集已刻者板片零落，未刻者藁本散失，研芝搜葺得詩如干首，彙成一帙，曰《猶存續集》。』由此可知此書當名《猶存續集》，而版心仍刻《猶存集》，卷次亦接續《猶存集》四卷，開篇即卷五，當擬與前集合併爲一書也。前集四卷乃《宗譜本支》《孫氏遺事》《贈言録》（上、下），記録高郵孫氏譜系、家傳、事迹和交遊名人所贈詩文，此第五卷爲《孫氏詩存》，專輯孫氏族人之詩作。附《天心閣詩鈔》不分卷，分爲《天心閣詩鈔》和《天心閣詩續鈔》兩部分，爲孫應嘉、孫應科兄弟之詩作。孫應嘉，生卒年不詳，字莘嶼。諸生。爲孫應科之長兄，著有《月令通議》等。其生平，據《天心閣詩鈔》前劉寶楠序轉引孫應科語云：『先兄蘋嶼久躓場屋，將貢太學，奄不及待。生平好爲詩，其廑存者如干者。』又據孫應科所輯《猶存集》第五卷《孫氏詩存》亦收録應嘉詩作數篇，並云其有《汜光新集》《戴堡吟藁》《蔡莊吟藁》等著作。《天心閣詩鈔》前爲孫應嘉詩，後爲孫應科詩，應嘉詩前有道光壬午劉寶楠序及交遊諸人題辭數首，應科詩前有道光乙酉宋茂初序、姚椿《贈言》及交遊諸人題辭數首，後有道光九年劉寶楠跋。《天心閣詩續鈔》前有道光己亥劉文淇序和庚子宋茂初書信一通。劉文淇序云：『高郵孫君研芝前既刻其詩鈔暨其伯兄莘嶼詩鈔，茲又續得如干首，並莘嶼詩十首刻之。』然《續鈔》僅見應科之詩，無應嘉詩作，書末缺損，鈔補一面，計十三行，詩四首零一句，疑應嘉詩十首當更在後頁，已缺失。另外，《猶存集·孫氏詩存》中『大兄諱應嘉《天心閣詩鈔》』題下小字應科按語云：『大兄詩……壬午刻四十首，庚子續刻十首，茲又録數篇以殿是集。』可見《天心閣詩鈔》暨《續鈔》雖置於《猶存集》卷五之後，編輯、刊刻却實在《猶存集》卷五之前，並非附録之體，所稱附者，當是後人裝訂之誤。孫應嘉、孫應科兄弟詩多寫揚州之高郵、寶應二地風光，兼及民俗。如孫應科有《剪花婆》一首，寫揚州民間剪紙藝術，小序云：『剪花婆，不知何處人，駕小舟，夫婦共載，夫持篙，婦剪紙作花，所至得錢，日三百許。』堪爲民俗研究之資料。本《文庫》據南京圖書館藏清道光刻本影印。（李潔）

高郵夏氏叢書十八卷 （清）夏崑林 夏味堂 周叙撰

夏崑林、夏味堂、周叙，均爲清高郵人。夏崑林、周叙輯有《高郵耆舊詩存》《高郵耆舊詩餘》，夏味堂有嘉慶《高郵州志》，已著録。是書爲高郵夏崑林、夏味堂、周叙三人詩文合集，共七種十八卷。具體包括：《槿花邨吟存》四卷，夏崑林撰。《槿邨樵唱》四卷，夏崑林撰。《遂園詩鈔》六卷，夏味堂撰。《雨窗吟存》一卷，周叙撰。《雨窗文存》一卷《續》一卷，周叙撰。《雨窗遺文》一卷，周叙撰。各書卷首均有邑人宋茂初、王敬之等所作序，以及作者自記。内容涉及交遊、感懷、風物等多個方面，反映了作者的學識爲人以及高郵的社會風貌和人文氣息。王敬之序評夏崑林：『其詩氣清韵遠，如幽谷蘭秋，疏林磬曉，不容一點浮埃闌入筆端。』周叙則評：『（夏味堂）所爲詩，不名一體，然要皆興到情至，揮灑淋漓……』宋茂初序言：『雨窗承家學，夙以古文鳴，而詩亦如其文。幽折峭岸，雄直之氣不少衰。不輕作，作必有其命意之所存，劌心怵目而取之，非沾沾於字句者也。』本《文庫》據南京圖書館藏清道光刻本影印。（嚴嵐）

青箱書屋兩世詞稿 王守義編

王守義，高郵人。王留福（？—一八四四），原名福榮，字欣仲。道光十一年舉人。幼承庭訓，文章詩賦得《史》《漢》氣息。屢試禮闈不第。留京師前後十餘年，與名公卿唱和，慷慨激昂。二十四年大挑用教職，署上元教諭，欲赴任而卒。王東寅，字平子，號柳亭。光緒八年歲貢生。以授徒爲生。此爲王守義輯其曾祖王留福、祖父王東寅二人之詞集。《青箱書屋詞稿》，王留福撰。卷首有光緒十年七月談人格所作序及題辭《金縷曲》，序云：『生平工詞曲，有作即傳誦萬口，惜不自寶貴，隨手散逸，多不留稿本。今所存者，乃令嗣平子兄於戚好處哀録得之，僅十之一二耳。』附南北曲兩套。《青箱書屋餘韻詞存》，王東寅撰。卷首有民國十年張曾勄序及談人格題辭，云：『清道光時，邑中耆舊頗精研斯學，夏玉延（夏寶晋）、王鞠農兩先生或追踪周史，或具體姜張，其最著者矣。同時王欣仲先生年最少，獨趨豪放，體近蘇辛，與日下群公唱和，有聲壇坫間越三十餘年。而柳亭先生繼起，尋聲按譜，已當耆艾之年，時與裕園觴詠之會。雪後花前，霜晨月夕，與賓谷（王寅）、孚遠（談人格）諸老拈題分韻，興致極豪。今風流歇絶又三十年，文孫宜仲、季明慮手澤就湮，搜集遺稿，繕寫成編，附欣仲先生《青箱書屋詞》後。』可見高郵詞壇之大勢。卷末有民國十年高樹敏後序、民國十二年孫矐後序及民國十年王守義識語。本《文庫》據南京圖書館藏一九二三年鉛印本影印。

（江慶柏）

白田鄭氏一家言十卷首一卷　（清）鄭乾清編著

鄭乾清有《寶應鄭氏贈言録》，已著録。白田，寶應的别稱。是書十卷首一卷。主要輯録明初至清康熙年間寶應鄭氏十一世能詩者三十人之作。此書分兩部分，卷首至卷四爲《白田鄭氏遺集》，主要是鄭乾清搜輯白田鄭氏作品。卷五至卷十爲《雪屋吟松稿》，爲鄭乾清作品。《遺集》，卷首題《僑吴集》，收元鄭元祐（明德）詩；卷一收明鄭得（彦明）、鄭利（仲利）、鄭禮（仲禮）等人詩；卷二收鄭化中（狄雲）詩一卷；卷三收鄭正中（竹軒）等人之詩；卷四收鄭在湄（蒼頑）詩一卷。卷五至卷十題《雪屋吟松稿》，爲鄭乾清之詩。書中所輯詩作大多反映了當時寶應的民生疾苦，悉係肺腑之言，感情真摯，語言質樸。同時對研究寶應文學及白田鄭氏家族文學提供寶貴資料。書前有康熙年王雨謙等人序。本《文庫》據南京圖書館藏清吟松閣刻本影印。

（嚴嵐）

還金堂詩萃二卷　（清）湯士瀛　湯籲編

湯士瀛，清寶應人。嘉慶二十三年舉人，官江蘇銅山教諭。湯籲，字寄園，清寶應人。士瀛侄，茂來孫。工詩。與同邑吴曰鼎、喬載繇相倡和。著有《琴舫詩草》一卷。是書爲寶應湯氏先世詩集。湯士瀛述及寶應湯氏之世系源流稱：『其先宦於蘇州，遂隸籍，復由蘇州遷高郵，世系多不可考，明季復自郵籍寶應。湯氏自隸籍寶應後，代有詩人，『類皆不得志於時而工於詩』，『大都遭逢抑塞，不獲致身通顯，或以明經終老，或以橐筆四方』，有感於『吾家累世相承，工於吟詠，第所著遺稾，散佚已多』，『卓卓不容磨滅者甚夥』，故廣爲搜輯薈萃成編，付梓以質於世，聊以慰先人未遂之志。全書共收録兩百年間家族中十九人詩作二百七十首，卷上收録湯廷頌、湯廷璉、湯廷相、湯啓祚、湯輝祚、湯賓、湯景曾、湯若曾、湯銘、湯玳、湯希儀、湯希僑、湯希倫詩作，卷下收録湯之桂、湯禧、湯祺、湯登元、湯應隆、湯襄隆詩作。諸人各有小傳。所收詩作多則數十首，不嫌盈篇，少則僅登一二，以存其人，『使二百年來後先相望』，不致『竟任名士銷沈於金寒石泐之中』。十九位詩作者，性情遭際各異，或絶意功名，托詩以自適；或穎悟過人，博覽强識，爲詩婉約有致，字畫亦瀟灑自成一家；或詩宗漢魏，魄力絶大，爲文醇厚；或德高望重，里黨咸重之；或嗚咽悲壯、英氣咄咄；或魄力豪邁，直追古人；或以文章名世，論文檢韻，風雨無間；或文體雄渾精醇，詩筆蒼勁沈鬱；或文章渾灝流逸，落筆有驚鴻游龍之致；或風流瀟灑，詩詞文章冠於當時，工書善畫，天性孝友；或倜儻出群，廣羅圖史金石；或詩體厚渾淋漓，筆意精妙，品行端方謹嚴，雖垂老境困，仍然篤學如故……不一而足。是部家集，刊刻精良，通過對寶應湯氏家族文獻的搜集整理，借以告慰先輩，勉勵後人。展現了家族整體上的文化素養，傳遞了家族的文化氣息。雖非文化巨族之家，亦是一門風雅，如涓涓細流匯入一地之文獻淵藪，文化發展就是這樣層叠遞進，走向繁榮。本《文庫》據南京圖書館藏清道光二十年刻本影印，書中鈐有藏書印『木樨香館范氏藏書』，表明曾爲范志熙所藏。（徐昕）

清芬集十卷 （清）劉寶楠編

劉寶楠有《寶應圖經》，已著録。寶應劉氏是清代揚州學派重要的經學世家，家學淵源深厚，學術名家輩出。此輯寶應劉氏十二世遺文以及同宗著作，詩、文各五卷。共收録八十二人，附閨秀四人。詩前各有小傳，簡述字號、功名、著述等；作《寶應詩事》附各公詩後，以明詩綜。書前有道光十八年邑人劉贊勳《校刊清芬集叙》，卷首有劉寶楠《清芬集徵文啓》，謂：『昔人稱劉氏人才之盛，甲於郡邑。而或窮而不仕，或仕而不達，槁首黄壚，蓬顆蔽冢，遂使形魂等於秋草，身世同於朝露。菁華既散，托諸斯文，不泯英靈，賴有此爾。』寫出編纂此書緣由。本《文庫》據清道光十八年世德堂刻本影印。（嚴嵐）

劉氏二家詩録六卷 （清）劉寶楠編

劉寶楠有《寶應圖經》，已著録。此書收録劉寶楠伯高祖劉中柱撰《真定集》三卷、伯曾祖劉家珍撰《鹿沙集》三卷兩種圖書。劉中柱（一六四一—一七〇八），字砥瀾，號禹峰，一作雨峰，又號漁山、料錯道人。由廪生授臨淮縣教諭，歷官至直隸真定知府。工詩，精古文辭，曾與朱彝尊、查慎行、汪懋麟、喬萊、王式丹等相唱和。著有《漁山園集》一卷、《兼隱齋詩》十一卷、《又來館詩》六卷、《并州百篇詩》一卷及《史外叢談》《六館日鈔》等，輯有《梓里詩選》十二卷、《寶應名勝紀略》二卷。其集封面有劉寶楠手書題識：『真定集定本。此初訂本，另有重訂本。楚楨記。』鈐

『楚楨』白文方印，書名左題『興讓堂藏板』。卷一、卷二爲《兼隱齋集選録》，卷三爲《兼隱齋續集選録》《又來館集選録》。其《里中詠古》有『長湖百里水洋洋，波湧天心撼郭墻』等句。劉家珍（一六六二—一六九八），字席待，號鹿沙。中柱子。以廪貢遊太學。工於詩。其集封面有劉寶楠手書題識：『鹿沙集定本。此初訂本，另有重訂本。楚楨記。』鈐『楚楨』白文方印。卷末有道光二十四年劉寶楠《書後》。卷一《蠖堂稿》，卷二《北省集》，卷三《藕花書屋集》。集中有不少寫江蘇地理、人物之詩，如《梅花嶺》等。其《畫川觀競渡》寫道：『射陽湖頭萬斛水，一半停蓄東城東。』詩中極力寫出了龍舟競渡的熱烈情景。《海門歌》寫海門：『大江東注海門通，曉日欲出光曈曨。眼中滚滚但一氣，江海潮汐將毋同。』寫海門景象極爲壯闊。其《登報恩寺塔》寫到：『攀援直上一千尺，足可凌雲手摘星。浩淼江流翻地白，蜿蜒山勢逼天青。』寫出了金陵大報恩寺的非凡氣象。本《文庫》據南京圖書館藏稿本影印。（江慶柏）

寶應左右朱氏家集彙稿　（清）朱百度編

朱百度有《漢碑徵經》，已著録。是書爲寶應朱氏家族二十人詩作合集。其中《左朱家集》十五人：朱經、朱紀、朱續、朱澤潢、朱澤澐、朱澤沅、朱澤沇、朱之璣、朱之況、朱澤淵、朱澤淳、朱輅、朱光進、朱興、朱芾；《右朱家集》五人：朱宗光、朱宗贇、朱鳴鑾、朱宗大、朱宗康。詩前各有小傳，略叙生平、著述。寶應朱氏家學深厚，在清代學術史上享有盛譽，本輯所收朱經、朱澤澐均爲當時學術名家。本輯卷端署『里人成蓉鏡填諱』。本《文庫》據揚州市圖書館藏抄本影印。（嚴嵐）

朱氏拾遺詩鈔　佚名編

編者不詳。是書主要輯録寶應朱氏家族族人朱克簡、朱績、朱纘、朱紀、朱續、朱澤潢、朱澤淳、朱澤沅、朱應禎諸人已刊著作外之佚詩。朱克簡（一六一六—一六九三），字敬可，又字澹子，號石崖，清寶應人。順治四年進士，授中書。十二年考授御史，巡按八閩。秩滿歸里，築環溪草堂以娱晚年。著有《巡閩奏議》《石崖遺集》《政略》《澹子奏議》。《清史稿》有傳。朱績（一六九三—一七五八），字紹亭。朱克生子。邑庠生。能詩，著有《滄嵐集》。朱纘（一六六五—？），字繼武，號舫齋。朱克生次子。康熙四十一年舉人。著有《舫齋集》《周易輯要》。朱紀，字右紳，清寶應人。有《笏齋詩稿》。朱續，字遹文。朱克生子。增廣生。朱澤潢（一七二六—一七六二），字天池，號潛安。朱克簡孫。增例太學生。著有《環溪草堂詩》。朱澤淳，朱克簡孫，朱澤潢弟。朱澤沅（一六九二—一七五三），字希禮，號清軒。朱克簡孫。乾隆十六年貢生。著有《藏花齋詩鈔》。朱應禎，生卒年不詳。女，字秀真，號伴竹。邑人國學生鄭本妻。秉承家學，工詩，人稱『女中李杜』。清代揚州，名流薈萃。究其成就，多得益於深厚的家學。如高郵王氏、江都焦氏、儀徵劉氏、寶應朱氏等。寶應朱氏，爲明清時期江淮區域名門望族，列朱、王、喬、劉氏四大文獻世家之首。寶應朱氏家族，工於詩詞，幾於人人有集。朱氏著述中，僅有清一代可考的詩詞著述就多達五十餘部。是書輯録朱氏佚詩，其中包括朱氏閨中拾遺詩。是書彰顯出寶應朱氏書香門第的特色，對研究清代家學，總結寶應朱氏的詩文成就等，頗有參考價值。本《文庫》據揚州市圖書館藏抄本影印。（王志娟）

陳記室集一卷　（東漢）陳琳著

陳琳（一五六—二一七），字孔璋，東漢末廣陵射陽人。初爲何進主簿，後依袁紹，典文章。袁紹敗，歸曹操，拜司空軍謀祭酒，管記室。軍國檄書，多出其手。官至門下督。爲『建安七子』之一，尤擅章表書記。有《陳記室集》輯本。陳琳原有集十卷（《隋書·經籍志》），已佚，今僅見明人輯本，雖尚可略有增補，亦僅爲零星。是書分賦、上書、書、牋、檄、版文、設難、樂府、詩，收録陳琳所作詩文二十餘篇。其中《鸚鵡賦》《飲馬長城窟行》都是傳誦的名篇。陳琳所作的軍政文書，一向得到很高的評價。當他在袁紹手下爲記室（秘書）時，曾作檄文痛斥曹操，非常有名；歸曹操後又站在這一新的立場上去痛斥敵手，仍然氣盛言宜，曹操讀了說是可以治愈他的頭風病。曹丕《典論·論文》評爲『表章書記，今之雋也』。陳琳的詩賦亦多有可觀者，揚州作家一旦走上文壇便表現出很高的水平。本《文庫》據《漢魏六朝百三名家集》本影印，書前有張溥撰《陳記室題辭》，書後有陳琳本傳。（顧農）

李北海集五卷　（唐）李邕撰

李邕（六七八—七四七），字泰和，唐江都人，一說鄂州江夏人。綜合研究可知，李氏本趙人，後南遷居江夏數百年，祖元哲時徙居廣陵。其父李善所注蕭統《文選》六十卷，是《文選》最主要的注本之一。邕幼承家學，早有文名。初拜左拾遺，後拜殿中侍御史，改户部員外郎。以軍功累轉括、淄、滑三州刺史。終任北海太守，人稱『李北海』。天寶六載爲宰相李林甫陷害冤死。能詩善文，工書法，尤擅長行楷書。變王羲之法，筆法一新，並以行書書寫碑文，名重一時。其書風豪挺，結體茂密，筆畫雄勁。書風對後世影響頗大。李陽冰謂之『書中仙手』,《宣和書譜》卷八言:『夫人之才多不兼稱:王羲之以書掩其文,李淳風以術映其學。文章書翰俱重於時,惟邕得之。』明董其昌把他與王羲之並列,謂『右軍如龍,北海如象』。傳世作品有《端州石室記》《麓山寺碑》《法華寺碑》《雲麾將軍李思訓碑》《雲麾將軍李秀碑》等。《唐書》有傳。史稱李邕工文,尤長碑頌,前後所制數百篇,文集本七十卷,《宋志》已不著録。明人輯有《李北海集》。據《四庫全書總目提要》言:『(浙江鮑士恭家藏本《李北海集》六卷附録一卷)爲明無錫曹荃所刊。前有荃序,稱紹和徵君刻唐人集,初得《北海集》,而余論之。不言爲何人所編。大抵皆採摭《文苑英華》諸書,裒而成帙,非原本矣。……今惟賦五首,詩四首,表十四首,疏狀各一首,碑文八首,銘、記各一首,神道碑五首,墓誌銘一首,蓋已十不存一。』本書選録《欽定全唐文》卷二六一至卷二六五,共五卷,收録李邕作品五十六篇,涉及賦、表、疏、狀、議、記、銘、帖、偈、碑文、碣、墓誌銘。書中收録其碑文二十餘篇,集中體現李邕碑頌創作水平,爲研究李邕文學特點以及唐代文學、人物等提供珍貴史料。此書主要版本有明崇禎十三年刻本、《四庫全書》本、《欽定全唐文》本等。本《文庫》據《欽定全唐文》本影印。(王志娟)

李丞相詩集二卷 (五代)李建勳撰

李建勳(?—九五二),字致堯,五代南唐廣陵人,一云隴西人。少好學,能屬文,尤工詩。唐宗室南平王李德誠之子。其父爲吴潤州刺史,嘗秉燭夜出,丞相徐温疑其有變,調移江州。李德誠心不自安,遣李建勳往見徐温解釋,徐温賞識李建勳,以女妻之。初仕吴,爲升州巡官。徐温養子徐知誥(李昪,南唐烈祖)鎮守金陵,任爲副使。參與知誥代吴秘計。南唐初,拜中書郎同平章事。後以司徒致仕,賜號鍾山公。其爲詩,少猶浮靡,晚頗清淡平易,見稱於時。《南唐書》有其傳,稱其『博覽經史,民情政體無不詳練,有蘊藉,而卒不得行』。著有《鍾山集》二十卷,已佚。今存詩九十餘首。《全唐詩》編爲一卷。《全唐詩外編》及《全唐詩續拾》補詩四首、句四聯。是書分上、下兩卷,卷上收詩四十四首,卷下收詩四十一首,共八十五首。上卷多爲五言,下卷多爲七言,以律詩見長。頗多題詠紀遊之作。書後有民國癸酉年海鹽張元濟跋。元辛文房《唐才子傳》稱其『能文,賦詩琢煉頗工,調既平妥,終少驚人之句』。明徐獻忠《唐詩品》評論:『晚唐諸子,不選格調,專事情景,詩中覓畫之説,蓋出於此。遂使渾厚鴻明之氣,蕭然謝絶。建勳詩每聯必設景象,蓋工寫之極,流而爲俳,亦不自知也。』是書有南宋陳振孫《直齋書録解題》所載《李建勳集》

一卷本。此有宋刻本，後爲上海涵芬樓據常熟瞿氏鐵琴銅劍樓藏宋刊本影印收入《四部叢刊續編》。多缺字，有張元濟跋和校勘記一卷。本《文庫》據此宋本影印，各卷首尾有藏書印，卷上末頁有『臨安府洪橋子南河兩岸陳宅書籍鋪印』字樣。（王志娟）

陽春集一卷附補遺 （南唐）馮延巳撰

馮延巳（九〇三—九六〇），一名延嗣，字正中，南唐廣陵人。因多才藝，南唐先主李昪任命其爲秘書郎。與太子李璟交遊，後官至宰相，爲政頗受非議。工書，能詩，尤善作詞。宋人輯爲《陽春集》。代表作有《鵲踏枝》《謁金門》等。有『吹皺一池春水』名句。《南唐書》有傳。該書一名《陽春録》，爲馮延巳詞集。據書前光緒己丑馮煦《序》可知，此書『從彭雲楣所藏汲古未刻詞，轉録校勘授梓』，收入光緒年間所刻《四印齋所刻詞》中。而彭本又據陳世脩宋嘉祐年所刊。全書收録馮詞三十四調一百二十首，其中屬於鵲踏枝、采桑子、菩薩蠻等調詞居多，集中雜有他人之作。經校考可確定爲馮所作近百首。另編者又從《歷代詩餘》《花草粹編》等書中輯録補遺七首。書前有光緒己丑馮煦序、宋嘉祐戊戌陳世脩序，書後有光緒十五年王鵬運跋，並附有芸楣記及宋元詞人書目。卷後有『臨桂況周儀夔生校字』。馮延巳是南唐著名詞人。詞風清麗，善於以景觀情，善寫離情別緒，有很高的藝術成就。王國維稱，詞到馮延巳，『堂廡特大』。其詞在表現愛情相思苦悶的同時，滲透着一種時間意識和生命憂患意識。其詞空間境界闊大，常以大境寫柔情，善於用層層遞進抒情手法，把苦悶相思表現得一層深似一層。在情景的配置上，善於用逆向配置法。被認爲在繼承花間詞傳統的同時，開創『以景寫情』的手法，對北宋詞人晏殊、歐陽修等頗有影響。馮延巳詞集，北宋時就有傳本，但已佚。現存最早的本子，是明人吴訥《唐宋名賢百家詞》抄本。清代抄刻本，除《四印齋所刻詞》本外，另有江陰金武祥氏粟香室本等。各本收詞不盡相同，或收有僞作。中華書局一九九九年出版的《全唐五代詞》，收録馮延巳詞一百一十二首。四印齋本編者精於詞學，所見宋元珍本詞籍較多，所刻校勘精審，歷來受到研究者的重視。晚清以來，大規模彙刻詞集、詞總集，乃從編者彙刻此書開始。沈曾植《彊村校詞圖序》稱『鶩翁（王鵬運）造其端，彊村（朱孝臧）竟其事』。此書的刊刻，對衰微已久的晚清詞壇，產生過相當大的影響。本《文庫》據清光緒十五年四印齋刻本影印。（王志娟）

徐公文集三十卷 （宋）徐鉉撰

徐鉉（九一七—九九二？），字鼎臣，五代宋初廣陵人。文字學家。仕吴爲校書郎。南唐時，官至吏部尚書。文章議論與韓熙載齊名，時稱『韓徐』。後隨李煜歸宋，官至散騎常侍。與其弟徐鍇並精文字學，世稱『大小二徐』。曾受詔校《説文》，校正、增補注釋，新補十九字於正文中，又增新附字四百零二字於各部後，成爲當今之通行本，世稱『大徐本』。又參與編修《文苑英華》《太平廣記》。著有《稽神録》。工篆隸，有篆書千文，刻石南昌。酷愛博弈，撰有《金谷園九局譜》《圍棋義例詮釋》《棋勢》。《宋史》有傳。

是書又名《騎省集》《徐騎省集》《徐常侍集》等，爲徐鉉的詩文合集。該書是在徐氏殁後，由其婿吴淑編成，其門人胡克順等刊行。胡克順，通才博雅，樂善好賢。曾遊學徐氏之門。天禧元年時任尚書都官員外郎胡克順奉表進章，並附新印徐鉉文集二部。宋真宗下諭參知政事陳彭年爲之序引，丞相晏殊作後序。是集收録徐氏作品七百餘篇，共三十卷。其中二十卷，是徐氏仕江南所作，餘十卷，入宋時所作。涉及文賦、詩、歌、制詔、祭文、記、頌、贊、銘、墓誌、表、書、狀、應制詩、碑銘等，除所撰《質疑論》《稽神録》《江南録》及校定《説文》等，別爲一家，不列於此外，徐氏散見作品大多囊括。卷二十三收有《重修説文序》《韻譜前序》《韻譜後序》，可印證其學術特點。書後有『嘉慶庚申年影宋大字本校訖』字樣。主要收録《徐公行狀》、李昉撰《徐公墓誌銘》《東海徐公挽歌詞》、南宋紹興十九年徐琛跋，以及清嘉慶庚申黄丕烈識語。徐氏在江南有重名，仕宋爲近侍，書中所作多爲珍貴史料，對研究徐鉉學術文章以及五代、宋史有一定的參考價值。是書版本較多，據《江蘇藝文志·揚州卷》載，先後版本有二十種。初刻本爲北宋天禧元年胡克順本，南宋紹興十九年徐琛明州公使庫據初刻本重刻。清光緒八年，黟縣李宗焻自徐乃昌家借出所藏明抄本，由金陵書局鏤版印行，然校勘粗率，錯簡繁多。民國八年，徐乃昌以所得影宋明州公庫抄本付梓，別爲《札記》一卷，復從《宋文鑒》《會稽掇英集》《全唐文》等書輯得佚文六篇附刻。由著名刻工湖北黄岡陶子麟鎸版梓行。是書影刊精美，收文又全，堪稱徐集善本。另有民國上海涵芬樓據清黄丕烈校鈔宋本影印收入《四部叢刊》中，本《文庫》據此本影印。（王志娟）

廣陵先生文集二十卷附録一卷拾遺一卷補遺一卷　（宋）王令著

王令有《王先生十七史蒙求》，已著録。王令家貧，一生過着『吾食無田，吾寢無廬，吾炊無芻，吾脯無菹』和『衣刓屨缺，終歲食不葷』的生活。十七歲離開揚州外出謀生，輾轉在天長、高郵、江陰、常州等地聚學授徒以糊口。至和二年王安石由舒州通判被召入京，路過高郵，時在高郵教學的二十三歲的王令投《南山之田》詩求見。時王安石未居顯要，愛其才而成文章道義之交。在王安石的揄揚下王令纔得以與當時詩文名家孫覺、黄莘、黄晞、王回等投贈唱和，作品也纔得以流傳。後英年早逝，死時纔二十八歲。王令散文師法韓、柳，『詞必己出』，『陳言務去』，所作内容充實，寓意深刻，取譬雋永，能發人深省。王令詩歌創作尤過於散文，受韓愈、孟郊、盧仝影響較深，語言創辟，氣勢雄壯，内容多爲抨擊社會黑暗，反映民生疾苦，有很强的現實性。《四庫全書總目提要》評其詩作云：『令才思奇軼，所爲詩磅礴奥衍，大率以韓愈爲宗，而出入於盧仝、李賀、孟郊之間。雖得年不永，未能鍛煉以老其材，或不免縱横太過，而視局促剽竊者流，則固倜倜乎遠矣！』評價是恰當的。錢鍾書《宋詩選注》中稱其：『而口氣愈加雄壯，仿佛能够昂首天外，把地球當皮球踢着似的，大約是宋代裏氣概最闊大的詩人了。』生動地形容了王令的詩歌風格。王令的作品，在他死後六七十年纔由外孫吴説編集爲《廣陵先生文集》。是書一名《王令集》，二十卷，存文七十多篇，存詩四百八十多首。書前有王安石撰《王逢原墓誌銘》、門人劉發撰《廣陵先生傳》。書後有附録、拾遺、補遺。有吴興劉承幹跋。王令集一直没有刻本，僅以多種抄本流傳於世。直至民國年間方由吴興劉承幹據抄本雕版，爲《嘉業堂叢書》之一種。本《文庫》據《嘉業堂叢書》本影印。

（朱福娃）

坦庵詞曲兩種 （明）徐石麒撰

徐石麒著書甚多，雜著及詩詞凡二百餘卷。書稿大部毁於火。有《客齋餘話》，本《文庫》已著録。另有雜劇《大轉輪》《買花錢》《拈花笑》《浮西施》及《坦庵詩餘瓮吟》《坦庵樂府忝香集》，合刊爲《坦庵詞曲》六種；又有傳奇《珊瑚鞭》《九奇緣》及《胭脂虎》三種。郭士璟説他『感慨寄之詩賦，滑稽則寄之南北劇』。《坦庵詞曲兩種》主要收録《坦庵樂府忝香集》《珊瑚鞭》兩種。《坦庵樂府忝香集》散曲。三卷，收録徐石麒所作三十一首小令、七種套曲。上有書眉批點。如小令《沉醉東風·小築》，批語爲『音律、旨趣均有』。此有清順治間南湖享書堂刻《坦庵詞曲六種》本，本《文庫》據此影印。《珊瑚鞭》，傳奇。分卷上、卷下兩卷。卷首有『坦庵徐又陵填詞／幔亭仙史袁令昭評閲』字樣。此書主要寫明景泰年間太常卿白玄之女紅玉與白玄之妹盧夫人甥女夢梨共嫁金陵才子蘇友白事。其劇頭緒紛繁，情節複雜，人物衆多。因蘇友白以家傳之珊瑚鞭策馬，

故以此爲劇名。本《文庫》據清抄本影印。（方曉偉）

近青堂詩集（清）卓爾堪著

卓爾堪（一六五三—？），字子任，一字鹿墟，别號寶香山人，清江都人。卓敬之孫。康熙十四年從李之芳平定耿精忠，爲右軍前鋒。從軍七年，以母病歸，遂不復出。席門委巷，賦詩學古。二十六年，與吴綺、蔣易、龔賢、石濤等在揚共會春江社。二十八年與王方岐、孔尚任等同集揚州禪智寺，修重陽故事。四十四年與朱彝尊會揚州。有《卓氏忠烈遺事》《遺民小傳》等。編有《合刻曹陶謝三家詩》。其所輯《遺民詩》，輯録四百餘家，録詩近三千首，各卷附小傳，集中保存了清初遺民詩派的絶大部分作家詩作，得人稱頌。是書爲卓爾堪個人詩集，不分卷，收詩一百餘首。書前有吴綺序。書中酬答詩、送友詩，如《廣陵城下與次厚弟誌别》《紅橋聽鶯》《揚州踏燈辭》等，記述有關揚州詩作，對研究清代揚州社會具有參考價值。吴綺在《序》中評其詩：『時而驚濤駭浪，則爲奮迅振發之音；時而嘉樹名花，則有穠麗纖妍之句……《近青》一集足以振綵千秋也。』李之芳稱其詩：『格高法老，氣静神閑。』此書《續修四庫提要》著録四卷，有李之芳序，約刻於康熙二十四年，國家圖書館有藏。中有清康熙年間刻《勝國遺民詩》，後附此集。本《文庫》據清康熙刻本影印。（方曉偉）

雄雉齋選集六卷（清）顧圖河撰

顧圖河（一六五五—一七〇六），字書宣，號穎硯，清江都大橋人。少負異才，好學嗜古，讀書寒暑無間。康熙三十三年進士，欽點榜眼，授文林郎，翰林院編修，入值南書房爲日講起居注官。入館數月，即乞假歸鄉里。十年後，復還京師預修《大清一統志》，主編《方輿考略》諸書。康熙四十五年，授湖北學政。未幾卒。有藏書樓『雄雉齋』，富藏書。家居於城東七十里外，入城，必載書滿車而歸。與史申義齊名，當時稱『維揚二妙』。著有《湖莊雜録》十卷、《紀恩詩》二卷、《雄雉齋集》六卷《續集》十二卷，另有《江淮治水方略》等。據康熙丁卯年汪懋麟叙言：『顧子往時之詩，妍辭秀色，頗爲時之人所稱道。久之，自視爲不工，焚弃惟恐不盡。自甲子迄今丁卯四年得詩三百六十七首……』由此可知，是書爲顧氏詩集選本。共六卷，集中多爲題詠、記事、倡和之作。其中如《琉球刀歌》《十二硯齋中飲日本酒歌》，反映當時清朝與海外交往歷史。《過建隆寺贈遠峰上人》，則爲後人提供有關揚州建隆寺的珍貴資料。時人稱其『非於詩中得詩，而於經史百家之言得詩』（史申義《叙》）。本《文庫》據清康熙刻本影印，書前有汪琬、史

申義和汪懋麟叙，封面鎸『太史顧書宣手書/雄雉齋詩集/本府藏版』字樣。（方曉偉）

新柳堂集十六卷首一卷末一卷集後一卷 （清）宗元鼎撰

宗元鼎（一六二〇—一六九八），字定九，又字梅岑，别號小香居士、東原居士，室名新柳堂，清江都人。幼聰穎，七歲詠梅，遠近傳誦。性狷而孝，釜甑屢空，未嘗以貧告人。善古文，尤工詩，嘗從王士禛學詩，又交接當時知名文士，酬倡亦夥。與從弟元豫、元觀，侄之瑾、之瑜譽爲『廣陵五宗』。康熙十八年貢太學，部考第一，銓注州同知，未仕而卒。所著有《芙蓉集》《新柳堂集》《小香詞》等。可參見《清史稿》《清史列傳》。此爲宗元鼎詩文合集。封面題『廣陵宗元鼎詩文新柳堂集解注』，下署『晚年著書』，並『新柳堂』印。旁有汪耀麟所作題記。汪氏云：『新柳堂集者，以所居新柳堂命名也。堂在廣陵宜陵鎮之東原。大宗伯廬州龔公芝麓爲廣陵宗元鼎題「新柳堂」匾額三字，並贈詩云……梅岑宗氏元鼎，讀書高尚之士也。先著詩文《芙蓉集箋注》二十二卷，晚著詩詞古文《新柳堂全集解注》十六卷行世。又有《竹石長年齋自撰時文》五百篇，編爲七卷，以家貧未及刊行，存爲選本。』是集前有卷首一卷，録有康熙十四年《揚州府志》中有關宗氏讀書處、宗母墓的文字；又有楊郁撰《小香居士宗元鼎傳》，述其生平甚詳；又有康熙十九年許承家序、康熙九年朱鶴齡序、康熙十年魏憲序、康熙十四年汪懋麟序、康熙十四年顧有孝序。又有凡例數條，説明此集解注體例，即『以詩集準諸春秋之例』。後又集同時人贈言若干篇。集凡分十六卷，卷一至卷六爲五七言古詩、律詩、絶句等，卷七爲詩餘，卷八至卷十六爲記、序、雜著、頌、書、論等文章。《芙蓉集》爲元鼎少時所作，此集則其晚年所著，合二書則元鼎一生詩文可得盡覽。題下、文末及天頭，有元鼎所作注解及評論，可資對詩文的深入瞭解。集後一卷，集宗氏歷試卷、部元卷、臬司首卷、擬表等詩文。宗元鼎詩，《清史列傳》曰：『時學詩者或尚七子，或尚鍾譚，元鼎詩以風調爲主。少宗晚唐，中年仰攀初盛，風格一變。王士禛嘗曰：「今日善《才調集》者，無如元鼎。」』可見評價甚高。本《文庫》據上海圖書館藏清康熙刻本影印。（徐大軍）

蕪城集三卷使滇集三卷過江集四卷 （清）史申義撰

史申義（一六六一—一七一二），原名伸，字叔時，號蕉隱，清江都人。康熙二十七年進士，授翰林院編修，轉禮科掌印給事中，曾充雲南鄉試考官，改御史，後乞病歸。少有清才，工詩，童年即以《瓊花賦》擅名，曾拜見先輩孫枝蔚，又與同里汪楫、汪懋麟等唱和；與同里顧圖河齊名，人稱『維揚二妙』。登第後遊王士禛之門，王謂史申義與湯右曾足傳衣鉢，有『王門二弟子』之稱。又受知於陳廷敬，陳以史申義與周起渭並稱於康熙，故又有『翰苑兩詩人』之目。撰有《蕪城集》三卷、《使滇集》三卷、《過江集》四卷、《過江二集》四卷。生平事蹟見《清史列傳》卷七一、《清史稿》卷四八四。《蕪城集》四卷，乃作者登第後居翰苑所作詩，湯右曾、姜宸英爲之序，康熙三十八年刻。康熙三十八年典雲南鄉試，彙往返所作詩爲《使滇集》三卷，凡三百餘首，王源於康熙四十三年爲之序，集亦刻於此時。《過江集》四卷，輯康熙三十九年至四十七年告病所作詩，陳廷敬、宋犖爲之序，康熙四十七年刻。『其集總名《黄門詩鈔》，今存凡十六卷。乾隆三年刻有《遺稿》一卷，未見。《續修四庫提要》著録，則《黄門詩鈔》三十卷，其子編定，合《蕪城》《使滇》、《過江》諸集，益以其他諸作，湯右曾爲之删定，當是全稿。此爲清鈔本，藏者不詳。』（柯愈春《清人詩文集總目提要》）康熙《江都縣志》卷九載，著有《才冶樓文集》十卷，莫知其所在，然今存《才冶樓詩》一卷，近三百首，皆少作，汪懋麟、宗元豫爲之序。本《文庫》據國家圖書館藏清康熙刻本影印。（方曉偉）

今有堂詩集十卷茗柯詞一卷 （清）程夢星撰

程夢星有雍正《揚州府志》，已著録。此書又名《程午橋集》，是程夢星個人詩集。包括《江峰集》《分藜集》《香溪集》《暢餘集》《蝨餘集》《漪南集》《五覎集》《山心集》《琴語集》《就簡集》，末附《茗柯詞》，收詩一千二百十三首，詞七十餘首。多詠北京、杭州等地山川名勝。書前有張璨序，稱：『先生詩沖澹夷猶，不作劍拔弩張之態，而清音秀骨，象外天成。其詩曰「琴道亦寂莫，那及琵琶箏」，先生之人與集具是矣。』《四庫全書總目提要》云：『其詩略近劍南一派，而間出入於玉溪生。詞亦具南宋之體，但格力差減耳。』各集前多有時人所撰序等，有目録。此書諸家所載卷數多有歧異，但大致可分十卷本和六卷本兩大系統。民國《歙縣志》卷十五載，此集清初寫刊初印本，分《江峰集》《分藜集》《香溪集》《暢餘集》。此四卷加上後來《四庫全書總目》所收六卷，是爲十卷本；又署作《今有堂前集》四卷、《後集》六卷，中國科學院圖書館藏。《四庫全書總目》所收六卷，集各一卷，分《漪南集》《蝨餘集》《五覎集》《山心集》《懷詔集》（《琴語集》）、《就簡集》，末附《茗柯詞》，是爲六卷本。本《文庫》據清乾隆刻本影印。（方曉偉）

離垢集五卷 （清）華嵒撰

華嵒（一六八二—一七五六），字秋岳，一字空塵，號新羅山人，又號白沙道人、離垢居士、東園生、布衣生。清福建臨汀人，久寓揚州。以賣畫爲生，與金農、鄭板橋、高翔、員果堂、馬曰琯等交善，揚州八怪之一。壯年力學，嗜古名人畫。書法出入歐、顏，上近兩晋。工詩善畫，山水、花鳥、人物皆精，尤以人物見長。清康雍乾年間的著名畫家、詩人、書法家，史稱詩書畫三絶。書畫代表作有《列子御風圖》《松韻泉聲圖》等，著有《解弢館詩集》等。離垢，即遠離污垢之意。是書爲華嵒詩文集。共五卷，收録其詩作五百八十五首。多以五言詩居多，其中又以絶句爲多。內容涉及山水、感懷遺興、詠古緬懷、酬和贈答、哀世恤民等。山水詩得唐詩人王維神韻，詩中有畫，畫中有詩。華嵒繪畫簡潔、空靈，運筆構圖別開生面，每作畫必題詩。故書中以題畫詩作居多，近三百首。其詩自然淡雅，韻味天成。其詩畫珠映玉潔，相得益彰。正如時人曹鳴鑾在《離垢集》題辭中所言：『畫筆世所貴，詩情尤足奇。全從天籟出，盡得騷人遺。』書中亦有不少詩涉及揚州，如《庚申歲客維楊果堂家除夕漫成五言二律》《高犀堂五十詩以贈之》《辛酉自維楊歸武林舟次作詩寄員九果堂》《贈金壽門時客廣陵將歸故里》《馬半查五十初度擬其逸致優容寫之肩頭並製詩爲祝》《辛未余年七十仍客廣陵員氏之洲雅堂艾林以芹酒爲壽因賦是詩》《雪中登平山堂遠眺》等。由此可考證詩人一生境遇以及居揚情況，對研究揚州八怪有一定的參考價值。此書初爲抄本，由華嵒手録。清道光年間，由其曾孫世琛、世瓊，交由華嵒侄孫華榕軒校刊付梓。不久板毁。光緒十五年，再由同鄉旅日華僑羅嘉傑刊行。本《文庫》據抄本影印，書前有雍正九年紫山老人徐逢吉題序、同學弟厲鶚題詩。（王志娟）

巢林集四卷　（清）汪士慎撰

汪士慎（一六八六—一七五九），字近人，號巢林，别號溪東外史、左盲生、天都寄客等。清歙縣人，僑寓揚州。『揚州八怪』之一。精篆刻和隸書，工花卉，尤擅畫梅，以繁枝見勝。畫作疏落清勁，氣清而神腴，墨淡而趣足，有秀潤恬静之致。篆刻與高翔、丁敬齊名。乾隆四年，左目失明，自號『心觀道人』。其傳世作品甚多，分藏故宫博物院、南京博物院等處。有《汪巢林花卉畫册》《汪近人梅花册》等。是書爲汪士慎個人詩集，共四卷，收録汪氏二百八十四首古今體詩。詩畫相兼是揚州八怪共同特點。汪士慎精畫工詩，是一位行吟畫家。一生清貧，流寓揚州，以賣畫爲生。詠詩與寫梅堪稱汪士慎內心世界之彰顯。如：『寒宵永晝苦吟身，六府空靈少睡神。茗飲半生千瓮雪，蓬生三徑逐年貧。』（《述目疾之由示醫友》）『長年淡無事，聊復弄霜穎。水墨灑空花，嗟哉成畫餅』，『一椽深巷裏，半榻亂書横』，字裏行間流露出淒冷而温厚、澄明而練達的情懷。汪氏工詩，嗜茶。人稱其：『好梅而人清，嗜茶而詩苦。』（陳章題）以茶入詩，集中隨見。有《試茶雜吟十首》，有『試茗煎山泉，關門避時俗』，『粉杏紅桃懶去看，煮茶聲裏獨憑欄』。時人稱之：『其詩亭亭落落，迥然塵埃之外。深情孤詣，吐棄一切。』（陳撰《序》）乾隆九年，汪士慎將自己的詩作收集爲四卷，名爲《巢林集》，由揚州馬曰琯、馬曰璐兄弟爲之刊刻。馬氏兄弟，是汪氏同鄉。本籍祁門，業鹽揚州。生平勤學好客，酷愛典籍，家有叢書樓，所藏書畫碑版，甲於江北，其園亭名小玲瓏山館，或曰街南書屋，四方名士多集其中，結邗江吟社，觴詠無虚日。博學工詩，兄弟齊名，人稱『揚州二馬』。據載，當年汪氏來揚，馬氏將自家『七峰亭』讓其居住，汪氏遂命其爲七峰草堂，並自號『七峰居士』。本《文庫》據清乾隆九年富谿汪氏刻本影印，書前乾隆甲子年陳撰序，有汪近人小像及題辭。此書另有道光十三年刻本，收録汪氏後來詩作，增爲七卷，收詩四百九十首。（王志娟）

冬心先生集四卷冬心先生續集二卷三體詩一卷甲戌近詩一卷冬心齋研銘一卷　（清）金農撰

金農（一五八七—一七六三），字壽門，又字司農，號冬心，别號甚多，浙江仁和人。爲『揚州八怪』之一，寓居揚州，住西方寺、三祝庵等處，最後逝於揚州『佛舍』。是書包括《冬心先生集》《冬心先生續集》《冬心齋研銘》。《冬心先生集》，四卷，據集前『雍正十一年十月錢塘金農自序』，知此集金農自編於雍正十一年，同年十月付之刊刻。集中詩以編年排列，始於康熙五十五年，止於雍正十一年，爲金農前期活動的重要詩作。《冬心先生續集》，據集前乾隆十二年金農自序可知，所收爲後期詩作。分卷上、卷下，書後附補遺，另有星鳳閣趙氏續補《冬心先生詩》，有《冬心先生三體詩》《冬心先生甲戌近詩》。金農生活的時代，詩壇上王士禛的神韻説盛行，金農能不爲所染，作詩自出機杼，傾瀉胸臆，而又深於比興，格調奇逸，有相當高的思想性和藝術性。兩集中的作品，有助於對當時政治現實的瞭解，更有助於對他書畫作品的欣賞和研究。《冬心齋研銘》，收録金農九十餘條研銘。書前有雍正十一年金農自序。是研究硯史的重要資料。《冬心先生集》《冬心齋研銘》，由吴郡鄧弘文仿宋本字畫録寫，極挺秀。每頁十行，每行十八字，白口，左右雙邊，板心下有刻工姓名，如姜林伯、孟子衡等六人。《冬心先生集》每卷尾有篆書雙行牌記：『雍正癸丑十月開雕於廣陵般若庵。』前有楷字大書扉頁、次有廣陵高翔寫『冬心先生四十七歲小像』，背面有蒲州劉仲益題贊。刻印精美，黄棠先生譽爲：『此《冬心先生集》，清刻中俊物也，雕槧精絶，罕遇難求。』這也可以看出揚州雕版印刷的高超水平。《冬心先生集》《冬心齋研銘》，本《文庫》據清雍正年間揚州刻本影印；《冬心先生續集》《三體詩》《甲戌近詩》，則據平江貝氏千墨庵鈔藏本影印。（朱福烓）

鄭板橋集　（清）鄭燮著

鄭燮（一六九三—一七六五），字克柔，號理庵，又號板橋，人稱板橋先生。清揚州府興化縣人。乾隆元年進士，官山東范縣、濰縣縣令，有政聲。爲人疏放不羈，罷官回籍，後居揚州，以賣畫爲生。『揚州八怪』主要代表，著名書畫家、文學家，其詩、書、畫世稱『三絶』。詩、詞皆别調，不屑作熟語。擅畫蘭、竹，脱盡時習。寫字兼以畫法行之，隸、楷參半，自稱『六分半書』。印章樸古。後人輯有《鄭板橋全集》。是書分《詩鈔》《詞鈔》《小唱》《題畫》《家書》等編，收古今體詩三百三十九首、詞七十七首、道情十首、題畫六十五則、家書十六通。集中以詩詞居多。其詩崇唐杜少陵，皆有感而發，頗能反映民間疾苦，如《悍吏》《私刑惡》《孤兒行》《逃荒行》《還家行》等篇皆是『横塗竪抹千千幅，墨點無多泪點多』。其創作的《道情》十首，採用的是流行於揚、淮間的兩種『淮揚小調』，使得道情曲在南方，尤其在江蘇淮揚地區風靡一時。集中文章以家書爲主，由此可窺見其思想發展過程，瞭解其文學藝術主張。書前有紫瓊崖道人慎郡王題詞。《家書》後有『司徒文膏刻』字樣。書後有鄭燮自序，言『板橋詩文，最不喜求人作叙。求之王公大人，既以借光爲可耻；求之湖海名流，必至含譏帶訕，遭其荼毒而無可如何』，可見板橋個性。後有茶坨子題於清暉書屋識語。是書版本較多，有清乾隆間清暉書屋刻本、清善成堂刻本、清西山堂刻本、一九二四年掃葉山房本等。本《文庫》據清暉書屋刻本影印。（王志娟）

環山詩鈔　（清）方士庶撰

方士庶有《天慵菴筆記》，已著録。是集前有乾隆十八年錢唐陳章序，據陳序，此集爲士庶殁後數年，由其弟『西疇收拾遺稿，薈萃而編次之，屬其友閔玉井訂定』。西疇即其弟士庚，閔玉井即閔華。此集不分卷，凡收詩七十八首。士庶雖以畫而名，然亦能詩，五七言皆工，古今體詩尤專。乾隆初年，揚州詩人有『前五君詠』，蓋指士庶、樊榭諸人。其詩五言如『去日旅愁盡，歸時樂事偏。秋餘黄葉後，人到菊花先』，格律淡遠，與所畫相類。士庶爲馬氏小玲瓏山館上客，與馬氏兄弟、閔華等人多有交往，故是集收有多首酬唱之作。又有與其弟士庚題詠者，如《二弟自里中歸初晤感今悲昔叙懷一律》：『分手又携手，判年心事違。寒雲今忽散，夜雨昨多悲。愁盡我猶在，春闌女始歸。相看轉凄絶，塵暗故山衣。』兄弟友愛之情，溢於言表。據陳序，其尚有《環山詩集遺稿》四卷，未刊。本《文庫》據上海圖書館藏清乾隆十八年刻本影印。（徐大軍）

沙河逸老小稿六卷嶰谷詞一卷　（清）馬曰琯撰

馬曰琯有《韓江雅集》，已著録。是書爲馬曰琯詩詞集。《沙河逸老小稿》，六卷。集中收入之詩起於雍正十二年，止乾隆二十年，約四百餘首，多爲唱酬、詠景、題畫、感悟之作。其中《街南書屋十二詠》分詠小玲瓏山館、看山樓、紅藥階、透風透月兩明軒等，是瞭解馬氏當年街南書屋建置的珍貴資料。集前有乾隆年間沈德潛、陳章序。嶰谷詩纏綿清婉，出入唐宋間。沈德潛謂其『峭刻得山之峻，明净得水之澄』。書後附《嶰谷詞》一卷，收録四十餘首詞。此書於乾隆二十一年由其弟馬曰璐刻，中國國家圖書館藏。另有《粤雅堂叢書》本。本《文庫》據清咸豐元年《粤雅堂叢書》本影印，書後有咸豐辛亥年伍崇曜跋。（方曉偉）

南齋集六卷南齋詞二卷　（清）馬曰璐撰

馬曰璐有《林屋唱酬録》，已著録。此爲馬曰璐詩文合集。因曰璐在揚州城南有『南莊』而得名，乾隆二十五年刻，杭世駿、蔣德序，上海圖書館藏，《粤雅堂叢書》亦收録。詩依年代編次，起於雍正七年，止於乾隆二十六年。杭世駿《道古堂集》謂『其兄弟不以俗學繕性，而志不求時名，清思窈渺，超絶塵埃，親賢樂善，惟恐不及，聞有道之士過邗溝者，以不踏其户限爲憾事』。未三十年，生平所積玲瓏山館藏書零落殆盡。本《文庫》據清咸豐元年《粤雅堂叢書》本影印，書後有咸豐辛亥年伍崇曜跋。（方曉偉）

澄秋閣集十二卷　（清）閔華著

閔華（一六九七—一七七三？），字玉井，號廉風，又號蓮峰，江蘇江都人。監生。折節讀書，終布衣之行。詩骨清秀有神，與張漁川、馬秋玉、方環山同時，爲詩友。著有《澄秋閣集》《楮葉詞》。閔氏晚年將生平作品自定爲十二卷，名《澄秋閣集》，分作初、二、三集付梓，集各四卷，自序作於乾隆十七年，刻成於乾隆二十九年。詩編年，三集卷一有《六十生辰自述》，則刻集時年已六十餘。集中多記金石、文物、題畫之作，諸如《題石濤和尚自畫墓門圖》等，皆可參考。以集内『有詠錢謙益等詩，並違語』，乾隆間曾列

目禁毁。本《文庫》據清乾隆十七年江都閔氏刻本影印。（方曉偉）

卧秋草堂詩鈔 （清）朱冕撰

朱冕，號老匏，清江都人。乾隆初年布衣。常與汪宏、潘西鳳、汪士慎等人爲文酒之會。一生窮苦困頓，後以窮病而卒，葬於上方寺西沈家山。工詩善畫。好苦吟，詩多凄楚之音，《淮海英靈集》《江蘇詩徵》等有收録。著作今僅存此集。此書卷首有道光十四年阮亨序、汪宏原序、紀略各一篇。據各序可知，冕所存詩原有二千餘首，訂成六册。其殁後，其中五册毁於蘭陵蕭生宅，僅剩一册又爲其婢女藉針縷，遂無復存者。後由其友人汪宏於野寺村店、朋舊零楮廢墨中收集，所得已不足什之一，遂刻爲《卧秋草堂集》一書。道光十四年，江都葉舟等人據汪宏刻本重刻收入《江都二布衣詩鈔》中。是集所收詩凡一百二十五首，大抵前部分爲律詩，後部分爲絶句。阮亨在序中以賈島、孟郊相比，蓋詩風亦走凄苦一路。《淮海英靈集》評價云：『素好苦吟，兼以窮老，故語多瘦削，寒韻逼人。』考集中所收，多爲友人間的交往唱和、遊歷等題材，亦有不少是反映自身生活現狀和精神感受的，大多不脱荒凉、枯寂的意境。冕雖一生窮困潦倒，但『學問篤實，品格清高，其安貧樂道之風見稱閭里』（阮亨序），故其詩雖走苦吟凄楚一路，然少怨嘆頽廢之情。其與揚州地區書畫家石濤、潘西鳳、汪士慎等友善，故此集中所收《送石上人》《題畫》《題汪巢林畫蘭》等詩，於揚州八怪研究頗有參考價值。本《文庫》據上海圖書館藏清道光十四年刻《江都二布衣詩鈔》本影印。（徐大軍）

二亭詩鈔六卷首一卷 （清）朱筤撰

朱筤（一七一八—一七九七），字二亭，號市人，晚年自號了心道人，清江都人。諸生。以家貧棄舉子業，服賈以養母。雖與屠沽雜處，不廢讀書吟詠。陳弘謀見其詩，稱爲奇才，欲招之來京師，筤以母老辭。四庫館開，有欲薦之朝，力辭不就。家無餘財，好周人之急，曾延金農於其家。嘉慶二年正月初七日端坐而逝於家。嘉慶四年十月二十四日葬於北鄉杭家莊。所著有《越遊草》《岱遊草》《二亭集》等。生平見袁承福撰行狀、江藩撰《朱處士墓表》。是集前有卷首一卷，收嘉慶十二年桐城姚鼐序、嘉慶十三年錢唐吴錫麒序、李保泰題辭、吴魯熠跋，又嘉慶十二年袁承福撰行狀、嘉慶十三年江藩撰《朱處士墓表》。目録後題門人李文瑛、葉舟、袁承福、薛本和子慎履校梓。最後爲朱筤像及其自題。集凡分六卷，卷一收四言古詩二十一首、五言古詩一百七十二首，卷二收七言古詩五十五首，卷三收五言律詩一百六十八首，卷四收七言律詩九十六首，卷五收五言絶句三十一首，卷六收七言絶句四十六首，共計五百八十九首。卷末有嘉慶十三年其子慎履跋。二亭之詩，當時人評價頗高，如江藩於《朱處士墓表》中云：『其爲詩文，根柢經史，如有原之水，挹而不窮。』又《國朝詩人徵略》引《盟鷗溆筆談》云：『揚州詩人窮而在下，而能一洗俗調者，近惟如臯江片石、江都朱二亭二人。』《晚晴簃詩匯》亦引云：『吴南野曰：「二亭貧不累心，貞不戾俗，刻苦爲詩，目空前輩，工夫在一字兩字之間，他人莫及也。」符南樵曰：「二亭詩以藴藉勝，得中晚唐人風味，亦有似陸劍南者。」』是集由二亭門人李文瑛、葉舟等刊刻於嘉慶十三年，又於道光十四年刊刻收入《江都二布衣詩鈔》中。本《文庫》清據嘉慶十三年刻本影印。（徐大軍）

香葉草堂詩存　（清）羅聘著

羅聘有《揚州古蹟題詠記》，已著録。是集由桂馥題書名，卷首有乾隆六十年翁方綱序、嘉慶元年吴錫麒序，卷末有道光十四年金楷跋。吴錫麒於序中云聘『頻年作客，半世憂貧，徒以繪事之精，用博名流之翫』，可概括羅聘一生的景况。是集共收羅聘詩一百八十三首，所寫包括交友、遊歷、題詠、自感等，古近體皆有。有叙述日常瑣事活動的，有與友人交往唱和的，有多首與江都布衣朱篔有關，還有與金農、鄭板橋等同道中人的題贈唱和，皆可借以研究當時揚州地區文人的交友活動和詩畫活動。羅聘爲金農弟子，故其詩無論五言七言，皆得金農風華，詩格高簡。翁方綱評曰：『其於畫理深入古作者之室，幽深敻邈之趣悉寓之於詩。蓋冬心之詩以含蓄見味，而兩峰能盡發其所欲言者。』金楷跋云：『集中諸作，率皆性情，閒適天然，無斧鑿痕，非深於元白者不能臻。』是集有嘉慶元年刻本、嘉慶元年刻道光十四年印本、南京圖書館藏抄本、民國七年上海聚珍仿宋印書局鉛印本。本《文庫》據清嘉慶元年刻道光十四年印本影印。（徐大軍）

埽垢山房詩鈔十二卷　（清）黄文暘撰

黄文暘（一七三六—一八〇九？），字時若，號秋平，清揚州府甘泉人。家境窘困，屢試不第，終以貢生。乾隆時，兩淮鹽運使奉旨設詞曲局，聘其爲總裁。中年遊歷齊魯吴越間。嘉慶四年，赴曲阜衍聖公府教讀。六年再赴曲阜。九年，從阮元於杭州，甚獲器重。十年返里後，居曾燠題襟館中，與時流相唱和。工詩古文辭，通聲律。著述甚多，有《古泉考》《葫蘆譜》《通史發凡》等，多不存。另輯有《曲海目》，爲重要的戲曲目録。事蹟見《揚州畫舫録》《清史列傳》等。其妻張因，字净因，一字淑華，善山水、花鳥，工填詞。著有《緑秋書屋詩鈔》《雙桐館詩鈔》。是集前有嘉慶七年孔憲增序、嘉慶七年阮元序、孔昭虔序、嘉慶八年孔憲圭序及嘉慶七年孔憲埜跋。此集凡十二卷，集中所收，除了通常的交友、遊歷、唱和、題贈題材外，還有大量的與其妻張因的唱和之作，由此可考察當時文人的家庭生活情况。其詩，『清越高潔，稱其爲人』(《清史列傳》)，風調悠揚，饒有餘韻。七絶尤佳，如《自金陵返武林寓室同净因夜話》：『別來清課各閑閑，讀罷新詩又閉關。紅燭一枝雙白髮，客窗細話六朝山。』本《文庫》據清嘉慶七年孔氏刻本影印，中逢有『闕里藏板』字樣。（徐大軍）

緑秋書屋詩集 （清）張因撰

張因，字净因，一字淑華，湖北江夏人。生卒未見於載籍。配江都人黄文暘。張女史善畫工詞，有《雙桐館詩鈔》，與其夫君有《掃垢山房唱隨集》，此《集》不存。張因詩五律七律俱佳，有漢魏古風遺韻，如：『落葉滿階砌，西風鳴紙窗。曉起促行色，相對兩茫茫。』(《送秋平赴試》)渾厚質樸，無小女子之氣。再如：『湖上春光麗，風薰日正和。蝶隨芳草集，柳近畫樓多。』出語簡淡而畫面穠麗。清人閨閣詩中往往選入其《詠庭前緑梅》《題江碧岑女史龍女抱經圖》兩首，但未見收於嫏嬛別館刻本。張因參加雅集酬唱頗多，曾與儀徵阮元家族、親友中的閨秀結成『曲江亭詩社』，在其作如《答王子一子莊兩女史》等詩中可見。在阮元、黄文暘及張因本人的詩文作品中多次提及張因與衆人詩文交遊事蹟，如《掃垢山房詩鈔》中提及黄張夫妻二人因『柳絮唱和』締結姻緣，黄文暘有和張因詩多篇，惜所存詩作太少。《緑秋書屋詩鈔》存張因詩十首，底本爲清道光二十四年嫏嬛別館刻《國朝閨閣詩鈔》本。《嫏嬛別館藏書》爲清代蔡殿齊所編，每卷收一位女詩人作品，共一百卷，分十册，選刻精良，失於不够齊全。本《文庫》據清道光間刻《國朝閨閣詩鈔》本影印。（張敏）

容甫先生遺詩五卷附録一卷 （清）汪中撰

汪中有《廣陵通典》，已著録。汪中早年喜作詩，中年以後不再作。此集是汪喜孫輯録所存者而得，命名爲《容甫先生遺詩五卷》，共收詩詞計一百三十六首，附録部分收汪中及其友人劉玉麐、鄭虎文相與往還詩文計十三首。汪中十四歲起當書店學徒，自此遍覽經史百家，民間有『無書不讀是汪中』之説。鄉試落第後專心治學，著有《述學》內外篇、《春秋述義》《春秋後傳》《廣陵通典》等，曾任鎮江文宗閣典書官，殉職於杭州文瀾閣檢校《四庫全書》任上。與阮元、焦循同爲『揚州學派』傑出代表。汪中詩衆體皆備，尤擅五言古詩、賦體詩，仿漢賦、《離騷》者較多，如《歸耕操》《古詩》，全然古詩氣象。加之熔鑄其早年身世閲歷，汪中詩中多凄清高古之氣，喜用秋天、寒月、孤鳥、朔風之類孤高的意象，在其《夜坐》《秋夜泊馮店》諸詩中多有表現。在對人生世事的慨嘆之中，有對現實深切的關懷。大約是有意學杜詩，加之博洽經史，詩中用典頗多，更增古意。劉台拱在題辭中説其作品『鈎貫經史，鎔鑄漢唐，閎麗淵雅，卓然自成一家』。汪中駢文亦佳，廣爲人知的是其《哀鹽船文》，爲杭世駿嘆賞而文名大顯，其文與詩有着相似的風格，是其早年人生經歷和思想狀況的寫照。本《文庫》據漢陽葉氏鈔本影印，前有劉台拱題詞，目録之後有其子汪喜孫識跋。（張敏）

乙丙集二卷伴月樓詩鈔三卷炳燭室雜文一卷　（清）江藩著

江藩（一七六一—一八三一），字子屏，號鄭堂，晚號節甫，清甘泉人。受業吴門，交遊四方，科舉不第，却在顛沛流離的生活中泛覽群籍，博通經史，著述頗豐。既有《周易補述》《爾雅小箋》《隸經文》諸研經之作，又有《國朝漢學師承記》《國朝宋學淵源記》等清代學術總結之作，在經、史、子學之外，亦精於詩詞古文。《乙丙集》《伴月樓詩鈔》即其詩選集。《乙丙集》共一百二十八首，分上、下兩卷，有序無目，所選詩作於『自乙至丙，歲星一周』共十二年，『乙以紀歲，丙以志感』，故稱《乙丙集》。本《文庫》據稿本影印。《伴月樓詩鈔》，前無序，分上、中、下三卷，上、中兩卷與《乙丙集》兩卷篇目、次序相同，下卷三十五首，其後有侄孫江璧跋。據其跋，江藩晚年曾整理其詩作爲四卷，取名『伴月樓詩拾』，後不幸喪失，其侄孫在《乙丙集》的基礎之上搜集餘作而成是編。此次據清抄本影印。《炳燭室雜文》爲雜文集，共收文章二十一篇，有學術隨筆、書信、序文、銘文、墓表墓志等多種體裁，考證學術類用語精審、旁徵博引，寫人狀事則文辭端雅。此次據《滂喜齋叢書》本影印。江藩自述束髮起習作古詩文，上追秦漢，下慕唐宋，博採衆長。其詩歌衆體兼備，内容上多唱和酬贈之作。其詩寫景淡然有古風，狀物明白如話，寫人事則極盡形狀，簡淡中滋味醇厚，悠長深遠，總體風格清疏俊朗，尤近宋詩風貌，在此集中頗多學習『蘇黄』的痕蹟。江藩的學術素養在其詩文中也有所體現，如其《句容道中有懷胡大眉峰》《讀後漢黨錮傳弔范光禄滂》，融貫經史，文辭典雅。在序文中往往也會對史事略作交代，典麗的文辭之中有融古鑒今的旨趣。阮元、繆荃孫等極力褒揚其此類詩作，阮元稱江藩『所爲詩古文辭，豪邁雄俊，卓然可觀』（《定香亭筆談》卷四），繆荃孫亦給予其詩文很高的評價（見《藕香零拾》）。（張敏）

里堂詩集八卷里堂詞集二卷 （清）焦循撰

焦循有《北湖小志》，已著录。《里堂詩集》，八卷，以時間爲序編排，共計收詩二百六十首，前有吴興徐立堯序。《里堂詞集》上、下兩卷，共收詞五十首。爲乾嘉時期較重要和具有代表性的別集。其詩體裁多樣，古體近體兼擅，以五七言律詩、絶句居多；內容豐富，日常景物、民間傳聞、交遊往還，皆自然入詩。寫景清雅舒朗，如五言絶句《莫愁湖》、律詩《秋暮》《鷄鳴寺》，極爲平淡自然，《村居草木詩》十篇，自言未刻意學蘇而得蘇詩真淳之風；敘事婉轉詳盡，如《官柳》《惠民阿姊行》，緣事而發，質樸動人。其《荒年雜詩》八首，有着深切的現實關懷，頗具歷史價值。焦循詩兼收陶詩、杜詩、宋詩之長而自成一家。其詞所用詞牌頗豐富，多寫傷春悲秋、鑒今懷古、相思之意，總體細緻綿密，大致不離詞這種體裁所擅長表達的內容範圍，較其詩少了幾分自然的造詣。本《文庫》據稿本影印。（張敏）

蜜梅花館詩録四卷因柳閣詩録三卷焦虎玉文稿一卷 （清）焦廷琥撰

焦廷琥（一七八三—一八二三），字虎玉，清甘泉人。焦循子，廩生。善承家學，父子自相師授，循晚歲爲《孟子正義》，先成長編，廷琥助之纂録衆説。及撰定《正義》，則仿范氏《穀梁傳集解》子弟列名之例。著有《尚書伸孔篇》《春秋三傳經文辨異》《冕服考》《讀書小記》《益古演段補》《儀禮講習録》《禮記講習録》等。《蜜梅花館詩録》爲作者詩集，稿本，以其齋號『蜜梅花館』名集，收詩九十餘首。《因柳閣詩録》爲作者詩集，稿本，因室號『因柳閣』，故以名集。共收詩近八十首。《蜜梅花館詩録》《因柳閣詩録》收詩有部分篇目相同，如《紀歲珠》《城中晚歸》《青白綫》等。詩作反映了作者生平和交遊情況。焦廷琥體質較弱，詩集中多見記述患病的詩篇，如《病起》之『一月不出户』、《病坐不能出户》之『枯坐倏三月』、《江口待風》之『扶病來登江上舟』、《村居》之『年荒况值病中過』等。廷琥也曾因病廢讀而研習醫書，如《吴少文太學康以近作見示作詩答之》：『觀詩我復憶平生，壬戌癸亥迄乙丑。前年一病死復生，豪氣消磨却何有。櫝貯奇書幾萬卷，昔嘗縱觀今則否。興來枯坐或無俚，岐黄之理欲强剖。玉函金匱列几席，不能解者十之九。繫楫中流盡著鞭，眼前金印俱如斗。豈欲邱園老一經，幾年湖上談農畝。』此外還記録了其足蹟所至，主要是關於揚州山水，偶爾也與父親唱和，語言恬淡自如，山水田園，俱有佳構。《焦虎玉文稿》爲作者文集，稿本，含文章三十餘篇。其中有考辨、傳記類文章、議論文、雜記，還有一些序、跋、賦、銘等。其中《與徐雪廬先生論詩書》一文記載了作者學詩的經歷：『廷琥年十一，家君授以唐人絶句法，由絶句而律詩，而古體。遂好作詩，一月輒數十首。家君斥而抑之，謂詩文最忌浮詞，即懷人詠物比興無端，亦當使書卷之氣盎然紙上，而泛爲風雲月露之詞，則所當深戒。』可見焦循在詩歌創作上對焦廷琥的影響。同時文中『夫詩本温柔敦厚之旨，渾渾灝灝元氣結成，不必以一定關鍵，泥乎其法，亦豈容有一豪浮僞雜於其間』，『詩當本之以誠』，『不必詞采之富也，真氣焰不在於貌。讀書萬卷，下筆如神，真樸之氣自然流露』，也闡發了作者詩歌創作的藝術追求。本《文庫》據稿本影印。（王浩宇）

抱璞齋詩集四卷汪孟慈文集抱璞齋時文　（清）汪喜荀撰

汪喜荀有《容甫先生年譜年表》，已著録。《抱璞齋詩集》共四卷，稿本。詩集卷一、卷二目録旁有跋，稱『君懷文抱質，對揚前人，清芬彌永，獨立何懼』，署『癸卯四月漱芸楊炳春拜讀並跋』。炳春，道光時吴江人，作跋時間在道光二十三年，時喜荀尚在世。本次據稿本影印。《汪孟慈文集》無卷數，《販書偶記》著録。其子延熙等跋，謂凡文三百餘篇。此集輯入《邃雅齋叢書》，本次據民國影印《邃雅齋叢書》本影印。《抱璞齋時文》不分卷，清寫刻本，目録前有作者自序（缺半頁），每篇篇後有其親友題詞，内容主要爲作者的政治見解。本《文庫》據清寫刻本影印。汪喜荀爲汪氏家學之繼起者，本集體現了作者在詩、文等方面的成就，對於研究作者本人的文學成就、政治思想以及汪氏家學之發展傳承具有重要價值。（王浩宇）

嵇庵詩集十卷嵇庵文集二卷　（清）梅植之撰

梅植之（一七九四—一八四三），字藴生，號嵇庵，清江蘇江都人。道光十九年舉人。工書善琴，能爲駢散文。勤於治經，詩亦有名，有《嵇庵詩文集》。與著名學者黄承吉、劉文淇交稔，與吴熙載、王西御、王句生並稱黄門四君子。《嵇庵詩集》十卷，收録古今體詩近千首，書前有黄承吉《序》，記載了梅植之的詩學觀點，殊爲珍貴，兹録於下：『士生今日，必窮乎源流正變，而後詩學乃全。《風》《騷》炳若日星，自不必論；漢魏之作，純乎聲情而氣骨特厚；六朝以降，發爲體義而文采疊興。今之爲詩者，易於古人而難於古人，何也？不得乎前此之聲情氣骨，而但以唐爲祖本，是猶登臺而欲捫天，不涉乎後此之體義文采，而專守漢晋之權輿，是猶踞山而當行地云云。』梅植之以此進行詩歌創作，六朝以上，追源溯流，六朝以下，又得唐人之風，導源經史，醞釀深厚，因此黄認爲梅植之古今體兼備，『見其古體，尤深康樂，或近明遠、嗣宗；今格宗主少陵，更薄延清、廷碩詩』。《嵇庵文集》二卷，雜集，收録文章四十五篇，書前有黄爵滋《序》，包世臣、汪喜荀二人所作傳記兩篇，及弟子薛壽所作《後序》。《後序》作於道光甲辰夏五月，提及梅植之有詩集十卷、文集二卷，並詳細交代了不同卷的刊刻時間，『先是，詩集前六卷，師所手訂，前已付梓；續集七、八二卷，同門上元黄菊人國華刻於癸卯六月；末二卷、文集二卷則所藏零星遺稿。壽謹繕録成帙，乞劉孟瞻師暨王句生先生選擇寫有定本，菊人於是並付諸梓』。是書以類相從，有賦、序、祭文及與友朋的書信往來。本《文庫》據清道光二十四年黄國華增刻本影印。（王麗）

湖東集四卷 （清）范凌霞撰

范凌霞有《廣陵書院課藝》，已收録。是書按年代順序，收録范凌霞癸丑、甲寅年間詩歌作品古今體詩四百一十八首，另有姚正鏞《書後》及附録，録詩人舊作二首。詩歌多記録揚州風情及友人唱和贈答，還涉及太平天國起事的情況。如《金陵失守二首》（其二）：『將軍一去樹飄摇，血染秦淮過板橋。七日餘糧書咄咄，三山轉戰巷條條。荒磯水浸横飛燕，斷塔鈴空泣老鴞。無復陶園風雨夜，春燈曲裏話南朝。』《二月廿三日揚州陷》：『茱萸灣頭火竟天，大帥移舟舟北旋。沿江戰艦亦何有，馬蹄隱耳心茫然。』本《文庫》據清咸豐十一年刻本影印，書前有李肇增原序、咸豐十一年徐慶增序、莊忠棫序及作者自序。（王麗）

二十四橋吹簫譜二卷外卷一卷 （清）孫宗禮著

孫宗禮，生卒年不詳，字定夫，號小屏，清江都人。道光十四年舉人，十六年恩科進士，授官廣東澄邁知縣。史載宗禮『清以律身，勤於造士，官囊雖窘而清操自勵，絶無一毫非分之取。勤課藝，培士類』。潘宗藝序中稱宗禮爲『抑塞磊落之奇士，而非屑屑於章句者』，所作詩文『莫不力追古人，極乎絢爛』。從詞集名來看，宗禮填詞，偏好南宋姜夔、張炎，作品多温雅清空。稱賞者以爲其詞出入於南唐北宋諸名家，而能『運以性靈，變其門徑』，『清空綿邈之旨、沉鬱離合之致』，『非粗豪塗澤者可比，可謂一洗側艷之習，獨標雅正之體者』。謝章鋌於《賭棋山莊詞話》中論其詞，以爲其『詞亦流轉，但言外無味，不耐尋繹，蓋學南宋而未至者』，又有『定夫不能爲硬語』、『筆性有所限』等評語，但也枚舉《賣花聲》《祝英臺近・梅影》《摸魚子》諸闋，以爲『饒有清氣，可資吟諷』。除《二十四橋吹簫譜》外，另著有《眠雲出岫集》。是書爲孫氏詞集。共二卷，另有外卷一卷，選入詞作一百零九首，所用詞牌七十個。據潘宗藝序，宗禮『屢試不售，始稍稍以聲歌自娱，十餘年來共得詞不下千首』，後道光甲午年鄉試中第，將携全稿赴京師，苦於卷帙繁重，於是『芟而存其什一』，可知此書乃宗禮詞作選本。本《文庫》據上海圖書館藏清道光十五年刻本影印，有黄承勳、潘宗藝序。（王繼雄）

鍥不舍齋文集四卷附詩一卷　（清）李祖望撰

李祖望（一八一〇—一八七七），字賓嵎，清江都人。係劉師培外祖父。增貢生。受業於梅植之，博覽經史，尤嗜六書金石之學，嘗爲《説文統繫表》。兼善山水。卒年六十八。另有《古韻旁證》《小學類編》等。是書收録文章四卷，近七十篇，書前有劉富曾《叙》，並録光緒《續修江都縣志》《揚州畫苑録》有關李祖望之傳略。是書爲雜集，内容多爲賦文、表、贊、序跋、書信，涉及經學、小學、音韻、天文等。作者治學嚴謹，擅長考據，曾就任大椿《小學鈎沉》徵採異文，校正異字，增引序跋、説部，爲《小學鈎沉篇目考證》六卷。是書也包含了對史實典籍的大量考證，體現出一定的學術特色。如《楚辭『些』字釋音》，按《廣雅》：『些，詞也。曹憲音，先計反。』古音當入支部。按《廣韻》，些，『楚音蘇箇切』，則古音又當入歌部。作者通過考證，認爲古音支、歌二部字多通轉，可以看作『支部乃些之正音，歌部乃方音之轉』。又如《管子書後》，謂『《管子》之書與《周官》相表裏，其要尤在因時以制宜』，持論甚通達，於後人頗有啓發。附詩一卷，收録古今體詩若干，爲其孫李肇偁集毁於咸豐三年兵燹之零星遺稿而成，已非原帙，多題詠唱和、遊歷寫景之作。本《文庫》據清同治三年李氏半畝園刻本影印，書後有校刊姓氏，並附李肇偁記。（王麗）

學詁齋文集二卷　（清）薛壽撰

薛壽（一八一二—一八七二），字介伯，晚字砎伯，清江都人。諸生。梅植之、劉文淇弟子。於小學、經學，用力頗勤。曾受張之洞聘，主講湖北經心書院。有《學詁齋文集》等。是書分爲上、下兩卷，共輯文三十二篇，多爲雜著考訂之文。書前有儀徵劉壽曾撰《薛先生家傳》。卷上爲釋文考物之文，如《毛詩轉音與説文讀若同例説》《釋苟》《真子飛霜鏡銘考》《揚州孔融宅墓考》，卷下爲序跋、墓誌等，如《博物志疏證序》《嵇菴詩文集後序》《甘泉山古井題字拓本跋》《任授廷墓誌銘》。《讀畫舫録書後》一文中提及了當時揚州學派興起的盛况，並闡述了學術興盛的社會背景，爲研究揚州學派提供了資料：『吾鄉素稱沃壤，國朝以來，翠華六幸，江淮繁富爲天下冠。士有負宏才碩學者，不遠千百里，往來於其間，鉅商大族每以賓客争至爲寵榮，兼有師儒之愛才，提倡風雅，以故人文薈萃，甲於他郡。』本《文庫》據清光緒六年冶城山館刻本影印。（王麗）

黄葉山樵詩草四卷 （清）江璧撰

江璧（一八一四—一八八六），字南春，號子笙，清甘泉人。少負文名，同治三年舉江南鄉試第一，四年成進士，以知縣分發江西，歷知萬載、進賢縣事。六十歲告歸，主淮安麗正書院、江寧鍾山書院講席。有《江南春稿》《江南春雜體文》《子笙賦鈔》等。是書四卷，收録古今體詩三百八十二首。未見序跋，成書時間不詳。內容多爲日常抒懷、題詠、遊歷、羈旅、詠古、贈答，如《齋中遺興》《廣陵感舊詞》《梅花嶺謁史閣部墓》《宿灣頭客舍》《焦山自然菴題壁》《贈馬東屏》等。其中，詠古之作最多，多爲詩人讀書之後援筆而作，發思古之幽情。作者生於亂世，故集中又多流離怨苦之音，如：『江山半壁悲巢燕，風雨三秋泣暮鴉。酒盡長江多少淚，南來金鼓又天涯。』（《無題》）『烽火連天震鼓鼙，將軍棄甲走荒谿。西風日暮哀鴻淚，南國秋高病馬嘶。壯士可憐驚鼠兔，庸夫無計埽鯨鯢。長江坐痛金甌缺，野老吞聲不忍啼。』（《秋夜聞警》）本《文庫》據上海圖書館藏清光緒刻本影印。（王麗）

通齋集五卷垂金蔭緑軒詩鈔二卷圃珖巖館詩鈔四卷通齋文集二卷通齋遺稿一卷外集一卷附曉瀛遺稿二卷 （清）蔣超伯著

蔣超伯有《通齋自紀》，已著録。《通齋集》，大致按詩歌創作時間排列：卷一爲己亥至甲辰年間作，收詩一百九首；卷二爲官比部後所作，收詩一百三首；卷三多爲癸丑年間作，收詩一百六首；卷四官密院烏臺及赴桂林後作，收詩一百二十七首；卷五爲宦遊二粤時作，收詩一百七首。內容多爲寫景抒懷、交遊唱和、題詠等。《垂金蔭緑軒詩鈔》，書前有蔣超伯《自序》，道出書名來歷及成書原委：『顧自丙寅逮今歲與方子箴前輩更相酬唱，又成一帙，或有作而和焉，或無意而就焉。曩廉聚之將軍陳臬於兹，顔是屋曰「垂金蔭緑」，遂即以識吾詩云。』落款爲『戊辰二月』，因知此書所録爲丙寅至戊辰年間詩作。是書內容與《通齋集》相似。《圃珖巖館詩鈔》，書前《自序》曰：『戊辰之秋，廉車始卸……乃抵粤後，夜不能寐，瘦於鄧竟陵，亟返醫治，脾陽益衰，並不能穀食，日啖饆饠、不托而已。此數年中，一切情狀，略具於詩。』據《自序》可知，是書收録的是戊辰之後的詩作，惜無落款，但《自序》中提及爲官廣東及身患疾病，考之作者行蹟，當爲後期作品。《通齋文集》，收録賦、表、序、哀詞、論説文等若干篇。如《廣陵賦》《蜀岡賦》《蕪城雜詠詩序》《高歡宇文泰優劣論》《陳樸生哀詞》等。《通齋遺稿》，書前有其子蔣祖懃題詞及序，《序》稱是書『先君小盤谷之近作也』。據記載，蔣超伯乞休歸里，葺小盤谷，可知是書爲蔣超伯晚年詩稿。書中主要爲日常吟詠，寫景抒情之作，記録了詩人晚年心境。《通齋外集》，收録的全部是宫詞，有南唐宫詞三十六首、五代各國宫詞共一百八首。附《曉瀛遺稿》兩卷，蔣繼伯撰。繼伯爲超伯之兄，字曉瀛。諸生。是書分上、下兩卷，上卷收録古今體詩若干首，皆爲吟詠情性、題詠之作，下卷收録賦、贊、哀辭、誄文等若干篇，多爲駢體文。本《文庫》據清同治三年刻民國二十二年揚州陳恒和書林補刻《通齋全集》本影印。（王麗）

延秋吟館詩鈔四卷延秋吟館詩續鈔四卷　（清）張聯桂撰

張聯桂（一八三八—一八九七），字丹叔，一字弢叔，自號問心齋主人，清江都人。諸生。咸豐間入貲爲太常寺博士。光緒間官至廣西巡撫。爲官有政聲，深得清廷大臣彭玉麟和張之洞的器重。中法戰争後，中越兩國政府會勘邊界，已將龍州外之金龍洞，定在界外，賴其力争，得復歸於中國。有《延秋吟館詩鈔》等。《延秋吟館詩鈔》收録詩作若干，内容多爲吟詠情性、羈旅抒懷、遊覽勝蹟、友朋酬唱贈答等。正如姚正鏞《序》中所説，『迨適京師，忼慨世故，留連舊游，復多感激之作；自官粤西，如《自惕示子》《登邑樓》《桂水行》《陽生曲》諸篇，或出至性，或憫時艱，或敦厚以立言，或詭俶以寓諷』。又，張聯桂爲官兩粤，粤中山水，層巖靚壑，靈泉奇木，皆發於詩，爲詩集一特色。書前有姚正鏞、莊忠棫、張雲鵬、陳文田、陳彝、周星譽、李文田序，張聯桂自序，及鍾毓奇等人題詞。書後有潘祖蔭、張聯桂跋。本《文庫》據清光緒十一年重刊本影印。《延秋吟館詩續鈔》，刊刻於光緒壬辰年，收録張聯桂自光緒乙酉至壬辰八年間的詩作，按時間順序編排，内容、風格與《延秋吟館詩鈔》相同。書前有周易敬、蔡希邠、袁寶璜序，蔣銘勳等人題詞。本《文庫》據清光緒十八年刻本影印。（王麗）

菊隱翁詩集五卷附問秋館菊録一卷霜圃識餘二卷　（清）臧穀撰

臧穀有《揚州劫餘小誌》，已著録。《菊隱翁詩集》，録有《雪溪殘稿》一卷、《揚州雜詠》一卷、《詠史偶編》一卷、《消寒分詠》一卷、《詠菊三十首》一卷。其中，《揚州雜詠》一卷收入本《文庫》第二輯地方史料類。書前有詩人小像、陳止謹贊、吉亮工所撰墓志銘及詩人自撰墓志，書後有秦更年跋。其自撰墓志叙述了生平及字號由來，行文瀟灑，頗爲有趣。另，各卷前後，録有序跋不一。《雪溪殘稿》多記録日常雜詠之作，卷前有陳霞章序。《詠史偶編》，無序跋，爲詠古之作。《消寒分詠》卷前後有詩人自撰序跋，序曰：『消寒分詠，小歲寒堂主人所擬題也。會中共九人，人各九首，共得八十一首……初分題，時高南星意甚豪，謂當全作，並屬余和之。今高已遠出，未播陽春白雪之音；余轉孤鳴，難掩下里巴人之醜。爰録成册，庶備數而聊誌其事云。』記載了此卷之來由。《詠菊三十首》卷前後有詩人自撰序跋，記録了詠菊之作三十首。《問秋館菊録》，卷前有序及凡例。詩人愛菊成癖，築有問秋館，以爲藝菊之地，並分菊爲絶品、逸品、上品、中品、次品、又次品、雜品諸名目，一一記録在册，並附録《葉梅夫先生養菊法二十九則》，詳細記録了包括培根、蓄子、擇地、換土等在内的養菊、蒔菊之法。《霜圃識餘》，分上、下兩卷，卷前詩人自序：『余編《菊録》，已列其品而叙之矣，其養菊諸法，又以《葉梅夫先生之二十九則》附志於後，更何瑣瑣爲耶？惟菊之態殊不一，有前録所能盡者，有前録所未能盡，必須詳爲補之者。』因此，可將此書看作《問秋館菊録》的續補之作。但此書係詩人『拉雜書之』，體例與《問秋館菊録》不同，主要記録了作者種菊之經驗、見解。本《文庫》據上海圖書館藏民國七年刻本影印。（王麗）

一漚吟館選集二卷　（清）陳崇光撰

陳崇光（一八三九—一八九六），名炤，字崇光，後以字行，更字若木，清甘泉人。幼即能畫，初爲雕花木工，以性情酷愛書畫，遂棄雕工，專心於畫，拜虞蟾爲師，一度隨虞作畫於南京。曾因客皖中蒯氏家，多見宋元名人真蹟，藝鋭進。工山水、花鳥、人物，尤善雙鈎花卉。畫人物學陳老蓮，山水學石濤、王原祁，花卉學陳道復，吸取各家之長，自成一家。工詩。是集前有宣統二年王鎣序，述崇光生平甚詳，並云得崇光稿本於臧穀處，因録副，並付剞劂。又有光緒二十八年臧穀序。據臧序，知此集爲其所編次。又有陳霞章序，述其生平及此詩集編訂情況。是集分上、下二卷，收詩二百五十餘首。臧穀評其詩曰：『若木以畫傳，不沾沾以詩名。其實即詩即畫，畫中固有詩，詩中亦有畫也。』可謂恰當。有些詩記述了當時的社會狀況，可作史料研讀，如《壬申季秋重建法净寺平山堂成往游感賦》云：『不見香塵走鈿車，名園荒盡種桑麻。於今石路空秋草，幾度宸遊駐翠華。散牧上坡眠落葉，亂蛩催雨灑閒花。莊嚴再現如彈指，二十年來一劫沙。』描寫了揚州城經歷太平天國戰争之後，大明寺、平山堂等名勝古蹟遭受破壞的荒蕪景象，並記録了戰争結束後揚州重建的新貌。前有宣統二年王鑒序、臧穀序、陳霞章序。末有宣統二年秦更年跋，述及訪得此集底本經過。本《文庫》據上海圖書館藏清宣統二年懷荃室刻本影印。（徐大軍）

還翁遺詩 （清）吴恩棠撰

吴恩棠（一八六四—一九二六），字召封，一字還翁，有時只署一『還』字。祖籍儀徵，居江都。清末諸生。據民國《江都縣新志》卷九載：『當光緒年間，揚州稱狂士者三人：吉杜岑、陳孝起霞章，其一則吴恩棠。』自幼卓犖不羈，應舉文字往往一時傳誦，但年逾四十始以例貢太學，得注名選籍而歸。入民國，居鄉佐軍幕，卒優遊縣文學掾以終。擅長撰寫楹聯，書法亦超拔不俗，生平肆力於詩，詩風學吴野人，是竹西後社和冶春後社的重要成員，也是『隱中八仙』之一。著有《還翁遺詩》等。本書一題《真州吴還翁遺詩》，此集有諸宗元題籤，江都陳懋森撰《吴還翁傳》，以及陳延韡和蔣貞金二序，書末是其三弟吴恩棨跋。書内有墨鉛字旁改，當出自刊印者校勘。作者一生作詩甚多，晚自擇録二百餘首編入。本書所收詩作，一掃作者早年狂悖與憂鬱之風，『所爲詩喜法君家東淘老人而趨於平澹』（蔣《序》）。以《還來小築·新年》七言一首爲例：『斗室乾坤我便家，客來試煮碧螺茶。近春三日天猶雪，臨水一枝梅已花。能領清閑關福澤，最宜珍重是年華。歲朝分得童孫果，中有安期棗似瓜。』全篇直抒胸臆，闇然有樂天知命之思，堪稱全書之有代表性佳構。以詩風而言，作者於古賢五言以陶淵明、王維及杜甫三家爲宗，而七言則師法於李商隱、杜牧、蘇軾及陸游，却往往能神於變化。概而言之，『清遒而不鄰於獷，婉麗而不涉於佻，真氣流行之中，風神自爾駘宕』（蔣《序》）。本《文庫》據揚州大學圖書館藏民國十六年鉛印本影印。（王永平　趙宣）

雲海樓詩存五卷雷塘詞一卷 閔爾昌撰

閔爾昌有《江子屏先生年譜》，已著録。本書卷首有民國十三年閔爾昌自序，述其少年時作詩往事，及此集編纂由來。《詩存》凡分五卷，收古今體詩三百七十多首，並按時間順序編次。卷一爲庚寅、辛卯、壬辰、癸巳、甲午、乙未、丙申、丁酉、戊戌、己亥，卷二爲庚子、辛丑、壬寅、癸卯、甲辰、乙巳、丙午、己酉、庚戌、辛亥，卷三爲中華民國元年至八年，卷四爲民國九年至十二年，卷五爲民國十三年至二十一年，包括了自光緒十六年到民國二十一年四十多年之間的詩作。大略觀之，民國前所作詩多寫景，民國後則多紀事。爾昌曾入袁世凱幕，於晚清民初大事皆親身經歷，故詩中紀此時實事者甚多。如《別蕭家港》一詩，前有序云：九月九日隨袁世凱由彰德南下至孝感縣之蕭家港。十四日，清廷連續電諭催促袁世凱入京。二十一日北行。入京後，袁世凱被選任内閣總理大臣，大權獨攬。凡此，皆可作史料參考。其詩，汪國垣於《光宣詩壇點將録》中稱『詩律精嚴』，『以雄渾代纖巧』，可謂貼切。後又有《雷塘詞》一卷，所收皆爲其所作詞。數量不多，僅二十七首。多爲寫景抒情和題詠唱和之作，其中有數首詠揚州風物，如《西江月》：『第五泉旁霞晚，無雙亭外烟晴。絲絲楊柳緑初成，記得那時鶯語最分明。』本《文庫》據上海圖書館藏民國十三年刻本影印，此本卷前鈐有『葉景葵』朱文印。

（徐大軍）

游絲詞 郭堅忍撰

郭堅忍（一八六九—一九四〇），女，原名寶珠，字韻笙，後改字延秋，江都人。幼承家教，克嫻詩禮，精通文辭，素稱『不櫛進士』。適浙江陳某。十八歲寓居揚州，創立武昌不纏足會揚州支會。辛亥光復後，被徐寶山任命爲江北北伐軍參謀組女子北伐隊隊長。未幾辭職。一九一二年在揚州創辦女子學校、男子平民小學，並創設上海紅十字會揚州分會醫院，成爲揚州婦女覺醒的先驅。國民黨時期，被推舉爲揚州婦女會會長，並蟬聯終身。一九三七年十二月日軍侵略上海，國軍重傷兵員運到揚州，郭堅忍以婦女會長名義，號召全縣婦女踴躍參加抗日救護隊，還擔任天寧寺重傷兵醫院副院長。一九四〇年一月，病逝於江都永安。所著還有《堅忍詩存》，未刊。此集卷首有民國三年吳恩棠序、其兄郭寶珩序、其堂妹郭少槐序，以及民國二年堅忍自序。又有光緒三十二年臧穀題詩。恩棠爲堅忍姑父，其於序中云：『揚州有郭堅忍而後有女學，而後有不纏足會，堅忍爲揚州女界傳人無疑。……其爲文走筆千言，無絲毫兒女囁嚅態。……尤工倚聲，善承家學。』點出其詞作特點。據堅忍自序云，其幼即工詞翰，因從夫而不得見父母，『烏戀之私未能或已，每托興於吟詠，積牘連篇，不忍自棄，已成一卷』。此集命名爲『游絲』者，『眉曰游絲，言其輕而且細也』。此集凡收詞七十六首。蓋作於早期，故題材上多爲日常生活吟詠，不少爲表達内心的憂愁苦悶之情，其中贈寄姊妹者甚多。如《菩薩蠻·秋葵》：『飄然獨抱出塵態，丹心一點千秋在。非愛道家裝，不隨桃李芳。』清麗流暢，表達了渴望獨立的心聲。堅忍作爲近代揚州婦女解放的先驅和典範，與秋瑾號爲『南秋北郭』，故其詞作字裏行間不乏陽剛豪放之氣。如《金縷曲·隱括李謫仙將近酒詩意示友》：『天上黄河水，慅滔滔，奔流倒海，直過淮泗。明鏡高堂君不見，朝暮頭顱改矣。但得意，千金休棄。莫使金樽空對月。盡吾歡，酒後昏昏睡。歌一曲，願長醉。』寫得雄壯豪邁。是集有民國三年揚州埂子街作新社排印本，排印錯誤較多。本《文庫》據上海圖書館藏本影印，卷首鈐『李宣龔印』『合衆圖書館藏書印』，此本中誤字已用紅字校勘旁改，可資參考。（徐大軍）

病維摩室詩集　顔倜著

顔倜（一八七八—一九三五），原名慕蘇，字二民，清末民初揚州名儒，擅詩書畫，尤精隸書。師法鄧石如、趙之謙，得其神韵，爲揚州冶春後社的重要成員。女兒爲知名畫家顔裴仙（一九〇四—一九八一）。董玉書《蕪城懷舊録》卷二載：『顔慕蘇，後易名倜，字二民。以鬻書自給，書仿趙撝叔，得其神似。女名絲，字裴仙，能書善畫。』此書不分卷，卷端題『病維摩室詩集　江都顔倜慕蘇』。後按年代依次收録顔氏生平詩作，題材涵括詠物、感懷、贈别、俗語等。此部稿本，存顔氏創作於庚子至乙卯（一九〇〇—一九一五）、己未至辛酉（一九一九—一九二一）諸年詩作三百餘首，其中收録俗語詩百餘首，皆爲揚州俚言俊語，對研究近代揚州方言及社會生活具有重要的資料價值。稿本共六册，册一庚子至乙卯、册二壬子、癸丑、甲寅（一九一二—一九一四）、册三未標年號，册四己未、册五庚申（一九二〇）、册六辛酉（一九二一）。除册五爲謄清稿本，餘皆爲作者手稿。册五係抄録册四内容，核對詩目，唯於前多出《春草》六首。册三内封有壬戌年（一九二二）興化黄敬熙跋，『己未』年卷端鈐『病維摩室』朱方印、『二民四十以後作』白方印，『庚申』年卷端鈐『病維摩室』朱方印。是書爲研究顔倜之重要著作，對研究近代揚州社會亦有重要資料價值。此書未曾刊行，亦未傳抄流播，稿本現藏揚州大學圖書館，洵爲珍貴。本《文庫》據此稿本影印。（王永平　姚海英）

慎餘堂賸稿　李鼎撰

李鼎（一八六六—一九四七），字梅隱，晚號逸休，江蘇揚州人。清末鹽務官、書法家、詩人。揚州名士。幼聰慧好學，成年後從事鹽務，在上海等地爲官。曾任晚清兩浙横浦場鹽大使，辛亥革命時，曾被横浦場鹽所在地金山衛地方人士推爲臨時民政長。民國時期，先後任淮北鹽場三場總長，大源製鹽公司經理。爲官清廉，澹泊自甘，喜好詩書畫，常與南社、國學商兑會諸子及揚州名流唱和。是書爲李鼎遺著，計收詩詞二百多篇，附録有對聯二十一副、硯銘二則、駢文三篇。書前有魏之禎序，書末有李聖傳、李聖和兄妹跋以及李聖和之後記。書中之詩詞，『章句外似可見襟懷坦蕩、心氣冲和、澹泊自甘、逍遥物外之致，而國事蜩螗、生靈塗炭之憂又時時浮現於行間字裏』，『至如詩律之細、隸事之工、聲韻之和諧、格調之清雅，乃至楷法之端莊精妙，皆其餘事。固未遑以此贊賢哲也』（魏《序》），其中還有不少是與揚州名士如陳含光、儒醫耿蕉麓、鹽商汪魯門等人的唱和之作。要而言之，逸休之詩格兼具義山之文采與東坡之豪情，而在書法、篆刻方面，其行草直可比肩晋唐，分隸亦上規兩漢，刀法則集浙派與皖派於一體。本《文庫》據揚州大學圖書館藏雲藍閣製印刷本影印。（王永平　趙宣）

嬰闇詩存四卷附詩餘一卷　秦更年著

秦更年有《嬰闇題跋》，已著録。本書卷首有『嬰闇詩存四卷附詩餘』九字題詞。附秦氏像一張，並有吴眉孫作《嬰闇小象題詞》一篇。縱觀秦氏之詩，多爲交遊唱和贈酬之作，有桑梓之思、勞人之嘆、改制之感、感舊之什、題畫之什、樂群之什、凄寂之詠，間有『精誦楞嚴，栖心白業，天機玄箸，耦影獨謡，如雪竇之頌古，參寥之雜興』之類。《詩餘》内封二字爲元鬯題，鶴孫爲之作《嬰闇詩餘題辭》一首。卷末又附《嬰闇詩存勘誤表》一份。本《文庫》據揚州市圖書館藏一九六〇年藍油印本影印。（丁晨晨）

悔齋集六卷山聞詩一卷山聞續集一卷京華詩一卷觀海集一卷　（清）汪楫著

汪楫（一六三六—一六九九），字舟次，號悔齋。安徽休寧人，寓居揚州。康熙十八年舉博學鴻儒，授翰林檢討。曾作爲正使出使琉球，並於琉球『遍購諸書』，得琉球《世纘圖》，後撰寫《中山沿革志》《使琉球雜録》等史志類著作，頗見推於後世。官至福建布政使。早負詩名，與汪懋麟並稱『二汪』。《悔齋集》分六個部分，有五言古詩、七言古詩、五言律詩、七言律詩、五言絶句和七言絶句。周亮工、王士禎等五人爲此集作序，其《悔齋集》詩『以古爲宗，以潔爲體，以清冷峭蒨爲致』（王士禎）。據作者自序，《山聞詩》（下題『悔齋二集』）爲『丁未遊西江歷匡廬青原西山諸勝，得詩數十首……合數年登覽贈酬之詩』而成，《山聞續集》爲『癸丑歸新安故里，過新嶺，上白岳，每山行輒得詩，丙辰冬又合數年未刻詩刻之』而成。『山聞』取白居易《廬山草堂記》『清泉白石實聞此言』之意。《京華詩》（下題『悔齋三集』），收録汪氏五言古詩、七言古詩、五言律詩、七言律詩、五言排律、七言排律、五言絶句、七言絶句和六言詩等九種。《觀海集》收録汪氏出使琉球所作詩詞，包括從接受使命，向福建進發，及在琉球停留期間三個部分，其中抵達琉球後詩作不足二十首。從汪氏後裔汪棟爲徐葆光《海舶三集》所作跋文中可知，汪氏在琉球作竹枝詞多達百首，述其土風海物備至，詩歌亦卷帙繁富，但因未及時刊刻，今多散佚無存。國家圖書館存此書雍正刻本。本《文庫》據清康熙刻本影印。（丁晨晨）

正聲集四卷一勺集一卷附補遺一卷　（清）施朝幹著

施朝幹（？—一七九七），字培叔，又字鐵如，號小鐵、廷午，室名六義齋，清儀徵人。乾隆二十八年進士，曾任太常寺卿，官至宗人府丞，視學湖北而卒。著有《六義齋詩集》等。爲人耿介，居邗上不與鹽商富賈往來，居京師敝車羸馬，破屋數椽，俸不足，益以稱貸，終不與熱官往來。有詩名。王鳴盛刻『吴中十子』詩，朝幹居其首。此書包括《正聲集》四卷、《一勺集》一卷，附補遺一卷。《正聲集》四卷，共録詩二十九首，前有王昶、錢大昕作序及作者自序，後有伊湯安作跋。伊跋中稱『安搜羅散佚，僅得文二十三篇（實二十一篇），爰同詩集及王石長司馬檢示倚聲集一册，並付剞劂』。《一勺集》及補遺前有汪廷儒作序及作者自序，以《儀徵縣續志》小傳弁首，包括古文二十一篇，以及八首補遺。《正聲集》爲作者詩集。施朝幹『未出都時，自定其詩，號正聲集者凡二册』，後『歿於湖北學政任，喪歸無子，詩文零落』。伊湯安曾受業於施朝幹，『篤於師友之誼』，『取而次第之』，於嘉慶五年刊以行世。其詩不事藻繪，質樸清真，多用以表現自己清寒生活和孤介情懷。王昶稱其詩文：『蒼然而秀，穆然而深，秩然一規於正，獨得少陵精微之藴，而出入於李東川、孟襄陽之間。』錢大昕稱讀其詩文：『陶冶性靈，謹守繩墨，其氣格在高岑李王之間，而不肯效皮陸仝蜕之體，可謂介然自守，不牽於流俗者矣。』本《文庫》據嘉慶五年伊湯安刻本影印。《一勺集》爲施朝幹古文文集。作者在自序中道：『余自少時喜爲古文……檢録若干篇以爲《一勺集》。』由施朝幹同鄉汪廷儒整理，伊湯安『搜羅散佚，僅得文二十三篇』，而汪廷儒『檢舊本實二十一篇』。汪序中記載了檢書的過程及八首補遺篇目的來歷：『施鐵如……遺稿所刊僅兩册，嗣孫携貯京師會館，旋南歸而卒，板片委棄墻陰，十餘年來塵封，幾不可辨。今歲徐來峯前輩司館事，乃共檢之，已缺十餘頁矣。予因從舊本抄出補刊，又得古文八首，刻爲補遺。』作者形容自己文章『斯固無當於學海乎，然邪説詖辭庶乎其免矣。』可見其詩、文的創作宗旨如出一轍，同樣追求『正聲』，其文風簡潔有法度。汪廷儒在序中稱『先生詩古文詞爲一代作手』，本文較爲完整地收録了作者的詩、文作品，能够全面反映作者的創作風格和藝術特色。本《文庫》據清嘉慶二年刻道光二十六年補刻本影印。（王浩宇）

永報堂詩集八卷附艾堂樂府一卷　（清）李斗撰

李斗有《揚州畫舫録》，已著録。是集八卷，附《艾堂樂府》一卷。艾塘之書，以《揚州畫舫録》最知名，其詩爲文所掩，實則《永報堂詩集》爲艾塘另一重要著作。是集前有孫星衍、阮元、洪梧序。孫序稱，揚州詩人李艾塘，或疑爲陳眉公、李笠翁之流，『讀其詩，五古得《選》詞、陶、謝風韻，七古律詩詞意雅正，擅唐人體格之長，絶無俳諧佻巧之作，蓋詩如其人』。艾塘雅好遊歷，足蹟遍及京、楚、豫、閩、浙、粵等地；又喜交往，凡鄉賢、名流、隱士、畸人無不結交，是書於作者生平際遇廣泛涉及。艾塘性率真，不自掩飾，故詩中亦不乏《青樓曲》《秦淮妓》《聽葉大英多評話》《觀劇》等題。因尤其好園林，故集中有《築園》《園中四詠》等詩，可解《揚州畫舫録》何以盛記揚州園林之因。揚州八怪諸家中，唯閔貞與揚州關係之文獻最少，而此集有《武昌閔孝子貞贈畫蘭》一詩，則正齋與艾塘原是好友，可謂空谷足音。艾塘又好營造之學，《揚州畫舫録》有《工段營造録》一卷，頗爲世人所重，是集中《吴山尊孝廉招集九峰園，座中孫淵如觀察謂余所撰〈工段營造録〉爲奇書，漫賦一首》歷述古今匠人，尤爲難得。此外，作者之家事罕有記聞，艾塘於詩集中自言『予籍山西太原府静樂縣樓裏村』，自崇禎末高祖流寓江南，本支定居揚州。又言自家先人墓在西山，云『有人西山來，與我同舍住。西山邱隴多，有我先人墓』，亦爲他處未見。是書有乾隆乙卯年自然盦刻本，或以爲實乃嘉慶年間刻本，傳世甚少。一九三三年北平圖書館得此書，鄭振鐸稱爲『奇獲』。本《文庫》據清嘉慶十二年刻本影印。（韋明鏵）

琅嬛仙館詩　（清）阮元著

阮元有《廣陵詩事》，已著録。作者平生愛才好士，重視教育，在浙創詁經精舍，在粤辦學海堂，造就甚衆。《琅嬛仙館詩》爲作者詩作手稿，共收詩一百餘首，收録在《揅經室集》及《續集》。『琅嬛仙館』爲作者齋號。其詩歌内容主要爲寫景詠物、題詠金石之作，部分篇章從側面記録了作者任浙江巡撫時平定海盗、賑濟災民等事蹟，是其勤政愛民的反映，具有很高的文學價值和史料價值。阮元喜愛遊覽山川風物，這是他公事之餘怡情養性的主要方式之一，同時也是他搜集豐富詩歌創作題材的自覺行爲。阮元『詩筆』可以兼『畫筆』，在詩中描繪景物給讀者展示了許多精美的畫卷。許多遊覽與詠物詩托物言志，頗能反映作者品格風貌，體現出作者出世、慎獨的思想。其作品中也不乏對社會現實的反映，展示出他在漫長的仕宦生涯中的心態，表現了他關切時政和民生疾苦的現實主義傾向，與當時的經世思潮相聯繫。在詩歌藝術上追求『音韻相諧』，『融裁萬物』。其詩風質樸渾厚，自然流轉。語言上體現爲講究法度，崇尚自然。《晚晴簃詩匯》卷一〇七評其『歌行出入東坡、放翁，晚涉誠齋，近體風格亦近中唐。題詠金石之作，不因考據傷格，兼覃溪之長而祛其弊』。伍崇曜《揅經室詩録跋》稱：『阮元詩歌藝術的成就，方之古人，可與白居易、歐陽修等人媲美；置之當代，可謂「獨步一時」。』此書爲作者於嘉慶五年至十三年所撰手稿本，本《文庫》據此本影印。（王浩宇）

唐宋舊經樓詩稿七卷 （清）孔璐華撰

孔璐華（一七七一—一八三二），字經樓，山東曲阜人。孔子七十三代長孫女，衍聖公孔慶鎔姐，阮元繼妻。李浚之《清畫家詩史》癸上稱，璐華爲慶鎔女，誤，慶鎔比璐華晚生整整十年。清代詩人。阮亨在《瀛舟筆談》中稱其『性情敦厚，幼嫻詩禮』。此外還兼工繪事。全書七卷，書前有總目録。此書初刻六卷，卷七爲續刻。嘉慶《重修揚州府志》卷六十二載，所著《唐宋舊經樓詩稿》四卷，此當是未定之本。第六卷目録後有孔璐華自識，寫道：『先君……願汝能學禮，不必定有才。吾家世傳詩禮，汝能知其大義即可矣。余因父命，閨中未能多得詩稿。于歸後，夫子喜言詩，始得時時爲之。又因宦遊浙江，景物佳美，同里張净因夫人館於署中，復多倡和，此後往來曲阜、揚州、京師，踪蹟無定，得詩轉多。』正文卷六後有『古霞唐慶雲校字』字樣。唐慶雲，字古霞，阮元妾，同孔璐華時有唱和之作。孔璐華在爲女兒阮安的《廣梅花百詠》所作序中記載了阮元教女之事，可見阮元對女子從事文學創作持鼓勵態度。丈夫阮元的才情、寬容及浙江美景的感染熏陶，是孔璐華詩興勃發的重要誘因。其詩歌內容包括詠物詩、題畫詩、與友人唱和之作、宦蹟遊覽之篇，以及若干與阮元側室同作的詩篇，聯句，作者隨處散發着自身的才華。由於作者隨阮元宦遊四海，故其詩少染脂粉氣味。俞陛雲《清代閨秀詩話》評價其詩曰：『稿中如《題石室藏書圖》《粵東新建學海堂》及《漢金釭歌》，皆七古長篇，淵然有書卷氣。』由於阮元、袁枚等一批著名文學家的支持，清代女性的文學創作，已大大超出傳統社會對女性的角色規定,因而引起了另一部分正統文人的注意和不滿。以章學誠爲代表。他稱:『大江以南,名門大家閨秀多爲所誘,徵刻詩稿,標榜聲名,無復男女之嫌,殆忘其身之雌也。此等閨娃,婦學不修,豈有真才可取?而爲邪人撥弄,浸成風俗。』來自男性的支持和反對都能够説明,至少在乾嘉(道)時期,女性對自身文才的體認及創作活動的繁盛,已達到非常突出的地步。《唐宋舊經樓詩稿》正是時代孕育的産物,對於瞭解這一時期女性創作的特點具有重要價值。《唐宋舊經樓詩稿》前六卷爲嘉慶二十一年刻本,卷七爲道光年間續刻。本《文庫》據此影印。(王浩宇)

霎桂軒唫稿 (清)阮亨著

阮亨有《淮海英靈續集》,已著録。阮亨性耽吟詠。詩文精敏,無貴介氣,脱略時習,與世無意。幼隨阮元宦遊京師,作《蕉花曲》『鸚鵡千聲喚曲廊,綺琴彈罷雪生香。小欄定有吟花客,淺碧蕉衫一樣長』,傳誦輦下,人稱『阮蕉花』。復從兄巡撫浙江,隨幕多年,在阮元的影響下,並師事焦循、童槐、吴錫麒等諸先生,詩學日進,浙人能詩者争相唱和。直到晚年仍吟興不衰。是書爲阮亨詩作手稿。共收阮亨詩六十二首,包括五言詩、七言詩、雜言詩,此外還有賦六篇。作者開篇寫道『壬寅新秋,久病初愈,坐西窗撿點殘篇感詠』,可見詩集乃作者對先前零散篇目的一個整理集結。内容上包括贈答親友之作(《子英怪予坦蕩舉閨中少婦不知愁爲戲即以答之》)、對病時心態的記録(《病嗽》)、讀書札記(《讀尚書》)、詠物詩(《師山物興》)、懷古詩(《姑蘇懷古》)、題畫詩(《題董君小像》)、悼亡詩(《悼亡室徐孺人》)等題材。詩文天頭、末尾處常有批文。王昶稱阮亨爲『江淮間詩道干城』,可見其詩在當時的影響力之大,但目前對阮亨詩歌的研究還不够。作者長於借景抒情,其中同親友相關的篇章,如寫其客居在外思念父母之情的《春日》:『客裏傷春春日微,客心况是戀庭闈。芳郊歇雨蝶初至,雜樹生花鶯亂飛。雲物换移節序改,江湖迢遞音書違。杜鵑叫罷二更月,留滯天涯歸不歸?』以及《悼亡室徐孺人》《示弟》等篇章,讀之皆令人動容。《霎桂軒唫稿》在一定程度上反映了阮亨詩歌的藝術特點,同時也是其日常感悟、社交活動的記録,對於我們瞭解阮亨生平片斷及文學創作特點頗有裨益。本《文庫》據南京圖書館藏清抄本影印。(王浩宇)

雲莊詩存五卷 (清)阮充撰

阮充有《赤湖雜詩》,已著録。《雲莊詩存》篇首有郭春藻所作跋，葉紹本、崇桐林、李允洵所作序，序後爲作者相關的詩評、詩話，以及衆多名家的題辭。正文共分五卷，收詩四百餘首。跋中道『藻才菲學薄，不敢爲叙，爲跋數語，以付簡末』，似乎此跋當置於篇末。其内容有發端沉鬱者，如集中《擬古》諸作。有入趣悠遠者，如《題望湖草堂》《竹林茶飲》《和文達公原韻》《秋雨》《楊花》《登露筋祠樓》《贈蓮舟山人》諸作。其才氣獨出者，如《雷塘懷古》《三十六湖春水歌》《春殘曲》《秋江芙蓉謡》《悲歌行》《題江上送别圖》諸作。其他如《秋燈唱和》《重蓮唱和》，亦能『獨標一格，不落言詮』。阮充在詩歌方面造詣很深。葉序中有言：『吾師（阮元）教其討論漢魏唐宋諸家，故於體格精且備焉。』崇桐林更是贊其：『於古精通六書詩學，兼庾、鮑之長，其勝者直逼盛唐，匪時手所能冀其頂背也。』《雲莊詩存》佳句迭出，如『小窗無客到，清夢有梅知』、『落花時拍扇，飛絮欲沾襟』、『漸催梧葉冷，欲替藕花愁』、『遠水白無蹟，夕陽紅可憐』、『萍水三生新雨散，盧溝千里朔風寒』、『琴書我自耽幽癖，車笠人偏泥客踪』、『美人空谷餘蘭蕙，靈魄秋風冷薜蘿』、『雲樹多情燕水夢，烟花勝蹟廣陵詩』、『覓句桐蔭雙管健，懷人月下一罇宜』、『作客怕聽南浦雁，留人最愛小山花』等等，常爲時人傳誦。除本人詩作外，詩評、詩話、題詞中亦妙語連珠，詩集具有較高的美學價值。詩集中還有衆多阮充同兄弟友人的唱和之作。崇序對此也有記載：『荀龍薛鳳昆季日聯詩社……北湖之煙水風月，（充）有所主持。夏吸碧筩之杯，冬集氈爐之會，春秋佳日，蘭亭梓澤，觴詠怡情，殆無虚日。』可見詩集對於研究阮充及其文學社團的創作活動亦具有重要意義。本《文庫》據南京圖書館藏清同治刻本影印。（王浩宇）

冬巢詩集四卷冬巢詞集四卷　（清）汪潮生著

汪潮生（一七七七—一八三二），字汝信，號飲泉。晚號冬巢，因其晚年『蓼莪永痛，脊令中傷，琴瑟早淪』，煢孑一身，僅有孤侄作伴，『始豫終屯，懷才莫遘』，因以『冬巢』爲號來悼惜自己。江蘇儀徵人。乾隆六十年副貢。作者心性『謙沖醇慤』，生平以詞畫自娱，工詩詞，尤工長短句，著有《冬巢詩集》《冬巢詞集》。善工筆花卉，取法惲壽平，賦色明靚，氣韻嫣媚。書法亦娟秀。《冬巢詩集》四卷，收詩四百三十五首。前有好友黄承吉作序，黄稱其詩『進處直入宋齊人之堂奥，次亦清泠婉約，有大曆十才子之音。雖其中年爲境遇所牽，稍弛致力。及倦還以後，則又伏案擁氈，膏晷自勵，於是詩境愈成愈老。而昔日之醖釀所至，深以寤嘆泳游，乃更發爲蒼凉憀慄之境』。汪潮生在臨終前將詩二册付於梅植之，黄承吉向梅索得詩稿，劃爲四卷，以付刊刻。雖然其所録詩歌時日先後次序『未盡分晰』，但黄並未做改動。將詩集與已刊之詞集合而爲一。吴熙載又出君臨没時詩二首，附於詩二册之後。《冬巢詞集》四卷，收詞二百六十一首。道光十二年，汪病篤時曾請黄承吉作序。汪氏殁五年，黄氏刊其詞並再次作序。並以吴熙載處所存作者遺作核之，『其詞較多若干首，又間有不同字句』，於是『增入二十闋，又爲校訂些少字句』。作者主張：『詞有二義，曰嚴曰寬而已。嚴非迫迮之謂，聲律之切審也，體製之各判也，情思之適當也，是當嚴以持之者也。寬非疏弛之謂，意致之綿邈也，音節之曲折也，字句之舒散也，是當寬以赴之者也。』（黄《序》）以此爲宗旨作詞，故其詞『最工』。在風格上婉約雋妙，兼具秦觀、周邦彦之韻味。黄稱其詞『出入於南北宋之間，其小令力追南唐風格，春容而綿邈，音安而句適，殆鬘乎奪江湖秋錦之席』。譚獻《復堂詞話》評曰：『東巢詞粹美無疵，深入宋賢之室。』二書全面收録了作者的詩、詞作品。詩集中如前期的《采蓮曲》，色澤瀲艷，有南朝遺風；臨没時所作《病卧》，則蒼凉孤寂，滿紙辛酸。詞集中如《巫山一段雲》《春雨苦寒黯吟成調》，都反映出隨着生活境况的不同，作者心境發生的明顯變化，以及這種變化對其創作風格的影響。對於研究作者生平及文學藝術價值具有重要價值。本《文庫》據清道光十七年刻本影印。（王浩宇）

重訂厲廉州先生詩全集 （清）厲同勳著

厲同勳（一七八九—？），字冠卿，號茶心，清儀徵人。嘉慶十五年順天鄉試副貢，任兵部武選司郎中、監督通州。旋授廣東廉州府。工詩，有《還珠堂詩鈔》六卷。是書爲厲同勳個人詩集，包括《藉花小室詩鈔》《寄蠡詩鈔》《斷梗吟》《棲塵集》《幸存稿》《衡遊草》，主要收録作者古近體詩九百九十首。書前有官文等序，各集均有親友撰序、跋、題詞，書後有龔紹仁跋。此書由其子雲官、軺官，孫渭青、梯青共同校訂。該書廣泛集結了作者各個時期的詩歌作品，全面地展現出作者的詩歌造詣。從其親友對其詩的評鑒可以看出，作者不僅對各種體裁的詩歌都有所建樹，在風格上『冲澹古雅，胎息泉明』，更是秉承了『詩言志』的傳統，抒發詩人憂盛危明、心繫天下之旨。《斷梗吟》有沈岐題詞，注云：『君與卞竹辰方伯最契厚，詩中累及之。』《還珠堂和陶百詩鈔》有卞士雲（竹辰）序，反映了儀徵卞、厲二族的交誼。戈其邁評：『統讀大集，美不勝收，五古格調尤高，近依唐四家，遠紹淵明，間有似香山處，則自然如話，所云竈下嫗可解者。歌行古風有極恣肆處，有極嚴整處。五七律冲和疏宕，亦是三唐氣息，不落宋人窠臼。』厲同動詩集，初有清道光二十八年六卷刻本，名《還珠堂詩鈔》，内含《藉花小室詩鈔》《寄蠡詩鈔》《和陶百詩鈔》《斷梗吟》《棲塵集》。咸豐間重刻，增《幸存稿》《衡遊草》各一卷，題《重訂廉州先生詩集》。本《文庫》據清同治三年刻本影印。（王浩宇）

詠絮亭詩草四卷　（清）謝雪撰

謝雪，字月莊，清無錫人，僑居吴縣。嘉慶二年爲阮元側室。阮元繼妻孔璐華在序中道：『（月莊）隨余廿餘年矣，性情幽静，從黄净因夫人學詩，畫折枝小幅，頗得惲家風格。閨中唱和之作，宦蹟遊覽之篇得數百首。』俞陛雲《清代閨秀詩話》及徐世昌《晚晴簃詩匯》也有相關記述。謝雪於嘉慶六年生阮福。在孔璐華《唐宋舊經樓詩稿》刻成後，阮福『請刻其生母之詩』，孔氏『喜諾之，並爲之序』。是書前有嘉慶二十三年闕里孔氏序。四卷，録詩共三百五十餘首。其題材和《唐宋舊經樓詩稿》相仿，多是些詠物詩、題畫詩，以及部分同作、唱和、聯句而成的詩篇，其詩皆有風致。其中同作詩有《四時閨中八詠》《與古霞妹同作》《過西湖瞻白蘇二公祠與古霞妹同作》《西湖十景詩》《分元人梅花百詠題得十七首》；唱和詩有《和夫人畫歲朝圖奉堂上原韻》《登西院平臺分韻》《和古霞妹夢中詩韻》《奉和夫人元旦試筆原韻》《和古霞妹元夜》《和宜人緑陰原韻》《和書之宜人元旦試筆原韻》《和夫子暖室原韻》《梅花和古霞妹韻》《和古霞妹初春原韻》《寄答曲江亭者香器之愛蘭夫人暨竹净浣桐女史即和韻》《和夫子冬日冬至雪窗原韻》；聯句有《冬夜聯句》《夏夜聯句》《聯句》《夏夜與古霞妹聯句》《庭前風雪聯句》等，這一部分是關於月莊同阮元、孔璐華、古霞等人的集體創作活動的詩篇，很多詩題見於《唐宋舊經樓詩稿》，體現了二人在創作上的緊密聯繫。《詠絮亭詩草》一方面體現了作者謝雪詩歌的藝術特色，另一方面也反映出在阮元的支持下，其女眷間形式多樣、豐富多彩的文學創作活動，一定程度上展現了嘉慶時期女性文學創作的面貌。本《文庫》據清嘉慶刻本影印。（王浩宇）

女蘿亭詩稿六卷　（清）唐慶雲著

唐慶雲（一七八八—一八三二），字古霞，號女羅居士，籍歙縣，生於吴縣。阮元妾。能詩擅畫。《國朝閨閣詩人徵略》《揚州畫苑録》有其傳。《晚晴簃詩匯》輯録其詩。阮氏一門風流，阮元女眷皆能詩善畫，慶雲與其夫正室孔璐華、副室劉文如、謝雪，及女兒阮安、長媳劉蘩榮等，文遊詩會頻繁，有聯句、唱和、分詠、贈答、詩畫互題等各種形式的詩歌活動。是書爲唐慶雲隨夫『遊踪、宦迹，兼記時、地，閨中韻事』（孔璐華《序》）。其中直接和、憶、寄、祝其夫詩多達十餘首，另有題其『小照』『齋館圖』『祝壽圖』又若干首；尤以三年三和其夫『冬至日雪窗』原韻詩，其關心民間疾苦，與民共悲喜狀溢於言表，才情並茂。阮元繼室孔璐華見其夫副室唐慶雲詩學益成，嘉慶十七年以前詩得數百篇，命其先輯集付印，並爲之序。序末署『甲戌春日闕里孔氏書於淮海節樓』；六卷本總目録後有唐慶雲識，亦云『余詩刻於甲戌年』。即嘉慶十九年刻本所由來，爲初刻五卷本。唐識中尚云：『偶撿近年之作，續刻爲一卷。……辛卯仲春，女蘿亭居士記於滇南節院之四知樓。』知道光十一年（辛卯）增修之六卷本緣起。阮元自嘉慶十九年七月初七日在臺莊舟次正式卸漕運總督職，隨後歷任江西、河南巡撫，湖廣總督，至嘉慶二十二年八月二十八日衡州途次奉調兩廣總督。細審五卷本之第五卷中，收有嘉慶十九年至二十二年詩，不爲十七年所限，已有陸續增刻之舉。或有於道光十一年增修時，以阮元赴粵督任爲界，此後爲增刻的第六卷，所收截止於道光十一年正月。唐氏體弱多病，獲睹增修之六卷本刊行未久，於次年二月初四日辭世。《蘇州府志》《正始集》《歷代婦女著作考》《江蘇藝文志·揚州卷》著録此書。另見《販書偶記續編》卷十八著録，作四卷續一卷。本《文庫》據清嘉慶十九年刻道光十一年增修本影印。（王章濤）

退思齋詩存二卷 （清）卞士雲著

卞士雲（一七八七—一八四二），原名榮賢，字光河，號竹辰，又號季青，清儀徵人。少孤貧，嘉慶二十一年舉人，道光三年進士，歷任山東道監察御史，安慶、鳳陽、寧國知府，廣西右江道、湖北按察使、湖南布政使。道光二十年丁母憂去官，二十一年英軍北犯江浙，卞士雲奪情起理浙江糧臺，署浙江巡撫，卒於官。其子寶書、寶第彙輯其詩作，爲《退思齋詩存》二卷，另有《省齋試帖偶存》，今不存。二子均出仕，長子寶書任滄州知州，直隸通永兵備道，曾參與幫辦夷務。次子寶第，官至閩浙總督。全書二卷，收録卞士雲詩作近二百篇。爲卞士雲故去後，其子寶書、寶第彙輯其詩作而成，前有黄爵滋、翁心存序，卷末署『三山吴玉田鎸』。卞士雲宦蹟較廣，詩集中多遊歷之作，『要其杼柚心機，綜比事物，俛仰閲歷之餘，嘘息馳驅之地』（黄爵滋《序》），如《渡滹沱河》《東阿道中》《當塗道上新晴》《登滕王閣》等。另有部分酬答唱和之作，如《贈戴羨門制府》《贈施明府》等。本《文庫》據清咸豐九年刻本影印。（田浩然）

滇筆 (清)阮福著

阮福有《掔經室訓子文筆》，已著録。道光六年，阮元出任雲貴總督，阮福奉母並携兒女來滇。道光十一年阮福由滇起程回揚州，後由揚州入京，分部學習。在雲南期間，阮福考察滇省歷史、地理、金石、經濟、種植等邊地事物，每有見聞，隨筆之於録。其間，查尋滇南金石遺存，陸續搜得《唐王仁求碑》《南詔德化碑》《崇聖寺鐘款》等，後彙輯成《滇南古金石録》，並與《文筆考》一併彙印，題作《小琅嬛叢記》，收入《文選樓叢書》。《滇筆》係筆記體著作，所記之事，多得自阮福赴滇後的見聞，其間雜有阮福課業筆録。書中收録滇人、滇事凡二十餘篇，内容涉及雲南文史、經濟、動植物等考證。所記内容雖看似信筆拈來，但不失細緻觀察、科學分析及嚴謹記述。如《滇池即顛縣考》，阮福通過閲讀《漢書·西南夷傳》《華陽國志》及《上林賦》『文成顛歌』等史料文獻，對滇池追本溯源。他認爲，漢武帝前滇池縣本顛縣；顛爲本字，後人因池加水而成滇；以顛爲義，則訓爲頂池。蓋言益州各水皆四面下注於卑地，而此縣之地與池獨居地之高頂。《諸葛武侯渡瀘考》，則以《水經注》言瀘津水有瘴氣，三月、四月，經之必死，五月以後渡行者差得無害，推論諸葛亮五月渡瀘入滇的合理性。《普洱茶記》，則從考據地方志、『撿貢茶案册』入手，談及普洱府歷史沿革，普洱茶産地及進貢、販賣諸事，成爲研究普洱茶重要文獻。如《種橡育蠶記》《關雎三章解》等，則記録阮元任雲貴總督期間，在滇大力發展地方養殖業，及文化、教化方面的作爲。這些記録是研究清代邊疆治理政策及實效，研究道光時期雲南歷史的補充，更是阮元生平與政績研究不可或缺的第一手資料。《滇筆》所録有關雲南金石考證的系列文章，後輯入《滇南古金石録》。本《文庫》據清抄本影印，書前有『小琅嬛仙館印』印文。(王志娟)

廣梅花百詠 (清)阮安著

阮安(一八〇二—一八二一)，字孔静，清儀徵人。阮元次女，孔璐華出，江都張熙妻。師事嚴傑，從劉蒙谷學畫，能詩擅畫，惜早卒。嘉慶二十年夏，阮元摹寫《四庫全書》未收書一種，即刻元人韋珪《梅花百詠》一卷。阮元繼室孔璐華嫌其未工，約同家中女眷，有阮元妾劉文如、謝雪、唐慶雲、長媳劉蘩榮、次女阮安，用五律分詠，各得十餘首，共成百詠，輯爲一卷，題作《擬元人梅花百詠》。當時阮安僅十四歲，初能詩、畫，亦分詠得十六首，深得父母阮元、孔璐華歡心。又擬『梅花百題』命安以五律詠之，時至嘉慶二十五年，已賦得百首，輯爲一卷，題作《廣梅花百詠》。孔璐華親加校訂、作序。阮元作跋，記韋珪詩從吴下鈔得、女眷分詠、安別吟百首、爲安名其讀書室爲『百梅吟館』諸事。旋開雕印行，爲文選樓家刻本。是書依據品種、場地、環境、時間、氣候、植梅、養梅、賞梅、梅之姿態、梅之故事等分類詠之；應時、應景、切情、切事，若行雲流水，且珠圓玉潤。其中截句：『我欲抛脂粉，研煤寫異姿。』（《墨梅》）『香侵漁舍滿，影逐馬蹄賒。』（《岸梅》）『三湘烟雨接，七澤水雲園。淡月迎騷魄，靈風降帝妃。』（《湘梅》）等等，皆佳。卷末有《白石歌梅》《廣平賦梅》《仲言詠梅》《德圭百梅》，對四家與梅結緣作一總結，鋪墊自己所詠，接武前賢。阮元百忙抽暇，必試子女功課。阮安受『益習勤勞，知其大義，不使飽食終日，無所用心』之訓，幼承家學，『非以詩畫詩工騁巧』，但具備深厚的文學功底，故所詠構思精巧，格律工穩。該書未見任何書目著録，唯見《江蘇藝文志·揚州卷》『阮安條』著録《百梅吟館詩》一卷。出自阮元《女婿張熙女安合葬墓碣》（《揅經室二集》卷六）。今見《廣梅花百詠》文選樓家刻本之書口鎸『百梅詩草』四字，爲別稱。本《文庫》據影刻文選樓家刻本影印。（王章濤）

青溪舊屋文集十卷附詩集一卷 （清）劉文淇撰

劉文淇參與修纂道光《重修儀徵縣志》，本《文庫》已著録。劉氏一生專攻『春秋左傳』之學，分兩步進行，一是研究舊疏，一是研究舊注。前者成《左傳舊疏考證》，於道光十八年刊行；後者用力尤勤，先纂成《長編》，再撰爲《左傳舊注疏證》。對此，其曾孫劉師培在《讀左札記序言》中有所闡述：『昔先曾祖孟瞻公昌明左氏之學，以左氏古義，厄於徵南（杜預），因掇拾賈（賈逵）、服（服虔）、鄭（鄭玄）三君之注，疏通證明，作《左傳舊注疏證》。上徵子駿、叔重之師説，近採顧（顧炎武）、惠（惠棟）、焦（焦循）、洪（洪亮吉）之遺篇，末下己意以定從違。《長編》甫具，纂輯未成，伯父恭甫公續之，至襄公四年後，成絶筆。』説明了著書宗旨、體例及過程。因工程浩大，長編已成，而『集衆説之大成』的《疏證》只完成一卷，後其子毓崧、孫壽曾續之，也只寫到襄公四年，終未完篇。因專致於《左傳》的研究，生前所作論學散篇未能結集，直至光緒初，纔由諸孫收輯遺文成《青溪舊屋集》刊行。全書十卷，附詩一卷，書前有光緒九年汪士鐸敘。集中反映了劉文淇的治學經歷、旨趣、淵源、交遊論學、序跋等，可與其專著相發明。如卷三之《與沈小宛先生書》，卷五《左傳舊疏考正序》等，皆自道其著書義例，對研究劉文淇其人和學術，對瞭解揚州學派，都很有益處。本《文庫》據清光緒九年刻本影印。（朱福炷）

半螺龕詩存三卷 （清）吳文錫著

吴文錫（一七九九—？），號蓮芬、清遠庵僧，清儀徵人。吴文鎔胞弟。道光十一年舉人。歷任嘉寶、叙州、成都知府，擢道員，署四川鹽茶道。咸豐初，奏派幫辦江北團練，賞加按察使銜。後歸泰州，購得高鳳翥三峰園，改建爲蟄園。是書爲吴文錫詩集。前後二編收録作者日常詩作，除一般唱和題詠、寫景抒情之作，如《曉登碧雲寺》《寄唐伯華舍人》等外，亦有如《贅言五首》《後贅言四首》等直述自身治學處世感悟之作。特别是吴文錫身當太平天國起事、攻陷揚州之時，詩集中多有如『聞道粤西地，烽煙擾静塵』（《聞道》），『去年八月初三四，此地曾經作戰場』（《平陽道中》），以及《金孺人死賊詩》《張忠武挽詞》等記述、感懷時事之作，爲研究太平天國時揚州的政治、軍事、社會情况留存了史料。書前有咸豐八年陸畿序、咸豐九年作者自序。《試帖存》一卷收録試帖詩十八首，如《賦得文姬歸漢》（得曹字）、《賦得太平鼓》（得年字）等。本《文庫》據清咸豐九年儀徵吴氏蟄園刻本影印。（田浩然）

十二硯齋詩録十二硯齋文録　（清）汪鋆撰

汪鋆有《北湖避寇草》，已著録。《十二硯齋詩録》收録汪鋆詩稿四十餘首，由其中《喜聞克復金陵》《丙寅歲除》《戊辰九月重到焦山》等可知，所收大多爲同治年間太平天國後期及太平天國失敗後所作，可作爲研究這一時期社會狀况的史料。本《文庫》據南京圖書館藏稿本影印，卷首有『硯山手稿』（陰文）、『十二硯齋』（陽文）印兩方。《十二硯齋文録》收録汪鋆賦、頌、序、傳及與友人書札二十餘篇，從中可瞭解汪鋆的學術與藝術傾向。如《畫賦》對於各畫派的評價，稱『若夫南北宗分，同工異曲。恣青緑之紛綸，共水墨而啓沃……固派衍之分塗，實揚鑣而鼎足』。《漢碑叚借通用字考補序》則可見汪鋆在金石方面的成就。本《文庫》據清光緒刻本影印。（田浩然）

舍是集十卷聲遠堂文鈔四卷　（清）王翼鳳撰

王翼鳳有《揚城殉難録》，已著録。《舍是集》十卷，收録王翼鳳古近體詩作九百三十八首，其中懷人唱和、詠物抒情等不一而足，如《題熙載畫牡丹花》《白石歌和春谷先生》等。符葆森《寄心盦詩話》謂其詩『絢爛之後歸於平淡』。是書前有黄承吉、劉文淇序及作者自序，後有作者跋。據作者序跋，是書原爲八卷，卷八末題『壬辰三月校改定本』，即道光十二年，而刻成於道光二十一年。庚子、辛丑年詩作因『語尤蒙雜，不登大雅』，且多『風切時事』，故置而不録。後英軍自廣東北犯江浙，鎮海、上海、鎮江連連失陷，『將星夜隕，戍卒晝散』。作者自感『儒生血性』，『讀書所學何事』，而庚子、辛丑年詩如《代從軍行》《擬戰城南》《薤露》《調營兵》《議修城》《團鄉勇》《申煙禁》等，雖『語多越分』，然『言所當言，使言之有效於用』，遂於道光二十四年補刻此二卷。同治《續纂揚州府志》稱其有《舍是續集》二卷，或即謂此。《聲遠堂文鈔》四卷，分別收録王翼鳳賦、贊、頌、銘、啓、序、書後、碑記、墓表、墓志、祭文等作品百餘篇，前有咸豐二年許宗衡序，謂其『體高而意慊』。此四卷作者自稱爲『藻績之文，無裨實用』，張舜徽《清人文集别録》稱『蓋翼鳳一生，欲以詞翰顯，樸學本非所長也』。實則多處關聯史實，可補正史、方志之缺。如卷一《陳忠愍公遺像贊》記述陳化成吴淞抗英事蹟，卷二所收與當時文人往還書信及《虹橋春泛圖序》《九日登高圖序》等，卷三所收文人墓志等，可反映當時文人交遊情況。卷四所收《祀財神文》《招蛇篇》等則可供研究地方信仰之用。是書另有抄本，下口題『隱秀堂校録』。《舍是集》有清道光二十一年八卷本、道光二十四年補刻十卷本，《聲遠堂文鈔》有咸豐二年刻本及抄本。本《文庫》分别據道光二十四年刻本和咸豐二年刻本影印。（田浩然）

慈暉館詩詞草 （清）阮恩灤撰

阮恩灤（一八三一—一八五四），字媚川，清儀徵人。阮元孫女。阮常生女，出生時其父任永平知府，以府城外灤河得名。通詩文，尤擅琴。十歲時許婚錢塘增生沈麟元，咸豐二年隨夫歸杭州。咸豐三年太平天國陷揚州，阮氏與母家音問斷絶，憂鬱驚悸而患病。咸豐四年七月病故。是書分詩草、詞草兩部分，收録阮氏詩詞八十餘首。內容多爲寫景抒懷，如《暮春晚晴》《春柳》等；亦有與家人唱和或論及家世之作，如《漢宫春》詠阮元文選樓，《掃花游》詠阮公墩，與其夫唱和的《和竹齋主人》云：『半榻詩書常亂疊，一樓風雨最相思。』出嫁後多思念母家之作，如《春日感懷》云：『兩年經別久，千里愁奈何。』《秋夜夢歸邗江》云：『家園回首費思量，城郭依依認緑楊。』書前有潘衍桐《緝雅堂詩話》一則，光緒十八年陳豪題識，又有其兄阮恩海所作《慈暉館主人傳》，咸豐四年張景祁序、沈兆霖序，其夫沈麟元題識，及魏謙升、楊錦雯等十一人，吴藻、鮑靚等六名『閨秀』題辭，後有光緒元年沈彤元跋。是書爲其夫沈麟元彙集舊稿刊刻而成，牌記爲『咸豐甲寅冬十月武林沈氏開雕』。此本後有光緒元年沈彤元跋，稱太平軍陷杭州時原版缺損，故於光緒元年重新補刻。前又有光緒十八年陳豪題識，當爲光緒十八年據光緒元年補刻本增修。本《文庫》據上海圖書館藏清光緒十八年刻本影印。（田浩然）

飲香閣詩鈔 （清）董寶鴻著

董寶鴻（一八二〇—？），儀徵人。父董承鈞，合肥籍庠生。寶鴻道光二十二年嫁鄭越，九年後夫亡，自此寡居，門祚衰弱。咸豐三年太平軍據南京，董氏携家避難，生計無着，更兼族人逼迫，遂哭訴於崇節堂，得地方士紳周濟度日。晚年持齋信佛，居泰州南山寺塔，塔焚後移居白衣庵。是書一名《真州飲香閣詩鈔》。收録董氏詩詞書賦百餘篇。卷首有劉澍序及記録，叙董氏守節與自訴崇節堂事。又有李效郢、胡月翰等十一人題辭。所收詩作均爲董氏生平感遇而得，未嫁時『春庭看蝶過，日色照花鮮』（《閨中口占》），『静處深閨裏，閑情寓以詩』（《閨中雜詩》）。既嫁後泪別雙親，照顧夫婿，『明朝竟作他人婦，定省堂前换二親』（《歸鄭留別母家》），『一朝爲夫病，三生芳魂銷』（《夫病》）。寡居後傷悼亡夫，自傷身世，『悲莫悲兮死別離，虚心執手淚垂垂』（《悼亡》），『當年繡閾着輕羅，誰料而今受折磨』（《自嘆》）等。篇末爲董氏酬謝地方士紳周濟題辭，及與其家眷等往還之作，如《謝李楚臣先生題詩册》《輓孝廉李母蔣太宜人》等。本《文庫》據上海圖書館藏清咸豐七年刻本影印。（田浩然）

都梁草二卷補遺一卷附和竹如意齋唱和集一卷　（清）于養源撰

于養源（一八三一—一八五九），字小堂。先世本儀徵籍，先祖時遷居江都瓜洲。幼聰穎，工詩文，屢應童子試不中，後隨父幕遊於滁、泗，僑居盱山，志圖進取。咸豐年間，太平軍起，院試無期，遂報捐縣丞，分發於安徽試用。歷奉差委，皆能稱職。旋委任定遠縣爐橋主簿，因協辦團練、守護縣城、修建城防等立功，擢加五品銜。後在與太平軍作戰中喪生。生平可參《瓜洲志》。養源少工制藝，壯好吟詠，著作雖多，惜多散佚，所存惟此集。是集由其子樹滋於故紙堆中撿得遺稿編輯而成。分上、下二卷，上卷輯詩五十六首，下卷輯詩三十二首，又有補遺一卷，輯詩十四首。後附《和竹如意齋唱和集》一卷，輯詩三十六首。共得詩一百三十八首。集前有卷首一卷，爲樹滋遍徵時人題詞而成。收有光緒三十二年吕海寰序、山東巡撫周馥奏稿、禮部咨文、兩江總督札文、于樹滋稟稿、盱眙縣紳士公禀等請求入祠祭祀全案，又有王乃成、屠仁守、卞寶第等八人所作序跋，又有李承霖、馮煦、朱鳳儀等五人所作傳記、墓誌，又有韓弼元、王仁堪、楊鍾偉、陳偉騏所撰題詞。此可作養源傳記資料研究。卷末有樹滋所作跋。李承霖評養源詩『温温爾雅，無凌厲氣』，屠仁守序曰其『詩不描畫以求工，得詩人忠厚之旨，亦本其正氣而發者』。此書由于樹滋初刻於清光緒十九年，又分別於二十六年、三十二年增修補刻。

本《文庫》據上海圖書館藏光緒十九年刻三十二年增修補刻本影印。（徐大軍）

嘯雲軒詩集五卷嘯雲軒文集六卷附録一卷避寇記略一卷 （清）程畹撰

程畹（一八三一—？），字蘭畦，清儀徵人。程愷子。諸生。因太平天國起事，奉母避亂，課徒爲生。除《嘯雲軒詩文集》外，另著有《驚喜集》《潛庵漫筆》等。《詩集》五卷，前有同治二年李聯琇序、同治元年張保安序、咸豐八年王家蔭序，同治十一年自序，又有題辭一卷，收許楣、馬壽齡、季琨等七十餘人題詩、題辭。《詩集》按年代排序，起自咸豐三年癸丑，迄至光緒五年己卯。所收詩作多太平天國時期所感所聞，如《黄義士詩》《張寄琴太守殉難臨清詩》《金壇守城歌》《大功告成恭紀》等，具有一定史料價值。《文集》六卷，前有光緒六年陸昉序、光緒十三年自序。據程畹同治十一年自序，是書爲『舌耕所餘，年刻一卷』，則當爲同、光間陸續刻成。《文集》所收既有學術性的《孟子舜不告而娶辨》《徐達論》等，也有一般的碑記、雜文、墓表、家傳等。附録一卷，收録《上長白鶴峰大司徒載齡公書》《致厲小石書》《再致何述庭劉恭甫書》《復許臺生書》《上凌俊卿師書》《汪研山爲畫真州圖序》《請禁開荒以全墳墓稟稿》等。《避寇記略》一卷，成於同治八年，記述咸豐三年、六年太平軍攻克儀徵，八年攻破江北大營，作者三次『避寇』遷徙事。咸豐三年二月，太平軍克揚州、儀徵，時程畹正設館於儀徵厲秀芳家中，『學生出走，束手歸來，生計茫然』，挈家出城避難，六月方還。十一月，太平軍再克儀徵，程畹全家逃出城外，其家遭焚，『凡數百年祖宗貽留之物，及一花、一木、一書、一畫，平時所愛玩者，靡不灰燼』。咸豐六年太平軍再犯儀徵，時程畹仍設館於厲家，聞訊急返，奉母避難。咸豐八年，太平軍破德興阿江北大營，圍攻六合，程畹設館於張功喬家，聞訊走避公道橋，『道途所經，皆爲賊藪』。太平軍敗後，作者自思數年間『紅巾退踞天、六，進犯揚州，視儀徵如傳舍。官兵扼河以守，儀、揚各鄉，利則戰場，鈍則甌脱』，『夫予避寇僅三次，合之不過百日，瀕於死者不過十日，家未陷賊窟，身未辱賊手……是不能不感天地之恩、祖宗之德，而愧小人之德薄能鮮，無以致此也』，遂爲《避寇記略》一卷，是研究太平天國在揚州地區活動的重要史料。本《文庫》據清同治十一年刻本影印。（田浩然）

傳雅堂文集四卷詩集一卷 （清）劉壽曾撰

劉壽曾有光緒《江都縣續志》，已著録。是書四卷，書前有『丁丑四月刊徐乃昌署』，即民國二十六年。又有民國十五年丙寅馮煦序、《清國史儒林傳·劉壽曾傳》、孫詒讓所撰劉壽曾墓表、汪士鐸所撰劉壽曾墓志銘。各卷末有『孫葆儒校印』，書後有李肇偁跋。主要收録劉壽曾文章八十四篇。儀徵劉氏以經學傳家，尤通《左傳》，《文集》中除一般序跋題記、壽頌家傳、墓表行實等文字，亦多收學術文章，如考證名物制度之《車制考略》，研究文字之《爾雅古注斠詮序》等。而《揚州藝文志商例》《十三經注疏優劣考》等，『條例縝密，斷制謹嚴』（張舜徽《清人文集别録》），尤見其家學淵源，可爲儀徵劉氏學術之代表。《傳雅堂詩集》一卷附於《文集》後，收録劉壽曾詩作近百首，其中多與友人酬答唱和之作，如《寄安而敬汜水》《和吴次嘯見贈》《夏日偶書示慕徐》等，《十二月十九日孫琴西觀察招集飛霞閣祀東坡生日和翁覃溪學士題像韻》等則爲劉壽曾在金陵書局期間與同事交遊之作。書後有黄圖庚、顧雲跋。本《文庫》據民國二十六年鉛印本影印。（田浩然）

麐楥詞　（清）劉恩黻撰

劉恩黻（一八六一—一九〇六），字新甫，號麐楥，清儀徵人。由進士分户部，補主事，陞員外郎，充軍機章京。素工倚聲，但其『所遭自幼而少而壯鮮當意者，屬以維摩善病、相如索居』，中年更以一子未成童而殤，侘傺失志。其嘗與晚清四大詞家之王鵬運、朱祖謀交遊，相互唱酬並討論詞學，頗得二氏激賞。『先生（朱祖謀）欣然造訪，一見輒心許。麐楥固有詞癖，得先生癖益甚。往往燈唇酒畔擁鼻孤吟，一縷愁思與天無際，不自知其涕之何從也。』（于《序》）《麐楥詞》，又名《麟楦詞》，是劉氏晚年自編詞集，江都進士于齊慶爲之序。劉氏卒後，朱祖謀搜求遺稿並予初校，吴昌綬重加編校，並出資於光緒三十四年刊行於雙照樓。本書録詞七十五首，有于序和朱祖謀跋。《詩》三百篇，多不得志於時者之所爲。詞者，詩之餘，詩窮而後工，惟詞尤甚。新甫所爲詞恰恰多嗚咽危苦，誦之者輒不能終其篇。如《鷓鴣天·庚子除夕》：『千里雲山一半遮，群仙今夜未還家。離離星斗腰間佩，瑟瑟天風海上槎。香破豆，燭添花，可憐春色滯天涯。夢中錯認西樓月，笑倚榑桑看日華。』可謂『秋風滿地，凉雲在霄，四壁蛩聲，如怨如訴』（于《序》）。故作者嘗自言：『吾有幽憂之疾不能愈，詞其萱蘇爾。』本《文庫》據揚州大學圖書館藏清光緒三十四年雙照樓刻本影印。（王永平　趙宣）

戊丁詩存　（清）陳霞章著

陳霞章（一八六八—一九二五），字孝起，别號大燈，儀徵人。自幼聰穎好學，爲揚州著名文士臧貽孫的入室弟子。未冠，補諸生。光緒甲午舉於鄉，後困於禮部試，久居京師，任監察總監署科員。能文章，下筆數千言，尤善詩，其詩有宋意。著有《戊丁詩存》《戊戌詩存》，並翻譯有法人遮那德《自伐前後八事》《婀娜小傳》等，名噪一時。是書共收録陳霞章年三十一至四十所存詩作一百餘首，並按時間先後編排，因詩皆作於光緒戊戌年至丁未年間，故名《戊丁詩存》。是書所收詩作皆爲作者詠懷古蹟、名勝及與友人相互吟詠酬唱之作，其中相當一部分内容涉及對揚州名勝古蹟及與當時文人的交往活動的描述，可作爲研究清末民初揚州地區史事及文人交遊活動的第一手資料。書前有宣統元年作者叙。本《文庫》據南京圖書館藏清宣統元年聚珍板印本影印。（顧寅森）

夢薌詞二卷　程宗岱撰

程宗岱（一八五五—？），字青岳，清儀徵人。據其《水調歌頭·丙辰五月十二日，六十初度，用張翥己丑初度自壽韻》，則生於咸豐五年；集中收録甲子年春詞作，時年已七十，卒年未詳。此集分上、下兩卷，首有一九一六年袁鑣序及作者一九一五年自序，次録程鏡清、張允慶、宣哲、袁鑣、劉夢蓮、晏勖厚、朱寶瑩、卞綍昌、何家輅、胡穎之、洪鐘、薛元燕十二家題贈詩詞。集中計録詞五十八首，有紀年，卷上紀年自乙酉（一八八五）始，凡二十四首；卷下録詞三十四首，紀年至甲子（一九二四）年春止。集中之作，作者《自叙》云：『余自幼而壯、而老，傷心事多，家國之恨，身世之感，輒寄於詩詞。又不欲顯言，往往托諸勞人思婦、吊月悲花，以寓其意。芬芳悱惻，竊比於美人香草之遺；窅渺荒唐，亦近乎山鬼女蘿之旨。』袁鑣《夢薌詞叙》亦稱：『得讀其《夢薌詞》二册，哀感頑艷，凄然動人。其表弟張壽庭謂如春竹啼烟，秋棠泣露，中有幽魂，唧唧私語，謂非古之傷心人，别有懷抱者耶？』本《文庫》據儀徵市圖書館藏民國間揚州大成印刷紙號銅活字本影印。（周明艷）

左盦文内篇　劉師培撰

劉師培（一八八四—一九一九），字申叔，號左盦，江蘇儀徵人。劉文淇曾孫。本『不明《禮》，無以説《春秋》』之家學傳統，精研三禮，尤長於經學史。早年參與反清革命運動，創辦《國粹學報》。一九〇七年赴日本，參與同盟會活動；又接受無政府主義、社會主義影響，發起成立社會主義講習會、貧民疾苦調查會、世界語講習班，編輯《天義》《衡報》，組織翻譯《共産黨宣言》，主張以暗殺、罷工等激進手段推翻滿清政權。後入端方幕，爲之考訂金石，並致力於諸子校釋。辛亥革命後，流寓四川，任四川國學院院副。一九一三年，入閻錫山幕，並由閻氏推薦，入袁世凱幕，參與發起籌安會，鼓吹帝制。一九一七年後，任北京大學教授，專意講學。編有《中國文學講義概略》《中古文學史講義》等，與修《清史稿》。其所著七十四種，錢玄同輯爲《劉申叔先生遺書》。其逸文，今人補輯爲《劉申叔遺書補遺》。劉師培恪守阮元『文筆論』，以爲有韻者爲『文』。故本書所收，均爲韻語儷辭。今以南京圖書館所藏二册木刻本爲底本，剔除重複者，計七十七篇；又從南京圖書館所藏一册本中裁出《廢舊曆論》《心感論》二篇，附入其中，凡爲文七十九篇。其中部分篇目，已收入《劉申叔先生遺書》中。書中墓志碑銘之作居多，蓋作於流寓四川期間。《總統祀天議》《國樂頌》二文，則作於洪憲帝制時。各篇先後，大致以序、賦、文、論、議、頌、銘、表、闕銘、墓志銘、墓表、碑頌、碑銘、碑爲次；所標卷數至卷四而止，頁碼作墨丁；其中校改文字，出自劉師培之手，則此書當刻成於一九一六年洪憲帝制取消前，後或因經濟拮据，未能付印。此書所存碑銘，可考見清代人物事蹟；其文字，可校《左盦外集》之誤。如《外集》卷二十《軫春思詞》，此本『思』作『心』；《外集》卷十九《清故四川候補知縣程君闕銘》，此本多『民國元年十月□□造。伐石南山，不騫不崩；神靈彷徨，寔式寔憑』一節；《外集》卷十五《定命論》，此本題同而文多異；《外集》卷十五《心感論》據手稿收録，此則定本。其他未收入《外集》者，可補《劉申叔先生遺書》之闕，實爲遺珍，所可寶者。國家圖書館另有《左盦文内篇》抄本一種，與此頗有異同。本《文庫》據南京圖書館藏刻本影印。（萬仕國）

江湖長翁文集四十卷　（南宋）陳造撰

陳造（一一三三—一二〇三），字唐卿，晚號江湖長翁，宋高郵人。南宋淳熙二年進士，官至淮南西路安撫司參議。自幼勤奮好學，學贍而筆勁，人稱『淮南夫子』。其『所爲古文詞與韻言煜燁有聲』，爲時人所推重。范成大謂其『使遇歐、蘇，盛名當不在少遊下』，尤袤、羅點得其雜著，謂其『可爲師而不敢爲友』。其所著除《江湖長翁文集》外，尚有《江湖長翁詩鈔》《江湖長翁詞》。是書共四十卷，前二十卷爲詩，包括辭賦、五言古詩、七言古詩、五言律詩、七言律詩、五言絶句、七言絶句等；後二十卷爲文，包括記、序、書、題跋、策問等多種文體。書前有明姚鏞、李之藻重刻時所撰序，並附有宋陸游所撰舊序、陳造自序以及元申屠駉爲陳造所撰墓誌銘。書中所收詩文内容廣泛，涉及歷史、宗教、文化等諸多方面。陳造與范成大、尤袤、陸游等均有交往，部分詩作即爲他們之間吟詠酬唱時而作，從中可以管窺當時文人的交遊活動以及社會生活狀況。《四庫全書總目提要》謂其文『恢奇排奡，要亦陳亮、劉過之流。其他札子諸篇，多剴切敷陳，當於事理。記序各體，錘字鍊詞，稍傷真氣，而皆謹嚴有法，不失規程。在南宋諸作者中，亦鐵中錚錚者矣』。文集最初由其子師文刊刻行世，今已不存。明李之藻於萬曆年間得高郵王應元之抄本重刻，使之流傳至今。本《文庫》據明萬曆四十六年李之藻刻本影印。（顧寅森）

鳳池吟稿十卷 （明）汪廣洋著

汪廣洋（？—一三七九），字朝宗，明初高郵人。元末進士。曾師從元代著名文人余闕，淹通經史，善篆、隸，尤工詩歌。明洪武初，歷江西、陝西參政，封忠勤伯。四年爲右丞相。洪武十二年坐貶廣南，於中途賜死。事蹟具詳《明史》本傳。有《汪右丞集》等。是書共分十卷，收録其詩作四百餘首，包括五言古體、七言古體、五言長律、五言律詩、七言長律、七言律詩、三言律、四言長律、五言絶句、七言絶句多種體裁。書前有明宋濂序，並附有《除中書右丞誥》《封忠勤伯誥》和《郡志本傳》，書後附有明王百祥跋辨疑。所收詩作大多爲作者緬懷古蹟以及與友人交遊唱和吟詠之作，其中不少内容涉及揚州史事，可以作爲研究明代文人交遊活動以及當時社會狀況的一份有價值的史料。其詩『大都清剛典重，一洗元人纖媚之習』。朱彝尊對其詩推崇備至，嘗摘其五言中之『平沙誰戲馬，落日自登臺』『湖水當門落，松雲傍枕浮』『懷人當永夜，看月上疏桐』『對客開春酒，當門掃落花』『天垂芳草地，漁唱夕陽村』等句數十聯，認爲可入《唐人主客圖》。《四庫全書總目提要》更是認爲其詩『不愧爲一代開國之音』。據宋濂《宋學士文集》卷七云：《鳳池吟稿》十卷於洪武三年有成稿。又《列朝詩集》甲集收有其詩。《明詩綜》卷三收其詩三十一首。本《文庫》據明萬曆四十五年王百祥刻本影印。（顧寅森）

王西樓先生樂府 （明）王磐撰

王磐有《王西樓先生野菜譜》，已著録。著名散曲家、畫家。工詩能畫，善音律，尤以詞學爲精，『率意口占，皆合格調』。時人見其作品『無不嘆服，謂其爲古摩詰之流也』。在明代曲壇上，與金陵陳大聲並爲『南曲之冠』。明人王驥德在《曲論》一書中更是將其與徐渭、湯顯祖並列，可見其在當時文壇之重要地位。是書一卷，書前有其張守中所撰序。所收作品題材廣泛，多賞花、記遊之作，但也不乏針砭時政、諷刺權貴的現實之作。如《朝天子・詠喇叭》借『曲小』『腔大』的官船喇叭爲題，將明正德年間宦官在運河沿岸作威作福、魚肉百姓的惡劣行徑描繪得淋離盡致。又如在《南呂一枝花・久雪》中，作者將大雪的肆虐喻爲權貴的惡行，並表達了日出雪消的美好願望。本《文庫》據明嘉靖三十年張守中刻本影印。（顧寅森）

張南湖先生詩集四卷　（明）張綖著

張綖有《詩餘圖譜》，已著录。张綖擅詩文，尤工長短句，操筆一揮而就。曾從其岳父著名曲作家王磐遊達二十餘年。其在《詩餘圖譜》中首倡詞分『婉約』『豪放』之説，對後世詞學産生深遠影響。是書共分四卷，均以編年分類，自明弘治十四年迄嘉靖十九年。各卷包括五言絶句、五言律詩、七言絶句、七言律詩、五言古詩、七言古詩多種體裁，並將長短句附於諸詩後。書前有明朱曰藩序，書末附有明顧璟所撰《南湖墓志銘》。書中所收詩作大都爲張綖詠景、緬懷古蹟以及與友人酬唱吟詠之作，從中可管窺當時的風土人情以及文人的社會交往情況。朱曰藩對其詩作評價頗高，認爲其『詩格更奇，辭更古，旨趣更沉著，方將超西崑之畛域，闖少陵之堂室』。本《文庫》據明嘉靖三十二年張守中刻本影印。（顧寅森）

愛日堂文集八卷詩集二卷外集一卷　（清）孫宗彝著

孫宗彝有康熙《高郵州志》，已著録。此書包括《文集》八卷《詩集》二卷《外集》一卷。《愛日堂文集》八卷，按文體分卷，收録孫宗彝所撰疏、論、解、辨、説、議、記、賦、啓、書、尺牘、序、傳、行略、墓志、哀詞、誄、祭文、引、跋、像贊、紀。前有康熙癸未先著序、康熙壬子李瀅序，書後附録墓志銘。《愛日堂詩集》二卷，收詩約二百首，涉及送別、懷古、羈旅等内容。書前有康熙壬子仲秋兩淮鹺使受業門人陳可畏序。書後有乾隆三十五年玄孫仝邵所撰識。《愛日堂外集》一卷，分詩、偈、贊、頌、序、書、記、啓、祭文、疏引、題語録、拈案、機緣問答，主要收録孫宗彝與僧人等交往，或對佛學典籍研究的詩、文。書前有戊辰（康熙二十七年）靈隱原志序。高郵孫氏，自孫宗彝起，科第纍纍，成江淮間世家。是書不僅是研究孫氏詩文的重要資料，也是研究高郵孫氏世家重要的文獻。是書有清康熙二十九年刻本；康熙四十二年刻本，此本無詩集二卷；乾隆三十五年刻本；道光間補乾隆年間刻本以及同治九年刻本。《明清江蘇文化年表》云《愛日堂全集》總十六卷，未知其詳。本《文庫》據清乾隆三十五年刻本影印。（王志娟）

甓湖草堂集十三卷　（清）吴世傑撰

吴世傑（一六四一—一六八八），字萬子，清高郵人。康熙二十四年進士。少負用世之志，博洽能文章。曾參與《明史》纂修，成傳志若干卷。清陳琰謂其文『深切著明類長沙，而兼有江都之醇正、眉山之流暢，粹然成一家之言』。尤擅經世之學，曾設法堙塞罝舟以救受水患之災的邑人，並上書請求賑濟和免役，其『於經濟實用鑿鑿可見』。是書包括《甓湖草堂文集》（二種）、《甓湖草堂近詩》、《甓湖草堂近集》。《甓湖草堂文集》，清吴世熹所輯，六卷，書前有清陳琰和吴世熹所撰序，包括序、書、論、傳、記、墓志銘等多種文體，涉及文化、歷史諸多方面，其中有不少内容涉及明末崇禎一朝的史事，可補正史之闕。另有一種《甓湖草堂文集》，又名《吴萬子文集》，收録《南巡賦》一卷。《甓湖草堂近詩》，又名《吴萬子詩集》，二卷，所收詩作多爲其詠懷古蹟及與友人酬唱吟詠之作。《甓湖草堂近集》，收録《麟里頌言》《西山紀遊草》《南歸集》《庚申雜詩》四種。《麟里頌言》，一卷，所收詩作皆爲吴世傑『遊東魯仰止大聖人之所爲作也』，書前有清李儒琛所撰序。《西山紀遊草》，一卷，吴世傑遊覽西山時所作，書前有清張鴻烈所撰序。《南歸集》，爲吴世傑南歸途中所作，多感懷之作，書前有清賈良璧所撰序。《庚申雜詩》，一卷，爲康熙十九年高郵遭水患時，吴世傑爲『憫桑梓之災患』而作，書前有清張鴻烈所撰序。本《文庫》據清康熙刻本影印。（顧寅森）

缶林文集二卷　（清）王心湛著

王心湛，字濟上，一字止堂，號缶林，清初高郵人。康熙四十二年歲貢生。王氏一族在清時爲高郵地區的大族，其祖父爲清順治時吏部尚書王永吉，故家學深厚。他自幼好學，在當時頗有文名。清代著名文人宋犖謂其深於古文，文兼魏叔子之森峭、侯朝宗之奮迅。宋犖將其與侯朝宗、魏叔子、汪鈍翁、姜西溟並論定爲清代文章五大家。精理學，史稱『張載遺風』。善書法，兼米、董之長。其所著據《三續高郵州志》載，尚有《尚書輯解》《續小學簡注》。是書共分上、下兩卷，書前有宋犖所撰序。書中收録其所作人物傳紀、序、跋等近百篇，所涉内容較爲廣博，包括理學、歷史、古蹟等諸多方面。作者精於理學，在文中對宋代著名理學家周敦頤、二程的理學思想多有闡發，令人有耳目一新之感。其所著人物傳記，凡『軼事潛踪之可傳者，必亟爲闡揚以極其致』（宋《序》）。傳中所記多爲明末清初揚州地區的史事，且爲正史和地方志書所不載或記載不詳，可補史之闕。如《新樂小侯傳》記崇禎帝表弟劉文炳事蹟，《丹徒范烈婦傳》記鄭成功北伐抵鎮江事，均有較高的史料價值。本《文庫》據揚州市圖書館藏稿本影印。（顧寅森）

樗巢詩選五卷 （清）李必恒著

李必恒（一六六一—？），字北岳，一作百藥，晚年自號樗巢，清高郵人。邑廩生。自幼受家學熏陶，勤奮好學，尤以詩名。宋犖刻江左十五子詩，所録以必恒詩爲最多。其爲賦『落紙動輒千百言，皆麗以則』。其《蕪城賦》一篇尤擅名』，時人譽其爲『天禄、石渠彦也』。著有《三十六湖草堂集》《樗巢詩集》等。本書是清高郵人夏味堂從《樗巢詩集》中精選『什之七』而成，共收録李必恒詩作四百餘首，包括樂府、五言古詩、七言古詩、五言律詩、七言律詩、五言排律、六言詩、五言絶句、七言絶句多種體裁。書前有夏味堂所撰序及《樗巢先生傳》。所收詩作大都爲李必恒與友人交遊唱和吟詠之作，其中不少詩作涉及揚州的名勝、古蹟、風俗等，可作爲研究清中期揚州地區文人活動以及社會歷史狀況的一份有價值的資料。夏味堂謂其詩『渾涵汪洋而精氣肆溢』，可以『上繼太虚，而下倡吾邑風雅之教』。本《文庫》據清嘉慶十四年半舫齋夏氏刻本影印。（顧寅森）

長嘯齋詩集 （清）孫穀撰

孫穀（一六九二—一七三七），字雨田，一字祈園，清高郵人。濩孫子。雍正五年舉賢良方正。八年奉旨試用江西，補南康縣知縣，免除差役，平反冤獄，潔廉孤直，不愧祖風。署贛州府同知，除漕弊之不便於民者，刊於石爲禁。後以病歸，卒於家。其生平事蹟可參見阮元《淮海英靈集》《廣陵詩事》。此爲孫穀所作詩集。前有黔南劉晟序，後附阮元《淮海英靈集》小傳、《廣陵詩事》一則、《前州黄薦舉原文》《南康名宦志傳》，及任啓運所撰傳記。任所撰傳記，自穀高祖兆祥、曾祖宗彝到弟喬年、子仝郊、仝廉、仝庶等都有詳細記述，據此可詳考穀之生平。此集不分卷，共收詩九十多首。穀性孝友，與人無争，而嚴毅自持，故所作詩醇厚卓然，如見其人。劉晟於序中贊穀詩『古雅新奇，刪除陳言，獨標己意，不拘拘於聲調爲工，要皆本乎性，發乎情。其纏綿悱惻也近乎騷，而温厚和平則復歸於雅。斯真言行相顧，洵無愧於其名者』。可謂知其人、知其詩者。末有嘉慶元年穀孫偘所作跋，述此集編纂始末，並録校閲人員十八人姓名，皆爲穀的侄子、侄孫及侄曾孫。集後附其子仝郊、仝庶詩。仝郊，字兩疏，號潮生子。穀長子。少隨父宦南康，綜理精明，胥吏攝服。詩蒼莽渾厚，多從馬蹄驢背間得之。早卒，年僅三十有奇。仝庶，字一鶴，號培莊。穀少子。廩膳生。爲人負奇志，不可一世。爲詩力追漢魏。孫氏爲高郵大族，歷代文人輩出，如宗彝、弓安、濩孫、中，一直到穀、仝郊、仝庶，再到應科、應詔等，皆以詩文名。據此集及《猶存》二集，則孫氏一族詩文可得盡考。本《文庫》

據清嘉慶刻本影印，全郊詩原本有殘缺。（徐大軍）

半舫齋編年詩二十卷半舫齋古文八卷 （清）夏之蓉著

夏之蓉（一六九七—一七八四），字芙裳，號醴谷，清高郵人。雍正十一年進士。乾隆元年舉博學鴻詞，授翰林院檢討。歷任福建鄉試主考，廣東、湖南學政等職。曾主鍾山、麗正書院，選拔高才寒士。工書法，通經史，善詩文。有《讀史提要録》《諸經考辨》等。《廣陵思古編》本傳云：『其選訂制義如《證是編》《慎道編》《酌雅集》《興藝録》《汲古編》《正味集》，皆風行海內。』《編年詩》由秣陵侯學詩批點，收録夏氏古今體詩約一千一百餘首，其詩『不事雕飾，舉數十年中一切憂悲愉懌、觸景攄懷，皆長言咏嘆，以矢其音』，爲『格高氣渾，卓然可傳』之作。有序四篇，爲夏氏親友弟子等作，侯學詩、談樸升爲之跋。書前列有總目與詩目。《古文》由秣陵戴祖啓批點，收録夏氏頌三篇、碑文一篇、解三篇、辨二篇、考一篇、傳九篇、論十二篇、書八篇、札子二篇、序十八篇、記六篇、策一篇、策問一篇、説四篇、議一篇、墓表一篇、墓志銘四篇、祭文四篇、雜著五篇、賦八篇。夏氏之文，『渾朴真摯，不以雕繪炫長，而瑰瑋特達非常之寶，無一不韞於其中』。有弟子作序，戴祖啓跋。書前列有總目與古文目。本《文庫》據清乾隆刻本影印。

（丁晨晨）

賈稻孫詩集四卷 （清）賈田祖撰

賈田祖有《高郵四家詩鈔》，已著録。是書一名《稻孫詩集》。四卷，收詩三百十三首，前有紀略、自叙、總目。《紀略》中輯録阮元《廣陵詩事》《淮海英靈集》、江藩《國朝漢學師承記》、阮亨《珠湖草堂筆記》《琴言集》、王豫《盟鷗叙筆譚》對賈稻孫其人其詩的評價。《自叙》言其刻書原由，『少喜爲詩，至老不厭。興之所至，擁鼻嗚嗚』，『爰取篋中塵稿，力加刊削，存十之二三』，『而詩僅止是，欲以凄惻繚戾之音問諸當世，求相知定吾文者』。知其詩集刊刻之不易，以及詩歌創作之富。詩集所收以詠史、述懷、記行、紀事、狀物、和韻、贈友詩爲主，多由感而發，抒其胸臆。如『夢裏蕭蕭雨，驚看月一床。西風吹敗葉，半夜響空廊。似我無依客，終年辭故鄉。暫謀棲息地，狼籍避繁霜。』（《落葉》）『元日惟耽睡，逢迎事事忘。庭留殘雪白，瓶綻野梅黃。怒墨融鸜鵒，深杯抵鷫鸘。太平風俗厚，一任老夫狂。』（《庚寅元旦》）等詩皆由景而發感慨，又極有韻致。阮元評價其詩『有蒼勁之氣』，王豫評其詩『有豪氣』。本《文庫》據清乾隆四十九年刻本影印。（方慧君）

曉樓詩鈔一卷 （清）賈成祖撰

賈成祖，字肇先，號曉樓，清高郵人。田祖弟。乾隆四十年歲貢生。少孤，事母孝。試輒冠其曹，南北闈屢試不售。積學深至，不以得失介懷。爲人謙遜謹飭，温然如玉，家不豐厚，而輕財好施。工詩，史學卓然成家。工楷法。年六十七卒。有《古香堂史論》一百二十篇、《曉樓文集》四卷、《制藝》二卷。是書一卷，收詩一百零二首。卷首有乾隆三十八年十月夏之蓉叙，稱：『賈君曉樓，里之才士也。……中歲大肆力於詩，詩才儁偉，與閭巷間能爲詩者結聯吟社。』評價其詩：『大都硬語盤空，而不失温柔敦厚之致……只自述其性情，不規規然執漢魏三唐之詩以爲準的，而得心應手，自無不渾合而曲肖，其天事、學力，殆俱有過人者。』賈成祖常與友人結社唱和，遊歷丹陽、金陵、餘杭等地，所到之處多有詩作。《詩鈔》内容多爲記行狀物、擬古懷古、寄贈友人詩。或記遊歷中所見所思所感，描繪風景寄情山水，如《舟中大冰雹行》《月夜登燕子磯》《遊雨花臺一帶》；或登高望遠、咏嘆史事、憑吊古蹟，如《金陵懷古二首》《咏古三首》《餘杭懷古二首》；或依韻唱和、懷念友人，如《寄懷李四翩飛二首》《和李丈師孟晴日泛舟原韻》等。《詩鈔》所收並非其全部詩作，而是選擇收録，如其《壽沈磬泉五十初度即次原韻四首》，《詩鈔》僅録其中兩首。本《文庫》據上海圖書館藏清乾隆三十八年刻本影印，卷首有『合衆圖書館』藏書章。（方慧君）

梅花書屋詩鈔二卷 （清）徐源撰

徐源（一七四七—一八〇九），字静川，號立人，清高郵人。乾隆四十五年舉人。孝友天至。所作詩古文詞，標舉性靈，汰盡俗艷。春闈屢膺房薦。受管幹貞聘，主麗正書院講席凡九年。戴均元河督駐浦，源以師生詣謁，上治河事宜，又陳沿河武汛改屬漕標等議，皆嘉納舉行。邑大水，屢吁請設廠煮賑，里人德之。著有《梅花書屋詩鈔》《易理膚鈔》《顔氏家訓續》《麗正書院講義》《坐春齋紀聞》等。生平參見嘉慶《高郵州志》。是集爲徐源所作詩集。卷首有嘉慶十六年辛未宣城孫源潮序。孫序云：『余覽其詩，大都有爲而作，於家庭遭際、師友淵源，情至文生，若有不能已於言者。其他即景抒懷，亦皆標舉性靈，和平中正，是不徒爲風雲月露之詞，而深有合於厚人倫、維風教之旨也。集中論詩有云，詩外有物在，餘事亦不朽。又云，以詩爲春秋，卓哉。杜陵叟其宗法可以知矣。』詳述此集所收内容及其詩歌特點。此集凡分上、下兩卷。卷上收古今體詩二百六十一首，卷下收古今體詩二百五十三首，共計五百十四首。其中有憶母詩多首，真情顯露。《揚州湖上作》《賦得甓社湖中有明月》等詠景詩和《古樂府八章》等紀高郵水災等紀事詩，亦可作揚州地方史料觀。卷末署『受業門人古歙程得齡、秦郵李作霖仝校』。本《文庫》據南京圖書館藏清嘉慶十七年孝思堂刻本影印。（徐大軍）

金雪詩存一卷 （清）夏桂堂撰

夏桂堂，字金雪，號鶴嶼，清乾隆年間揚州府高郵人。廩生。性孝友，善事親。交友以誠，人樂就之。刻苦向學，遊庠後益博涉，尤工於詩，瑰奇淵雅，兼而有之。年四十四卒。清《高郵州志·藝文志》收有其詩《軒轅瓦》。夏味堂，字鼎和，號澹人。桂堂長兄。書後有夏紀堂跋。夏紀堂，字有仲，號秋室，晚號古茶翁。桂堂仲兄。是書爲夏味堂在夏桂堂逝後，從其詩作中擇二十六首編輯成一册，多寫景詠物、叙事思人，亦有懷古嘆今之作。詩風頗古，文采亦然。《軒轅瓦》一詩可視爲其代表作，前有詩序曰：『城東園丁得古硯，面鎸「軒轅瓦」三字，爲漢蔣幹故物。六朝、唐宋人題跋甚夥。執犛邀同作歌，步歐公謝景山遺古瓦原韻。』全詩記叙了高郵城東發現漢末三國時蔣幹使用過的一方古硯事，當時曾轟動高郵學界，傳爲佳話。作者見物思人，激情賦詩，對蔣幹崇敬之意躍然紙上。紀堂跋作於嘉慶十年冬，云：『吾弟既殁之十月，葬有期矣。吾兄哭序其詩而梓之，

誌不忘也。』由此推之，夏桂堂應卒於嘉慶十年。書前題名頁鎸『嘉慶丙寅夏六月小書巢栞本』，且夏味堂叙亦作於嘉慶十一年夏六月，則書刻成於十一年。叙中有『余知弟之能詩何晚也，人誠不易知』之嘆，可知夏桂堂能詩善作，但流傳極少，不爲世人所知。因此是書可謂夏桂堂詩作之代表，頗具價值。本《文庫》據南京圖書館藏清嘉慶十一年小書巢刻本影印。（陳立）

碧虚齋吟草八卷 （清）宋茂初撰

宋茂初（一七六五—一八四七），字實甫，號濯蓮，清高郵人。暄子，葆初弟。乾隆五十九年舉人。少穎悟，年十三補弟子員。博學敦行。學使胡文恪選揚州諸生學行最優者十人，名曰十秀才，與同邑王引之、寶應朱文定、江都李周南、儀徵黄元吉等皆入選，名重一時。鄉舉後，大挑以知縣用，呈改教職，選宿州教諭。伊秉綬官揚州，延課子弟，成就弟子甚衆。寶應劉寶楠學術淵源，實所從出。晚年主講珠湖書院。年七十，以例加中書科中書銜。道光二十二年重遊泮水。參見光緒《再續高郵州志》。是集爲茂初所作詩集。卷首有道光十七年王敬之序、周叙序。敬之於序中贊其道德品行外，又贊其『詩思清於水，氣和如春，運以委婉之筆而抒其真摯之情』。周叙序云，此集爲劉寶

楠所輯，然非茂初本意，未載者甚夥。此集凡分八卷，按體編次，卷一、卷二爲五古，卷三、卷四爲七古，卷五爲五律、長律，卷六、卷七爲七律，卷八爲五絶、七絶，共計收詩四百二十多首。集末有道光十六年劉寶楠跋。跋文云，寶楠於嘉慶十一年從茂初受業，第二年茂初即歸高郵。後寶楠授徒真、揚間，過高郵必拜謁，執弟子禮。此集即寶楠得茂初同意並提供底稿爲師編纂而成。又有道光十八年夏崑林跋，據跋可知，此集茂初曾屬崑林校勘。周叙評茂初詩曰：『讀先生詩者，作詩觀可，不作詩觀可，傳不傳猶淺之乎？』推重其詩的存史教化作用。其中《乙丑紀高郵水災二十四首》尤爲世人所推重，直承杜詩寫實風格。嘉慶十年（乙丑），蘇北地方官員不顧實情，强開昭關壩，造成裏下河七邑重大水災。茂初特作組詩，描述災難情形。時任揚州知府伊秉綬因是得悉高郵災民流離失所實情，爲此請求朝廷賑災。其中『漂流任所届，原野塗血肉。哀哉陳死人，一例委溝瀆』，『垢衣不蔽骭，顔面黑且癯。破甑蒙敗席，負擔聯前趨。得食不肯盡，猶有妻與孥。呱呱索乳兒，棄置滿路衢』等詩句，儼然一幅災民圖，讀來令人觸目驚心。是集有清道光十九年志道堂刻本、民國二十五年董增儒抄本。本《文庫》據南京圖書館藏清道光十九年志道堂刻本影印，此本封面題有『辛丑秋八月宋實甫先生所贈也』字樣，甚爲珍貴。（徐大軍）

三十六湖漁唱 （清）王敬之撰

王敬之有《宋二孫先生奏議事略》，已著録。敬之喜詞章之學，尤工詞。性嗜書，日手一編。有《小言集》《枕善居詩詞》等。生平見劉盼遂編《高郵王氏父子年譜》。此爲敬之所撰之詞集。一册，不分卷次，前後無序跋。以行草抄寫在有『理水關橋東』字樣的稿紙上，字裏行間有圈點及夾注韻脚平仄，天頭有批注。此集共收詞一百七十多闋，多爲日常吟詠和相互寄贈唱和。敬之詞宗南宋姜夔，惟其詞清苦，情思濃重，悲凄之吟較同時浙派詞人爲深，筆致亦疏中見密，非盡以摇曳清空爲限。據《續修四庫總目提要》云，此集又有『全集本』，三册，共收詞百二十闋。《續修四庫總目提要》曰：『詞頗疏淺，而又不芟薙，可取者殊少也。……據敬之自序，謂舊有刊本，此經删改者。』又江陰繆荃孫編《雲自在龕叢書》，收有《三十六陂漁唱》一卷，共收詞六十九闋。繆本改『湖』爲『陂』，與『全集本』相比，漏收甚多，推測其所見爲初刻本或不全之鈔本。此集有清道光間刊本，清戈載删訂。又有《三十六湖漁唱删存》三卷，收入《王寬甫全集九種附刊六種》中，道光二十六年至咸豐年間王氏家刻本。本《文庫》據上海圖書館藏稿本影

印。（徐大軍）

凌谿先生集十八卷 （明）朱應登撰

朱應登（一四七七—一五二六），字升之，號凌谿，明寶應人。弘治十二年進士，除南京户部主事，遷知延平府，以副使提學陝西，調雲南，尋陞布政司右參政，因恃才傲物，中飛語，罷歸。與李夢陽、康海、顧璘、徐禎卿所交最深，雖不與前七子之列，但儷名十子。文以秦漢爲宗，詩上凖風、雅，下採沈、宋。有《朱升之集》《存笥集》等。是書共十七卷附録一卷，前有弟子許宗魯所作叙，叙末有『金陵劉文楷家鐫』字樣。叙後有凌谿先生小像及後學梁章鉅於道光十五年題詞，並列有校刊及參校人員。其後有目録，缺卷三、卷四部分。正文包括賦二卷十二篇，詩九卷四百餘首，文六卷六十餘篇。卷十八後另有『凌溪集補遺』，增刊作者所作《乞休終養疏》。書末有其世孫朱士彦於道光十五年所作跋。序中記載，朱應登做提學使時曾對諸生説：『文者，言之精也；詩者，言之華也。精則寓文於質，故先體格而後組飾；華則緣情製詞，故首興致而尚婉約。……（詩則）漢魏雅而邃，六朝艷而縟，辭隨世異，情由衷發。吾於唐而有取其温厚焉。』可見朱應登是一個頗爲堅定的李夢陽復古論的支持者與踐行者。論其文學源流，除與七子同聲共氣外，他近追李夢陽。朱彝尊稱：『李、何並興，李目空諸子，自三秦而外，得其門者蓋寡，心慕手追，凌谿一人而已。其口占絶句云：「文章康李傳新體，驅逐唐儒駕馬遷。」蓋其文亦宗北地者。』祝允明稱其『大韶張宫懸，九變盡美善』；陳沂稱其『摛毫揚美詞，肆意逐高雲』；李夢陽稱其『疏越發潛響，爛若湍錦舒』。（均見於《凌谿集》附録）《四庫全書總目提要》評價：『（朱應登）惟以北地爲宗，故詩文格調（與李夢陽）相近。』據跋中記載，是書初刻於明代，因版有缺，隨時修補，至清嘉慶年間，補刻已十餘次。因訛謬滋甚，先人光禄公曾屢次校正，並欲重刻，但未能實現。道光十五年，世孫朱士彦欲刻是集，以成先人之志。士彦族弟士端於市中得一舊本，雖非初刻，較家所藏本不誤者已十之五六。於是聚集工匠書而刊之，分卷如舊。唯移目録自爲一卷，於十七卷之末增《乞休終養疏》。第十卷《湘中雜興》二絶又見徐昌谷集，並注於下。公與徐昌谷俱載《明史·文苑傳》，集皆見《藝文志》《四庫全書總目》。朱應登曾自訂《存笥集》，未收入《凌谿先生集》。本《文庫》據清道光刻本影印。（王浩宇）

山帶閣集三十三卷附録一卷 （明）朱曰藩撰

朱曰藩（一五〇一—一五六一），字子價，號射陂，明寶應人。其父朱應登，明弘、正間『東南四才子』之一。曰藩幼承家學，博學工詩。嘉靖二十三年進士，知浙江烏程縣，終九江知府。嘉慶《重修揚州府志》卷四十七有其傳。本書三十三卷，爲朱曰藩生平著述的彙編。前有明翰林院編修、著名文學家楊慎序。曰藩生平最服膺楊慎，與楊氏交往甚密，並得到了楊慎的大力擢拔和詩學熏染。時楊慎遠在滇南，以文章名海内。曰藩書訊問候，楊慎對其大爲贊賞，稱『射陂子之作，犂然當於予心，必傳後無疑』。本書附録楊慎致曰藩書信兩通，稱其詩作『英英持照，翩翩欲飛，蓋與古作者争勝於毫釐，無論今人矣』。褒譽備至。本書卷三十一《人日草堂引》中云：『升庵先生在江陽，以厥像托玉泉陳君寄我白下。予即揭于白下寓齋，日夕虔奉，如在函丈之下。』足見其對楊氏的擁戴。又附『射陂先生小像』一幀，並『閩後學梁章鉅』題詞。本書另有附録一卷，收録光禄寺少卿前河南道監察御史桑維喬《中順大夫江西九江知府射陂朱君行狀》，翰林院修撰經筵講官吉水羅洪先撰《中順大夫江西九江知府射陂朱君墓志銘》，以及楊慎書信兩通。可以考證曰藩生平及其與楊慎交遊情況。另有《山帶閣集跋》一篇，乃曰藩九世孫、清道光吏部尚書朱士彦所撰，叙述本書編撰始末。此書初有明刻本，道光十五年，士彦兄弟搜得曰藩手稿一帙，復採輯郡邑志所載曰藩事迹，及初版中未載人的贈答哀挽諸詩，終成完本。本《文庫》據清道光刻本影印。（孫葉鋒）

柘溪集 （清）喬邁著

喬邁（一六二二—一六七三），字子卓，又字子邁，號鈍夫，私謚孝靖先生，清寶應人。明諸生。一生博覽群書，於典故多所辨證，尤工五言詩，著有《歲寒堂集》等。喬氏一門爲寶應望族，喬邁之父喬可聘，明朝官至御史；弟喬萊，清康熙年間授内閣中書。喬邁是可聘長子。柘溪，乃喬可聘於寶應城外的居所，喬萊曾延請名畫家吴宏作《柘溪草堂圖》，據其題跋，柘溪草堂是位於寶應白馬湖東岸一片樹叢中的臨水小村。村前小橋一座，湖水繞村，樹木繞齋，樓臺面水，賓主登樓安坐對談，超然世外。可聘棄官回鄉後，閑居於此，喬邁終日侍候左右，吟詠自樂。可聘於康熙乙卯（一六七五）以八十七高齡去世，而喬邁却早於其父二年離世，年僅六十一歲。本書即爲喬邁於柘溪草堂侍奉其父時的吟詠之作。不分卷，收録喬邁詩作四十餘首。前有清代散文家、詩人、畫家姚椿撰《喬處士遺集序》，稱其『阨窮畢生』。讀喬邁其詩，亦多感傷寂寥之作，如《柘溪雜詠》：『早後翻多雨，陰雲總不開。艱難生計拙，寂寥歲華催。』又如《柘溪春日雜詠》：『故園春又至，但覺老隨人。冰雪花難早，悲吟夜欲頻。乾坤看醉眼，江海笑浮生。多少傷心者，垂竿愜隱淪。』可與姚序相印證，可見其時作者生活之困頓和心情之惆悵。本《文庫》據清抄本影印。（孫葉鋒）

疑菴詩集八卷 （清）喬出塵撰

喬出塵（一六二二—一七〇一），字雲漸，又號留雲子、雲堂翁，清寶應人。萊從子。諸生。性耽風雅，閉户三十年，詩瓢、畫卷、酒檔、茗碗之外，澹然無事。不妄交遊，惟與陶季、朱克生、陳鈺、梁以樟相友善。生平可參見《廣陵詩事》《寶應耆舊傳》。此爲出塵所作詩集，並由其親自手訂。卷首有其自序，述及自身學詩經歷及對詩的感悟。後有其所定凡例八則，述此集編纂體例甚詳，爲此集一大特色。凡例云『余甲申始學詩……兹集，率自四十外，以前存者十不一二』，因此中『苦語較多，此中消息可以獨喻，不可以告人』。詩集凡分八卷，共收各體詩九百三十多首。蓋中年以後所作居多，多爲日常生活瑣細吟詠及親朋好友間題詠唱和等。其中卷五收有《覺堂名吾家酒曰喬家白》一詩：『薄酒從來姓字麄，嘉名此日出江都。逢人盡道喬家白，例比東坡爲甚酥。』可據以考證寶應當地傳統名酒『喬家白』命名來由，亦可作史料掌故看。阮元《廣陵詩事》稱其『年七十六，詩格益健。獨宿小閣，日夜吟詩自娱』。成蓉鏡《寶應文苑事略》評曰：『詩風旨深峻，屏棄喧繁。』可謂詩如其人。書前有自序、凡例。各卷前有目録。本《文庫》據南京圖書館藏清順治刻本影印。（徐大軍）

白田文集二十卷 （清）王巖纂

王巖（一六〇五—一六八一），字白田，又字築夫，初名天佑，後更名巖，明末清初寶應人。諸生。學者稱爲『築夫先生』。性孝友，博學工文，絶意科舉，專治古文辭，非先秦兩漢書不讀。與江都雷士俊、興化陸廷掄等往來切磋，年七十七而卒。著有《白田文集稿》《異香集》。傳載《國朝耆獻類徵初編》卷四百二十八。是書卷前有宗元豫所作序、李淦作傳，卷末有翟維藩跋。全書共二十卷，内按體例分類，卷一、二爲書，卷三文序，卷四詩序，卷五贈送序引，卷六壽序，卷七、八志略，卷九、十論，卷十一、十二傳，卷十三記，卷十四行狀，卷十五碑誌銘墓表，卷十六、十七私議，卷十八題跋贊，卷十九祭文誄，卷二十尺牘。其文樸老古奥，朱彝尊《明詩綜》謂『要以醇樸勝』。與江都雷士俊齊名，稱爲『維揚二子』。據李淦所作《傳》云：『白田文集三十餘卷藏於家，先生既葬，其子寬以傳請誼。』知是書原爲三十餘卷，二十卷本爲後人删改。今揚州市圖書館藏有鈔本二十卷，即題爲《白田文集删存》。此書未曾刊刻，從明、清至今唯靠傳抄得以流存。道光《寶應縣志》載：『有《白田布衣集》二十卷，而王公林曾於喬西齋積靄樓見《白田文鈔》二十四本。』復旦大學圖書館藏有《白田集》二卷，一爲舊鈔稿本，一爲清確潛草堂鈔本。另有揚州古舊書店抄本，揚州大學圖書館、南京圖書館、中國科學院圖書館等有藏。又國家圖書館藏有一九八〇年天津古籍書店抄本。本《文庫》據揚州大學圖書館藏抄本影印。（王永平　姚海英）

石林集九卷　（清）喬萊著

喬萊有康熙《寶應縣志》，已著録。喬萊師王士禛、汪琬、毛奇齡，其文講求實際，其詩王士禛稱爲『奇秀峭拔』，其賦汪琬稱爲『麗而不淫，典而有法』。晚研究經學，潛心讀《易》。此本前有顧廷龍所作跋，云：『此係劉楚楨校補原本，抄者亦劉氏所爲，拾遺亦楚楨增入。』封面有『已刻未完本，同里劉寶楠珍藏』字樣。此爲萊所作詩文合集，包括《應制集》《南歸集》《直廬集》《使粤集附日記》《歸田集》《拾遺集》六種。一爲《應制集》一卷，所收皆萊歷年所作應制文章，如丁未年殿試策、丁未年會試文《禮刑》《關鹽》《察吏》等，以及其他政論文。二爲《南歸集》一卷，收萊所作詩。卷前有康熙十六年曹禾所作序，序云：『石林棄中書舍人，歸侍其尊人侍御公於柘溪草堂。讀書求道，日有得也，而大放厥辭於淮海之間。人士之渡江而南者無不嘖嘖稱石林之詩矣，而《南歸》之集遂裒然成帙。』可見此集編纂背景。此集爲劉寶楠所抄補，鈐有『劉寶楠印』『楚楨』兩印。三爲《直廬集》二卷，收萊所作賦、表、檄、記、跋、序、考、書、文等，以賦居多。中有不少地方爲劉寶楠所抄補。四爲《使粤集》一卷，亦爲萊所作詩集。卷前有康熙二十一年王士禛序，序云：『翰林編修喬君子静以康熙二十年冬奉命典粤試，往返半歲，有詩若干篇，編爲一軸。』説明此集編纂由來。集後附《使粤日記》一卷，爲萊典試粤西途中所記行程、山川景色等。五爲《歸田集》二卷，中縫有『辛未』字樣，蓋成於康熙三十年罷歸後。分二卷，卷一收序、書信、祭文等；卷二收所作傳記、銘文、贊、行狀、墓表、墓志銘等。中有抄補處。六爲《拾遺集》一卷，收前數集漏收詩若干，蓋爲劉寶楠增補抄録者。本《文庫》據清康熙年間刻劉寶楠抄補本影印。（徐大軍）

樓邨詩集二十五卷　（清）王式丹著

王式丹（一六四五—一七一八），字方若，號樓邨，清寶應人。康熙四十二年，王式丹在其五十九歲時，登狀元榜，是有清一代中狀元時年紀最大者，旋授職翰林院修撰。曾在武英殿參與纂修《皇輿圖表》《佩文韻府》《一統志》《朱子全書》《淵鑒類函》，並分校『二十一史』。著作有《樓邨詩集》二十五卷、《四書直音》一卷等。其子王懋竑有《翰林院修撰樓村王公行狀》一文，對其生平記述備詳。《樓邨詩集》收詩起於康熙壬申（一六九二），迄於康熙丙申（一七一八）。全書共分六集，依次爲：《龍竿集》《罣蘇集》《補過齋集》《忍冬齋集》《鴻柯集》《梅花書屋集》。每集中以年爲序，每年一卷。惟第五卷一百五十三首，爲集壬申前歷年詩作。前有田雯、陳鵬年、查慎行、吳瞻淇四人所作序。書後有吳斯洺題詞。王式丹的詩，在當時即備受推崇。查慎行《序》贊其『寬和弘藹，與人交，必盡其忻懽。發爲吟詠，極筆墨之淋漓，而一澤於古雅』。康熙年間，宋犖編《江左十五子詩選》，將其列爲『江左十五子』之首。清人鄭方坤在《國朝詩人別集小傳》中，評價王式丹的詩作『殿撰詩排奡陡健，一洗吳音纏緩，蓋以昌黎爲的，而泛濫於廬陵、眉山、劍南、道園間。至其徵材之奧博，使事之精核，運以排山倒海之氣，琢以炊金饌玉之詞，如入郇公厨，飲食之香錯雜，不飯而筋骨舒也』。將其詩體風格，歸結爲是從唐代韓愈，宋代歐陽修、蘇軾、陸游等前人學習傳承而來，由此可見王式丹在清代詩壇的地位。《樓邨詩集》中，不乏唱和詩作，與之唱和者，有田雯、王士禛、宋犖、查慎行、周漁潢、蔣廷錫、孔尚任等名人雅士，可以推見其生平交遊之廣。更有吟詠故鄉的詩作。現存最早的一首《白田懷古》，即是吟詠故鄉寶應的作品，詩題下注：『白田，在寶應城南。李太白有《白田馬上聞鶯》詩，見《寶應志》。有碑記。』詩中有『野田大堤畔，蒲稗滿陂塘。人家二三月，離離間垂楊。屋角挂破罾，鸊鵜立魚梁。』水鄉初春的景物，躍然紙上。王式丹罷官回鄉後，曾僦屋邗上曰『鴻柯草堂』，以吟詠自適，因此《樓邨詩集》中，也存有大量吟詠揚州的詩作。是書有清雍正四年王懋訥刻本，據《郭象升藏書題跋》記載，尚有道光十六年寶應王氏刻本。本《文庫》據雍正刻本影印。

（孫葉鋒）

喬劍溪遺集十六卷　（清）喬億著

喬億（一七〇二—一七八八），字慕韓，號劍溪，別署寶亶居士，清寶應人。少以詩名江淮間，與沈德潛、沈起元、方觀承、查慎行等文人交善，爲人美鬚髯，善談論。曾客遊山西，爲猗氏書院山長。其生平事蹟可參見《清史列傳》《重修寶應縣志·文苑傳》《廣陵詩事》及朱彬《喬劍溪先生墓表》等。著有《劍溪説詩》三卷、《燕石粹編》一卷、《杜詩義法》二卷、《小獨秀齋近草》一卷、《素履堂稿》一卷、《大曆詩略》六卷、《古詩略》《藝林雜録》《元祐黨籍傳略》《蘭言集》等。喬億工五言詩，在清中期的詩壇，是一位具有鮮明個性的代表人物。本書前有沈德潛、沈起元、方觀承三人序跋，對喬億推崇備至。沈德潛稱其詩：『近體在王孟錢劉間，而五言古體欲攀典午當塗而上窺其原，是可爲今人之古澹者。』認爲喬詩近體詩宗法唐人，而古體詩已直追漢魏。沈起元的《跋》謂：『夫慕韓之詩，其骨格超秀，韻味清遠，上領陰何之勝，下參王孟之席，所得於古者深矣。豈唯非獵宋元餘習者之可比，即學唐詩而不襲其貌者矣。』詩歌創作自清初以來，由於學術上考據義理的興盛，最終在清代詩壇釀成了一股宗宋熱潮。而喬詩取法古風，不盲目跟風，因而能獨樹一幟。本書爲喬億詩文集彙編，包括《小獨秀齋詩》二卷（附補遺、附録）、《窺園唫藁》二卷（附《江上吟》一卷）、《劍溪文略》一卷、《三晋遊草》一卷、《夕秀軒遺草》一卷（附《惜餘存藁》一卷、《劍溪外集》一卷）等。本《文庫》據清乾隆刻本影印。（孫葉鋒）

清白堂存稿十卷　（清）王希伊著

王希伊有《王希伊夫婦墨蹟》，已著録。是集爲希伊所作詩、文合集。凡分八册，十卷。第一册卷一，收《韓集説》等考辨經史之文。第二册卷二、卷三，卷二收《書歐陽公雜説三首後》等跋文，卷三收《同善會規》等各體雜文。第三册卷四、卷五，收《上畢撫臺啓》等書信文章。第四册卷六，收《白水東南鄉西顧村同善會序》等序、記文章。第五册卷七，收希伊撰《請免協濟潼關流差通詳文》等文章，皆處理公事時所作。第六册卷八，收希伊所撰《先母舅朱宗洛先生行述》《先考典簿府君行述》《亡妻邱儒人行述》三文。第七册卷九，所收爲希伊所作詩。頁内夾劉寶楠批注，云『詩擬録百又一首』，又云：『詩從學問性情中出，與小才曲學僅知從詩中求詩者不可同日語。長律尤典重深厚，一字不苟，大似《左汾近藁》。』第八册卷十，收有《憶記》一篇，爲希伊回憶往事自撰而成年譜。據《譜》示，希伊生於康熙五十八年十月二十一日辰時，記載止於乾隆五十九年四月二十一日。後有希伊子直識語，云希伊蓋於是年六月病卒。此譜爲最全者。後附録直所撰行狀、陝西巡撫陸有仁所作《崇祀名宦録》等。凡此皆可詳考希伊生平。其集現存稿本、抄本、刻本三個系統。稿本二種，一爲《青白堂存稿》十六卷《初稿》一卷《雜記》一卷，北京大學圖書館藏；二爲《王希伊稿》六册，中國社會科學院歷史研究所藏。鈔本二種，作《清白堂存稿》，國家圖書館藏九卷本，南京圖書館藏十卷本。同治三年刻本，作《清白堂存稿》十六卷，南開大學圖書館藏。本《文庫》據南京圖書館藏清抄本影印，卷首鈐『劉寶楠印』『楚楨』朱印，可知此本爲寶楠所抄，並經其校勘整理。（徐大軍）

小樓詩集八卷 （清）王嵩高著

王嵩高（一七三五—一八〇〇），字海善，號少林，清寶應人。乾隆二十八年進士。歷官平樂知府。王式丹曾孫。少承家學，以詩鳴於時，有《小樓詩集》存世。據《揚州畫舫録》記載，王嵩高曾在揚州執掌安定書院。是書爲王嵩高所作詩合集。凡八卷，吴熙載題端，署『道光丙申夏六月栞版，後學吴廷颺署』。詩人、書法家興化徐步雲作序，云：『觀集中諸作，閎中肆外，每興有所寄，靡不稱情而出。詞繁理富，揮灑自如。抑亦《龍竿》《罣蘇》之嗣響也。』《龍竿》《罣蘇》乃其曾祖王式丹詩集名。充分肯定王嵩高的家學淵源及其對於清代詩壇的影響。本書編排體例，亦仿王式丹《樓邨詩集》，依據作者不同的創作時期，由《江關集》《雲嵋集》《梧竹書堂集》《淮上吟》《游梁集》《得樹軒前集》《得樹軒詩鈔》《楚遊集》《都亭集》《梅巖詩草》《東華集》《梅巖後草》《東園詩草》《春樹集》《得樹軒後集》《瀛海集》《白河集》《灤陽集》《冰壺唱和》《撫松軒寄草》《藉山北園集》《文杏書堂集》等諸集組成。書後附王嵩高子嘉生於道光丙申（一八三六年）所撰的一篇小記，叙述本書編次、刊刻的過程。由小記中可知，王嵩高身後，數子家道綿薄，至於無力付梓，在姐夫、外甥等資助下，方克成其事。徐序作於道光元年，至此已逾十五載，個中曲折艱辛可嘆。本《文庫》據清道光十六年刻本影印。（孫葉鋒）

義迹山房詩稿 （清）劉履恂著

劉履恂有《秋槎雜記》，已著録。是書爲劉履恂詩集。不分卷，按詩體排序，首頁署『寶應劉履恂著』，末頁尾署『同郡後學劉文淇、凌曙、薛傳均、楊大承校字』。其詩多爲劉氏記録日常家居和外出爲官生活，以及親友酬答之作。有的詩提供了一些劉履恂的生活資料，如《夙謀邨居不果於慎牧齋中怦怦有動》一詩自注：『潁上在漢爲慎縣，《爾雅》「郊外謂之牧」，余館於此，遂以名齋。』可知劉履恂在潁上教學時有『慎牧齋』的室名。書末附録履恂之子寶樹、寶楙、寶楠所撰《國子監典簿顯考劉府君暨顯妣喬孺人行畧》，記載劉履恂家世、生平、仕歷、學術、婚配、子女等情況甚爲翔實，是研究寶應劉氏的重要文獻資料。本《文庫》據清道光元年興讓堂刻本影印。（李潔）

遊道堂集四卷 （清）朱彬著

朱彬生平，參見《寶應朱氏集存史料書牘》提要。此書一名《遊道堂文集》，爲朱彬文集。凡四卷，分别爲：卷一雜著，收録學術論著以及對前賢、友朋的回憶文章，其中《劉静之先生逸事》一文，可資考證劉永澄及寶應劉氏家族學術淵源；卷二書、序，收録作者與友朋的往來書札，其《經傳考證》《禮記訓纂》兩部著作的序文，亦收録在此；卷三壽序、記、傳、行狀，中有《劉端臨行狀》一文，詳述劉台拱生平事蹟；卷四銘、墓表、碑志、哀辭、祭文，其中《劒溪先生墓表》《劉氏家廟表》《國子監生喬君墓志銘》等文，均有助於對清代寶應一地的學術研究。書前有光緒二年曾國荃叙。據曾叙，曾國藩即出於朱士彦門下。由於咸、同兵燹，《遊道堂集》遲遲未能付梓，最終由朱彬曾孫朱曼伯偕諸昆弟等人，厥成其事。據《江蘇藝文志·揚州卷》載：此書有清同治七年袁浦刻本、光緒二年寶應朱氏刻本、一九一六年朱氏宜禄堂刻本、一九二六年朱氏宜禄堂刻本。本《文庫》據清同治七年袁浦刻本影印，卷四後有『金陵柏繼倫鐫』字樣。（孫葉鋒）

朱文定公詩集十卷　（清）朱士彦撰

朱士彦（一七七一——一八三八），字休承，號詠齋，清寶應人。嘉慶七年探花，授翰林院編修，歷任宮坊講讀學士、少詹事、内閣學士兼禮部侍郎、兵部侍郎、左都御史、工部尚書和吏部尚書等職。一生推誠務實，立朝清介，不瞻徇，亦不刻復。曾三次總裁禮部會試，歷經河南鄉試主考，在湖北、浙江、安徽出任學政，屢次充任殿試讀卷官。諳習河事，曾協助治理江蘇、安徽等地水災賑務，參與編纂《國史·河渠志》。道光十八年，以兵部尚書，充任會試主考官。由協辦大學士、兵部尚書，改任吏部尚書。秋天，逝於任上。詔嘉其性情直爽，辦事公正，贈太子太保，賜祭葬，謚文定。次年，其子扶靈柩回歸故里，葬於寶應。著有《朱文定公詩集》《解左》《賦頌説》。《清史稿》有傳。此集是朱士彦各個階段所作詩歌的彙編。編排以時間爲序，起於乾隆五十六年，迄於作者去世的道光十八年，從中可以反映出士彦一生足履所至及其生平交遊，其中有不少是與當時學者的唱和之作。如卷一《贈焦里堂》：『租驢博士日相逢，被酒何人識乃公。坐擁百城胸列宿，行吟七子氣如虹。大兒文舉今安在，老子韓非傳所同。甓社珠光知有意，才名不獨大江東。』反映出作者對學者焦循的推崇。本《文庫》據清道光刻本影印。（孫葉鋒）

吉金樂石山房文集一卷吉金樂石山房詩集一卷　（清）朱士端著

朱士端有《説文諧聲舉要》，已著録。朱士端精許氏學，是寶應朱氏一門代表人物之一。本書由《吉金樂石山房文集》《吉金樂石山房詩集》合刊而成。有『銓甫先生小像』一幀。又有銓甫自題詩句『亦仕亦隱，亦儒亦耕，循分似拙，責己似清』，這當是其生平寫照。《文集》中有不少清代寶應地方史實的記載，如《河西都天行宮記》《記寶應堤工二事》等，而《神威滅寇後記》《紫袍神滅寇紀畧》等，記叙了咸、同之際，太平軍進犯寶應的事實。《劉念樓論語正義序》一文云：『士端與念樓同出湯相國文端門下，留京師。念樓假館於余表弟汪孟慈氏，士端假館於石臞先生宅。兩家皆通儒門第。時友人陳雪峰、臧觀之、王子蘭泉、孟慈等，月必聚首數次，旅邸挑燈，講論竟夕。』劉念樓即劉寶楠，反映出朱士端與同時學者之間的學術交流，從另一個側面，亦能説明他的學術影響。《詩集》二卷。其詩歌作品，大都是平生足履所至的感懷，亦有與親友的倡和之作。《述近况》《五十志感》《六十自述》諸作，則是其不同階段的人生感悟。《文集》牌記署『同治三年三月開雕』。《詩集》牌記署『同治三年九月開雕』，書後附『春雨樓叢書校栞姓氏』，末署『揚氏醉石山房、劉氏二酉山館栞』。本《文庫》據清同治三年刻《春雨樓叢書》本影印。

（孫葉鋒）

伯琴詩存一卷伯琴文存一卷 （清）潘詠撰

潘詠（一七九〇—一八三六），字伯琴，清寶應人。槐庭子。幼失怙恃，育外舅劉鵷家。受業王瑶楨之門，瑶楨爲其父弟子，故雖少孤，而能傳其家學。年十一，手竿於地上，點畫縱横，諦審之，則《禹貢》山水澤地也。既長，益肆力於學，博覽古今天算諸書，一義未徹，輒思之廢寢食。古曆自《三統》以下，通其義藴。嘗以時憲術推演同治紀元合璧聯珠之瑞。其於輿地之學，凡經義沿革形勝，次第研究。詩宗漢魏，長於樂府。文亦樸茂近古。年三十六卒。著作僅存《伯琴詩存》《伯琴文存》。可參見《寶應人物志列傳》《清史列傳》。《伯琴詩存》一卷，爲潘詠所作詩集。凡收詩一百五十多首，未分類，古今體皆有。卷首有同治壬戌（元年）潘詠自序。其序云：『欲爲詩，甕冠瓿履耳，壁衣爐實耳。少年負氣，慷慨激蕩，中歲狂走長林豐草間，歌歡自適。』其所作詩，傲然自足，無鬱悒侘傺之意。樂府詩尤其出色，如《歐羅巴》一首，詩前有序一千零五字，述及咸豐八年英法聯軍攻陷大沽炮臺，進攻天津，清廷與各國簽訂條約事甚詳。末有同治十二年王豫卿跋，述及其受學於潘詠之往事。此集有清同治十二年刻本，一册，南京圖書館藏，本《文庫》據此本影印。《伯琴文存》一卷，爲潘詠所作文集。凡收文章十一篇，分别爲《籌淮篇》《上成心巢先生書》《築攔河壩議》《除盗篇》《土堡説》《田張二生記》《唐盛殉節記》《趙晋殺賊記》《陳烈婦殺賊記》《南清河失守記》《孔姚毛三君合傳》。凡於河道治理、社會治安等方面建議，皆頗有道理，惜早卒，不得盡施其才。故成蓉鏡評曰：『負經世之略，而未竟其用，鄉黨惜之。』（《寶應文苑事略》）末抄録《廣經室續鈔》中劉恭冕所撰《布衣潘伯琴傳》一文，可考潘詠生平。此文集蓋未刊行，未見著録，今僅存抄本一册，南京圖書館藏。原本破損嚴重，已經修補。本《文庫》據此本影印。（徐大軍）

緑陰山館吟稿二卷　（清）喬守敬著

喬守敬，字靖卿，號醉笙，晚號笙巢；又因應禮部試，未及歸赴父喪，故又自號莪生。清寶應人。載繇子。道光八年優貢，十七年舉人。博通經史百家，爲詩、古文辭，尤工詞，精楷法，遠近乞書無虚日。汪廷儒輯《廣陵思古編》，守敬贊助之力爲多。同邑朱士彦視學安徽，右遷入都，鄂、沈兩學使，守敬均客諸幕，先後凡七年。講學之餘，惟以詩酒自娱。授徒善誘掖，因材成器。邑之高才雄俊，半出其門。著有《紅藤館詞》《羡塘文録》等多種。是集爲守敬所作詩歌集，凡分二卷，收詩三百十七首。卷首有同治十一年王凱泰序，據序知此集蓋由凱泰校訂編次而成。凱泰於序中評守敬詩曰：『先生襟懷冲曠，純任天真，故所爲詩，寓真趣於澹雅，絶無塗附雕鎪之迹。』集中所收詩，大多爲守敬『自少壯以至中晚，釣弋之娱，遊覽之勝，朋舊繾綣之情，兵戈離亂之感，無不於詩乎寓之』（福輿《跋》）。其中有些詩寫得深沉悲宕，頗類杜甫詩風。如《大水嘆》一首云：『界首以南波渾淪，水天一色秋光新。田廬漂没不知岸，百里之外無居人。東南本是下游宅，連水去天未盈尺。』描寫高郵水災境況甚真切。卷末有同治十一年壬申孫毓汶序及守敬子福輿跋。據福輿跋可知，此詩集由守敬所著詩集《尺五遊草》《金陵遊草》《皖遊草》《壬寅癸丑詩録》《東陶漁唱》五種重新編輯彙爲一册而成。本《文庫》據上海圖書館藏清同治十一年刻本影印。（徐大軍）

廣經室文鈔一卷廣經室文鈔未刻手稿一卷　（清）劉恭冕著

劉恭冕（一八二四—一八八三），字叔俛，號勉齋，清寶應人。光緒五年舉人。幼隨其兄同受業於父劉寶楠，熟諳小學。十七歲隨父遊宦。咸豐五年，劉寶楠病逝時，其編纂的《論語正義》尚未成書，恭冕繼其編纂，歷經十年，『重複審核，手自繕録』，續成七卷，直至光緒初梓行。後入内閣學士朱蘭幕府。同治三年，曾國藩開辦金陵書局，朱蘭推薦劉恭冕參與其事。同治八年，李鴻章任湖廣總督兼署湖北巡撫，開辦湖北經心書院，劉恭冕受聘主持書院經訓講席，一時『湖北人士，争興於學，今之讀書有人之望者，多弟子籍』。《清史稿》中評價劉恭冕爲『守家學，通經訓』、『敦品飭行，崇尚樸學』。著有《論語正義補》《何休論語注訓述》。又先後修沔陽、潛江、黄岡、應山等州縣志。晚年在蘇南講學，擬撰《古文通假釋》，書未成而卒。廣經室，乃劉寶楠爲恭冕兄弟授業之所。清代嘉道以來，以段玉裁爲代表的一批學者注重博通，治學領域也超越了儒家《五經》或《十三經》的範疇。段玉裁曾提除《十三經》外，增加《大戴禮記》《國語》《史記》《漢書》《資治通鑒》《説文解字》《九章算術》《周髀算經》等八書，爲『二十一經』。劉恭冕贊同擴展儒經的主張，而所增書目與段氏稍異。他在《廣經室記》一文中云：『《史》《漢》《通鑑》又別自爲史，不比《國語》之與《左氏傳》相輔以行也。冕則取《國語》《大戴禮》《周髀算經》《九章算術》《説文解字》，而益以《逸周書》《荀子》入焉。』這在儒學發展史上是一個開拓性突破。《廣經室文鈔》一卷，光緒十五年由廣雅書局刊行。另有《廣經室文鈔未刻手稿》一卷，收文十九篇中，除《隰則有泮解》外，其餘均爲廣雅本未收録者。《隰則有泮解》篇手稿的增改之處，廣雅本均據已刊入，則此稿本當在刊本之前無疑。另有《擬纂修湖北通志凡例》一文，於例目、纂修事宜諸項，條分縷析，叙述尤詳。本《文庫》將廣雅書局刊本和未刊手稿合併影印收入。（孫葉鋒）

浪花草堂詩説　（清）劉桐撰

劉桐，字蓼莊，清寶應人。康乾時期的詩人，具體生平不詳。據本書之序跋，劉桐爲劉嶽雲之五世祖。是書又名《浪花書屋詩話》，爲劉桐論詩文章。書前有馮煦以及長寧後學無名氏之序，書末有劉嶽雲之跋。『先生所論凡千百言，佛卿所識別者不什一』，故本書目前保留下來的詩話僅一篇，其主旨在論七絶，『顧深婉而優於情，得風人之旨焉』。作者認爲，七絶應本諸性靈而又不可一字無來歷，不可太難亦不可太易；至於情中有景，景中有情，出於自然又有不可以言語盡者，『固非鈍根人所能解者耳』。僅存的此篇中，收録有作者一首詩作，『買花重到赤闌橋，春雨瀟瀟上畫橈。莫共東風便歸去，海棠深處正吹簫』，『蕢洲詞人以爲豐神絶世也』。後人評價其詩作，『清婉幽秀，在玉溪、樊川間』（馮《序》）。後人稱：『劉蓼莊先生論詩數則，皆中肯綮，誠初學之津梁也。』此書已佚，雖經劉嶽雲網羅輯得一篇，但此篇仍有不少闕失，現存有食舊德齋寫本，一册，揚州大學圖書館藏。本《文庫》據此本影印。（王永平　趙宣）

曹甸詩話鶴墅文墨曹甸藝文志　郝庶編著

郝庶（約一九一二—？），別名澍，也寫作樹，字紹洲、少洲。世居曹甸鎮。抗戰期間，避難各地，以教書爲業，後赴上海以賣詩文書畫謀生，曾與姚雪垠、趙丹、吴調公等相過從，一九五六年被動員還鄉任民辦教師。擅長詩詞書畫，熱愛鄉邦文獻。著有《郝樹詩抄》《紹洲紙談》《詩品舉例》《鶴墅隨筆》《淮甸春影録》《漢字聲韻分類法》。另編有《曹甸鎮志》，已收著。《曹甸詩話》卷端有『甲午春日油印』字樣，甲午爲一九五四年。曹甸原屬淮安山陽縣，今屬揚州寶應縣，是郝氏家鄉。此書所記以郝氏家族作家爲多，主要評曹甸詩人之詩集及作家的風格特點。書中記作者之學詩經過、其業師詩作及風格等甚詳。《江蘇地方文獻書目》稱：『歷代文獻記述一鄉一鎮掌故的著作不少，但專記一鄉一鎮詩話的著作則極爲少見，故本書值得關注。』《鶴墅文墨》，即郝氏隨筆。有《聯語》《尊卑小議》《勤不至》《如是性情録》《得便堂味簡》《文情泛雅録》等。《曹甸藝文志》（續編）不分卷，輯録多爲曹甸郝氏作者所作詩文。卷首有『代引』，以問答形式説明本篇之體例。主要收録郝其、郝雲臺等詩詞。可補曹甸一地藝文資料。本《文庫》據上海圖書館藏一九五四年油印本影印。（陳果嘉　孫葉鋒）

揚州文庫總目録·索引

目　次

揚州文庫總目録

第一輯　地方志類

第一册

嘉靖惟揚志三十八卷
（明）朱懷幹修　（明）盛儀輯　明嘉靖刻本
〔萬曆〕揚州府志二十七卷首一卷
（明）楊洵修　（明）徐鑾等纂　明萬曆二十九年修三十三年刻本

第二册

〔康熙三年〕揚州府志二十七卷首一卷
（清）雷應元纂修　清康熙三年刻本

第三册

〔康熙二十四年〕揚州府志四十卷（卷首至卷二十二）
（清）金鎮原本　（清）崔華　張萬壽續修　（清）王方岐續纂　清康熙二十四年刻本

第四册

〔康熙二十四年〕揚州府志四十卷（卷二十三至卷末）
（清）金鎮原本　（清）崔華　張萬壽續修　（清）王方岐續纂　清康熙二十四年刻本

第五册

〔雍正〕揚州府志四十卷
（清）尹會一纂修　（清）程夢星等纂　清雍正十一年刻本

第六册

〔嘉慶〕重修揚州府志七十二卷首一卷（卷首至卷三十五）
（清）阿克當阿監修　（清）姚文田等纂　清嘉慶十五年刻本

第七册

〔嘉慶〕重修揚州府志七十二卷首一卷（卷三十六至卷六十）
（清）阿克當阿監修　（清）姚文田等纂　清嘉慶十五年刻本

第八册

〔嘉慶〕重修揚州府志七十二卷首一卷（卷六十一至卷末）
（清）阿克當阿監修　（清）姚文田等纂　清嘉慶十五年刻本
〔同治〕續纂揚州府志二十四卷
（清）方濬頤修　（清）錢振倫等纂　清同治十三年刻本

第九册

〔萬曆〕江都縣志二十三卷
（明）張寧修　（明）陸君弼纂　明崇禎刻本
〔康熙〕江都縣志十六卷
（清）李蘇纂　清康熙五十六年刻本

第十册

〔雍正〕江都縣志二十卷圖一卷
（清）陸朝璣修　（清）程夢星等纂　清雍正七年刻本

第十一册

〔乾隆〕江都縣志三十二卷首一卷
（清）五格　黄湘修　（清）程夢星等纂　清乾隆八年刻本

第十二册

〔嘉慶〕江都縣續志十二卷首一卷
（清）王逢源修　（清）李保泰纂　清嘉慶十六年修光緒七年重刊本
光緒江都縣續志三十卷首一卷
（清）謝延庚修　（清）劉壽曾纂　清光緒十年刻本

第十三册

〔民國〕江都縣續志三十卷首一卷
錢祥保修　桂邦傑等纂　民國十五年揚州集賢齋刻本
〔民國〕江都縣新志十二卷末一卷
陳肇燊　馬鎮邦等修　陳懋森纂　民國二十六年刻本
〔民國〕江都縣續志稿鈔
佚名撰　稿本

第十四册

〔光緒〕增修甘泉縣志二十四卷首一卷（卷首至卷十一）
（清）徐成敟　桂正華修　（清）陳浩恩等纂　清光緒十一年刻本

第十五册

〔光緒〕增修甘泉縣志二十四卷首一卷（卷十二至卷末）
（清）徐成敟　桂正華修　（清）陳浩恩等纂　清光緒十一年刻本

第十六册

〔民國〕甘泉縣續志二十九卷首一卷
錢祥保等修　桂邦傑纂　民國十年揚州集賢齋刻本
〔民國〕甘泉縣續志采訪留稿
佚名撰　稿本
續修江都甘泉縣志徵訪條例
佚名撰　民國間揚州新勝街集賢齋鉛印本
〔隆慶〕儀真縣志十四卷
（明）申嘉瑞修　（明）李文等纂　明隆慶元年刻本

第十七册

〔康熙〕儀真縣志十二卷
（清）胡崇倫　舒文爍修　（清）湯有光　陳邦楨等纂　（清）馬章玉增修　清康熙七年刻三十二年增刻本
〔康熙〕儀真志二十二卷
（清）陸師修纂　清康熙五十七年采碧山堂刻本
〔嘉慶〕儀徵縣續志十卷
（清）顏希源　邵光鈐總纂　（清）吕彩　陳文憲分纂　稿本

第十八册

〔道光〕重修儀徵縣志五十卷首一卷
（清）王檢心修　（清）劉文淇　張安保總纂　清光緒十六年刻本

第十九册

江蘇通志儀徵縣志徵訪册稿
柳紹宗纂　稿本
〔隆慶〕高郵州志十二卷
（明）范惟恭修　（明）王應元纂　明隆慶六年刻本

第二十册

〔康熙〕高郵州志十卷
（清）孫宗彝纂　（清）李培茂增修　（清）余恭增纂　清康熙十一年刻二十三年增刻本
〔雍正〕高郵州志十二卷
（清）張德盛修　（清）鄧紹焕　汪士璜等纂　清雍正二年刻本

第二十一册

〔嘉慶〕高郵州志十二卷首一卷
（清）馮馨增修　（清）夏味堂等增纂　清道光二十五年重刻本

第二十二册

〔道光〕續增高郵州志
（清）張用熙　左輝春纂修　清道光二十三年刻本

〔光緒〕再續高郵州志八卷首一卷

（清）金元烺　龔定瀛修　（清）夏子鐊纂　　清光緒九年刻本

第二十三册

〔民國〕三續高郵州志八卷附新志補遺一卷前志正誤一卷

胡爲和　盧鴻鈞修　高樹敏纂　　民國十一年刻本

〔民國〕高郵志餘一卷高郵志餘補一卷

宣哲輯　　稿本

第二十四册

江蘇通志高郵徵訪録

佚名撰　　稿本

〔嘉靖〕寶應縣志略四卷

（明）聞人詮　宋佐纂修　　明嘉靖十七年楊瞻刻本

〔隆慶〕寶應縣志十卷

（明）湯一賢纂修　　明隆慶三年刻本

〔萬曆〕寶應縣志十二卷

（明）陳煃修　（明）吴敏道纂　　明萬曆二十二年刻本

〔康熙〕寶應縣志二十四卷圖一卷

（清）徐𧾷連修　（清）喬萊纂　　清康熙二十九年刻本

第二十五册

寶應圖經六卷首二卷

（清）劉寶楠撰　　清光緒九年淮南書局刻本

〔道光〕重修寶應縣志二十八卷首一卷

（清）孟毓蘭修　（清）喬載繇等纂　　清道光二十年湯氏沐華堂刻

〔咸豐〕重修寶應縣志辨一卷

（清）劉贊勳撰　　清咸豐木活字本

第二十六册

〔民國二十一年〕寶應縣志三十二卷首一卷

戴邦楨　趙世榮修　馮煦　朱學程　朱萇生纂　　民國二十一年鉛印本

〔民國二十三年〕寶應縣志

周敦禮增纂　　民國二十三年鎮江江南印書館鉛印本

第二十七册

〔弘治〕兩淮運司志八卷

（明）徐鵬舉　史載德等編纂　　明弘治刻本

〔嘉靖〕兩淮鹽法志十二卷

（明）楊選　陳暹修　（明）史起蟄　張榘撰　　明嘉靖三十年刻本

〔康熙〕兩淮鹽法志二十八卷（卷首至卷八）

（清）謝開寵總纂　（清）崔華　程浚等參訂　　清康熙刻本

第二十八册

〔康熙〕兩淮鹽法志二十八卷（卷九至卷末）

（清）謝開寵總纂　（清）崔華　程浚等參訂　　清康熙刻本

第二十九册

〔雍正〕敕修兩淮鹽法志十六卷

（清）噶爾泰纂輯　（清）程夢星等纂　　清雍正刻本

第三十册

〔乾隆〕兩淮鹽法志四十卷首一卷（卷首至卷十三）

（清）吉慶監修　（清）王世球纂　　清乾隆十三年刻本

第三十一册

〔乾隆〕兩淮鹽法志四十卷首一卷（卷十四至卷末）

（清）吉慶監修　（清）王世球纂　　清乾隆十三年刻本

第三十二册

〔嘉慶〕兩淮鹽法志五十六卷首四卷（卷首至卷二十三）

（清）佶山監修　（清）單渠總纂　（清）方濬頤續纂　　清同治九年揚州書局重刻本

第三十三册

〔嘉慶〕兩淮鹽法志五十六卷首四卷(卷二十四至卷末)
(清)佶山監修 (清)單渠總纂 (清)方濬頤續纂 清同治九年揚州書局重刻本

第三十四册

〔光緒〕兩淮鹽法志一百六十卷首一卷(卷首至卷三十七)
(清)王定安等纂修 清光緒三十一年刻本

第三十五册

〔光緒〕兩淮鹽法志一百六十卷首一卷(卷三十八至卷七十四)
(清)王定安等纂修 清光緒三十一年刻本

第三十六册

〔光緒〕兩淮鹽法志一百六十卷首一卷(卷七十五至卷一百十七)
(清)王定安等纂修 清光緒三十一年刻本

第三十七册

〔光緒〕兩淮鹽法志一百六十卷首一卷(卷一百十八至卷末)
(清)王定安等纂修 清光緒三十一年刻本

第三十八册

〔嘉慶〕瓜洲志稿
(清)王豫纂 清嘉慶稿本

嘉慶瓜洲志八卷首一卷
(清)吴耆德 王養度纂修 (清)馮錦 常德編輯 民國十二年瓜洲于氏凝暉堂鉛印本

〔民國〕瓜洲續志二十八卷首一卷
于樹滋編輯 民國十六年瓜洲于氏凝暉堂鉛印本

第三十九册

北湖小志六卷首一卷
(清)焦循撰 清嘉慶十三年揚州阮氏刻本

北湖續志六卷
(清)阮先輯 清道光二十七年揚州阮氏刻本

北湖續志補遺二卷
(清)阮先輯 清咸豐十年揚州阮氏刻本

甘泉五塘志
佚名撰 稿本

甘棠小志四卷首一卷末一卷
(清)董醇撰 清咸豐五年甘棠董氏刻本

甘棠小志節録小注附新增一卷
(清)王開益編 清光緒二年刻本

崔堡小志一卷
王宗筠撰 抄本

曹甸鎮志
郝澍撰 1946年油印本

廣曹甸志
邵騶纂 1946年油印本

揚州營志十六卷
(清)陳述祖修 (清)鄭餘堂 李北山撰 清道光十一年刻本

揚州休園志八卷首一卷
(清)鄭慶祜纂 清乾隆三十八年察視堂自刻本

第四十册

平山志四卷
(清)行昱纂輯 清康熙刻本

平山攬勝志十卷
(清)汪應庚編 清乾隆七年刻本

平山堂小志十二卷
(清)程夢星編纂 清乾隆十六年刻本

平山堂志八卷首一卷
(清)盧見曾纂 稿本

平山堂圖志十卷名勝全圖一卷
(清)趙之壁編纂 清乾隆三十年刻本

建隆寺志略十卷
(清)昌立纂輯 (清)史椿齡 陳寓泰編 清道光十九年吾無隱居刻本

第二輯 地方史料類

第四十一册

歷代地理總志揚州資料選輯
(宋)樂史等撰 《四庫全書》本 《士禮居叢書》影宋本 抄本 清道光刻本等

廣陵妖亂志
（五代）郭廷誨撰　《藕香零拾》本
桂苑筆耕集二十卷
〔新羅〕崔致遠撰　無錫孫氏小緑天所藏高麗舊刻本
揚州賦續揚州賦
（宋）王觀撰（宋）陳洪範續撰　抄本
揚州變略
（明）佚名撰　清宣統三年鉛印《痛史》本
維揚殉節紀略一卷首一卷
（明）史得威撰　《借月山房彙鈔》本
廣陵十日記
（清）王秀楚撰　抄本
揚州城守紀略一卷
（清）戴名世撰　《揚州叢刻》本
咸同廣陵史稿四卷
（清）佚名撰　清抄本
北湖避寇草
（清）汪鋆撰　稿本
咸豐三年避寇日記
（清）符南樵撰　抄本
揚州劫餘小誌三卷
（清）臧穀撰　1961年抄本
揚州禦寇録三卷
（清）倪在田撰　《揚州叢刻》本
揚州辛亥吟
許幼樵撰　民國抄本
揚州辛亥歌謡·十古怪
許幼樵撰　1961年《揚州風土詞萃》抄本

第四十二册

浮淮集七卷
（明）歐大任撰　明隆慶萬曆間刻清印本《歐虞部集》本
廣陵通典十卷
（清）汪中撰　清同治八年刻本
揚州畫舫録十八卷
（清）李斗撰　清同治刻本
邗記六卷
（清）焦循著　《傳硯齋叢書》本
廣陵考
（清）焦循著　清道光四年刻《雕菰集》本
項羽都江都考一卷
（清）劉文淇撰　《揚州叢刻》本
揚州輿地沿革表一卷
（清）楊丕復撰　《揚州叢刻》本
揚州歷代疆域沿革圖説
（清）徐庭曾撰　徐芝田補圖　1963年據徐芝田稿本曬圖藍本
揚州歷史易知編一卷
（清）湯寅臣撰　清光緒三十二年刻本
揚州歷史教科書
（清）湯寅臣撰　清光緒三十四年鉛印本
江都沿革一覽表
（清）湯寅臣撰　民國十八年鉛印本
揚州江甘人物歷史課本
（清）徐鼎彝編著　清宣統元年刻本
江都縣鄉土史
王鳳仁著　民國油印本
高郵州鄉土志
（清）佚名撰　抄本
高郵鄉土志
張孝則編　民國油印本
高郵縣鄉土表解
沈石如編　民國十九年鉛印本
寶應録
（唐）鄭棨撰　明嘉靖二十三年陸楫儼山書院刻《古今説海》本

第四十三册

揚州水道記四卷
（清）劉文淇著　清同治十一年淮南書局補刻本
廣陵曲江復對
（清）張大昌撰　《武林掌故叢編》本
揚州水道圖説
（清）徐庭曾撰　清光緒刻本
揚州鹽河水利沿革圖説
（清）徐庭曾撰　稿本
邗溝故道歷代變遷圖説
（清）徐庭曾撰　1963年藍曬本
淮揚治水利害議
（清）錢湘靈撰　抄本

淮揚水利圖説
（清）馮道立著　清道光十九年刻朱墨套印本
江北治河要策
（清）章鈞撰　清光緒三十三年石印本
揚州水利圖説
胡澍著　揚州古舊書店抄本
揚州水利論一卷
（清）佚名撰　《揚州叢刻》本
治下河水論一卷
（清）張鵬翮撰　《揚州叢刻》本
下河水利集説二卷
（清）劉台斗撰　清稿本
下河集要備考
（清）朱楹輯　抄本
下河水利新編三卷
（清）孫應科編著　清道光三十年本吾堂刻本
洩湖水入江議一卷
（清）葉機著　《揚州叢刻》本
江北運河决堤碑記
陳延韡撰　王景琦書　搨本
邵伯船閘工程述要
導淮委員會邵伯船閘工程局編　雷鴻基撰
1934年鉛印本
馥記營造廠承建導淮委員會邵伯淮陰劉澗三船閘工程紀念册
佚名撰　1936年鉛印本
疏浚邵伯三江營段航道計畫概要疏浚邵伯瓜洲段航道計畫概要
導淮委員會邵伯船閘工程局編　1937年鉛印本
三十六陂春水圖題詠
（清）金應麟撰　丁氏當歸草堂抄本

第四十四册

廣陵逸草
（清）郝璧撰　清順治間刻《郝藺石先生集》本
揚州鼓吹詞序一卷
（清）吴綺著　《揚州叢刻》本
廣陵舊蹟詩
（清）郭士璟著　清焦循抄本
廣陵詠古詩
（清）梅庚　蔣瑛　葉澐撰　清康熙三十五年刻本
邗江雜詠
（清）戈守智撰　清乾隆二十六年刻本
廣陵懷古三十首平山雜咏三十首
（清）潘鎬撰　清稿本
揚州古蹟題詠記二卷
（清）羅聘輯　清抄本
邗上集一卷
（清）劉大觀著　清嘉慶道光間刻《玉磬山房詩集》本
廣陵覽古七卷
（清）顧鑾輯　清嘉慶十三年顧氏研經室刻本
揚州莧灣勝覽一卷
（清）源印編　《揚州叢刻》本

第四十五册

揚州詠古五排詩鈔
（清）談怡曾撰　抄本
揚州擬題分韻
（清）止止室主人輯　清道光二十九年刻本
揚州攬勝賦鈔初集四卷五集四卷
（清）郭晋超編　清光緒五年印山堂刻本
揚州雜詠
（清）臧穀撰　民國五年長沙刻本
選巷叢譚二卷
（清）况周頤撰　清光緒三十三年刻《蕙風叢書·阮盦筆記五種》本
揚州覽勝録七卷首一卷
王振世撰　1942年鉛印本
閒話揚州
易君左撰　1934年中華書局鉛印本
廣陵名勝全圖
（清）佚名撰　清乾隆刻本
廣陵名勝圖
（清）佚名撰　清乾隆刻本
揚州二十四景詩畫圖
（清）李廣心　楊若霖　團連城著　（清）閔深枝繪畫
清刻本
揚州城東八景圖
（清）施際雲輯　（清）汪鋆繪圖　清光緒稿本
阮芸台珠湖草堂圖
（清）鄧實輯　清宣統元年上海神州國光社影印

本

實應名勝紀略二卷

（清）劉中柱著　清乾隆九年刻本

淮甸春影録

郝澍撰　1954年油印本

明唐襄文公揚州專祠崇祀新録

趙敬謀編　1929年鉛印本

阮元專祠録

（清）佚名編　清光緒刻本

吴榮禄公揚州專祠録附天津祔祀録

（清）佚名編　清光緒刻本

第四十六册

重訂賦役成規・揚州

（明）熊尚文等撰　明萬曆四十三年刻《重訂賦役全書》本

廣陵從政録一卷

（清）周際華撰　清道光十九年家蔭堂刻本

淮鹺備要十卷

（清）李澄輯　清道光刻本

淮南鹽務臆言兩淮鹽務議略

（清）董恂撰　清末《董氏五種》朱格朱絲欄稿本

仙鎮禹王宫公産録

（清）徐正銘編　清同治十三年刻本

江都縣城厢市房東訴請撤銷縣公署取締規則全案

佚名編　民國鉛印本

江都縣縣政討論及辦理縣政的思考

謝持方著　民國稿本

江都縣政府實習總報告

章駒著　民國稿本

江都縣之財務行政及收入支出實習報告

董載泰著　民國稿本

第四十七册

江都縣財政局實習總報告

鄧傑著　民國稿本

江都縣之税款收支及財政管理

吕澤智著　民國稿本

江都田賦及其最近清賦風潮

湯一南撰　民國稿本

江蘇省江都縣土地陳報概略

佚名撰　1934年財政部整理地方捐税委員會鉛印本

江都實習調查日記

吴致華撰　民國稿本

江都耕地分配

吴致華撰　民國稿本

江蘇省立揚州蠶業試驗場十七年度工作概况

江蘇省立揚州蠶業試驗場編　民國鉛印本

高寶湖區土地經濟調查報告

導淮委員會編　1934年鉛印本

高寶湖區新地興墾計劃草案

導淮委員會編　1935年6月導淮委員會鉛印本

寶應縣保甲須知彙編

江蘇省寶應縣政府編　1934年鉛印本

寶應縣之佃租調查

馬寶華著　民國稿本

寶應長湖墾殖公司計畫説明書附招股簡章創辦簡章

熊希齡等編撰　清宣統二年京華印書局鉛印本

寶應長湖墾殖公司第一次報告書

佚名撰　1912年中國圖書公司代印本

長湖墾殖公司佃農自治規約

佚名撰　民國石印本

第四十八册

光緒五年揚州新舊城設廠施粥收支錢米數目

（清）佚名撰　清光緒刻本

揚鎮沙洲義振函電存稿

（清）佚名撰　清光緒三十二年抄本

江甘灾賑各稿

（清）佚名撰　清光緒抄本

蘇省鎮揚水灾振工徵信録

鎮揚水灾義振會編　1922年鎮江大成書局鉛印本

世界紅卍字會江都分會辦理江北水災急賑各項賑品及款目收支徵信録

世界紅卍字會江都分會編　民國鉛印本

江都貧兒院辦理概况第一次報告書

江都貧兒院編　1923年鉛印本

真州救荒録八卷

（清）王檢心纂　清末抄本

馬棚灣漫工始末

（清）范玉琨編　清道光二十五年刻《小靈蘭館家乘》本

寶應縣捐修風水洞訟案

（清）佚名撰　清光緒抄本

寶應弭患商榷書

居福生撰　1917年寶應墨緣社石印本

第四十九册

修繕揚州文匯閣工料函牘

（清）佚名撰　清抄本

廣陵冢墓遺文

（清）羅振玉撰　1915年影印本

刻竹瑣談

周无方著　民國二十年鉛印本

刻竹經驗談

周无方著　民國二十年《東方雜志》第28卷第23號

蘇省江北長途汽車公司第一次報告書

盧殿虎等撰　民國十四年鉛印本

花部農譚

（清）焦循撰　清稿本

竹西春社鈔

（清）愛素生選輯　清嘉慶二十四年刻本

揚州方言韻語長短句

夢雨老人輯　清光緒刻本

點綴方言·揚州話

嚴鏡述　民國刻本

揚州的傳説

蕭漢編　民國十七年鉛印本

里堂家訓二卷

（清）焦循撰　稿本

揅經室訓子文筆二卷

（清）阮福編　清光緒刻本

姚氏家訓附文法直指

（清）姚澍撰　清同治十一年姚光鼐刻本

揚州芍藥譜

（宋）王觀撰　《百川學海》本

揚州瓊華集一卷

（明）楊端撰　明成化刻本

廣陵瓊花志三卷

（明）馬駢撰　據清天禄閣抄本録副

瓊花集五卷

（明）曹璿輯　《揚州叢刻》本

瓊花志一卷

（清）朱顯祖編　（清）周熙訂　《昭代叢書》本

瓊花題詠全集

（清）貴正辰纂輯　清咸豐二年古蕃釐觀刻本

第五十册

文選樓藏書記六卷

（清）佚名撰　李氏越縵堂抄本

墨香書屋藏書目

（清）佚名編　抄本

珍書享帚録

朱長圻編　1936年鉛印本

揚州金石目

宣哲撰　稿本

揚州金石編目

宣哲撰　稿本

高郵縣立圖書館概況

佚名編　1928年鉛印本

寶應縣志書目校補

成永撰　1988年政協寶應縣委員會文史科翻印本

第五十一册

儀徵吴氏有福讀書堂藏書簡明總册

（清）吴引孫編　紅格抄本

揚州吴氏測海樓藏書目録十二卷

（清）吴引孫編　清宣統二年揚州吴引孫家刻本

揚州徐氏藏書目

佚名編　抄本

第五十二册

道光十六年揚州府縣學名宦鄉賢册

（清）佚名編　稿本

江甯揚州府學堂志一卷

（清）沈維驥撰　稿本

揚州儀董學堂章程

（清）佚名撰　清刻本

揚州儀董學堂藏書目
（清）儀董學堂編　清光緒刻本
兩淮師範學堂職員姓氏録
（清）佚名編　清宣統元年鉛印本
揚州兩淮儀董學堂同學録
佚名編　1921年揚州徐青雲齋石印本
一年來之揚中
中央大學區立揚州中學出版委員會編　民國十七年鉛印本
蘇揚中小校行政概況
江蘇省立揚州中學實驗小學編輯課編　民國十八年鉛印本

第五十三册

揚州中學實習報告
俞思敬 廖人祥 康世誠 謝維申 趙芝慶著　民國稿本
江蘇省立揚州中學等校實習及參觀地方教育報告
李超英 錢安毅 劉悉規 鍾志鵬 劉玉書著　民國稿本
省立揚州中學實習報告
高焕陞 曹魁武 夏昌桃 劉坤璞 魏興德著　民國稿本
省立揚州實驗小學江都縣教育局實習報告及實習日記
高焕陞 曹魁武 夏昌桃 劉坤璞 魏興德著　民國稿本
江蘇省立揚州中學校友録
江蘇省立揚州中學編　1936年鉛印本
江蘇省立揚州中學女子生活部訓練實況
江蘇省立揚州中學編輯　1937年鉛印本
真州學策
（清）佚名編　清抄本

第五十四册

梅花書院課藝一集
（清）晏端書編　清同治十一年刻本
梅花書院課藝二集
（清）晏端書編　清光緒元年刻本
梅花書院課藝三集
（清）晏端書編　清光緒八年梅花書院刻本
安定書院課藝
（清）錢振倫編　清同治刻本
安定書院小課二集
（清）錢振倫編　清光緒十三年揚州宏文齋嚴寬甫刻本
廣陵書院課藝
（清）范凌夔編　清光緒十六年揚州鎔鑄樓鉛印本

第五十五册

揚州西山小志
（清）林溥撰　抄本
揚州風土記略三卷
徐謙芳撰　抄本
廣陵小正一卷
佚名撰　《揚州叢刻》本
真州風土記
（清）厲秀芳著　《小方壺齋輿地叢鈔》本
廣陵竹枝詞
（清）郝璧撰　清順治刻《郝蘭石先生集》本
隋堤柳枝詞
（清）林九棘撰　清康熙刻《十詠堂稿》本
廣陵古竹枝詞
（清）佚名撰　1961年《揚州風土詞萃》抄本
揚州畫舫詞
（清）韓日華撰　1961年《揚州風土詞萃》抄本
廣陵秋興
王追騏著　1961年《揚州風土詞萃》抄本
揚州夢香詞注
（清）費軒著　1961年《揚州風土詞萃》抄本
揚州竹枝詞一卷
（清）董偉業著　《揚州叢刻》本
續揚州竹枝詞
（清）林蘇門撰　抄本
邗江三百吟十卷
（清）林蘇門撰　清嘉慶十三年刻本
邗江竹枝詞
（清）佚名撰　1961年《揚州風土詞萃》抄本
揚州竹枝詞
（清）孔慶鎔撰　1961年《揚州風土詞萃》抄本
小遊船詩

（清）辛漢清撰　　清光緒二十八年刻本

續揚州竹枝詞

（清）臧穀著　　1961 年《揚州風土詞萃》抄本

瓜洲伊婁河櫂歌

于樹滋撰　　1930 年鉛印本

集揚州俗語詩

高乃超撰　　抄本

望江南百調

（清）黄鼎銘撰　　稿本

赤湖雜詩二卷

（清）阮先　阮充撰　　清同治刻本

渌湖竹枝詞

（清）阮充撰　　1961 年《揚州風土詞萃》抄本

真州竹枝詞

（清）厲秀芳著　　清咸豐十年刻本

真州雜詠二卷

（清）高頌禾撰　　稿本

菱川百詠

（清）韋柏森撰　　清光緒十六年刻本

秦郵竹枝詞

（清）韋柏森著　　清光緒十六年刻本

廣陵游草

（清）錢岳撰　　清刻本

邗江遊記

南邨居士撰　　1914 年涵青山房石印涵青主人輯《古今游記叢鈔》本

揚州畫舫紀游圖

佚名撰　　刻本

揚州游覽指南

楊則友著　　1916 年揚州志成印書館鉛印本

第三輯　傳記年譜家乘類

第五十六册

廣陵十先生傳

（明）歐大任撰　　明隆慶萬曆間刻清印《歐虞部集》本

廣陵詩事十卷

（清）阮元編　　清嘉慶六年浙江節署刻本

揚州畫苑録四卷

（清）汪鋆輯　　清光緒十一年刻本

江揚衆史録

竹居主人編　　稿本

揚州府宦浙同官録

（清）周劍青編　　清同治十三年刻本

廣陵詩人小傳録存

（清）陸仁壽輯　　清抄本

勝朝殉揚録三卷

（清）劉寶楠輯　　清同治十年淮南書局刻本

揚州義民别傳

胡山源著　　1941 年上海世界書局鉛印本

第五十七册

揚城殉難録四卷附一卷

（清）劉文淇　王翼鳳編　　清同治光緒間刻本

揚城殉難續録二卷

（清）鄭士烺編　　《揚州叢刻》本

邗江鍾毓

（清）詹坦撰　　清光緒二十九年揚州府學活字本

廣陵私乘

湯寅臣著　　民國鉛印本

蕪城懷舊録三卷補録一卷

董玉書編　　1948 年上海建國書店鉛印本

明代寶應人物志

（清）朱克生撰　　抄本

寶應耆舊傳二卷

（清）范士齡輯　　清道光六年寶應范氏刻本

寶應人物志列傳

（清）劉寶楠撰　　稿本

寶應祀典紀略三卷

（清）劉寶楠撰　　稿本

寶應儒林事略一卷

（清）成孺撰　　《成氏遺書》本

寶應文苑事略一卷

（清）成孺撰　　《成氏遺書》本

江渚貞烈志

（清）熊維熊編著　　清焦循抄本

廣陵女士殿最

（明）萍鄉花史撰　　《説郛續》本

廣陵香影録

（清）徐鳳采著　　清道光元年自刻本

竹西花事小録一卷

（清）芬利它行者編 《香艷叢書》本

廣陵花册

（清）愛蓮居士重訂 清光緒二十七年惜紅室刻本

廣陵花譜一卷

（清）病鶴編 清光緒二十九年刻本

敕賜平山棲靈寺同戒録

（清）祥堅輯 清乾隆二十三年刻本

過海大師東征傳

［日］真人元開撰 1922年鉛印本

第五十八册

石研齋主年譜

（清）秦巘編 清抄《江都秦氏遺書五種》本

容甫先生年譜年表

（清）汪喜孫編 《江都汪氏叢書》本

汪荀叔自撰年譜一卷

（清）汪喜孫編 民國灰格抄本

江子屏先生年譜一卷

閔爾昌編 民國十六年江都閔氏刻本

理堂日記

（清）焦循著 抄本

焦理堂先生年譜

閔爾昌編 民國十六年江都閔氏刻本

焦里堂先生年譜一卷

王孝魚編 民國二十二年《焦學三種》鉛印本

還讀我書室老人手訂年譜二卷

（清）董醇編 清光緒甘泉董氏家刻本

通齋自記

（清）蔣超伯編 清光緒二年刻本

養雲主人六旬以前年譜雜記一卷附續紀一卷

（清）王楙官編 清光緒三十二年石印本 1917年鉛印本

雷塘庵主弟子記八卷

（清）張鑒 阮常生等編 清道光儀徵阮氏琅嬛仙館刻本

劉孟瞻先生年譜二卷附録一卷校勘記一卷

［日本］小澤文四郎編 民國二十八年北平文思樓鉛印本

第五十九册

文節府君年譜

（清）吴養原編 清咸豐同治間刻《吴文節公遺集》本

龍川夫子年譜

（清）謝逢源編 稿本

吴引孫自述年譜

（清）吴引孫編 稿本

左盦年表左盦著述繫年及傳略

錢玄同編 《劉申叔先生遺書》本

盛白沙烈士年譜

盛成編 儀徵縣縣志辦公室油印本

宋孫莘老先生年譜一卷補遺一卷

（清）茆泮林編 清道光二十五年刻本

淮海先生年譜一卷

（清）秦瀛編 清嘉慶二年秦氏刻本

孫宗彝年譜一卷

（清）孫弓安編 清同治九年《愛日堂文集》附刻本

檢討公年譜一卷附刻一卷

（清）夏味堂輯 清乾隆四十九年高郵夏氏半舫齋家刻本

府君澹人公行略

（清）夏齊林 夏雲林編 清刻本

高郵王氏父子年譜一卷

劉盼遂編 民國《段王學五種》鉛印本

王石臞先生年譜一卷

閔爾昌編 民國刻本

王伯申先生年譜一卷

閔爾昌編 民國刻本

第六十册

劉職方公年譜

（清）劉穎編 民國朱絲欄抄本

朱止泉先生年譜一卷

（清）朱輅編 抄本

王白田先生年譜

（清）佚名編 稿本

先府君恪齋公行狀

（清）朱百遂編 清同治刻本

劉端臨先生年譜

劉文興編 1932年《國學季刊》第3卷第2期

寶應劉楚楨先生年譜一卷
劉文興編　1933年《輔仁學志》第4卷第1期
王文勤公年譜
（清）王凱泰編　抄本
史可法年譜一卷
楊德恩編　商務印書館1940年版《民國叢書》第四編
石濤上人年譜
傅抱石編　1948年京滬周刊社鉛印本
鄭板橋年表
任乃賡編　抄本
凌次仲先生年譜四卷
（清）張其錦編　民國《安徽叢書》本

第六十一册

史氏揚州城東支譜
（清）史有慶編　清嘉慶十五年教忠堂刻本
維揚浦頭張氏族譜
（清）張瑚等修　民國三年活字本
儀徵厲氏家譜三卷首一卷末一卷
厲萬青等修　1940年揚州大成印製局鉛印本
（高郵）重修金氏宗譜
（清）金長福纂　清抄本
寶應朱氏家乘十卷
（清）朱克生纂修　清康熙刻本

第六十二册

孤兒編三卷
（清）汪喜孫撰　民國《重印江都汪氏叢書》本
汪氏學行記六卷
（清）汪喜孫撰　民國《重印江都汪氏叢書》本
林氏一家言
（清）佚名編　清刻本
阮元家書
（清）阮元著　稿本
阮文達公致仕後家書
（清）阮元著　稿本
青谿舊屋儀徵劉氏五世小記
梅鋕纂　1962年玉夔龍館油印本
高郵王氏志傳事實
（清）佚名編　清咸豐刻本
高郵王氏六葉傳狀碑誌集六卷
羅振玉輯　民國《高郵王氏遺書》本
猶存集四卷
（清）孫仝轍　孫應科輯　清道光十五年小康書屋刻本
寶應鄭氏贈言録五卷
（清）鄭乾清編　清吟松閣刻《鄭氏一家言》本
王白田書札
（清）王懋竑著　稿本
王希伊夫婦墨蹟
（清）王希伊編著　稿本

第六十三册

寶應鄉賢劉蓼野端臨喬梓遺札
（清）劉世謩　劉台拱等撰　清稿本
清芬外集八卷
（清）劉寶楠輯　清抄本
兩世鄉賢録崇祀名宦録
（清）佚名輯　清嘉慶二十一年刻《劉端臨先生遺書十種》本
寶應朱氏集存史料書牘
佚名編　稿本
寶應朱曼伯等資料雜輯
佚名輯　稿本
成氏先德傳
（清）成孺撰　《成氏遺書》本

第四輯　學術著述類

第六十四册

博雅音十卷
（隋）曹憲撰　（清）王念孫校　清光緒刻《畿輔叢書》本
説文解字韻譜五卷
（五代）徐鍇撰　元延祐三年種善堂刻本
王先生十七史蒙求十六卷
（宋）王令撰　清康熙海陽程氏刻本
樂菴先生遺書四卷附後題一卷
（宋）李衡述　（宋）龔昱編　明萬曆四十六年李通刻本
庶齋老學叢談三卷

（元）盛如梓撰　　清嘉慶刻《知不足齋叢書》本

復套議二卷

（明）曾銑撰　　明萬曆刻本

博蒐録

（明）桑喬撰　　舊鈔本

新鎸易經家訓六卷

（明）王納諫撰　　明孫承義刻本

第六十五册

閻紅螺説禮三十三卷

（明）閻有章撰　　明崇禎九年刻本

左國類函二十四卷

（明）鄭元勳　王光魯纂　　明崇禎刻本

第六十六册

鐵橋志書二卷

（明）梁于涘　扶綱輯　（清）朱潮遠重輯　　明崇禎紫陽書院初刻康熙四年揚州四本堂補刻本

香乘二十八卷

（明）周嘉胄撰　　明崇禎十六年周嘉胄自刻本

裝潢志

（明）周嘉胄著　　《昭代叢書》本

客齋餘話四卷

（明）徐石麒著　　清光緒《傳硯齋叢書》本

坦菴枕函待問編五卷

（明）徐石麒著　　清光緒《傳硯齋叢書》本

雲谷卧餘二十卷雲谷卧餘續八卷

（清）張習孔著　　清順治十八年自刻本

第六十七册

清湘老人題記一卷附一卷苦瓜和尚畫語録一卷

（清）石濤著　（清）汪鋆輯　　清光緒九年儀徵汪氏刻本

大滌子題畫詩跋四卷

（清）石濤撰　（清）汪繹辰輯　　民國《美術叢書》鉛印本

音韻須知二卷問奇一覽二卷

（清）李書雲輯　（清）朱素臣校　　清康熙香芸閣刻本

補三史藝文志一卷

（清）金門詔撰　　清光緒九年刻《八史經籍志》本

天慵菴筆記二卷

（清）方士庶撰　　《仰視千七百二十九鶴齋叢書》本

續方言疏證二卷

（清）沈齡撰　　清光緒刻《木犀軒叢書》本

四書講義集説

（清）李道南纂　　清乾隆三十年還是讀書堂刻本

江都陳氏四種

（清）陳本禮撰　　清嘉慶裛露軒刻本

第六十八册

述學三卷外篇一卷補遺一卷别録一卷

（清）汪中撰　　清道光三年仿宋小字本

質疑删存三卷

（清）張宗泰著　　《聚學軒叢書》本

秦敦夫筆録

（清）秦恩復著　　稿本

攷厔考古録四卷附校勘記

（清）鍾褱撰　鮑鼎校　　清嘉慶十三年阮元刻本

里堂書跋二卷

（清）焦循著　　稿本

詩韻集成十卷

（清）余照輯　　清同治三年連元閣刻本

世本輯補十卷

（清）秦嘉謨輯　　清嘉慶二十三年琳琅仙館刻本

第六十九册

春秋公羊禮疏十一卷

（清）凌曙撰　　清嘉慶二十四年刻《蜚雲閣凌氏叢書》本

續博物志疏證十卷附補遺一卷

（清）陳逢衡撰　　稿本

金玉瑣碎二卷

（清）謝堃撰　　清道光二十年刻《春草堂集》本

腜鯖小紀一卷

（清）薛傳均撰　　清稿本

南漘楛語八卷

（清）蔣超伯輯　　清同治十年刻本

筭學啓蒙通釋三卷

（清）徐鳳誥著　　清光緒十二年求是齋刻本

嬰闇題跋四卷
　秦更年撰　1959年油印本

第七十册

清代樸學大師列傳
　支偉成纂　民國泰東書局鉛印本

第七十一册

揚州足徵續録稿
　佚名輯　稿本
江都方言考釋三十三卷附録二卷
　張洪義著　據稿本複印本

第七十二册

清庵先生中和集前集三卷後集三卷附道德會元
　（元）李道純撰（元）蔡志頤編　明覆元大德刻本
尚書私學四卷
　（清）江昱纂　清乾隆二十一年刻本
周禮經注節鈔七卷周禮注疏獻疑七卷
　（清）許珩輯　清嘉慶十六年刻本
群經釋地一卷
　（清）戴清撰　清嘉慶十五年刻本
詩書古訓六卷
　（清）阮元撰　清道光二十一年刻本

第七十三册

曾子注釋四卷
　（清）阮元撰　清道光二十五年重刻本
孝經義疏補九卷首一卷
　（清）阮福撰　清道光十四年刻本
尚書傳疏大意
　（清）劉文淇撰　稿本
資治通鑑地理今釋十六卷
　（清）吴熙載撰　清光緒八年江蘇書局刻本
周易舊疏考正一卷尚書舊疏考正一卷
　（清）劉毓崧著　《皇清經解續編》本

第七十四册

龍學孫公春秋經解十五卷
　（宋）孫覺著　清康熙刻《通志堂經解》本
孫公談圃三卷
　（宋）孫升述（宋）劉延世録　《百川學海》本
宋二孫先生奏議事略
　（清）王敬之輯　清道光二十五年刻本
甲申雜記一卷聞見近録一卷
　（宋）王鞏撰　宋刻本
淮海先生三種
　（宋）秦觀撰　《夷門廣牘》本　《百陵學山》本　《津逮秘書》本
元城先生語録三卷行録一卷
　（宋）馬永卿編　明正德十三年張儒刻本
从古正文五卷字原釋義一卷
　（明）黄諫撰　明嘉靖十五年李宗樞石叠山房刻本
王西樓先生野菜譜
　（明）王磐撰　明萬曆刻本
詩餘圖譜三卷
　（明）張綖編（明）毛晋訂正　明末毛氏汲古閣刻《詞苑英華》本

第七十五册

孫氏七經讀法
　（清）孫喬年輯　清道光五年天心閣刻本
群經識小八卷
　（清）李惇著　清道光五年安愚堂刻本
夏小正集解四卷
　（清）顧問纂　清乾隆五十七年敬業堂刻本
高郵王氏父子論均書札
　（清）王念孫 王引之撰　日本1936年倉石士桓油印本
三百篇原聲
　（清）夏味堂著　清抄本
韓詩内傳徵四卷
　（清）宋綿初著　清乾隆六十年志學堂刻本
諧聲補逸十四卷附札記
　（清）宋保撰　《許學叢書》本
四書説苑十卷首一卷補遺一卷續遺一卷
　（清）孫應科輯　清道光二十八年補刻本
唐月令注一卷附補遺續補遺續考
　（清）茆泮林輯　清道光十四年梅瑞軒刻《十種古

逸書》本

第七十六册

讀書劄記四卷
（清）喬可聘撰　　清康熙七年刻本
四朝大政録二卷
（清）劉心學撰　　清道光十一年世德堂刻
春秋不傳十二卷
（清）湯啓祚著　　清嘉慶循陔堂刻本
讀書記疑十六卷
（清）王懋竑著　　清同治十一年福建撫署刻本
秋槎雜記
（清）劉履恂著　　清道光十九年世德堂刻本

第七十七册

甓齋遺稿一卷
（清）劉玉麐著　　清咸豐十年補刻《皇清經解》本
經傳攷證八卷
（清）朱彬撰　　清道光二年遊道堂刻本
尚書異義四卷尚書故訓别録一卷
（清）朱彬著　　抄本
讀書解義
（清）朱毓楷著　　清同治二年刻《春雨樓叢書》本
説文諧聲舉要十四卷
（清）朱士端著　　稿本
太學坊表八卷
（清）朱百谷撰　　清咸豐七年正安州刻本
漢石例六卷
（清）劉寶楠撰　　清道光二十九年刻《連筠簃叢書》本

第七十八册

毛詩注疏長編詩經注疏長編
（清）劉寶楠編　　稿本
史漢駢枝一卷
（清）成孺撰　　清光緒刻《廣雅書局叢書》本
漢碑徵經一卷
（清）朱百度著　　清光緒刻《廣雅書局叢書》本
食舊悳齋雜著
（清）劉嶽雲撰　　清光緒八年刻本

第五輯　詩文集類

第七十九册

揚州足徵録二十七卷
（清）焦循輯　　《榕園叢書續刻》本
焦里堂手鈔詩文集十三種
（清）焦循輯　　清焦循抄本
端綺集二十八卷
（清）黄奭輯　　清道光刻《清頌堂叢書》本
蔗根集十七卷
（清）黄錫麒輯　　清道光清美堂刻本

第八十册

淮海英靈集二十二卷
（清）阮元輯　　清嘉慶三年儀徵阮氏小琅嬛仙館本
淮海英靈續集十二卷
（清）阮亨　王豫輯　　清道光刻本
淮海同聲集二十卷
（清）汪之選輯　　清嘉慶二十二年刻本
淮海秋笳集
（清）李肇增輯　　清咸豐十年遲雲山館刻本
北湖三家詞鈔十卷
（清）吴康輯　　清嘉慶十五年白茆草堂刻本
廣陵詞抄
（清）佚名輯　　抄本

第八十一册

廣陵思古編二十九卷
（清）汪廷儒編　　清道光二十九年儀徵汪氏刻本
廣陵思古外編續集
（清）汪廷儒輯　　清道光刻本
同光年間揚州名人文稿
（清）梅毓　桂邦傑等撰　　抄本

第八十二册

白沙風雅六卷
（清）張達選輯　　清乾隆玉槎山房刻本
真州兩生詩存三卷

（清）劉蘊輝　何淳著　　清光緒揚州倪文林齋刻本
高郵四家詩鈔四卷
（清）殷嶧　端木守謙　劉永和　賈田祖著　　清碧虚齋抄本
高郵耆舊詩存五卷高郵耆舊詩餘一卷
（清）周敘　王敬之　夏昆林輯　　清道光十四至十六年刻本
白田風雅前編五卷
（清）喬載繇輯　　稿本
白田風雅二十四卷
（清）朱彬輯　　清光緒十二年金陵書局刻本
寶應敦素園七子詩鈔七卷
（清）喬方立等著　　清乾隆三十四年刻本
象求集五卷二集三卷三集一卷
（清）劉寶楠輯　　清稿本
寶應諸前輩詩
（清）劉寶楠輯　　劉寶楠手抄本

第八十三册

廣陵聯句集
（明）涂相等撰　　明嘉靖刻本
影園瑶華集三卷
（明）鄭元勳輯　　清乾隆二十七年鄭開基拜影樓刻本
蜀岡禪智寺唱和詩冶春絶句紅橋倡和詞
（清）王士禛編著　　清康熙刻《新城王氏雜文詩詞十一種》本
紅橋倡和第一集
（清）冒襄等撰　　清抄本
廣陵倡和詞七卷
（清）王士禄等撰　　清抄本
山心室倡和甲乙集一卷城南聯句詩一卷
（清）程夢星輯　　清乾隆十年刻本
揚州東園題詠四卷
（清）賀君召輯　　清乾隆十一年刻本
韓江雅集十二卷
（清）馬曰琯等撰　　清乾隆十二年刻本
林屋唱酬録一卷焦山紀遊集一卷
（清）馬曰琯　馬曰璐等撰　　《粤雅堂叢書》本
廣陵倡和集二卷
（清）馬曰琯　馬曰璐　程夢星等撰　　清刻本
廣陵倡和録三卷
（清）王藻編　　清乾隆寫刻本
邗上題襟集邗上題襟續集
（清）曾燠輯　　清乾隆至嘉慶兩淮官署刻本
榕園唱和集
（清）李彦章輯著　　清道光刻本

第八十四册

邗江送别圖詩刻
（清）朱慶元編　　清道光十三年刻本
題襟館倡和集四卷
（清）方濬頤等撰　　清同治十一年兩淮運署刻本
虹橋秋禊圖題詞
（清）朱銘編　　清光緒三年刻本
四白齋唱和集附平山堂唱和集
（清）朱銘編　　清光緒元年刻本
春雨唱和集
（清）王開益輯　　清光緒望湖草堂刻本
重陽唱和詩
（清）王開益等撰　　清光緒刻本
竹西九老吟
（清）張丙炎　徐穆等撰　　清光緒二十五年刻本
瓜渚遁叟璧水重游唱和集二卷附刊一卷
于樹滋編　　1935年鉛印本
真州倡和詩三卷
（清）團昇輯　　清末刻本
柳堂春泛圖詩鈔三種
（清）阮元等撰　　新抄本
雲莊唱和録二卷雲莊題贈録四卷
（清）阮充編　　清同治七年刻本
樸園題贈集
（清）巴光誥等撰　　清嘉慶二十三年刻本
甓湖聯吟集七卷
（清）李光國選　　清乾隆十九年刻本
秦郵話别録
胡爲和輯　　民國鉛印本
白田倡和集
（清）葉燮等撰　　稿本

第八十五册

新安二江先生集八卷

（清）江春　江昉著　　清嘉慶九年揚州康山草堂刻本

江都秦氏遺書七卷

（清）秦黌　秦恩復　秦巘著　　清抄本

江都焦氏家集九卷

（清）焦循編　　清焦循抄本

儀徵阮氏遺稿十二種十三卷

（清）阮元　阮福等著　　稿本

高郵張氏遺稿

（清）張廷樞輯　　稿本

高郵王氏家集十九卷

（清）王恩泰編　　清咸豐七年高郵王恩沛、王恩泰刻本

第八十六册

猶存集一卷附天心閣詩鈔續鈔

（清）孫應科輯　　清道光刻本

高郵夏氏叢書十八卷

（清）夏崑林　夏味堂　周敘撰　　清道光刻本

青箱書屋兩世詞稿

王守義編　　1923 年鉛印本

白田鄭氏一家言十卷首一卷

（清）鄭乾清編著　　清吟松閣刻本

還金堂詩萃二卷

（清）湯士瀛　湯籲編　　清道光二十二年刻本

清芬集十卷

（清）劉寶楠編　　清道光十八年世德堂刻本

劉氏二家詩録六卷

（清）劉寶楠編　　稿本

寶應左右朱氏家集彙稿

（清）朱百度編　　抄本

朱氏拾遺詩鈔

佚名編　　抄本

第八十七册

陳記室集一卷

（東漢）陳琳著　　《漢魏六朝百三名家集》本

李北海集五卷

（唐）李邕撰　　《欽定全唐文》本

李丞相詩集二卷

（五代）李建勳撰　　宋臨安府陳家刻本

陽春集一卷附補遺

（南唐）馮延巳撰　　清光緒十五年四印齋刻本

徐公文集三十卷

（宋）徐鉉撰　　黄丕烈校宋抄本

廣陵先生文集二十卷附録一卷拾遺一卷補遺一卷

（宋）王令著　　《嘉業堂叢書》本

坦庵詞曲兩種

（明）徐石麒撰　　清順治南湖享書堂刻《坦庵詞曲六種》本　清抄本

近青堂詩集

（清）卓爾堪撰　　清康熙刻《遺民詩》附刻本

雄雉齋選集六卷

（清）顧圖河撰　　清康熙刻本

第八十八册

新柳堂集十六卷首一卷末一卷集後一卷

（清）宗元鼎撰　　清康熙刻本

蕪城集三卷使滇集三卷過江集四卷

（清）史申義撰　　清康熙刻本

今有堂詩集十卷茗柯詞一卷

（清）程夢星撰　　清乾隆刻本

離垢集五卷

（清）華嵒撰　　抄本

巢林集四卷

（清）汪士慎撰　　清乾隆九年富谿汪氏刻本

第八十九册

冬心先生集四卷續集二卷三體詩一卷甲戌近詩一卷冬心齋研銘一卷

（清）金農撰　　清雍正廣陵般若庵刻本　清千墨庵抄本

鄭板橋集

（清）鄭燮著　　清乾隆清暉書屋刻本

環山詩鈔

（清）方士庶撰　　清乾隆十八年刻本

沙河逸老小稿六卷嶰谷詞一卷

（清）馬曰琯撰　　清咸豐元年刻《粤雅堂叢書》本

南齋集六卷南齋詞二卷

（清）馬曰璐撰　　清咸豐元年刻《粤雅堂叢書》本

澄秋閣集十二卷

（清）閔華撰　清乾隆十七年江都閔氏刻本
卧秋草堂詩鈔
（清）朱冕撰　清道光十四年刻《江都二布衣詩鈔》本
二亭詩鈔六卷首一卷
（清）朱賓撰　清嘉慶十三年刻本
香葉草堂詩存
（清）羅聘著　清嘉慶元年刻道光十四年印本
埽垢山房詩鈔十二卷
（清）黄文暘撰　清嘉慶七年孔氏刻本
緑秋書屋詩集
（清）張因撰　清道光間刻《國朝閨閣詩鈔》本

第九十册

容甫先生遺詩五卷附録一卷
（清）汪中撰　清漢陽葉氏抄本
乙丙集二卷伴月樓詩鈔三卷炳燭室雜文一卷
（清）江藩著　稿本　清抄本　《積學齋叢書》本
里堂詩集八卷里堂詞集二卷
（清）焦循撰　稿本
蜜梅花館詩録四卷因柳閣詩録三卷焦虎玉文稿一卷
（清）焦廷琥撰　稿本
抱璞齋詩集四卷汪孟慈文集抱璞齋時文
（清）汪喜荀撰　稿本　民國影印《邃雅齋叢書》本　清寫刻本
嵇庵詩集十卷嵇庵文集二卷
（清）梅植之撰　清道光二十四年刻本
湖東集四卷
（清）范凌霙撰　清咸豐十一年刻本
二十四橋吹簫譜二卷外卷一卷
（清）孫宗禮著　清道光十五年刻本
鍥不舍齋文集四卷附詩一卷
（清）李祖望撰　清同治三年江都李氏半畝園刻本
學詁齋文集二卷
（清）薛壽撰　清光緒六年冶城山館刻本
黄葉山樵詩草四卷
（清）江璧撰　清光緒刻本

第九十一册

通齋集五卷垂金蔭緑軒詩鈔二卷圃珖巖館詩鈔四卷通齋文集二卷通齋遺稿一卷外集一卷附曉瀛遺稿二卷
（清）蔣超伯著　清同治三年刻民國二十三年陳恒和書林補刻《通齋全集》本
延秋吟館詩鈔四卷延秋吟館詩續鈔四卷
（清）張聯桂撰　清光緒刻本
菊隱翁詩集五卷附問秋館菊録一卷霜圃識餘二卷
（清）臧穀撰　民國七年刻本
一漚吟館選集二卷
（清）陳崇光撰　清宣統二年懷荃室刻本
還翁遺詩
（清）吴恩棠撰　1927年鉛印本
雲海樓詩存五卷雷塘詞一卷
閔爾昌撰　1924年刻本
游絲詞
郭堅忍撰　民國初揚州排印本
病維摩室詩集
顔僩著　墨寫稿本
慎餘堂賸稿
李鼎撰　雲藍閣影印本
嬰闇詩存四卷附詩餘一卷
秦更年著　1960年油印本

第九十二册

悔齋集六卷山聞詩一卷山聞續集一卷京華詩一卷觀海集一卷
（清）汪楫著　清康熙刻本
正聲集四卷一勺集一卷附補遺一卷
（清）施朝幹著　清嘉慶五年刻本　清嘉慶二年刻道光二十六年補刻本
永報堂詩集八卷附艾堂樂府一卷
（清）李斗撰　清嘉慶十二年刻本
琅嬛仙館詩
（清）阮元著　稿本
唐宋舊經樓詩稿七卷
（清）孔璐華撰　清道光刻本
霙桂軒唫稿
（清）阮亨著　清抄本
雲莊詩存五卷

（清）阮充撰　清同治刻本
冬巢詩集四卷冬巢詞集四卷
（清）汪潮生著　清道光十七年黄承吉刻本

第九十三册

重訂厲廉州先生詩全集八卷
（清）厲同勳著　清同治三年刻本
詠絮亭詩草四卷
（清）謝雪撰　清嘉慶刻本
女蘿亭詩稿六卷
（清）唐慶雲著　清嘉慶十九年刻道光十一年增修本
退思齋詩存二卷
（清）卞士雲著　清咸豐九年刻本
滇筆
（清）阮福著　清抄本
廣梅花百詠
（清）阮安著　影刻清嘉慶文選樓家刻本
青溪舊屋文集十卷附詩集一卷
（清）劉文淇撰　清光緒九年刻本
半螺龕詩存三卷
（清）吴文錫著　清咸豐九年儀徵吴氏蟄園刻本
十二硯齋詩録十二硯齋文録
（清）汪鋆撰　清光緒刻本

第九十四册

舍是集十卷聲遠堂文鈔四卷
（清）王翼鳳撰　清道光二十四年刻本　咸豐二年刻本
慈暉館詩詞草
（清）阮恩灤撰　清光緒十八年武林沈氏刻本
飲香閣詩鈔
（清）董寶鴻著　清咸豐七年刻本
都梁草二卷補遺一卷附和竹如意齋唱和集一卷
（清）于養源撰　清光緒十九年刻三十二年補刻本
嘯雲軒詩集五卷文集六卷附録一卷避寇記略一卷
（清）程畹撰　清同治十一年至光緒十三年刻本
傳雅堂文集四卷詩集一卷
（清）劉壽曾撰　1937 年鉛印本
廔桜詞
（清）劉恩黻撰　清光緒三十四年雙照樓刻本
戊丁詩存
（清）陳霞章著　清宣統元年聚珍板印本
夢薌詞二卷
程宗岱撰　1916 年揚州大成印刷紙號銅活字本
左盦文内篇
劉師培撰　刻本

第九十五册

江湖長翁文集四十卷
（南宋）陳造撰　明萬曆四十六年李之藻刻本
鳳池吟稿十卷
（明）汪廣洋著　明萬曆四十五年王百祥刻本
王西樓先生樂府
（明）王磐撰　明嘉靖三十年張守中刻本

第九十六册

張南湖先生詩集四卷
（明）張綖著　明嘉靖三十二年張守中刻本
愛日堂文集八卷詩集二卷外集一卷
（清）孫宗彝著　清乾隆三十五年刻本
甓湖草堂集十三卷
（清）吴世傑撰　清康熙刻本
缶林文集二卷
（清）王心湛著　稿本
樗巢詩選五卷
（清）李必恒著　清嘉慶十四年半舫齋夏氏刻本
長嘯齋詩集
（清）孫穀撰　清嘉慶刻本

第九十七册

半舫齋編年詩二十卷半舫齋古文八卷
（清）夏之蓉著　清乾隆刻本
賈稻孫詩集四卷
（清）賈田祖撰　清乾隆四十九年刻本
曉樓詩鈔一卷
（清）賈成祖撰　清乾隆三十八年刻本
梅花書屋詩鈔二卷
（清）徐源撰　清嘉慶十七年孝思堂刻本

金雪詩存一卷
（清）夏桂堂撰　清嘉慶十一年小書巢刻本
碧虚齋吟草八卷
（清）宋茂初撰　清道光十九年志道堂刻本
三十六湖漁唱
（清）王敬之撰　稿本

第九十八册

凌谿先生集十八卷
（明）朱應登撰　清道光刻本
山帶閣集三十三卷附録一卷
（明）朱曰藩撰　清道光刻本
柘溪集
（清）喬邁著　清抄本
疑菴詩集八卷
（清）喬出塵撰　清順治刻本
白田文集二十卷
（清）王巖纂　抄本

第九十九册

石林集九卷
（清）喬萊著　清康熙刻劉寶楠抄補本
樓邨詩集二十五卷
（清）王式丹著　清雍正刻本
喬劒溪遺集十六卷
（清）喬億著　清乾隆刻本
清白堂存稿十卷
（清）王希伊著　清劉寶楠抄本

第一百册

小樓詩集八卷
（清）王嵩高著　清道光十六年刻本
義迹山房詩稿
（清）劉履恂著　清道光興讓堂刻本
遊道堂集四卷
（清）朱彬著　清同治七年袁浦刻本
朱文定公詩集十卷
（清）朱士彦撰　清道光刻本
吉金樂石山房文集一卷吉金樂石山房詩集一卷
（清）朱士端著　清同治三年寶應朱氏刻《春雨樓叢書》本
伯琴詩存一卷伯琴文存一卷
（清）潘詠撰　清同治十二年刻本　抄本
緑陰山館吟稿二卷
（清）喬守敬著　清同治十一年刻本
廣經室文鈔一卷廣經室文鈔未刻手稿一卷
（清）劉恭冕著　清光緒十五年廣雅書局本　稿本
浪花草堂詩説
（清）劉桐撰　寫本
曹甸詩話鶴墅文墨曹甸藝文志
郝庶編著　1954 年油印本

索引編輯説明

一、本索引爲檢索《揚州文庫》(簡稱《文庫》)所收書名、著者姓名而編制,包括《書名筆畫索引》和《著者筆畫索引》。

二、索引按字頭筆畫順序編排。同一著者之姓名分見多册者,則依其所在册次先後排列。

三、書名索引中,各書名後分别注明其在《文庫》中的輯、册次,以及其在《文庫》該册中所列頁碼和在《總目提要》中所列頁碼。例:

二十四橋吹簫譜　5·90·453/336

(該書見於《文庫》第5輯第90册第453頁,見於《總目提要》第336頁)

四、著者索引中,各著者姓名後分别注明其在《文庫》中的輯、册次,以及其在《文庫》該册中所列頁碼和在《總目提要》中所列頁碼。如同一著者之姓名分見于多册者,則依次著録,其在《總目提要》中的頁碼亦依次著録。例:

小澤文四郎　3·58·503/191

(該著者見於《文庫》第3輯第58册第503頁,見於《總目提要》第191頁)

于樹滋　1·38·191/42;2·55·305/163;5·84·165/306

(該著者分别見於《文庫》第1輯第38册第191頁,《總目提要》第42頁;《文庫》第2輯第55册第305頁,《總目提要》第163頁;《文庫》第5輯第84册第165頁,《總目提要》第306頁)

五、《文庫》中合并收録的著作,爲使用方便,均分立條目。

六、著者姓名依據著作標注。同一人而異名者,分立條目,并以括號注明。

書名筆畫索引

六　畫

七　畫

八　畫

九　畫

十　畫

十一畫

十二畫

十三畫

十四畫

十五畫

十六畫

十七畫

十八畫

十九畫

二十一畫

二十二畫

二十四畫

著者筆畫索引

五　畫

六　畫

七　畫

八　畫

九　畫

十　畫

十一畫

十二畫

十三畫

十四畫

十五畫

十六畫

十七畫

十八畫

十九畫

二十一畫

二十二畫